教育部人文社会科学重点研究基地北京师范大学史学理论与史学史研究中心重大项目

·白话本·

资治通鉴

（全十册）

第四册

卷第九十至卷第一百一十八（晋纪十二至晋纪四十）

（宋）司马光　编著
张大可　语译

商务印书馆
创于1897 The Commercial Press

第四册目录

晋纪十二

晋元帝建武元年至太兴元年（公元317—公元318）

【起强圉赤奋若（丁丑，公元317年），尽著雍摄提格（戊寅，公元318年），凡二年】

【大事提要】

本卷记事起公元317年，讫公元318年，凡二年，当晋元帝（司马睿）建武元年至太兴元年。本卷所载大事，主要是五个方面：其一，张寔发兵勤王。晋愍帝司马邺降汉被掳的凶信传到凉州，凉州刺史张寔的叔父张肃悲愤而死。晋朝黄门郎史淑等自长安逃奔至凉州，传令张寔协助琅邪王司马睿。张寔派遣太府司空韩璞等统军向长安进发，途中为羌人所阻而返。时关中大乱，唯有凉州安然无恙。其二，慕容廆归顺江东。公元317年，晋王司马睿拜鲜卑大都督慕容廆为都督辽左杂夷流民诸军事等，慕容廆拒绝接受。征虏将军鲁昌等人，认为司马睿在江东承皇帝旨意号令全国，为四海所系属，慕容廆应劝其承继帝位。慕容廆于是奉司马睿为正朔，派使者浮海至建康劝进。其三，司马睿称帝。公元318年，晋愍帝司马邺遇害的消息传到建康，晋王司马睿在诸臣的再三劝说下即位为帝，是为晋元帝，改元太兴。百官皆有奖赏，增位二等，赐诸官投书劝进者加位一等，百姓投书者皆任为吏，共有二十多万人。立王太子司马绍为皇太子。其四，慕容廆创定府朝仪法。公元318年，晋元帝司马睿再次遣使授予鲜卑慕容廆为龙骧将军、大单于、昌黎公，慕容廆辞昌黎公不受。慕容廆以游邃为龙骧长史，命其创定府朝仪法。后裴嶷献议，劝其趁晋室衰微，渐行兼并，慕容廆当即任命其为长史，委以军国之谋。其五，刘粲、刘曜相继即位。公元318年，汉主刘聪去世，太子刘粲继位，被辅政大臣、大司马靳准谋杀。镇守长安的刘聪族弟刘曜闻变，自立为皇帝，发兵攻打靳准。靳准为部下靳明所杀，共推靳明为主，投降刘曜，送传国玺至平阳，刘曜杀靳明及靳氏男女。

中宗元皇帝上

晋元帝建武元年（丁丑，公元317年）

春季，正月，汉军向东进攻弘农郡，太守宋哲逃奔江东。

黄门郎史淑、侍御史王冲从长安逃奔凉州，称说晋愍帝出降前一天，派他们携带诏书赐封张寔，拜张寔为大都督、凉州牧、侍中、司空，禀承制书处理事宜。诏书还说："我已下令琅邪王暂时代摄帝位，希望你们协助琅邪王，共渡多难之秋。"史淑等到达姑臧，张寔隆重哭奠愍帝三天，辞谢不接受封职。

当初，张寔的叔父张肃为西海太守，听说晋都长安危亡在即，自请担任先锋赴援。张寔以他年老为由，没有同意。等到听说长安失守，张肃悲愤而死。

张寔派遣太府司马韩璞、抚戎将军张阆等率领步兵和骑兵共一万人向东攻打刘聪的汉国，命令讨虏将军陈安、安故太守贾骞、陇西太守吴绍各自统领本郡兵马为前锋部队。又送信给相国司马保，说："晋朝皇室遇有灾祸，我没敢忘记投身报效。以前曾派遣贾骞视察相国举动行事，后来途中接到命令，让贾骞回军。不久便听说敌人进攻长安，胡崧屯兵不前，麹允带着五百金向他求救。于是，我决定派遣贾骞等翻山越岭进军赴援，恰巧听说朝廷已经倾覆，未能实现尽忠的愿望，我悲痛心情之沉重，即使死了，也有罪责。现在，我重新派遣韩璞等率军前往，一切听从您的命令。"韩璞等人的军队始终不能东进，只好退军。

韩璞等人行军至南安，被多支羌人部族截断道路，双方相持一百多天，韩璞等人的军队箭尽粮绝。韩璞把拉车的牛杀掉，用来犒劳士兵，流着眼泪对他们说："你们思念父母吗？"士兵回答说："思念。""思念妻子儿女吗？"回答说："思念。""想活着回家吗？"回答说："想。""愿意听从我的号令吗？"回答说："愿意。"于是，擂鼓呐喊，进击搏战。正逢张阆率金城士兵随后赶到，夹击羌人，大破敌军，斩首数千级。

长安失陷以前，曾有民谣说："秦川之中，血流没腕，唯有凉州倚柱旁观。"等到汉军攻陷关中，氐人、羌人攻略陇右，雍州、秦州的百姓十有八九死亡，唯独凉州安然无恙。

二月，汉主刘聪派堂弟刘畅率领步兵、骑兵三万进攻荥阳，荥阳太守李矩屯兵于韩王故旧壁垒，双方相距七里，刘畅派遣使者招降李矩。当时，刘畅的军队突然到达，李矩来不及设备防御，于是，派遣使者见刘畅，诈称愿降。刘畅不再防备，大肆犒劳士兵，主要将领都喝醉了。李矩打算乘夜偷袭，但手下士兵都心存畏惧，李矩便派部将郭诵到子产祠祝祷，让巫祝扬言说："子产神灵告知，到时会派遣神兵相助。"于是，众人都踊跃争先进击。李矩挑选勇士千人，令郭诵率领他们，突然袭击刘畅军营，斩首数千。刘畅只身逃出，才免于一死。

（以上为第一段，写西晋灭亡后，凉州刺史张寔派遣将领韩璞攻打汉国，身处绝境，仍打败截断道路的羌人部族；汉军进攻荥阳，荥阳太守李矩用计袭击，斩首数千。）

二月二十八日辛巳，弘农太守宋哲到达建康，称说奉晋愍帝之命，令丞相、琅邪王司马睿总摄国家所有事宜。

三月，琅邪王司马睿换上白色衣服，避居于别室，举哀三天。此时，西阳王司马羕和官员、部属等共同进上皇帝尊号，琅邪王不肯即位。司马羕等坚持请求，不肯罢休。琅邪王感慨地流着眼泪说："我是有罪之人。诸位贤良如果逼我不止，我将返归琅邪封国。"并传叫私人奴仆，让他们驾车准备返回封国。司马羕等一再请求琅邪王依照魏、晋旧有的成例，称为晋王。琅邪王同意了。

三月初九辛卯，琅邪王司马睿即晋王位，实行大赦，改年号为建武，开始设置百官，建立宗庙和社稷。

主管官员请求立太子，晋王喜爱次子宣城公司马裒，想立他为太子，对王导说："立太子应当视其德行。"王导说："世子与宣城公，都有清朗隽秀的美德，但世子年长。"晋王听从了王导的意见。三月丙辰日，晋王立世子司马绍为王太子，封司马裒为琅邪王，继承恭王的祭祀；仍然让司马裒为都督青、徐、兖三州诸军事，镇守广陵。任命西阳王司马羕为太保，封谯刚王司马逊的儿子司马承为谯王。司马逊是晋宣帝弟弟的儿子。又任命征南大将军王敦为大将军、江州牧；扬州刺史王导为骠骑将军、都督内外诸军事、领中书监、录尚书事。丞相左长史刁协被任命为尚书左仆射，右长史周𫖮被任命为吏部尚书，军谘祭酒贺循被任命为中书令，右司马戴渊、王邃被任命为尚书，司直刘隗被任命为御史中丞，行参军刘超被任命为中书舍人，参军事孔愉兼任中书郎，其余参军全部封官为奉车都尉，部属任命为驸马都尉，行参军、舍人任命为骑都尉。

王敦辞谢江州牧的官职，王导因为王敦已统领六州，辞谢都督内外诸军事的职务，贺循因年老多病辞去中书令，都得到晋王的同意。任命贺循为太常。此时，承续西晋的丧乱之后不久，江南东晋政权刚刚草创，因刁协久在西晋时为官，熟悉旧制，贺循为当世儒学泰斗，精通礼学，所以凡是遇到难以解决的问题，都由他们定夺。

（以上为第二段，写西晋灭亡，丞相司马睿总摄国家所有事宜，在西阳王等人劝说下，即晋王位，改元建武，设立百官，建立宗庙社稷，以世子司马绍为王太子。）

刘琨和段匹磾歃血盟誓，相约共同拥戴和辅佐晋皇室。三月十九日辛丑，刘琨发布檄文遍告汉族和其他民族，自己派遣兼任左长史、右司马温峤，段匹磾派遣左长史荣卲，共同奉呈上表和盟约誓文前往建康进劝晋王司马睿即帝位。温峤是温羡兄弟的儿子，其姨母是刘琨的妻子，刘琨对温峤说："晋朝国运虽然中衰，但天命尚未变易，我将建立功名于河朔，让你的声誉流播江南。去吧，努力为之！"

晋王司马睿任命鲜卑大都督慕容廆为都督辽左杂夷流民诸军事、龙骧将军、大单于、昌黎公，慕容廆辞谢不受。征虏将军鲁昌劝说慕容廆道："现在洛阳、长安两座京城沦陷，天子流亡失位，琅邪王接受皇命于江东，四海归心。贤君虽然雄踞一方，但仍有许多部族拥兵自重，不听从号令，这是因为您的官职不是朝廷正式任命的缘故。我认为，您应当派遣使者见琅邪王，劝他承续晋国帝位，然后遵奉皇上号令，攻伐有罪之人，谁敢不听从号令！"处士辽东人高诩说："霸王之业，不义不能成功。现在晋皇室虽然衰微，仍然是民心所向，应当派遣使者至江东，以示尊崇，然后倚仗君臣大义攻打各部族，不愁没有正当的理由。"慕容廆听从他们的意见，派遣长史王济由海路前往建康，劝说晋王即帝位。

汉国丞相刘粲让党羽王平对太弟刘义说："刚刚奉受国主密诏，说京师将有变乱发生，应当内穿甲衣以备不测。"太弟刘义就信从了，令东宫臣属都在外衣内穿上甲衣。刘粲派人驰告靳准、王沈，靳准禀报汉主刘聪说："太弟刘义准备作乱，手下已内着甲衣了。"刘聪大惊，说："怎么会有这种事情！"王沈等人都说："我们早就听说太弟刘义有犯上作乱之心，多次上言，但您就是不信我们的话。"刘聪令刘粲率军包围东宫。刘粲让靳准、王沈拘捕了听命于东宫的氐、羌酋长十多人，严刑拷问，把他们的头颅都用枷锢于高木格之上，烧红铁器炙灼双目，酋长们便诬陷自己和刘义共同谋反。刘聪对王沈等人说："我现在才知道你们的忠心！你们应当追念知无不言的训诫，不要怨恨过去上言而不被信用！"于是，诛杀东宫属官，又诛杀平素与刘义亲近、交厚而被靳准、王沈等人憎恶、怨恨的大臣数十人，坑杀士兵一万五千多人。夏季，四月，废黜刘义的太弟身份，改封为北部王，不久，刘粲让靳准谋杀了他。刘义形神秀爽，为人宽仁而有雅量，所以士人大多心存景仰。刘聪听到刘义死讯，悲痛欲绝，哭说道："我们兄弟仅剩二人，却不能相容，怎么才能使天下人知晓我内心的情感呢！"氐人、羌人反叛的很多，刘聪让靳准代行车骑大将军职务，征讨平定了叛乱。

五月初一壬午，发生日食。

六月十五日丙寅，温峤等人到达建康。王导、周𫖮、庾亮等都喜爱温峤有才华，争相和他交结。此时，太尉、豫州刺史荀组，冀州刺史邵续、青州刺史曹嶷、宁州刺史王逊、东夷校尉崔毖等人都上表劝晋王司马睿即帝位，晋王不同意。

（以上为第三段，写汉国内讧，相国刘粲设计谋害皇太弟刘义，诛杀东宫属官及士卒，惨无人道；刘琨、段匹磾、慕容廆、荀组等，各怀心思，都遣使到建康上表劝进。）

当初，流民张平和樊雅在谯地各自聚集数千人，自任坞主。晋王司马睿担任愍帝司马邺丞相时，曾派遣行参军、谯国人桓宣前往劝说张平、樊雅，二人自请归降。豫州刺史祖逖出兵屯居芦洲，派遣参军殷乂拜会张平和樊雅。殷乂瞧不起张平，观视张平的屋舍，说：“可以当马圈。”看见大铁锅，又说：“可以熔铸铁器。”张平说：“这是帝王的大铁锅，天下清平时才能使用，怎么能轻易毁坏！”殷乂则说：“你连自己的头颅都不能保住，还吝惜什么铁锅呀！”张平大怒，就在座位上斩杀了殷乂，率军固守。祖逖领兵攻击他们，一年多未能攻下。祖逖便诱使张平部将谢浮，让他杀掉张平，而后进军占据太丘。当时，樊雅还占据着谯城，与祖逖对抗。祖逖久攻不下，向南中郎将王含请求援兵。桓宣时任王含的参军，王含派遣桓宣率兵五百人援助祖逖。祖逖对桓宣说：“你的信义已为对方所了解，这次再为我劝说樊雅。”桓宣于是一人独骑，只带二人随从于后，进见樊雅说：“祖逖正准备荡平刘聪、石勒，仰仗你为后援。前次殷乂轻薄无礼，并非祖逖本意。”樊雅立即拜会祖逖，请求归降。祖逖进入谯城以后，石勒派遣石虎围困谯城，王含又派桓宣率军救援，石虎解围而去。祖逖上书，请求任命桓宣为谯国内史。

六月十八日己巳，晋王司马睿传布檄文于天下，说：“石虎胆敢率领犬羊乌合之众，渡过黄河劫掠民众，现派遣琅邪王司马裒等九军、精锐士兵三万，由水、陆四路直扑敌人所在地，由祖逖指挥和调度。”不久，又召司马裒返回建康。

秋季，七月，旱情严重。司州、冀州、并州、青州、雍州发生严重蝗灾。黄河、汾水发生洪灾，淹没了一千多户。

汉主刘聪立晋王刘粲为皇太子，领相国职务、大单于称号，总摄朝政一如往昔。实行大赦。

段匹磾推举刘琨为大都督，用檄书邀请其兄长辽西公疾陆眷、叔父涉复辰、弟段末柸等在固安聚会，商量共同征讨石勒。段末柸游说疾陆眷、涉复辰说：“以父辈、兄长的身份而听从子侄、兄弟是一种耻辱；况且侥幸立功，段匹磾独收其利，我们能得到什么！”于是，疾陆眷、涉复辰、段末柸各自领军退还。刘琨、段匹磾不能单独留守固安，也退回蓟州。

晋王司马睿任命荀组为司徒。

八月，汉将赵固在临颍击杀晋朝卫将军华荟。

当初，汉将赵固与长史周振不和，周振私下在汉主刘聪面前诋毁赵固。在李矩攻破刘畅的战役中，李矩曾于军帐中发现刘聪的诏令，诏令让刘畅攻克李矩之后，回军经过洛阳，收捕赵固并杀掉，以周振取代赵固。李矩将此诏送给赵固看，赵固斩杀了周振父子，率领一千骑兵投降东晋。李矩仍然命令赵固戍守洛阳。

（以上为第四段，写晋王司马睿发布檄文，出动精兵攻打汉国干将石勒，收降汉国将军赵固，令其镇守洛阳。）

郑攀等人共同抗拒晋将王廙，因众心不齐，退散至横桑，打算投靠晋朝叛将杜曾。王敦派遣武昌太守赵诱、襄阳太守朱轨率军攻击，郑攀等人畏惧，请求归降。

杜曾也自请袭击襄阳第五猗的军队，以赎其罪。

晋将王廙将前往荆州，留下长史刘浚镇守扬口壁垒。竟陵内史朱伺对王廙说："叛将杜曾是狡猾之徒，公开表示屈服，是想诱使官军往西，然后迅速突袭扬口。应当增强军力部署，不能立即西进。"王廙性格矜持严厉、自以为是，认为朱伺是年老怯懦，于是率军西进。杜曾等果然回军直奔扬口。王廙这才派遣朱伺回军，刚至壁垒之中，很快被杜曾军队包围。刘浚守御北门，让朱伺守御南门。马隽跟随杜曾前来攻垒，而他的妻子儿女原先留在垒中，有人想剥其妻子儿女的脸皮向马隽示戒，朱伺说："杀了他们并不能解围，只能加剧马隽的怨恨罢了。"这才罢休。杜曾攻陷北门，朱伺受伤，退走上船，打开船底入水，在水底潜行了五十步，才得以幸免。杜曾派人游说朱伺说："马隽感激您保全了他妻子儿女的性命，我现在已把您全家老小百十口人交托给马隽，马隽尽心照看，您可回来。"朱伺回答说："我年龄已超过六十岁，不能再与你同作叛贼，即便死了也要回到南方，妻子儿女等就交由你处置。"于是前往甑山投奔王廙，伤重而死。

九月二十九日戊寅，赵诱、朱轨及陵江将军黄峻与晋朝叛将杜曾交战于女观湖，赵诱等人都兵败战死。杜曾乘胜直抵沔口，威震长江、沔水一带。

晋王司马睿派遣豫章太守周访进攻叛将杜曾的军队，周访拥有八千兵众，进至沌阳。杜曾的军队锐气很盛，周访让将军李恒督守军阵左翼，许朝督守右翼，自己坐镇中军。杜曾先攻左、右两翼，周访在阵后发箭以安军心，命令士兵说："一翼兵败，鸣鼓三声；两翼都败，鸣鼓六声。"赵诱的儿子赵胤统领父亲部下剩余士兵从属左翼，奋勇作战，失败后又聚集起来，骑马禀告周访。周访发怒呵斥他，让他继续进击，赵胤大哭，返身作战，从早上激战到下午申时，周访军阵两翼都战败，周访挑选精锐士兵八百人，亲自斟酒劝饮，令他们不得妄动，听到鼓声再进攻。杜曾军队前行不到三十步，周访亲自击鼓，将士们都腾跃赴敌，杜曾军队因此大败，被杀一千多人。周访连夜追击，众将请求等待明日，周访说："杜曾骁勇善战，以往我们以逸待劳，所以胜敌。现在应当乘其衰败之时追袭，才能歼灭他。"于是，鸣鼓进军，平定了汉水、沔水流域。杜曾逃跑，保守武当。王廙这才得以到达荆州。周访因军功升迁为梁州刺史，屯军襄阳。

冬季，十月二十九日丁未，琅邪王司马裒去世。

十一月初一己酉朔，出现日食。

十一月十九日丁卯，晋王司马睿任命刘琨为侍中、太尉。

征南军司戴邈上疏，认为："自皇室丧乱以来，学校废毁。议政者有的以为清平之世尚文，遭逢世乱尚武，此言似是而非。儒家道义渊深玄奥，不可能仓促学成，等到天下安宁然后再修习，那就废毁已久了。再者，富贵人家的游闲子弟，未必有斩将拔旗的才能，却从军攻打戍守，不让他们乘壮年修习道义，实在可惜。世道衰微日久，礼俗日渐凋敝，如同燃火消熔油脂一样，不知不觉。现在王业初建，万事方兴，我认为应当笃守道义、尊崇儒家，以促进世风好转。”晋王司马睿听从了他的意见，开始设立太学。

（以上为第五段，写晋王司马睿派遣豫章太守周访攻打变民首领杜曾，周访挑选精锐，出其不意，连夜追击，将其打败。司马睿听从征南军司戴邈建议，设立太学。）

汉主刘聪出猎，让已经投降的晋愍帝司马邺权充车骑将军，穿上军服手持画戟作为先导。看见的人指着他说：“这就是过去在长安的皇帝。”众人聚集观望，晋朝遗老有的潸然泪下。太子刘粲对刘聪说：“古时，周武王怎会以杀商纣为乐事呢？只是唯恐恶人聚集其身边，酿成祸患。现在聚众起兵之人，莫不以降帝司马邺之名相号召，不如早些除掉他。”刘聪说：“当年我虽杀了晋臣庾珉等人，但民心仍然如此，我不忍再杀司马邺，暂且观察一段时间。”

十二月，汉主刘聪在光极殿大宴群臣，让愍帝司马邺斟酒洗杯，一会儿刘聪又让司马邺拿盖篷。晋朝旧臣见了，不少人潸然泪下，有的甚至哭出了声。尚书郎陇西人辛宾起身，抱着愍帝大哭，刘聪令人将他带出去斩首。

晋将赵固和河内太守郭默攻打汉国河东，到达绛县，右司隶部的民众投奔而去的有三万多人。汉骑兵将军刘勋追袭他们，杀死一万多人，赵固、郭默领军退回。汉太子刘粲率将军刘雅生等步骑兵十万屯居小平津，赵固扬言说：“誓当活捉刘粲赎回愍帝。”刘粲上书给刘聪说：“如果司马邺死了，民众无所期望，就不会再被李矩、赵固驱用，将不攻自灭。”

十二月二十日戊戌，愍帝司马邺在平阳遇害。刘粲派遣刘雅生进攻洛阳，赵固逃奔阳城山。

这年，晋王下令考核、督促农业生产，俸禄二千石的官员、长官依据交纳谷物的数量多少考评政绩高下，各地驻军各自耕作，所获充当军队给养。

氐人酋长杨茂搜去世，长子杨难敌继位，与小儿子杨坚头分别统领部曲。杨难敌号称左贤王，屯驻下辨，杨坚头号称右贤王，屯驻河池。

河南王吐谷浑死。吐谷浑是慕容廆的同父异母兄长，父亲慕容涉归曾划给他一千七百户为部曲。等到慕容廆继承鲜卑酋长位，吐谷浑和慕容廆双方的马群争斗起来。慕容廆派使者斥责吐谷浑说：“先父划分的部族本来不同，你为什么不离得远点儿，而让马群争斗致伤！”吐谷浑生气地说：“马是六畜之一，争斗本是常事，哪至于迁怒于人！要想远远分开很容易，只怕将来相会就难了！我现在要离开你到万里之外。”于是，吐谷浑带领部众向西迁徙。

慕容廆后悔此事，派长史乙郍冯追上道歉，吐谷浑说：“先公曾经传述卜筮之语说：‘我的两个儿子都会强盛的，统治权力将延续到后世。’我非正妻之子，按理不能与嫡子并重。现在因为马群之事分开，大概是天意吧！”于是不再回去，向西傍依阴山居住。当永嘉之乱时，吐谷浑借机越过陇右向西发展，占据洮水以西地区，一直到白兰，方圆数千里。鲜卑语把哥哥叫作“阿干”，慕容廆遥思兄长，因此作《阿干之歌》。吐谷浑有六十多个儿子，长子吐延继承王位。吐延高大勇武，羌人、胡人都害怕他。

（以上为第六段，写汉主刘聪百般羞辱晋愍帝司马邺，而后杀之；鲜卑首领慕容廆因马匹争斗，与庶兄吐谷浑闹僵，吐谷浑一路西行，占据洮水以西方圆数千里地，建立政权。）

晋元帝太兴元年（戊寅，公元318年）

春季，正月，辽西公疾陆眷死，儿子幼小，叔父涉复辰自立为王。段匹磾从蓟州出发去奔丧，段末柸扬言说：“段匹磾此来，是想篡位。”段匹磾到达右北平，涉复辰发兵阻拦，段末柸乘虚击杀涉复辰，兼并其子弟、党羽，自称单于。段末柸迎战段匹磾并战胜了他，段匹磾逃回蓟州。

三月初七癸丑，愍帝司马邺的死讯传到建康，晋王司马睿服斩衰丧服，别居倚庐。百官奏请晋王使用皇帝尊号，晋王不同意。纪瞻说：“晋朝政权灭亡，至今已经两年，皇上应当继承大业。遍观皇室子弟，又有谁值得推让！皇上如果荣登皇位，那么，祖先神灵和国民都能有所依凭；如果拂逆天命，违背人心，大势一旦失去，就无法挽回了。现在洛阳、长安两座京城被毁，国家无主，刘聪在西北自立国号，而皇上却在东南清高地推谢帝位，这就如同急于救火却恭礼谦让。”晋王还是不同意，让殿中将军韩绩撤去摆好的皇帝宝座。纪瞻呵斥韩绩说：“皇帝之座与天上列星相应，谁敢搬动就斩首！”晋王脸色为之一变。

奉朝请周嵩上疏说：“古代帝王，道义周全而后获取，谦逊礼让而后据有，所以能长久地统治国家，恩泽相承万世。现在愍帝的梓宫尚未返国，故都耻辱尚未涤清，胸怀节义者痛心泣血，士民子女惶惶失措。应当广开言路征求良策，训练士兵、整备兵器，先洗雪国家灭亡的大耻，实现天下人民的共同愿望，那么君临天下的大权还能推让给谁呢！”周嵩的上疏违背了晋王司马睿的旨意，被贬黜出京，任新安太守。后又因心怀怨谤而被夺职。周嵩是周顗的兄弟。

三月初十丙辰，晋王司马睿即帝位，文武百官陪列于两侧。晋元帝司马睿令王导登御床同坐，王导坚决拒绝，说：“如果太阳与天下万物等同，怎么能俯照苍生！”晋元帝便不再坚持。实行大赦，改年号为太兴，文武官员都晋升两级爵位。

晋元帝司马睿打算对所有曾经投帖建议自己接受皇位的人格外优宠，凡官吏都增加爵位一等，平民都提升为官吏，总计有二十多万人。散骑常侍熊远说：“皇上顺应天命，继承皇位，普天之下莫不拥戴，岂能只与亲近之人情深，偏远之人情浅！不如依照汉朝做法，普遍赐封臣民官爵，这样皇恩浩荡，而且可以省去考察核实的烦劳，堵塞弄虚作假的渠道。”晋元帝不听。

三月二十四日庚午，立王太子司马绍为皇太子。太子仁义而有孝道，喜欢文学，爱好武艺，礼贤下士，从谏如流，与庾亮、温峤等结为平民之交。庾亮为人端庄肃正，擅长谈论老子、庄子之学，晋元帝很器重他，礼聘其妹为皇太子妃。晋元帝任命贺循行使太子太傅职权，周顗为少傅，庾亮以中书郎身份侍讲东宫。

晋元帝司马睿喜好刑名之学，曾把《韩非子》一书赠送给太子。庾亮规谏太子说：“申不害、韩非行事刻薄有伤圣教，不值得圣上留心。”太子听从了。

（以上为第七段，写晋愍帝司马邺被汉国杀害的凶信传到江东，众大臣劝说晋王司马睿称帝，司马睿谦让一番，即位，改元大兴，文武官员晋升二级爵位，皆大欢喜；立好贤礼士的王太子司马绍为皇太子。）

晋元帝司马睿再次派遣使者任命慕容廆为龙骧将军、大单于、昌黎公，慕容廆推辞昌黎公的爵位不肯接受。慕容廆任命游邃为龙骧长史，刘翔为主簿，让游邃创制朝见礼仪。裴嶷对慕容廆说：“晋皇室衰微，孤独地处于江南，国威和恩德都不能覆及远方，中原的战乱局面，除了贤君您无人能够拯救。现在各部族虽然各自拥有军队，但都是由顽钝愚昧的族人聚合而成，应当逐个兼并，充实征讨中原的实力。”慕容廆说：“您所说的宏图远大，不是我现在所能做的。不过您是朝中名贤，不因为我的孤陋而加以教诲，这是上天把您赐给我而护佑国家。”于是，任命裴嶷为长史，委托他策划军国之事，对势力弱小的部族，逐步以武力兼并。

李矩派郭默、郭诵救援赵固，屯兵于洛水入黄河之处。郭诵悄悄地派遣部将耿稚等人于夜间渡过黄河偷袭汉军军营，汉国具丘王翼光得到消息，传告太子刘粲，请求做好防备。刘粲说：“他们听说赵固兵败，自顾不暇，哪儿还敢到这儿来，不要因此惊动将士！”不久，耿稚等人率军扑来，分十路围攻，刘粲所部惊慌溃逃，死伤过半。刘粲奔逃保守阳乡。耿稚等占据其军营，缴获的兵器和军事物资不计其数。到了天亮，刘粲看见耿稚等人兵力不多，又和刘雅生收拾残余部队进行反攻，汉主刘聪派太尉范隆率领骑兵助战，与耿稚等相持，苦战二十多天，不能攻下。李矩进军救援耿稚，汉军凭借黄河拒守，李矩的军队无法渡河。耿稚等人杀掉缴获的牛马，烧掉军事物资，突围奔向虎牢。晋元帝司马睿下诏让李矩总领河南三郡军务。

汉国螽斯则百堂发生火灾，烧死汉主刘聪的儿子会稽王刘康等二十一人。

刘聪任命他的儿子济南王刘骥为大将军、都督中外诸军事、录尚书事，任命齐王刘劢为大司徒。

焦嵩、陈安起兵进逼上邽，相国司马保派人向张寔告急，张寔派金城太守窦涛督率步兵、骑兵两万人前去救援。军队行至新阳，听说愍帝司马邺已死，司马保策划自立为帝。破羌都尉张诜对张寔说：“南阳王司马保是晋朝皇室中血统疏远的宗族，把巨大的耻辱忘于脑后，急于想自己称帝，一定不会成功。晋王司马睿是皇室近亲，而且有贤名，应当率天下之人共同奉他为主。”张寔听从，派遣牙门蔡忠奉呈劝进书去建康。等到了建康，晋王司马睿已即帝位。张寔不用江南新改的年号，仍用愍帝建兴的年号。

夏季，四月初一丁丑朔，出现日食。

晋元帝司马睿加任王敦为江州牧，王导为骠骑大将军、开府仪同三司。

王导分遣八部从事八人行察扬州所属八郡，回来后同时召见。各位从事纷纷禀告二千石官长的为政得失，唯独顾和默默无言。王导询问他，顾和说：“明公您辅佐国政，宁可使法网宽松以致可以漏过大鱼，为什么又要搜集、听信道听途说，以斤斤计较来治理政事呢！”王导感叹称赞。顾和是顾荣的同族子侄。

成汉丞相范长生死去，成汉主李雄任命其子侍中范贲为丞相。范长生博学多能，享年近百岁，蜀地人民尊奉他有如神灵。

（以上为第八段，写鲜卑首领慕容廆渐生野心，欲拥兵自重；南阳王司马保欲自立为帝，不被诸大臣看好；司马睿即帝位，凉州刺史张寔不奉正朔，有反叛之意。）

汉国中常侍王沈的养女容颜美丽，汉主刘聪立她为左皇后。尚书令王鉴、中书监崔懿之、中书令曹恂进谏说：“我听说帝王册立王后，效法乾坤相配之理，在世时承嗣宗庙祭祀，去世后配祀土神，必须选择道德传家、名门显族的女子，本人也应悠闲贤淑，才能与四海之民的期望相称，使神灵满意。汉成帝立赵飞燕为皇后，结果使子嗣灭绝，社稷毁为废墟，这是前代的教训。从麟嘉年间开始，选立皇后不以道德为准绳。即便是王沈的妹妹或亲女儿，也不过如同阉宦丑类，尚且不能让她们玷污后妃之位，更何况王沈的婢女呢！君王六宫的嫔妃，都是王公贵胄的子孙，怎么能轻率地让婢女做她们的主人！我恐怕这不是国家的福兆。”刘聪大为生气，让中常侍宣怀对太子刘粲说：“王鉴这帮小子，口出狂言，侮慢尊上，不再有君臣上下的礼节，望从速定罪！”于是收捕王鉴等人送往刑场斩首。金紫光禄大夫王延骑马赶来，要进宫规谏，守门者不给通报。

王鉴等人临刑前，王沈用手杖叩击他们说：“无用奴才，还能再作恶吗？你的老子（王沈自称）关你们什么事！”王鉴瞪大眼睛，骂道：“小子！覆灭大汉的人，正是你这样的鼠辈和靳准之流！我一定要向先帝控告你，把你拘到地下治罪。”靳准对王鉴说：“我接受诏命拘捕你，有什么不对，你却说汉国覆灭是因为我？”王鉴说：“你杀死皇太弟，使主上蒙受不友爱的恶名。国家养你这样的人，怎能不灭亡！”崔懿之对靳准说：“你的心像枭鸟和破镜这种禽兽一样残忍，必定是国家的祸害。你既然要吃人，别人也会吃掉你。”

刘聪又立宣怀的养女为中皇后。

司徒荀组在许昌，被石勒所逼，率领部属数百人渡过长江。晋元帝司马睿下诏让荀组和太保、西阳王司马羕同录尚书事。

段匹磾为疾陆眷奔丧时，刘琨让自己的嫡长子刘群陪送。段匹磾兵败，刘群被段末柸俘获。段末柸对他非常有礼，并答应让刘琨当幽州刺史，想和刘琨共同攻击段匹磾。段末柸秘密派遣使者携带刘群写的信，请刘琨当内应，结果被段匹磾的巡逻骑兵抓获。当时，刘琨单独屯兵于征北小城，不知内情，来见段匹磾。段匹磾把刘群的信给他看，并说：“我心中也没有怀疑您，所以告诉您。”刘琨说：“我和您共同结盟，但愿能洗雪国家的耻辱，即便儿子的信秘密地送到我手中，我最终也不会因为一个儿子的缘故辜负您而忘掉大义。”段匹磾素来看重刘琨，本来也没有加害刘琨的意思，准备听任他返回驻屯之地。但段匹磾的弟弟段叔军对他说：“我们是胡夷族，之所以能够让晋国人服从我们，是因为畏惧我们人数众多。现在我们骨肉不和，正是晋人图谋我们的良机，如果有人推奉刘琨为首而起兵，我们这一族就完了。”段匹磾于是扣留了刘琨，不让他返回。刘琨的庶长子刘遵惧怕因此被杀，和刘琨的左长史杨桥等人闭门自守，被段匹磾攻破。代郡太守辟闾嵩、后将军韩据又密谋偷袭段匹磾，事情泄露，段匹磾抓获辟闾嵩、韩据及其党徒，一并处决。

五月初八癸丑，段匹磾假称奉诏拘捕刘琨，把他勒死，并杀掉他的子、侄四人。刘琨的从事中郎卢谌、崔悦等率领刘琨余部逃奔辽西，依附段末柸，尊奉刘群为主，将佐们大多投奔石勒。崔悦是崔林的曾孙。朝廷因为段匹磾势力尚强，希望他能平定河朔，于是不为刘琨发丧。温峤上书称“刘琨尽忠于晋室，家破身亡，应当褒扬优恤”。卢谌、崔悦通过段末柸的使节，也上书为刘琨诉冤。过了几年，才追赠刘琨为太尉、侍中，谥号为“愍”。此时夷人、晋人因为刘琨之死，都不再附从段匹磾。

段末柸派他的兄弟进攻段匹磾，段匹磾率其部众数千人准备投奔邵续，石勒部将石越在盐山截击段匹磾，重创其军。段匹磾又回头保守蓟州。段末柸自称幽州刺史。

当初，温峤受刘琨之命奉呈上书到建康，母亲崔氏坚持阻拦，温峤断袖而去。到达建康后，温峤多次请求返回复命，朝廷不同意。适逢刘琨死，晋元帝司马睿提升温峤任散骑侍郎。温峤听说母亲亡故，因战乱阻隔不能前去奔丧并安葬，所以坚持辞谢封职，苦苦请求北归家乡。晋元帝下诏说：“凡是遵循礼节的人，行为应当符合大道理。现在逆贼未能剪除，奉迎愍帝梓宫的军队尚且无法北进，温峤怎能让自己只顾个人私难，不听从王命呢！”温峤不得已，只好接受封职。

（以上为第九段，写汉主刘聪立宦官王沈养女为皇后，朝野反对，杀掉尚书令王鉴等劝谏者；朝廷重臣刘琨被幽州刺史段匹磾残忍杀害，其子刘群等依附段末柸。）

当初，曹嶷已经占据青州，于是背叛汉国来投降东晋。又因为建康遥远，威势、军援均不能及远，又与石勒勾结。石勒委授曹嶷为东州大将军、青州牧，封为琅邪公。

六月初九甲申，晋元帝司马睿任命刁协为尚书令，荀崧为左仆射。刁协性情刚烈，对一些事情常有不同意见，和侍中刘隗都是晋元帝所宠爱、信任的人。他们想纠正时弊，总是抑制臣下的势力以崇奉皇上的权威，排挤豪强，所以被王氏所恨，许多严酷、劳民的政策，都说是刘隗、刁协的主意。刁协本人又酗酒任性，放浪无羁，攻击公卿大臣，见到他的人都畏惧而不敢正视。

六月二十三日戊戌，晋元帝司马睿封皇子司马晞为武陵王。

刘虎从朔方侵犯拓跋郁律的西部。秋季，七月，拓跋郁律攻打刘虎，获得大胜。刘虎逃到塞外，堂弟刘路孤率部落民众投降拓跋郁律。于是，拓跋郁律向西攻取乌孙故地，向东兼并了勿吉以西地区，兵强马壮，称雄于北方。

汉主刘聪病重，征召大司马刘曜任命为丞相，石勒任大将军，都领尚书事，禀受遗诏辅佐国政。刘曜、石勒坚决地推辞。于是，任命刘曜为丞相，兼雍州牧，石勒为大将军，兼领幽州、冀州牧，石勒推辞不接受。任命上洛王刘景为太宰，济南王刘骥为大司马，昌国公刘顗为太师，朱纪为太傅，呼延晏为太保，同领尚书事；范隆仍为尚书令、仪同三司，靳准为大司空、领司隶校尉，轮流决断尚书所奏事宜。

七月十九日癸亥，刘聪死了。二十日甲子，太子刘粲即位，尊皇后靳氏为皇太后，樊氏号称弘道皇后，武氏号称弘德皇后，王氏号称弘孝皇后；立妻子靳氏为皇后，儿子刘元公为太子。实行大赦，改年号为汉昌。刘聪葬于宣光陵，谥号是昭武皇帝，庙号烈宗。靳太后等人年龄都不到二十岁，刘粲多行非礼之举，并无悲哀神色。

（以上为第十段，写汉主刘聪病重去世，临死前进行重大人事安排，任命养子刘曜、大将石勒为辅佐大臣；皇太子刘粲即帝位，以刘元公为太子，改年号为汉昌。）

靳准私下怀有异志，悄悄地对刘粲说："好像听说诸位公卿准备像商代伊尹、汉代霍光那样代摄朝政，杀掉太保呼延晏和我，让大司马刘骥统领万机，皇上应当早做准备。"刘粲不听。靳准恐惧，又让皇太后靳氏和皇后靳氏二人劝说，刘粲于是听从。收捕太宰刘景、大司马刘骥、刘骥的同母弟车骑大将军吴王刘逞、太师刘顗、大司徒齐王刘劢，全部处死。朱纪和范隆逃奔长安。

八月，刘粲在上林练兵，准备征讨石勒。任丞相刘曜为相国，总督内外军事事宜，仍然镇守长安。任靳准为大将军，领尚书事。刘粲经常在后宫游乐，军国大事，全由靳准决断。靳准假称诏令，让堂弟靳明任车骑将军，靳康为卫将军。

靳准将要作乱，与王延商议。王延不肯依从，驰马准备告发，路上遇见靳康，被劫持回来。靳准便领兵登上光极殿，派甲士抓住刘粲，数落他的罪名并杀了他，谥号隐帝。刘氏的男男女女，不分老幼都斩杀于东市。又挖掘永光、宣光两座陵墓，斩断刘聪尸身，焚毁刘氏宗庙。靳准自称大将军、汉天王，行使皇帝权力，设置百官。靳准对安定人胡嵩说："自古以来没有胡人当天子的，现在把传国玉玺交给你，还给晋王室。"胡嵩不敢接受，靳准发怒，杀掉胡嵩。靳准派使者告诉司州刺史李矩说："刘渊是匈奴屠各部的小丑，趁着晋朝内乱，矫称天命为天子，使得晋怀帝、晋愍帝被俘身死。我立即率众扶侍二帝梓宫送往南方，请报知皇帝。"李矩急速上书晋元帝司马睿，晋元帝派太常韩胤等人奉迎梓宫。汉国尚书北宫纯等召集晋国民众，在东宫建堡固守，被靳康攻灭。靳准想让王延任左光禄大夫，王延骂道："屠各族的逆奴，为什么不快把我杀了，把我的左眼放在西阳门，好看相国刘曜攻进来；把右眼放在建春门，好看大将军石勒攻进来！"靳准杀了王延。

相国刘曜听说国中有乱，由长安前来救难。石勒率领五万精兵攻打靳准，占据襄陵以北平原。靳准多次挑战，石勒坚壁不出，耗去敌人锐气。

冬季，十月，刘曜到达赤壁。太保呼延晏等从平阳前来归附，与太傅朱纪等共同拟上皇帝尊号。刘曜便即帝位，实行大赦，只有靳准一族不在赦免之列。改年号为光初。以朱纪领司徒，呼延晏领司空，太尉范隆以下诸人都官复原职。任命石勒为大司马、大将军，加九锡，增封十郡为私邑，进爵为赵公。

石勒在平阳进攻靳准，巴人、羌人和羯人投降的有十多万人，石勒把他们全部迁徙到自己统治的郡县内。

汉主刘曜派征北将军刘雅、镇北将军刘策屯兵汾阴，与石勒共同讨伐靳准。

（以上为第十一段，写汉国刘粲即位后，外戚靳准阴谋叛乱，设计让刘粲消灭刘氏重臣，然后杀掉刘粲，行使皇权；相国刘曜、大将军石勒起兵平叛；刘曜即帝位，改元光初。）

十一月十三日乙卯，夜间出现太阳，有三丈高。

晋元帝下诏任命王敦为荆州牧，授予陶侃都督交州军事。王敦坚持辞谢，于是听任他为刺史。

十一月十八日庚申，晋元帝下令，让群臣公卿各陈国政得失。御史中丞熊远上疏，认为："胡族敌人作乱中原，二帝梓宫未还，却不能派军征讨，这是第一个过失；官员们不以仇敌未报为耻，只顾饮宴调侃，这是第二个过失；选官用人，不考察实际德行，只看虚名，不求有才干，只重关系，当官的人把治理政事看作是俗吏所为，把遵奉法律看作是苛刻，把尽守礼仪看作是谄谀，把无所事事看作是高妙，把放荡不羁看作是通达之士，把骄傲怠慢看作是简雅，这是第三个过失。时俗所憎恶的人，沉沦于尘埃；时俗所褒扬的人，得以翱翔云霄，所以万事未备，而风俗却虚伪、刻薄。朝廷众官，以顺从为善，意见不合便遭贬责，这怎么能使朝廷有抗辩正直的大臣，怎么能使士人没有为俸禄做官之心呢！古代选拔人才，根据他们陈述的言论，现在光禄大夫不举行考试，大大违背古制。再加上推举贤良不超出豪强世族，刑律实施不到权贵们头上，所以，有才能的人不能成功立业，奸佞之人无从惩治。如果这种做法不改变，希望拯救乱政，实在是太困难了！”

以前，晋元帝司马睿因为正当战乱离散之世，想抚慰、取悦人心，州郡荐举的秀才、孝廉进京不必考试，普遍署任为官吏。尚书陈頵也上书，说：“应当逐渐恢复过去的制度，考试经策。”晋元帝听从，于是下令说：“凡是荐举的秀才、孝廉考试不合格的，所在地的刺史、太守免职。”这样，被荐举出来的秀才、孝廉都不敢来参加考试，即使有来的，也都以生病为由推托，连续三年没有应试者。

晋元帝司马睿想将已到京的孝廉按特例处理授予他们官职，尚书孔坦上奏发表意见，认为：“附近州郡的孝廉怕牵累长官、家人，都不敢来，而远处州郡的孝廉寄希望于免于考试，冒昧前来。现在如果一律只授予他们官职，那么持身严谨、奉尊法令的人便失去了机会，而心存侥幸、冒险一试的人却得到了官职，风气败坏、教化不行，恐怕从此开始。不如所有的人都不授官职，推延策试日期，让他们再去学习，这样法令便公正而诚信。”晋元帝听从，将策试孝廉向后推迟七年才举行。孔坦是孔愉的侄子。

（以上为十二段，写晋元帝司马睿下令群臣指陈治政得失，御史中丞熊远痛陈为政之失，积重难返；陈頵、孔坦认为应改革州郡举荐秀才、孝廉的用人制度，宜恢复考试择优录用，元帝从之。）

叛臣靳准派侍中卜泰赠送车驾、服御给石勒，向他请和。石勒囚禁卜泰，押送到汉主刘曜那里。刘曜对卜泰说：“先帝刘粲末年，行为实在是违背人伦。大司空靳准行使伊尹、霍光那样的权利，使得我能登上君位，功劳很大。如果能早日迎奉大驾，我会把政事全部委托他管辖，何况免除一死呢！你为我进城去向靳准原原本本地传达我的意思。”卜泰回到平阳转告靳准，靳准自己觉得杀害了刘曜的母亲、兄弟，犹豫不决。

十二月，左、右车骑将军乔泰、王腾以及卫将军靳康等，合谋杀了靳准，推举尚书令靳明为主，派遣卜泰奉送传国的六颗印信投降汉主刘曜。石勒大为恼怒，进军攻击靳明，靳明出兵迎战，大败，于是环城固守。

十二月初五丁丑，晋元帝司马睿封皇子司马焕为琅邪王。司马焕是郑夫人所生，已经两岁了，晋元帝宠爱他。因为他生病很重，所以封他为王。初七己卯，司马焕死。晋元帝依照成人的礼仪安葬他，准备吉凶仪服，营造园陵，花费的人力、财力很多。琅邪国右常侍、会稽人孙霄上书劝说道：“古时候凶年、荒年都要简化繁文缛节，何况当今国内正处于丧乱之中，即便是宪章旧制，尚且应当简化，而礼典本无之事，难道应当这样大肆铺张吗？穷尽已经疲惫的民众，去干无益的事情，耗干已经困乏的财力，用以修建无用的东西，这使我深感不安。”晋元帝不听。

彭城内史周抚杀掉沛国内史周默，率其部众投降石勒。晋元帝司马睿下令，让下邳内史刘遐兼任彭城内史一职，和徐州刺史蔡豹、泰山太守徐龛共同讨伐周抚。蔡豹是蔡质的玄孙。

石虎率领幽州、冀州的军队与石勒会合，进攻平阳。靳明多次战败，派遣使者向汉主刘曜求救。汉主刘曜派刘雅、刘策相迎，靳明率平阳士民一万五千人逃奔汉国。刘曜驻屯西部的粟邑，拘捕靳氏家人，不分老幼全都杀掉。刘曜从平阳迎回母亲胡氏的灵柩，安葬于粟邑，号称阳陵，上谥号为宣明皇太后。石勒焚毁平阳的宫室，让裴宪、石会修复永光、宣光二座陵墓，收敛汉主刘粲以下一百多人尸体入土埋葬，安排好戍守的军队，然后返回。

成汉国的梁州刺史李凤多次立功，成汉国主李雄兄长的儿子李稚在晋寿县，嫉恨李凤。李凤占据巴西背叛成汉。李雄亲自到涪县，派太傅李骧攻打李凤，将李凤斩杀。任命李寿为前将军，督察巴西军事事宜。

（以上为第十三段，写晋元帝司马睿为二岁的亡儿大办丧事，遭到大臣指责；汉国靳准反叛后，受到刘曜和石勒的两面夹攻，被杀，余党投降刘曜，皆被杀灭全族。）

【点评】

司马睿立国。公元 318 年，随着晋愍帝司马邺被汉主刘聪杀害，西晋王朝完完全全地画上了句号，结束了八王之乱、永嘉之乱。在司马邺被俘后，司马氏族的旁支，先后被封为琅邪王、安东将军、丞相的司马睿，在晋朝贵族与江东大族的支持下，在江东称晋王，建元建武；司马邺被杀后，司马睿在江东即帝位，为晋元帝，史称“东晋”。对司马睿的立国，如何评价呢？

其一，司马睿并非实力派，因占据了江东的有利地形渐成气候。在西晋八王之乱接近尾声的时候，时为琅邪王的司马睿作为配角，配合东海王司马越参与了一些活动，但从来没有以主角的身份出现，后来司马越失败，司马睿还差点遭遇不幸。司马睿到洛阳后，马上把家眷接出来，逃到自己的封地琅邪。永嘉之乱发生后，司马睿被封为安东将军，渡江来到建业。由于是司马氏旁支，他在皇族中声望不高，势力单薄，而得不到士族的支持。所以，无论是当了晋王，还是称帝以后，都是小心翼翼，战战兢兢。而他能够登上帝位，完全是因占据着有利地形，有长江天险庇护。中原地区一团乱麻，当时的豪强割据者还无暇顾及江东这块地方，当年石勒打算渡江而来，也由于天公不作美等种种原因而作罢。

其二，司马睿偏安江东，缺少收复中原、统一天下的雄心大志。当洛阳沦陷，司马邺在长安时，几次下令叫司马睿出兵北伐，而司马睿一百个不情愿，阳奉阴违，迟迟没有出兵，祖逖等强烈要求出兵，司马睿就封他为奋威将军，让他率领可怜的几千人北伐。后来，司马邺被俘，乃至被杀，消息传到江东，江东上下群情激愤，都要求打过长江去，收复中原失地，而司马睿为了满足群臣的情绪需要，虽然说得慷慨激昂，并号令以抚军大将军司马羕为首的九军出兵北伐，可滑稽的是，他又将司马羕召回，北伐之事不了了之。可见，司马睿根本无心收复中原，虽然有些行动，也是做做样子而已。诚如后人所评论说："若（晋）元帝，仅能保区区之江左，略无规取中原之心。"

其三，司马睿始终受制于王导等士族，算是一个傀儡皇帝。有句成语叫"成也萧何，败也萧何"，司马睿即是如此。一开始，司马睿到江东去，就把出身魏晋名门琅邪王氏的王导带在身边，对王导的谋略言听计从。他称王导为"仲父"，并对王导说："你就是我的萧何啊！"司马睿在即位为皇帝接受百官朝贺时，觉得王导功不可没，再三请王导同坐御床受贺，这一方面使王导受宠若惊，一方面也刻画出司马睿的小心翼翼。而王导再三辞让，说："如果太阳也和地上的万物一样，那么老百姓该到哪里去沐浴光辉呢？"司马睿这才作罢。这似乎是一则政治笑话，但历史的事实确实如此。原来，王导当时在朝廷担任丞相，掌控朝政；其堂兄王敦手握强兵，控制着长江中游地区，更有专擅朝政的意图；朝野中有四分之三的官员都是王家人或者与王家相关的人。时人谓之"王与马，共天下"。

司马睿在江东立国，应当说是有着积极意义的，对当时的时局也产生了积极的影响，但因势单力薄，缺乏统一中原的雄心壮志，又处处受制于王氏士族，故没有什么大的作为，仅是苟全偏安而已。后人评论司马睿为"实一庸主，毫无远略"，虽然略有贬低之嫌，但也道出了实情，有可信之处。

晋纪十三

晋元帝太兴二年至四年（公元 319—公元 321）

【起屠维单阏（己卯，公元 319 年），尽重光大荒落（辛巳，公元 321 年），凡三年】

【大事提要】

本卷记事起公元 319 年，讫公元 321 年，凡三年，当晋元帝（司马睿）太兴二年至太兴四年。本卷所载大事，主要是五个方面。其一，刘曜迁都，改变国号。刘聪之父刘元海收养族子刘曜为养子，故刘曜为刘聪之养弟。刘曜勇武过人，尤好兵书，后任为相国，镇守长安。公元 319 年迁都长安，立晋惠帝司马衷羊皇后为后，又设立宗庙社稷，行南北郊礼，不再称“汉”，改国号为“赵”，史称“前赵”。以冒顿配天、刘渊配上帝祭祀。其二，司马保自称晋王。南阳王司马模之子司马保，初为南阳国世子，司马模降汉被杀后，司马保据上邽，自号大司马，后进位相国。西晋亡，司马睿在江左称帝，建立东晋政权。司马保不服，于公元 319 年自称晋王，改元为建康，署置百官，因部下不和而被掳杀。其三，石勒称王，后赵建国。前赵猛将石勒势力强盛，后与前赵主刘曜决裂，其将佐劝其自称尊号。公元 319 年，石勒于襄国即赵王位，依刘备在蜀、曹操在邺故事，创建赵国，史称“后赵”。建社稷宗庙，营造东西宫，设立百官，并作律令、礼仪，减赋、尊老。其四，慕容廆占据辽东。公元 319 年，东晋平州刺史崔毖见士民多归鲜卑族首领慕容廆，暗中联络高句丽、段氏、宇文氏合击，并分其地。慕容廆利用离间计，高句丽、段氏引兵归，又打败宇文氏，三部均请和，慕容廆尽占辽东，被东晋任为安北将军、平州刺史。其五，晋元帝疏忌王导兄弟。司马氏与琅邪王氏“共天下”，晋元帝司马睿对王导兄弟十分忌惮，引刘隗、刁协等人为心腹，以与其相抗，疏远王导兄弟。王导表现淡泊，王敦则心怀怨恨。大臣力陈王导有佐命之功，宜继续使用，晋元帝感悟，对待王导如初，王导由此获全。

中宗元皇帝中

晋元帝太兴二年（己卯，公元 319 年）

春季，二月，晋将刘遐、徐龛在寒山攻击周抚，攻破并杀死周抚。当初，掖县人苏峻率领乡里数千家民众营造壁垒自保，远近民众大多附从。汉将曹嶷痛恨苏峻势力强大，准备攻打他，苏峻率领部众渡海投奔东晋。晋元帝司马睿任命苏峻为鹰扬将军，因为帮助刘遐讨伐周抚有功；下令任命刘遐为临淮太守，苏峻为淮陵内史。

石勒派遣左长史王修向汉主献俘告捷，汉主刘曜派遣兼司徒郭汜授予石勒太宰、领大将军，晋升爵位为赵王，给予特殊礼遇，出入宫禁，如同曹操辅佐汉室的旧制。拜王修和他的副将刘茂为将军，封为列侯。王修的舍人曹平乐随从王修到粟邑，顺势留在汉国做官，他对刘曜说："大司马石勒派王修等人前来，外表至为忠诚，实则是窥察您的强弱，等他回去报告后，将要袭击您。"当时汉军的确疲惫，刘曜相信了曹平乐所言，于是命人追回郭汜，在街市上杀了王修。

三月，石勒回到襄国。刘茂逃回，告知王修死的情况，石勒大怒，说："我侍奉刘氏，已经超过了臣下该尽的本职。刘氏的基业都是我所创下的。现在他志得意满，却反过来想算计我。赵王、赵帝，我自己就能做，哪里还要等他呢！"于是，诛杀曹平乐三族。

晋元帝司马睿令群臣商议郊祀之事，尚书令刁协等人认为应该等还都洛阳之后再举行。司徒荀组等人说："汉献帝迁都许昌，马上便举行郊祀，又何必等到回到洛邑之时！"晋元帝听从了荀组等人意见，在建康城的巳地建立郊祀圆丘。

三月辛卯日，晋元帝司马睿亲自到南郊祭天，因为还没有北郊，所以连同地祇合并祭祀。晋元帝下令说："琅邪恭王应当称作皇考。"贺循说："根据《礼》，儿子不敢把自己的爵位加在父亲身上。"于是，停止执行。

当初，蓬陂坞主陈川自称陈留太守，祖逖攻打樊雅之时，陈川派部将李头助战。李头力战建功，祖逖对他另眼相看。李头常常感叹地说："能得到祖逖做自己的主公，我死无遗憾。"陈川听说了就杀了李头。李头的党徒冯宠率领部众投降祖逖，陈川更加恼怒，大肆攻掠豫州诸郡，祖逖派兵打败了他。夏季四月，陈川占据浚仪背叛，投降石勒。

周抚败逃时，是徐龛的部将于药追上并杀了他，等到朝廷论功时，却是刘遐占先。徐龛生气，占据泰山背叛，投降石勒，自称兖州刺史。

汉主刘曜回到长安，定都于此，立后妃羊氏为皇后，儿子刘熙为太子。封儿子刘袭为长乐王，刘阐为太原王，刘冲为淮南王，刘敞为齐王，刘高为鲁王，刘徽为楚王，各宗室子弟都进封郡王。羊氏就是过去惠帝司马衷的皇后。刘曜曾经问她说："我比起司马家的孩子怎么样？"羊氏说："皇上是开基的圣主，他是亡国的昏君，怎么能相提并论！他贵为帝王时，只有一个夫人、一个孩子和他自己三个人，竟然都不能庇护。我在那时实在是不想活了，以为世上的男人都是这样。自从做了您的妻子，才知道天下自有大丈夫。"刘曜非常宠爱她，她常常干预国事。

（以上为第一段，写汉国大司马石勒派人向汉主刘曜献俘告捷，刘曜封之为赵王，随后又杀其使者，石勒勃然大怒；惠帝司马衷皇后羊氏被刘曜立为皇后，得到宠幸；晋元帝司马睿在南郊祭祀天地。）

南阳王司马保自称晋王，改年号为建康，设置百官，任命张寔为征西大将军，开府仪同三司。陈安自称秦州刺史，投降汉国，后又投降成汉国。上邽发生严重饥荒，士民困迫，张春侍奉司马保去南安的祁山。张寔派遣韩璞率领步、骑兵五千救援司马保，陈安退守绵诸，司马保回到上邽。不久，司马保又被陈安进逼，张寔派遣部将宋毅救援，陈安才退军。

江南发生严重饥荒，晋元帝下令让百官各自上书奏事。益州刺史应詹上书说："自元康年间以来，轻视经典，崇尚道学，把玄虚、弘放视作旷达，把儒学、廉俭看作鄙俗，应当尊崇和奖掖儒官，以革新风俗教化。"

祖逖在蓬关进攻陈川，石勒派石虎率兵五万救援，两军在浚仪交战，祖逖兵败，退军驻屯梁国。石勒又派桃豹率兵到达蓬关，祖逖退守淮南。石虎将陈川部众五千户迁徙到襄国，留下石豹守卫陈川故城。

石勒派遣石虎在朔方重创鲜卑日六延，斩首二万，俘虏三万多人。孔苌攻取了幽州诸郡。段匹磾因士众饥饿离散，想移军保守上谷，代王郁律领兵准备攻击他，段匹磾丢弃妻子儿女逃奔乐陵，依附邵续。

曹嶷派使者给石勒送去财物，请求以黄河作为分界线，石勒答应了。

梁州刺史周访进攻杜曾，获得大胜。马隽等人抓住杜曾投降，周访斩杀杜曾，并抓获荆州刺史第五猗，送往武昌。周访因为第五猗本是朝廷任命，而且有一定声望，告诉王敦最好不要杀他，王敦不听，杀了第五猗。

当初，王敦忧虑杜曾难以控制，对周访说："如果能擒获杜曾，我将论功让你治理荆州。"等到杜曾死后，王敦不用周访。王廙在荆州，杀了许多陶侃的将佐，因为皇甫方回是陶侃所敬重的人，王廙责怪他不拜奉自己，把他拘捕杀害。士人民众因此怨怒，上下关系紧张。晋元帝听说这件事，征召王廙担任散骑常侍，让周访代替王廙担任荆州刺史。王敦嫉妒周访有威名，有意为难。从事中郎郭舒劝说王敦道："本州虽然荒凉凋敝，却是用武之地，不可以让人占有，应当自己管辖。周访治理梁州就够了。"王敦听从了他的话。

六月初七丙子，晋元帝下令，授予周访安南将军，其余职务不变。周访大为恼怒。王敦亲自写信劝解，并赠玉环、玉碗，表示看重之意。周访扔在地上，说："我难道是商人和小孩吗？怎么可以用宝物来让我高兴呢！"周访在襄阳发展农业、训练士卒，暗藏谋算王敦的心志。官吏有缺员就自行补录，然后才上报。王敦对他深以为患，但又不能控制他。

魏该被胡族敌人所逼迫，从宜阳率领部众向南迁移到新野，因帮助周访讨伐杜曾有功，被任为顺阳太守。

赵固死，郭诵屯军阳翟，石生多次进攻，不能取胜。

（以上为第二段，写司马保不臣服司马睿，自称晋王；祖逖北伐，被石勒派大军打败，退守淮南；周访进攻叛将杜曾，获得大胜，担任荆州刺史，与王敦渐生嫌隙。）

汉主刘曜在长安建立宗庙、社稷和南郊、北郊，下令说：“我的祖先从北方开始兴盛，光文建立汉国宗庙是为了顺从民众愿望。现在应当改国号，奉单于为祖。尽快论议上报！”群臣上奏说：“光文最早受封卢奴伯，皇上又曾在中山称王。中山本是赵国领土，请求改国号为赵。”刘曜听从，将冒顿配祀上天，光文配祀上帝。

徐龛骚扰济水、泰山之间，攻破东莞。晋元帝司马睿向王导询问将帅中有谁能够征讨徐龛，王导认为太子左卫率泰山人羊鉴，是徐龛州里的显贵豪族，必能制服徐龛。羊鉴恳切地推辞，认为自己不是将帅之才；郗鉴也上书认为羊鉴不是合适的人选，不能委派，王导不听。

秋季，八月，朝廷任命羊鉴为征虏将军、征讨都督，总领徐州刺史蔡豹、临淮太守刘遐、鲜卑部段文鸯等攻打徐龛。

冬季，石勒的左、右长史张敬、张宾，左、右司马张屈六、程遐等劝石勒称皇帝尊号，石勒不同意。十一月，将佐们又请求石勒称大将军、大单于、领冀州牧、赵王，依照蜀汉昭烈帝刘备在蜀、魏武帝曹操在邺的旧例，以河内等二十四郡为赵国，太守都改为内史，根据《尚书·禹贡》，恢复冀州的行政区划，以大单于的身份镇抚众蛮族；撤销并州、朔州、司州的建置，合置部司监管，石勒同意了。十一月戊寅日，石勒即赵王位，实行大赦，依照春秋时列国旧例称为元年。

当初，石勒因为世事紊乱，律令繁多，命法曹令史贯志采集纲要，作《辛亥制》五千字，施行十多年，才用律令。任用理曹参军、上党人续咸为律学祭酒，续咸运用法律细致、公平，受到国人的称赞。任用中垒将军支雄、游击将军王阳兼门臣祭酒，专管胡人的诉讼，严厉禁止胡人，不许他们欺陵污辱具有较高文化的汉人，把胡人称作国人。派遣使者巡行州郡，鼓励、督促农业生产。朝会时开始用天子的礼乐，衣冠、仪物都充足可观。升任张宾为大执法，专门总理朝政，任命石虎为单于元辅、都督禁卫各种军务，不久又担任骠骑将军、侍中、开府，赐爵为中山公。其余群臣，授官进爵各有等次。

张宾得到的职位高、待遇优厚，群臣没有可比拟的，但他本人却很谦虚、恭敬、小心，真诚地折节下士，杜绝私情，以身作则，入朝时直言规劝，出外却将美誉归功于主上，石勒非常看重他。每次上朝，经常因为张宾的缘故端正容貌，修饰辞令，以右侯称呼张宾，不叫他的名字。

（以上为第三段，写汉主刘曜奉单于为祖，改国号为赵，将冒顿配飨上天，刘渊配飨上帝；大将军石勒建立后赵国，自封赵王，用天子礼乐，制定历法，任用百官。）

十二月初九乙亥，晋朝大赦天下。

平州刺史崔毖自以为在中州享有声望，现在镇守辽东，而士民却大多归附慕容廆，心中不服。多次派遣使者招纳士民，但他们全都不来。崔毖怀疑是慕容廆截留他们，于是暗地游说高句丽、段氏和宇文氏，让他们共同攻打慕容廆，约定剪灭慕容廆后，共同瓜分他的辖地。崔毖的亲信、渤海人高瞻极力劝谏，崔毖不听。

高句丽、段氏、宇文氏三国合兵攻打慕容廆，慕容廆部下众将请战，慕容廆说："他们被崔毖诱惑，想乘机谋利。军势刚刚会合，锋头正锐，现在不能和他们交战，应当固守以挫其锐气。他们乌合前来，既没有统一的号令，互相之间又不服气，时间久了必然产生二心，一来怀疑我和崔毖共使欺诈，想消灭他们；二来三国之间也互相猜忌。等到他们人心离散，然后进攻，一定能打败他们。"

三国军队进攻棘城，慕容廆闭门固守，派遣使者单独用牛和酒犒劳宇文氏。高句丽和段氏怀疑宇文氏与慕容廆勾结，各自领军退还。宇文氏首领悉独官说："高句丽和段氏虽然回去，我要独自攻取慕容廆。"

宇文氏士兵有数十万，营寨相连有四十里。慕容廆派人从徒河征召儿子慕容翰。慕容翰派遣使者告诉慕容廆说："悉独官倾国来犯，敌众我寡，易于智取，难以力敌。现在城中的军队，已足以防御，我请求作为外面的奇兵，伺机攻击，内外同时发兵，使他们惊骇而不知道如何防备，这样一定能打败他们。如果现在把兵力集中在一处，他们便能专心攻城，没有其他顾虑，这不是妥当的对策。而且这是向民众表示内心的怯惧，恐怕还没有作战，士气就要先丧失了。"慕容廆犹疑不决。辽东人韩寿对慕容廆说："悉独官有侵凌进逼的志向，将领骄纵，士兵疲惰，军队组织松散，如果使用奇兵突然发难，在他们没有防备时实施攻击，这是必定取胜的策略。"慕容廆这才同意慕容翰留在徒河。

悉独官听说慕容翰留在徒河，说："慕容翰素来以骁勇果敢闻名，现在不进城，或许会成为祸患，应当先攻取他，城里不足为患。"于是，分出数千骑兵攻击慕容翰。慕容翰得知此事，派人假扮成段氏的使者，在路上迎住悉独官的骑兵，对他们说："慕容翰长久以来就是我心头之患，听说你们将要进攻他，我们已严阵以待，你们可以快速前进。"使者离开以后，慕容翰立即出城，设下埋伏等待宇文氏的军队。宇文氏的骑兵见到使者，大为高兴，骑马驰行，不再防备，进入伏击圈中。慕容翰突然攻击，全部俘获了他们。

慕容翰又乘胜进军，同时派遣密使告诉慕容廆，让他出兵大战。慕容廆令其子慕容皝和长史裴嶷率领精锐士兵为前锋，自己统领大军随后。悉独官原先没有设防，听说慕容廆来了，大惊，倾巢出战。两军前锋刚刚交战，慕容翰率领一千多骑兵从旁侧直冲入悉独官军营，纵火焚烧。悉独官的士兵都惶恐不安，不知所措，结果大败，悉独官只身逃脱。慕容廆尽数俘获他的士兵，缴获到皇帝玉玺。

崔毖听说此事，心中恐惧，让他兄长之子崔焘到棘城假装祝贺。正巧高句丽、宇文氏、段氏三国使者也来请和，都说："我们本来并不想与你为敌，是崔毖让我们这么做的。"慕容廆让崔焘见三国使者，执刀相对，崔焘害怕，低头臣服。慕容廆便让崔焘回去对崔毖说："投降是上策，逃跑是下策。"并带兵随后而行。崔毖带着数十骑，弃家逃奔高句丽，部众全部投降慕容廆。慕容廆任命儿子慕容仁为征虏将军，镇守辽东，官府、市里，一仍其旧。

高句丽将领如奴子占据于河城，慕容廆派将军张统突然袭击，擒获如奴子，俘虏部众一千多家。因为崔焘、高瞻、韩恒、石琮归附棘城，慕容廆以客人的礼节对待他们。韩恒是安平人；石琮是石鉴的孙子。

慕容廆任命高瞻为将军，高瞻以有病为由不去就职。慕容廆多次亲临问候，抚摸他的心口说："您的病在这儿，不在别处。现在晋皇室丧乱，我想和诸君共同廓清世上的灾难，辅佐、拥戴帝室。您是中州的名门望族，应当与我同有此愿，为何因为华夷之别，便耿耿于怀，故意疏远呢！至于立功成事，只问志向、才略怎样便可以了，何须再问是华夏还是夷族呢！"高瞻还是不肯出来做官，慕容廆心中颇为愤愤不平。龙骧主簿宋该与高瞻有矛盾，劝说慕容廆除去高瞻，慕容廆没有听从。高瞻因是忧虑而死。

（以上为第四段，写高句丽、宇文氏、段氏受平州刺史崔毖挑唆，联兵攻打鲜卑首领慕容廆，慕容廆用离间计使高句丽、段氏撤兵，然后打败宇文氏，三国归服。）

当初，鞠羡已死，苟晞又让鞠羡的儿子鞠彭担任东莱太守。适逢曹嶷到青州巡行，和鞠彭相互攻击。曹嶷的军队虽然强大，但郡民都为鞠彭拼命死战，曹嶷不能取胜。相持日久，鞠彭叹息说："现在天下大乱，强大者是英雄。曹嶷也是同乡之人，有天相助。只要可以依靠，便可为民众主宰，何必和他力争，使百姓肝脑涂地呢！我离开这里，战祸就会自然停止。"郡里民众都认为这样不行，争相进献抵抗曹嶷的计谋，鞠彭一个都不用，随同乡里数千家民众渡海归附崔毖。北海人郑林客居东莱，对于鞠彭、曹嶷之间的争斗，无所偏向。曹嶷认为他有贤德、不敢侵犯、劫掠。鞠彭和他一同离开。到了辽东，崔毖已经失败，鞠彭等人于是归附慕容廆。慕容廆让鞠彭参与龙骧军事。赠送郑林车乘、服牛、粟谷、布帛，郑林都不接受，亲自在田野里耕种。

宋该劝说慕容廆向江南晋皇室献俘告捷。慕容廆命宋该撰写奏文，让裴嶷奉持，连同得到的三个玉玺，一起送到建康进献。

高句丽多次侵扰辽东，慕容廆派遣慕容翰、慕容仁领军讨伐。高句丽王乙弗利迎接二将，请求缔结盟约，慕容翰、慕容仁于是回师。

这年，蒲洪投降前赵，前赵主刘曜封蒲洪为率义侯。

屠各部落的路松多起兵于新平、扶风，归附晋王司马保。司马保派部将杨曼、王连占据陈仓，张顗、周庸占据阴密，路松多占据草壁，秦州、陇州的氐人和羌人大多响应他们。前赵主刘曜派遣多员将领攻打，不能取胜，刘曜准备自己亲征。

（以上为第五段，写鞠彭为东莱太守，青州刺史曹嶷前来争夺地盘，鞠彭退让离开东莱，渡海而去，避免争端；慕容廆向司马睿献俘告捷。）

晋元帝太兴三年（庚辰，公元 320 年）

春季，正月，刘曜进攻陈仓，王连战死，杨曼逃奔南氐。刘曜进而攻取草壁，路松多逃往陇城。刘曜又攻取阴密，晋王司马保恐惧，迁都于桑城。刘曜回到长安，任刘雅为大司徒。

张春筹划侍奉晋王司马保逃奔凉州，张寔派遣部将阴监带兵来迎，说是护卫，其实是阻拦。

段末柸进攻段匹磾，打败了段匹磾的军队。段匹磾对邵续说："我本来是夷族，因为仰慕君臣大义，招致兵败家破。您如果不忘我们的旧约，便请和我共同抗击段末柸。"邵续答应了，于是和段匹磾共同追击段末柸，使段末柸的军队受到重创。段匹磾和兄弟段文鸯进攻蓟州，后赵王石勒知道邵续势单力薄，派遣中山公石虎率军围攻厌次，又让孔苌进攻邵续，攻下十一座别营。

二月，邵续亲自率军出击石虎，石虎埋伏骑兵截断其退路，结果抓住了邵续，并让他向城中军民劝降。邵续呼唤兄长的儿子邵竺等人，对他们说："我的志向是想报效国家，不幸落到了这步田地，你们努力尊奉段匹磾为主帅，不要有异心。"段匹磾从蓟州归来，还没有到厌次城，就听说邵续已被俘，部众惊恐逃散，又被石虎乘势攻击，段文鸯依仗数百亲兵的奋力死战，才得以进入厌次城中，和邵续的儿子邵缉、邵续兄长之子邵存、邵竺等人环城固守。石虎把邵续解送到襄国，石勒认为邵续是忠贞之士，释放了他，以礼相待，任为从事中郎。继而下令说："从今以后克敌制胜，俘获士人不许擅自杀害，一定要活着送来。"

吏部郎刘胤听说邵续受到攻击，向晋元帝司马睿上言说："北方的藩镇已经尽失，只剩下邵续一处了。如果让他再被石虎攻灭，会使忠义之士感到孤寂，并阻塞回归国家的道路。我认为应当发兵救助。"晋元帝没有听从。后来听说邵续已被擒，于是，下诏把邵续的职位授予其子邵缉。

前赵将军尹安、宋始、宋恕、赵慎的四支军队驻屯洛阳，叛国投降后赵。后赵将领石生率军前往洛阳，尹安等人又背叛后赵，向晋朝的司州刺史李矩投降。李矩让颍川太守郭默带兵进入洛阳。石生俘获宋始这支军队向北渡过黄河，于是，黄河以南的民众都相互牵引归附李矩，洛阳城为之一空。

三月，裴嶷到达建康，盛赞慕容廆有威德，贤俊之士都乐意为他效力，朝廷这才开始重视慕容廆。晋元帝司马睿对裴嶷说："您本是朝中名臣，应当留在江东，我另外下令，让龙骧将军慕容廆把您的家属送来。"裴嶷说："我自小蒙受晋室的恩宠，出入宫禁，如果能重新侍奉皇上，是我无上的荣耀。只是因为之前京都沦陷，山陵毁败，即使是名臣宿将，也没有能够报仇雪耻。只有龙骧将军慕容廆尽忠于晋王室，立志驱除凶逆，所以派我不远万里前来表示忠诚。现在如果我来而不返，他一定认为朝廷因为他偏远落后而抛弃他，辜负他崇尚大义之心，使他懈怠攻打逆贼之事，而这正是我所珍视的，所以我不敢因为个人私利而忘却公义。"晋元帝说："您说得对。"于是，派遣使者随同裴嶷前往，赐封慕容廆为安北将军、平州刺史。

（以上为第六段，写鲜卑首领段末柸打败段匹磾，晋将邵续出兵支援，打败段末柸；赵国石虎打败并活捉邵续，邵续忠晋之心不改；慕容廆报捷东晋，被封为安北将军。）

闰月，晋朝任命周𫖮为尚书左仆射。

晋王司马保部将张春、杨次和别将杨韬不和，劝司马保杀掉杨韬，并且请求攻打陈安，司马保都没听从。夏季，五月，张春、杨次软禁晋王司马保，并杀了他。司马保身高体胖，重百斤；嗜睡，喜欢读书，但糊涂懦弱、缺少决断，所以遇难。司马保没有儿子，张春立宗室子弟司马瞻为晋王世子，自称大将军。司马保的部众离散，逃奔到凉州的有一万多人。陈安上书给前赵主刘曜，请求征讨司马瞻等人。刘曜任陈安为大将军，进攻司马瞻并杀了他。张春逃奔到枹罕。陈安抓住杨次，在司马保灵柩前将他斩首，用来祭奠司马保。陈安用对待天子的礼节把司马保葬于上邽，谥号元王。

晋将羊鉴攻打徐龛，在下邳驻扎，不敢前进。蔡豹在檀丘击败徐龛，徐龛向后赵求救。后赵主石勒派部将王伏都救援，又让张敬率军作为后援。石勒向徐龛多有索求，而王伏都又淫荡残暴，徐龛深感忧患。张敬部到达东平，徐龛怀疑他是来袭击自己，于是将王伏都等三百多人斩首，又向东晋请降。石勒勃然大怒，命令张敬占据险要地形固守。晋元帝司马睿也憎恶徐龛反复无常，不接受他的请降，敕令羊鉴、蔡豹按原计划进行攻打。羊鉴仍然疑虑、忌惮，停止不前，尚书令刁协上书弹劾羊鉴，朝廷下令免除他的职务，饶其不死，让蔡豹代为指挥军队。王导因为自己荐人不当，自请贬职，晋元帝不同意。

六月，后赵孔苌进攻段匹磾，仗着取得胜利便不再防备，段文鸯趁势攻击，孔苌大败。

京兆人刘弘客居凉州的天梯山，用妖术迷惑民众，随他受道的有一千多人，西平元公张寔身边的人也都崇奉他。张寔的帐下阎涉、牙门赵印都是刘弘的同乡。刘弘对他们说："上天送给我神玺，应当统治凉州。"阎涉、赵印深信不疑，私下与张寔身边的十多人密谋杀害张寔，侍奉刘弘为主君。张寔的弟弟张茂得知他们的计划，请求诛杀刘弘。张寔命令牙门将史初拘捕刘弘，史初还未到刘弘处，阎涉等人怀藏凶器入内，把张寔杀死在正殿。刘弘见史初到来，对他说："张寔已经死了，为什么还要杀我！"史初发怒，把他割掉舌头后关了起来，在姑臧城的街市上处以车裂的酷刑，并诛杀刘弘党徒数百人。左司马阴元等人认为张寔的儿子张骏年龄幼小，推举张茂为凉州刺史、西平公，在境内赦免罪犯，任张骏为抚军将军。

（以上为第七段，写晋王司马保暗弱无断，被部将杀害，部众星散；晋将羊鉴畏敌不前，被免职；凉州刺史张寔被部将杀害，弟张茂继任官职。）

六月二十三日丙辰，前赵将领解虎和长水校尉尹车谋反，与巴族酋长句徐、厍彭等人相勾结，事发后，解虎、尹车都被处决。前赵主刘曜将句徐、厍彭等五十多人囚禁在阿房，准备统统杀掉。光禄大夫游子远劝说道："圣贤的君主施用刑罚，只不过诛杀首恶而已，不宜滥杀。"为此直言诤谏，以致磕头流血。刘曜发怒，认为这是帮助叛逆者，因而把游子远囚禁起来，尽杀句徐、厍彭等五十多人，暴尸于街市达十天，然后将尸首投弃水中。于是巴郡民众都起来造反，推举巴郡酋长句渠知为首，自称大秦，改年号为平赵。四山的氐族、羌族、巴族、羯族有三十多万人群起响应，关中因此大乱，城门白天也关闭。游子远又从狱中上书进谏，刘曜撕毁奏文，说："这个大荔的奴仆，不担忧自己命在须臾，还敢如此，是嫌死得晚吗？"喝令手下人立即杀掉他。中山王刘雅、郭汜、朱纪、呼延晏等人劝说道："游子远遭幽禁，朝不保夕，依然不忘劝谏，这是最大的忠贞。皇上即使不能听用其言，又怎么能杀他呢！如果游子远早上被杀死，我们也当在晚上死去，以此显示皇上的过错，这样天下人都将舍弃皇上而离去，谁与皇上为伍呢？"刘曜怒意缓和，于是赦免了游子远。

前赵主刘曜下令都城内外严加戒备，自己将亲征句渠知。游子远又进谏："皇上如果确实能用我的计谋，一个月可以平定叛乱，自己也不必亲征。"刘曜说："你说说看。"游子远说："他们造反，并非因为有什么远大的志向，不是想要图谋帝王之业，只不过是畏惧皇上威严的刑罚，想逃免一死罢了。皇上不如不计前嫌，实行大赦，让他们重新做人。前些时日受解虎、尹车之事牵连坐罪，其家人中被籍没为奴的老弱者，全都释放遣返，让他们自己互相招引，允许他们重操旧业。他们既然得到生路，怎么会不降服呢！假如其中有人自知罪过深重，因而聚集不散，希望皇上调给我弱兵五千，我一定替皇上消灭他们。如果不这样做的话，现在造反的人漫山遍野，即使皇上亲征，恐怕也不是短期内可以消灭的。”刘曜非常高兴，即日实行大赦，任命游子远为车骑大将军、开府仪同三司，总领雍州、秦州征讨等军务。

游子远屯军雍城，投降的人有十多万；移军至安定，反叛者都归降。只有句氏宗党五千多家在阴密固守，游子远率军进攻，将其歼灭，于是率军巡行陇右。

此前氐人、羌人的十多万村落凭仗险要地势不肯降服，其酋长虚除权渠自号秦王。游子远率军进逼其壁垒，虚除权渠率兵出战，五战都失败了。虚除权渠想投降，他的儿子伊馀向部众高声煽动说：“以前刘曜自己来，尚且没把我们怎么样，何况这仅是偏师，为什么要投降？”伊馀率领五万精锐士兵，于清晨进逼至游子远军营门前。游子远手下诸将想反击，游子远说：“伊馀十分悍勇，当今天下无敌，他统领的军队也比我方精锐。况且又正当他父亲刚刚战败之时，他怒气正盛，锐不可当。不如暂缓出战，等他们士气衰竭了，然后攻击他们。”于是坚守营寨不出战。伊馀有骄傲的神色，游子远侦察到他不加防备，夜间率领军队在草席上进食，第二天凌晨，正逢大风刮起尘土弥漫，游子远率全军突袭，活捉伊馀，俘虏了他的全部部众。虚除权渠大为恐慌，披散着头发、用刀割破脸皮，请求归降。游子远禀报刘曜，任命虚除权渠为征西将军、西戎公，分别把伊馀兄弟及其部落二十多万人迁徙到长安。刘曜任命游子远为大司徒、录尚书事。

刘曜建立太学，选拔资质聪颖而有培养前途的一千五百人，遴选儒臣来教授他们。建造丰明观和西宫，在滈池边上建起陵霄台，又在霸陵西南修筑寿陵。侍中乔豫、和苞上书劝谏，认为：“卫文公在乱亡之后，节俭费用、爱恤百姓，营造的宫室，符合当时建制，所以能振兴卫康叔的基业，延续九百年的国运。先前奉命营建酆明观，市井小民都讥讽其奢侈，说：‘用修建一座观的人力费用，足以平定凉州了！’现在又要仿阿房宫而建造西宫，效法琼台而建造陵霄台，这需要的人力、费用，是营建酆明观的亿万倍，如果用以资助军旅，便可以兼并晋、蜀，统一齐、魏了！又听说营建寿陵，周长有四里，深三十五丈，用铜做棺椁，以黄金为饰，耗费如此的人力、费用，恐怕不是国力所能承担的。秦始皇陵深穿墓穴抵达三重泉水，冶铜浇铸，但墓土未干便被发掘毁坏。自古以来没有不灭亡的国家，也没有不被盗掘的陵墓，所以圣贤的君王葬事从俭，这是有深远考虑的。皇上怎么能在国家中兴之时，去重蹈亡国的覆辙呢！”刘曜下诏说：“二位侍中之忠诚，有古人的风范，可以说是国家的股肱之臣；还是停止所有宫室的建造；寿陵的建制，完全依照霸陵的成例。赐封乔豫为安昌子，和苞为平舆子，同时兼谏议大夫职；就此布告天下，使大家知道朝廷希望能听到对过失的指责。”此外，还减省酆水苑，交给贫民使用。

（以上为第八段，写汉赵主刘曜要滥杀反叛分子，光禄大夫游子远直言谏争，后出谋献计，平定叛乱；刘曜欲大兴劳作，建台观，起寿陵，被侍中乔豫、和苞谏止。）

祖逖的部将韩潜和后赵的将军桃豹分别据守陈川老城，桃豹占据西台，出入经由南门，韩潜占据东台，出入经由东门，双方对峙达四十天。祖逖用许多布袋盛土，好像盛满粮米的样子，派一千多人运送到台上。又让一些人挑着真米，在路边休息。桃豹的士兵追来，他们丢下担子逃走。桃豹的士兵挨饿已有很长时间，得到粮米，便以为祖逖的部众生活丰饱，心中更为恐惧。后赵将领刘夜堂用一千头驴为桃豹运来军粮，祖逖派遣韩潜和别将冯铁在汴水截击，全数劫获。桃豹因此连夜遁逃，驻守于东燕城。祖逖让韩潜进军驻扎在封丘，威逼桃豹。冯铁占据了陈川老城的东、西二台，祖逖则镇守雍丘，经常派遣士兵截击后赵军队，后赵镇戍的士兵归降祖逖的有很多，国土也日渐缩小。

先前，赵固、上官巳、李矩、郭默等人互相攻战，祖逖派遣使者前往调解，剖析利害，这些人便都接受祖逖的调度。

秋季，七月，晋元帝司马睿下令授予祖逖镇西将军。祖逖在军中，与将士们同甘共苦，严于律己，施恩于人，鼓励、督促农业生产，抚慰安置新近归附的后赵军民，即使是关系疏远、地位低贱的人也都施以恩义，以礼相待，着意结交他们。黄河流域的许多坞堡，只要是此前有人质被扣留在后赵的，祖逖都放任他们同时听命后赵和晋朝，并且不时派遣流动作战的军队佯装抄掠，以表明他们并未归附自己。坞主们都感恩戴德，只要后赵有什么特殊举动，便秘密传告祖逖。因此，祖逖战事常胜，俘获良多。黄河以南士民大多背叛后赵而归附东晋。

祖逖训练士兵，积蓄粮食，为收复黄河以北的失地做准备。后赵王石勒为此忧虑，于是，下令让幽州守吏为祖逖修葺祖父和父亲的陵墓，并安置两户人家看守，然后写信给祖逖，要求互通使节和开放贸易。祖逖不回复他的信，但是听任双方来往贸易，因而获取了十倍的利润。祖逖的牙门童建杀死新蔡内史周密，投降后赵。石勒将他斩首，把首级送给祖逖，说："叛臣逃吏是我深以为恨的。将军憎恶的人也是我所憎恶的。"祖逖深为感动。从此，凡是后赵叛降归附的人，祖逖都不接纳，禁止众将侵犯、攻掠后赵民众，两国边境之间，逐渐得以休养生息。

八月辛未日，梁州刺史周访去世。周访善于抚慰军士，大家都愿意为他效命。周访知道王敦有图谋篡逆的野心，私下经常切齿为恨，因此王敦在周访活着的时候，一直不敢反叛。王敦派遣从事中郎郭舒到襄阳监察军队，晋元帝司马睿让湘州刺史甘卓为梁州刺史，总领沔水以北地区所有军务，镇守襄阳。郭舒回去后，晋元帝征召他为尚书右丞，王敦却留住不放。

（以上为第九段，写东晋北伐将领祖逖善于分化瓦解敌人，深得人心，使得黄河沿线的士民多背后赵而归附东晋，后赵主石勒深以为忧。王敦有不臣之心，逐渐显露。）

后赵主石勒派遣中山公石虎率领步兵、骑兵四万攻打徐龛，徐龛把妻子、儿子送到后赵为人质，乞求投降，石勒答应了。蔡豹驻军于卞城，石虎准备攻击他，蔡豹退守到下邳，被徐龛打败。石虎率领军队在封丘修建城堡，然后回军，迁徙三百家士族安置在襄国的崇仁里，设置了公族大夫来统领他们。

后赵主石勒施用刑法非常严刻，特别忌讳"胡"这个字眼。当时后赵的宫殿已经建成，开始有出入门户的限制。有一个胡人喝醉了酒，骑马闯入止车门。石勒大发雷霆，喝责宫门小执法冯翥。冯翥惊惶恐惧而忘了忌讳，对石勒说："刚才有个醉酒胡人骑马冲了进来，我虽极力呵斥禁止他，但简直没法和他交谈。"石勒笑着说："胡人本来就难以和他们言谈。"饶恕了冯翥，不再追究。

石勒让张宾总领选拔官员事宜，起初将官制定为五品，后来改为九品。令公卿和州郡长官按年度推举秀才、至孝、廉清、贤良、直言、武勇者各一人。

西平公张茂立兄长张寔的儿子张骏为世子。

晋将蔡豹战败后，准备到建康领受罪责，被北中郎将王舒制止。晋元帝司马睿听说蔡豹退还不来，派使者前去拘捕他。王舒夜间派兵包围蔡豹，蔡豹以为是其他的敌寇，率领麾下士兵攻击，听说有晋元帝诏书，这才停止。王舒抓住蔡豹送到建康。冬季，十月二十五日丙辰，蔡豹被斩首。

王敦杀死武陵内史向硕。

晋元帝司马睿开始统治江东的时候，王敦和堂弟王导同心同德，共同拥戴和辅佐，晋元帝也推心置腹，重用他们。王敦总领征讨军事，王导把持机要政务，门生子弟各自占据显要职位，当时人因此有这样的说法："王与马，共天下。"后来，王敦自恃有功，而且宗族势力强盛，越来越骄恣跋扈，晋元帝感到畏惧而憎恶他，于是提拔刘隗、刁协等人作为自己的心腹，逐渐抑制和削弱王氏的职权，王导也逐渐被疏远。中书郎孔愉向晋元帝陈述王导的忠贤，认为他有辅佐王室的功勋，应当加以任用，也被晋元帝贬为司徒左长史。王导能够听任自然，安守本分，性情淡薄，了解其为人的都称赞他能妥善对待职位的升降。但王敦却更加心怀不满，于是与晋元帝之间产生了裂痕和矛盾。

当初，王敦征召吴兴人沈充为参军，沈充把同郡人钱凤推荐给王敦，王敦任用他为铠曹参军。这二人都是奸巧谄谀、凶恶狡诈之徒，知道王敦心怀异志，暗地赞成，为王敦出谋划策。王敦宠信他们，二人权势倾重内外。王敦给晋元帝司马睿上疏，为王导鸣冤叫屈，言辞之间颇多怨恨。王导把疏文加封，退还给王敦，王敦又遣使奏上。左将军、谯王司马丞，为人忠厚而有节操，晋元帝亲近并信任他。晋元帝夜间召见司马丞，把王敦的奏疏拿给他看，说："以王敦近年来的功劳，现在的职位已够大了；但他的索求却没有止境，以致说出这样的话，现在该怎么办呢？"司马丞说："皇上不早点处置他，以致到了今天的地步，王敦必定会成为国家的祸患。"

刘隗为晋元帝司马睿出主意，派自己的心腹去镇守各地。适逢王敦上书，要让宣城内史沈充代替甘卓任湘州刺史。晋元帝对司马承说："王敦叛逆的行为已经昭著，照这样的情势下去不会很久，我就要遭受惠帝那样的命运了。湘州占据长江上游的地势，控制着荆州、交州、广州的交汇处，我想让叔父您镇守那里，不知如何？"司马承说："我既奉承命令，必定尽力而为，哪敢再说什么！不过，湘州经历蜀人杜弢的寇乱之后，人民稀少，物产凋敝，如果我去治理，得等到三年之后才有能力参加战事；如果不到三年，即使粉身碎骨，也不能有太大的帮助。"

十二月，晋元帝下令说："自从晋王室建立基业以来，任命方镇大员，都是宗亲和贤良并用，现任命谯王司马承为湘州刺史。"长沙人邓骞听说此事，叹息说："湘州的祸乱，恐怕由此而生了！"司马承行至武昌，王敦设宴招待他，对司马承说："大王平素是德才兼备的读书人，恐怕不是将帅之才。"司马承说："您不知道就是了，即使是铅刀又怎能连一割之用都没有呢！"王敦对钱凤说："他不知畏惧却要学豪言壮语，足以知晓他不通军事，不会有什么作为。"于是听任司马承到任。当时湘州土地荒芜，官府和私人均财用短缺，司马承带头节俭，尽心安置和抚恤民众，很有能干的名声。

高句丽进犯辽东，慕容仁与他们作战，大败来犯之敌，高句丽从此不敢侵犯慕容仁的边境。

（以上为第十段，写晋元帝司马睿与权臣王导、王敦渐生裂痕，王导能忍，而王敦颇多怨，司马睿深感忧虑，积极防范，派遣谯王司马承出镇湘州，以抑制王敦。）

晋元帝太兴四年（辛巳，公元 321 年）

春季，二月，徐龛再次向东晋请降。

张茂修筑灵均台，台基高九仞。武陵人阎曾夜间敲击张茂府门，大声呼叫说："武公张轨派我来说：'为什么使百姓劳苦修筑此台！'"主管官员认为这是妖人，请求把阎曾处死。张茂说："我的确使百姓辛劳，阎曾声称先君的意思来规劝我，怎能说是妖孽呢！"于是为此停止工役。

三月初四癸亥，太阳中出现黑子。著作佐郎、河东人郭璞认为是晋元帝司马睿滥用刑罚所致，上书说："阴阳发生错乱，都是因为刑罚苛繁所致。赦免罪人不应当频繁，然而春秋郑国的子产也知道铸刑书并非治国的好办法，不得不这样做的原因，是想以此挽救时弊。现在应当赦免罪人，道理也是一样的。"

后赵中山公石虎进攻驻守厌次城的东晋幽州刺史段匹磾，孔苌攻克了幽州辖属的多座城池。段文鸯对段匹磾说："我以勇悍闻名，所以受民众倚重，寄予期望。现在眼看百姓被劫掠而不去救助，这是怯弱的表现。民众失去期望，谁还能再为我效命呢？"于是，率领壮士数十人驰马出战，杀掉了很多的后赵士兵。段文鸯的坐骑疲乏过度，伏地无法站起，石虎对段文鸯大声呼叫说："兄长和我同是夷狄，我很久以来就想和兄长像一家人一样相处。如今上天成全了我的愿望，和兄长在这里相见，为什么还要打呢！请放下武器。"段文鸯骂道："你是寇贼，早就该死了，只因我的兄长不用我的计谋，才让你活到今天。我宁愿战死，决不向你屈服！"于是，下马苦战。长矛折断后，又持刀苦斗不止，从辰时一直打到申时。后赵士兵四面包围，解下战马的罗披护住身体，向前抓住段文鸯。段文鸯力竭被俘，城内兵民因此斗志消沉。

段匹磾打算单骑逃归东晋朝廷，邵续的弟弟、乐安内史邵洎带领军队不听段匹磾的号令。邵洎又想抓住朝廷使者王英送给石虎，段匹磾正色斥责他说："你不能遵从你兄长遗志，逼得我不能回归朝廷，这已经很过分了，又想抓获天子的使者！虽然我是夷狄，这种事也是前所未闻！"邵洎和邵续之子邵缉、邵竺等人抬着棺材出城投降。段匹磾见到石虎说："我承受晋朝恩泽，立志灭除你们，现在不幸弄到这种地步，我不能对你表示敬意。"后赵王石勒以及石虎，旧时曾与段匹磾结为兄弟，石虎马上站起，向段匹磾行拜礼。石勒任命段匹磾为冠军将军、段文鸯为左中郎将，分散流亡民众三万多户，让他们重操旧业，设置地方官员抚慰他们。于是，幽州、冀州、并州都被并入后赵版图。段匹磾不行后赵的礼节，经常穿着东晋的朝服，手持晋朝的符节。久而久之，段匹磾和段文鸯、邵续等同被后赵所杀。

（以上为第十一段，写鲜卑首领段匹磾与段文鸯被后赵猛将石虎围困，段文鸯率领数十骑勇猛出战，力竭被俘；段匹磾被裹挟而投后赵，仍然心向晋朝，着朝服，持晋节。）

五月初二庚申，中原的民众因为战乱，有不少沦为扬州诸郡豪强士族的家僮、佃客，晋元帝司马睿下令免除他们的奴仆身份，准备战争时征召服役。这是尚书令刁协的主意，因此豪门士族都更加怨恨他。

终南山崩塌。

秋季，七月十七日甲戌，东晋任命尚书仆射戴渊为征西将军，都督司、兖、豫、并、雍、冀六州诸军事，司州刺史，镇守合肥；任命丹杨尹刘隗为镇北将军，都督青、徐、幽、平四州军务及青州刺史，镇守淮阴。此二人均持朝廷符节统领军队，名义上是征讨胡人，其实是防备王敦。

刘隗虽在外地，但朝廷的机密事宜、任免士大夫等，晋元帝司马睿都和他秘密商议。王敦送信给刘隗说："近来承蒙圣上重用您，现在国家的大敌未能消灭，中原纷乱，我想和您以及周𫖮等人同心合力辅佐王室，共同平定海内。此事如能行得通，那么国运由此昌隆。否则国家便永远没有希望了。"刘隗回答说："'鱼儿处于江湖就会彼此相忘，人们为了追求道义也会彼此相忘'，'竭尽自身的力量，以效忠心'，这是我的志向。”王敦得到这封信，勃然大怒。

七月二十五日壬午，东晋任命骠骑将军王导为侍中、司空、持节、录尚书事、领中书监。晋元帝司马睿本因王敦的缘故，连同王导也疏远、猜忌。御史中丞周嵩上疏，认为：“王导忠诚无私、尽心竭力，帮助皇上建立大业，皇上不应当听信个别臣僚之言，被似是而非的说法迷惑，放逐旧日的功臣，使其与奸佞为伍。这样会使往日的恩德荡然无存，为今后招来祸患。”晋元帝颇有感悟，王导的职位因此得以保全。

八月，常山崩塌。

豫州刺史祖逖认为戴渊是吴地人，虽具有才能和名望，但没有远大抱负和远见卓识，而且自己披荆斩棘，收复河南失地，而戴渊却从从容容，突然前来坐享其成，心中怏怏不乐。又听说王敦与刘隗、刁协之间相互结怨，国家将有内乱，知道统一北方的大业难以成功，受到很大刺激，引发了重病。九月，壬寅（疑误），祖逖死于雍丘。豫州的男女百姓都像失去了自己的亲生父母，谯国、梁国地区都为祖逖建立祠堂。王敦长久以来就心怀不轨，听说祖逖去世，更加肆无忌惮。

冬季，十月，壬午（疑误），东晋让祖逖的兄弟祖约担任平西将军和豫州刺史，统领祖逖的部众。祖约缺乏抚慰和驾驭士众的才能，所以不受士兵们的拥戴。

当初，范阳人李产为躲避战乱依附祖逖，见祖约志趣不同寻常，便对自己亲近的人说：“我因为北方局势动荡，所以远远地来到这里，希望能保全宗族家人。现在我看祖约的所作所为，心怀叵测。我要以联结姻亲的名义，及早为自己安排脱身之计，不再侍奉再次使我陷身于不义境地的人了。你们这些人不可因为眼前的利益而忘却长久之计。”于是，李产率领子弟十多人抄小路回归乡里。

（以上为第十二段，写晋元帝司马睿进行重大人事调整，安排亲党进入重镇，防范大将军王敦；豫州刺史祖逖抑郁去世，统一北方大业搁浅，王敦更加肆无忌惮。）

十一月，皇孙司马衍出生。

后赵王石勒把武乡全部的耆旧故老们召到襄国，和他们坐在一起欢乐宴饮。当初，石勒身份卑微低贱时，和李阳是邻居，多次因争夺沤麻的池子相互殴斗，所以只有李阳因此不敢来。石勒说：“李阳是勇士。当初因沤麻结恨，是平民时的恩怨，我正准备兼并天下，怎么会怀恨一介平民呢？”于是，急速征召李阳前来参加宴饮。石勒挽着李阳的胳臂说：“我过去饱受你的老拳，你也饱尝我的毒手。”于是，封李阳为参军都尉。石勒把自己的故里武乡比作汉皇室的故里丰县和沛县，免除武乡三代人的赋税和徭役。

石勒因为百姓刚刚恢复旧业，财物储备不丰饶，因此严厉禁止酿酒。郊祀宗庙，都用一夜而成的醴酒。如此推行数年，不再有酿酒的人。

十二月，晋元帝司马睿任命慕容廆为都督幽州、平州、东夷诸军事及车骑将军、平州牧，封为辽东公，仍旧保留单于的称号，派遣谒者当即授予印绶，允许他秉承皇帝旨意设置官府机构、委任官员。慕容廆于是配置了完备的僚属，任用裴嶷、游邃为长史，裴开为司马，韩寿为别驾，阳耽为军谘祭酒，崔焘为主簿，黄泓、郑林参与军事。慕容廆又立儿子慕容皝为世子，并建造学舍，让平原人刘讚出任祭酒，让慕容皝和学子们一块从师学习。慕容廆闲暇时，自己也前来听讲。慕容皝性格勇敢坚定，处事颇多权略，爱好研习经义，受到国人称赞。慕容廆调慕容翰镇守辽东，让慕容仁镇守平郭。慕容翰安抚百姓和胡夷，恩威并重；慕容仁也追随效仿他。

拓跋猗㐌的妻子惟氏疑忌代王拓跋郁律势力强盛，怕对自己所生的儿子不利，于是杀害了拓跋郁律，立自己所生的拓跋贺傉为世子，部落首领被杀的有数十人。拓跋郁律的儿子拓跋什翼犍此时年龄幼小，尚在襁褓之中，母亲王氏把他藏匿在自己的裤中，对天祷祝说："天命如果想让你活下去，你就别啼哭。"结果，拓跋什翼犍很久不哭，因此幸免。惟氏把持了国政，派遣使者与后赵修好，后赵人称使者为"女国使"。

（以上为第十三段，写后赵主石勒仿效汉高祖刘邦，召集家乡父老宴饮，免其租税，收买人心；鲜卑首领慕容廆被东晋王朝授予平州牧，允许自行配置僚属。）

【点评】

前赵建国。前赵，原称汉，后改为赵，相对于石勒所建立的赵国而言称前赵。公元 304 年，匈奴人刘渊回到家乡并州发展，乘机宣布独立，打着汉朝的旗号，自称汉王，继承汉朝正统，后来又称帝，建立了政权，开启了"五胡十六国"时期。14 年以后，刘曜当了皇帝。当时的形势发生了极大变化，西晋灭亡，汉国地盘日益扩大，刘曜要名正言顺地建立属于自己民族的国家，就将国号改为"赵"，以冒顿配天，以刘渊配帝祭祀，并将国都迁到长安。

首先，民族大融合，匈奴内迁，为汉国的建立提供了基础条件。汉国的开国者刘渊以及其父刘豹是南匈奴单于的后裔。早在汉献帝时期，南匈奴单于呼厨泉来朝庆贺，被扣留在邺城，魏王曹操借机分匈奴为五部，选汉人为司马加以监督，刘豹为左部帅，居于新兴，即今山西忻州市北。后来刘渊建国，就是以此地为基地。从总体上来看，北方各民族内迁，打破了中原各地原有的平衡，各民族在互相抗衡中也展开合作与融合。后来，各少数民族在中原的势力逐渐强大，大有威胁到西晋安全和稳定的势头，晋朝又采取了将各少数民族予以回迁的政策。很多少数民族已习惯了内地的生活，逐渐强大，希望有话语权，与其任人宰割，不如起而反之，用建立国家的形式捍卫自己的权利。

其次，汉国开国者刘渊具有一定的雄才和较高的人望。刘渊年幼时，可谓文武双全，爱好学习，精通兵法，又善于射箭，其智力、体力均超过常人。魏元帝时期，刘渊在洛阳做人质，受到权臣司马昭的厚待。到了西晋时期，并州人王浑多次向武帝司马炎推荐刘渊，武帝准备让他参与平吴事宜，但遭到大臣的劝谏而作罢。他们总认为刘渊是异族，不可重用，要予以提防。后来，刘渊的父亲去世，刘渊代父为左部帅，晋武帝则以刘渊为匈奴北部都尉。刘渊身在晋营心在汉，又得到晋朝重用；再后来，刘渊借口到家乡去召集兵马助晋，扯旗造反，称王称帝，在很短的时间里就聚集了数万兵马。

最后，汉国后继之人并无宏大抱负，而是靠武力说话，及时行乐，注定了其国家不得长久。刘渊当了六年的汉国帝王，一命呜呼，而后内部互相倾轧，纷争不断。其长子刘和即位，就与庶弟刘聪发生火并。刘聪杀掉刘和，自立为帝，当了八年皇帝，灭掉西晋，屡攻长安，还算有一点作为。但他骄奢淫逸，贪图享乐，同时设立三个皇后，旷古未闻。而后，太子刘粲即位，沉湎酒色，与其父的四位皇后淫乱，将国政交给外戚靳准。靳准自立为帝，杀掉刘粲；旋即刘曜登位，继掌皇权，改国号为赵，迁国都至长安，与大将军石勒分道扬镳，东土丧失，仅存西境。后人评说是“淫酷屠戮，无复人理，祸亦不旋踵”，“徒知屠掠，毫无英雄气象，不过因晋室无人，遂至横行海内，否则跳梁小丑，亦何能为？”其说当是。

由上可见，汉赵的建立，是时势使然，虽然开国之主略有雄心，但后继者腐化堕落，完全不以国为念，而是为己淫乐，虽有才能却昏庸，虽强悍却失众，国家败亡，是不可避免的事情。果不其然，刘曜政权维持了十年，到公元 329 年，前赵弃都而灭亡。

资治通鉴（白话本） 卷第九十二

晋纪十四

晋元帝永昌元年至晋明帝太宁元年（公元 322—公元 323）

【起玄黓敦牂（壬午，公元 322 年），尽昭阳协洽（癸未，公元 323 年），凡二年】

【大事提要】

本卷记事起公元 322 年，讫公元 323 年，凡二年，当晋元帝（司马睿）永昌元年至晋明帝（司马绍）太宁元年。本卷所载大事，主要是五个方面：其一，王敦举兵反晋。公元 322 年，王敦以清君侧、除刘隗为名，在武昌举兵造反，江南大族沈充在吴兴起兵响应。王敦进至芜湖，晋元帝司马睿大怒，亲率六军征讨。王敦欲联合梁州刺史甘卓东下，共打晋朝，未成，又劝说湘州刺史司马丞共反，遭到严词拒绝。其二，王敦攻占石头城。王敦反叛，晋元帝司马睿亲自被甲，督促诸军攻打王敦。王敦亦率军东进，采纳杜弘建议，攻入石头城。晋元帝兵败，封王敦为丞相。王敦成为晋朝实际主宰者，呼风唤雨，为所欲为，杀掉忠臣周𫖮、戴渊以及湘州刺史司马丞，重用亲信死党。其三，司马绍继承皇位。王敦反叛成功，晋元帝司马睿名为天子，号令却不出宫门，渐渐忧愤成病，卧床不起，于公元 323 年去世，终年 47 岁。太子司马绍即位，改元太宁，是为明帝。王敦图谋篡位，暗示要朝廷征召自己入朝，司马绍顺之，亲写诏令，征召王敦入朝。其四，刘曜消灭陈安。陈安自称凉王。公元 323 年，前赵主刘曜亲率大军围攻陈安所占据的陇城。陈安率领精兵突围，出奔陕中，刘曜派将领追击，陈安弃马逃匿山中，被赵兵俘杀。随后陇城、上邽等地均投降。刘曜将秦州大姓迁到长安，氐人、羌人皆送质归降。其五，杨难敌投降成汉而又反悔。氐族首领杨难敌于公元 322 年向前赵主刘曜称藩，后刘曜攻灭陈安，杨难敌十分惊惧，南奔汉中，向成汉请降。成汉安北将军李遂将其派往武都。前赵军撤退，杨难敌于武都据险自守，不再听命成汉。成汉发兵进攻，却被打败。

中宗元皇帝下

晋元帝永昌元年（壬午，公元 322 年）

春季，正月，郭璞再次上疏，请求以皇孙司马衍出世为契机，颁布赦免令，晋元帝司马睿同意。初一乙卯，实行大赦，改年号为永昌。

王敦任用郭璞为记室参军，郭璞擅长卜筮之术，知道王敦必定会作乱，自己将被牵连到灾祸中，为此深深忧虑。王敦大将军府的掾吏、颍川人陈述去世，郭璞痛哭欲绝，说："陈述，你的去世，焉知非福呢！"

王敦已经与朝廷离心离德，于是羁留、录用当朝有名望的士人，安置在自己的幕府。任用羊曼以及陈国人谢鲲为长史。羊曼是羊祜兄长的孙子。羊曼、谢鲲终日饮酒酣醉，所以王敦并不委派他们从事具体事务。王敦准备作乱，对谢鲲说："刘隗奸佞邪恶，将会危害国家，我打算除去君王身边的这个恶人，怎么样？"谢鲲说："刘隗的确是祸乱之源，但他是藏于城中之狐、隐于社庙之鼠，有皇帝的庇护。"王敦发怒说："你是庸碌之才，哪里懂得事关大局的道理！"便派谢鲲出任豫章太守，后又留住他，不让他到任。

正月十四日戊辰，王敦在武昌举兵，给晋元帝司马睿上书，陈述刘隗的罪状，其中说："刘隗奸佞邪恶，谗言惑众，残害忠良，作威作福，随意发起赋税、劳役，使士民疲惫扰苦，赋税和劳役负担繁重，怨声载道。我担任宰辅的职位，不能对此无动于衷，于是进军声讨。假如刘隗早上授首，众军傍晚即退。以前，商朝天子太甲败坏国家制度，幸好接纳了伊尹忠诚无私的处置，才使商朝国运重新昌盛。我希望皇上再三深思，那么将会四海安宁，国家长存。"沈充也在吴兴起兵与王敦相呼应，王敦任命沈充为大都督、督护东吴地区诸军事。王敦到达芜湖，又上表罗列刁协的罪状。

晋元帝司马睿勃然大怒，正月二十一日乙亥，下诏说："王敦凭仗朝廷对他的恩宠，竟敢肆行狂妄叛逆之事，把我比作太甲，想把我幽禁起来。是可忍，孰不可忍！我现在亲自统帅六军前去诛杀这个大叛贼，有谁能杀掉王敦，封为五千户侯。"王敦的兄长、光禄勋王含乘坐轻便小舟，逃回到王敦身边。

太子中庶子温峤对仆射周顗说："大将军王敦这么做似乎有一定原因，应当不算过分吧？"周顗说："不对。人主本来就不是尧、舜那样的圣人，怎么能没有过失呢？作为人臣，怎么可以举兵来胁迫君王！如此举动，哪能说不是叛乱呢！王敦傲慢暴虐，目无主上，他的欲望难道会有止境吗？"

（以上为第一段，写大将军王敦以诛除奸佞为名，上书陈述刘隗、刁协罪状，起兵反叛东晋王朝，江东大族沈充也起兵响应，晋元帝司马睿勃然大怒，下令发兵征讨。）

王敦开始起兵时，派使者告诉梁州刺史甘卓，与他相约共同顺长江向下游进发，甘卓同意了。等到王敦登船，甘卓却不来，派参军孙双到武昌劝阻王敦。王敦惊诧地说："甘卓过去是和我怎么说的，怎么又改变主意了？他是顾忌我危害朝廷吧！我现在只想除去奸凶，如果事成，我将让甘卓位列公爵。”孙双回去报知甘卓，甘卓心里犹豫不决。有人劝甘卓说：“暂且假装答应王敦，等王敦到了京都再攻打他。”甘卓说：“过去陈敏作乱，我先是随从，后来图谋反击，论说此事的人都说我是害怕逼迫，因而改变立场，我心中常感愧疚。这回如果再这样做，怎样才能自我表白呢？”

甘卓派人把王敦的意图告诉顺阳太守魏该，魏该说：“我之所以起兵抗击胡人寇贼，正因想效忠王室而已。现在王敦发兵针对天子，不是我所应当参与的。”于是，加以拒绝。

王敦派遣参军桓罴向谯王司马丞游说，请司马丞出任军师。司马丞叹息说：“我怕是要死了。此地土地荒芜，人民稀少，势力孤单，后援断绝，怎能捱得过去呢！不过能为忠义而死，还能再有什么希求呢！”司马丞征召长沙人虞悝为长史，适逢虞悝母亲去世，司马丞前往吊唁，说：“我想讨伐王敦，但军力不够，粮食匮乏，而且我是新近到任的，恩德和信用还未能滋润民心。您家兄弟是湘州地区的豪俊之士，现在王室正遭受危难，古人在服丧期间，投身战事也在所不辞，您对我有什么教诲？”虞悝说：“大王您不因为我们兄弟身份卑贱而见弃，亲自降节光临，我们岂敢不效命！不过鄙州荒凉凋敝，难于出兵讨伐。应当暂时聚众固守，把讨伐王敦的檄书传布四方，这样王敦必得分兵应付。待其兵力分散后再图谋攻击，大概可以取胜。”司马丞于是囚禁桓罴，任虞悝为长史，任命他的兄弟虞望为司马，统率诸军，和零陵太守尹奉、建昌太守长沙人王循、衡阳太守淮陵人刘翼、春陵令长沙人易雄，共同举兵征讨王敦。易雄四处传布檄文，罗列王敦罪状，于是一州之内的郡县，全都响应司马丞。只有湘东太守郑澹不从命，司马丞让虞望讨伐并把他处斩，用以晓示各地。郑澹是王敦的姐夫。

司马丞派遣主簿邓骞到襄阳游说甘卓，说：“刘隗虽然傲慢不驯，有失众望，但并非危害国家。大将军王敦因个人私仇便对朝廷用兵，这正是忠臣义士尽忠的时候。您受命为一方的统帅，如果秉承君命讨伐他的罪行，这就如同齐桓公和晋文公的功绩。”甘卓说：“齐桓公和晋文公不是我所能仿效的，不过为国尽职，这是我的心愿，我们应当共同仔细斟酌这件事。”

参军李梁劝说甘卓道：“当年隗嚣飞扬跋扈，窦融自保河西之地而拥戴汉光武帝，终于得到福禄。现在天下人对您有期待，只应按兵不动，坐待事态发展。假如大将军王敦的事情成功，当会委任您统领一方；不成功，朝廷必定会让您取代王敦，何愁不会富贵？何必放弃这不战而胜的谋略，依靠一场战斗来决定生死存亡呢？”邓骞对李梁说：“汉光武帝当时正处于创业初期，所以隗嚣、窦融可以表面臣服，从容观望。现在将军您对于朝廷来说，不是窦融可以类比的；襄阳对于王敦的太府来说也没有河西那样地险固。如果王敦攻克刘隗，回师武昌，增强石城戍守的兵力，切断荆州、湘州的粮道，将军您将何去何从呢！大势掌握在别人手中，却说自己处于不战而胜的地位，这是从未听说过的事情。况且作为人臣，国家遇到危难却坐视不救，这在道义上说得过去吗？”

甘卓还是犹豫不决。邓骞说：“现在您既不能为道义而动，又不奉承大将军王敦的檄令，人所共见，一定会招致灾祸。况且议论此事的人之所以诘难，是因为彼强我弱。现在大将军王敦的兵力不过一万有余，留驻的不到五千，而将军您现有的部众已经超过其一倍，凭仗您的威名，统帅府下的精锐士兵，举着朝廷符节，鸣起军鼓，以正义之名征讨叛逆，岂是王含所能抵御的！王敦军队如要救援，必须逆江而上，势必救助不及。将军攻下武昌，如同摧枯拉朽，还有什么可顾虑的呢？武昌一旦平定，拥有其军事物资，镇抚荆州和江州，以恩德招纳安抚士兵，使得回来的人如同回到了家，这正是吕蒙战胜关羽的方法。现在放弃必胜的策略，安然坐待危亡的降临，这不能说是明智的。”

（以上为第二段，写湘州刺史司马承派使者劝说凉州刺史甘卓出兵攻打王敦，而王敦也派人劝说甘卓，甘卓患得患失，犹豫不决，贻误大好战机，始终陷于被动状态。）

王敦害怕甘卓在后方有变，又派参军、丹杨人乐道融去邀请他，一定要和他一起东进。乐道融虽然侍奉王敦，但恨王敦悖逆作乱，于是，劝甘卓说：“皇上亲自处理国家所有事务，任用谯王司马承治理湘州，并非由刘隗专权。而王氏专权已经很久，一旦权势被分夺，便说是失去职位，于是背叛皇恩，肆行叛逆，对朝廷用兵。国家对您的待遇非常优厚，您如果与王敦同行，岂不是违背和辜负了君臣大义，生为叛逆之臣，死为愚昧之鬼，永远是宗族、乡党亲朋的耻辱，不是很可惜吗！为您打算，不如佯装听从其令，却急速突袭武昌，大将军王敦的士众听说此事，必定不战自溃，大功便可告成了。”甘卓原本就不想追从王敦，听了乐道融所言，于是决断说：“这正是我的本意。”

于是，甘卓与巴东监军柳纯、南平太守夏侯承、宜都太守谭该等人，发布檄文数落王敦叛逆的行状，率领麾下军队开始征讨。派遣参军司马赞、孙双持奉上表送到朝廷；派罗英到广州，约陶侃共同进讨。戴渊镇守在长江西部，先得到甘卓的书信，用奏文的形式上书，朝廷内都欢呼万岁。陶侃见到甘卓的来信，随即派参军高宝领兵北上。武昌城内传言甘卓大军来了，众人都逃奔离散。

王敦派遣姨母的兄弟、南蛮校尉魏乂和将军李恒，率领甲士二万人进攻长沙。长沙的城墙、护城河都不完善，物资储备也不充足，人心惊恐。有人劝说谯王司马承向南投靠陶侃，或者退守零陵、桂林。司马承说：“我之所以起兵，是心存为忠义献身的志向，怎能贪生怕死、苟且活命，当一个败逃的将领呢！即使守卫长沙失败，也让百姓们知道我的心意。”于是，环城固守。

不久，虞望战死，甘卓想让邓骞留下任参军，邓骞不同意，甘卓便派参军虞冲和邓骞同赴长沙，并致信谯王司马承，劝他固守长沙，自己将遣军自沔口出击，截断王敦的退路，这样湘州之围便会不救自解。司马承去信说："江东国朝中兴，一切刚刚草创，谁想到由得宠的大臣萌生叛乱。我以王朝宗室的身份禀受重任，志在以身殉职。不过到任时日尚短，一切尚未理出头绪，足下如果能轻装急速来救，或许还来得及；如果犹豫迟滞，那么就只有求我于枯鱼之肆了。"甘卓没有听从。

（以上为第三段，写王敦派参军乐道融劝说甘卓一起反叛，而乐道融反而劝说甘卓突袭王敦老巢武昌，甘卓决定反击王敦；王敦出兵攻打长沙，司马承危在旦夕。）

二月初十甲午，晋元帝司马睿封皇子司马昱为琅邪王。

后赵王石勒立儿子石弘为世子。派遣中山公石虎统率精兵四万攻击徐龛。徐龛坚守不出战，石虎筑起长长的围墙，与之相持。

前赵国主刘曜自为统帅，发兵攻打杨难敌。杨难敌迎战，不能取胜，退走保守仇池。仇池氐族、羌族的许多部族，以及原来晋王司马保的部将杨韬、陇西太守梁勋都投降刘曜。刘曜从陇西迁移一万多户到长安，然后进攻仇池。适逢军中疫病流行，连刘曜也染上疾病，刘曜准备领兵退还，又怕杨难敌追袭于后，便派光国中郎将王犷游说杨难敌，向他剖明利害，杨难敌于是派使者前来，表示愿为藩属。刘曜授予杨难敌假黄钺，都督益、宁、南秦、凉、梁、巴六州及陇上、西域诸军事，上大将军，益、宁、南秦三州州牧，武都王。

秦州刺史陈安请求朝见刘曜，刘曜因病推辞不见。陈安发怒，以为刘曜已死，纵兵大肆劫掠后返回。刘曜病情加重，只能乘坐马车返回，派部将呼延寔随后监护辎重。陈安在半路上截击，抓获了呼延寔，对他说："刘曜已经死了，你还辅佐谁呢！我将和你共创大业。"呼延寔叱骂说："你接受别人的宠信、俸禄却又背叛，你自己瞧瞧，你的智能有哪点比得上主上？我看你的首级不久将会悬挂在上邽街市示众，还谈什么大业！你就快快杀了我吧！"陈安发怒，杀死呼延寔，让呼延寔的长史鲁凭当参军。陈安派兄弟陈集率领三万骑兵追袭刘曜，遭到卫将军呼延瑜的反击，陈集被杀。陈安于是回到上邽，派部将攻克了汧城。陇上的氐族、羌族部落都归附陈安，陈安拥有兵众十多万，自称大都督、假黄钺、大将军，雍、凉、秦、梁四州州牧和凉王，任命赵募为相国。鲁凭对着陈安大哭说："我不忍心看到陈安的死啊！"陈安发怒，命令将他斩首。鲁凭说："死亡本是我分内之事。把我的头悬挂在上邽街市，我要观看赵国斩杀陈安！"于是鲁凭被杀。刘曜听说此事，悲恸地大哭，说："贤人是民众的希望所在。陈安在应当求贤而用的时候却多杀贤人，我由此得知他不会有什么作为。"

休屠王石武献桑城投降前赵，前赵让石武出任秦州刺史，赐封酒泉王。

（以上为第四段，写汉赵主刘曜自为统帅，发兵攻打仇池国，适逢军中疫病流行，说服仇池国主杨难敌归顺，而后退兵；秦州刺史秦安以为刘曜已死，拥兵反叛，自称大都督、大将军。）

晋元帝司马睿征召戴渊、刘隗来建康参与防卫。刘隗到达之时，百官们在道路上迎接，刘隗把头帻掀起露出前额，高谈阔论，意气昂扬。等到入见晋元帝，和刁协一起劝晋元帝将王氏宗族尽数诛杀，晋元帝不同意，刘隗才显露出畏惧的神色。

司空王导率领堂弟中领军王邃、左卫将军王廙、侍中王侃、王彬以及各宗族子弟二十多人，每天清晨到朝廷等候定罪。周颉将要入朝，王导呼唤他说："伯仁，我把王氏宗族一百多人的性命托付给您！"周颉连头也不回，直入朝廷。等到见了晋元帝，周颉阐说王导忠贞不贰，极力为他辩白，晋元帝听从了他的意见。周颉心中欢喜，以致喝醉了酒。周颉走出宫门，王导还在门外等候，又呼唤周颉，周颉不与他交谈，环顾左右说："今年杀掉一干乱臣贼子后，能得到斗大的金印，系挂在臂肘之后。"出来以后，又上奏书，辨明王导无罪，言辞非常恳切。王导不知道这些事，对周颉深为怨恨。

晋元帝司马睿令人把朝服送还王导，召王导进见。王导跪拜磕头至地，说："叛臣贼子，哪一个朝代没有，想不到现在竟出在我的宗族之中！"晋元帝来不及穿鞋，赤着脚，拉着他的手说："茂弘，我正要把朝廷政务交给你，你这是说的什么话！"

三月，任命王导为前锋大都督，授予戴渊骠骑将军。晋元帝司马睿下令说："王导为大义灭亲，可以把我任安东将军时的符节交给他。"又任命周颉为尚书左仆射，王邃为尚书右仆射。晋元帝派王廙去告诉王敦，让他停止叛乱。王敦拒不从命，扣留了王廙，王廙又为王敦效力。征虏将军周札，素来为人阴险，贪图私利。晋元帝任他为右将军、都督石头城军务。王敦军队日益临近，晋元帝让刘隗驻军金城，令周札驻守石头城，自己亲自披上甲衣，巡视郊外的军队。又任命甘卓为镇南大将军、侍中，都督荆州、梁州军务，任命陶侃兼领江州刺史职，让他们各自率领所部跟随在王敦军队之后。

王敦到达石头城，想攻击刘隗。杜弘向王敦建议说："刘隗手下不怕死的士兵众多，不容易战胜，不如进攻石头城。周札对人缺少恩泽，士兵都不愿意为他效力，一旦遭到攻击必然败走，周札兵败，则刘隗自己就会逃走。"王敦采纳了杜弘的意见，任命他为前锋，进攻石头城。周札果然打开城门让杜弘入城。王敦占据石头城后，感叹地说："我既为叛臣，再也不会做功德盛大的事情了。"谢鲲说："为什么这样呢！只要从今以后，这些事一天天淡忘，君臣的嫌隙，也就会一天天从心中消失了。"

晋元帝司马睿令刁协、刘隗、戴渊率领兵众进攻石头城，王导和周颉、郭逸、虞潭等分三路出击，刁协等人的军队都大败。太子司马绍听说以后，打算自己率领将士与敌人决战，坐上军车正要出发，中庶子温峤抓住马勒头劝谏说："您是国家君位的继承人，怎么能逞一己之快，轻弃天下而不顾！"抽出剑斩断马的鞅带，司马绍这才罢休。

王敦聚集军队，不朝见晋元帝司马睿，放纵士兵劫掠财物，皇宫官署里的人奔逃离散，只有安东将军刘超屯兵不动，当值护卫，以及侍中二人在晋元帝身边侍奉。晋元帝脱下军衣，穿上朝服，环顾四周说："王敦想得到我这个地方，应当早说！何至于如此残害百姓！"又派遣使者告诉王敦说："你如果还没有将朝廷置于脑后，那么就此罢兵，天下还可以安然相处。如果不是这样，那么我将回到琅邪，为贤人让路。"

刁协、刘隗战败以后，都进入宫中，在太极殿东侧阶与晋元帝司马睿相见。晋元帝拉着刁协、刘隗的手，流泪哭泣，呜咽有声，劝说并命令二人出逃以避灾祸。刁协说："我将守卫到死，不敢有二心。"晋元帝说："现在事情紧迫了，怎么能不走呢！"于是下令为刁协、刘隗准备随行的人马，让他们自谋生路。刁协年老，难耐骑乘之苦，平素又缺少恩惠，招募随从人员时，大家都推诿不去。刁协出行至江乘，被人所杀，把首级送给王敦。刘隗投奔后赵，官至太子太傅时死去。

（以上为第五段，写晋元帝重用刘隗、刁协，与王敦抗衡失败，司马睿让刘隗、刁协逃跑，刁协尚言忠贞不贰，刘隗一言不发，投降后赵，令人不齿。）

晋元帝司马睿命令百官公卿到石头城拜见王敦。王敦对戴渊说："前日的交战，还有剩余的力量吗？"戴渊说："岂敢留有余力，只是力量不足罢了！"王敦说："我现在这样的举动，天下人会怎么看？"戴渊说："只看到表象的人说是叛逆，体会诚心的人说是忠贞。"王敦笑着说："您可以称得上会说话了。"王敦又对周顗说："周伯仁，您辜负了我！"周顗说："您依仗武力违背听命君上的道德，我亲自统率六军，不能胜任，致使皇上的军队战败奔逃，这就是我辜负您的地方。"

三月十八日辛未，晋元帝司马睿实行大赦，任命王敦为丞相、都督中外诸军、录尚书事、江州牧，赐封武昌郡公，王敦都推辞不受。

当初，西晋都城覆没，四方人士都劝琅琊王司马睿即帝位。王敦想把持国政，怕司马睿年龄较大，难以控制，想另行商议立君的人选，王导不同意。等到王敦攻克建康，对王导说："你不听从我的意见，几乎全族覆灭。"

王敦因为太子司马绍有勇有谋，被朝野人士所拥戴，想以不孝的罪名诬陷太子，废除他的太子之位，因此大会百官，问温峤说："皇太子以什么样的德行著称？"问话时声色俱厉。温峤说："谋略深远，似乎不是我浅显的度量所能知晓的，依照礼义看来，可以说是做到了孝。"众人都认为的确如此，王敦的阴谋遭到挫败。

晋元帝司马睿在广室殿召见周顗，对他说："近来发生大事，二宫未受伤害，大家平安，这是否表明大将军王敦本来就符合众望呢？"周顗说："二宫的情况，固然与皇上所说的相符，至于我们这些人的遭遇怎样，现在还未可知。"护军长史郝嘏等人劝说周顗避让王敦，周顗说："我既然备充大臣的职位，眼见朝廷衰败，难道还能再蛰伏草野中以求活命，出外投奔胡、越吗？"王敦的参军吕猗，曾经做过尚书郎，为人奸猾谄谀，戴渊当时任尚书，憎恶他的为人。吕猗劝说王敦道："周顗、戴渊，都有很高的名望，足以蛊惑士众，近来的言谈又毫无惭愧的意思，您不除去他们，恐怕将来必定会有重新举兵攻打的忧患。”王敦素来忌妒他们二人的才能，心中颇以为然，不动声色地询问王导说：“周顗、戴渊分别著称于北方和南方，应当升任三公之位是无疑的了。”王导不置可否。王敦又说：“如果不用为三公，只让他们担任尚书令或仆射的职位如何？”王导又不回答。王敦说：“如果不是这样，应该诛杀他们！”王导还是不回答。

三月二十三日丙子，王敦派遣部将陈郡人邓岳拘捕周顗和戴渊。此前，王敦对谢鲲说：“我将任用周顗为尚书令，任用戴渊为仆射。”这天，王敦又问谢鲲说：“近来民情如何？”谢鲲说：“明公的举动，虽然是想保全国家社稷，但民间的议论却认为不合大义。如果真能举用周顗和戴渊，那么民众的心情就安定平静了。”王敦发怒，说：“你这是粗疏不察，这二人名实不相称，已被我收捕了。”谢鲲惊讶自己失言。参军王峤说：“‘济济一堂人才多，文王安宁国富强’，怎么能诛杀诸位名士呢！”王敦勃然大怒，要将王峤斩首，众人中没有谁敢出言相救。谢鲲说：“明公图谋大业，不屠杀一个人。现在王峤因陈说可否违背您的旨意，便要诛杀，不也太过分了吗？”王敦这才放了王峤，贬职为领军长史。王峤是王浑的族孙。

周顗被捕，路经太庙，高声说：“贼臣王敦，颠覆国家社稷，胡乱杀害忠臣，神祇如果显灵，应当快快杀掉他！”捕兵用戟刺伤周顗的嘴，鲜血下流直至脚后跟，但他容颜举止泰然自若，观望的人都因此而落泪。周顗和戴渊都在石头城南门外被杀。

晋元帝司马睿派侍中王彬犒劳王敦，王彬素来与周顗交好，先去哭吊周顗，然后去见王敦。王敦见他容颜凄惨，心中奇怪，便加询问。王彬说：“我刚才去哭吊周伯仁，情不自禁。”王敦发怒说：“周伯仁自己找死，再说他把你当作一般人看待，你为什么悲哀并去哭吊他？”王彬说：“周伯仁是长者，也是兄长你的亲友。他在朝时虽算不上正直，但也并不结党营私，却在实行大赦后遭受极刑，我因此伤痛惋惜。”尔后勃然发怒，数落王敦说：“兄长违抗君命，有违道德，杀害忠良，图谋不轨，灾祸将要降临到家族了！”言辞情感激扬慷慨，声泪俱下。王敦大怒，厉声说：“你狂妄悖乱以致于此！以为我不能杀你吗！”当时王导在座，为王彬担心，劝王彬起来谢罪。王彬说：“我脚痛不能跪拜，再说这又有什么可谢罪的！”王敦说：“脚痛与颈痛比起来怎么样？”王彬毫无惧色，最终不肯下拜。

王导后来清理中书省的旧有档案，才见到周顗救护自己的奏章，拿着奏章流下了眼泪，说：“我虽然没有杀周伯仁，伯仁是因我而死，我有负于这样的好友！”

沈充攻取了吴国，杀了内史张茂。

（以上为第六段，写王敦打败晋军，攻占石头城后耀武扬威，司马睿无可奈何，听任其胡作非为，竟派人慰劳叛军；王导是非不分，听从王敦杀害忠良，周顗、戴渊成了替罪羔羊。）

当初，王敦听说甘卓起兵，大为恐惧。甘卓兄长之子甘卬是王敦的参军，王敦派甘卬回去游说甘卓说：“你这自然是臣子的节义，我不责怪你。但我们王家没有更好的办法，不得不这样做。希望你这就回军至襄阳，我将与你重新交好。”甘卓虽然仰慕忠义之事，但性格多疑，缺少决断。驻军于猪口，想等待各方共同出兵，停留数十天，裹足不前。王敦得占建康以后，便派遣朝廷使者传送饰有驺虞这种传说中的仁兽图案的旗帜给甘卓，让他的军队不要前进。甘卓听说周顗、戴渊的死讯，流着眼泪对甘卬说：“我所忧虑的，正是今天这样的情况。假如皇上大吉无凶，太子不受伤害，我虽然占据着王敦的上游地区，也不敢仓促发兵而使社稷遭到危难。我去直接进攻武昌，王敦为情势所逼，必定会劫持天子，用以断绝天下人的期望，不如回到襄阳，再图谋后策。”甘卓立即下令回军。都尉秦康和乐道融劝阻甘卓说：“如果现在分出一部分兵力截断彭泽县的通路，使王敦的军队上下不能救援，他的部众自然会离散，那么便可以一战而将他擒获。将军您发动正义的军队却半途而止，我私下认为将军不该如此。再说将军手下的士兵，各自谋求自己的利益，即便想向西退还，恐怕也不一定能够做到。”甘卓不听。乐道融日日夜夜哭泣苦劝，甘卓仍不听从，乐道融忧愤而死。甘卓性格本来宽和，现在忽然变得强硬而不可通融，直接退还到襄阳，神情惶惑不宁，举动失常，有见识的人都知道他离死期不远了。

王敦任命西阳王司马羕为太宰，加授王导尚书令，王廙为荆州刺史，改换朝廷官员和各军镇守将，被降职、免官和迁徙的人数以百计。有时朝令夕改，随心所欲。王敦将要返回武昌，谢鲲对他说：“明公自到京都以来，一直以有病为由而不朝见皇上，所以虽然建有功勋，民心其实并未平服。现在如果朝见天子，使得皇上和臣民都放心，那么民众都会心悦诚服的。”王敦说：“你能保证不发生变故吗？”谢鲲回答说：“我这些天入宫觐见皇上，皇上侧席而坐，等待得见主公，宫禁之内穆然整肃，必定不会有什么可担忧的。主公如果入朝，我请求充当您的侍从。”王敦发怒变色，说：“我正要再杀掉你这样的数百人，对时局也不会有什么损害！”最终也没有去朝见天子便离去。

夏季，四月，王敦回到武昌。

当初，宜都内史天门郡人周级听说谯王司马承起兵，让自己兄长的儿子周该潜入长沙，向司马承效忠。魏乂等人急攻湘州，司马承派周该和从事邵陵人周崎悄悄地外出寻求救兵，都被魏乂的巡逻部队抓获。魏乂让周崎向城中喊话，说大将军王敦已经攻克建康，甘卓已经回军襄阳，外援已经断绝。周崎假装同意，等到了城下，大声呼喊说：“援兵不久就到，努力坚守！”魏乂杀了他。魏乂拷问周该，周该至死不说事情的原委，周级因此免遭祸殃。

魏乂等人攻战日紧，王敦又送来他所得到的朝廷中人的上书和奏疏，令魏乂用箭射入城中晓示司马承。城中军民知道朝廷失守，无不惆怅惋惜。相持将近百日，刘翼战死，士兵死伤众多，纵横相枕。

四月初十癸巳，魏乂拔取长沙城，司马承等人都被俘获。魏乂将要杀死虞悝，虞悝的子弟面对他号啕大哭，虞悝说："人生该当有一死，现在我满门都是忠义之鬼，又有什么遗憾！"

魏乂用槛车押载着司马承和易雄去武昌，司马承手下的官员大多逃奔离散，只有主簿桓雄、西曹书佐韩阶、从事武延三人，毁去官服，充当僮仆追随司马承，不离左右。魏乂见桓雄姿态容貌、言行举止都与众不同，心里忌惮，因而将他杀害。韩阶、武延持守心志更加坚定。荆州刺史王廙接到王敦的旨意，在半道杀掉了司马承，韩阶、武延为司马承送丧至京都，安葬了他以后才离去。易雄到达武昌，意气慷慨，毫无惧色。王敦派人拿着易雄当初起草的讨罪檄文给他看，数落易雄的罪状，易雄说："确有此事，可惜我职位低微，力量不足，不能挽救国难。今天赴死，本来就是我的心愿。"王敦忌惮他义正词严，将他释放回家。众人都来称贺，易雄笑着说："王敦怎能容我活下去！"不久，王敦派人将易雄暗杀。

魏乂寻找邓骞十分急迫，乡人们都为邓骞担心，邓骞笑着说："这是想任用我而已。魏乂刚刚统治本州，杀害了不少忠良之士，所以要找我来安定民心。"于是，他前往拜见魏乂。魏乂欢喜地说："您是古代的解扬。"任命他为别驾。

晋元帝司马睿下令，让陶侃兼领湘州刺史职，王敦上书，又让陶侃返回广州，授予散骑常侍。

四月十一日甲午，前赵的羊后去世，谥号献文。

甘卓的家人都劝甘卓防备王敦，甘卓不听，把兵众悉数遣散从事佃作，一听到有人劝说就发怒。襄阳太守周虑秘密接受王敦的旨意，诈称湖中有许多鱼，劝甘卓派身边的侍从都下湖捕鱼。

五月二十三日乙亥，周虑带兵偷袭，把甘卓杀死于卧室，将首级传送给王敦，同时杀掉甘卓的诸多儿子。王敦让从事中郎周抚督察沔北地区军务，代替甘卓镇守沔中。周抚是周访之子。

王敦得志以后，越发暴虐傲慢，四方贡献的物品大多送入他的府第，将相及地方的文武大员，全都出自他的门下。王敦任用沈充、钱凤为谋主，只对他们二人言听计从，凡被他们谗言诋毁之人无不遇害。又任用诸葛瑶、邓岳、周抚、李恒、谢雍等人为武臣。沈充等人都是凶恶、阴险、骄恣之徒，大肆建造军营府第，侵占他人田宅，公然拦路抢劫。有识之士都知道他们行将败亡。

（以上为第七段，写王敦反叛，梁州刺史甘卓优柔寡断，观望犹豫，失去战机，而后又贸然撤回，被王敦暗杀；湘州刺史司马承抗争到底，城破被执，为国捐躯。）

秋季，七月，后赵中山公石虎攻取泰山，擒获徐龛送往襄国。后赵王石勒把徐龛塞进口袋中，从百尺高楼上扔下摔死，又命令王伏都等人的妻子儿女割下徐龛身体上的肉吃掉，坑杀降兵三千人。

兖州刺史郗鉴留住邹山三年，拥有士众数万。因为当时争战不息，百姓饥馑难忍，以致挖掘田鼠和寻找藏伏避寒的燕子作为食物，后赵乘机进逼，郗鉴退守合肥，尚书右仆射纪瞻认为郗鉴名望不错，道德高尚，应当在朝中施展才能，于是上疏请求征用他。晋元帝司马睿便征召郗鉴担任尚书。徐州、兖州地区的坞堡大多投降后赵，后赵在当地设置官员加以抚慰。

王敦自任宁州、益州都督。

冬季，十月初九己丑，荆州刺史、武陵康侯王廙去世。

王敦让下邳内史王邃都督青、徐、幽、平四州军务，镇守淮阴；让卫将军王含都督沔南军务，兼任荆州刺史；让武昌太守丹杨人王谅出任交州刺史。又让王谅拘捕并处死原交州刺史修湛、新昌太守梁硕。王谅诱捕修湛，将他斩首。梁硕发兵在龙编包围了王谅。

祖逖死后，后赵屡屡侵犯黄河以南地区，拔取襄城、城父，又围攻谯县。豫州刺史祖约抵挡不住，退守寿春。后赵于是攻取了陈留，梁州、郑州地区的形势又变得动荡不安。

十一月，东晋任命临颍元公荀组为太尉。十二日辛酉，荀组去世。

东晋取消司徒这种官衔，将其执掌的事务并入丞相府管辖。王敦把原司徒官属成员组成留守府。

晋元帝司马睿因忧愤染病，闰月（闰十一月）初十己丑，晋元帝去世。司空王导接受晋元帝遗诏辅佐朝政。晋元帝恭俭有余而明断不足，所以未能恢复大业却导致内部发生祸乱。

闰十一月十一日庚寅，太子司马绍继承帝位，实行大赦，尊奉生母荀氏为建安君。

十二月，前赵主刘曜将其父母安葬在粟邑，实行大赦。陵墓基长周圆二里，上高百尺，共计动用六万民夫，建造了一百天才完成。从事劳役的人挑灯夜作，不分昼夜，百姓深感劳苦。游子远劝说，刘曜不听。

后赵濮阳景侯张宾死去，后赵王石勒哭吊时十分悲痛，说："是上天不愿让我成就事业吗？为何这么早便夺去了我的右侯！"程遐代替张宾为右长史。程遐是世子石弘的娘舅，石勒每逢与程遐议事，意见有所不合，总要叹息说："右侯舍我而去，却让我和这种人共事，难道不是太残酷了吗！"为此终日流泪。

张茂让将军韩璞率领部众攻取了陇西、南安地区，设置秦州。

慕容廆派世子慕容皝袭击段末柸，攻入令支，劫掠一千多家居民后返回。

（以上为第八段，写司马睿忧愤去世，太子司马绍即帝位，王导辅政，王敦左右朝政；石虎攻取泰山，残忍杀害徐龛；右侯张宾死，石勒十分伤心。）

肃宗明皇帝上

晋明帝太宁元年（癸未，公元 323 年）

春季，正月，成汉李骧、任回侵犯台登，将军司马玖战死，越嶲太守李钊、汉嘉太守王载都献纳本郡投降成汉。

二月初二庚戌，晋元帝司马睿入葬建平陵。

三月初一戊寅朔，（晋明帝司马绍）改年号为太宁。

饶安、东光、安陵三县发生火灾，烧毁七千多家住房，死者达一万五千人。

后赵国侵犯彭城、下邳，徐州刺史卞敦和征北将军王邃退守盱眙。卞敦是卞壸的堂兄。

王敦阴谋篡夺皇位，暗示朝廷征召自己，晋明帝司马绍亲手书写诏书征召他。夏季，四月，授予王敦黄钺和班剑，允许他奏事不必通名，入朝不必趋行，佩剑着履上殿。王敦迁移驻镇姑孰，屯兵于湖，以司空王导为司徒，王敦自任扬州牧。王敦想叛逆篡位，王彬极力苦劝。王敦发怒变脸，用目光示意右右侍从，将要逮捕王彬。王彬容颜凛然地说："您过去杀害兄长，现在又要杀害兄弟吗！"王敦这才罢手，让王彬出任豫章太守。

后赵王石勒派遣使者与慕容廆通好，慕容廆将来使拘捕，送至建康。

成汉的李骧等人进攻宁州，宁州刺史、褒中壮公王逊派遣将军姚岳等人拒敌，双方在螗蜋交战，成汉的军队大败。姚岳追击到泸水，成汉士兵争相渡河，溺水而死的有一千多人。姚岳因为路远，不敢再渡河追击，于是退军。王逊认为姚岳没有穷追敌军，勃然大怒，鞭打姚岳；因为暴怒过度，以致冠帽爆裂而死。王逊治理宁州十四年，威慑远方。宁州人推举其子王坚代掌州府事务，明帝司马绍下诏授予王坚为宁州刺史。

广州刺史陶侃派兵救援交州，还未到达目的地，梁硕已经攻取了龙编。梁硕抢夺刺史王谅的符节，王谅不给，梁硕砍断他的右臂。王谅说："我连死都不怕，砍断手臂又有什么用？"过了十来天后去世。

六月初六壬子，明帝司马绍立妃子庾氏为皇后，让皇后的兄长中领军庾亮担任中书监。

梁硕占据交州后，因为凶残暴虐失去民心。陶侃派遣参军高宝领军进攻梁硕，将他斩首。明帝司马绍下令让陶侃兼任交州刺史，进封号为征南大将军，开府仪同三司。不久，吏部郎阮放请求出任交州刺史，获得同意。阮放行至宁浦，路遇高宝，为高宝设宴，暗伏甲士把高宝杀害。高宝手下士兵攻击阮放，阮放逃走，幸免于难，到达任所不久，因病而死。阮放是阮咸的同族子孙。

（以上为第九段，写太子司马绍即位，改元太宁，面临叛臣王敦淫威，选择忍让，手写诏书，征召入朝，尊崇无以复加；王敦阴谋夺位，王彬劝谏义正词严，被外放。）

陈安在南安围困前赵的征西将军刘贡，休屠王石武从桑城率兵由上邽赶来救援，和刘贡合击陈安，给予重创。陈安收拢残余骑兵八千人，败逃退守陇城。

秋季，七月，前赵主刘曜亲自率军围攻陇城，另外派兵围困上邽。陈安频频出战，屡遭败绩。前赵右军将军刘干攻克了平襄，陇上许多县都投降前赵。陈安留下部将杨伯支、姜冲儿坚守陇城，自己率领精锐骑兵突围，逃奔陕中。刘曜派将军平先等人追击。陈安左手挥舞七尺大刀，右手运起丈八蛇矛，一旦敌人接近，就同时挥动刀矛，每次都能杀死五六人。追敌稍远，便左右驰骋，一边发箭，一边退走。平先也是勇武、敏捷如飞，和陈安搏战，三次交手才夺下陈安的蛇矛。适逢天色近暮，大雨滂沱，陈安便丢弃马匹，和左右侍从藏匿于山中。前赵士兵四处搜索，不知其所在。第二天，陈安派部将石容窥察前赵兵动向，被前赵辅威将军呼延青人抓获。呼延青人拷打石容，询问陈安的藏身之处，石容始终不肯说，被呼延青人杀死。雨停以后，呼延青人发现踪迹，在山涧的弯曲处抓住陈安，当即斩首。陈安善于抚慰军中将士，和他们同甘共苦。他死后，陇上人想念他，为他作《壮士之歌》。

杨伯支斩杀姜冲儿，献纳陇城投降；陈安的别将宋亭杀死赵募，献纳上邽出降。刘曜把秦州的豪门大姓杨氏、姜氏各部族两千多户迁移到长安。氐族、羌族也都送来人质请求投降，刘曜任命赤亭羌酋长姚弋仲为平西将军，封为平襄公。

明帝司马绍畏惧王敦的逼迫，想引郗鉴为外援，授予郗鉴兖州刺史，都督扬州及长江以西的军务，镇守合肥。王敦忌惮郗鉴，上书要求让郗鉴任尚书令。

八月，晋明帝司马绍下令征召郗鉴回京，中途经过姑孰，王敦与郗鉴议论西晋人物，王敦说：“乐广才能有限，考虑他的实际作为，哪能胜过满奋呢！”郗鉴说：“乐广为人行事的风格是平淡，故太子司马遹被废为庶人，乐广释放与他有牵连的官员，也没有被治罪。满奋则是节操有损的人，怎能与乐广相比！”王敦说：“在满奋那个时候，潜伏的祸端十分急迫。”郗鉴说：“大丈夫应当将生死置之度外。”王敦厌恶郗鉴的言论，不再与他相见，并把他长期扣留，不让离开。王敦的党羽都劝王敦杀死郗鉴，王敦没有采纳。郗鉴回到朝廷后，便和晋明帝共同商议讨伐王敦的办法。

后赵国中山公石虎率领步兵、骑兵共四万人攻击安东将军曹嶷，青州的郡县有不少投降了他，石虎于是进围广固城。曹嶷出城投降，被送到襄国处死。石虎坑杀投降的士众三万人。石虎原想把曹嶷的部众尽数杀死，青州刺史刘徵说：“现今让我留下，为的是统治百姓。没有人怎么统治？我准备回去了！”石虎于是留下男女七百多口，配属给刘徵，让他镇守广固城。

（以上为第十段，写汉赵主刘曜亲自出征，攻打割据陇上的陈安，将其消灭，陇上人作《壮士之歌》；王敦统揽朝政大权，郗鉴外放被召回，鉴与明帝共商讨伐王敦。）

前赵主刘曜由陇上出发，向西进攻凉州，派遣部将刘咸进攻驻守冀城的韩璞，又派呼延晏进攻驻守桑壁的宁羌护军阴鉴，自己率兵二十八万人屯军于黄河边，营寨连绵一百多里，金鼓之声震天动地，连黄河的流水都为之激荡。张茂部沿黄河戍守的士兵，都望风溃逃。刘曜扬言将多路渡河，直捣姑臧城，凉州军民为此大为惊恐。

参军马岌劝张茂亲自出城拒敌，长史汜祎发怒，请求将马岌斩首。马岌说："汜祎只是个无用的书生，有点耿直不讳的小才，却全然不考虑国家大计。明公父子两代人多年来就想为朝廷消灭刘曜，如今刘曜自己送上门，远近之人都存心想观察明公的举动。当此之时，应当建立诚信、勇敢的实绩以满足秦州、陇上人民的心愿，力量虽然不足，但在情理上不能不出城迎敌。"张茂说："好！"于是，出城屯军于石头。张茂对参军陈珍说："刘曜调集三秦的兵众，乘着攻破陈安的胜势席卷而来，我们将怎么对付？"陈珍说："刘曜士兵虽多，但精兵极少，大多都是来自氐族和羌族的乌合之众，恩德和威信未曾广布，况且又对东方的石勒心存顾忌，他怎么能不顾心腹之患，与我方旷日持久地争夺河西之地呢！如果刘曜二十天以后还不退兵，我请求分派给我数千战斗力不强的士兵，为您把他给抓来。"张茂心中欢喜，便派陈珍领兵救援韩璞。

前赵的众将领都争先恐后地想渡过黄河，前赵主刘曜说："我方军队的声势虽然盛大，但其中迫于威势，不得不来的占有三分之二，中军又疲惫困顿，实际上很难用于作战。如今只能按兵不动，用我方的声势威慑对方，如果超出十天张茂的降书还不送到的话，就算我辜负了你们。"不久，张茂果然派遣使者投降称臣，献上的马、牛、羊和珍宝不计其数。刘曜授予张茂侍中并都督凉州、南秦州、北秦州、梁州、益州、巴州、汉中、陇右、西域杂夷及匈奴各地的军务，任命他为太师、凉州牧，封为凉王，赐给九锡。

杨难敌听说陈安被杀，十分恐惧，和兄弟杨坚头向南逃往汉中，前赵镇西将军刘厚在后追击，多有缴获，随后退军。前赵主刘曜任命大鸿胪田崧为镇南大将军、益州刺史，镇守仇池。杨难敌早送人质向成汉请求投降，成汉安北将军李稚因为接受了杨难敌的贿赂，于是没有把杨难敌遣送到成都。前赵的军队退走后，李稚立即让杨难敌回到武都，杨难敌于是凭仗地势险固，不再服从成汉。李稚对自己的失策深为追悔，多次请求出兵征讨杨难敌。李雄便派遣李稚的兄长侍中、中领军李琀和李稚由白水出兵，征东将军李寿以及李琀的兄弟李玝由阴平出兵，攻打杨难敌。成汉的许多大臣进谏，李雄不听。杨难敌发兵拒敌，李寿、李玝所部无法前进，而李琀、李稚率领的军队则长驱直入，进抵下辨。杨难敌派军队截断其退路，然后四面包围进攻。李琀、李稚因深入敌境，后援断绝，都被杨难敌所杀，死者数千。李琀为李荡的长子，颇有才学和名望，李雄本想让他作为自己的继承人，听说他死了，好几天吃不下饭。

（以上为第十一段，写汉赵主刘曜率领大军攻打凉州张茂，张茂投降，遣使称藩；另一割据势力杨难敌畏惧而投奔成汉，而后反悔，据险自守，打败围剿的成汉将领。）

当初，前赵主刘曜有长子刘俭，次子刘胤。刘胤年方十岁，身高七尺五寸，汉主刘聪因此惊奇，对刘曜说："你这个儿子的神气，不是刘俭所能比拟的，应当让他当继承人。"刘曜说："藩国臣民的继承人，能守住祖先的祭祀就够了，我不敢破坏长幼的秩序。"刘聪说："以你的功勋和德行，当会世世代代担任征伐的重任，不是别的臣子可比拟的，我当会另外赐给刘俭一个诸侯国封号。"于是，封刘俭为临海王，立刘胤为世子。刘胤长大以后，力气很大，精于箭术，勇猛、迅捷如风。靳准作乱的时候，刘胤隐匿身世，藏身在匈奴的黑匿郁鞠部。陈安败亡后，刘胤把自己的身世告诉郁鞠，郁鞠大吃一惊，按照相应的礼仪对待，并送他归国。

刘曜悲喜交加，对群臣说："刘熙虽然成为太子，但年龄幼小，拘谨柔顺，恐怕难以承受现今诸多的艰难。刘胤本来是我的世子，才能气度出众，而且经历过许多艰难。我想效法周文王立武王和汉光武帝立明帝的做法，以巩固国家政权，另外安排刘熙的地位，怎么样？"太傅呼延晏等人都说："皇上为国家的长远命运考虑，岂只我们这些臣子有所依仗，实际也是祖先和国民的幸运。"左光禄大夫卜泰、太子太保韩广则进谏："皇上如果认为自己在太子废立问题上的看法正确，就不应当再向臣下询问；如果觉得没有把握，当然乐于听到不同的意见。我们私下认为废除当今太子是不对的。往昔周文王选定继承人，是在未立太子之前，所以是可以的；汉光武帝因为太子的生母失去恩宠而废除太子，哪里值得本朝效法！以往皇上立东海王刘熙为太子，这未必就不如汉光武帝立明帝为太子的做法。刘胤的文才武略的确为当世高绝，但太子的孝友仁慈，也足以成为承袭国家太平的贤惠君主。何况太子与百姓和神灵相关联，怎可轻易变动！皇上如果真的想改立太子，我们宁死也不敢遵奉诏令。"刘曜默默无语。刘胤进言，说："父亲对儿子的爱，应当无所偏颇，现在如果废黜刘熙而改立我，我怎能心安！皇上只要认为我还可以为国效力，难道我还不能帮助刘熙继承圣业吗？如果一定要让我替代刘熙，我请求立即死在这里，不敢听命。"随之哀叹抽泣。

刘曜也因为刘熙是羊皇后所生，不忍心废黜，于是追谥刘胤的生母、前妃卜氏为元悼皇后。卜泰即刘胤的娘舅，刘曜为嘉奖他的公正和忠贞，授予他为上光禄大夫、仪同三司、领太子太傅。又封刘胤为永安王，授职侍中、卫大将军、都督二宫禁卫诸军事、开府仪同三司、录尚书事。命令刘熙用对自家人的礼仪对待刘胤。

（以上为第十二段，写汉赵主刘曜因儿子刘胤回来，有更易太子的打算，刘胤之舅卜泰等人则以为不可，认为不是明智之举，刘胤也极力反对，刘曜也只好作罢。）

张茂在姑臧大兴土木，维修城墙，修筑灵钧台。别驾吴绍劝阻说："明公之所以修城墙、筑高台，大概因为有鉴于以往遭到攻击的忧患。我以为只要臣民未曾普遍感受到君上的恩泽，即使身处多层高台上也没有什么好处。只能够使臣下对自己的忠信志向产生疑虑，失去士民们寄托的期望，显示出怯弱的情形，挑起相邻的敌方来犯的欲念，这怎么能辅佐天子，称霸诸侯呢！希望能急速废止这项工程，停止人力和钱财的巨大耗费。”张茂说：“亡兄张寔忽然死于非命，难道没有忠臣义士想为他效死尽忠吗！只不过祸乱在意想不到的情况下突发，虽然他智勇兼具也无所施展罢了。王公设置险阻保守国家，勇夫多设关隘保守其地，这是古人之道。现今国家不太平，不能在这举步维艰的时代用太平盛世的道理去要求人。”最终没有停止修建工程。

王敦的侄子王允之，正当童年，王敦因他聪明机警，异常宠爱，经常让他跟随自己。王敦有次在夜晚饮酒，王允之以醉酒为由离席先睡。王敦便和钱凤一起商讨叛乱之事，被王允之全部听到。王允之随即在睡卧的地方大吐，衣物、脸面都沾上了污秽。钱凤走后，王敦果然持灯前来察看，见王允之睡卧在呕吐的污物中，便不再有疑心。适逢王允之的父亲王舒升任廷尉，王允之请求回家探看父亲，便将王敦、钱凤密谋的内容全部告诉了王舒。王舒与王导一块儿禀报晋明帝司马绍，私下为应付突变做好准备。

王敦想增加自己的宗族势力，削弱欺凌皇室力量，冬季，十一月，调任王含为征东将军，都督扬州、长江西部军务，让王舒担任荆州刺史，监督荆州、沔水以南军务，王彬担任江州刺史。

后赵王石勒让参军樊坦担任章武内史，石勒见他衣帽破旧，询问原因。樊坦未加思索，回答说：“不久前遭到羯人贼寇的抢劫，财物荡然无存。”石勒笑着说：“羯人贼寇竟然这样蛮横无道吗！现在我会偿还给你。”樊坦大为恐惧，流着眼泪叩头赔罪。石勒赐给他车马、衣服及办装费三百万，派遣他上任。

这年，越嶲人斯叟进攻成汉的将领任回，成汉主李雄派遣征南将军费黑征讨斯叟。

会稽内史周札，一族之中有五人封侯，宗族势力强盛，吴地士大夫中无人可以比拟，王敦为此忌惮。王敦生病，钱凤劝王敦早日除灭周氏，得到王敦赞同。周嵩因为兄长周顗被王敦所杀，心中经常愤愤不平。王敦没有儿子，收养王含之子王应为子嗣，周嵩曾当众说王应不适合统领军队，王敦为此憎恶周嵩。周嵩和周札兄长的儿子周莚都担任王敦的从事中郎。适逢道士李脱利用妖术蛊惑民众，不少士民都相信并追随他。

（以上为第十三段，写凉王张茂大兴土木，修筑城墙，筑造灵钧台；东晋权臣王敦密谋叛乱之事，极力扩大王氏宗族势力，削弱、欺凌东晋皇室力量，但消息走漏。）

【点评】

王敦乱国。王敦与王导曾是稳定江东、建立东晋举足轻重的人物。王导在朝廷出谋划策，左右朝局；王敦驻守荆州，平定乱局，控制着都城建康的上游地区。后来，王敦举兵反叛，占据石头城，接受百官朝拜；尽管如此，他还是不满足，又密谋叛乱，遂被晋明帝司马绍率兵平定。那么王敦之乱，是由哪些原因促成的呢？这值得我们深思。

首先，晋元帝司马睿毫无远略、缺谋少断。王敦谋反，是以诛杀晋权臣刘隗为名。王敦反势的养成，恰是贵为皇帝的司马睿造成的，所谓养虎为患，反遭虎噬。当初王敦确实为江东的稳定立下了汗马功劳，但是随着功劳越来越大，其胃口和野心也越来越大；而晋元帝司马睿开始时和王敦互相倚重，司马睿几乎满足了王敦在权力方面的所有要求，对其毫无节制；当发现情势不太好时，又赶忙采取措施，限制王导的权力，布局对付王敦的人事安排，结果惹恼了王敦。但可惜的是，司马睿重用的人才，没有哪一个能够具有与王敦抗衡的分量，即使是那些所谓的忠良联合起来，也不足以与王敦的势力相对抗。当王敦进攻石头城，就明显暴露出这些所谓忠良的致命弱点，经不起打击，遇到危难就投降。这说明司马睿缺乏识人、用人的眼光和能力，或者是由于长期的疏忽，导致事到临头却没有可堪重用之才。王敦之乱起，司马睿虽然亲率六军予以反击，但缺少具体的谋划，所谓的将才，在王敦面前，几乎不堪一击！

其次，晋朝大军师王导负有不可推卸的责任。王导襄助司马睿稳定江东，提高威望，建立东晋，确实是功不可没；但王敦造反，在某种程度上是以王导在朝廷的人望以及他所布局的笼盖朝野的王氏亲信为依托的。当王导在朝廷遇到信任危机时，王敦毫不犹豫地站起来指责朝廷，出言不逊；当王敦谋反时，王导却没什么有价值的谋略。比惠帝司马衷聪明许多的司马睿还想依靠王导，任用他为前锋大都督。可见，司马睿平叛失败，王导负有不可推卸的责任。王敦反叛成功后，王导也没有对王敦进行任何谴责，在一些重大事件上，王敦征求他的意见，他一言不发，不置可否，而没有坚持正道，据理力争。这种态度暧昧、置身事外的做法，难道是朝廷重臣应该持有的态度吗？后来，王敦掌控朝局，还加封王导的官职；晋明帝司马绍平叛成功后，又加封王导！

最后，王敦势力一股独大，没有谁能够与之抗衡。因此，他无所顾忌，再加之朝廷有大军师王导明里暗里帮助他，他更加肆无忌惮。但是，他的结局并不好，因为东晋继位的晋明帝司马绍，远不是西晋昏庸的惠帝司马衷可比，后来终于平叛成功，王敦落得身败名裂的下场！

晋纪十五

晋明帝太宁二年至晋成帝咸和二年（公元 324—公元 327）

【起阏逢涒滩（甲申，公元 324 年），尽强圉大渊献（丁亥，公元 327 年），凡四年】

【大事提要】

本卷记事起公元 324 年，讫公元 327 年，凡四年，当晋明帝（司马绍）太宁二年至晋成帝（司马衍）咸和二年。本卷所载大事，主要有五个方面：其一，明帝讨平王敦。晋明帝司马绍即位后，继其父司马睿遗志，欲击灭王敦，而王敦亦欲篡位自立。公元 324 年，王敦病重，其党羽钱凤与沈充谋议举兵叛乱，率军直攻京师。司马绍以王导为大都督，连续出击，大败叛军。王敦去世，被剖棺掘尸，与沈充悬首示众。其二，明帝死，司马衍立。公元 325 年，晋明帝司马绍病重，令司马羕、王导、卞壸、郗鉴、庾亮、陆晔、温峤等辅佐太子，随即去世，年仅 27 岁。长子司马衍即位，是为成帝，改元咸和，尊庾皇后为皇太后，临朝称制，以王导、庾亮、卞壸参辅朝政，庾亮专权。其三，段辽杀段牙，自立。鲜卑人首领慕容廆与段氏和睦，劝段牙迁都。公元 325 年，段牙迁都令支，引起国人不满，段辽欲夺其位，乘机以迁都为罪，率领国人攻打段牙，杀之，而后自立。段氏自务勿尘以来，日益兴盛强大，统辖胡、晋三万多户，骑兵有数万人。其四，庾亮专权，杀司马宗。庾亮为晋明帝庾皇后的哥哥。晋成帝司马衍年幼，大权握在庾亮之手。他改变王导的宽和之政，引起豫州刺史祖约和历阳内史苏峻等人极端不满；宗室近亲司马宗被解除军职，深怀怨恨；又贬退太宰司马羕，召苏峻回京，引起其反叛。其五，石虎打败代王纥那，立翳槐为代王。后赵中山公石虎袭击鲜卑代王纥那，双方激战于句注陉北，纥那兵败，迁都于大宁躲避。纥那又与宇文部共击贺兰部，未能取胜。公元 329 年，贺兰部及诸大人共立拓跋翳槐为代王，翳槐派遣其弟什翼犍为质，与后赵修好。

肃宗明皇帝下

晋明帝太宁二年（甲申，公元 324 年）

春季，正月，王敦诬陷周嵩、周莚与李脱勾结，密谋不轨，因而收捕二人，杀害于军中。又派参军贺鸾到吴地找沈充，把周札所有兄长的儿子尽数杀死，随即进兵攻袭会稽，周札抵抗而战死。

后赵的将兵都尉石瞻侵犯下邳、彭城，攻取东莞、东海，刘遐退保泗口。

后赵司州刺史石生攻击在新安的前赵河南太守尹平，将他斩首，劫掠民众五千多户。自此以后，前赵与后赵结怨成仇，经常互相攻伐劫掠，河东、弘农之间，民不聊生。

石生侵犯许昌、颍川，俘获上万人。又进攻在阳翟的郭诵。郭诵与石生交战，重创石生所部，石生退守康城。后赵汲郡内史石聪听说石生战败，奔驰救援，进攻司州刺史李矩和颍川太守郭默，均获胜。

成汉主李雄的皇后任氏无子，妾妃所生的儿子有十多人。李雄册立兄长李荡的儿子李班为太子，让任后做他的母亲。群臣请求在妾妃所生的子嗣中选立太子，李雄说："我的兄长是先帝的嫡子，具有奇才和大功，当帝业即将成功时却英年早逝，我时常悼念他。况且李班仁孝好学，一定会继承祖先的功业。"太傅李骧、司徒王达劝说："先王们之所以一定从自己的儿子中选立继承人，为的是明确各自的身份，使各有所安，防止篡权夺位。宋宣公和吴国馀祭的先例，就足以令人知晓。"李雄不听。李骧退下后流着眼泪说："祸乱由此发端了。"李班为人谦恭下士，行动遵循礼法，李雄只要有重大决策，总是让他参与。

夏季，五月十四日甲申，张茂病重，拉着世子张骏的手哭泣说："我家世代以孝友忠顺著称于世，如今虽然天下大乱，但你必须继承家族遗风，不可丢弃。"并且下令说："我的官职本非朝廷任命，只能勉强支撑局面，怎敢大办丧事！我死的时候，应当戴着白色便帽入棺，不要用朝服殡殓。"这天，张茂去世。愍帝司马邺时的使者史淑留居在姑臧，左长史氾祎、右长史马谟等让史淑授予张骏大将军、凉州牧、西平公，赦免境内罪犯。前赵主刘曜派遣使者赠给张茂太宰的名号，谥号为成烈王；授予张骏上大将军、凉州牧、凉王。

（以上为第一段，写异族之事，后赵石瞻侵犯晋地下邳、彭城；汉赵与后赵结怨成仇，互相攻打劫掠；成汉主李雄立兄子李班为太子；凉州牧张茂去世，兄子张骏继任。）

王敦病情加剧，矫称皇帝命令，任命王应为武卫将军，做自己的副手，任命王含为骠骑大将军、开府仪同三司。钱凤对王敦说："假如您有不幸，是否将把身后之事托付王应？"王敦说："非常之事，不是平常人所能够胜任的。何况王应年轻，哪能承担大事！我死以后，不如放下武器，遣散兵众，归顺朝廷，以保全宗族家人，这是上策；退回到武昌，集中军队谨慎自守，给朝廷贡献的物品无所缺废，这是中策；乘我还活着的时候，发遣所有的兵力攻打京城，寄希望于侥幸取胜，这是下策。”钱凤对其党羽说：“王公所谓下策，其实正是上策。”于是与沈充谋议商定，等王敦一死便发动叛乱。他又认为宿卫士兵太多，奏令按照三分之二的比例轮休。

当初，明帝司马绍亲近信任中书令温峤，王敦不满，请准温峤出任左司马。温峤便假装勤勉恭敬，治理王敦府事务，时常私下出些主意来附和王敦的欲望。又与钱凤结为深交，为钱凤扬名，常常说：“钱凤满身活力。”温峤素来有善于品评鉴别人的美名，钱凤甚为喜悦，尽力与温峤结好。恰逢丹杨尹的职位空缺，温峤对王敦说：“丹杨尹守备京城，这种咽喉要职您应当自己遴选人才充任。恐怕朝廷任用的人有的不会尽心治理。”王敦颇以为然，问温峤说：“谁能够胜任？”温峤说：“我认为没有谁能比得上钱凤。”钱凤也推举温峤，温峤佯装推辞。王敦不听。

六月，王敦上表奏请温峤担任丹杨尹，并且让他观察朝廷动向。温峤唯恐自己走后，钱凤再离间挑拨加以制止，便借王敦设宴饯别之机，起身敬酒，来到钱凤面前，钱凤还没来得及饮酒，温峤佯装喝醉了，用手版击落钱凤的头巾，脸色一变说：“钱凤你是什么样的人，我温太真敬酒你胆敢不喝？”王敦以为温峤喝醉了，把双方劝解开。温峤临行时，向王敦道别，眼泪鼻涕横流，做出难舍的样子。温峤走后，钱凤对王敦说：“温峤与朝廷关系极为密切，并且与庾亮有深交，此人不能信任。”王敦说：“温峤昨天喝醉了，对你稍有失敬，你怎么能马上就这样诋毁他呢！”

（以上为第二段，写王敦病重，死党钱凤与沈充谋划叛乱，温峤被调任左司马，故作逢迎，取得信任，任为丹杨尹，将王敦逆谋报告明帝，使朝廷有了充分准备。）

温峤到达建康后，把王敦作乱的图谋原原本本地告诉了明帝司马绍，请求明帝事先有所防备。又和庾亮共同筹划攻打王敦的谋略。王敦听说后，勃然大怒，说：“我竟然被这个小东西欺骗！”便写信给司徒王导说：“温峤离开几天，竟然做出这种事！我要找人把他活捉过来，亲自拔掉他的舌头。”

晋明帝司马绍将要征讨王敦，就此事征询光禄勋应詹的意见，应詹表示赞同，晋明帝于是坚定了决心。

六月二十七日丁卯，晋明帝司马绍加授司徒王导大都督、兼任扬州刺史，任命温峤都督东安北部诸军事，和右将军卞敦同守石头城；任命应詹为护军将军、都督前锋及朱雀桥南诸军事；任命郗鉴兼摄卫将军、都督扈从御驾诸军事。又让庾亮兼任左卫将军，让吏部尚书卞壶兼摄中军将军。郗鉴认为有军制上的名号于实际情况无益，坚持辞谢不受，请求征召临淮太守苏峻、兖州刺史刘遐共同讨伐王敦。明帝于是下令征召苏峻、刘遐以及徐州刺史王邃、豫州刺史祖约、广陵太守陶瞻等入京师护卫。明帝屯军于中堂之地。

司徒王导听说王敦病势沉重，便带领王氏子弟为王敦发丧，大家以为王敦确实死了，都有奋战的士气。于是，尚书传送皇命到王敦的幕府，罗列王敦的罪恶，说：

“王敦专断地扶立兄长的儿子继承自己的职位，从来没有宰相的继承人是不由君王任命的。这真是凶顽之徒相互奖掖，无所顾忌；志向凶残丑恶，窥视国家政权。幸好上天不让奸恶之人长寿，王敦因而毙命；钱凤既已奉承奸凶之人，又再煽动作乱，现在派遣司徒王导等率领猛虎般的军队三万人，十路并进；平西将军王邃等率领精兵三万，水陆齐发；我亲自统领各路大军，讨伐钱凤的罪恶。有谁能够杀死钱凤将首级送来，封为五千户侯。各文武官员即使是由王敦任用的，我也一概不加过问。你们不要心存猜忌和隔阂，以至于自取灭亡。王敦的将士们跟随他多年，远离家室，我非常怜悯。凡是独生子从军的，都遣返回家，终身不再征用。其余的人都给假三年；休假期满回到朝廷后，都将与宿卫的士兵一样，按三分之二的比例轮休。”

王敦见到诏书，十分震怒，但因病情愈加沉重，不能亲自率兵出战。将要发兵攻打京师以前，让记室郭璞占卦，郭璞说：“事情不会成功。”王敦历来怀疑郭璞在帮助温峤、庾亮，等到听说卦呈凶兆，便问郭璞说：“你再算算我的寿命还有多长？”郭璞说：“由刚才的卦象推算，明公如果起兵，灾祸必定不久将至；如果仍旧住在武昌，享年长不可测。”王敦大怒，说：“你的命有多长？”郭璞回答说：“今天正午毙命。”王敦于是拘捕郭璞，将他斩首。

王敦让钱凤和冠军将军邓岳、前将军周抚等人率领士众向京师进发。王含对王敦说：“这本是我们王家的事，我应当亲自去。”王敦便任命王含为全军的主帅。钱凤等人问道：“事成之日，把天子怎么办？”王敦说：“还没南郊祭天，哪能够称天子！只管出动你们所有的兵力，保护东海王和裴妃而已。”于是以诛杀奸臣温峤等人为由，给晋明帝司马绍上书。

（以上为第三段，写晋明帝司马绍调兵遣将，做好平叛的准备，以王导为大都督；郗鉴建议调动各路大军入京护卫；王导为王敦发丧，激发士气。）

秋季，七月初一壬申朔（按壬申，应为七月初二），王含等率水军、步兵共五万人忽然到达江宁秦淮河南岸，京城人心惶惶。温峤移兵驻屯河北岸，烧毁了朱雀浮桥，以暂挫敌方兵锋。王含等人无法渡河。晋明帝司马绍想亲自领兵攻击，听说浮桥已断，勃然大怒。温峤说：“现在宿卫的士兵人数少、体力弱，征召的援军没到，如果让敌军窜入，将会危及朝廷，那时连祖先的宗庙恐怕都难保，何必吝惜一座桥呢！”

司徒王导送信给王含说：“近来听说大将军王敦病重垂危，有人说已遇不幸。不久知道钱凤大加戒严，想肆行奸逆不道之事。我认为兄长应当抑制他们，不要使其得逞，应当回军戍卫武昌，现在却与愚昧无知之人一同前来。兄长这种举动，是以为能做成如同大将军当年所做的事吗？当初佞臣败坏朝政，人心不平，像我这样的人，也心存外念，现在则不同。大将军自从前来屯军于湖，便逐渐失去民心，正直的君子感到危险和恐惧，百姓劳累疲惫。临终之时，将重任委托给王应，王应断奶才有几天？再说，凭他时下的名望，就能承袭宰相的职位吗？自从天地开辟以来，可有宰相的职位让孺子小儿担任的？凡是听说此事的人，都知道将要进行怎样的事，篡位不是为人臣子者所应当做的。先帝中兴国家，遗留仁爱于民间；当今皇上耳聪目明，恩德遍于朝野。兄长却想轻妄地挑起祸乱，凡据有人臣之位的，谁不为此愤慨！王导一门老小蒙受国家的厚恩大德，今天此事，我放开胆量，敢行敢为，出任六军统帅，宁肯身为忠臣战死，也不愿当一个无赖苟活！”王含没有答复。

有人认为：“王含、钱凤的军队人数和战斗力都要强出百倍。苑城既小又不坚固，应当乘敌军强势未成之时，皇帝亲自率兵出城抗敌。”郗鉴说：“乱党来势汹汹，势不可当，只能靠计谋取胜，难以力战。况且王含等人军令不齐，劫掠不断，官吏民众有鉴于往年被凶暴地掠夺资财，人人都自行守备。只要利用顺逆的情势，何愁不能克敌！再说，敌寇毫无谋略和长远设想，只靠盲目奔突一战，旷日持久，必定会开启义士的心神，使他们的智慧和力量得以施展。现在如果以这样弱小的力量与强敌抗衡，期望一朝决定胜负，瞬间判别成败，万一有所闪失，即使有申包胥这样的人愿意赴难救援，于既成事实又有什么补益呢！”晋明帝司马绍这才罢休。

晋明帝司马绍统领各军出城屯驻南皇堂。九月初四癸酉夜间，（皇帝）招募勇士，派遣将军段秀、中军司马曹浑等率领甲士千人渡过秦淮河，攻其不备。清晨，在越城与敌人交战，大胜，斩杀其前锋将领何康。段秀，即段匹磾的弟弟。

王敦听说王含战败，勃然大怒，说：“我这个兄长只是个老废物，门户衰落，大事完了！”回头对参军吕宝说：“我要尽力起行。”随即用力起来，因气力困乏，只好又躺下。于是，对自己的舅父少府羊鉴和王应说：“我死后，王应立即即丞相位，先设立朝廷、任命百官，然后再安排丧事。”王敦不久即死，王应隐瞒死讯，用席子包裹尸身，外面涂蜡，埋在议事厅中，和诸葛瑶等人日夜纵酒淫乐。

（以上为第四段，写王含等率领叛军奔赴建康，王导写信劝导；郗鉴建议以谋屈而不以力竞；晋明帝司马绍选派勇士渡河突袭，打败叛军；王敦去世，秘不发丧。）

晋明帝司马绍让吴兴人沈桢劝说沈充倒戈，许诺让他出任司空。沈充说：“三司是众人共同敬仰的要职，岂是我所能胜任的！封赏丰厚、言辞动听，正是古人所畏惧的。况且大丈夫与人共事，便应始终同心，怎能中途改弦易辙，这样做他人谁还能容我！”随即发兵奔赴建康。宗正卿虞潭因病回家乡会稽，听说此事，从余姚起兵攻打沈充。晋明帝任命虞潭兼任会稽内史。前安东将军刘超、容城内史锺雅也都起兵攻打沈充。义兴人周蹇杀死王敦任命的太守刘芳，平西将军祖约赶走了王敦任命的淮南太守任台。

沈充率领士兵一万多人与王含的军队会合，司马顾飏向沈充献策说：“现在起事，但天子已扼守住咽喉要地，锐气受挫，士气低落，相持日久，必然招致失败。如果现在拔除栅栏，决开玄武湖，借湖水淹灌京城，乘着水势动用水军进攻，这是上策；假如凭借大军刚刚到达的锐气，集中东、西两路军队的力量，诸路同时并进，我众敌寡，悬殊一倍以上，按情理必会摧毁敌军，这是中策；以召请钱凤议事为名，乘机将他斩首，归降朝廷，可以转祸为福，这是下策。”但沈充均不采用，顾飏便逃回吴郡。

九月十七日丁亥，刘遐、苏峻等人率领精兵万人到达建康，明帝司马绍夜间召见并犒劳他们，将士们各按等秩均获得赏赐。沈充、钱凤想乘着北方军队刚到，恰处于疲困之机发起攻击，九月二十五日乙未夜，沈充、钱凤从竹格渚渡过秦淮河，护军将军应詹、建威将军赵胤等人抵抗失利，沈充和钱凤攻至宣阳门，拔除防御栅栏，正要攻战，刘遐、苏峻从南塘侧面攻击，重创沈充、钱凤军队，渡河溺死的达三千多人。刘遐后来又在青溪打败沈充。寻阳太守周光听说王敦起兵，率领一千多人赶来，到达后求见王敦，被王应以病重为名拒绝。周光退下后说：“现在我远道而来却见不到王敦，他大概已经死了吧！”急忙会见其兄长周抚，说：“王公已经死了，你何必和钱凤同作叛贼！”众人都很惊愕。

九月二十六日丙申，王含等人烧毁营帐，连夜逃跑。二十七日丁酉，明帝司马绍回到皇宫，实行大赦，唯有王敦的党羽不在赦免之列。命令庾亮督察苏峻等人追袭逃到吴兴的沈充，温峤督察刘遐等人追击逃往江宁的王含、钱凤，又分别命令各位将领追捕王敦死党。刘遐部下军人不少大肆抢掠，温峤斥责他说：“天理是赞助顺应天道的人，所以王含被剿灭，怎么能乘机作乱呢！”刘遐惊惶恐惧，叩头谢罪。

王含想逃奔荆州，王应说：“不如去江州。”王含说：“大将军王敦以往与江州王彬的关系怎样，你想到那儿去？”王应说：“这是因为到那里合适。江州的王彬在他人强盛的时候，敢于坚持不同立场，这不是一般人能比得上的；现在看到他人遭受困厄，也必定会有恻隐之心。荆州的王舒循规蹈矩，哪能超出常规行事呢！”王含不听，于是逃奔荆州。王舒派军队相迎，将王含、王应父子沉入江中溺死。王彬听说王应要来，秘密准备小船等候；王应没来，王彬为此深感遗憾。钱凤逃到阖庐洲，周光将他斩首，自己赴朝廷请求赎罪。沈充逃跑时迷路，误入自己旧部吴儒家，吴儒诱使沈充进入墙中夹层，于是笑着对沈充说：“我可以被封为三千户侯了！”沈充说：“你如果顾及往日情义保全我，我家必定会从厚报答你。你如果为了私利杀我，我死以后，你的家族也将被灭绝。”吴儒最终杀死沈充，把首级传送到建康。王敦的党徒至此全部平定。沈充的儿子沈劲应当连坐受诛，同乡钱举把他藏匿起来，因此得以幸免。后来，沈劲灭了吴氏全族。

（以上为第五段，写晋明帝司马绍统率大军，上下齐心合力，平定王敦叛乱。王敦干将王含父子投奔荆州，被沉江，钱凤被周光斩首，沈充被吴儒杀死。）

朝廷官吏挖开王敦的墓葬，拉出尸体，焚毁身上所穿衣服，摆成跪姿，斩首，和沈充的首级一同悬挂在南边朱雀楼门头。郗鉴对明帝司马绍说："以往朝廷诛杀杨骏等人，都是先施加官方的刑罚，然后听任私人殡葬。我认为王法诛杀表现公理，私人情义则体现私交，应该听任王敦的家属收葬，在道义上更为宏大。"明帝同意。司徒王导等人都因征讨王敦有功，各自受到封赏。

周抚和邓岳一同逃亡，周光想资助自己的兄长逃亡而只逮捕邓岳。周抚发怒说："我和邓伯山一同逃亡，你为什么不先杀我！"恰巧邓岳到来，周抚出门远远地对他说："你还不赶快离开！现在连亲骨肉都将加害，何况他人呢！"邓岳掉转船头而逃，与周抚共同隐匿于西阳蛮中。第二年，晋明帝下诏赦免王敦的同党，周抚、邓岳出来自首，得以免去一死，但勒令不准做官。

原吴国内史张茂的妻子陆氏，倾其家财，率领张茂的部曲充当先锋，攻打沈充，以报夫仇。沈充失败后，陆氏到朝廷上书，为张茂剖辩临敌不胜的罪责，明帝下令赠给张茂太仆的官衔。

有关部门奏报说："王敦的亲族王彬等人，都应当去职除名。"晋明帝下令说："司徒王导大义灭亲，尚且将世代宽容他与王敦的兄弟身份，何况王彬等都是王导的近亲呢！"于是，全部不加查问。

晋明帝司马绍下令说："王敦的重要党羽革职除名，其余僚属禁锢不用。"温峤上书说："王敦刚愎自用，不讲仁义，残暴杀戮，朝廷无法制约，亲朋不能阻止。在他幕府中的人，长期畏惧危亡，所以人人闭口不言，行路侧目，实在是贤人君子道义终结、时运乖背，只能静待其恶贯满盈的时候，推究他们的内心，怎么可能安然处之！诸如陆玩、刘胤、郭璞等人经常和我交谈，所以我所知甚详。确实是助纣为虐或诱导作乱的人，自然应当绳之以法；如果是迫不得已，沦为奸党的人，我认为应该加以宽恕。我将陆玩等人的真实情况，禀报皇上听闻，或许应当承受与贼党同流合污的罪责，但如果默默不言，实在有负于他们的用心。希望皇上依据仁义之道予以裁决！"郗鉴认为先王设置有关君臣关系的教义，可贵的是严守节操，为义献身。王敦的佐吏虽然许多是受到逼迫，然而他们既不能制止王敦叛逆的阴谋，又不能脱身远远离开，依照以往的典则，应该按君臣大义加以责罚。明帝最终听从了温峤的意见。

冬季，十月，明帝司马绍任命司徒王导为太保，兼任司徒，以特殊礼仪相待。命令西阳王司马羕兼任太尉，任命应詹为江州刺史；任命刘遐为徐州刺史，代替王邃镇守淮阴；任命苏峻为历阳内史，授予庾亮护军将军，温峤为前将军。王导坚辞不受封职。应詹到江州后，官吏百姓不安定，应詹抚慰怀柔，众人莫不心悦诚服。

（以上为第六段，写晋明帝司马绍统率大军，上下齐心合力，平定王敦叛乱。王敦干将王含父子投奔荆州，被沉江，钱凤被周光斩首，沈充被吴儒杀死。）

十二月，凉州将领辛晏占据枹罕，不听从张骏号令，张骏准备攻打他。从事刘庆劝说道：“霸王的军队，必须占有天时、人事，然后才能出动。辛晏凶狂残忍，必定败亡，何必在饥荒的年份大举兴兵，在严寒的时节攻城呢！”张骏这才作罢。

张骏派遣参军王骘出使前赵，前赵主刘曜对王骘说：“贵州竭诚与我和好，你能保证这一点吗？”王骘说：“不能。”侍中徐邈说：“你来与我国结好，却又说不能保证，为什么？”王骘说：“齐桓公在贯泽与别国盟会，忧心忡忡，诸侯不等召请就自己前来。等到葵丘盟会时，自恃功高，盛气凌人，结果有九国叛盟。赵国的教化，如果长久与今日相似，我可以担保；如果政教衰微，连身边的变化都不能觉察，又何况鄙州呢！”刘曜说：“这是凉州的贤人君子，凉州选择使者可以说适得其人。”于是厚礼相待，送王骘返回。

这年，代王贺傉开始亲政，因为下属各部大多不服号令，便在东木根山修筑城堡，移居到那里。

（以上为第七段，写凉王张骏派遣参军王骘访问汉赵，不卑不亢，被汉赵主刘曜认为是凉州的贤人君子；代王贺傉亲政，诸部不服，无力统治，迁都于东木根山。）

晋明帝太宁三年（乙酉，公元 325 年）

春季，二月，凉王张骏得知晋元帝司马睿死讯，隆重哀悼三天。正逢嘉泉出现黄龙，氾祎等人请求更改年号以彰显吉祥，张骏不同意。辛晏献枹罕城请降，张骏又收复了黄河以南失地。

晋明帝司马绍追赠已故的谯王司马承、甘卓、戴渊、周𫖮、虞望、郭璞、王澄等人官衔。周札的旧僚属为周札申辩冤屈，尚书卞壸评议认为：“周札守备石头城，开门接纳敌寇，不应当追赠谥号。”司徒王导认为：“往年之事，王敦的奸逆行为尚不显明，从我们这些有识之士开始，都未能察觉，与周札没有什么不同。觉察王敦的奸逆之后，周札便为国献身，不久导致被杀。我认为应当与周𫖮、戴渊同样对待。”郗鉴则认为：“周𫖮、戴渊因守节而死，周札延引敌寇，如果行事不同而赏赐均等，怎么能劝善惩恶！按照司徒的评论，说往年从有识之士开始都与周札没有区别，那么谯王、周𫖮、戴渊都应当承受罪责，有什么理由追赠谥号！现在既然褒扬他们三位，那么周札应当受贬责就很明显了。”王导说：“周札和谯王、周𫖮、戴渊，虽然所作所为不尽相同，但都是尽人臣的节操。”郗鉴说：“王敦的叛逆阴谋，历时长久，由于周札的开门延引，致使朝廷军队一蹶不振。如果王敦过去的作为，道义上与齐桓公、晋文公相似，那么先帝不就成了周幽王、周厉王了吗！”虽然如此，明帝司马绍最终还是采用了王导的意见，追赠周札卫尉官衔。

后赵王石勒授予宇文乞得归官爵，让他攻击慕容廆。慕容廆派遣世子慕容皝和索头、段国共同抗击，以辽东相裴嶷为右翼，慕容仁为左翼。宇文乞得归占据浇水抵抗慕容皝，派兄长之子宇文悉拔雄抵御慕容仁。慕容仁攻击宇文悉拔雄，将他斩杀，乘胜和慕容皝合力攻击宇文乞得归，大败敌军。宇文乞得归丢下军队逃跑，慕容皝、慕容仁进入他的都城，派轻兵追袭宇文乞得归，越过国界三百多里才返回，获得其国家的全部重宝，数以百万的畜产，归降的人民有数万。

（以上为第八段，写晋明帝司马绍追赠已故司马承、周颉等人的官衔与谥号，可是，却听从了司徒王导的意见，也追赠了开门放敌的周札官衔，真乃匪夷所思！）

三月，段末柸死去，其弟段牙继立。

三月初二戊辰，明帝司马绍立皇子司马衍为皇太子，实行大赦。

前赵主刘曜册立皇后刘氏。

北羌王盆句除归附前赵，后赵将领石佗从雁门经上郡攻击他，俘虏三千多部落，劫获牛、马、羊一百多万头返回。前赵主刘曜派中山王刘岳追击，刘曜屯军富平作为声援，刘岳与石佗在黄河沿岸交战，石佗被杀，后赵士兵死亡六千多人，刘岳全数夺回被石佗俘获的人员和畜产后返回。

氐人首领杨难敌率兵偷袭并攻取仇池，部下抓获了田崧，带到杨难敌面前。左右侍从命令田崧跪拜，田崧瞪着眼睛斥骂说："你们这些氐狗！哪有身为天子大员却向叛贼跪拜的！"杨难敌对他说："田子岱，我将和你共同建立国家大业，你能忠于刘氏，为什么不能忠于我呢！"田崧面色严厉高声说："氐人贼子，你本为奴才，谈什么大业！我宁愿做赵国的死鬼，也不做你的臣下。"回身推开一人，夺下他的剑，向前刺击杨难敌，没有刺中，被杨难敌所杀。

晋朝都尉鲁潜占据许昌反叛，投降后赵。

夏季，四月，后赵将领石瞻攻袭在邹山的兖州刺史檀斌，檀斌被杀。

后赵的西夷中郎将王腾杀死并州刺史崔琨、上党内史王眘，占据并州，投降前赵。

五月，朝廷任命陶侃为征西大将军，都督荆、湘、雍、梁四州军事及荆州刺史，荆州的男女百姓交相庆贺。陶侃性情聪明敏锐、恭敬勤奋，整日盘膝正襟危坐，对军府中众多事务检视督察，无所遗漏，没有一刻闲暇。他常常对人说："大禹这样的圣人，尚且珍惜每寸光阴，至于一般人，应当珍惜每分光阴。怎能只求放纵游玩、迷乱沉醉，活着对时世毫无贡献，死后默默无闻，这是自暴自弃！"众多参佐幕僚中有的因谈笑博戏而荒废正务，陶侃命人收取他们饮酒和赌博的器具，全都投弃江中，对将吏们则加以鞭责，说："赌博这种游戏不过是放猪的奴仆们玩的！老子、庄子崇尚浮华，并非先王可以用作典则的言论，不利于实用。君子应当威仪整肃，怎能蓬头光足，却自以为潇洒放达呢！"有人进献礼物，陶侃一定要询问来路，如果是靠自己的劳作所得，即使价值微薄也一定喜欢，回赠的物品超出三倍；如果不是正道所得，则严厉呵斥，拒绝不受。有一次陶侃出游，看见有人手持一把未成熟的稻子，陶侃问："你拿来干什么？"那人说："走路时看到的，随便摘下来而已。"陶侃大怒，说："你已然不亲自劳作，更随便毁坏他人的稻子拿来玩！"随即抓住此人鞭打。因此百姓辛勤耕作，家资不缺，人人丰足。陶侃曾经造船，剩下的木屑和竹头，都令人造册记录并管理，大家都不明白有何用。后来，元旦时陶侃接见僚佐，正逢积雪后开始放晴，厅堂前面残留的积雪仍然潮湿，于是用木屑铺洒在地上。等到桓温攻打蜀地时，又用陶侃所贮存的竹头作榫钉装配船只。陶侃治理事务的仔细和缜密，一向如此。

（以上为第九段，写东晋朝廷任命聪明敏锐、务实勤奋、珍惜光阴、厌恶空谈及游乐的陶侃为征西大将军，都督荆、湘、雍、梁四州军事及荆州刺史，士民欢悦。）

后赵将领石生屯兵洛阳，侵犯并劫掠黄河以南地区，司州刺史李矩、颍川太守郭默的军队多次战败，又缺乏军粮，于是派使者请求依附前赵。前赵主刘曜派中山王刘岳率领士兵一万五千人赶赴孟津，派镇东将军呼延谟率领从荆州、同时流落到关中的民众从崤山、渑水向东进发，想会合李矩、郭默共同进攻石生。刘岳攻克孟津戍、石梁戍，斩获首级五千多，又进军把石生围困在金墉。后赵中山公石虎率领步兵、骑兵四万人从成皋关入内，与刘岳在洛水以西交战，刘岳战败，被流箭射中，于是后退，保守石梁。石虎设置沟壕和栅栏把石梁四面围住，使内外隔绝。刘岳的士众饿极了就杀掉战马充食。石虎又进攻呼延谟并杀了他。刘曜亲自领军救援刘岳，石虎率领骑兵三万迎击。前赵的前军将军刘黑攻击驻守八特阪的石虎部将石聪，大败石聪的军队。刘曜屯兵于金谷，夜间军中突然无故惊乱，士兵奔逃溃散，于是退军驻屯渑池；到了夜间军中再次惊乱溃散，刘曜便返回长安。

六月，石虎攻取石梁，擒获刘岳和其将佐八十多人及氐人、羌人士众三千多人，都押送到襄国，并坑杀刘岳士兵九千人。石虎随即又进攻驻守并州的王腾，擒获并杀了他，坑杀其士兵七千多人。刘曜回到长安，穿上素服停驻郊外，哭悼阵亡的士兵，七天后才进城，由于愤怒染病。郭默又被石聪战败，丢下妻子儿女向南逃回建康。李矩的将士私下密谋背叛刘曜投降后赵，李矩无力镇压，也率众人南归。手下士众在途中纷纷逃亡，只有郭诵等一百多人跟随他，结果死在鲁阳。李矩的长史崔宣率领其余士兵二千人投降后赵。这样司州、豫州、徐州、兖州地区全部归入后赵，与东晋以淮水为界。

前赵主刘曜任命永安王刘胤为大司马、大单于，改封他为南阳王，在渭城设置单于台，左、右贤王以下，都由匈奴人、羯人、鲜卑人、氐人和羌人的豪杰之士充任。

（以上为第十段，写后赵石勒与汉赵刘曜互相攻打，汉赵先胜后败，刘曜愤怒而病；后赵先败后胜，司州、豫州、徐州、兖州全部归入后赵。）

秋季，七月初七辛未，朝廷任命尚书令郗鉴为车骑将军，都督徐、兖、青三州军事，兖州刺史，镇守广陵。

闰八月，朝廷任命尚书左仆射荀崧为光禄大夫、录尚书事，尚书邓攸为左仆射。

右卫将军虞胤，是晋元帝司马睿元敬皇后的兄弟，与左卫将军、南顿王司马宗都是明帝司马绍宠信的人，执掌禁兵，在宫殿内当值，招纳许多勇士为自己的羽翼。王导、庾亮都忌惮他们，经常为此向明帝进言，明帝对他们却更加厚待，宫门的锁钥，都交给他们掌管。明帝病重卧床，庾亮夜间有上书呈送，到司马宗那里要钥匙，司马宗不给，斥骂庾亮派来的人说："这里是你家的门户吗？"庾亮更加怨怒。等到明帝病重，不想见人，大臣们无人能进见。庾亮怀疑司马宗、虞胤以及司马宗兄长西阳王司马羕另有图谋，推门进宫，登上御床，见到明帝时流着眼泪，述说司马羕和司马宗等人谋议废除大臣，自己请求辅佐朝廷，要求废掉他们，明帝没有采纳。

闰八月十九日壬午，明帝司马绍延请太宰司马羕、司徒王导、尚书令卞壸、车骑将军郗鉴、护军将军庾亮、领军将军陆晔、丹杨尹温峤，共同奉受遗诏辅佐太子，轮番入殿领兵当值宿卫；又授予卞壸为右将军，庾亮为中书令，陆晔录尚书事。

闰八月二十四日丁亥，颁布遗诏；二十五日戊子，明帝司马绍去世。明帝明智敏捷，遇事有决断，所以能以弱制强，诛灭逆臣，光复国家大业。

闰八月二十六日己丑，皇太子司马衍即帝位，时年五岁。群臣进献国玺，司徒王导因病未到。卞壸在朝上表情端庄严肃地说："王公难道不是关系国家安危的大臣吗！先帝停柩未葬，继位的皇帝未立，这难道是臣子以有病为由辞谢不到的时候吗！"王导听说后，抱病登车赶到。实行大赦，提升文武官员二级职位，尊庾皇后为皇太后。

大臣们因晋成帝年幼，奏请庾太后按照汉代和熹皇后旧例临朝听政，庾太后再三辞让，随后同意了。

秋季，九月十一日癸卯，庾太后临朝听政。任命司徒王导录尚书事，和中书令庾亮、尚书令卞壸共同辅佐朝政，然而政事的要旨都由庾亮裁决。又授予郗鉴车骑大将军、陆晔左光禄大夫，都开府仪同三司。任命南顿王司马宗为骠骑将军，虞胤为大宗正。

尚书召乐广之子乐谟为郡中正，召庾珉的同族人庾怡为廷尉评，乐谟和庾怡各以父命为由不接受。卞壸奏上说："人没有无父而出生的，职位也没有无事而设立的；有父亲就必然会有父亲的指令，任职就必然要忧愁操心。如果每一个家庭都把孩子视作私产，那么做君王的就没有了臣民，君臣之间的道义也就没有了。乐广、庾珉在圣世受到宠信，身体已经不是个人私有的了，何况到了他们的后嗣身上，怎么可以私人专有呢！所任命的职务，如果顺从每个人的私心，那么参与战争、戍守的人的父母，都会命令自己的孩子不赴职的。”乐谟和庾怡不得已，各自赴职。

十月初九辛丑，明帝入葬武平陵。

冬季，十一月初一癸巳朔，出现日食。

慕容廆与段氏和睦，为段牙谋划，让他迁都。段牙听从了，便离开令支，国内人都不乐意。段疾陆眷的孙子段辽想篡夺段牙之位，便以迁都作为段牙的罪名，十二月，率领国人攻击段牙。段牙被杀，段辽自立为王。段氏自从务勿尘以来，日益强盛，占地西接渔阳，东面以辽水为界，所统领的胡人、晋人有三万多户，能拉弓射箭的骑兵有四五万人。

荆州刺史陶侃因为宁州刺史王坚不能抵御敌寇，这年，上书荐举零陵太守南阳人尹奉为宁州刺史，以取代王坚。先前，王逊任职宁州时，蛮夷首领梁水太守爨量、益州太守李遏都背叛朝廷，归附成汉，王逊进讨，不能取胜。尹奉到宁州后，重金聘募境外夷人刺杀爨量成功，又劝谕李遏归降，于是州内安定。

代王拓跋贺死，弟拓跋纥那继立。

（以上为第十一段，写晋明帝司马绍去世，五岁的皇太子司马衍即位，庾太后临朝听政，司徒王导与中书令庾亮、尚书令卞壸等共同辅政，重大事项均由庾亮裁决。）

显宗成皇帝上之上

晋成帝咸和元年（丙戌，公元326年）

春季，二月，实行大赦，改年号为咸和。

前赵任命汝南王刘咸为太尉、录尚书事，任命光禄大夫刘绥为大司徒，卜泰为大司空。刘皇后病重，前赵主刘曜问她还有什么话想说，刘皇后哭泣着说：“我自幼由叔父刘昶养大，希望皇上能重用他。叔父刘皑的女儿刘芳品德和容颜都很出色，希望让她充实后宫。”言终即死。刘曜任命刘昶为侍中、大司徒、录尚书事，册立刘芳为皇后。不久，又任刘昶为太保。

三月，后赵王石勒夜间微服出行，检视察看各营帐守卫，他拿着金帛去送给守门人，请求出门。永昌门守令王假要拘捕他，因随从人员到来才停手。清晨，石勒召见王假，任命他为振忠都尉，赐给关内侯的爵位。石勒召见记室参军徐光，徐光因酒醉未到，被贬职为牙门。徐光当值侍卫时，面带怨怒的容色，石勒发怒，将他连同妻子儿女一起囚禁起来。

夏季，四月，后赵将领石生侵犯汝南，擒获汝南内史祖济。

六月初五癸亥，东晋泉陵公刘遐去世。

六月十五日癸酉，东晋任命车骑大将军郗鉴兼任徐州刺史，任命征虏将军郭默为北中郎将、监察淮北军务，统领刘遐的部曲。刘遐之子刘肇年龄还小，刘遐的妹夫田防及刘遐的旧将史迭等人不愿归属他人，共推刘肇承袭刘遐的官位并发动反叛。临淮太守刘矫偷袭刘遐的军营，杀死田防等人。刘遐的妻子是邵续的女儿，骁勇果敢，颇有其父亲遗风。刘遐曾经被后赵围困，刘遐妻子一人带领数骑，从万众之中把刘遐救出。等到田防等人打算作乱，刘遐的妻子制止他们，他们不听，于是刘遐的妻子暗地里点火，把铠甲兵仗全都烧光，所以田防等人很快失败。成帝司马衍下诏让刘肇承袭刘遐的爵位。

司徒王导称病不上朝，却私下送别郗鉴。卞壸上奏说："王导破坏朝廷法度以遂私欲，丧失了大臣的操守，请免除他的官职。"虽然此事中止未实行，但满朝大臣都为此畏惧卞壸。卞壸俭朴廉洁，对事物的裁断贴切、直率，任官实干，性格不宽容，不肯随随便便地趋同时俗，所以受到各位名士的贬责。阮孚对他说："您常常没有闲暇安适的时候，好像嘴含瓦石，不是也很劳累吗？"卞壸说："各位君子以道德博大、风流倜傥互相崇尚，那么表现庸俗贪鄙的人，不是我还能是谁！"当时游闲贵族子弟大多仰慕王澄、谢鲲的行为放纵旷达，不拘礼法，卞壸在朝中义正词严地说："违背礼义，有伤教化，没有比这更大的罪过了，本朝中途倾覆，实在是由此而起。"他想奏请据情治他们的罪，王导、庾亮不听，于是作罢。

成汉人征讨越巂人斯叟，打败了他。

（以上为第十二段，写汉赵主刘曜遵刘后嘱托，重用叔父刘昶，立其堂妹为后；后赵主石勒微服私访，重用不徇私情的王假，贬退失职的徐光。）

秋季，七月二十五日癸丑，晋朝观阳烈侯应詹故去。

当初，王导辅佐朝政，因宽和赢得人心。等到庾亮主持政事，依法断事，颇失人心。豫州刺史祖约，自认为名望和年辈都不比郗鉴、卞壸差，却未能参与明帝司马绍遗命，又希望能够开府，也未能实现，再加上许多上书请求大多不获允准，于是心怀怨恨。等到明帝遗诏褒扬和提拔大臣，又没有祖约和陶侃，二人都怀疑是庾亮删除己名。历阳内史苏峻，对国家有功，威望日渐显赫，拥有精兵万人，装备非常精良，朝廷把长江下游以北地区交付给他治理。但苏峻颇有骄纵之心，轻视朝廷，招纳亡命之徒，人数日渐增多，都靠国家供给生活物资，陆运、水运络绎不绝，稍不如意，就肆无忌惮地斥骂。

庾亮既怀疑苏峻、祖约的忠诚，又惧怕陶侃深得人心，八月，任命丹杨尹温峤为都督江州诸军事、江州刺史，镇守武昌；任命尚书仆射王舒为会稽内史，用以扩大声援；又修整石头城防备他们。

丹杨尹阮孚因为太后临朝听政，政事由皇帝的母舅一族把持，对自己亲信的人说："如今江东朝廷创业的时间不长，皇上年幼，时世艰难，庾亮年轻，德行和信誉都未能使人信服，在我看来，祸乱将要发生了。”于是，自请出任广州刺史。阮孚即阮咸的儿子。

冬季，十月，立成帝司马衍同母后的弟弟司马岳为吴王。

南顿王司马宗自认为不该丢失官职，心怀怨恨，平素又与苏峻交好；庾亮想杀他，司马宗也想废掉庾亮。御史中丞锺雅弹劾司马宗谋反，庾亮派右卫将军赵胤拘捕司马宗。司马宗领兵抵抗，被赵胤所杀，家族姓氏被贬废改姓马氏，三个儿子司马绰、司马超和司马演，都被贬为庶人。又免除西阳王司马羕太宰职务，降其爵位为弋阳县王，大宗正虞胤被降职为桂阳太守。司马宗是皇室近亲，司马羕则是先帝的太保、太傅，庾亮轻易地诛杀和废掉他们，由此更加失去远近人心。司马宗党羽卞阐逃奔苏峻，庾亮发下朝廷符令让苏峻把卞阐送来，苏峻藏匿保护，不交给朝廷。司马宗之死，成帝司马衍不知道，过了许久，成帝问庾亮说："往常的那个白头公在什么地方？"庾亮回答说因谋反已经被杀。成帝哭泣着说："舅父说他人是叛贼，就轻易地杀了他。如果别人说舅父是叛贼，该怎么办？"庾亮恐惧变色。

（以上为第十三段，写晋成帝司马衍年幼，大权旁落帝舅庾亮之手。庾亮专政弄权，肆意妄为，杀南顿王司马宗，贬西阳王司马羕，晋室从此不太平，祸乱方兴。）

前赵将领黄秀等侵犯酂县，顺阳太守魏该率领士众逃奔襄阳。

后赵王石勒用程遐的计谋，营建邺宫，让王世子石弘镇守邺城，配备禁兵万人，车骑将军所统领的五十四营全部配署在那里，并让骁骑将军兼门臣祭酒王阳专门统领六夷之兵以辅佐石弘。中山公石虎自认为功劳多，没有离开邺地的意思，等到修筑三台，迁走石虎的家眷，石虎因此怨恨程遐。

十一月，后赵将领石聪进攻寿春，祖约屡次上书请求救援，朝廷不出兵。石聪便侵犯逡遒、阜陵，杀死、掠夺五千多人。朝廷为此大为震惊，下令授予司徒王导大司马、假黄钺、都督中外诸军事来抵御石聪，驻军在江宁。苏峻派部将韩晃进击石聪，将他赶走；王导辞掉大司马职务。朝廷议论又想兴修涂塘，用以阻遏胡夷侵掠，祖约说："这是弃我不顾！"更加心怀愤恨。

十二月，济岷太守刘闿等人杀死下邳内史夏侯嘉，占据下邳反叛，投降后赵。石瞻进攻在郏城的河南太守王瞻，攻了下来。彭城内史刘续再次占据兰陵的石城，石瞻又攻取了石城。

后赵王石勒任命牙门将王波为记室参军，掌管制定九品官制，开始设立选拔秀才、孝廉考试儒家经义以取士的制度。

张骏畏惧前赵的逼迫，这年，由陇西、南安迁徙民众两千多家到姑臧，又派使者和成汉修好，写信劝成汉主李雄除去皇帝尊号，成为东晋的藩臣。李雄复信说："我过分地被士大夫们推举，但我自己本来无心当帝王，想成为晋皇帝的首功大臣，扫除异族割据政权；但晋皇室国运衰微，恩泽和声望不振，我翘首东望晋皇室，已经有些年月了。正巧接获您的赐札，情理与我心中所想暗合，还有什么可疑虑的呢？”从此，相互遣使访问。

（以上为第十四段，写后赵主石勒营建邺城，让世子石弘镇守，而惹恼中山公石虎，种下祸患；凉州王张骏畏惧汉赵之逼，派使者修好于成汉，劝其归顺东晋。）

晋成帝咸和二年（丁亥，公元 327 年）

春季，正月，朱提太守杨术和成汉将领罗恒在台登交战，杨术兵败身死。

夏季，五月初一甲申朔，出现日食。

前赵武卫将军刘朗率领骑兵三万人攻袭在仇池的杨难敌，不能取胜，劫掠民众三千多户返回。

张骏听说前赵的军队被后赵击败，于是自废前赵官爵，恢复改称晋朝大将军、凉州牧的名号，派武威太守窦涛、金城太守张阆、武兴太守辛岩、扬烈将军宋辑等人率兵数万人，会同韩璞攻掠前赵的秦州诸郡。前赵南阳王刘胤率兵迎击，屯军狄道，枹罕护军辛晏告急。

秋季，张骏派韩璞、辛岩救援辛晏。韩璞越过沃干岭，辛岩想速战速决，韩璞说：“夏末以来，太阳、星辰之象多次变化，不能轻举妄动。况且刘曜正在和石勒互相攻击，刘胤必定不能长久地和我们在此相持。”与刘胤隔着洮河相持七十多天。

冬季，十月，韩璞派辛岩从金城督运军粮，刘胤听说此事，说：“韩璞的兵众超过我方十倍，我们军粮不多，难以持久。现在敌人分兵运粮，这是天赐良机。如果击败辛岩，韩璞等人不战自溃。”于是，率领三千骑兵突袭到达沃干岭的辛岩，辛岩战败；刘胤随即前逼韩璞军营，韩璞兵众大多溃逃，刘胤乘胜追袭败逃的兵众，渡过黄河，攻取了令居，斩首二万级，进而占据振武。河西为之大为惊骇。张阆、辛晏率领士众数万人投降前赵，张骏于是失去黄河以南的地域。

（以上为第十五段，写凉州牧张骏自废汉赵官爵，重又改称晋朝大将军、凉州牧，派遣将领攻打汉赵秦州诸郡，汉赵南阳王刘胤率军阻击，凉军被打败，尽失河南之地。）

庾亮认为苏峻在历阳，终将造成祸乱，想下令征召他进京，为此征询王导的意见。王导说：“苏峻猜疑阴险，必定不会奉令前来，不如暂且容忍他。”庾亮在朝中说：“苏峻狼子野心，最终必会作乱。今天征召他，纵然他不听从上命，造成的祸乱也还不大。如果再过些年，就无法再制服他，这就如同汉时的七国对朝廷的局势一样。”朝臣无人敢责难，只有光禄大夫卞壸争辩说：“苏峻拥有强大的军力，又靠近京城，路途用不了一个早上便可到达，一旦发生变乱，容易出差错，应当深思熟虑。”庾亮不听。

卞壶知道庾亮必会失败，写信给温峤说：“庾亮征召苏峻的主意已定，这是国家的大事。苏峻已表现出骄狂的样子，如果征召他，这是加速祸乱的到来，他必定会危害朝廷。朝廷的威力虽然强盛，但不知道果真能否擒获他，王导也同有此意。我与庾亮争辩十分恳切，但不能拿他怎么样。我本来想让您在外任官作为外援，现在反而恨您在外，不能与您一同阻止他，如果有您一起劝谏，他或许听从。”温峤也多次写信劝阻庾亮。满朝大臣都认为此事不可，庾亮全然不听。

苏峻听说此事，派司马何仍见庾亮，说：“征讨贼寇，在外任职，无论远近我都唯命是从。至于在朝内辅政，实在不是我能胜任的。”庾亮不允许，征召北中郎将郭默为后将军兼任屯骑校尉，任命司徒右长史庾冰为吴国内史，都统领军队防备苏峻。庾冰即庾亮的兄弟。于是，颁下礼遇优厚的诏书，征召苏峻为大司农，授予散骑常侍，赐位特进。让苏峻兄弟苏逸代替他统率其军队。苏峻上书说：“过去明皇帝拉着下臣之手，让我北伐胡寇。如今中原尚未平定，我怎敢贪图安逸！乞求给我青州界内的一个荒远州郡，让我得以报效朝廷之志。”又不被同意。苏峻整装准备赴召，但又犹豫不决。参军任让对苏峻说：“将军您请求处居荒郡都不获允许，事情已发展到这样，恐怕已无生路，不如领兵自守。”阜陵令匡术也劝苏峻造反，苏峻便不应从召回之令。

温峤听说此事，想立即率兵前去防卫建康，三吴之地也想出动义兵，庾亮都不同意，却写信告诉温峤说：“我对陶侃的忧虑，要超过对历阳苏峻的忧虑，您不要越过雷池一步。”朝廷派使者面告苏峻，苏峻说：“朝廷大臣说我要造反，我哪有活命呢！我宁肯先发制人，而不能为人所制。以往国家危如累卵，无我不行。现在共同的敌人消灭了，功臣就会受到诛戮。我就是死也要向出谋者报仇！”

（以上为第十六段，写东晋王朝幼儿司马衍为帝，外戚庾亮专政，不听王导、卞壶、温峤等劝阻，一意孤行，激化矛盾，历阳内史苏峻拒绝诏命入朝，密谋反叛。）

苏峻知道祖约怨恨朝廷，于是派参军徐会拥戴祖约，请求共同讨伐庾亮。祖约大为高兴，侄子祖智、祖衍也一同劝说促成此事。谯国内史桓宣对祖智说：“本来因为强大的胡寇未灭，准备同心合力征讨。您如果想成就雄霸的功业，为何不帮助国家讨伐苏峻，这样威名自然确立。现在却和苏峻一同谋反，这哪能长久呢！”祖智不听。桓宣到祖约处求见，祖约知道他想劝说，拒而不见。桓宣于是与祖约断绝关系，不和他同流合污。

十一月，祖约派兄长之子沛内史祖涣，女婿淮南太守许柳带兵与苏峻会合。祖逖的妻子是许柳的姐姐，一再劝说，祖约不听。朝廷下令重新任命卞壶为尚书令兼任右卫将军，又任命会稽内史王舒兼摄扬州刺史职务，吴兴太守虞潭督察三吴等郡的军事。

尚书左丞孔坦、司徒司马丹杨人陶回向王导进言，请求：“乘苏峻未到之时，急速截断阜陵的通路，把守长江以西当利等路口，敌寡我众，一战即可决胜。如果苏峻还未到，可以进军威逼其城。如果现在不先行前往，苏峻必会先行到达，苏峻一旦到达，那么人心恐惧，就难以与他交战了。这种时机不能失去。”王导认为很对，庾亮却不听从。

十二月初一辛亥，苏峻派部将韩晃、张健等人攻陷姑孰，夺取食盐粮米，庾亮这才后悔。

十二月初二壬子，彭城王司马雄、章武王司马休背叛朝廷，投奔苏峻。司马雄是司马释的儿子。

十二月初十庚申，京城戒严，授庾亮符节，都督征讨军事事务，任左卫将军赵胤为历阳太守，让左将军司马流领兵据守慈湖抵御苏峻；又任命前射声校尉刘超为左卫将军，侍中褚翜执掌征讨军事。庾亮让兄弟庾翼以平民身份统领数百人守备石头城。

十二月十六日丙寅，成帝司马衍改封琅邪王司马昱为会稽王，改封吴王司马岳为琅邪王。

宣城内史桓彝想起兵赴朝廷之难，他的长史裨惠认为郡内兵员既少且弱，山越之民经常骚扰，应当暂且按兵不动等待时机。桓彝脸色严厉地说：“‘见到对君王无礼的人，就要像苍鹰追逐鸟雀一样对待。’现在国家危急紧迫，按道义不能安处。”

十二月二十一日辛未，桓彝进兵屯驻芜湖。韩晃击败桓彝，乘势进攻宣城。桓彝退走保守广德，韩晃大肆劫掠各县，然后退兵。徐州刺史郗鉴想率领所部赴国难，朝廷下诏以北边寇贼不宁为由，没有同意。

这年，后赵中山公石虎攻击代王拓跋纥那，双方战于句注山陉北，拓跋纥那战败，迁都至大宁以避敌祸。

代王拓跋郁律之子拓跋翳槐居住在舅父的贺兰部，拓跋纥那派使者索要翳槐，贺兰大人蔼头保护着不让走。拓跋纥那和宇文部共同攻击蔼头，不能取胜。

（以上为第十七段，写镇西将军祖约不听劝阻，加入反叛行列；朝廷以庾亮为都督征讨诸军事，庾亮刚愎自用，不听孔坦等人建言，失去先机，使叛军通行无阻。）

【点评】

晋明帝司马绍平叛。晋朝权臣王敦曾经谋反作乱，攻占石头城自封为丞相，凌驾于皇帝之上，司马睿气愤填膺，很快一命呜呼，把偌大一个国家丢给了儿子司马绍。司马绍临危受命，担起晋朝这座江山，就要铲除王敦这株毒草。

首先，司马绍善于忍耐，积蓄力量，等待时机。他即位时，王敦的势力非常强大，笼罩着整个东晋朝野。而这时候的王敦，看到晋元帝司马睿已死，行为更加狂妄，便谋求篡位，暗示朝廷征召自己。面对王敦的猖狂挑衅，司马绍表现得出奇地冷静：利用有利时机，培植亲信，积蓄力量，以选择合适的机会，给予致命一击。

其次，司马绍善于把握时机，时机成熟时，果断决策。王敦耀武扬威，不可一世，但他得了重病。在他即将走到生命的尽头时，司马绍立即发起对王敦的反击。他在调兵遣将、进行兵力部署的同时，抓住王敦让养子继承丞相之位的过错，下令历数其罪恶，表明他所率领的平叛之军是正义之师，同时宣布政策，首恶必办，胁从不问，以分化瓦解敌军。为了打好这一仗，他在王敦将要举兵向京师进发时，骑着骏马微服出行，单骑闯进敌营阵地，到王敦驻扎在于湖的营区环绕一圈，然后运用智谋安全脱身。

最后，司马绍善于用人，利用一切可以利用的人才，最大限度地孤立敌人。王导足智多谋，文韬武略，朝野威望极高，是举足轻重的人物。司马绍没有意气用事，并不因为他是王敦的兄弟就疏远他，否则，就会增加平叛阻力。司马绍为了取得平叛的胜利，团结一切可以团结的力量，利用一切可以利用的人，他仍然重用王导，让他打着皇帝的旗号，都督诸军。在这次平叛中，王导判若两人，真正发挥了中坚的作用。首先，他在王敦患病时，率领族中子弟为王敦发丧，使大家都以为王敦已死，激起众将士的士气，个个都勇往直前。这时候的王敦，成了一个“活死人”，即使活着，人们也认为他死了，他更加气愤，急火攻心，也就真的死了。王导还亲自给王敦写信，认为他已渐失人心，要抑制部下作乱，并表明自己的态度，旗帜鲜明，率领六军平乱，宁为忠臣而死。应当说，王导在这次平叛中起了重要的作用。

晋纪十六

晋成帝咸和三年至六年（公元 328—公元 331）

【起著雍困敦（戊子，公元 328 年），尽重光单阏（辛卯，公元 331 年），凡四年】

【大事提要】

本卷记事起公元 328 年，讫公元 331 年，凡四年，当晋成帝（司马衍）咸和三年至咸和六年。本卷所载大事，主要是五个方面：其一，平定苏峻之乱。东晋流民之帅苏峻在江北拥有强大的军事力量且骄纵，东晋辅政大臣庾亮认为他是将来的祸患，强行征召入朝，苏峻与祖约合谋起兵反叛，攻下建康城，将皇宫化为灰烬，而后温峤设立行台，推举荆州刺史陶侃为盟主，四方响应，平定了叛乱。其二，前赵灭亡。其三，石勒称帝。其四，张骏称藩于后赵。其五，慕容廆献言北伐以求封。公元 331 年，鲜卑人首领慕容廆派使者至晋，与太尉陶侃商议兴兵北伐，共清中原。慕容廆僚属以此为其求官爵，以增声威，上书陶侃，求封燕王，行大将军事。陶侃复书说：慕容廆“忠义竭诚。今腾笺上听，可不、迟速，当在天台也”。

显宗成皇帝上之下

晋成帝咸和三年（戊子，公元 328 年）

春季，正月，温峤前来救援建康，屯军寻阳。

苏峻部将韩晃偷袭在慈湖的司马流，司马流素来怯懦，临战时吓得吃烤肉不知道往嘴里放，结果兵败身死。

正月二十八日丁未，苏峻带领祖涣、许柳等士兵二万人，渡过横江浦，登上牛渚山，屯军于陵口。朝廷军队抵抗屡败。

二月初一庚戌，苏峻到达蒋陵的覆舟山。陶回对庾亮说：“苏峻知道石头城有重兵戍守，不敢直接前来，必定从小丹杨南道徒步前来，应当埋伏兵众截击，可以一战擒获。”庾亮不听。苏峻果然从小丹杨前来，因迷路，夜间赶行，军队各部混乱。庾亮听说后才感到后悔。

朝廷士人因京城危急紧迫，大多遣走家人到吴郡、会稽等处避难，只有左卫将军刘超把妻子儿女迁居宫内。

朝廷下令让卞壶都督大桁以东军事事务，与侍中锺雅率领郭默、赵胤等人的军队与苏峻在西陵交战。卞壶等人大败，死伤数以千计。

二月初七丙辰，苏峻进攻青溪栅，卞壶率领各路部队拒敌，无法阻止其攻势。苏峻乘风势纵火，烧毁朝廷的各行政官署及军营，一时间荡然无存。卞壶背部的痈肿刚好，伤口尚未愈合，支撑着身体率领左右侍卫苦战至死，两个儿子卞眕和卞盱跟随在父亲身后，也赴敌战死。他们的母亲抚摸着尸体痛哭说："父亲是忠臣，儿子是孝子，我还有什么遗憾呢！"

丹杨尹羊曼领兵戍守云龙门，和黄门侍郎周导、庐江太守陶瞻都战死。庾亮率领士众准备在宣阳门内结阵，还没有来得及排成队列，士众都弃甲逃跑，庾亮和兄弟庾怿、庾条、庾翼及郭默、赵胤都逃奔寻阳。临走时回头对锺雅说："以后的事情，就拜托您了。"锺雅说："朝廷军队土崩瓦解，这是谁的过失呢！"庾亮说："今天此事，不容再说。"庾亮乘坐小船，乱兵竞相抢夺劫掠，庾亮的左右侍从用箭射敌，结果误中船上的舵手，应声而倒。船上的人都大惊失色，准备逃散。庾亮安坐不动，缓缓地说："这种手法怎么能射中寇贼呢！"大家这才安定。

（以上为第一段，写历阳内史苏峻反叛之初，气势汹汹，直逼东晋都城，卞壶率军拒敌，无法阻挡，与其二子为国捐躯；叛军进入建康城，庾亮措手不及，仓皇出逃。）

苏峻的军队进入内城，司徒王导对侍中褚翜说："皇上应当在正殿，你可奏明请他急速出来。"褚翜立即进入内室，亲自抱着成帝司马衍登上太极前殿。王导及光禄大夫陆晔、荀崧、尚书张闿一同登上御床，护卫成帝。成帝任刘超为右卫将军，让他和锺雅、褚翜侍立在左右，太常孔愉则穿着朝服守护宗庙。当时百官逃奔离散，皇宫内的官署悄然无声。

苏峻的兵众进来后，喝令褚翜退开。褚翜正立不动，呵斥他们说："苏峻来觐见皇上，军人岂能侵犯威逼！"因此，苏峻的士兵不敢上殿，他们冲进后宫，宫女及太后的左右侍人都被掠夺。苏峻的士兵驱赶百官服劳役，光禄勋王彬等都被棍捶鞭挞，命令他们挑着担子登蒋山。又剥光成年男女的衣物，这些人都用破席或苫草自相遮掩，没有草席的人就坐在地上用土把自己身体盖住，哀哭号叫的声音，震荡于京城内外。

当初，姑孰被攻陷之后，尚书左丞孔坦对人说："看苏峻的势头，必定会攻破台城，我从来不是士兵，不需要军服。"等到台城被攻陷，穿军服的人大多死亡，不穿军服的人倒没什么大碍。

当时，官府拥有布匹二十万匹，金银五千斤，钱亿万，绢数万匹，其他物品价值与此相当，苏峻尽数耗费光。掌管皇帝饮食的太官只有用剩下的数石粮米做饭，以供成帝御膳。

有人对锺雅说："你禀性诚信坦直，必定不被寇仇所容，何不早做打算。"锺雅说："国家的祸乱不能匡正，君王的危殆不能挽救，各自遁逃以求免祸，这还怎么当人臣呢！"

二月初八丁巳，苏峻矫诏下令，实行大赦，唯有庾亮兄弟不在赦免之列。苏峻认为王导素有德行和名望，还让他保持原职，位居自己之上。祖约任侍中、太尉、尚书令，苏峻自任骠骑将军、录尚书事，许柳任丹杨尹，马雄任左卫将军，祖涣任骁骑将军。弋阳王司马羕拜见苏峻，称述苏峻的功德，苏峻又让司马羕当西阳王、太宰、录尚书事。

苏峻派兵进攻吴国内史庾冰，庾冰抵挡不住，放弃郡国逃奔会稽。到浙江时，苏峻重赏搜捕他，情势十分急迫。吴国的侍从、门卫带领庾冰进船，把他用芦席覆盖起来，呼叫着摇动船桨，逆流而上。每逢遇到巡查哨所，就用杖叩击船身说："何处寻觅庾冰？庾冰就在这里。"众人认为他喝醉了，毫不怀疑，庾冰因此幸免。苏峻让侍中蔡谟出任吴国内史。

温峤听说建康失守，号啕痛哭。有人前往探问，也是相对悲泣。庾亮到了寻阳后，宣布太后之令，任命温峤为骠骑将军、开府仪同三司，又授予徐州刺史郗鉴司空。温峤说："今天应当首先消灭叛贼，尚未建功却先授官，还怎么示范天下！"于是推辞不接受，温峤素来看重庾亮，庾亮虽然战败奔逃，温峤却更加拥戴他，分出部分兵力交给他。

后赵国实行大赦，改年号为太和。

三月，丙子（疑误，丙子，二月二十七日），庾太后因忧愁而去世。

苏峻向南屯兵于湖。

（以上为第二段，写苏峻起兵反叛，攻下台城，东晋遭受灭顶之灾，朝廷储存的钱财尽数耗光，内外一片狼藉；庾亮惹出祸端，逃之夭夭；庾太后因忧愤而去世。）

夏季，四月，后赵将领石堪攻下宛城，南阳太守王国投降；石堪随即进攻驻于淮水岸边的祖约。祖约部将陈光发兵攻击祖约，祖约的侍从阎秃，相貌与祖约相像，陈光以为是祖约，把他擒获，祖约越墙逃脱。陈光逃奔后赵。

四月二十四日壬申，明穆皇后入葬武平陵。

庾亮、温峤准备起兵攻打苏峻，但道路阻断，不知道建康的消息。适逢南阳人范汪到寻阳，说："苏峻政令混乱不一，贪婪强暴，肆无忌惮，已显现出灭亡的征兆，虽然暂时强大，但很容易转化为弱小，朝廷到了千钧一发的危急时刻，应当及时进攻讨伐。"温峤深以为然。庾亮征召范汪为参护军事。

庾亮、温峤相互推举对方为盟主，温峤的堂弟温充说："陶侃职位重要，兵力强盛，应当共同推举他为盟主。”温峤便派遣督护王愆期到荆州，邀请陶侃和自己同赴国难。陶侃仍然因未能参与接受遗命而怀恨在心，回答说：“我是守戍边疆的将领，不敢逾越职分。”温峤多次劝说，不能使他回心转意。温峤于是顺应陶侃的心意，派使者对他说：“仁公暂且按兵不动，我当先行进讨。”使者出发已有两天，平南参军荥阳人毛宝出使别处归来，听说此事，劝说温峤：“凡是干大事，应当和天下人共同参与。军队取胜在于团结，不应当有分歧。即使合作者心怀异志，尚且应当对外表现出无所察觉，何况是自己显露离心呢！应当急速追回信使，改写书信，说明一定共同进军。如果赶不上先前的信使，应当重新派遣使者。”温峤心中醒悟，当即追回使者改写书信，陶侃果然应许，派督护龚登率军见温峤。温峤有士众七千人，于是以陶侃为盟主与庾亮一起列名上报朝廷，陈述祖约、苏峻的罪状，传告各个地方长官，洒泪登上战船。

陶侃又召龚登回来。温峤给陶侃写信说：“军队能进不能退，能增多而不能减少。近来已经将檄文通告全国，呈告您的盟府，约定下月十五日大举兴兵，各郡军队都已上路，只等您的军队到达，便一同进发了。您现在把军队召回，使远近之人感到疑惑，成败的根由便将决定于此。我才能浅薄却责任重大，实在需要凭仗您的厚爱，遥遵既定的行动计划。至于说到率先出兵，我不敢有二话，我与您如同首尾相卫、唇齿相依。唯恐有人不理解您高深的意旨，将会认为您不急于讨伐叛贼，这种舆论一旦形成则难以弥补。我和您都担负着地方统帅的职责，安危休戚，按理应当共同承受。况且自从最近交往以来，来往频繁，情深义重，一旦有急难，也希望您率兵相救，何况是国家的危难呢！今天的忧患，岂只是我这一州，文武百官谁不对您翘首期待？假如此州保不住，祖约、苏峻在此设置官长，荆州西部临近强大的胡寇，东部与叛贼相临，再加上连年饥馑，将来的危险就会远远超过此州的今天。进一步讲，您应该成为大晋的忠臣，与齐桓公、晋文公的功绩相匹；退一步说，您应当以慈父之情，去洗刷爱子被杀的痛楚。如今祖约、苏峻凶逆无道，造成的罪孽震动天地，人们在内心都一致极端痛恨他们。现在的进攻讨伐，犹如以石投卵，胜券在握，假如再召回军队，这是在几乎成功之时自己制造失败。期望您能深切体察我所说的这一切。”王愆期对陶侃说：“苏峻是豺狼，如果让他得志，天下虽大，您难道还能有立足之地吗！”陶侃深深感悟，当即穿上军装登船。儿子陶瞻的丧礼也不参加，日夜兼行赶来。

（以上为第三段，写苏峻攻下东晋都城，庾亮出逃投奔温峤，两人共商平叛大计，温峤数请荆州刺史陶侃担任盟主，陶侃反复权衡利弊，决定率领大军日夜兼程讨伐叛逆。）

郗鉴在广陵，孤城缺粮，挨近胡寇，人心不稳。得到诏书后，当即流着眼泪誓师，来赴国难，将士们人人奋勇争先。郗鉴派将军夏侯长等微行前来对温峤说："有人听说叛贼准备胁迫天子向东到会稽，应当事先设立营帐壁垒，占据要害之地，既可防止他逃逸，又能切断叛贼的粮食运输，然后再坚壁清野，坐待叛贼。叛贼攻城不能取胜，旷野又无所劫掠，东边的道路既然阻断，粮米输运自然断绝，必定不战自溃。"温峤认为很对。

五月，陶侃率领士众到达寻阳。论者都说陶侃准备诛杀庾亮向天下人谢罪，庾亮甚为恐惧，便采用温峤的计谋，去见陶侃谢罪。陶侃大吃一惊，制止他说："庾元规竟然来叩拜我呀！"庾亮承认过错，自我责备，风度举止很不错，陶侃不知不觉放心开怀，说："您当年修缮石头城来对付老夫，今天倒反来见我，有所求吗？"随即和他谈笑宴饮一整天，便与庾亮、温峤一同赶赴建康。共有士兵四万人，旌旗延绵七百多里，钲鼓之声，震天动地。

苏峻听说西方起兵，采纳参军贾宁的计谋，从姑孰返回，占据石头城，分兵抗拒陶侃等人。

五月十八日乙未，苏峻逼迫成帝司马衍迁居石头城，司徒王导极力争辩，苏峻不听。成帝哀哭着登上车舆，宫中一片痛哭之声。当时天下大雨，道路泥泞，刘超、锺雅徒步侍从于左右，苏峻给他们马匹也不肯乘坐，悲哀慷慨。苏峻听说后憎恶于心，但没敢杀害。苏峻让亲信许方等人补任司马督、殿中监等职，对外说是宿卫，对内其实是防备刘超等人。苏峻用库房作为成帝宫室，每天在成帝面前大放厥词。刘超、锺雅和右光禄大夫荀崧、金紫光禄大夫华恒、尚书荀邃、侍中丁潭侍卫随从，不离成帝左右。当时因为饥馑，米价昂贵，苏峻问候赠送物品，刘超纤毫不受。他朝夕不离成帝身边，行臣子礼节愈加恭谨。虽然处于困厄之中，刘超仍然为成帝启蒙，讲授《孝经》和《论语》。

苏峻让左光禄大夫陆晔守卫禁城，逼迫居民全部聚居在后苑，让匡术据守苑城。

尚书左丞孔坦投奔陶侃，陶侃任命他为长史。

当初，苏峻派遣尚书张闿暂时督察东部军事，司徒王导密令他用太后之命告示三吴的官吏、士民，让他们发动义兵救护天子。会稽内史王舒让庾冰兼任奋武将军，领兵一万人，向西渡过浙江，于是吴兴太守虞潭、吴国内史蔡谟、原义兴太守顾众等人都发兵响应。虞潭母亲孙氏对虞潭说："你应当舍生取义，不要因我年老而受拖累。"尽数遣送自己的家僮从军，典卖自己的耳环佩玉作为军资。蔡谟认为庾冰应当恢复吴国内史的旧职，便离开吴国，把职位让给庾冰。

苏峻听说东方起兵，派部将管商、张健、弘徽等拒敌。虞潭等人和他们交战，互有胜负，不能前进。

陶侃、温峤屯军于茄子浦。温峤因南方士兵熟悉水战，而苏峻的士兵则以步战见长，便下令："将士有上岸的处死！"适逢苏峻赠送粮米一万斛给祖约，祖约派司马桓抚等人相迎。毛宝率领一千人担当温峤的先锋，告诉士兵说："兵法说'军令有所不从'，怎能眼见可以攻击叛贼，却不上岸攻击呢！"于是，擅自前往偷袭桓抚，尽数劫获粮米，斩首万人左右，祖约军队因此饥饿缺粮。温峤上书，推荐毛宝任庐江太守。

陶侃上书推荐王舒监察浙东军事，虞潭监察浙西军事，郗鉴都督扬州八郡诸军事，令王舒、虞潭都听从郗鉴的节制调度。郗鉴率领士兵渡过长江，与陶侃等在茄子浦会合。雍州刺史魏该也领兵相会。

（以上为第四段，写荆州刺史陶侃被温峤说动，率领四万将士奔赴建康；庾亮采用温峤计谋，向陶侃谢罪，化解了危机；苏峻逼迫小皇帝迁居石头城，哭声一片。）

闰五月初九丙辰，陶侃等人的水军直指石头，到达蔡洲。陶侃屯军查浦，温峤屯军沙门浦。苏峻登上烽火楼，望见朝廷士众之多，面有惧色，对左右侍从说："我本来就知道温峤能够得到众心。"

庾亮派遣督护王彰突袭苏峻的党羽张曜，反而被张曜击败。庾亮送去符节向陶侃谢罪，陶侃回答说："古人曾三次遭败，您才有二次。不过当今形势急迫，不能次次都这样。"庾亮的司马、陈郡人殷融去见陶侃，谢罪说："这是庾将军造成的，不是我们出的主意。"王彰来后则说："这是我自己造成的，庾将军不知道。"陶侃说："过去殷融是君子，王彰是小人；现在王彰是君子，殷融则是小人了。"

宣城内史桓彝听说京城失守，慷慨流泪，进军屯驻泾县。当时州郡大多派使者向苏峻投降，裨惠多次劝桓彝，应当暂且与苏峻通使，以舒缓即将而来的灾祸。桓彝说："我蒙受国家的重恩，按道义应当效死。怎能忍受耻辱和逆臣通使慰问！如果事情不能成功，这就是命了。"桓彝派遣将军俞纵驻守兰石，苏峻派遣部将韩晃攻击，俞纵将要战败，左右侍从劝说俞纵退军。俞纵说："我蒙受桓公厚恩，应当以死报答。我不能辜负桓公，犹如桓公不能辜负国家。"于是力战而死。韩晃进军攻打桓彝，六月，城被攻破，桓彝被擒获，遇害。

各路军队刚到石头城，就想和苏峻决战。陶侃说："叛贼气势正盛，难以与之争锋。应当待以时日，用智谋打败他。"此后，多次交战均无所建树，希鉴军部将李根请求修筑白石垒，获得陶侃同意后，连夜筑垒，至天明即成。传来苏峻军队击鼓整队的声音，众将都惧怕他们前来攻击。孔坦说："不会。如果苏峻进攻白石垒，必须等待东北风大，使我方水军无法来救。今天天晴无风，贼寇必定不来。他们之所以整队，一定是派出军队由江乘出击，攻掠京口以东地区。"结果果真如此。陶侃派遣庾亮率领二千人据守白石垒，苏峻率领步兵、骑兵一万多人四面围攻，未能攻下。

王舒、虞潭等多次与苏峻军队交战失利，孔坦说："本来不必要招来郗鉴，结果使东门失去防卫。现在应当派遣他回军，虽然晚点，还是胜过不回去。"陶侃便令郗鉴和后将军郭默回军占据京口，建立大业、曲阿、庱亭三座壁垒，使苏峻兵力分散，让郭默据守大业。

六月十五日壬辰，魏该去世。

祖约派遣祖涣、桓抚偷袭湓口，陶侃听说后，准备亲自领军回击。毛宝说："义军仗恃您领导，您不能出动，我请求去征讨。"陶侃同意了。祖涣、桓抚经过皖地，顺势攻击谯国内史桓宣。毛宝前往救援，被祖涣、桓抚打败。敌箭射穿毛宝髀骨，插在马鞍上，毛宝让人用脚踏住马鞍拔箭，血流满靴。毛宝回头攻击祖涣、桓抚，把他们打跑，桓宣这才得以脱困，归依温峤。毛宝攻击在东关的祖约军队，攻取合肥戍。适逢温峤召请他，又回归石头城。

（以上为第五段，写陶侃率领大军到达前线阵地，庾亮率军与叛军战斗而败，陶侃予以宽容；宣城内史桓彝拒不投敌，被杀害；毛宝自告奋勇，救桓宣，破祖约。）

祖约手下诸位将领私下与后赵勾结，许诺充当内应。后赵将领石聪、石堪领兵渡过淮水，进攻寿春。

秋季，七月，祖约的士众溃逃，投奔历阳。石聪等掳掠寿春民众两万多户返回。

后赵中山公石虎率领士众四万人从轵关西进，攻击前赵的河东，有五十多个县应从，石虎于是进攻蒲阪。前赵主刘曜派河间王刘述调遣氐族、羌族士众屯驻在秦州，防备张骏和杨难敌，自己率领国内精锐的水、陆各军救援蒲阪，从卫关北渡黄河。石虎畏惧，率军退走，刘曜追击。

八月，在高候追上石虎，与石虎交战，石虎大败，石瞻被杀，尸体纵横相枕达二百多里，刘曜缴获的军资不计其数。石虎逃奔朝歌。刘曜从大阳渡过黄河，攻击驻守金墉的石生，开决千金堰的蓄水淹灌他们，又分别派遣诸将进攻汲郡、河内，后赵的荥阳太守尹矩、野王太守张进等都归降刘曜。襄国大为震惊。

张骏整备军队，想乘虚偷袭长安。理曹郎中索询劝说道："刘曜虽然东征，他儿子刘胤防守长安，不能轻视。即使小有所获，但如果刘曜放弃向后赵进攻的打算，回军与我方较量，祸难临头的时候就难以预测了。"张骏这才罢休。

（以上为第六段，写汉赵主刘曜出动大军，与后赵大战，把后赵中山公石虎打得大败，尸体相枕二百余里；并乘胜追击，后赵大为震惊；张骏试图进攻汉赵，被劝止。）

苏峻的心腹路永、匡术、贾宁听说祖约败绩，唯恐事情不能成功，劝说苏峻尽数杀死司徒王导等各位大臣，另外安置自己的心腹。但苏峻素来敬重王导，不同意杀害他，路永等人便对苏峻怀有二心。王导让参军袁耽私下引诱路永，让他归顺朝廷。

九月初三戊申，王导携同两个儿子和路永一同逃奔白石垒。袁耽即袁涣的曾孙。

陶侃、温峤等人与苏峻长久相持不下，苏峻分别派遣多员将领向东、向西攻伐劫掠，多有获胜，一时人心恐惧不宁。逃到西军的朝廷官员都说："苏峻狡黠而有胆识，士兵骁勇，所向无敌。倘若上天能攻打有罪之人，那么他终将灭亡。如果只从人事方面来说，则不易消灭。"温峤发怒说："这是你们自己怯懦，竟然称颂叛贼！"等到多次交战不胜，温峤也心有忌惮。

温峤的军队粮尽，向陶侃借粮。陶侃发怒说："你过去说不愁没有良将和军粮，只是想让我出任盟主罢了。如今数战皆败，良将在哪里！荆州与胡夷、成汉二敌接壤，应当对突发之事有所防备；如果再无军粮，我就想重回江陵，重新考虑更好的办法，慢慢再来除灭叛贼，也不算晚。"温峤说："凡是军队取胜，贵在协同，这是古人的成功经验。汉光武帝横渡昆阳，曹操官渡取胜，以寡敌众，是因为凭仗道义的力量。苏峻、祖约这种小子，凶逆的罪行滔天，何愁不灭！苏峻因屡次取胜而骄傲，自认为所向无敌，现今向他挑战，便可一鼓作气将他擒获，怎么能放弃马上便可获得的成功，做退却的打算呢！况且，天子遭到幽禁、逼迫，国家危亡，这正是天下的臣子们肝脑涂地以图报效的时候。我们和您都蒙受国家的恩惠，事情如果能成功，便可君臣同享国家的福运；如果不能获胜，则应当粉身碎骨以报答先帝。当今之事，已经义无反顾，犹如骑虎难下！您如果违背众人的心愿独自返回，人心必定沮丧，而人心沮丧必败，那时义军的大旗将回过头来指向您了。"

毛宝对温峤说："我能让陶公留下。"于是，毛宝去劝陶侃说："您本应镇守芜湖，作为南北军队的后援，先前既然已经来此，按情势就不能回头。何况军中大事有进无退，不只是说整肃三军，向士众显示必死的信念而已。也可说是后退无所仰仗，终将至于灭亡。过去杜弢并非不强盛，您最终将他消灭，怎么到了苏峻头上，偏偏不能战胜他呢？叛贼也是怕死的，并非个个勇健，您可以试着交给我一些士兵，让我上岸去断绝叛贼的军资粮草，如果我不能建立战功，然后您再离开，众人心中便不会遗憾了。"陶侃答应了他，授予毛宝督护，派他前去。

（以上为第七段，写温峤、陶侃在敌强我弱的情况下坚持与叛军作战；义军数战不利，温峤部队缺粮，陶侃欲回军西去，被温峤等人直言相劝留下，并借粮给温峤军。）

竟陵太守李阳劝说陶侃道："现在如果大事不成功，您虽有粮米，怎能吃得上呢！"陶侃便发出五万石粮米赠送给温峤的军队。毛宝烧毁苏峻在句容、湖孰的军备积蓄，于是苏峻军队缺粮，陶侃便留下，没有离开。

叛将张健、韩晃等猛攻大业，壁垒中缺水，众人饮用粪水。郭默恐惧，悄悄突围而出，留下士兵据守；郗鉴在京口，军士们听说后都大惊失色。参军曹纳说："大业是京口的屏障，一旦失守，那么贼兵便可直接到此，无法阻挡。请求退回广陵，以待后举。”郗鉴大会僚属佐吏，斥责曹纳说：“我禀受先帝顾命托孤的重任，正思即使捐躯于九泉之下，也不足为报。如今强寇在旁，众心危惧紧张，你是我的心腹佐吏，却滋生异端，我还怎么统帅各路义军，号令三军呢！”郗鉴准备将曹纳斩首，过了许久才释免他。

陶侃准备救援大业，长史殷羡说：“我方士兵不熟悉陆战，如果救援大业不能取胜，那么大事便完了。不如猛攻石头城，那么大业之围自然会解除。”陶侃听从了他的建议。殷羡即殷融的兄长。

九月二十四日庚午，陶侃督领水军开赴石头城。庾亮、温峤、赵胤率领步兵万人从白石垒向南，准备挑战叛军。苏峻统率八千人迎战，派儿子苏硕和部将匡孝分军先行逼近赵胤军队，将其打败。苏峻当时正在犒劳将士，乘着醉意远远望见赵胤败逃，说：“匡孝能败敌，我反倒不如他吗！”于是撇下士众，和数名骑兵向南突击敌阵，但无法突破，准备回身奔向白木陂时，坐骑失足跌倒，陶侃的部将彭世、李千等用矛投射，苏峻坠落马下，被斩首，分割其肢体，骨骸被焚烧，三军将士都高呼万岁。苏峻余部大败。苏峻的司马任让等人共同推立苏峻兄弟苏逸为主公，关闭城门自守。

温峤便设立行台，宣告全国，凡是朝廷原任官吏爵禄在二千石以下的，都传令他们赶赴行台报到，于是到达的人有如云集。韩晃听说苏峻已死，领兵奔赴石头城。叛将管商、弘徽攻打庱亭壁垒，被督护李闳、轻车长史滕含击败。滕含即滕修的孙子。管商逃奔到庾亮处投降，其余士众都归从张健。

（以上为第八段，写温峤、陶侃的义军与叛军交战，一直处于劣势，但时来运转，苏峻酒后逞能，单骑出动，突阵未成，坐骑失足，被投矛杀死，叛军大势已去。）

冬季，十一月，后赵王石勒想自己率兵救援洛阳，僚佐程遐等极力劝阻，说：“刘曜孤军深入千里之外，势必不能持久。大王不应当亲自出动，一旦出动，难保万全。”石勒大怒，手按佩剑呵斥程遐等人出去。于是赦免徐光的罪过，把他召来，对他说：“刘曜凭借一仗的胜利，围攻并占据洛阳，庸人的想法都说他的锋芒不可抵挡。刘曜带领十万甲士，攻打一座城池却一百天不能取胜，军队疲惫、士卒懈怠，用我方精锐的生力军攻击，一战便可擒获他。如果洛阳失守，刘曜必定会进攻冀州，由黄河北边席卷而来，我们就完了。程遐等人不想让我去，你以为怎么样？”徐光回答说：“刘曜乘着在高候战胜石虎的势头，不能进军攻到襄国，反而据守金墉，由此可知他不会有什么作为。凭着大王您的威风胆略进逼他，他必定是望风败逃。平定天下，就在今天这一战，不能错过时机。”石勒笑着说：“你说得对。”于是让宫室内外戒严，有敢于劝说的斩首。命令石堪、石聪和豫州刺史桃豹等各自统领现有士众会聚荥阳，又令中山公石虎进军占据石门，石勒自己率步兵、骑兵四万人赶赴金墉，从大堨渡过黄河。

石勒对徐光说：“刘曜如果屯军于成皋关，这是上策；其次当在洛水设阻；坐守洛阳，等于束手就擒。”

十二月初一乙亥，后赵各军会集成皋，有步兵六万人，骑兵二万七千人。石勒见前赵无兵把守，大为喜悦，用手指天随后又拍着额头说：“这是天意！”便命令士兵脱下重甲，衔枚噤声，从隐秘的小道日夜兼行，由巩县和訾县之间穿出。

前赵主刘曜只顾与宠幸之臣饮酒博戏，不体恤士兵。身边有人劝说，刘曜发怒，认为是妖言，将劝说者斩首。直到听说石勒已经渡河，这才商议增强荥阳戍守的力量，关闭黄马关。不久，在洛水巡逻的士兵与后赵的前锋交战，捉住羯人俘虏送来，刘曜问他：“石勒自己来了吗？有多少士众？”回答说：“大王亲自前来，军势极盛。”刘曜色变，让军队解除对金墉的围守，在洛水西面布阵，有士众十多万，南北绵延十多里。石勒远远望见，更加高兴，对身边的人说：“可以祝贺我了。”石勒率领步兵、骑兵四万人进入洛阳城。

十二月初五己卯，中山公石虎带领步兵三万人从城北向西进攻前赵中军，石堪、石聪等各带精锐骑兵八千人从城西向北进攻前赵的前锋，在西阳门展开激烈的战斗。石勒身穿甲胄，从阊阖门出城，夹击敌军。刘曜自少年便爱喝酒，年老后尤为嗜酒，临战前饮酒数斗。平常乘坐的红马无缘无故地低首蜷足，于是改乘小马。等到出发时，又饮酒一斗多。到了西阳门，指挥军队就平川布阵，石堪乘势攻击，前赵士兵大部溃逃。刘曜酒醉昏昏，往后退逃，战马在石渠失足，把刘曜摔在冰上，受伤十多处，有三处伤及内腑，被石堪执获。石勒于是大败前赵军队，斩首五万多级。下令说：“我想抓获的只有刘曜一个人，此人现已被擒，特敕令将士停止攻击，给他们留下往回逃命的路。”

刘曜见到石勒，说：“石王，还能想起我们在重门的结盟吗？”石勒让徐光对刘曜说：“今天的事情出于天意，还有什么可说的！”

十二月十一日乙酉，石勒班师回京。让征东将军石邃带兵护送刘曜。石邃即石虎的儿子。刘曜伤势严重，于是让他坐着马车，让医师李永和他同车。

十二月二十五日己亥，石勒回到襄国，让刘曜居住在永丰小城，供给他妓妾，派兵严密围守。又派刘岳、刘震等族内男女等穿上盛服见刘曜。刘曜说：“我以为你们早就化为灰土了，石王仁厚，竟然一直保全维护你们到今天！我杀死石佗，长期以来心中有愧，今日的灾祸是我应得的报应啊。”留他们宴饮一整天，才让他们离开。石勒让刘曜给太子刘熙写信，下令让他赶快归降。刘曜却要求刘熙和各位大臣“匡扶维护国家，不要因我而改变心意”。石勒见信后憎恶刘曜，过了许久，便杀死刘曜。

这年，成汉献王李骧死，他的儿子征东将军李寿因父丧返回成都。成汉主李雄任李玝为征北将军、梁州刺史，代替李寿驻屯晋寿。

（以上为第九段，写后赵主石勒亲率大军突袭汉赵，大败之，活捉汉赵主刘曜；石勒令刘曜写信给太子刘熙，令其急速归降，而刘曜嘱其以国家为重，遂被杀。）

晋成帝咸和四年（己丑，公元 329 年）

春季，正月，东晋光禄大夫陆晔和兄弟尚书左仆射陆玩劝说叛将匡术献出苑城归附陶侃、温峤的西路军，百官都赶来推举陆晔督察宫城军事。陶侃令毛宝戍守苑城的南城，邓岳戍守苑城的西城。

右卫将军刘超、侍中锺雅和建康令管旆等筹划侍奉成帝司马衍逃出石头城去投奔陶侃、温峤的西军，事情泄露后，苏逸让部将平原人任让带兵入宫拘捕刘超、锺雅。成帝抱着他们悲泣说："还我侍中和右卫！"任让夺过他们并将他们杀害。当初，任让年少时没有德行，太常华恒担任州中的大中正，因他的品行不好而将其贬退。等到任让担任苏峻部将，乘机诛杀了很多人，但见到华恒就很恭敬，不敢放任暴行。等到锺雅、刘超死时，苏逸想连同华恒一同处死，任让尽心救护，华恒才得以幸免。

冠军将军赵胤派部将甘苗在历阳攻击祖约，正月二十五日戊辰，祖约乘夜率领左右侍从几百人投奔后赵，部将牵腾率众出城投降甘苗。

苏逸、苏硕、韩晃合力进攻台城，焚毁了太极东堂和秘阁，毛宝登上城墙，射死几十人。韩晃对毛宝说："你以勇猛果敢闻名，为何不出来比斗？"毛宝说："你号称是英勇善战的将领，为何不进来比斗？"韩晃含笑退还。

前赵太子刘熙听说前赵主刘曜被擒，大为恐惧，和南阳王刘胤商议，准备向西退守秦州。尚书胡勋说："如今虽然丧失君王，但国土仍然完整，将士也未叛离，暂且应当集中力量抵御敌军。力有不支时再逃也不晚。"刘胤发怒，认为这是扰乱人心，将他斩首，随后率领文武百官逃奔上邽。各地方官员也都放弃自己镇守的地方跟着逃跑，关中大乱。将军蒋英、辛恕拥有士众数十万人据守长安，派使者向后赵请降，后赵派石生率领洛阳的士众前往长安。

二月十三日丙戌，各路军队进攻石头城。建威长史滕含重创苏逸，叛将苏硕率领骁勇士兵数百人渡过秦淮河作战，被温峤击败斩杀。韩晃等人恐惧，带着部众前往曲阿依附张健，城门狭窄不便出逃，士兵互相踩踏，死者上万。西军擒获苏逸，将他斩首。滕含部将曹据抱着成帝司马衍逃到温峤船上，群臣见到皇上，磕头、号哭请罪。随即杀死西阳王司马羕，其子司马播、司马充，其孙司马崧以及彭城王司马雄也一并被处死。陶侃和任让有旧交，为他求情免死。成帝说："此人杀害了我的侍中锺雅和右卫将军刘超，罪不可赦。”于是，杀死任让。

司徒王导进入石头城，让人取出他以前讨伐王敦时的符节，侃笑着说：“苏武的符节好像不像你这个。”王导面有愧色。

二月十四日丁亥，朝廷实行大赦。

叛将张健怀疑弘徽等人背叛自己，将他们全部杀死，率领水军从延陵准备进入吴兴。

二月二十二日乙未，扬烈将军王允之与张健交战，重创张健的军队，俘虏男女一万多人。张健又和韩晃、马雄等人西奔故鄣，郗鉴派参军李闳追击，在平陵山追上他们，张健等人全部被杀。

这时候建康的宫阙化为灰烬，用建平园权充宫室。温峤想迁都到豫章，三吴的豪杰们请求迁都会稽，众说纷纭，未有决断。司徒王导说：“孙权、刘备都说‘建康是帝王的宅府’，古代的帝王不一定因为物品的丰俭而迁都。只要致力农业，缩减开支，还愁什么暂时的凋敝！如果不认真整治农作生产，那么乐土也会变成荒墟。况且北方的寇贼游魂，在窥测我们的可乘之机，一旦表现出衰弱，奔窜到蛮越之地，无论从声名和实际考虑，都不是好办法。现在只需以静制动，人心自然安定。”因此不再迁都。朝廷让褚翜出任丹杨尹，当时正是遭到兵火之后，人口物品凋残，褚翜收拢召集散失的人口，京城这才安定。

二月二十九日壬寅，东晋将湘州并入荆州。

（以上为第十段，写东晋众臣齐心，平定苏峻叛乱，诛杀变节的大臣司马羕，而建康宫阙也化为灰烬，一片残破景象；刘曜被杀，汉赵六神无主，太子刘熙退守秦州。）

三月初十壬子，朝廷评议平定苏峻的功绩，任命陶侃为侍中、太尉，封长沙郡公，加授都督交州、广州、宁州诸军事；郗鉴为侍中、司空、南昌县公；温峤为骠骑将军、开府仪同三司，加授散骑常侍、始安郡公；陆晔进爵为江陵公；其余赐封爵位为侯、伯、子、男的人很多。卞壸及二子卞眕、卞盱，以及桓彝、刘超、锺雅、羊曼、陶瞻，都追赐谥号。路永、匡术、贾宁都是苏峻旧党，苏峻没有败亡时，路永等人叛离苏峻归附朝廷。王导想赏给他们官爵，温峤说：“路永等人都是苏峻的心腹，首先参与并导致祸乱的，没有比这更大的罪过了。后来虽然觉悟改正，但不足以全赎以往的罪孽，能够保全首级，已经是很大的侥幸了，怎能再褒扬宠爱他们呢！”王导这才停止。

陶侃因为江陵偏远，移居镇守巴陵。

朝廷商议想留温峤辅佐国政，温峤认为王导是先帝任命的人选，坚决辞绝，归还武昌。他又因京城荒凉残破，缺乏资用，于是留下物资储蓄，备办器物用品，然后回到武昌。

晋成帝司马衍由石头城脱困时，庾亮见到成帝，磕头哽咽。成帝下诏让庾亮和大臣们都登上御座。第二天，庾亮再次叩头请罪，乞求免去自己的职位，想全家投身于山海之中隐居。成帝派尚书、侍中拿手写诏书安慰他，说："这是国家的灾难，不是舅舅的责任。"庾亮上书自己陈述说："祖约、苏峻肆行凶逆之事，罪过由我引发，即便一寸一寸地斩杀，也不足以向七帝的神灵谢罪，不足以平息天下人的责难。朝廷又有什么理由再将我与他人相提并论，我又有什么脸面跻身于人伦呢！希望皇上即便是赐降宽容，保全我的头颅也就行了，对我还是应当抛弃不顾，让我自生自灭，那么，天下人便能略知劝善罚恶的纲要了。"成帝下令劝慰，庾亮不同意。庾亮又想遁逃于山水之间，从暨阳出发向东，成帝下令让负责官员扣夺舟船。庾亮便请求外出镇守效力，于是命其出任都督豫州、扬州地段长江以西、宣城诸军事，豫州刺史，兼任宣城内史，镇守芜湖。

陶侃、温峤征讨苏峻时，传布檄文给各地方官员，让他们各自领兵前来援助。湘州刺史、益阳侯卞敦拥兵不前，又不供给军粮，只是派督护带领几百人跟随大军而已，朝野人士莫不奇怪惊叹。等到苏峻被平定，陶侃奏议卞敦阻碍军务，持观望态度不赴国难，请求将他拘捕送交廷尉治罪。王导认为在丧乱之后，朝廷应该表现宽容，调任卞敦为安南将军、广州刺史；卞敦因病不能赴任，朝廷征召他为光禄大夫兼任少府。卞敦忧愁愧疚而死，朝廷追赠其原先官职，授予散骑常侍，谥号为"敬"。

臣司马光评论说：庾亮以外戚的身份辅佐朝政，首先引发祸端，致使国家毁坏、君主危殆，自己却外逃免于祸乱；卞敦位列方镇大员，兵员和粮食都很充足，朝廷倾覆之时，却坐观胜负；人臣的罪过，哪有比这更大的！但朝廷对他们既不能运用典刑彰明罪过，还用宠信爵禄回报，晋朝无公正严格的政治制度可言，由此也可知晓了。应当承担这种责任的人，难道不是王导吗？

（以上为第十一段，写平定苏峻之乱后，朝廷论功行赏，加封和褒奖陶侃、郗鉴、温峤、陆晔等有功之臣；对为国捐躯的卞壶、桓彝、刘超、锺雅等人予以追谥，对引发祸端的庾亮不予追究，反而封官，司马光提出了严厉批评。）

朝廷改封高密王司马纮为彭城王。司马纮是司马雄的弟弟。

夏季，四月二十三日乙未，始安忠武公温峤去世，葬在豫章。朝廷想在晋元帝、明帝的陵墓北边为他建造大墓，太尉陶侃上书说："温峤的忠诚著称于圣世，功勋节义让人神感动，假如他死而有知，难道会为今天这种劳民伤财的事情高兴吗！希望皇上慈爱有恩，停止移葬之事。"成帝司马衍听从了他的意见。

朝廷任命平南军司刘胤为江州刺史。陶侃、郗鉴都说刘胤不具有镇守一方的才能，司徒王导不听。有人对王导的儿子王悦说：“如今是大难之后，国家的纲纪弛懈不振，从江陵到建康的三千多里间，流民数以万计，散布在江州。江州是国家的南部屏障、要害之地，而刘胤以自己喜好奢侈的性格，懒散地对待政事，即使没有外部的事变，也必有内患。”王悦说：“这是温峤的意思。”

秋季，八月，前赵南阳王刘胤率领数万士众由上邽奔赴长安，陇东、武都、安定、新平、北地、扶风、始平各郡的戎狄及汉人起兵应从。刘胤屯军于仲桥，石生环城自守，后赵令中山公石虎率领骑兵二万人救援。

九月，石虎在义渠大败前赵军队，刘胤逃归上邽。石虎乘胜追击，尸体枕藉千里。上邽被攻破，石虎擒获前赵太子刘熙、南阳王刘胤及其将军、郡王、公卿、校尉以下三千多人，全数杀害。把前赵朝廷的文武官员、关东流民、秦州和雍州的大族九千多人迁移到襄国，又在洛阳坑杀五郡的屠各部人五千多。石虎进攻河西羌人的集木且部，获胜后俘虏数万人，秦州、陇西全部平定。氐人王蒲洪、羌人首领姚弋仲都归降石虎。石虎上书荐举蒲洪监察六夷军事，姚弋仲任六夷左都督。把氐人和羌人的十五万村落居民迁移到司州和冀州。

当初，陇西的鲜卑人乞伏述延部居住在苑川，侵犯吞并邻近部落，士马强盛。等到前赵灭亡，乞伏述延畏惧，迁至麦田。乞伏述延死后，儿子乞伏傉大寒继立；乞伏傉大寒死后，儿子乞伏司繁继立。

（以上为第十二段，写汉赵南阳王刘胤率军收复长安，声势浩大，后赵中山公石虎率军救援，大败汉赵，乘胜追击，攻破大本营上邽，擒获太子刘熙，汉赵灭亡。）

江州刺史刘胤崇尚豪奢的作风日益严重，专门从事商业贩运，聚敛家财百万，纵情于饮酒作乐，不问政事。冬季，十二月，成帝司马衍下令征召后将军郭默为右军将军。郭默乐于出任戍边将领，不愿意在京宿卫，把自己的心意告诉了刘胤。刘胤说：“这不是我所能干预的。”郭默将要赴召进京，向刘胤请求资助，刘胤不给，郭默由此怨恨刘胤。刘胤的长史张满等人素来轻视郭默，有时赤裸着身体见郭默，郭默经常恨之切齿。

十二月初八腊日，刘胤赠送郭默猪肉和酒水，郭默当着使者的面把物品扔到水中。适逢主管官员奏称：“如今朝廷府库空竭，百官没有俸禄，只有依赖江州的漕运。而刘胤的商旅不绝于路，因私利废弃公事，请求免除刘胤官职。”奏事下发朝廷评议，刘胤没有回京师受审，并且正要申辩罪责。寄寓此地的北方人盖肫强抢民女为妻，张满让盖肫送女回家，盖肫不听，却对郭默说：“刘胤不接受免官的命令，秘密地有所图谋，和张满等人日夜策划，只是忌惮您一人，准备先除掉您。”郭默信以为然，率领士兵等到早上开门时袭击刘胤。刘胤手下的将吏准备抵抗，郭默呵斥他们说：“我禀受皇命攻打有罪之人，谁敢妄动者，诛灭三族！”随即进入到刘胤的卧室，把他拉下床后斩首。出屋后又抓获刘胤的僚佐张满等人，诬陷他们谋反，全部斩首。郭默将刘胤的首级传送到京师，伪造诏书宣示内外。又掠取刘胤的女儿和各位侍妾，连同金银珠宝一起带回船上。起初说要回返京城，不久停留在刘胤旧府。郭默招降谯国内史桓宣，桓宣坚守驻地，不从其命。

这年，贺兰部及诸位大人共同推立拓拔翳槐为代王，代王拓拔纥那逃奔宇文部。拓拔翳槐派兄弟拓拔什翼犍到后赵作为人质，请求和好。

河南王吐延，雄壮勇敢但多猜疑忌妒，羌人首领姜聪刺杀他，剑入体内。吐延不拔剑，召部将纥拕埿，让他辅佐自己的儿子叶延，保守白兰，然后拔剑而死。叶延孝顺好学，认为按照礼义“公孙的儿子可以用王父的字为姓氏”，于是自取国号叫吐谷浑。

（以上为第十三段，写江州刺史刘胤豪奢贪财，与后将军郭默结下仇怨，被杀；贺兰部推举拓跋翳槐为代王；河南王吐延被刺杀，儿子叶延继位，改国号为吐谷浑。）

晋成帝咸和五年（庚寅，公元 330 年）

春季，正月，刘胤的首级送到建康。司徒王导因为郭默骁勇难以控制，初一己亥，实行大赦，把刘胤的首级悬挂在大航示众，任命郭默为江州刺史。太尉陶侃听说此事，挥袖站了起来说：“这必定有诈。”随即要率兵征讨郭默。郭默派使者送交妓妾和绢物，并写密信呈送给陶侃。陶侃的僚佐大多劝说道：“郭默不接受皇命，怎敢干这样的事情！如想进军，应该等待皇命。”陶侃神色严厉地说：“国家的君主年幼，诏令并非出于己意。刘胤被朝廷所重用，虽然所任非才，但为何胡乱遭到极刑处罚！郭默恃仗骁勇，任职行事贪婪横暴，认为国家大难刚刚平定，朝廷法令纲纪宽松简略，想乘机肆行无忌罢了！”便派使者上书陈述郭默罪状，并且给王导写信说：“郭默杀死地方长官就任用他为地方长官，如果害死宰相是不是就要任用他为宰相呢？”王导这才收起刘胤的首级，给陶侃回信说：“郭默占据长江上游的有利地势，再加上有舰船为其所用，所以包涵忍耐，让他占据那块地方，朝廷因此得以秘密戒备。等您的大军到达，风驰赴敌，这难道不是暂且对郭默顺从，等待时机再定大事的策略吗？”陶侃笑着说：“这是对此贼屈从的策略。”

豫州刺史庾亮也请求征讨郭默。朝廷下令授予庾亮征讨都督，率领步兵、骑兵二万人去与陶侃会合。

西阳太守邓岳、武昌太守刘诩都怀疑桓宣与郭默同谋。豫州西曹王随说：“桓宣连祖约尚且不肯附从，怎肯与郭默同谋呢！”邓岳、刘诩派王随到桓宣处观察他的动向，王随劝说桓宣道：“您心中虽然不是这样想，但却无从证明自己，只有把您的儿子交给我。”桓宣便派儿子桓戎和王随一起去迎接陶侃。陶侃征召桓戎为掾，上书举荐桓宣任武昌太守。

二月，后赵的群臣请求后赵王石勒即帝位，石勒便号称大赵天王，行皇帝权力。

又立妃子刘氏为王后，世子石弘为太子。任命儿子石宏为骠骑大将军、都督中外诸军事、大单于，封为秦王；石斌为左卫将军，封为太原王；石恢为辅国将军，封为南阳王。任命中山公石虎为太尉、尚书令，进升爵位为王；任命石虎的儿子石邃为冀州刺史，封为齐王；石宣为左将军；石挺为侍中，封为梁王。又封石生为河东王，石堪为彭城王。让左长史郭敖担任尚书左仆射，右长史程遐担任右仆射、兼任吏部尚书。左司马夔安、右司马郭殷、从事中郎李凤、前郎中令裴宪，都为尚书；参军事徐光为中书令、兼任秘书监。其余的文武官员，拜官封爵各有官职。

中山公石虎发怒，私下对齐王石邃说："主上自从建都襄国以来，端身拱手，坐享其成，靠着我打击敌人，冲锋陷阵，二十多年来，在南方擒获刘岳，在北方赶跑索头，向东平定齐、鲁之地，向西平定秦州、雍州，攻克十三座州郡。成就大赵功业的是我，大单于的称号应当授予我，现在却给了奴婢所生的黄吻小儿，想起来令人气愤，寝食难安！等到主上去世之后，我不会再让他留下后嗣。"

程遐对石勒说："天下大体平定，应当彰明善恶顺逆，所以汉高祖赦免季布，斩杀丁公。大王自从起兵以来，见到忠于自己君主的人就褒扬他，见到背叛主上、不尽臣节的人就诛杀他，这正是天下人之所以归从您的原因。现在祖约还活着，我私下为此迷惑不解。"安西将军姚弋仲也这样说。石勒便拘捕祖约，连同他的亲属门人等一百多人全部诛杀，妻妾和儿女则分赐给诸胡人。

当初，祖逖有胡人奴仆，叫作王安，祖逖十分宠信他。在雍丘时对王安说："石勒与你是同一种族，我也不在乎你一个人。"送给他丰厚的资财遣送他回去。王安因为勇敢能干，在后赵做官，担任左卫将军。等到祖约伏诛时，王安叹息说："我怎能让祖逖绝后呢！"于是，前往街市观看行刑。祖逖姬妾所生的儿子祖道重，年方十岁，王安悄悄救出他带回家，把他藏匿起来，为他改换服装装作出家人。到石氏灭亡后，祖道重重新回归江南。

郭默想向南占据豫章，适逢太尉陶侃的军队到达，郭默出战不利，进城固守，用米堆成防御工事，显示自己粮食有余。陶侃修筑土山居高临下。

三月，庾亮的军队到达湓口，各路军队会齐。夏季，五月十九日乙卯，郭默部将宋侯捆绑着郭默父子出城投降。陶侃在军门将郭默斩首，把首级传送到建康，其同党被处死的有四十人。朝廷下诏让陶侃都督江州，兼任刺史，让邓岳督察交州、广州诸军事，兼领广州刺史。陶侃回到巴陵，乘机将治所迁移到武昌。庾亮回到芜湖，拒绝接受爵禄赏赐。

（以上为第十四段，写东晋太尉陶侃出兵攻打杀害江州刺史刘胤的后将军郭默，将其斩首；后赵石勒称大赵天王，大封皇亲国戚，未封其侄中山王石虎为大单于，石虎怨恨不服。）

后赵将领刘征率领数千士众，渡海抢掠东南各县，杀死南沙都尉许儒。

凉王张骏乘着前赵灭亡，又收复黄河以南的失地，直至狄道，设置五屯护军，与后赵接壤。六月，后赵派鸿胪孟毅授予张骏征西大将军、凉州牧，赐九锡。张骏耻为赵臣，不接受封职，扣留孟毅而不遣返。

当初，丁零人翟斌世代居住在康居，后来迁入中原，至此时前来后赵朝见，后赵封翟斌为句町王。

后赵群臣坚持请求石勒名正言顺地用皇帝称号，秋季，九月，后赵王石勒即帝位，实行大赦，改年号为建平。文武官员封职擢升，各有等秩。册立妻子刘氏为皇后，太子石弘为皇太子。

石弘喜好写文章，为人亲近敬重儒雅之士。石勒对徐光说："石弘和悦安闲，全然不像将门之子。"徐光说："汉高祖靠征战夺取天下，汉文帝凭仗沉静无为巩固天下，圣人的后代，必定有使凶暴之徒不再为恶且可以废除刑戮的人，这是上天的规律。"石勒十分高兴。徐光趁势劝说他："皇太子仁孝温恭，而中山公却雄暴多诈，皇上一旦辞世，我怕国家就不是太子所能据有的了。应该逐渐削减中山公的权势，让太子早些参与国政。"石勒心中同意，但未能照办。

后赵荆州监军郭敬侵犯襄阳。东晋的南中郎将周抚监察沔北军事，屯军襄阳。后赵主石勒以邮驿传书命令郭敬后退屯军樊城，让他将旗帜收卷藏起，寂静如同无人。石勒说："他们如果派人观察，便告诉他说：'你应当自我珍爱坚固防守，再过七八天，骑兵大军就将到达，和我们相互策应，你们再也逃不掉了。'"郭敬让人到渡口洗马，周而复始，昼夜不断。密探回去告诉周抚，周抚以为后赵大军到达，心中恐惧，逃奔武昌。郭敬进入襄阳，黄河中游以南地区的流民全部归降后赵。魏该的兄弟魏遐率领部众在石城投降郭敬。郭敬毁坏襄阳城，把居民迁到沔水以北，在樊城修筑城堡戍守。后赵让郭敬担任荆州刺史。周抚因犯罪被免官。

休屠王石羌背叛后赵，河东王石生攻破他，石羌逃奔凉州。西平公张骏恐惧，遣返孟毅，让自己的长史马诜向后赵称臣进贡。

东晋又建造新的皇宫。

九月初十甲辰，东晋改封乐成王司马钦为河间王，封彭城王司马纮的儿子司马俊为高密王。

冬季，十月，成汉的大将军李寿督促征南将军费黑等人攻取巴东的建平。巴东太守杨谦、监军毋丘奥退走保守宜都。

（以上为第十五段，写前凉王张骏乘汉赵灭亡，收复河南失地，后依附后赵，遣使上供；后赵石勒称帝，改元建平，太子石弘为皇太子；后赵郭敬用浴马计占领襄阳。）

晋成帝咸和六年（辛卯，公元 331 年）

春季，正月，后赵刘征又侵犯娄县，劫掠武进县，郗鉴将其击退。

三月初一壬戌朔，出现日食。

夏季，后赵主石勒到邺城，准备营建新的宫室。廷尉上党人续咸苦苦劝说，石勒发怒，要将他斩首。中书令徐光说："即便续咸的话不能听从，也应当宽容他，怎么能因为一时直言便斩杀大臣呢？"石勒叹息说："作为君主，像这样不能自己决断吗？寻常百姓家资达到一百匹，还想买住宅，何况我富有四海呢？这宫殿终究是要营建的，我暂且下令停止建造，以成全我耿直大臣的气节。"于是赐给续咸绢一百匹，稻米一百斛。又下诏让公卿以下官吏荐举贤良方正之士，并且命令被荐举的人互相推荐援引，用以开拓求贤的途径。在襄国城西建起明堂、辟雍、灵台。

秋季，七月，成汉的大将军李寿进攻阴平、武都，杨难敌投降。

九月，后赵主石勒又营建邺城宫室，把洛阳作为南都，设置行台。

冬季，祭祀太庙，皇帝下令把祭祀剩下的胙肉送给王导，并且令他不要下拜谢恩，王导以有病为由推辞不敢承受。当初，成帝即位时年纪幼小，每次见到王导必下拜，给王导的手诏则说"惶恐而言"，中书写的诏书则说"敬问"。负责官员议论说："元旦大会群臣时，皇上应当礼敬王导吗？"博士郭熙、杜援评议认为："礼仪上没有君王拜大臣的记载，我们认为应当免除礼敬。"侍中冯怀评议认为："天子驾临辟雍，拜见三老，何况是先帝的太师、太傅？我以为应当备加礼敬。"侍中荀奕评议认为："元旦是一年中朝会的第一次，应当明确君臣各自的身份，因此不应当礼敬；如果是另外日子的小朝会，自然可以备加礼敬。"皇帝下令接受他的意见。荀奕即荀组的儿子。

慕容廆派遣使者送信给太尉陶侃，劝他起兵北伐，共同廓清中原。慕容廆的僚属宋该等人共同评议认为："慕容廆在边陲一隅建立功业，职位卑微，责任重大，与中原诸华夷的身份地区没有差别，不足以震慑汉人和胡夷，应当上书请求提升慕容廆的官爵。"参军韩恒批驳说："建立功绩的人忧虑的是诚信、道义不彰明，不忧虑名位不高。齐桓公、晋文公有匡扶天下的功绩，也没有事先要求天子按礼制加以任命来号令诸侯。应当修缮甲胄、兵器，除灭群凶，功成之后，九锡的礼遇自会得到。这比起要求君上宠爱，不也光荣些吗！"慕容廆不高兴，让韩恒出任新昌令。于是东夷校尉封抽等人写疏文上奏陶侃幕府，请求封慕容廆为燕王，摄行大将军事。陶侃回信说："功业成就，加官进爵，这是古人的固有制度。车骑将军慕容廆虽未能为朝廷摧毁石勒，但忠诚仁义，尽心尽力。现在我把疏文禀报给皇上，成与不成，快还是慢，应当由朝廷决定。"

（以上为第十六段，写后赵主石勒营建邺城宫室，招纳贤才，设置行台；东晋祭祀太庙，命送胙肉于司徒王导，以示敬重；鲜卑慕容廆请求东晋加封燕王，行大将军事。）

【点评】

苏峻之乱。苏峻之乱，是东晋成帝司马衍年间发生的一次大规模叛乱，由历阳内史苏峻发起，联结镇西将军祖约，以讨伐庾亮为名，起兵进攻东晋都城建康。公元327年起兵，次年攻破建康，皇宫化为灰烬，民物凋残，晋朝几亡。苏峻之乱相对于王敦之乱而言，破坏性、危害性更大。那么对于此次内乱的发生，有哪些需要反思呢？

首先，小皇帝司马衍之舅庾亮是这次内乱的直接导火线。晋明帝司马绍得重病去世后，由他的儿子司马衍即位为帝。司马衍当时只是个5岁的小孩子，便由庾太后临朝称制，庾亮与王导等共同辅政，但政事实际上都由庾亮决断。他一反王导的宽和做法，一意孤行。他杀掉了南顿王司马宗，当小皇帝问他那个白头翁（指司马宗）怎么看不到了，庾亮说白头翁因谋反而被杀，小皇帝突然说：如果有人认为舅舅你谋反，也要被杀吗？庾亮被问得哑口无言。苏峻在当时虽然有些怨言，但也相安无事，可庾亮固执地认为苏峻将来一定会叛乱，所有人的话一概不听，强行征召苏峻入朝，以便加以控制。结果苏峻反叛。苏峻之反，庾亮负有不可推卸的直接责任。

其次，王导负有不可推卸的间接责任。王导在东晋王朝德高望重，后来苏峻攻下台城，因为敬重王导的原因，仍让他官居原职，处于自己的位置之上。当庾亮提出召回苏峻，王导认为苏峻在外，还不至于马上发难，应当暂时包容，不要节外生枝。但是，他作为首辅大臣，没有真正发挥首辅的作用，既然想到却没有强力制止，致使乱事发生。苏峻攻占台城，控制小皇帝，王导谋划救出小皇帝，但谋划暴露，他则一走了之。后来，平叛胜利，论功行赏，王导又采用了惯用办法。路永等人原是苏峻死党，在平乱前归顺朝廷，也未见有多少将功补过的行为，王导却要为其封官，在温峤等人的劝说下才作罢；对于在平乱中拥兵不从、迟疑观望的大臣，理应受到处分，甚至问罪，可王导却将他们一律升官；更有甚者，西中郎将郭默矫诏杀掉江州刺史，王导代表朝廷处理此事，认为江州刺史是郭默杀掉的，那就让郭默担任江州刺史。诚如太尉陶侃责问的，如果有人杀掉宰相，就让其当宰相吗？

再次，庾太后临朝称制，纵容庾亮等人胡作非为，对这次内乱也负有责任。小皇帝不能理政，需要有人为他打理朝政，决策国事，庾太后的兄弟庾亮有了靠山，有恃无恐，成为朝廷的实际决策者，此即太后怂恿而为。后来苏峻叛乱，庾太后气愤身亡。呜呼哀哉。

最后，小皇帝司马衍糊涂。因庾亮是他的舅舅，挑起祸乱，抵抗失败后一逃了事，平叛胜利后，庾亮自我认罪，愿意避世于草野，保住性命，这应当是他最好的结局了。可是，小皇帝再三袒护，几次发出诏令，甚至还要他入朝辅政，最后外放。从这一事情看出，司马衍将来必定不是明君，要指望晋朝中兴，可能是天方夜谭了！

晋纪十七

晋成帝咸和七年至咸康三年（公元332—公元337）

【起玄黓执徐（壬辰，公元332年），尽强圉作噩（丁酉，公元337年），凡六年】

【大事提要】

本卷记事起公元332年，讫公元337年，凡六年，当晋成帝（司马衍）咸和七年至咸康三年。本卷所载大事，主要有五个方面：其一，收复襄阳。东晋的襄阳城被后赵郭敬夺去，并将该城废弃，另建樊城戍守。公元332年，太尉陶侃派陶斌及桓宣攻下樊城，大破郭敬之军，收复襄阳。其二，成汉大业渐衰。成汉主李雄去世，立其兄李荡之子李班为帝，李雄亲子李期杀班自立，满朝不服。公元335年，李班舅父罗演与上官澹联合谋杀李期，立李班之子。事情败露，反被杀。李期自以为得志，朝中大政决于尚书令景骞等人，由此纲纪紊乱，大业衰落。其三，前凉收服西域。公元335年，前凉主张骏攻打龟兹、鄯善，西域诸国皆降，尽有陇西地，兵马强盛，焉耆、于阗等西域诸城竞派使者携贡物结好。凉州原来军无宁岁，张骏时期境内渐安，刑清国富。其四，慕容皝平定辽东。鲜卑族慕容仁占据辽东后，与慕容皝抗争多年。公元336年，慕容皝采纳高诩建议，亲率将士踏冰三百多里，直逼平郭城攻打慕容仁，收复辽东全境，而后听从封奕劝告，建立燕国，自称燕王，史称"前燕"。其五，石虎自称天王。后赵主石勒去世，中山王石虎劫持太子石弘，立为傀儡，凌驾于其上，而后废掉并杀死石弘，迁都邺城，自称大赵天王，立太子石邃为皇太子。石邃非常骁勇，得到石虎宠爱，亦因受宠而骄淫残忍，欲杀父夺权。败露后被杀，改立石宣为皇太子。

显宗成皇帝中之上

晋成帝咸和七年（壬辰，公元332年）

春季，正月十五日辛未，东晋实行大赦。

后赵主石勒犒赏群臣，对徐光说："我可以和古代哪一等君主相比？"徐光回答说："皇上的神武谋略超过汉高祖，后代人没有可以相比的。"石勒笑着说："人哪有不知道自己的！您的话太过了。我如果遇到汉高祖，应当向他北面称臣，与韩信、彭越同列比肩；如果遇到汉光武帝，将会与他共同逐鹿中原，不知鹿死谁手。大丈夫行事，应当光明磊落，如同日月之光明皎洁，终究不该仿效曹操和司马懿，欺凌他人的孤儿寡妇，靠不正当的手段夺取天下。”群臣都磕头称呼万岁。

石勒虽然没有读书，但却喜欢让众儒生读书给自己听，经常凭自己的心意议论古今得失，听到的人没有不心悦诚服的。他曾经让人读《汉书》，听到郦食其劝汉高祖册立战国时六国诸侯的后裔，吃惊地说：“这种做法应当失策，为什么能最终夺得天下？”等到听说留侯张良劝说，这才说：“幸亏有这么回事。”

郭敬后退戍守樊城后，晋人又收复了襄阳。夏季，四月，郭敬又攻取襄阳，留下守兵后返回。

后赵右仆射程遐向国主石勒进言说：“中山王石虎勇悍而又有权谋武略，群臣中无人能够比得上，观察他的志向，除皇上以外，对其他人都视而不见。再加上性格凶暴残忍，长期出任将帅，威震内外，他的各位儿子年龄都不小，都握有兵权；皇上在世，自然应当没有什么事情，但恐怕他不甘心作少主的臣子。应当尽早除掉他，以利国家长久安定。”石勒说：“如今天下没有安定，石弘年少，应当得到强大的辅佐。中山王是我的骨肉至亲，有辅佐我建立朝廷的功绩，正应委付他伊尹、霍光那样的重任，何至于像你说的那样！你只是唯恐不能专帝舅的权力罢了。我也会让你参与辅政，不必过分忧虑。”程遐哭泣着说：“我所顾虑的是国家，皇上却认为我是为自己打算而加以拒绝，忠言从何处能入耳呢！中山王虽然是皇太后抚养长大的，但并非皇上的亲骨肉，虽然有些小功劳，皇上酬答他们父子的恩惠、荣耀也足够多了，但他有觊觎君位的志向，难道将来会是有益于国家的人吗！如果不除去他，我看宗庙将要绝祀了。”石勒不听。

程遐退下后，将此事告诉徐光，徐光说：“中山王经常切齿痛恨我们二人，恐怕不仅会危害国家，也将是你我家庭的祸殃。”后来，徐光寻机对石勒说：“如今国家平定无事，皇上神色却好像有所不乐，为什么？”石勒说：“东晋、成汉没有平定，我恐怕后人不把我当作承受天命的君王看待。”徐光说：“魏国继承汉朝国运，刘备虽然在蜀地兴起，又怎能汉朝没有亡国呢！孙权在东吴，犹如现在的李雄，皇上囊括长安、洛阳二都，平荡八州，帝王的正统不在皇上，又会在谁呢！况且皇上不忧虑心腹之患，却反倒忧虑四肢之患吗？中山王凭仗皇上的威望，所向无敌，但天下人都说他的英明威武仅次于皇上。而且他禀性不仁，见利忘义，父子都占据权位，势力可压倒王室；又烦躁不安，常有不满之心。近来在东宫侍奉宴饮，有轻视皇太子的神色。我恐怕皇上辞世之后，朝廷就不能再控制他了。”石勒默默不语，开始命令太子审阅和批示尚书的奏事，又让中常侍严震参与总揽判治可否，只有征伐、生杀方面的大事才呈报石勒。此时严震的权力超过辅佐大臣，中山王石虎的门庭冷清，无人拜访。石虎更加怏怏不乐。

（以上为第一段，写后赵主石勒略有自知之明，认为自己比不上汉高祖刘邦，虽没有读书，但善于学习，见解深刻；谋臣建议制约中山王石虎。）

秋季，后赵将领郭敬向南攻掠长江以西地区，太尉陶侃派儿子平西参军陶斌以及南中郎将桓宣乘虚进攻樊城，全数俘虏留守士众。郭敬回军救援樊城，桓宣和他在涅水交战，郭敬战败，桓宣夺回被郭敬劫掠的全部人员物品。陶侃兄长之子陶臻和竟陵太守李阳攻克新野。郭敬恐惧遁逃，桓宣随即夺取了襄阳。

陶侃让桓宣镇守襄阳。桓宣招抚刚刚归降的民众，刑罚从简，威仪从略，鼓励、督促从事农桑生产，有时用轻便马车装载锄耒等农具，亲自率领民众耕耘收获。桓宣在襄阳十多年，后赵多次进攻，桓宣依靠既少且弱的士众抵抗防守，后赵不能取胜。当时人认为他仅次于祖逖和周访。

成汉大将军李寿侵犯宁州，让其征东将军费黑为前锋，由广汉出击；又让镇南将军任回由越嶲出击，以使宁州兵力分散。

冬季，十月，李寿、费黑到达朱提，朱提太守董炳据城固守，宁州刺史尹奉派建宁太守霍彪领兵相助。李寿准备迎击霍彪，费黑说："城中粮食短缺，应该放任霍彪入城，让他们共同消耗粮食，为什么要阻挡他！"李寿听从他的意见。朱提城久攻不下，李寿想大举猛攻。费黑说："南中地势险阻，难以制服，应当待以时日，等他们智慧和勇气都消磨殆尽后再攻取。他们如同圈栏中的牲畜，何必那么着急呢？"李寿不听，进攻果然失利，于是把军务全部委托给费黑。

十一月初一壬子朔，朝廷提升太尉陶侃为大将军，允许他佩剑穿鞋上殿，朝见天子不必趋行小跑，唱礼通名时不直接称呼名字。陶侃坚持辞谢，没有接受。

十二月二十九日庚戌，成帝司马衍搬进新建的宫室。

这年凉州的僚属们劝张骏自称凉王，兼任秦州、凉州二州牧，仿效魏武帝、晋文帝的旧例设置公卿百官。张骏说："这不是为人臣子所该说的话。敢说这事的，罪在不赦！"然而，凉州境内都称呼他为王。张骏立次子张重华为世子。

（以上为第二段，写成汉大将军李寿侵犯宁州，重用征东将军费黑，攻下重镇朱提；东晋任命陶侃为大将军，给予特殊礼遇，被谢绝；晋成帝司马衍搬进新皇宫。）

晋成帝咸和八年（癸巳，公元 333 年）

春季，正月，成汉的大将军李寿攻下朱提，董炳、霍彪都投降，李寿威震南中。

正月二十六日丙子，后赵主石勒派使者来与东晋重新修好，朝廷下令焚烧他带来的礼物。

三月，宁州刺史尹奉归降成汉，成汉全部占有南中地区；实行大赦，让大将军李寿兼管宁州。

夏季，五月初六甲寅，辽东武宣公慕容廆死。六月，世子慕容皝以平北将军的身份代摄平州刺史，督察统领境内士众，赦免囚犯。任命长史裴开为军谘祭酒，郎中令高诩为玄菟太守。任命带方太守王诞为左长史，王诞认为辽东太守阳骛有才能因而推让给他，慕容皝同意了，任命王诞为右长史。

后赵主石勒病重卧床，中山王石虎进入禁中侍卫，假传皇命，群臣亲戚都不得入内，石勒病情的好坏，宫外无人得知。石虎又假传皇命，征召秦王石宏、彭城王石堪回襄国。石勒病情稍好，见到石宏，吃惊地说："我让你统领一方军务，正是为了防备今日。你回来有人征召你呢，还是自己前来的？如果有征召你的人，应当依法处决！"石虎恐惧，说："秦王因思慕您，暂时回来罢了，现在遣返他回去。"但仍然留住他，没有遣返。几天后，石勒又问到石宏，石虎说："接受皇命后当即就已遣返，现在已在半路上了。"广阿发生蝗灾，石虎秘密地派儿子冀州刺史石邃率领三千骑兵在蝗灾区游弋。

秋季，七月，石勒病重，颁布遗命说："石弘兄弟，应当好好相互扶持，司马氏互相残杀就是你们的前车之鉴。中山王石虎应当深深追思周公、霍光，好好辅佐幼主，不要为后世留下口实。"

七月二十一日戊辰，石勒死。中山王石虎将太子石弘劫持到殿前，收捕右光禄大夫程遐、中书令徐光，交付廷尉治罪，又征召石邃，让他带兵入宫宿卫，文武官员纷纷逃散。石弘大为恐惧，自言软弱，要让位给石虎。石虎说："君王去世，太子即位，这是礼仪常规。"石弘流着眼泪，坚决辞让，石虎发怒说："如果你不能承担重任，天下人自有大义，哪能事先就谈论！"石弘于是即位，实行大赦。（石虎）杀死程遐、徐光。夜间，把石勒尸体秘密埋到山谷，没有人知道地点。己卯（疑误），仪仗护卫齐备，假装将石勒葬在高平陵，谥号明帝，庙号高祖。

后赵将领石聪和谯郡太守彭彪，各自派遣使者前来东晋请降。石聪本来是汉人，因被收养而改姓石。朝廷派遣督护乔球带兵救援他们，还未到达，石聪等人已被石虎诛灭。

慕容皝派遣长史渤海人王济等前来东晋报丧。

（以上为第三段，写辽东武宣公慕容廆去世，世子慕容皝继位；后赵石勒去世，中山王石虎控制朝廷，挟持太子石弘，排除异己，杀害右光禄大夫程遐、中书令徐光，后赵处于腥风血雨之中。）

八月，后赵主石弘任中山王石虎为丞相、魏王、大单于，赐九锡，划分魏郡等十三郡作为石虎的封国，让他总揽军政政事。石虎赦免封国境内的囚犯，立妻子郑氏为魏王后；儿子石邃为魏太子，授予他使持节、侍中、都督中外诸军事、大将军、录尚书事；次子石宣为使持节、车骑大将军、冀州刺史，封河间王；石韬为前锋将军、司隶校尉，封乐安王；石遵封齐王，石鉴封代王，石苞封乐平王。改封平原王石斌为章武王。石勒原先的文武官员都委派闲散的官职，而石虎的僚佐亲属，全部充任朝廷要职。石虎任命镇军将军夔安兼领左仆射，任命尚书郭殷为右仆射。把太子的宫室改名为崇训宫，太后刘氏以下的人员，全部移居此处。又挑选石勒原有的宫女、车马和服玩中精美的，全部送入丞相府。

宇文乞得归被手下的东部大人逸豆归驱逐，逃跑而死在外边。慕容皝领兵讨伐逸豆归，屯军广安。逸豆归畏惧，请求和好。慕容皝便修建榆阴、安晋两座城堡，然后回军。

成汉的建宁、牂柯二郡向东晋投降，又被李寿攻占。

后赵刘太后对彭城王石堪说："先帝刚刚去世，丞相便如此欺压践踏我们，帝统的绝灭，大概不会多久，您认为将怎么办？"石堪说："先帝原先的大臣，都遭疏远和排斥，军事大权不再由我们掌握，朝廷中也没有有所作为的人，我请求出奔兖州，挟持南阳王石恢当盟主，占据廪丘，向各地的地方长官颁布太后诏书，让他们各自起兵诛灭石虎，或许还可挽救。"刘氏说："事情很急迫了，你应当迅速行动。"九月，石堪换上平民服装，轻骑奔袭兖州，不能获胜，向南逃奔谯城。丞相石虎派部将郭太追击他，在城父捉到石堪，送回襄国，用火烧死。又征召南阳王石恢回襄国。刘氏的图谋泄露，石虎将她废黜并杀死，尊奉石弘的生母程氏为皇太后。石堪本来是田氏子孙，多次建立功绩，后赵主石勒收养他作为自己的儿子。刘氏有胆略，石勒经常和她共同决断军事，辅佐石勒建立功业，有西汉吕后的遗风，在不妒忌这方面要胜过吕后。

后赵河东王石生镇守关中，石朗镇守洛阳。冬季，十月，石生、石朗都起兵讨伐丞相石虎。石生自称秦州刺史，派使者向东晋请降。氐族统帅蒲洪自称雍州刺史，向西依附张骏。

石虎让太子石邃留守襄国，自己带领步兵、骑兵七万人进攻在金墉的石朗。金墉被攻破，捉住石朗，将他砍掉双脚后斩首。随后向长安进发，让梁王石挺为前锋大都督。石生派将军郭权率领鲜卑涉璝部士众二万人为前锋拒敌，石生统领大军随后出发，屯军于蒲阪。郭权和石挺在潼关接战，石挺大败，石挺和丞相左长史刘隗都阵亡，石虎回军逃往渑池，尸体相枕达三百多里。鲜卑人私下与石虎勾结，反戈攻击石生。石生不知道石挺已死，心中畏惧，单骑逃奔长安。郭权收聚剩余士众，退却屯军于渭水拐弯处。石生于是放弃长安，躲藏于鸡头山。将军蒋英占据长安抵抗、防守，石虎进兵攻击蒋英，蒋英被杀。石生的部下杀死石生投降，郭权逃奔陇右。

石虎分别命令众将屯军于汧水、陇上，派将军麻秋攻打蒲洪。蒲洪率领二万户投降石虎，石虎任命他为光烈将军、护氐校尉。蒲洪到达长安，劝说石虎迁移关中的豪强和氐、羌等部落充实东方，他说：“众氐人部落都是我家的部曲，我率领他们归顺，谁敢违抗！”石虎听从他的建议，迁移秦州、雍州的士民以及氐人、羌人十多万户到关东。任命蒲洪为龙骧将军、流民都督，让他居住在枋头；任命羌人首领姚弋仲为奋武将军、西羌大都督，让他率领部众数万人迁居到清河的滠头。

石虎返回襄国，实行大赦。后赵主石弘令石虎建造魏台，完全仿效魏武帝辅佐汉朝的旧例。

（以上为第四段，写后赵中山王石虎控制朝政，刘太后与彭城王石堪密谋反抗，事泄被杀；后赵河东王石生镇守关中，石朗镇守洛阳，均起兵反叛石虎，被石虎打败，丧命。）

慕容皝刚刚继位，使用刑法过于严厉，国内人大多不知所措，主簿皇甫真恳切劝谏，慕容皝不听。

慕容皝的庶母兄长建威将军慕容翰和同母兄弟征虏将军慕容仁，都勇悍而有谋略，多次建立战功，深得人心；小弟弟慕容昭，多才多艺；他们都受到慕容廆的宠爱。慕容皝妒忌他们，慕容翰叹息说：“我从先父那里接受任职，不敢不尽力，幸好仰仗先父的在天之灵，所向披靡，这是上天助我国，并非人力所为。但别人却说这是我的力量，以为我具有杰出的才能，难以制服，我怎能坐以待祸呢！”于是和儿子出奔段氏。段辽平素就听说他的才能，希望收为己用，所以非常宠信、看重他。

慕容仁从平郭前来奔丧，对慕容昭说：“我们平素骄纵，经常对现在继位的君主无礼，他为人刚毅严厉，自身无罪的人尚且对他感到畏惧，何况有罪呢！”慕容昭说：“我们都身为嫡子，国家应当有我们一份。兄长您素来得人心，我在宫内也没什么令人怀疑的地方，寻找机会除灭他并不难。兄长赶紧兴兵前来，我当内应，事成以后，把辽东分给我。男子汉行事，不成功则死，不能仿效慕容翰到其他地方偷生苟活。”慕容仁说：“好！”于是返回平郭。闰十月，慕容仁兴兵向西进发。

有人把慕容仁、慕容昭的密谋告诉慕容皝，慕容皝不相信，派使者查验。慕容仁的军队已到黄水，知道事情败露，杀死使者，回军占据平郭。慕容皝赐慕容昭自尽，派军祭酒封奕慰抚辽东。任命高诩为广武将军，领兵五千与庶弟、建武将军慕容幼、慕容稚，广威将军慕容军、宁远将军慕容汗、司马辽东人佟寿，共同讨伐慕容仁，和慕容仁在汶城以北交战，慕容皝的军队大败，慕容幼、慕容稚、慕容军都被掳获。佟寿曾是慕容仁的司马，于是归降慕容仁。前任大农孙机等占据辽东城响应慕容仁。封奕不能入城，和慕容汗一块儿返回。东夷校尉封抽、护军平原人乙逸、辽东相太原人韩矫都弃城逃跑，于是，慕容仁尽数占有辽东地区。段辽和鲜卑各部都与慕容仁遥相呼应和声援。慕容皝追忆起皇甫真原先说过的话，任命他为平州别驾。

（以上为第五段，写鲜卑慕容皝即位后，用法过严，不得人心，庶兄慕容翰逃归段氏，同母弟慕容仁、慕容昭密谋起兵反叛，慕容仁打败慕容皝，据有辽东地区。）

十二月，郭权占据上邽，派遣使者向东晋请降，京兆、新平、扶风、冯翊、北地都响应他。

当初，张骏想向成汉借路去建康呈送上书，成汉主李雄不同意。张骏便派遣治中从事张淳向成汉称臣以便借道。李雄佯装同意，却准备派盗贼将他消灭于东峡。蜀人桥赞将此事秘密告诉张淳，张淳对李雄说："我的君主让我来到这荒无行人的地方，不远万里向建康表达诚意，是因为您嘉许和崇尚忠义，能够成人之美的缘故。如果想杀我，应当在都市处斩，向众人宣谕晓示，说：'凉州不忘国家旧恩，与晋朝互通使节，因为君主圣贤、臣下明察，发觉此事因而杀了他。'这样，您的好名声就会远远传播，天下人都畏惧您的威风。现在如果让盗贼把我杀害在江中，声威和刑罚都得不到彰显，怎么能示范天下呢！"李雄大吃一惊，说："哪有这种事呢？"

司隶校尉景骞对李雄说："张淳是勇士，请把他留下。"李雄说："既然是勇士，怎么能肯留下呢！你暂且试着用你的意愿试探他。"景骞对张淳说："你身体高大、丰满，现在天气炎热，何不暂时派遣手下小吏去行事？您在此小住，等待天气转凉？"张淳说："我的君主因为皇室远迁江南，先帝的梓宫未能送返，生灵涂炭，无人拯救，所以派我向朝廷表达诚意。所商议的事情重大，不是小吏可以传达的；如果小吏可以胜任，那么我也就不要来了。即使有火山汤海，我也将前往，天气的寒热又怎能让人畏惧呢！"

李雄对张淳说："贵君主英名盖世，境内地势险峻，军力强大，为什么不自己称帝，占据一方享乐呢！"张淳说："我的君主从祖父、父亲开始，世代坚守忠贞，因国耻未能昭雪，枕戈待旦，哪能自己享乐呢！"李雄十分惭愧，说："我的祖先本来也是晋国大臣，因遇到天下大乱，和六个州郡的民众到此州避难，被民众拥戴，才有今天。琅邪王如果真能在中原中兴大晋的基业，我也会率领士众相助。"于是，为张淳准备厚礼，送他上路。张淳终于到达建康，转达了张骏的心意。

长安失守时，敦煌郡掌管计簿的官吏耿访从汉中进入江东，多次上书请求派遣职高位重的使节慰抚凉州臣民。朝廷让耿访暂任侍书御史，拜除张骏为镇西大将军，挑选陇西人贾陵等十二人配备给他。耿访到达梁州后，道路不通，便把诏书交给贾陵，假扮为商贩通过。这年，贾陵刚到凉州，张骏派部曲督王丰等人前来答谢。

（以上为第六段，写凉州与东晋道路不通，音信隔绝，张骏派张淳向成汉称臣以便借道，到建康呈送奏书，成汉主李雄打算暗中杀害张淳，张淳与李雄斗智斗勇，终于不辱使命，到达建康。）

晋成帝咸和九年（甲午，公元 334 年）

春季，正月，后赵改年号为延熙。

东晋朝廷下令任命郭权为镇西将军、雍州刺史。

仇池王杨难敌去世，儿子杨毅继立，自称龙骧将军、左贤王、下辨公；任命叔父杨坚头之子杨盘为冠军将军、右贤王、河池公，派使者来东晋称臣。

二月二十三日丁卯，朝廷下令派耿访、王丰携带印绶拜除张骏为大将军，都督陕西、雍州、秦州、凉州诸军事。从此以后，每年来往使者不断。

慕容仁让司马翟楷兼任东夷校尉，让原先任平州别驾的庞鉴兼任辽东相。

鲜卑族段辽派军队袭击徒河，不能获胜，又派兄弟段兰和慕容翰共同进攻柳城。柳城都尉石琮、城主慕舆埿合力拒敌守城，段兰等不能取胜，只好退军。段辽发怒，痛切地斥责段兰等人，严令他们攻取柳城。段兰等人休息二十天后，又增添兵力前来进攻。士兵都穿上重重战袍，用盾牌保护，架上云梯，四面同时进攻，昼夜不停。石琮、慕舆埿的防守也更加坚固，杀掉段兰的士兵一千多人，段兰等人始终无法取胜。慕容皝派慕容汗和司马封奕等人共同援救，慕容皝告诫慕容汗说："敌人士气正盛，不要和他们争斗以决胜负。"慕容汗性格骁勇果敢，让一千多骑兵为前锋，直赴柳城。封奕劝阻他，慕容汗不听。结果和段兰在牛尾谷遭遇，慕容汗的军队大败，死亡过半。封奕整顿阵列尽力苦战，所以才免遭全军覆没。

段兰想乘胜穷追，慕容翰害怕就此灭亡自己的国家，劝阻他说："作为将领，应当慎重，知己知彼，不到万全的时候不能妄动。现在敌方的偏师虽然被挫败，但主力还未败。慕容皝狡诈多谋，喜欢深藏不露，如果他亲自统帅全国士众抵御我们，而我们孤军深入，寡不敌众，这是危险的做法。况且接受君命的时候，正是想得到今天的胜利，如果违背君命冒进，万一失败，功劳和名望全部丧失，有什么脸面回去面对君主！"段兰说："这些人被擒已成定局，没有别的道理，你只是忧虑趁势灭亡你的国家罢了！现在慕容千年在东边，如果进军真能实现愿望，我将迎接他充当国家的继承人，终究不会有负于你，让宗庙绝祀的。"所谓千年，即慕容仁的小名。慕容翰说："我既然投身依附，就没有再返回的道理。故国的存亡，和我有什么相干！只是想为贵国出谋划策，并且珍惜你我的功名罢了。"于是命令自己所部，准备独自返回，段兰不得已，随从他共同返回。

三月，成汉主李雄由宁州分置出交州，让霍彪担任宁州刺史，爨深担任交州刺史。

后赵丞相石虎派部将郭敖和章武王石斌率步、骑兵四万人向西进攻郭权，屯军华阴。

夏季，四月，上邽豪族杀死郭权投降。石虎将秦州三万多户民众迁移到青州和并州。长安人陈良夫逃奔黑羌，与北羌王薄句大等人侵扰北地、冯翊。章武王石斌、乐安王石韬合力攻击，打败他们，薄句大逃奔马兰山。郭敖乘胜追击败兵，反被羌人战败，死亡人数占十之七八。石斌等人收兵回到三城。石虎派使者处死郭敖。秦王石宏有怨言，石虎将他幽禁。

鲜卑族慕容仁自称平州刺史、辽东公。

（以上为第七段，写鲜卑人慕容仁占有辽东地区，自称平州刺史、辽东公；段兰与慕容翰进攻柳城，打败慕容皝军队；后赵将领郭敖乘胜追击北羌，却大败，被石虎诛杀。）

长沙桓公陶侃，到晚年非常担心物极必反祸及自身，因此不参与朝政，多次想告老还乡，佐吏们苦苦相留。六月，陶侃病重，上书请求退位，派左长史殷羡归还持有的朝廷符节、麾、幢、曲盖、侍中貂蝉、太尉印章，以及荆、江、雍、梁、交、广、益、宁八州的刺史官印和木戟。至于军资、器仗、牛马、舟船等，都有簿录统计，封存仓库，由陶侃亲自上锁。陶侃将后事托付给右司马王愆期，授予督护官职，统领文武官吏。

六月十二日甲寅，陶侃乘车离开武昌，到渡口乘船，准备回到长沙，回头对王愆期说："我现在蹒跚难行，正因你们阻拦的缘故。"

六月十三日乙卯，陶侃在樊溪去世。陶侃领军四十一年，明智、坚毅，善于决断；见识纤密，别人难以欺蒙。自南陵到白帝，几千里的辖域内路不拾遗。陶侃去世后，尚书梅陶给亲友曹识的信中说："陶公的神机明鉴如同魏武帝，忠顺勤劳好比孔明，陆抗等人比不上他。"谢安经常说："陶公虽然运用刑法，但常常能领会刑法之外的含意。"谢安即谢鲲的侄子。

（以上为第八段，写长沙桓公陶侃一生为国操劳，建有大功，年老，明哲谦退，不参与朝政，请求退位，派左长史殷羡奉还朝廷赐予的所有符节、官印、仪仗等。）

成汉主李雄头部生疮，身体原有很多创伤，等到病发时，旧伤痕全部化脓溃烂，儿子们都因厌恶而远远躲开，只有太子李班昼夜在身边侍候，不脱衣帽，亲自为他吮吸脓肿。李雄征召大将军、建宁王李寿接受遗诏辅佐朝政。

六月二十五日丁卯，李雄去世，太子李班即位。任命建宁王李寿录尚书事，政事都委决于李寿和司徒何点、尚书王瓌。李班居住在宫中服丧，毫不干预。

六月二十九日辛未，朝廷授予平西将军庾亮征西将军、假节，都督江、荆、豫、益、梁、雍六州诸军事，兼任江、豫、荆三州刺史，镇守武昌。庾亮召用殷浩为记室参军。殷浩即殷羡的儿子，和豫章太守褚裒、丹阳丞杜乂，都因见识清晰、气度弘远，善于谈《老子》《周易》，在江东负有盛名，而殷浩尤其被风流雅士所推重。褚裒即褚䂮的孙子，杜乂即杜锡的儿子。桓彝曾经评论褚裒说："褚季野有皮里《春秋》。”是说他表面不做评论，但内心却有所褒贬。谢安说：“褚裒虽然不说话，但气度弘远。”

秋季，八月，王济返回辽东，成帝司马衍下令派侍御史王齐祭奠辽东公慕容廆，又派谒者徐孟册封慕容皝为镇军大将军、平州刺史、大单于、辽东公，持朝廷符节，秉承皇帝旨意封官拜爵，与慕容廆旧例完全相同。舟船行至马石津，都被慕容仁扣留。

九月初八戊寅，卫将军、江陵穆公陆晔去世。

成汉主李雄的儿子车骑将军李越驻屯江阳，回到成都为父亲奔丧。他认为太子李班不是李雄亲生，心中不服，和兄弟安东将军李期阴谋作乱。李班的兄弟李玝劝李班遣送李越回江阳，让李期出任梁州刺史，镇守葭萌。但李班因为父亲未安葬，不忍心遣返，推心置腹地对待他们，没有任何猜忌和疏远，让李玝离开成都，驻屯于涪州。冬季，十月，癸亥朔（疑误），李越乘李班夜间哭吊李雄，将他杀死在停柩之所，同时杀死李班的兄长领军将军李都。假传太后任氏的命令，罗列李班的罪状并废黜其位。

当初，李期的生母冉氏身份低贱，认任氏为养母，由任氏抚养。李期多才多艺，有好名声。李班死后，众人打算立李越为国主，李越拥戴李期，立他为国主。

十月二十四日甲子，李期即帝位。为李班赐谥号为戾太子。李期任命李越为相国，封建宁王，授予大将军李寿大都督，改封汉王，都录尚书事。又任兄长李霸为中领军、镇南大将军；兄弟李保任镇西大将军、汶山太守；堂兄李始任征东大将军，代替李越镇守江阳。

十月二十六日丙寅，将李雄安葬在安都陵，谥号武皇帝，庙号太宗。

李始想和李寿共同攻击李期，李寿不敢发难，李始发怒，反而向李期谗毁李寿，请求杀掉他。李期想依靠李寿征讨李玝，所以不同意，派李寿率军向涪州进发。李寿事先派遣使者向李玝剖析逃亡与归降之间的利害关系，并让开他离去的道路，李玝便投奔东晋，朝廷下令，任命他为巴郡太守。李期任命李寿为梁州刺史，屯驻在涪州。

（以上为第九段，写成汉宫廷政变。成汉主李雄去世，让其兄李特之子李班继位，自己亲生的两子李越、李期不服气，便杀掉李班，由李期即位，李班弟弟李玝投奔东晋。）

后赵主石弘自己携带印玺到魏宫，请求将君位禅让给丞相石虎。石虎说：“帝王的大业，天下人自会有公议，为什么自己选择这样做呢！”石弘流着眼泪回宫，对太后程氏说：“先帝的骨肉真的不会再遗存了！”此时，尚书奏议说：“魏王，请您依照唐尧、虞舜的禅让旧例行事。”石虎说：“石弘愚昧昏暗，服丧无礼，不可君临天下，应当将他废除，谈什么禅让！”

十一月，石虎派郭殷持节进宫，废除石弘为海阳王。石弘缓步就车，神色从容，对群臣们说：“我庸碌愚昧，不堪继承皇帝大统，还有什么可说的。”群臣人人流泪，宫女痛哭。群臣到魏宫劝进石虎即位。石虎说：“皇帝是美盛品德的称号，不是我敢承受的，暂且可以称作居摄赵天王。”石虎将石弘和太后程氏、秦王石宏、南阳王石恢幽禁在崇训宫，不久将他们全数杀害。

西羌大都督姚弋仲称病不来朝贺，石虎屡次相召，这才前来。姚弋仲表情端庄严肃地对石虎说：“我经常说大王是闻名于世的英雄，怎么握着手臂受托辅佐遗孤，反而夺人君位呢？”石虎说：“我哪里喜欢这样做！不过海阳王年少，恐怕不能治理家事，所以代替他罢了。”石虎心中虽然怨怒不平，但看姚弋仲为人诚恳实在，也不加罪于他。

石虎任命夔安为侍中、太尉，执掌尚书令，任命郭殷为司空，韩晞为尚书左仆射，魏郡人申钟为侍中，郎闿为光禄大夫，王波为中书令。其余文武官员封爵拜官各有差别。石虎出行到信都，又返回襄国。

慕容皝攻打辽东，十一月十五日甲申，到达襄平。辽东人王岌秘密派使者请降。军队进发，进入辽东城，翟楷、庞鉴单骑逃跑，居就、新昌等县全都归降。慕容皝想尽数坑杀辽东居民，高诩劝说道：“辽东的背叛，其实不是他们的本意，只不过畏惧慕容仁的凶狠横威，不得不听从。如今首恶还活着，刚刚攻下此城，便急于诛灭民众，那么未被攻下的城池，就没有归顺向善的道路了。”慕容皝这才罢休。于是分批迁移辽东的豪门大姓到棘城。任命杜群为辽东相，安抚余留的民众。

十二月，后赵徐州从事兰陵人朱纵杀掉刺史郭祥，献出彭城投降东晋。后赵将领王朗进攻朱纵，朱纵逃奔淮南。

慕容仁派兵攻击新昌，督护新兴人王寓将他击退，于是将新昌的士民迁移徙到襄平。

（以上为第十段，写后赵宫廷政变，魏王石虎权势熏天，后赵主石弘软弱，主动禅位，而石虎将其废为海阳王，而后杀之，群臣劝进，石虎即位，自称居摄天王。鲜卑族首领慕容皝攻打辽东慕容仁，居就、新昌等县归降。）

晋成帝咸康元年（乙未，公元 335 年）

春季，正月初一庚午朔，成帝加冠，大赦天下，改年号咸康。

成汉、后赵都实行大赦，成汉改年号为玉恒，后赵改年号为建武。

成汉主李期册立皇后阎氏，任命卫将军尹奉为右丞相，任命骠骑将军、尚书令王瓌为司徒。

后赵王石虎令太子石邃审阅、批示尚书奏事，只有祭祀郊庙、选任地方官员、征伐、刑杀方面的奏事才亲自审议。石虎喜欢营建宫室，鹳雀台崩塌，便杀死典匠少府任汪，又让人重修，规模比原先扩大一倍。封石邃的保姆刘芝为宜城君。刘芝干预朝政，接受贿赂，谋求升官的人大多出入其门。

慕容皝设置左、右司马，分别让司马韩矫、军祭酒封奕出任。

司徒王导因为身患手足麻木之病，不能参与朝会。三月十七日乙酉，成帝司马衍驾临他的宅府，和群臣在内府宴饮，向王导及其妻子曹氏行拜礼。侍中孔坦私下写奏书，恳切劝说，认为成帝刚刚加冠，举动应当遵从礼仪，成帝应从。孔坦又因为成帝将朝政委付王导，缓缓进言说："皇上年龄渐大，皇帝的尊严威势要越来越强，应当广泛听取群臣的意见，征询正确美好的办法。"王导听说后憎恶孔坦，调孔坦出任廷尉。孔坦不得志，称病辞职。

东晋丹阳尹桓景，为人谄谀巧佞，王导亲近宠爱他。适逢火星在南斗六星位滞留十多天，王导对领军将军陶回说："南斗是扬州的分野，我将退位来安定上天的谴责。"陶回说："您凭仗显明的道德出任辅佐，却与桓景抵膝亲近，怎么能使火星退归正位！"王导对此深感惭愧。

王导征召太原人王濛为僚属，王述为中兵属。王述即王昶的曾孙。王濛不修小节，而以清静简约著称。与沛国刘惔齐名，两人关系非常友善。刘惔经常说王濛性情至为通达，自然而有节操。王濛说："刘君对我的了解，胜过我对自己的认识。"当时被称为风流雅士的，以刘惔、王濛为首。王述性格沉稳安静，每当坐客们争相辩驳论理，王述却安然处之。王述三十岁，尚未出名，大家说他痴呆。王导因为他是名门之后而征召他。见面以后，王导只问他在东吴时的米价，王述睁大眼睛没有回答。王导说："王述并不痴呆，人们为何说他痴呆？"王述曾经见到只要王导一说话，满座人无不赞美，于是表情严肃地说："人不是尧舜，哪能每件事都是对的！"王导改以严肃的脸色向他道谢。

（以上为第十一段，写后赵主石虎喜欢营建宫室，令太子石邃省可奏事；东晋重臣王导病重，成帝司马衍亲自探视；王导亲近谄谀之人桓景，重用清谈之人王述。）

后赵主石虎去南方游巡，到达长江才返回。手下的游动骑兵十多人到达历阳，历阳太守袁耽上书朝廷，没有说骑兵的数量。朝廷震动恐惧，司徒王导请求出兵攻打。夏季，四月，成帝司马衍授予王导大司马、假黄钺、都督征讨诸军事。十六日癸丑，成帝到广莫门检阅军队，分别命令众将领救援历阳，以及戍守慈湖、牛渚、芜湖。司空郗鉴让广陵相陈光领兵进入京城护卫。不久，听说后赵骑兵数量极少，又已经离去，四月二十一日戊午，解除军队的戒备状态，王导解除大司马职，袁耽坐罪轻妄不察被免官。

后赵征虏将军石遇进攻驻守襄阳的桓宣，不能取胜。

东晋发生严重旱灾，会稽郡的余姚每斗米价格五百钱。

秋季，七月，鲜卑人慕容皝立儿子慕容儁为世子。

九月，后赵王石虎迁都于邺，实行大赦。

当初，后赵主石勒因为天竺僧人佛图澄预先陈言事情的成败，多次得到验证，恭敬地侍奉他。石虎即位后，侍奉他更为恭谨，让他穿绫锦，乘雕辇。到朝会的日子，太子扶他上殿，掌管朝仪的人唱名说“大和尚”，满座都起身。石虎让司空李农早晚问候佛图澄的起居，太子和他的兄弟们每五天朝见他一次。国内人受此影响，大多崇尚佛教，佛图澄所在之处，无人敢朝着那个方向吐口水。大家争着建造寺庙，削发出家。石虎因为拜佛出家的人真伪杂混，有的借此躲避赋税和徭役，干不法的勾当，于是下令问中书：“佛教是国家所尊奉的，里闾平民百姓没有官爵的人，是否应当事佛？”著作郎王度等人评议说：“君王的祭祀，有典制礼仪可供遵循。佛是外国的神灵，不是天子和各华夏民族所应祠奉的。汉朝佛教开始传入，当时只是允许西域人在都邑建立寺庙来祠奉，汉人都不让出家，魏朝也是这样。现在应当禁止公卿以下的人等，不让他们到寺庙烧香、拜佛；凡赵人当和尚的都恢复原先的服饰。”石虎下令说：“我出生在边鄙之地，愧为华夏民族的君上，至于祭祀，应当遵从本来的习俗。凡夷族、赵国百姓乐意尊崇佛教的，特别听任其便。”

后赵章武王石斌率领精锐骑兵二万人，连同秦州、雍州的士兵讨伐薄句大，平定了他们。

成汉太子李班的舅父罗演和汉王相天水人上官澹图谋杀死成汉主李期，立李班的儿子为王。事情败露，李期杀死罗演、上官澹及李班生母罗氏。

李期自以为志得意满，轻视各位旧臣，听信重用尚书令景骞，尚书姚华、田褒，中常侍许涪等人，刑罚赏赐之类的重大政事都由这几个人决断，很少再向其他大臣咨询。田褒没有别的才能，曾经劝说成汉主李雄册立李期为太子，所以得宠。由此，朝廷的法度毁坏紊乱，李雄创下的基业开始衰败。

冬季，十月初一乙未朔，出现日食。

慕容仁遣送王齐等人归返南方。王齐等人从海路开赴棘城，乘坐的船遇上海风，未能到达。十二月，徐孟等人到达棘城，慕容皝开始接受朝廷的任命。

段氏、宇文氏各自派遣使者拜见慕容仁，下榻于平郭城外。慕容皝的帐下督张英领着一百多骑兵由小道偷偷前往突然袭击他们，斩杀宇文氏的使节十多人，活捉段氏使者返回。

这年，明帝司马绍母亲建安君荀氏死。荀氏在宫禁中，受到的尊重如同太后；

成帝司马衍下诏赐赠名号为豫章郡君。

代王拓跋翳槐因为贺兰蔼头对己不恭，准备召他前来，将其杀害，各部落全都反叛。代王拓跋纥那由宇文部入境，各部落又重新尊奉他为王。拓跋翳槐逃奔到邺城，后赵人以隆重的礼节相待。

当初，张轨及两个儿子张寔、张茂虽然据守河右，但每年都有战事。至张骏继位，境内渐渐平定。张骏辛勤治理各种政事，总领文武官员，让他们各得其用，民富兵强，远近之人都称他为贤君。张骏派部将杨宣攻打龟兹、鄯善，于是西域各国如焉耆、于寘之类，都赴姑臧朝贡。张骏在姑臧城南建造五座宫殿，官属都自称为臣。

张骏有兼并秦州、雍州的志向，派参军麹护向东晋上书，认为："石勒、李雄死后，石虎、李期继承叛逆，万民离开了君主，逐渐经过了一代人。先生老辈衰老死亡，后生小辈不知旧事，仰慕思恋之心，一天天疏远、一天天淡忘。乞请敕令司空郗鉴、征西将军庾亮等泛舟于长江、沔水，与我互相呼应，同时发兵攻打。"

（以上为第十二段，写后赵主石虎痴迷佛教，给予佛图澄至高无上的礼遇；成汉主李期志得意满，法度毁坏，基业衰败；凉州主张骏勤于政事，有兼并秦雍之志。）

晋成帝咸康二年（丙申，公元 336 年）

春季，正月十八日辛巳，奎宿、娄宿一带出现彗星。

慕容皝准备攻打慕容仁，司马高诩说："慕容仁背叛和抛弃君主亲人，神灵和士民共同怨怒，此前海水从未结冰，自从慕容仁反叛以来，已经连续三年结冰。况且，慕容仁专门防备陆路，上天大概是想让我们乘海结冰时去袭击他吧。"慕容皝听从了他的意见。众僚佐都说由冰上过海是危险的事情，不如改走陆路。慕容皝说："我计议已定，有敢阻拦者斩首！"

正月十九日壬午，慕容皝率领其弟军师将军慕容评等从昌黎东行，踏冰前进，共三百多里。到历林口，舍弃辎重，轻兵赶赴平郭。离城七里，侦察骑兵告知慕容仁，慕容仁勉强迎战。张英掳获段氏、宇文氏使者的时候，慕容仁怨恨自己没有穷追不舍；等到慕容皝前来时，慕容仁以为他又派遣一小部分军队轻装出发侵扰劫掠，不知道慕容皝亲自前来，对左右侍从说："这回应当让他们连一匹马都回不去！"

正月乙未（疑误），慕容仁倾其士众在城西北结阵，慕容军率领其所部归降慕容皝，慕容仁的兵众气馁骚动，慕容皝乘机纵兵攻袭，重创敌军。慕容仁逃跑，其军中吏众全部反叛，于是被擒获。慕容皝先为他斩杀了军中反叛的人，然后赐死慕容仁。丁衡、游毅、孙机等人都是慕容仁所信任重用的，被慕容皝捉住斩首，王冰自杀。慕容幼、慕容稚、佟寿、郭充、翟楷、庞鉴等人都向东逃亡，慕容幼中途返回。

慕容皝的军队追上翟楷、庞鉴，将其斩首。佟寿、郭充逃奔高丽。其余被慕容仁贻误连累的吏民，慕容皝都予以赦免。封高诩为汝阳侯。

二月，东晋尚书仆射王彬去世。

二月十九日辛亥，成帝司马衍驾临殿前，派使者按六礼的仪式迎接原当阳侯杜乂之女杜陵阳为皇后，实行大赦，群臣都来致贺。

夏季，六月，段辽派将军李咏攻袭慕容皝。李咏到武兴，被都尉张萌击败并擒获。段辽另外派遣段兰率步兵、骑兵数万人驻屯在柳城以西的回水，宇文逸豆归进攻安晋，以此与段兰互为援助。慕容皝率领步兵、骑兵五万人向柳城进发，段兰不战而逃。慕容皝领兵向北赶赴安晋，宇文逸豆归丢弃辎重逃跑。慕容皝派司马封奕率领轻骑追击，重创宇文逸豆归所部。慕容皝对众将领说："这两个敌虏耻于战而无功，必定还会再来，应当在柳城附近设下埋伏等待他们。"于是，派封奕率领骑兵千人埋伏在马兜山。七月，段辽果然带领几千骑兵前来侵扰、劫掠，封奕出动骑兵攻击，大败敌军，段辽部将荣伯保被杀。

东晋前廷尉孔坦死。孔坦病重时，庾冰前往探视，为之流泪。孔坦慷慨地说："大丈夫将死，不向他询问治国安民的办法，却像小儿女一样哭泣吗？"庾冰向他深深致歉。

九月，慕容皝派遣长史刘斌、兼郎中令辽东人阳景护送徐孟等人返回建康。

（以上为第十三段，写辽东公慕容皝利用海水结冰的机会，出动大军从海路攻打慕容仁，慕容仁只防备陆路，措手不及，被攻灭。）

冬季，十月，广州刺史邓岳派督护王随等人进攻夜郎、兴古，都获胜。又授予邓岳督察宁州。

成汉主李期因侄子尚书仆射、武陵公李载才能出众，心中妒忌，便诬陷他谋反，将他杀害。

十一月，朝廷下令建威将军司马勋领兵安抚汉中，被成汉的汉王李寿击败。李寿随即设置汉中的守吏，在南郡安排好戍守力量，然后返回。

鲜卑部族索头部郁鞠率领士众三万人归降后赵，后赵封郁鞠等十三人为亲赵王，遣散其部众到冀州、青州等六州之中。

后赵主石虎在襄国建造太武殿，又在邺城营建东、西二宫，十二月，全部竣工。太武殿台基高二丈八尺，长六十五步，宽七十五步，用有纹理的石块砌成。殿基下挖掘地下宫室，安置卫士五百人。用漆涂饰屋瓦，用金子装饰瓦当，用银装饰楹柱，珠帘玉璧，巧夺天工。宫殿内安放白玉床，挂着流苏帐，造金莲花覆盖在帐顶。又在显阳殿后面建造九座宫殿，挑选士民的女儿安置在殿内，佩戴珠玉、身穿绫罗绸缎的有一万多人，教她们占星气、马上及马下的射术。又设置女太史，各种杂术技巧都与外边男子相同。石虎又让一千女骑兵充当车驾的侍从，都戴着紫纶头巾，穿着熟锦制作的裤子，用金银镂带，用五彩织成靴子，手执羽仪，鸣奏军乐，跟随自己游巡宴饮。此时，后赵发生严重旱灾，金子一斤只能买粟二斗，百姓嗷嗷待哺，但石虎却用兵不止，各种徭役繁重。石虎让牙门张弥把洛阳的钟虡、九龙、翁仲、铜驼、飞廉搬运到邺城，用四轮履带车运载，车辙间距四尺，深二尺。运输过程中有一口钟沉于黄河，为此招募三百名谙熟水性的人潜入黄河，用竹质的大绳捆扎，然后用一百头牛牵引起重滑车，这才把钟拉出水面，又建造可以载重万斛的大船运送。宝物运到邺城后，石虎大为喜悦，为此赦免两年的刑罚，赐给百官谷物丝帛，民众赐爵位一级。石虎又采用尚方令解飞的意见，在邺城的南面将石块抛入黄河，用以建造凌空高桥，工程耗费几千万亿，而高桥最终没有建成，从事劳役的人饥饿难忍，这才停工。又让官吏带领民众上山采橡实、入水捕鱼作为补充食物，但又被权豪抢夺，民众毫无所得。

当初，日南夷首领范稚，有个奴仆叫范文，经常跟随商贾来往中原，后来到了林邑，教林邑王范逸建造城郭、宫室、器械，范逸宠爱并信任他，任用他为将领。范文于是谗毁范逸的几个儿子，逼得他们有的迁移，有的逃亡。这年，范逸死，范文诈称从别的国家迎接范逸的儿子们回来，在椰酒中下毒，把他们全都害死，范文自立为王。于是，出兵进攻大岐界、小岐界、式仆、徐狼、屈都、乾鲁、扶单等国，将他们全数消灭。范文拥有士众四五万，派遣使者奉上书信，到建康朝贡。

后赵左校令成公段在杠末的宫廷中安装照明的火炬，高十多丈，上盘放置烛炬，下盘安置众人，后赵王石虎试用后很喜欢。

（以上为第十四段，写后赵主石虎大兴宫室，在襄国建造太武殿，在邺城建造东西二宫，装填美物到邺城，极尽奢华，又搬运洛阳的宝物，而民众徭役繁重，苦不堪言。）

晋成帝咸康三年（丁酉，公元 337 年）

春季，正月庚辰［二月二十四］，后赵太保夔安等文武官员五百多人进皇帝尊号，庭中照明火炬上盘烛炬的油浇到下盘，死亡二十多人。后赵主石虎为此厌恶，腰斩成公段。

正月辛巳［二月二十五］，石虎依照商、周时天子称王的制度，称大赵天王。在南郊即位，实行大赦。册立王后郑氏为天王皇后，立太子石邃为天王皇太子，儿子中本来称王的都降为郡公，宗室子弟中称王的都降为县侯。百官封爵各有差等。

东晋国子祭酒袁瓌、太常冯怀因为江东逐渐安宁，请求兴建学校，成帝司马衍听从。初五辛卯，建立太学，征招学生门徒。但士大夫习惯于崇尚老子、庄子，儒学始终不景气。袁瓌即袁涣曾孙。

三月，慕容皝在乙连城以东修筑好城，威逼乙连城，留下折冲将军兰勃驻守。夏季，四月，段辽使用数千辆车向乙连城运粮，遭到兰勃袭击，粮食被夺。六月，段辽又派遣堂弟扬威将军段屈云率领精锐骑兵乘夜间偷袭在兴国城的慕容皝之子慕容遵，被慕容遵击败。

当初，北平人阳裕侍奉段疾陆眷至段辽共五代君主，都受到尊重和礼遇。段辽多次与慕容皝互相攻击，阳裕规劝说："'亲近仁厚，与邻友善，是国家之宝'，何况慕容氏与我们世代通婚，互相具有甥舅关系。慕容皝有才又有德，我们却与他结怨，战事连连，百姓疲惫，所得到的利益弥补不了遭到的伤害，我怕国家的忧患将由此开始了。希望双方能追悔以往的过失，和好如初，以便使国家安定，百姓休养生息。"段辽不听，贬退阳裕，出任北平相。

后赵太子石邃素来骁勇，后赵主石虎宠爱他。石虎经常对大臣们说："司马氏父子兄弟自相残杀，所以我得以有今天。而我岂有杀石邃的道理呢！"后来，石邃骄淫残忍，喜欢将美丽的姬妾装饰打扮起来，然后斩下首级，洗去血污，盛放在盘子里，与宾客们互相传览，再烹煮姬妾身体上的肉共同品尝。河间公石宣、乐安公石韬都得到石虎的宠信，石邃恨之如仇敌。石虎沉湎于酒色，喜怒无常。他让石邃省视决断尚书奏事，常常当石邃有事禀报时，石虎便不满地说："这种小事，怎么值得禀报！"有时听不到石邃的禀报，又不满地说："为什么不禀报！"于是对石邃谴责斥骂、鞭打杖击，一月之中多次发生。石邃私下对中庶子李颜等人说："天子的心志难以满足，我想做匈奴冒顿那样的事情，你们跟我干吗？"李颜等人伏地不敢回答。

秋季，七月，石邃称病不理政事，秘密带领宫内大臣、文武官员五百多人骑马到李颜的别宅饮酒，乘机对李颜等人说："我想到冀州杀死河间公石宣，有胆敢不跟从的斩首！"出行数里后，众人都逃散。李颜跪地叩头，极力谏止，石邃也就昏昏欲醉地返回。石邃的母亲郑氏听说此事，私下派遣身边的人责问石邃。石邃发怒，杀死来人。佛图澄对石虎说："皇上不宜经常去东宫。"石虎本来准备探视石邃的病情，想到佛图澄的话，便返回宫中。接着瞪大眼睛高声说："我是天下人的君主，父子都不能互相信任吗？"于是让自己所亲近信任的女尚书前往察看。石邃喊她近前谈话，乘势拔剑刺击。石虎发怒，拘捕李颜等人责问，李颜原原本本地述说了原委，石虎便杀死李颜等三十多人，把石邃幽禁在东宫。不久又赦免其罪，在太武东堂召见他。石邃朝见时不谢罪，顷刻便离去。石虎让人对他说："太子应当朝见天子，怎么可以急速离开！"石邃头也不回，径自出宫。石虎勃然大怒，将石邃废为庶人。

当夜，石虎杀死石邃和妃子张氏，以及男女共二十六人装在一口棺材内埋葬，并诛杀石邃宫臣中的门党二百多人，废掉郑皇后为东海太妃。石虎立儿子石宣为天王皇太子，石宣的母亲杜昭仪被封为天王皇后。

后赵安定人侯子光自称佛太子，说是从大秦国过来，应当在小秦国称王，在杜南山中聚集了数千名士众，自称大黄帝，改年号为龙兴。镇西将军石广征讨并斩杀了他。

（以上为第十五段，写后赵主石虎、太子石邃荒淫酒色，残忍无道，父子二人渐生嫌隙而反目为仇，石邃欲杀父反叛，阴谋泄露，石虎拘禁太子并废杀，立石宣为太子。）

九月，镇军左长史封奕等劝慕容皝称燕王，慕容皝听从了。于是设置各个官署，让封奕出任国相，任命韩寿为司马，裴开为奉常，阳骛为司隶，王寓为太仆，李洪为大理，杜群为纳言令，宋该、刘睦、石琮为常伯，皇甫真、阳协为冗骑常侍，宋晃、平熙、张泓为将军，封裕为记室监。李洪即李臻的孙子；宋晃即宋奭的儿子。冬季，十月十四日丁卯，慕容皝即燕王位，实行大赦。十一月甲寅［十二月初二］，追尊武宣公慕容廆为武宣王，夫人段氏为武宣后。又立自己的夫人段氏为王后，册立世子慕容儁为王太子，效仿魏武帝、晋文帝称王辅佐朝政之例。

段辽多次侵扰后赵边境，前燕王慕容皝派遣扬烈将军宋回向后赵称臣，乞请派兵来攻打段辽，自言将率领国内所有士众会同攻打，并让自己的兄弟宁远将军慕容汗到后赵当人质。后赵主石虎大为喜悦，盛情抚慰、酬答，谢绝慕容汗为人质，遣送他返回，与燕王慕容皝秘密约定明年出兵会合攻打段辽。

这年，后赵将领李穆安置拓跋翳槐回到大宁，拓跋翳槐原先领有的部落大多归从了他。代王拓跋纥那逃奔到燕国，国内人又尊奉拓跋翳槐为代王，拓跋翳槐在盛乐筑城居住。

仇池氐王杨毅的同族之兄杨初，击杀杨毅，兼并杨毅的部众，自立为仇池公，向后赵称臣。

（以上为第十六段，写辽东慕容皝听从镇军左长史封奕劝说，即燕王位，向后赵称臣，乞求派军攻打段氏；拓跋翳槐回到大宁，又为代王；杨初谋杀仇池王杨毅，自立为王。）

【点评】

石勒其人。石勒是羯人首领，后赵政权开创者，公元 333 年去世。他在战国时赵国的故地上建立的后赵政权，共维持了 32 年。

从奴隶到将军，石勒都具有传奇色彩，传说他出生时红光满屋，这固然有传说的成分，而他由奴隶到将军，则是他英勇善战的最好证明。石勒 20 岁时，曾被劫掠为奴隶，过着非人的生活。就是这样的生活经历，使他养成了坚韧不屈的顽强意志。后来，石勒逐渐成为强者，并发展壮大。

石勒投奔汉主刘渊后，立下了赫赫战功。刘渊称帝时，授予石勒持节、平东大将军，成为刘汉的高级将领；到了刘聪称帝时，加封石勒为征东大将军、并州刺史；到了刘曜称帝，石勒的势力则可以与之抗衡，受封为太宰、领大将军，进爵赵王，他俨然是当年的曹操了。

石勒的野心也非常大，早有谋据江汉的想法，攻下邺城后，经营襄国，作为立基的根本；在背叛前赵，与之对抗的过程中，逐渐占了上风，先打败并擒杀了刘曜，后又擒获并杀掉太子刘熙，绝其根本，前赵在他的手上灭亡了。而后他称霸北方，自称为大赵天王，行皇帝事，并设立百官。

石勒的侄子石虎，在他的培养和携带下，逐步成为一员猛将，在战场上所向无敌，为后赵打下了大片的土地，成为后赵无与伦比的猛将，石勒也给予石虎极大的荣誉和奖赏。可是，石虎并不满足。而石勒所立的太子石弘又比较文弱，在石虎面前，连眼睛都不敢睁。石勒去世后，石弘被石虎挟制，最终，石勒子孙被石虎尽灭。

晋纪十八

晋成帝咸康四年至七年（公元338—公元341）

【起著雍阉茂（戊戌，公元338年），尽重光赤奋若（辛丑，公元341年），凡四年】

【大事提要】

本卷记事起公元338年，讫公元341年，凡四年，当晋成帝（司马衍）咸康四年至咸康七年。本卷所载大事，主要有五个方面：其一，段辽灭亡。辽西鲜卑人段部首领段辽常与辽东鲜卑慕容部首领慕容皝相攻，慕容皝称王后，便向后赵称藩，于公元318年灭段辽。其二，李寿称帝，改国号为“汉”。其三，拓跋什翼犍继位代王。公元338年，代王拓跋翳槐病重，命立其弟拓跋什翼犍为代王。拓跋什翼犍继立后，始置百官，分掌众务，制定反逆、杀人、奸盗之法，号令严明，政事清简，百姓安居，国势强盛，四境扩大，南临阴山，北尽沙漠，有部众数十万人。其四，东晋王导去世。王导历任东晋元、明、成三帝，官至大司马、丞相。曾受命参加平定华轶、徐龛、王敦、苏峻、祖约之乱；曾两次接受遗命，担任辅国重臣，深得信任，尤为成帝司马衍敬重。主政期间，率领南迁士族，联合江南豪门望族，共同维持东晋稳定。其五，东晋册封前燕主慕容皝大将军、燕王，以其世子慕容儁为东夷校尉、左贤王。

显宗成皇帝中之下

晋成帝咸康四年（戊戌，公元338年）

春季，正月，前燕主慕容皝派遣都尉赵槃前往后赵，打听军队出征的日期。后赵王石虎准备攻击段辽，招募骁勇善战的士兵三万人，全部拜为龙腾中郎。适逢段辽派段屈云进攻后赵的幽州，幽州刺史李孟后退保守易京。石虎便任命桃豹为横海将军，王华为渡辽将军，率领十万水军由漂渝津出发；又任支雄为龙骧大将军，姚弋仲为冠军将军，率领步兵、骑兵七万人为前锋，前往攻打段辽。

三月，赵槃回到棘城。前燕主慕容皝领兵攻掠令支以北的许多城镇。段辽准备追袭他，慕容翰说：“如今后赵的军队在南边，应当集中力量抵御，却又要和燕王相斗！燕王亲自为帅前来，士兵精锐，假如万一失利，又怎么能抵御南边的强敌呢？”

段兰发怒说："我前次被你所误，以至于成为今日的祸患，我不再上你的当了！"于是率领手下现有的全部士众追击。慕容皝设下埋伏等候他，大败段兰的军队，斩首数千级，掳掠民众五千户及畜产数以万计返回。

后赵主石虎进军驻屯于金台，将领支雄率军长驱直入，到达蓟州，段辽所任命的渔阳、上谷、代郡地方长官全都归降，攻取四十多个城镇。北平相阳裕率领民众数千家登上燕山自相拒守，众将领唯恐他成为后患，想要攻击他。石虎说："阳裕是个儒生，珍惜自己的名声气节，这样做不过是耻于投降，不会有什么作为。"于是，经过燕山，到达徐无。段辽因为兄弟段兰已经战败，不敢再迎战，带领妻子、宗族和当地豪强一千多户，放弃令支，逃奔密云山。临行时拉着慕容翰的手哭泣着说："没有采纳您的建议，自取败亡。我固然是咎由自取，让您丧失安身之处，我为此深感惭愧。"慕容翰向北投奔宇文氏。

段辽的左右长史刘群、卢谌、崔悦等人封存府库向石虎请降。石虎派将军郭太、麻秋率领二万轻骑兵追袭段辽，在密云山抓获段辽的母亲、妻子，斩首三千级。段辽单骑逃往险要之地，派儿子段乞特真向后赵奉呈上书，并献上名马，石虎接受了。

石虎进入令支宫室，对将士们论功封赏各有差等。把段国的两万多户民众迁移到司州、雍州、兖州、豫州。士大夫中有才能德行的都予以提拔。阳裕到军门前请求归降，石虎责问他说："你过去身为奴虏逃走，今天身为士人前来，难道是知晓了天命，想逃躲而无地藏身吗？"阳裕回答说："我当初侍奉王浚，不能有所匡助，投奔段氏，又不能保全。如今皇上天网高张，控制四海，幽州、冀州的豪杰无不望风归从，像我这样的人比肩接踵，因此我并不特别惭愧。我的生死唯听皇上裁决！"石虎喜悦，当即拜阳裕为北平太守。

夏季，四月初三癸丑，东晋朝廷任命慕容皝为征北大将军、幽州牧，兼任平州刺史。

（以上为第一段，写后赵主石虎率领水陆大军攻打鲜卑段部首领段辽，段辽大败，带领妻子、宗族和当地豪强一千多家弃城逃跑，递上降书，献上名马，向后赵投降。）

成汉主李期日益骄纵暴虐，多所诛杀，没收被杀者的资财和妻女入宫，因此大臣们大多惶恐不安。汉王李寿素来职高位重，享有盛名，李期和建宁王李越等都忌惮他。李寿害怕自己不能免祸，每逢入宫朝见，常伪作边境告急文书，以警讯紧急为由推辞不来。

当初，巴西处士龚壮的父亲、叔父都被李特所杀，龚壮意欲报仇，多年不除丧服。李寿多次按照礼仪征召他为官，他不应召。此时龚壮前往拜见李寿，李寿悄悄地向龚壮询问自我保全的方法。龚壮说："巴蜀的民众本来都是晋王室的臣民，您如果能够发兵西取成都，向晋朝称臣，谁不争着做您奋臂而起的前驱呢！这样福泽便可延续到子孙，名垂不朽，哪里只是摆脱今日的祸患而已呢？”李寿颇以为然，与长史略阳人罗恒、巴西人解思明秘密商议进攻成都。

李期对此颇有耳闻，多次派许涪到李寿住地观察动静，又毒死李寿的养弟安北将军李攸。李寿于是伪造妹夫任调来信，说李期将要攻取李寿，李寿的部众信以为真。李寿于是率领步兵、骑兵一万多人由涪县出发，偷袭成都，并许愿用城中财物作为对部众的奖赏；让部将李奕充任前锋。李期没料想李寿突然到达，完全没有防备。李寿的世子李势担任翊军校尉，打开城门迎接李寿，于是攻下成都，屯兵于宫室门前。李期派侍中犒劳李寿。李寿奏称建宁王李越、景骞、田褒、姚华、许涪以及征西将军李遐、将军李西等人心怀不轨，扰乱朝政，将他们全部拘捕处决。然后放纵士兵大肆劫掠，数日后才平定。李寿又矫称奉太后任氏令，废掉李期为邛都县公，幽禁在别宫中，追谥戾太子李班为哀皇帝。

罗恒、解思明、李奕等劝说李寿自称镇西将军、益州牧、成都王，向晋王室称藩，把邛都公李期送到建康，而任调和司马蔡兴、侍中李艳等劝说李寿自己称帝。李寿令人为此占卜，占者说：“可以当几年天子。”任调高兴地说：“能当一天便可满足，何况几年呢！”解思明说：“几年天子，怎么比得上百世诸侯？”李寿说：“早上听到道义，晚上死了也行。”于是即帝位，改国号为汉，实行大赦，改年号为汉兴。李寿用安车、束帛征召龚壮任太师，龚壮誓死不肯出仕，对李寿所馈赠的礼物，一概不接受。

李寿改立宗庙，追尊父亲李骧为献皇帝，母亲昝氏为皇太后。立妃子阎氏为皇后，世子李势为皇太子。又改旧宗庙为大成庙，各种制度，多有更改。任命董皎为相国，罗恒为尚书令，解思明为广汉太守，任调为镇北将军、梁州刺史，李奕为西夷校尉，侄子李权为宁州刺史。凡是公卿大臣、州郡长官，都由自己的僚佐接替，成汉的旧臣、近亲以及六郡士人，都遭到疏远和贬退。

邛都公李期叹息说：“天下的人主却成为小小的县公，不如死去！”五月，自缢而死。李寿追赠他谥号为幽公，按诸侯王的礼节入葬。

（以上为第二段，写成主李期日益骄横暴虐，多所诛杀；汉王李寿位高权重，采纳处士龚壮建议，攻下成都，废掉李期，贬杀旧臣，即帝位，改国号为汉，年号汉兴。）

后赵主石虎因为前燕主慕容皝没有会合后赵的军队攻击段辽，却独自占有掳获的民众和畜产，因而打算讨伐他。太史令赵揽劝说道：“岁星正当燕国的分野，出师必然无功。”石虎发怒，鞭打他。

慕容皝听说此事，调集军队严加设防。废除了六卿、纳言、常伯、冗骑常侍官职。后赵军队有数十万人，前燕民众大为恐慌。慕容皝对内史高诩说："我们将怎么办？"高诩回答说："赵军虽然强大，但不值得忧虑，只要坚固防守来抵御，他们便无所作为。"

石虎派遣使者四处出动，招纳、诱降各族民众，前燕的成周内史崔焘、居就县令游泓、武原县令常霸、东夷校尉封抽、护军宋晃等都投降他，共获得三十六城。游泓即游邃兄长之子。冀阳的侨居士人共同杀死太守宋烛，投降后赵。宋烛即宋晃的堂兄。营丘内史鲜于屈也派遣使者投降后赵，武宁县令广平人孙兴晓谕官吏和民众，共同捉住鲜于屈，历数他的罪状后处死，然后关上城门防守御敌。朝鲜令昌黎人孙泳率士众抵抗后赵军，豪强王清等人密谋投降后赵，被孙泳拘捕斩首。同谋的几百人惊惶恐惧，向孙泳请罪，孙泳都不予追究，和他们一块儿防守御敌。乐浪太守鞠彭因境内士民大多背叛投降，选择同乡勇士二百多人共同回返棘城。

五月初九戊子，后赵军进逼棘城。前燕主慕容皝打算离城逃亡，手下将领慕舆根劝说道："现在正当敌强我弱，大王一抬脚，那么赵军的气势便养成了。如果让赵人拥有并安定了国民，兵强粮足，就无法再与之抗衡了。我私下认为赵人正希望大王这么做，为何中他们的计呢！如今牢牢守住坚固的城堡，气势便增强百倍，纵然赵军猛烈进攻，也还足以支持。再观察形势的变化，伺机出击求取利益。如果事情难以成功，也还可以逃走，为何要望风而逃，自己造就必定亡国的局势呢！"慕容皝这才中止逃亡的计划，但忧虑、恐惧仍然形于颜色。玄菟太守河间人刘佩说："现在强寇在外，人心恐惧难安，事情的安危都系于您一人之身。大王在此时无可推诿，应当自我勉励以鼓舞将士，不应当显示出怯弱。现在事情很危急了，我请求出击敌军，即使不能大胜，也足以安定人心。"于是带领几百名不怕死的骑兵出城冲击后赵军，所向披靡，各有斩获，然后返回，前燕军士气因此大盛。慕容皝向封奕询问对策，封奕回答说："石虎的凶残暴虐早已过头，人神共愤，灾祸、败亡的降临，指日可待！现在倾国远来，但进攻和防守的情势并不一样，攻难守易，敌军兵马虽强，但并不能成为祸患。他们在此滞留多日后，矛盾和隔阂就自然产生，我们只需坚守等待而已。"慕容皝这才心安。有人劝说慕容皝投降，慕容皝说："我正要夺取天下，说什么投降！"

（以上为第三段，写后赵主石虎攻打前燕，大兵压境，前燕不少郡县投降后赵，慕容皝心生恐惧，打算逃跑，在大臣劝说下，予以坚守，等待时机，绝地反击。）

后赵军从四面如同蚂蚁一样攀登城墙，慕舆根等昼夜力战十几天，后赵军不能取胜。五月十三日壬辰，后赵军退却。慕容皝派儿子慕容恪率领二千骑兵追袭，后赵军大败，斩获首级三万多。后赵各路军队都弃甲溃逃，只有游击将军石闵带领的一支军队未遭创伤。石闵的父亲名瞻，是内黄人，本来姓冉。当年后赵主石勒攻破陈午，掳获石闵，令石虎把他当作自己的儿子收养。石闵骁勇善战，多计谋，石虎宠爱他，如同对自己的孙子们一样。

石虎回到邺城，任命刘群为中书令、卢谌为中书侍郎。蒲洪因功拜被予使持节、都督六夷诸军事、冠军大将军，封为西平郡公。石闵对石虎说："蒲洪雄武俊迈，得到将士的拼死效力，儿子们又都有非凡的才能，而且拥有强兵五万人，驻屯在都城附近放，应当秘密地除掉他们，以安定国家。"石虎说："我正倚仗他们父子攻取东晋和成汉，为何要杀死他们？"给他的待遇愈加优厚。

前燕主慕容皝分别派军攻打各个背叛的城镇，都获得了胜利，把疆域拓展至凡城。崔焘、常霸逃奔邺城，封抽、宋晃、游泓逃奔高句丽。慕容皝奖赏鞠彭、慕舆根等人，惩处背叛者，诛灭了许多人；由于功曹刘翔从中为他们申辩求情，许多人得以保全性命。

后赵进攻棘城时，前燕右司马李洪的兄弟李普认为棘城必定失败，劝李洪出逃避祸。李洪说："天道幽冥遥远，人事难以预知。况且身负职责，不要轻举妄动，自找悔恨！"但李普却坚持请求，不肯罢休。李洪说："你认为自己的看法正确、高明，就应当自己去做。我蒙受慕容氏的大恩，按道义无从取舍，应当在这里以死效忠。"便与李普洒泪诀别。李普随即投降后赵，随从后赵军队南归，后死于丧乱之中。李洪因此以忠诚笃信闻名于世。

后赵主石虎派渡辽将军曹伏带领青州的士众戍守海岛，运送谷物三百万斛供给他们食用，又用三百艘船运送三十万斛谷物到高句丽，让典农中郎将王典率领一万多部众在海滨垦荒屯田，又下令让青州建造战船一千艘，以备进攻前燕。

后赵太子石宣率领步兵、骑兵二万人攻击朔方的鲜卑部斛摩头，打败了他，斩首四万多级。

冀州八郡发生严重蝗灾，后赵司隶请求将州郡长官治罪。后赵主石虎说："这是我朝政有过失所致，归罪于地方长官，哪里符合我归罪于己的本意呢？司隶不进陈正直的言论，以便辅助我纠正过失，却想随意陷害无辜之人，应当革除爵位品秩，而以庶民的身份执行司隶的职务。"

石虎让襄城公石涉归、上庸公石日归率领士众戍守长安。二人告发镇西将军石广私植党羽，密谋不轨；石虎把石广追捕回邺城杀死。

（以上为第四段，写后赵大军攻打前燕都城，连续十几天，不能取胜，败下阵来，前燕予以反攻，并收复投降后赵的郡县；石虎并不死心，继续做好攻打前燕准备。）

五月十六日乙未，东晋朝廷任命司徒王导为太傅、都督中外诸军事，任命郗鉴为太尉，庾亮为司空。六月，任命王导为丞相，取消司徒之职，并入丞相府。

王导性情宽容仁厚，所委任的许多将领，如赵胤、贾宁等，大多不守法令，大臣们为此忧虑。庾亮给郗鉴写信说："皇上从八九岁以至长大成人，入内则由宫女太监等守护，外出则只有赵胤、贾宁等侍从，读书无从学习文章的音训、章句，顾视询问则未曾遇见君子。秦始皇想使百姓愚昧，天下人尚且知道不对，更何况有人想使皇上愚昧呢！皇上既然长大成人，应当还政于皇上。王导把持政权，不归还给皇上，却开始位居太师太傅的尊位，豢养许多没有才能的士人。您和我都身负先帝托付佐政的重任，这样的大奸之人不清除，又有什么脸面到地下去见先帝呢！"因而想一起发兵废掉王导，但郗鉴不同意。

南蛮校尉陶称是陶侃的儿子，把庾亮的谋议告诉王导，有人劝王导秘密地加以防备，王导说："我和庾亮休戚与共，像这种庸俗的传言，不应当由智慧之人的口中传播。即使如同你所说，庾亮假使到这儿来，我就头戴方巾，归隐还乡，又有什么可惧怕的！"王导又给陶称写信，认为："庾公是皇上的大舅，你应当好好侍奉他。"征西将军参军孙盛悄悄地劝说庾亮道："王公经常有辞官隐居、优游于尘世之外的愿望，怎么会干俗人所干的事情呢！这一定是奸佞邪恶之徒想离间你们的关系罢了。"庾亮这才作罢。孙盛，即孙楚的孙子。

此时庾亮虽然驻守于外镇，却遥控朝廷大权，权势显赫，又拥有强大的军队，趋炎附势的人大多归附于门下。王导心中不平，每当遇到西风扬起尘埃，便举起扇子遮蔽自己，缓缓地说："庾亮的尘土沾污人！"

王导让江夏人李充担任丞相掾。李充因为当时风俗崇尚浮华空虚，于是撰著《学箴》。他认为："老子所说的'弃绝仁义，百姓返归孝敬慈爱'，哪里是指崇尚仁义的道路被断绝，然后才能产生孝敬慈爱呢？大概是忧虑真心崇尚仁义的人少，假借仁义谋私利的人多，因而想将责任归罪于圣人，把弊病归因于'六经'。凡是平庸之人只看到外表的多，真正理解仁义的少，追求表面现象越坚定，离开仁义学说的精神实质也就越远。"所以他作《学箴》，用以去除流弊。文中说："爱好仁义的虚名显著，仁义之道就会被废弃。只有减损显赫的虚名，才能提高被弃废的道德。没有仁无法使万物生长，没有义无法使人们具有相同的道德标准。仁义原本不可以丢弃，只是要除去违害仁义的东西而已。"

（以上为第五段，写东晋朝廷内部的党派斗争，庾亮曾经导致苏峻之乱，现在又神气起来，认为王导是大奸之人，应予清除，驻守外镇，却权势显赫，遥控朝政。）

成汉李奕的堂兄广汉太守李乾告发大臣图谋废掉旧君，更立新主。秋季，七月，成汉主李寿让儿子李广和大臣们在前殿盟誓，改任李乾为汉嘉太守，让李闳出任荆州刺史，镇守巴郡。李闳即李恭的儿子。

八月，蜀地阴雨连绵，百姓饥荒，疫病流行。李寿下令让群臣尽情陈述朝政的得失。龚壮呈上的密封章奏说：“皇上当初起兵时，上指星辰，明白地求告天地，歃血与士众盟誓，将举国向晋室称臣，上天感应，人民喜悦，这才大功告成。但支持您称帝的人不明其理，以至皇上随从事势即位称制。现在淫雨连绵百日，饥荒和疫病同时降临，这大概是上天想以此向皇上示戒的缘故。我认为应当遵守原先的盟誓，拥戴在建康的晋皇室，他们必定不会吝惜高厚的爵位、重要的职务来报答您的大功。虽然地位降低一等，但子子孙孙可以永久地保住富贵，不也很好吗？论议者中有人说梁州、益州的本地人归附晋皇室可以得到荣宠，其余客居在六郡的异乡人不便附晋。当初公孙述在蜀地，以羁留客居的身份任职；刘备在蜀地，荆楚的士人大多显贵。等到吴汉、邓艾向西征伐，所有人都被屠灭，又怎能分别出客居人与本地人？论议者不明白安定稳固的根本，吝惜已有的名位，认为刘备的守令均任职于州郡，竟然不知道他们这样做会使国家灭亡，君主改易，哪里比得上今天的义举，能使君主荣耀，臣下显赫呢？支持您称帝的人又认为我应当效法法正。我蒙受皇上的大恩，听任放纵我安居世外，至于荣耀俸禄，无论是在汉还是在晋，我都不想得到，又为什么要效法法正呢？”李寿看完奏章后内心惭愧，秘密扣下，不予宣示。

九月，成汉仆射任颜谋反，被杀。任颜即任太后的兄弟。成汉主李寿因此全数诛杀成汉旧主李雄的所有子嗣。

冬季，十月，东晋光禄勋颜含因年老退位。朝廷论议者认为，“王导是皇帝的师傅，名位尊崇，百官应当对他行拜礼。”太常冯怀就此询问颜含。颜含说：“王公的名位虽然贵重，但按理不应当特别示敬。行拜礼的说法或许是你们的事。我已老了，不识时务。”不久，颜含告诉别人说：“我听说攻打他国不要询问仁人，方才冯怀拿谄佞之事来问我，我怎能有奸邪的德行呢！”郭璞曾经遇见颜含，想为他占卜。颜含说：“寿命在天，职位在人。自我修炼而上天不助，这是命；谨守道德而他人不知，这是性。人自有性命，不需有劳占筮卜龟。”颜含辞职二十多年，至九十三岁时去世。

（以上为第六段，写龚壮向成汉主李寿上书，反复陈述向东晋称臣，才是大功告成，而李寿不听；东晋光禄勋颜含对朝廷欲让群臣向重臣王导行拜礼，颇有微词。）

代王拓跋翳槐的兄弟拓跋什翼犍到后赵做人质，拓跋翳槐病重，命令各部落首领立拓跋什翼犍为王。拓跋翳槐死后，各部落首领梁盖等人认为国家刚有重大丧事，拓跋什翼犍离得远，来不来不可确定，等到他归来，恐怕会有变乱，因此谋议重新立君。而拓跋翳槐的二弟拓跋屈，刚猛多诈，不如拓跋屈的弟弟拓跋孤仁厚，于是共同杀死拓跋屈，立拓跋孤为君。拓跋孤不同意，自己到邺城去迎接拓跋什翼犍，请求自己留在后赵为人质。后赵王石虎认为他有道义，把他和拓跋什翼犍一同放回。

十一月，拓跋什翼犍在繁畤北即代王位，改年号为建国。又分出国土的一半给拓跋孤。

当初，代王拓跋猗卢死后，国家内乱频仍，部落离散，拓跋氏逐渐衰微。等到拓跋什翼犍即位，雄健勇悍而有智谋，能够发展祖先遗业，国人都归附他。此时开始设置百官，分别掌管政务，任命代人燕凤为长史，许谦为郎中令。开始制定惩治反逆、杀人、奸盗的法律，法令明了，政事清简，没有囚禁株连的烦扰，百姓安居乐业。于是东边起自濊貊，西边远及破落那，南方到达阴山，北方直至沙漠，全都归服，拥有士众数十万人。

十二月，段辽从密云山派使者向后赵请求允许自己归降；不久又后悔，重新派使者到前燕请求允许自己投降。

后赵主石虎派征东将军麻秋率领三万士众迎接段辽投降，敕令麻秋说："受降如同迎敌，不能轻视！"因为尚书左丞阳裕是段辽的旧臣，便让他担任麻秋的司马。

前燕主慕容皝亲自率领各将领迎接段辽，段辽秘密和前燕谋议消灭后赵军。慕容皝派遣慕容恪在密云山埋伏七千精锐骑兵，在三藏口大败麻秋的军队，死亡人数达十分之六七。麻秋徒步逃脱，阳裕被前燕人擒获。

后赵将军范阳人鲜于亮的坐骑丢失，步行登山，难以攀援，随即止步，端正而坐。前燕兵四面包围，喝令他起身。鲜于亮说："我是贵人之身，按道义决不被小人所屈服。你们能杀就赶紧杀我，不能杀我就离开这里！"鲜于亮仪表堂堂，身材高大魁伟，声气雄壮凌厉，前燕兵畏惧，不敢进前搏杀，便禀报慕容皝。慕容皝带上马匹相迎，与鲜于亮交谈之后，大为喜悦，任用他为左常侍，并把崔毖的女儿许配给他为妻。

慕容皝尽数获得段辽的士众，用上宾的礼节对待段辽，任用阳裕为郎中令。

后赵主石虎听说麻秋战败，大怒，革除了麻秋的官职和爵位。

（以上为第七段，写代王拓跋翳槐去世，众大臣欲立其弟拓跋孤，拓跋孤亲自到邺城去把在后赵做人质的兄长什翼犍换回为君，己身为质；什翼犍雄健有谋略，代国迅速强大起来。）

晋成帝咸康五年（己亥，公元339年）

春季，正月二十五日辛丑，东晋实行大赦。

三月乙丑日［二月二十］，东晋广州刺史邓岳率军进攻成汉宁州，成汉建宁太守孟彦擒获同州刺史霍彪投降。

征西将军庾亮想收复中原失地，上书奏请任命桓宣为都督沔北前锋诸军事、司州刺史，镇守襄阳。又上书奏请任命其弟临川太守庾怿为监察梁州、雍州诸军事，梁州刺史，镇守魏兴；任命西阳太守庾翼为南蛮校尉，兼任南郡太守，镇守江陵，以上诸人都持节。又请求分出豫州，用来授予征虏将军毛宝。朝廷下令，任命毛宝为监察扬州地段长江以西诸军事、豫州刺史，与西阳太守樊峻率领精兵万人戍守邾城。又任用建威将军陶称为南中郎将、江夏相，进入沔中。陶称率二百人沿江而下，拜见庾亮，庾亮素来厌恶陶称轻浮狡猾，数落陶称前前后后的罪恶，将他拘捕斩首。后来因为魏兴地处边远，地势险恶，命令庾怿移屯于半洲，改任武昌太守陈嚣为梁州刺史，赶赴汉中。派参军李松攻打成汉的巴郡、江阳。夏季，四月，擒获成汉的荆州刺史李闳、巴郡太守黄植，押送至建康。成汉主李寿让李奕担任镇东将军，替代李闳镇守巴郡。

庾亮上书说："成汉很弱，而北方胡虏仍然强大，我想率领十万大军移徙镇守石头城，派遣各军罗列分布在长江、沔水一带，作为北伐后赵的准备。"成帝司马衍把奏章下交朝廷评论，丞相王导请求允准，太尉郗鉴评议认为："物资财用不足，不能大举行动。"

太常蔡谟议论，认为："时机有利与不利，道义有伸有屈，如果不考虑强弱的形势轻举妄动，那么就会迅速败亡，还有什么功业！当今之计，不如自蓄威势，等待时机。时机的可否在于胡虏的强弱，而胡虏的强弱又在于石虎的能力。自从石勒起兵，石虎便经常充当武将，百战百胜，于是平定中原，所占据的地域与当年的曹魏相当。石勒死后，石虎挟持继位的君主，诛杀将相。平定内乱之后，又消灭和削弱外寇，一举攻取金墉，再战便擒获石生，诛杀石聪如同路拾遗物一样容易，战胜郭权如同振毁槁木，四境之内，不失尺土。由此看来，石虎是有才能呢还是没有才能呢？论议者因为过去胡虏进攻襄阳不能取胜，便认为他无能为力。然而百战百胜的强敌却因为没有攻取一城就以为其低劣，好比射箭的人百发百中，只有一次失误，能够说他低劣吗？

"况且，石遇的军队只是赵国的偏师，桓宣是位戍边的普通将领，他们争夺的是疆土的伸缩，有利就进，不利则退，不是紧迫的问题。现在征西将军庾亮以重镇名贤的地位和身份亲自率领大军试图席卷黄河以南，石虎必定亲自率领全国之众前来一决胜负，哪能与襄阳之战相比呢！现在征西将军想与石虎交战，比起石生如何？如果想据城固守，比起金墉城如何？如果想依仗沔水的天险，比起大江又如何？如果想抗拒石虎，比起抗拒苏峻又如何？凡此种种，应当仔细考校。

"石生是猛将，拥有关中的精锐士兵，庾亮若要攻击恐怕难以取胜。再说那时洛阳、关中都起兵攻击石虎，现在这三镇反而被石虎所用。比起从前，石虎现在实力有超出一倍的势头。石生不能抵挡相当现在一半的实力，而征西将军却想抵挡超出当年一倍的力量，这是我所疑惑的。苏峻的强大比不上石虎，沔水的天险比不上大江，大江都不能阻挡苏峻，却想依靠沔水抵挡石虎，这又是令人怀疑的。当初祖逖驻守谯地，在城北边垦荒种田，担心胡虏来攻，预先设置军屯在外围阻挡。谷物快要成熟时，胡虏果真前来，壮丁在外围争战，老弱在内收获，许多人手持火炬，战况紧急时来不及收获，就焚毁庄稼逃走。如此多年，最终也没有得到屯田的利益。在那个时候，胡虏只占据了河北，比起现在，只是四分之一而已。祖逖不能抵御当初石勒的势力，而征西将军却想抵御现在比石勒还要强大的势力，又是令人疑惑的。

然而，这还只是讨论征西将军到达中原以后的情况，还没有讨论路途方面的忧虑。沔水以西，水急岸高，舟船往往首尾相衔百里而上。如果胡虏没有宋襄公不攻击半渡之人的仁义之举，乘我方军队尚未列阵时攻击，后果将会怎样？现在我们与胡虏相比，水陆地势不同，熟悉的技能也不同，胡虏如果前来送死，那么我们战胜他们有余力；如果要放弃长江向远方进发，用我们的短处去攻击敌人的长处，恐怕这不是在朝堂就能制定的克敌制胜的谋算。”

朝廷大臣的观点大多与蔡谟相同，于是成帝司马衍下令，不让庾亮转移镇守之地。

（以上为第八段，写征西将军庾亮打着收复中原的幌子，安排亲信在各州郡任职，挟嫌报复，杀掉陶侃之子陶称，提出移镇石头城，出兵攻打后赵，遭到群臣反对，被晋成帝否定。）

前燕前军师慕容评、广威将军慕容军、折冲将军慕舆根、荡寇将军慕舆埿攻袭后赵的辽西地区，俘获民众一千多家后离去。后赵镇远将军石成、积弩将军呼延晃、建威将军张支等人追击，慕容评等同他们交战，斩杀呼延晃和张支。

段辽图谋反叛前燕，燕人杀死段辽及其同伙几十人，把段辽的首级送给后赵。

五月，代王拓跋什翼犍在参合陂会见各部首领，商议定都于㶟源川。母亲王氏说：“我们从祖先开始，就以迁徙为业，现今国家多难，如果修筑城郭定居，一旦敌寇进犯，就没有躲避之处了。”定都之事便告中止。

代人把从别国前来归附的民众都称为乌桓，拓跋什翼犍把他们分成两个部落，各自设置首领监察。兄弟拓跋孤监察北部，儿子拓跋寔君监察南部。

拓跋什翼犍向前燕求婚，前燕主慕容皝把自己的妹妹嫁给他。

秋季，七月，后赵主石虎任命太子石宣为大单于，树立天子旌旗。

七月十八日庚申，始兴文献公王导去世，丧葬的礼仪比照汉代博陆侯霍光和西晋安平献王司马孚的旧例，参用天子的礼节。

王导清简寡欲，善于顺因事势获取成功，治理国家虽然每日用度没什么宽裕，但每年的费用却有节余。他辅佐晋元帝、明帝、成帝三代君王，担任相职，但自己却仓库无储粮，穿衣不加帛。

当初，王导和庾亮共同向成帝司马衍举荐丹杨尹何充，请求作为自己的副职，并且说：“我死的时候，希望提拔何充到内廷供职，那么国家就无忧了。”因此，授予何充吏部尚书。

王导去世后，成帝司马衍征召庾亮担任丞相、扬州刺史、录尚书事，庾亮固辞不受。七月十九日辛酉，任用何充为护军将军，庾亮的兄弟会稽内史庾冰为中书监、扬州刺史，参录尚书事。

庾冰担当重任后，治理政务不分昼夜，对朝廷贤臣彬彬有礼，提拔后进，因此朝野人士都同声称赞，认为他是贤相。当初，王导辅佐朝政，每每采取宽恕态度。庾冰则时常依靠威严刑令，丹杨尹殷融劝说他，庾冰说："王导那样的贤良丞相，尚且不能承当过度宽宏，何况像我这样的人呢？"范汪对庾冰说："不久前天象错乱失度，您应当采取消除、防御的对策。"庾冰说："玄奥的天象岂是我所能测知的，这正应当勤奋地兢尽人事。"庾冰又审度核实户口，清理出没有姓名的人一万多名，用以充实军队。庾冰喜好举发检察，近于繁细，后来矫枉过正，又宽松纵容，更加远离正道。宽松或是严密，均出自己意，因此律令便没有用了。

八月初十壬午，东晋又改丞相官职为司徒。

南昌文成公郗鉴病重，将幕府事务交给长史刘遐，自己上书，乞求卸职，而且说："我所统领的人员错综杂乱，一般来说北方人居多，有的是受威逼迁来的，有的是新近归附的，百姓心恋故土，都有归还故土的心愿。我宣扬朝廷的恩德，晓谕好恶之别，分给他们田地住宅，这才逐渐换得稍稍的平定。听说我病重，众人心情惊骇骚动，如果真的向北渡江，必然引动敌人侵犯的心思。太常蔡谟平简贞正，为时望所归，我认为可以出任都督及徐州刺史。"成帝司马衍下令任命蔡谟为太尉军司，授予侍中。

九月初二辛酉，郗鉴去世，朝廷当即任命蔡谟为征北将军，都督徐州、兖州、青州诸军事，徐州刺史，持节。

（以上为第九段，写前燕逐渐强盛，袭击后赵，打败后赵的追击，杀掉欲投降后赵的段辽；东晋丞相王导为三朝元老，寿终正寝，庾冰接任，勤于政事，颇得好评。）

当时，东晋左卫将军陈光请求攻打后赵，成帝司马衍下诏派陈光进攻寿阳，蔡谟上书说："寿阳城小但坚固，从寿阳至琅邪，城墙互相可以望见，一城受攻，各城必然前来救援。再者，朝廷的军队在路途上需要五十多天，先驱者还没有到达，消息已经传播很久了，敌贼的邮驿以一日千里的速度传递消息，那么黄河以北的骑兵就完全可以赶来救援。以白起、韩信、项籍那样的勇将，还要挖断桥梁，焚毁舟船，背水而战。现在想把舟船停泊在水渚中备用，领兵前往敌城，前方面对强敌，回头顾望归路，这正是兵法所诫的大忌。如果进攻不能取胜，胡虏的骑兵突然到达，恐怕中行桓子不知所措，士兵争船渡河，以致被砍断的手指双手可捧的局面又将重演。现在陈光统领的都是宫中精兵，应该让他们到那里都是只出征而不交战。现在却屯兵于坚城之下，用国家的宫中精锐攻击敌人的下等城邑，取胜则得利微小不足以给敌人造成多大伤害，失败则损失惨重，足以有利于敌寇，这恐怕不是周全的计策。”攻打后赵之事这才中止。

当初，陶侃镇守武昌，有人论议，认为长江北岸有邾城，应当分兵戍守。陶侃常常不做答复，但总有人提及此事。陶侃于是渡江围猎，招来将佐们告诉他们说：“我之所以设置险阻防御敌寇，正因为有长江而已。邾城隔在长江北岸，自身没有可以依仗的天险，外部与各部夷人接壤，对夷人来说利害关系更大。如果我们贪图小利，夷人不能忍受，必定领兵前来侵犯，这正是导致祸乱的根由，不是用以抵御敌寇的好方法。况且吴国当初戍守此城，动用了三万兵众，现在纵然派兵戍守，对江南来说也没什么太大的好处；如果羯人敌虏有可乘之机，占据邾城又没有什么太大的帮助。”

等到庾亮镇守武昌，最终还是派毛宝、樊峻戍守邾城。后赵王石虎憎恶，任用夔安为大都督，率同石鉴、石闵、李农、张貉、李菟五位将军，兵众共五万人侵犯荆州和扬州的北部边境，另派二万骑兵进攻邾城。毛宝向庾亮求救，庾亮认为邾城城池坚固，没有及时派兵。

九月，石闵在沔南打败东晋士兵，杀死将军蔡怀。夔安、李农攻陷沔南，朱保在白石打败东晋士兵，杀死郑豹等五位将军。张貉攻下邾城，邾城战死者有六千人。毛宝、樊峻突围出逃，渡江时溺水而死。夔安进据胡亭，侵犯江夏，义阳将军黄冲、义阳太守郑进都投降后赵军队。夔安前进包围石城，竟陵太守李阳发兵抵抗，战败夔安，斩首五千多级，夔安这才退走，他乘势劫掠汉水以东，挟持民众七千多户迁移到幽州、冀州。

此时，庾亮还在上书，想将镇守地移至石头城，听说邾城失陷，这才作罢。他给成帝司马衍上书谢罪，自行乞求贬职三等，代摄安西将军职位。成帝下令让他恢复原位，任命辅国将军庾怿为豫州刺史，监督宣城、庐江、历阳、安丰四郡诸军事，持节，镇守芜湖。

（以上为第十段，写征西将军庾亮志大才疏，镇守武昌，派人镇守江北邾城，后赵派五将军前来攻打，晋军无力抵抗，大败，邾城沦陷，庾亮自贬谢罪。）

后赵主石虎忧虑贵戚们狂放恣肆，于是提升殿中御史李巨为御史中丞，特别加以宠爱和信任，朝廷内外为此肃然。石虎说：“我听说良臣如同猛虎，信步行走于旷野，豺狼因此避开行路，的确如此！”

石虎任命抚军将军李农为使持节，监辽西、北平诸军事，征东将军、营州牧，镇守令支。李农率领士众三万人，会同征北大将军张举进攻前燕的凡城。前燕主慕容皝任用榼卢城主悦绾为御难将军，调拨士兵一千人，让他守卫凡城。等到后赵军队到达凡城，将吏们都十分恐慌，想弃城而逃。悦绾说："我们受命抵御敌寇，应将生死置之度外，况且据城坚守，一人可以抵挡百人，胆敢妄言惑众的人斩首！"大家这才安定，悦绾身先士卒，亲身承受流矢飞石。张举等人进攻十多天，不能取胜，于是退军。石虎因为辽西迫近前燕边境，多次遭到攻袭，于是把民众全部迁徙到冀州以南。

成汉主李寿病重，罗恒、解思明又论议推奉李晋为储君，李寿不同意。李演又上书谈及这件事，李寿发怒，杀死李演。

李寿时常仰慕汉武帝、魏明帝的为人，以听到父兄当时的事迹为耻辱，令上书的人都不得提及先世的政教业绩，自认为胜过他们。舍人杜袭写诗十篇，假托是应璩所作，用婉言隐语来劝说李寿。李寿回复说："我审读诗篇，已知其意。如果是今人所作，确实是贤哲的善言；如果是古人所作，那么不过是死鬼常说的话。"

前燕主慕容皝自认为称王没有受到晋皇室的任命，冬季，派长史刘翔、参军鞠运前来进献俘虏和战利品、报告功绩，并且说明暂时代理称王的意愿。又请求约定日期，大举起兵，共同平定中原。

慕容皝攻击高句丽，军队到达新城，高句丽王钊乞求结盟和好，于是前燕军退还。慕容皝又派儿子慕容恪、慕容霸攻击宇文氏的支属部落。慕容霸年方十三，勇冠三军。

凉王张骏设立辟雍、明堂以进行宣教礼仪活动。十一月，让世子张重华兼管凉州事务。

十二月初七丁丑，后赵太保桃豹去世。

十二月十六日丙戌，东晋朝廷任命骠骑将军、琅邪王司马岳为侍中、司徒。

成汉李奕侵犯巴东，守将劳杨战败身死。

（以上为第十一段，写前燕、后赵、前凉、成汉四方史事。写后汉出兵攻打前燕的凡城，城主悦绾挺身而出，前燕打败后赵进攻，前燕主慕容皝向东晋献捷报功，并请约期出兵平定中原；成汉主李寿病重骄狂，滥杀大臣；前凉主张骏设立辟雍，宣教礼仪。）

晋成帝咸康六年（庚子，公元 340 年）

春季，正月初一庚子朔，都亭文康侯庾亮去世。东晋朝廷任用护军将军、录尚书何充为中书令。十一日庚戌，任命南郡太守庾翼为都督江州、荆州、司州、雍州、梁州、益州诸军事及安西将军、荆州刺史、持节，代替庾亮镇守武昌。当时人怀疑庾翼年轻，不能继承他兄长庾亮的事业。庾翼尽心治理，军务和政务都很严明，数年之间，官府和私人物资充实，众人都称赞他的才能。

正月十二日辛亥，东晋朝廷任用左光禄大夫陆玩为侍中、司空。

鲜卑人首领宇文逸豆归妒忌慕容翰的才能、名望，慕容翰便佯装癫狂，终日酣饮，有时躺着就大小便，有时又披散头发，大声歌呼，跪拜乞食。宇文部全都看不起他，对他不再监视。慕容翰因此可以来往自由，把宇文部的山川形势都默记在心。前燕主慕容皝因为慕容翰当初并非叛乱，是因为心有猜忌才出逃，虽然居住别国，但经常悄悄地为前燕打算，于是派商人王车到宇文部经商，借此观测慕容翰的心意。慕容翰见到王车，不说话，只是捶胸颔首而已。慕容皝说："慕容翰想回来了。"又让王车去迎接他归来。慕容翰拉弓的力量达三石多，箭身尤为长大，慕容皝为他制造了可手的弓箭，让王车埋在道路旁边，悄悄告诉慕容翰。

二月，慕容翰偷出宇文逸豆归的名马，携同两个儿子到路边取出弓箭，上马逃归。宇文逸豆归派骁勇骑兵一百多人追赶，慕容翰说："我长久客居他国，现在想回乡，既然已经上马，就没有再回去的道理。我过去每天佯装痴呆欺蒙你们，其实我以往的技艺并未丢失，你们不要逼迫我，那是自寻死路。"追来的骑兵小看慕容翰，径直奔驰而来。慕容翰说："我长久居住在你们国家，心存依恋之情，不想杀死你们，你们离开我一百步把刀树立起来，让我用箭射击，如果一发便射中，你们便可以返回；如果射不中，你们便可以前来抓我。"追来的骑兵解下佩刀插在地上，慕容翰射出一支箭，正中刀环，追来的骑兵四散逃走。慕容皝听说慕容翰到来，大为喜悦，对他的礼遇很优厚。

（以上为第十二段，写鲜卑慕容翰当年因忧虑出走段部，后至宇文部，宇文氏猜忌其才能，慕容翰装疯卖傻，骗过宇文氏，在前燕主慕容皝支持下，打败追兵，回归前燕。）

二月十一日庚辰，有异星出现在太微星旁。

三月二十九日丁卯，东晋大赦天下。

成汉攻占丹川，丹川守将孟彦、刘齐、李秋全都战死。

代王拓跋什翼犍开始建都于云中的盛乐宫。

后赵主石虎写信给成汉主李寿，想和他联军南犯，约定平分江南之地。李寿大为高兴，派散骑常侍王嘏、中常侍王广出使后赵。龚壮劝说，李寿不听。李寿多造舰船，整修兵器，积蓄军粮。秋季，九月，成汉主李寿任命尚书令马当为六军都督，征集士兵七万多人为水军，在成都举行盛大的阅兵式，鼓噪之声充溢江面。李寿登上城楼检阅，大有吞噬江南的志向。解思明劝说道："我们国家小，军力弱，吴郡、会稽相距遥远，地势险恶，想图谋并不容易。"李寿于是命令群臣们广泛评议其中的利害。龚壮说："皇上与胡虏结盟，又怎么比得上与晋皇室结盟？胡虏是豺狼之辈，灭晋之后，我们非得北面称臣侍奉他；如果和他们争夺天下，那么强弱不相称，处于危亡的境地。春秋时虞国、虢国的往事，就是以往的教训，希望皇上仔细考虑这件事。”群臣们都认为龚壮的话有理，李寿于是停止攻打江南的举动，士兵们都高呼万岁。

龚壮认为人的品行最重要的是忠孝，已经为父亲、叔父报了仇，又想让李寿侍奉晋室，李寿不听。龚壮便诈称耳聋，手不能拿东西，辞职归乡，以读书写作自娱，终身不再去成都。

后赵尚书令夔安去世。

后赵主石虎下令让司、冀、青、徐、幽、并、雍七州的民众每五个男丁中选取三个，四个中选取两个，连同邺城旧有的军队，足足五十万人，准备舟船一万艘，由黄河通往大海，运送谷物一千一百万斛到乐安城。把辽西、北平、渔阳的一万多户民众分别迁徙到兖州、豫州、雍州、洛州。从幽州以东到白狼的地区，大举屯田。把百姓的马匹全部收缴上来，敢于私自藏匿马匹不交出的人处以腰斩之刑，共得马四万多匹。在宛阳举行盛大阅兵式，准备用来进攻前燕。

前燕主慕容皝对众将领说：“石虎自以为乐安城的防守力量强大，在蓟城南北必然不加防备，如果现在抄小路出其不意，就可以彻底击败他们。”

冬季，十月，慕容皝率领各路军队从蠮螉塞攻入，袭击后赵军。后赵军戍守的将领有敢于当道阻挡的全部被擒获，前燕军一直进抵蓟城之下。后赵幽州刺史石光虽然拥有数万兵众，却关闭城门不敢出战，前燕军进而攻破武遂津，进入高阳，所到之处把后赵军积蓄的军资焚毁一空，劫掠民众三万多家离去。石光因临敌懦弱被征召返回。

（以上为第十三段，写后赵主石虎相约成汉主李寿联手攻打东晋，李寿在大臣劝说下停止行动；前燕主慕容皝攻打后赵，一直打到蓟城，将其军需物资焚毁一空。）

后赵主石虎任用秦公石韬为太尉，石韬和太子石宣两人按日轮换审阅、裁决尚书的奏事，可以独自决定赏赐或刑罚，不再向石虎禀报。司徒申钟劝说石虎道：“赏赐或刑罚，是人君掌握的大权，不能交给别人，这是用以防微杜渐，将逆乱消灭于未然的办法。太子的职责在于侍养父母，不应当参与朝政。庶人石邃因为参与朝政而招致失败，前车之鉴距今不远。而且由二人掌握朝政，权力分散，很少有不发生祸患的。爱他们却不知怎么爱，这正是害了他们的根由。”石虎不听。

后赵中谒者令申扁因为聪明慧悟，能言善辩而被石虎宠爱，石宣也与他关系亲昵，让他典掌机密。石虎既然不过问政事，而石宣、石韬又都喜好酣饮和打猎，因此官员的升免和生死都由申扁决断，从九卿以下对他都望风而拜。

太子詹事孙珍患眼病，向侍中崔约讨求治病的药方。崔约开玩笑说：“向眼中溺尿便可痊愈。”孙珍说：“眼中怎能溺尿？”崔约说：“你眼窝深陷，正适合溺尿。”孙珍为此怀恨崔约，将此事告知石宣。石宣的面貌在兄弟中最具有胡人的特征，即眼窝深陷，听说此事勃然大怒，诛杀崔约父子。于是公卿以下都畏惧孙珍，不敢正视他。

后赵燕公石斌督察北边州郡，也喜欢打猎，经常佩挂城门的钥匙出入。征北将军张贺度经常劝阻他，石斌发怒，羞辱张贺度。石虎听说后，让主书礼仪持符节监察石斌。石斌杀死礼仪，又想杀掉张贺度，张贺度调集护卫人员驰马禀报石虎。石虎派尚书张离率骑兵追赶石斌，打了他三百鞭，解除官职归家，并诛杀他的亲信十多人。

凉王张骏派别驾马诜到后赵呈献贡物，上书中言辞冷漠孤傲，石虎发怒，要把马诜斩首。侍中石璞劝说道："如今应当最先除灭的国家是东晋。河西地处僻陋，不足介意。现在斩杀马诜，就必定要征伐张骏，那么兵力一分为二，东晋就又能延长若干年的寿命了。"石虎于是不杀马诜。石璞即石苞的曾孙。

当初成汉将领李闳被晋军擒获，又出逃到后赵，成汉主李寿写信给后赵王石虎，请求放他归来，信中称呼"赵王石君"，石虎不高兴，交付朝廷评议。中书监王波说："让李闳用性命发誓说：'如果能返回蜀地，将统率宗族，成为大王的内应。'将来如果他果真这样做，那么我们无须烦劳一支军队，便可平定梁州和益州；如果他心存犹豫，不实践诺言，我们也不过失去一个亡命之人而已，对后赵有什么损伤！李寿既然僭称皇帝之号，如果我们现在用皇帝诏书的形式给他回复，他必定以同样的形式回报我们，不如再以信件的方式答复他。"适逢挹娄国向后赵进献楛矢石弩，王波乘势请求转送给成汉，说："让他们知道我们能够使远方的国家降服。"石虎听从他的建议，遣送李闳归国，并且用隆重的礼仪对待他。李闳到达成都，李寿发布命令说："羯虏的使者来朝拜，进贡楛矢。"石虎听说后，大怒，废掉王波的爵位，让他以平民身份任职。

（以上为第十四段，写后赵主石虎让太子石宣和太尉石韬轮流执政，为所欲为；前凉王张骏向后赵呈献贡物，言辞傲慢，石虎大怒；成汉与后赵互相算计，交恶。）

晋成帝咸康七年（辛丑，公元 341 年）

春季，正月，前燕主慕容皝让唐国内史阳裕等人在柳城以北、龙山的西面修建城郭，设立宗庙和宫阙，命名为龙城。

二月初一甲子朔，发生日食。

前燕使臣刘翔到达建康，成帝司马衍召见，询问慕容皝平安与否。刘翔回答说："我接受派遣时，他身穿朝服，向南方拜授书信。"

前燕使臣刘翔为前燕王慕容皝请求大将军及燕王的章印。朝廷论议认为："按旧例，大将军不委派到边关；从汉、魏以来，不封异姓为王，所请求的事情不能许可。"刘翔说："自从刘氏、石氏作乱，长江以北之地，完全成为五胡的势力范围，从未听说华夏公卿的后裔中有一人能够捋袖伸臂，挥动兵戈，消灭凶逆之徒。只有慕容氏父子竭尽心力，心怀本朝，以少击多，多次消灭强敌，使得石虎畏惧，把边地的民众全部迁移，让他们散居在魏郡、阳平、广平一带，国土因而缩小千里，以至蓟城成为他们北方的边境。慕容皝功绩如此显赫，朝廷却吝惜渤海以北的土地，不让给他作封邑，这是为什么？当初汉高祖不吝啬王位，授予韩信、彭越，所以能够成就帝业；项羽把官印藏到棱角都磨损了也不舍得授人，终于导致危亡。我的忠诚之心不只是希望能尊奉所侍奉的人，私下还为朝廷疏远忠义的边地，使得四海之人没有勉励和仰慕的榜样而深感惋惜。”

尚书诸葛恢，即刘翔的姐夫，独自持有不同看法，认为：“夷、狄互相攻击，这对中原之国有利；只有礼器和名号，不能轻易相许。”于是对刘翔说：“假如慕容皝能够铲除石虎，这是又出现一个石虎，朝廷又能够仰仗谁呢？”刘翔说：“寡妇尚且知道怜悯西周的陨灭。现在晋室危殆，你职位与皇帝的辅佐大臣相当，难道就没有忧虑国事之心吗？往昔如果伯靡和有鬲氏的功业不能建立，那么，少康怎能中兴夏朝！齐桓公、晋文公指挥的战争不能取胜的话，那么周朝人都将披发左衽，沦为异族的奴隶了。慕容皝枕戈待旦，立志消灭凶逆，你却又宣扬偏颇和令人迷惑的言论，妒忌、离间忠臣。天下之所以未能统一，实在是因为有你这样的人！”刘翔留住建康一年多，众人论议始终没有结果。

刘翔便游说中常侍彧弘，说：“石虎兼有八州的地方，有甲兵百万，立志吞噬长江、汉水，从拓跋氏、宇文氏以至各个小国，无不臣服。只有慕容氏拥戴晋室天子，精神上通日月，却不能获得异于常礼的任命，我私下担心天下人因此改变心意、分崩离析，不再向朝廷称臣了。公孙渊对东吴没有一点点功绩，吴主封他为燕王，加以九锡的礼遇。现在慕容皝多次挫败敌军精锐，威震秦州、陇上，石虎连续派遣职高位重的使者，美言厚礼，想拜慕容皝为曜威大将军、辽西王。慕容皝厌恶他不是皇室正统，拒绝不受。现在朝廷却吝惜虚名，排斥和压抑忠顺的臣民，这哪里是国家的长远之计呢！将来即使后悔，恐怕也来不及了。”彧弘为他入宫向成帝司马衍陈述，成帝心中已准备同意。适逢慕容皝上书，内称：“庾氏兄弟专权，导致祸乱，应当斥退，用以安定国家。”又写信给庾冰，斥责他占据国家要职，专断权柄，不能够为国家雪耻。庾冰十分恐惧，因为慕容皝在边远之地，无力钳制，于是，和何充上书同意刘翔的请求。

二月乙卯日［应为三月二十二］，朝廷任命慕容皝为使持节、大将军、都督黄河以北诸军事、幽州牧、大单于、燕王，所赐的器物、典策，都以特殊礼节对待；又任命慕容皝的世子慕容儁为持节、安北将军、东夷校尉、左贤王；赐给军资器械数千万。又封赏有功之臣一百多人，任命刘翔为代郡太守，封为临泉乡侯，授予员外散骑常侍。刘翔坚持推辞不受。

（以上为第十五段，写前燕主慕容皝派遣使臣刘翔到东晋，请求加封为燕王，东晋朝廷内部意见不统一，刘翔一边游说，据理力争，一边指陈朝廷的腐败风气，而后朝廷同意加封。）

刘翔痛恨江南士大夫以骄横奢侈、纵饮无度互相推崇，曾经趁着朝廷显贵们宴饮集会之机，对何充等人说："天下反叛、动荡，已超过三十六年，宗庙社稷化为废墟，万民生灵涂炭，这正是朝廷焦虑的时候，忠臣效命的年代。各位却在江边安乐游玩，尽情纵欲，以奢侈靡乱为荣，以桀骜怪诞为贤，忠正耿直的言论不闻于耳，征伐的功绩无从建立，准备靠什么来尊奉主上、救助百姓呢？"何充等人十分惭愧。

晋成帝司马衍下令，派兼大鸿胪郭悕持符节到棘城去册封燕王，和刘翔等人偕同北上。公卿大夫们在江边为他们饯别，刘翔对他们说："往昔，少康凭借一支军队除灭有穷氏，勾践靠会稽向强大的吴国报仇。滋蔓的野草尚且应当尽早除去，何况对敌仇呢！现在石虎、李寿都想互相吞并对方，皇室的军队纵然不能平定北方，暂且应当消灭汉，收复巴蜀失地。一旦石虎抢先起事，兼并李寿并占据其地，依仗地形的便利兵临东南，即使有智慧的人出现，也不能妥善处理了。"中护军谢广说："这正是我的想法。"

三月初五戊戌，皇后杜氏驾崩。

夏季，四月初五丁卯，恭皇后入葬兴平陵。

成帝司马衍下诏，王公以下至于平民，都重新确定户籍，并记录造册。

秋季，七月，郭悕、刘翔等人到达前燕，前燕王慕容皝任命刘翔为东夷护军、兼任大将军长史，任命唐国内史阳裕为左司马，典书令李洪为右司马，中尉郑林为军谘祭酒。

八月初一辛酉，东海哀王司马冲去世。

九月，代王拓跋什翼犍在旧城南面八里外修筑盛乐城。

代王妃慕容氏去世。

冬季，十月，匈奴铁弗部首领刘虎侵犯代国西部，代王拓跋什翼犍派军迎击，大破敌军，刘虎去世，儿子刘务桓继立，派使者向代王求和，拓跋什翼犍把女儿许配给他为妻。刘务桓又向后赵朝贡，后赵任命他为平北将军、左贤王。

后赵横海将军王华率领水军由海路进攻前燕安平，获胜。

前燕主慕容皝任用慕容恪为渡辽将军，镇守平郭。自从慕容翰、慕容仁之后，众将领中没有人能够接替他们，等到慕容恪到达平郭，抚慰旧属，怀柔新附民众，多次击败高句丽的军队。高句丽畏惧慕容恪，不敢再来犯境。

十二月，东晋兴平康伯陆玩去世。

成汉主李寿让太子李势兼任大将军、录尚书事。当初，成汉主李雄因俭约宽厚仁惠得蜀民之心，等到李闳、王嘏从邺城归来，盛赞邺中富庶，宫殿壮观华丽，并且说后赵王石虎靠刑罚杀戮驾驭臣下，所以能控制境内。李寿为此倾慕，便将邻近州郡的百姓中，凡每家超出三个以上的壮年男丁，都迁移来充实成都，大修宫室，制造器玩。人有小过失，就处决以建立威仪。左仆射蔡兴、右仆射李嶷都因直言劝说被杀。百姓因赋税和劳役疲惫不堪，忧伤叹息声充溢于道路，许多人图谋作乱。

（以上为第十六段，写匈奴铁弗部首领刘虎侵犯代国西部，被打败后求和，又向后赵称臣；成汉主李寿大修宫室，暴酷刑罚，赋役繁重，百姓疲敝不堪，纷纷欲图谋作乱。）

【点评】

王导功过。公元 339 年，王导寿终正寝，应当说，王导是谋臣、权臣，而非直臣、奸臣，他善于权衡，善于自保，因而能始终立于不败之地。

首先，王导多智善谋，对东晋政权的建立与巩固有大贡献。王导有先见之明，当琅邪王司马睿还在洛阳时，王导劝说他尽快回到藩国，远离是非之地。司马睿担任安东将军，又是王导建议其出镇建业，并相随南渡，为司马睿尽心谋划，谋人望，谋稳定，使得司马睿能够在江东地区站稳脚跟，最终建立东晋王朝。

其次，王导善于谋划，但其致命弱点在于隐忍、屈从，以致东晋几次蒙受灾难。在东晋元帝、明帝、成帝三代，无论是名义上还是实际上，王导始终居于首辅地位。王导的处世哲学是言而不争，对于一些事情可能产生的后果，他是可以预测到的，也提出建议，但往往点到而止，如苏峻之乱，对于庾亮的过激行为，他作为首辅大臣劝阻过，但庾亮不予采纳，他也就作罢，没有采取果断的措施。从这个角度来说，苏峻之乱的产生王导也负有不可推卸的责任。庾亮是皇帝的亲舅舅，曾经势焰熏天，王导则采取忍让、屈从的态度。唐代诗人曾说，“王导难遮庾亮尘”，指的就是此事。苏峻之乱后，庾亮咸鱼翻身，掌握着建康上游的军政大权，又遥控朝廷，气焰甚嚣尘上，甚至还要扳倒王导，王导心中自是不平，尝遇西风尘起，王导用扇子遮蔽自己，说“庾亮的尘土真是污人”，流露出一种无可奈何之状，而没有任何的抗争之举。更有甚者，他不说也不争，任其所为。周顗的被杀，就是典型的一例。王敦反叛后，周顗担任平叛主帅，而王导近似阶下囚，要周顗相救，周顗口里未应却热心救护，也没有表露出来，王导并不知情，因此内心含恨。后来平叛失败，王敦捉住周顗，曾经就如何处置周顗三问王导，王导一句话都没有说。

再次，王导缺乏树立朝廷正气的举措，缺乏统一中原的雄心。纵观史书，王导辅政，缺乏严正的纲纪，信奉的是一种“糊涂”哲学。据《世说新语》记载：王导晚年完全不理政务，只是签字画押而已。他自己感叹道：“人们说我糊涂，但后人会怀念我这种糊涂的。”这实际上是一种安抚士族、缓和与长江上下游势力矛盾的消极举措，虽然有一些积极效果，但带来的副作用也很大。在当时的情境下，缓和矛盾，维护稳定，是东晋王朝的重中之重。但是在这种居安甚至苟安思想的指导下，整个朝廷缺少进取精神。司马光曾批评说：“既不能明正典刑，又以宠禄报之，晋室无政，亦可知矣。任是责者，岂非王导乎！”苏辙评论说：“能弥缝一时之阙，而无百年长久之计也。”后来前燕之臣刘翔来到建康，指陈东晋朝廷上下骄奢、酣饮、放纵、苟安江东的种种弊端，与王导的这种举措是有很大关系的。如此说，王导前期有功，而后期则有过矣。

最后，王导善明哲保身。王敦之乱起因于王导，是他为王导打抱不平无果而生怨，当然，也有他的个人野心。而对于王敦的反叛，王导则采取了不置可否的态度。后来王敦病重，军中也有人反叛。王导见王敦大势已去，彻底和王敦划清界限。王导的如此行为，在于保全自己与家族，以个人利益为重。这样的情事在苏峻之乱中也发生过。

如此说，王导善于谋划，可谓智人矣；善于保身，可谓哲人矣；疏于护国，可谓罪人矣！

晋纪十九

晋成帝咸康八年至晋穆帝永和三年（公元342—公元347）

【起玄黓摄提格（壬寅，公元342年），尽强圉协洽（丁未，公元347年），凡六年】

【大事提要】

本卷记事起公元342年，讫公元347年，凡六年，当晋成帝（司马衍）咸康八年至晋穆帝（司马聃）永和三年。本卷所载大事，主要有五个方面：其一，晋成帝死，康帝、穆帝相继立。公元342年，东晋成帝司马衍病重，两个儿子尚在襁褓，在庾冰等人的蛊惑下，去世后让同母弟司马岳即位，是为康帝，委政于庾冰、何充。两年后司马岳又去世，其5岁的儿子司马聃即位，是为穆帝，改年号为永和，由褚太后临朝称制。其二，前燕迁都龙城，袭击高句丽，获得全胜。其三，前燕慕容皝消灭宇文部，开地千余里。其四，张骏称凉王。其五，桓温攻灭成汉。公元347年，东晋征西将军桓温采纳袁乔建议，上书朝廷，不等回复就率兵攻打成汉，三战三胜，一直打到成汉都城成都，成汉主李势投降，被送往建康，成汉被消灭。成汉故尚书王誓等举兵反叛，旋即被平定。

显宗成皇帝下

晋成帝咸康八年（壬寅，公元342年）

春季，正月初一己未朔，出现日食。

正月初七乙丑，东晋实行大赦。

东晋豫州刺史庾怿送酒犒饷江州刺史王允之。王允之觉得有毒，用酒喂狗，狗饮酒后死亡，王允之将此事秘密奏报成帝司马衍。成帝司马衍说："我大舅庾亮曾经导致国内大乱，小舅庾怿又想这样吗！"二月，庾怿饮毒药自杀。

三月，东晋开始把武悼后的牌位供奉在武帝庙。

东晋庾翼在武昌，常有妖异的事情发生，便想将镇守地点转移到乐乡。征虏长史王述给庾冰写信说："乐乡距离武昌有千里之遥，数万士众，一旦真的移动，又要修筑城郭，对公家、对私人都是烦劳困扰。再说江州需要溯水而上，行进几千里供给军府物资，所费的劳力徭役加倍。此外，武昌处在江东镇戍地至西陲的中点，其作用不仅是防御抵抗由上流而下的敌寇，而且一旦发生紧急情况或者有需要快速禀报的事情，快马奔驰都能及时赶到。如果移镇乐乡，处西陲的边远之地一旦长江沿岸有忧患发生都来不及相救。驻守地方的重要将领，本来就应当居住在要害的地方，成为对内对外的屏障要冲，使寇贼虽有窥伺之心却无机可乘。以往秦王嬴政忌惮胡人将灭亡秦国的谶言，最终被刘邦、项羽所利用；周宣王厌恶檿弧的童谣，却造成周幽王时的褒姒之乱。所以通达之人、有道君子，直道而行，都不采取躲避妖异的做法，此时正应当选择人事的大道理，考虑国家的长远之计。”朝廷论议都认为很对，庾翼这才打消迁移的念头。

夏季，五月初六乙卯，成帝司马衍身体不适。六月初五庚寅，病情加重。有人伪造尚书符令，敕令皇宫门人不许让宰相入内，众人都大惊失色。庾冰说：“这一定有诈。”推究查问，果然如此。成帝的两个儿子司马丕和司马奕年幼，都在襁褓之中。庾冰因为自己兄弟执掌朝政已久，怕皇帝换代之后，自己与皇帝亲属之间的关系愈加疏远，因而被他人所乘，常常劝说成帝国家外有强敌，应当册立年纪大的君王，并请求让成帝的同母兄弟琅邪王司马岳为皇位继承人，成帝同意了。中书令何充说：“皇位父子相传，这是先王确立的旧制，改变旧制很少有不导致祸乱的。所以周武王不把天子之位传授圣贤的兄弟周公，并不是因为不爱他。现在如果琅邪王即位，拿两孺子怎么办！”庾冰不听。成帝下诏，让司马岳为皇位继承人，并让自己的儿子司马奕承继琅邪王司马安国的封号。

六月初七壬辰，庾冰、何充以及武陵王司马晞、会稽王司马昱、尚书令诸葛恢同时受任辅佐国政。

六月初八癸巳，成帝司马衍驾崩。成帝年幼时继位，不亲自处理政务。等到年岁渐大，颇有勤俭的德行。

六月初九甲午，琅邪王司马岳即帝位，实行大赦。

六月十四己亥，封成帝司马衍儿子司马丕为琅邪王，司马奕为东海王。

康帝司马岳居丧不问政事，把朝政交给庾冰和何充。

秋季，七月初七丙辰，成帝入葬兴平陵。康帝徒步行走送葬，直至阊阖门，然后登上素白的车舆到达陵墓所在地。丧事结束后，康帝驾临殿前，庾冰、何充侍坐于旁。康帝说：“我继承国家大业，靠的是你们二人之力。”何充说：“皇上龙飞登宝座，是庾冰出的力。如果像我所说的那样，那么皇上就不能目睹这升平之世了。”康帝面有惭色。七月初八己未，任命何充为骠骑将军，都督徐州、扬州的晋陵诸军事，兼任徐州刺史，镇守京口，以避让庾氏家族。

（以上为第一段，写豫州刺史庾怿送毒酒给江州刺史王允之，事觉，自杀；荆州刺史庾翼镇守武昌，因发生妖异，欲移镇乐乡，被劝止；成帝司马衍病重，庾冰力荐司马岳继位。）

冬季，十月，前燕主慕容皝迁都至龙城，赦其境内罪囚。

前燕建威将军慕容翰对慕容皝说："宇文部强盛日久，屡次成为国家的忧患，现在宇文逸豆归篡权夺国，群情不肯依附。加上他性情、见识都平庸昏昧，所用将帅没有才能，国家没有防卫措施，军队没有严密组织。我长久地居住在他们国家，熟知地形。他们虽然依附远方强大的羯人，但声威、力量都远不可及，对救援没什么帮助。现在如果攻击宇文部，定是百战百胜。不过高句丽与我国近在咫尺，对我们常有窥探之心。他们如果知道宇文氏灭亡后，祸患将降临到自己的头上，必定会乘虚而入，袭我不备。如果留下少量兵力，不足以守御；多留军队则又不能攻克宇文部，这是我们的心腹之患，应当先行除去。我观察高句丽的力量，我们可以一战而胜。宇文氏是只图自保的人，一定不会到远方去与我国争夺利益。攻取高句丽后，回过头来攻取宇文部，就易如反掌了。这两个国家被平定后，我们便可以尽得东海之利，国富兵强，没有后顾之忧，然后就有可能图谋中原了。"慕容皝说："好！"

前燕军准备进攻高句丽。通往高句丽的道路有两条，一条是北道，地形平阔，一条是南道，地势险要狭窄，大家都想走北道。慕容翰说："敌虏据常情忖度，必定认为大军会走北道，肯定是重北而轻南。大王应当率领精兵由南道攻击，出其不意，其都城丸都唾手可得。另遣偏师由北道进发，即使遭受挫折，但他们的腹心已经溃败，四肢便无能为力了。"慕容皝听从了他的献策。

十一月，慕容皝亲自带领精锐士兵四万人循南道进发，让慕容翰、慕容霸为先锋，另派长史王寓等率领兵众一万五千人由北道进发，攻打高句丽。高句丽王钊果然派遣兄弟武率领精兵五万人在北道迎敌，自己带领羸弱的士兵防备南道。慕容翰等人最先到达，与钊交战，慕容皝率领大军陆续赶来。左常侍鲜于亮说："我以俘虏的身份蒙受燕王以国士之礼相待，不能不报答。今天就是我以死报效的日子。"独自同数名骑兵先行冲击高句丽的战阵，所到之处敌军均遭挫败。高句丽的军阵骚动，燕国大军乘势攻击，高句丽军队大败。左长史韩寿斩杀高句丽将领阿佛和度加，各路军队乘胜追袭，于是进入丸都。高句丽王钊独自骑马逃跑，轻车将军慕舆埿追击，抓获高句丽王的母亲周氏和他的妻子后返回。适逢王寓等人在北道与高句丽的军队作战，均遭败绩，因此慕容皝不再穷追高句丽王，派使者招安他，他躲藏不肯出来。

慕容皝准备返回，韩寿说："高句丽这地方，不能留兵戍守。现在他们君主逃亡，民众流散，潜伏在山谷之中。我方大军离开后，他们必定又会聚集在一起收拾残余势力，仍然可以造成祸患。我请求用车载上钊父的尸体，用囚车载上钊母带回国去，等钊自缚来归降，然后再交还给他，以恩信抚慰他，这是上策。"慕容皝听从，发掘高句丽王父亲乙弗利的陵墓，用车运载尸体，收缴府库中历代积累的财宝，掳获男女民众五万多人，焚毁高句丽王的宫室，又毁坏丸都城郭，然后返回。

十二月二十九日壬子，康帝司马岳立妃子褚氏为皇后。征召豫章太守褚裒为侍中、尚书。褚裒因为自己是褚皇后的父亲，不愿意在内廷任职，苦苦乞求外出，于是被任命为建威将军、江州刺史，镇守半洲。

（以上为第二段，写前燕王慕容皝采纳建威将军慕容翰提出的消灭宇文部，首先要消灭高句丽的谋划，又听其言，率领精兵由南北两道进攻，出其不意，打败高句丽。）

后赵主石虎在邺城营建四十多所台观，又营建洛阳、长安二处宫室，参与劳作的达四十多万人。石虎又想从邺城修建阁道到襄国，敕令黄河以南的四个州郡整治南攻的军备，并州、朔州、秦州、雍州准备西讨的军资，青州、冀州、幽州为东征做准备，都是三个男丁中调遣二人，五人中征发三人。各州郡的军队共有甲士五十多万人，船夫十七万人，溺水而死、被虎狼吞噬的占三分之一。再加上公侯、牧宰竞相谋取私利，百姓们失去所从事的家业，愁困不堪。贝丘人李弘顺应民心的怨恚，自称姓名与谶言相符，聚集党羽，设置百官，事发后被杀，连坐获罪的有几千家。

石虎打猎没有节制，清晨外出，夜间返回，又经常微服出行，亲自检视工地的劳役情况。侍中京兆人韦谀劝说道："皇上轻视天下的重位，轻易地来往于危险之地，假如突然发生狂人的变乱，即使有智有勇，又将何处施展！况且征发徭役不分时节，荒废民众的农业生产，忧伤叹息之声充溢于行路。恐怕不是仁圣之人所能忍心干的事情。"石虎赏赐韦谀谷物钱帛，但修建工程更加繁多，自己游巡察看泰然自若。

后赵秦公石韬得到石虎的宠爱，太子石宣憎恶他。右仆射张离兼任五兵尚书，想讨好石宣，劝说石宣道："现在诸侯的属吏、兵众都超出了限度，应当逐渐裁省，以增强朝廷的势力。"石宣让张离写上奏章说："秦公、燕公、义阳公、乐平公四人，允许设置吏属一百九十七人，帐下士兵二百人。由此而下，依照等位高低，按三分之一的比例设置官吏，配备士兵。所余下的五万士兵，全部配备给东宫。"于是各位王公莫不怨恨，矛盾、隔阂越来越深了。

青州上报说："济南平陵城北的石雕老虎，一夜间被移到城东南，沿途有一千多只狼狐的足迹，已经踩出了小路。"石虎高兴地说："所谓石虎就是我。自西北迁移到东南，表明天意想让我荡平江南。现在下令各州军队明年全部会齐，我将亲自统领六师，以遵循天命。"群臣都称贺，一百零七人呈上《皇德颂》。石虎颁发命令："被征调的士兵每五人出车一辆，牛二头，米十五斛，绢十匹，不备者斩首。"民众即使典卖子女供给军需，仍然不能凑齐，在路边树上上吊自尽的远近相望。

（以上为第三段，写后赵主石虎大兴宫室，在邺城营建台观四十多所，又营建洛阳、长安二宫，并沉迷于打猎，还准备发动大军攻打东晋，赋税繁重，民众苦不堪言，以至于自杀者众。）

康皇帝

晋康帝建元元年（癸卯，公元 343 年）

春季，二月，高句丽王钊派兄弟去前燕入朝称臣，进贡珍宝异物数以千计。前燕主慕容皝这才交还其父的尸体，但仍然扣留他们的母亲作人质。

宇文逸豆归派丞相莫浅浑率兵进攻前燕，前燕众将争着迎击，前燕主慕容皝不允许。莫浅浑以为慕容皝畏惧自己，酣饮纵猎，不再设防。慕容皝让慕容翰出击，莫浅浑大败，仅独自幸免，士众全部被俘获。

东晋征西将军庾翼为人慷慨，喜好功名，不崇尚浮华。琅邪内史桓温即桓彝的儿子，娶南康公主为妻，为人豪爽而有风范和气概，庾翼和他关系友善，二人相约共同平定天下。庾翼曾经向成帝司马衍举荐桓温，说："桓温具备英雄的才能，希望皇上不要用常人的礼节对待他，不要按照寻常的女婿对待。应当委派给他周宣王时方叔、邵虎那样的重任，他必定能建立匡救世事艰难的功勋。"

当时杜乂、殷浩的才气、声名冠绝当代，唯独庾翼轻视他们，说："这种人应当束之高阁，等天下太平后，再慢慢商议他们的职务。"殷浩多次拒绝官府的征召，弃绝世事，隐居于墓地。如此将近十年，当时人把他和管仲、诸葛亮相比。江夏相谢尚、长山县令王濛经常观察他的出仕与隐居来推测江南的兴亡。他们曾经共同前往探视，知道殷浩有坚定的志向，回来后相顾而言说："殷浩不出来为官，百姓们该怎么办！"谢尚即谢鲲的儿子。庾翼请殷浩出任司马，康帝司马岳下令任他为侍中、安西军司，殷浩不从命。庾翼送信给殷浩说："王衍树立的声名并不真切，虽说是在谈论玄道，其实助长了浮华豪奢之风。具有完美德行的君子，遇到机会时难道能这样吗！"殷浩仍然不出仕。

殷浩之父殷羡担任长沙相，在郡中贪婪残暴，庾冰写信给庾翼，托他庇护。庾翼答复说："殷羡骄纵豪强，恐怕就是因为有个好儿子，所以我也从事理人情出发对他稍加宽容。总体考较一下江南的朝政，因为纵容豪强，经常成为危害百姓的蠹虫。当时实行的法令，就在寒门百姓身上施行。比如往年有人偷石头城仓库藏米一百万斛，都是豪强之辈，却只杀死仓库的督监搪塞责任，山遐任余姚的长官，为官府清理出豪强藏匿不报的百姓二千户，于是众豪强共同驱逐他，使他不得安宁。这虽然都是前任宰相王导为官昏昧荒谬所致，但江东的大业日渐衰微，实在由此而生。你我兄弟身遭不幸，枉自陷身政务之中，自己无法拔足于风尘之外，就应当共同睁亮眼睛加以治理。荆州所统辖的二十多个郡，唯有长沙恶迹最为昭著，恶而不遭贬黜，这与只杀督监有什么不同呢！"山遐即山简的儿子。

庾翼以攻灭胡虏、收取蜀地为己任，派使者向东与前燕主慕容皝相约，向西与张骏相约，商定日期大举行动。朝廷论议大多认为困难，唯有庾冰的意见与庾翼相同，而桓温、谯王司马无忌都赞成。司马无忌即司马承的儿子。

秋季，七月，后赵汝南太守戴开率领数千人向庾翼投降。初八丁巳，康帝司马岳下令，让朝廷讨论经略中原的事宜。庾翼想全数出动所统领的士众北伐，上书推荐桓宣为都督司州雍州梁州三州、荆州四郡诸军事及梁州刺史，前赴丹水；任命桓温为前锋都督、持节，率领士众进入临淮。同时出动自己统领的六州奴仆及车牛驴马，百姓叹息怨恨。

（以上为第四段，写东晋征西将军庾翼为人慷慨，喜好功名，琅邪内史桓温为人豪爽，而有风范、气概，皆以北定中原为己任；晋康帝司马岳下令讨论经略中原之事。）

代王拓跋什翼犍又向前燕求婚，前燕主慕容皝让他献出一千匹马作为聘礼，拓跋什翼犍不肯给，又骄傲自大，毫无女婿应有的礼节。

八月，慕容皝派世子慕容儁率领前军师慕容评等人进攻代国。拓跋什翼犍率领士众避开，前燕军没有遇见敌人，于是返回。

成汉主李寿死，谥号为昭文，庙号为中宗。太子李势即位，实行大赦。

后赵太子石宣进攻鲜卑部斛提，重创其军，斩首三万级。

宇文逸豆归擒获段辽的兄弟段兰，送到后赵，并且献上骏马一万匹。后赵王石虎命令段兰率领追从他的鲜卑部五千人屯军令支。

东晋征西将军庾翼想转移镇守地到襄阳，怕朝廷不同意，于是上书说移镇安陆。康帝司马岳和朝廷大臣都派使者晓谕制止，庾翼便违背命令向北行进，到达夏口后，又上书请求镇守襄阳。庾翼当时拥有兵众四万人，康帝下令加授他为都督征讨诸军事。

此前，车骑将军、扬州刺史庾冰多次请求外出任职，八月初二辛巳，任命庾冰都督荆州、江州、宁州、益州、梁州、交州、广州以及豫州等四郡诸军事，兼任江州刺史、持节，镇守武昌，作为庾翼的后援。征召徐州刺史何充为都督扬州、豫州、徐州之琅邪诸军事，兼任扬州刺史、录尚书事，辅佐朝政。任命琅邪内史桓温为都督青州、徐州、兖州诸军事及徐州刺史，征调江州刺史褚裒任卫将军，兼任中书令。

冬季，十一月二十二日己巳，东晋实行大赦。

（以上为第五段，写东晋征西将军庾翼不听招呼，移镇襄阳；晋康帝司马岳下令加授为都督征讨诸军事；任命庾冰、何充、桓温等为地方镇守大员，做好征讨准备。）

晋康帝建元二年（甲辰，公元 344 年）

春季，正月，后赵主石虎在太武殿宴飨群臣，有一百多只白雁停栖在马道的南面，石虎让人射雁，都没有射中。当时各州军队会集起来已有一百多万人，太史令赵揽秘密地对石虎说："白雁停栖庭院，是宫室将要空寂无人的征兆，不适宜向南进发。"石虎相信他，于是驾临宣武观，举行盛大的阅兵式，然后作罢。

成汉主李势改年号为太和，尊奉母亲阎氏为皇太后，册立妻子李氏为皇后。

前燕主慕容皝和左司马高诩谋议，准备讨伐宇文逸豆归。高诩说："宇文氏强盛，现在不攻灭，必然成为国家的祸患。如果攻打必能取胜，只是对将帅有所不利。"高诩出来后告诉别人说："我这一去必定是回不来了，但是忠臣不避祸。"于是慕容皝自为统帅，攻打宇文逸豆归。任命慕容翰为前锋将军，刘佩为他的副手；分别命令慕容军、慕容恪、慕容霸及折冲将军慕舆根率领军队，分三路同时进发。高诩临行前，不见他的妻子，让人转告家中事务，然后出发。

宇文逸豆归派南罗城主涉夜干统率精兵迎战，慕容皝派人急速告诉慕容翰，说："涉夜干勇冠三军，应当稍稍避让。"慕容翰说："宇文逸豆归尽数出动国内精兵交付给涉夜干，涉夜干素来有勇悍的名声，被他们全国所仰仗。现在我战败他，他们的国家便会不战自溃。况且我熟知涉夜干的为人，虽有虚名，其实容易对付。不应当避让他，这会挫伤我军的士气。"于是前进接战。慕容翰亲自出马冲击敌阵，涉夜干出阵应战，慕容霸从侧面截击，于是斩杀了涉夜干。宇文氏的士兵见涉夜干死亡，不战自溃。燕军乘胜追击，于是攻克宇文氏的都城。宇文逸豆归逃跑，死于大漠以北，宇文氏由此离散灭亡。慕容皝尽数收缴他们的畜产、物资、钱财，把宇文氏五千多个村落迁徙到昌黎，开辟国土一千多里。把涉夜干原先居住的城镇改名为威德城，让兄弟慕容彪戍守，然后班师回国。高诩、刘佩都被流矢射中身亡。

高诩擅长天文，慕容皝曾对他说："你有好书却不见你给我看，怎么能说尽忠！"高诩说："我听说人君执掌大要，人臣执掌具体事务。执掌大要的人安逸，执掌具体事务的人辛苦。所以后稷播种庄稼，唐尧不参与其事。从事占候、天文，清晨、夜晚十分辛苦，不是至尊之人应当亲自参与的，您准备学来干什么？"慕容皝默然不语。

当初，宇文逸豆归侍奉后赵甚恭敬，贡献物品的人不绝于路。等到前燕人攻打宇文逸豆归，后赵王石虎派右将军白胜、并州刺史王霸从甘松出发救援，等到达时，宇文氏已经灭亡，顺势进攻威德城，不胜而退。慕容彪追袭，击败后赵军。

慕容翰与宇文氏交战时，被流箭射中，长期卧床养伤，不出门。后来逐渐痊愈，在家中试着骑马。有人告发慕容翰假称有病却私下练习骑乘，怀疑他想作乱。前燕王慕容皝虽然仰仗慕容翰的勇悍和谋略，但心中终究有所忌惮，于是赐令慕容翰自裁。慕容翰说："我当初负罪出逃，后来又返回，今天死已算晚了。不过羯族寇贼占据中原，我不自量力，原想为国家荡平、统一海内。这一志向不能实现，我死了也会遗憾，这就是命运吧！"随即饮毒药身死。

代王拓跋什翼犍派其大人长孙秩到前燕迎娶妻子。

夏季，四月，凉州将领张瓘在三交城打败后赵将领王擢。

当初，后赵领军王朗对后赵主石虎陈言说："隆冬雪寒的季节，太子却让人砍伐修建宫室的木材，沿漳水运送而来，参与劳役的人有数万，忧伤叹息之声充溢道路，皇上应当乘出游时加以制止。"石虎听从。太子石宣发怒。适逢火星在房宿，石宣让太史令赵揽对石虎说："房宿是天王，现在火星停留于此，祸殃不小。应当用显贵大臣中姓王的人承当罚责。"石虎说："谁能承当？"赵揽说："没有比领军王朗更显贵的了。"石虎心中怜惜王朗，让赵揽再说其次的人选。赵揽无法回答，于是说："其次只有中书监王波了。"石虎于是下诏，穷追王波从前评议送矢给成汉，自取其辱一事的罪责，连同他的四个儿子，处以腰斩之刑，将尸体丢入漳水。不久，又怜悯王波没有罪过而遭极刑，追赠为司空，封王波孙子为侯。

后赵北平将军尹农进攻前燕凡城，不胜而退。

成汉太史令韩皓上书说："火星在心宿，是对不修缮宗庙的谴责。"成汉主李势令群臣论议此事。相国董皎、侍中王嘏认为："景皇帝李特、武皇帝李雄创定国家大业，献皇帝李骧、文皇帝李寿秉承国家政权，至亲的关系并不疏远，不应当疏远绝祀。"于是，重新下令祭祀成始祖李特和太宗李雄，都用汉的称谓。

（以上为第六段，写前燕主慕容皝自为统帅，以慕容翰为前锋将军，攻打鲜卑宇文部，慕容翰打败了勇冠三军的涉夜干，消灭宇文部，因练习骑乘而被诬告，含冤而死。成汉国，合成与汉为汉国。）

东晋征西将军庾翼让梁州刺史桓宣进攻在丹水的后赵将领李罴，被李罴战败，庾翼贬黜桓宣为建威将军。桓宣为此惭愧、气愤，因而染病。

秋季，八月初七庚辰，桓宣去世。庾翼让长子庾方之出任义城太守，代为统领桓宣的部众。又让司马应诞出任襄阳太守，参军司马勋出任梁州刺史，戍守西城。

东晋中书令褚裒坚持辞绝枢要的重任，闰月十四日丁巳，任命褚裒为左将军、都督兖州和徐州的琅邪诸军事、兖州刺史，镇守金城。

康帝司马岳病重，庾冰、庾翼想扶立会稽王司马昱为嗣君，中书监何充建议册立皇子司马聃，康帝听从何充的建议。九月二十四日丙申，立司马聃为皇太子。二十六日戊戌，康帝在式乾殿去世。

九月二十七日己亥，何充按照康帝遗诏，推奉太子即皇帝位，实行大赦。由此庾冰、庾翼深深痛恨何充。尊奉康帝皇后褚氏为皇太后。当时司马聃刚两岁，太后临朝听政。何充被加授中书监、录尚书事。何充自己陈述，既任录尚书事，不应再领中书，获得允许，又加授他为侍中。

何充认为左将军褚裒是褚太后的父亲，应当总揽朝政，便上疏举荐褚裒参录尚书，于是朝廷任命褚裒为侍中、卫将军、录尚书事，持节和原先的都督、刺史职位不变。褚裒因为是亲近的外戚身份，惧怕由此遭人讥讽猜忌，便上疏坚持请求出任藩镇长官。于是，改授他都督徐州、兖州、青州三州及扬州的二郡诸军事，卫将军，徐州和兖州刺史，镇守京口。尚书奏议说："褚裒与太后相见，在朝廷则褚裒执臣子礼节，私下见面则太后尊礼父亲。"褚太后听从。

冬季，十月二十三日乙丑，康帝司马岳入葬崇平陵。

江州刺史庾冰有病，太后征召庾冰入朝辅佐国政，庾冰辞谢不受。十一月初九庚辰，庾冰去世。庾翼因为家事国事难以兼顾，留下儿子庾方之任建武将军，戍守襄阳。因庾方之年轻，让参军毛穆之任建武将军司马，辅佐庾方之。毛穆之即毛宝的儿子。庾翼返回，镇守夏口。朝廷下令让庾翼再督察江州，又兼任豫州刺史。庾翼辞谢豫州刺史职务，仍然想移镇乐乡，朝廷下令不同意。庾翼仍然修缮兵器，大举屯田，积蓄谷物，以图后举。

后赵王石虎在灵昌津建造黄河渡桥，开采石料作为桥墩，但石块投下后，便被水冲走，耗用五百多万，渡桥却未建成。石虎发怒，斩杀工匠，停止建造。

（以上为第七段，写东晋朝廷的变故，晋康帝司马岳病重，按照何充建议，立两岁的儿子司马聃为皇帝，由褚太后临朝称制，庾氏控制朝政的局面一去不复返。而征西将军庾翼仍然修治兵器，大举屯田，积谷蓄物，以图后举。）

孝宗穆皇帝上之上

晋穆帝永和元年（乙巳，公元 345 年）

春季，正月，甲戌朔（疑为辛未朔之误），皇太后在太极殿设置白纱帷帐，抱着穆帝驾临殿前。

后赵义阳公石鉴镇守关中，徭役繁多，赋税沉重。文武官员头发长的，就拔下来当冠帽的缨绳，剩下的送给宫女。长史拿着头发禀报后赵王石虎，石虎征召石鉴回邺城，让乐平公石苞代为镇守长安，又征发雍州、洛州、秦州、并州的十六万人营建长安未央宫。

石虎喜欢打猎，晚年身体沉重不能骑马，就建造打猎用的车子一千辆，定期比赛打猎。从灵昌津向南到荥阳东境的阳都，都划为猎场，让御史监护，其中的禽兽有人敢伤害，便获罪，被处以大辟的极刑。百姓有美丽女子或上好的牛马，御史如果弄不到手，就诬陷他们伤害禽兽，论罪处死的有一百多人。又征发各州二十六万人修建洛阳宫，征发百姓牛畜二万头调配给朔州的地方官员。又增设宫中女官，分置二十四等，东宫十二等，七十多个公侯封国都分九等，大举征选民女三万多人，分成三等配置各处。太子、各王公私下发令征选的美女又将近万人。各个郡县极力选取美女，经常强行夺占百姓的妻子，杀害她们的丈夫，加上丈夫自杀的，人数达三千多。美女送到邺城后，石虎在殿前挑选分等，因为使者能干，被封侯的有十二人。荆楚、扬州、徐州的民众流失、背叛几乎无存。当地的守令因不能安抚关切他们坐罪，被下狱诛杀的有五十多人。金紫光禄大夫逯明乘侍奉石虎时直言力谏，石虎大怒，让骁勇的龙腾中郎将他勒死。

前燕主慕容皝把牛借给贫民，让他们在苑囿中佃耕，赋税收取十分之八，自己有牛的收税十分之七。记室参军封裕上书劝说，认为："古时按十分之一的比例收税，这是天下最公正的税法。延及魏、晋，仁政衰微，借官田、官牛的也不过纳税五分之三，自己有牛的只纳税一半，尚且不采用十分之七八的税制。从永嘉以来，国内动荡离析，武宣王用仁德安抚民众，汉夷民众，不远万里前来汇集，背负财货来归附的情景，如同幼儿归附父母。所以人口户数比起以往增长十倍，没有田地的人达十分之三四。等到您继位，在南方挫败强大的后赵，在东方兼并了高句丽，在北方攻取了宇文部，拓展国土三千里，增加民众十万户。此时应当全部放弃苑囿分给新附民众耕种，没牛的官府赐给牛，不应再收取重税。况且以您百姓的身份使用您的牛，牛不为您私有，又为何人所有呢！这样，则战旗南指的那一天，百姓们谁不送饭送水，踊跃犒劳、迎接大王的军队呢？石虎又能与谁共处呢！川渎沟渠有毁废堵塞的，都应开通、疏浚，天旱可以灌溉，天涝可以泄洪。一人不耕种，就会有人挨饿，更何况游动民众有数万人，怎能做到家有裕财，人人丰足呢！现在各种官吏众多，白白耗费俸禄，只要才能不堪任用的都应淘汰。从事工商业获利，应当设置固定人数。学员三年无所成就，白白堵塞人才的晋升之路，都应当遣返他们重新务农。您圣德宽明，广泛地考察征求樵人、渔夫的意见。参军王宪、大夫刘明都因论事违背圣旨，主持的官员判处大辟酷刑，您虽然饶恕他们死罪，但仍然免去官职，禁锢不用。寻求真话却惩罚直言的人，这如同要去越国却向北行走，必定不能实现志向。右长史宋该等人阿媚奉承，苟且安身，轻率地弹劾直谏之士，自己没有脊骨，却嫉妒别人具有，遮掩您耳目，这是最严重的不忠。"

慕容皝于是下令，内称："省览记室封裕的劝说，我实在为此恐惧。国以民为根本，民以粮食为命根，可以全部废除苑囿，交给百姓中没有田地的人耕种。实在贫穷的，官府借给耕牛；财力有余却想得到官府耕牛的，都依照魏、晋旧法收税。沟渎对生产有益的，命令按时修治。现在战事刚刚兴起，建立功勋的机会很多，百官不便裁减，等平定、统一中原后，再慢慢论议此事。工商之人、学员之数，都应当裁减选择。人臣向人主陈言，这是很难的事，虽然有狂妄之处，应当择善而从。王宪、刘明，虽然按罪应废免，也是因为我没有雅量，可以恢复原来官职，仍然当谏议官。封裕忠正耿直，深知王臣的礼节，特赐钱五万。现在向内外宣示告之，如有想指出我的过失的，不论贵贱，不必有所忌讳！"慕容皝雅好文学，经常亲临学校讲授，考查、录用生徒达一千多人，其中颇有姑妄滥收之人，所以封裕谈到此事。

（以上为第八段，写后赵主石勒喜好打猎，大肆兴建，广征宫女，民怨沸腾；前燕主慕容皝则相反，从善如流，借牛助耕，减轻民赋，还雅好文学，亲临讲授。）

东晋朝廷下令征召卫将军褚裒，想让他担任扬州刺史、录尚书事。吏部尚书刘遐、长史王胡之劝说褚裒道："会稽王司马昱德行昭著、素负雅望，是国家的周公，您应把国家大政交给他。"褚裒于是坚决辞谢不受封职，回归藩镇。壬戌（疑误），朝廷任命会稽王司马昱为抚军大将军、录尚书六条事。

抚军大将军司马昱清虚寡欲，特别擅长谈论玄言，经常让刘惔、王濛及颍川人韩伯作谈客，又征用郗超为抚军椽吏，谢万为从事中郎。郗超即郗鉴的孙子，少年时便卓绝出众，不受羁绊。父亲郗愔，简微寡言，性情淡泊却吝惜钱财，积蓄钱财无数，曾经打开库房任由郗超取用，郗超发放、施舍给亲朋故旧，一日之内都散发殆尽。谢万即谢安的兄弟，清静旷远，卓尔不群，当时也很有名望。

前燕在龙山出现黑龙和白龙，交首戏游，丢下龙角离开。前燕王慕容皝亲自用太牢的礼节祭祀，赦免境内罪犯，把自己居住的新宫殿命名为和龙。

东晋都亭肃侯庾翼的背疽发作，上书乞请儿子庾爰之代摄辅国将军、荆州刺史，把后事委托给他。又任司马义阳人朱焘为南蛮校尉，率领一千人驻守巴陵。秋季，七月初三庚午，庾翼去世。

庾翼的部将干瓒等人作乱，杀害冠军将军曹据。朱焘和安西将军长史江虨、建武将军司马毛穆之、将军袁真共同攻杀他。江虨即江统的儿子。

八月，东晋豫州刺史路永背叛晋朝投奔后赵，后赵王石虎让他屯军寿春。

庾翼死后，朝廷论议都认为庾氏家族世世代代驻守西部藩镇，为人心所向，应当同意庾翼的请求，让庾爰之接替职位。何充说："荆楚是国家的西方门户，有民众百万，北边联结强大的胡虏，西边邻近强大的成汉，地势险阻，周边有万里之遥。得到合适的人选，中原就可以平定；所用非人，那么国家命运可堪忧虑，这就是陆抗所说的'存则吴存，亡则吴亡'。怎能让白脸少年人担当这样的职位呢！桓温英气、谋略过人，有文武两方面的才干，西边这个职位，没有比桓温更合适的人了。"论议者又说："庾爰之肯让给桓温吗？如果他率军抗命，国家所受的耻辱和惊惧都不会小。"何充说："桓温足以制服他，你们不必担忧。"

丹杨尹刘惔经常为桓温的才干惊奇，但知道他有不甘为臣的志向，刘惔对会稽王司马昱说："桓温不能让他占据地形便利的地方，对他的地位、封号也应当经常贬抑。"劝司马昱自己镇守长江上游，让自己任军司，司马昱不听。刘惔又请求自己前往，也不获准许。

八月，庚辰（疑误），东晋任命徐州刺史桓温为安西将军、持节，都督荆州、司州、雍州、益州、梁州、宁州诸军事，兼任护南蛮校尉、荆州刺史，庾爰之果然不敢与他争位。又任命刘惔监察沔中诸军事，兼任义成太守，替代庾方之。把庾方之、庾爰之迁移到豫章。

桓温曾经想乘下雪外出打猎，先过访刘惔，刘惔见他装束十分齐整，对他说：“老贼想这样去干什么？”桓温笑着回答：“我不去打猎，你还能在家中坐谈吗！”

（以上为第九段，写东晋朝廷的人事变更，荆州刺史庾翼去世，遗令儿子庾爰之接替他的职务；朝廷评议，何充力主以徐州刺史桓温接替庾翼的职务，镇守荆州。）

成汉主李势的兄弟大将军李广，因为李势没有儿子，请求让自己当皇太弟，李势不同意。马当、解思明劝说道：“皇上兄弟不多，如果再有所废免，将会更加孤弱危险。”坚决请求答应李广的请求。李势怀疑他们和李广有预谋，拘捕马当、解思明斩首，夷灭三族。又派太保李奕进攻在涪城的李广，贬废李广为临邛侯，李广自杀。解思明被捕时，叹息说：“国家之所以不灭亡，是因为有我们这几个人在，现在危险了！”谈笑自若赴死。解思明有智慧、谋略，敢于直言劝说；马当素来得人心。他们死后，士民无不哀悼。

冬季，十月，前燕主慕容皝派慕容恪进攻高句丽，攻克南苏，设置戍守后返回。

十二月，张骏攻打焉耆，使之投降。这年，张骏分出武威等十一郡，设置凉州，让世子张重华担任刺史；分出兴晋等八郡为河州，让宁戎校尉张瓘担任刺史；又分出敦煌等三郡及西域都护的三营为沙州，让西胡校尉杨宣担任刺史。张骏自称大都督、大将军、假凉王，督摄三州，开始设置祭酒、郎中、大夫、舍人、谒者等官员，官号都仿效东晋朝廷，只是稍稍改变名称。车服旌旗都仿效帝王。

后赵主石虎任冠军将军姚弋仲为持节、十郡六夷大都督、冠军大将军。姚弋仲清静俭朴耿直，不修威仪，说话无所畏惧，石虎非常器重他。朝廷的重大决议，姚弋仲时常参与决断，公卿大臣都对他心存忌惮，执礼恭敬。武城左尉是石虎宠姬的兄弟，曾闯入姚弋仲的营地，侵扰部众。姚弋仲将他擒获，数落他说：“你身为制止邪妄行为的校尉，却胁迫小小百姓，我身为大臣，亲眼所见，就不能宽纵你。”令左右侍从推出斩首。左尉谢罪求饶，叩头直至流血，左右侍从极力劝阻，姚弋仲这才饶他性命。

前燕主慕容皝认为古代诸侯即位，都各自称为元年，便开始不用东晋年号，自称十二年。

后赵主石虎让征东将军邓恒率领数万军队屯兵乐安，修制进攻器械，为攻打前燕做准备。前燕王慕容皝任命慕容霸为平狄将军，戍守徒河。邓恒畏惧，不敢侵犯。

（以上为第十段，写成汉主李势残酷杀害请求担任皇太弟的弟弟李广；前凉主张骏称假凉王，统领凉州、河州、沙州三州，仿效皇帝排场；前燕主慕容皝废去东晋年号。）

晋穆帝永和二年（丙午，公元346年）

春季，正月初一丙寅，东晋实行大赦。

正月十四日己卯，都乡文穆公何充死。何充兼具才识和度量，上朝时面容端肃，以治国为己任，所选用的人都有所成就，不为亲朋故友徇私情。

当初，夫余部居住在鹿山，遭到百济的侵扰，部落衰败离散，便向西迁移，靠近前燕，但不设防备。前燕主慕容皝派世子慕容儁率领慕容军、慕容恪、慕舆根三位将军，统率骑兵共一万七千人进攻夫余部。慕容儁居中指挥，具体军务都委派给慕容恪，于是攻下夫余，掳获扶余王玄和其部众五万多人返回。慕容皝任命玄为镇军将军，把女儿许配给他为妻。

二月十九日癸丑，东晋任命左光禄大夫蔡谟兼任司徒，与会稽王司马昱共同辅佐朝政。

褚裒向朝廷荐举前光禄大夫顾和、前司徒左长史殷浩。三月十二日丙子，朝廷任命顾和为尚书令，殷浩为建武将军、扬州刺史。顾和为亡母服丧，坚持辞绝不肯出仕，对自己亲近的人说："古人中有脱下丧服从事君王事务的，是因为他们的才能足以济世治事。像我这样的人如果这么做，就只有使孝道有损，伤风败俗而已。"有见地的人都称赞他。殷浩也坚持辞谢不受职。会稽王司马昱给殷浩写信说："国家正当处于困厄的命运，危殆的弊病理当终尽，您的见识深远、广博、出众，足以经世救国。如果再深存谦抑之心，随随便便满足个人的心愿，我怕天下之事就此无可挽回了。您的去就关系着时世的废兴，家庭与国家命运紧密相连不可分割，您还是好好想一想！"殷浩这才就职。

夏季，四月，己酉朔（疑误），出现日食。

五月二十三日丙戌，凉王、西平忠成公张骏去世。前凉的官员属吏上书，请世子张重华为使持节、大都督、太尉、护羌校尉、凉州牧、西平公、假凉王，赦其境内罪囚。张重华尊奉父亲的正妻严氏为大王太后，生母马氏为王太后。

后赵中黄门严生与尚书朱轨交恶，适逢淫雨连绵，严生谗毁朱轨不修整道路，又诽谤、讥讽朝政，后赵王石虎将朱轨囚禁。蒲洪劝说道："皇上已经拥有襄国、邺宫，又营建长安、洛阳的宫殿，准备用来干什么！又制造猎车一千辆，围地几千里用来豢养禽兽，强夺百姓妻子、女儿十多万人充实后宫，贤圣的帝王、明智的君主的所作所为，难道原本就是这样吗？现在又因道路没有修整，就想杀害尚书。皇上的德政不修，上天才降淫雨，历经七十天刚放晴，天晴才两天，即使有鬼神之兵一百万人，也不能去除道路上的泥泞和积水，何况人呢！政治和刑法变成这样，对天下人如何交代，对后人如何交代！希望能停止劳作的徒役，废除苑囿，释放宫女，赦免朱轨，以满足众人的期望。"石虎虽然不高兴，但也没有降罪蒲洪，为此停止了长安、洛阳两地的劳作徒役，但终究诛杀了朱轨。又制定惩治私下议论朝政的刑法，允许属吏告发君长，奴仆告发主人。自此公卿大臣以下，朝会觐见时以目光互相示意，不再敢互相来往交谈。

后赵将军王擢攻打凉王张重华，袭击武街，抓获了护军曹权、胡宣，将七千多户百姓迁徙到雍州；后赵凉州刺史麻秋、将军孙伏都攻打金城，太守张冲请求投降，凉州人十分震惊恐惧。

张重华出动了境内的全部军队，让征南将军裴恒统率着他们去抵御后赵。裴恒在广武坚壁固守，久不交战。凉州司马张耽向张重华进言说："国家的存亡取决于军队，军队的胜败取决于将领。如今评议者荐举将领，大多推举故旧。韩信被荐举，并非由于他是过去的功臣，所以贤明君主的荐举，并没有固定不变的人选，只要才能胜任，就授以重任。如今强敌就在境内，众将领都不前进，人心恐惧。主簿谢艾，才兼文武，可以起用他来抵御赵军。"张重华召见谢艾，问他用什么办法抵御后赵，谢艾请求给他七千兵众，一定攻破赵军以作报答。张重华授予谢艾中坚将军，配给他步兵、骑兵五千人，让他去攻打麻秋。谢艾带领军队出了振武，夜里有两只猫头鹰在军营中鸣叫，谢艾说："玩六博棋时，得到饰有猫头鹰图案棋子的人获胜。如今猫头鹰在军营中鸣叫，这是战胜敌人的征兆。"于是就进军与后赵交战，大败后赵军队，斩首五千多人。张重华封谢艾为福禄伯。

后赵将领麻秋攻克金城的时候，县令敦煌人车济不投降，用剑自杀而死。麻秋又攻打大夏，护军梁式拘捕了太守宋晏，举城投降以响应麻秋。麻秋派遣宋晏带着书信去劝诱宛戍都尉敦煌人宋矩前来投降，宋矩说："作为人主的臣下，既然不能成就功业，只有为气节而死了。"于是，他就先把妻儿杀掉，然后自刎而死。麻秋说："这些人全都是义士。"为他们收尸安葬。

（以上为第十一段，写前燕出兵攻打并消灭夫余，掳获夫余王玄；前凉王张骏去世，后赵乘机出兵攻打，袭击武街，攻打金城，前凉出动大军，由谢艾率领，大败后赵。）

冬季，成汉太保李奕在晋寿起兵反叛，蜀人大多都跟从他，兵众多达数万。成汉主李势登上城墙抵御，李奕单身匹马冲击城门，守卫城门的人向他射击，射死了他，其兵众全都溃逃。李势在境内实行大赦，改年号为嘉宁。

李势骄奢淫逸，不操心国家大事，常常身居宫中，很少与公卿大臣接触，疏远忌惮昔日的臣下，信任跟随在身边的人，谗言媚语并进，刑罚苛刻泛滥，因此宫廷内外的人们全都与他离心。蜀地以前没有獠族人，到这时他们开始从山中出来，从巴西到犍为、梓潼，十多万个部落布满了山谷，无法禁止控制，给百姓带来了深重的祸患。再加上逢遇荒年，成汉境内，终于变得一片萧条。

东晋安西将军桓温准备讨伐成汉，将领辅佐全都认为不可行。江夏相袁乔劝说桓温道："攻取天下这样的大事，本来就不是按常理所能预测的，智慧高超的人自己在心中决定就可以了，不必非要等众人的意见全都统一。如今作为天下祸患的，只有胡、成汉二敌而已，成汉虽然地势险固，但力量比胡人软弱，如果准备除掉他们，应该先攻打容易攻取的一方。李势毫无道义，臣僚百姓与他离心，而且他凭借着自己的天险与偏远，没有做交战的准备。应该派一万精锐士兵轻装迅速开进，等到他察觉以后，我们已经穿越过了他的险要之地，一次交战就可以擒获他。蜀地物产富饶，人口众多，诸葛亮用此地与中原抗衡，如果我们得到而占有了此地，这对国家大有好处。谈论此事的人唯恐大军西进以后，胡人一定会乘虚图谋，这是似是而非的说法。胡人听说我们万里远征，会认为国内设有严密的防备，一定不敢轻举妄动。纵然有所侵扰，沿长江布防的各路军队也足以抵御防守，肯定没有什么忧患。"桓温听从袁乔的意见。袁乔是袁瓌的儿子。

十一月初五日辛未，桓温率领益州刺史周抚、南郡太守谯王司马无忌攻打成汉，上奏朝廷后立即行动。将留守事务委托给安西长史范汪，让周抚都督梁州四郡诸军事。让袁乔率领两千人作为前锋。

朝廷因为蜀道艰险遥远，桓温的兵力不足而又深入敌后，都为此担忧，只有刘惔认为一定能取胜。有人问他为什么，刘惔说："通过博戏知道的。桓温是善于博戏的人，不能肯定取胜的他就不干。只是恐怕攻克蜀地之后，桓温最终要在朝廷专权罢了。"

（以上为第十二段，写成汉太保李奕在晋寿起兵反叛，成汉主李势骄纵淫逸，境内离心离德，风雨飘摇，东晋安西将军桓温上书讨伐成汉，随即行动。）

晋穆帝永和三年（丁未，公元 347 年）

春季，二月，桓温的部队抵达青衣。成汉主李势大举出兵，派叔父右卫将军李福、堂兄镇南将军李权、前将军昝坚等人率领兵众，从山阳开赴合水。众将领想要在长江以南设下埋伏以等待东晋的军队，昝坚没有听从，带领军队从长江以北的鸳鸯碕渡过长江，奔赴犍为。

三月，桓温抵达彭模。有人提议应该兵分两路，齐头并进，用以削弱成汉军的威势。袁乔说："如今孤军深入万里之外，胜利则可以建立大功，败则尽死无遗，应当聚合威势，齐心协力，以争取一战成功。如果兵分两路，则众心不一，万一一方失败，攻打成汉的大事就完了。不如以完整的军队前进，扔掉釜甑一类的炊具，只带三天的军粮，以显示义无反顾的决心，肯定可以取胜。"桓温听从了他的意见。留下参军孙盛、周楚带领瘦弱的士兵守卫轻重装备，桓温亲自统率步兵直接开赴成都。周楚是周抚的儿子。

李福进军攻打彭模，孙盛等人奋力反击，赶跑了他。桓温进军，遇上了李权，三战三胜，成汉的军队溃散逃回了成都，镇东将军李位都到桓温那里投降。昝坚到了犍为以后，才知道和桓温走的不是一条路，掉头返回，从沙头津渡过长江，等到抵达成都，桓温已经驻扎在成都的十里陌，昝坚的兵众自己就溃散了。

李势把全部兵众都调往成都的笮桥迎战，桓温的前锋部队出师不利，参军龚护战死，流箭射中了桓温的马头。兵众见状十分害怕，想要撤退，而负责击鼓的士兵却误击了前进的鼓声。袁乔拔出战剑督促士兵奋力攻战，终于大败李势的军队。桓温乘胜长驱直入抵达成都，放火焚烧了城门。蜀人惊慌恐惧，再没有继续抵抗的斗志了。李势趁夜打开东门逃跑，到了葭萌，让散骑常侍王幼给桓温送去了请求投降的文书，自称“略阳人李势叩头请求死罪”。不久便拉着棺材，双手反绑于身后来到了桓温的军营门前投降。桓温为他松开了双手，焚烧了棺材，把李势及宗室亲属十多人送到了建康。桓温任用成汉司空谯献之等作为参佐，举拔贤能，奖掖善事，蜀人十分高兴。

日南太守夏侯览贪婪放纵，侵掠胡族商人，又下令征调造船用的木材，说准备攻打征战使用，因此各国对他十分愤恨。林邑王范文攻陷了日南，日南的将士有五六千人死亡。范文杀掉了夏侯览，用他的尸体祭祀上天，给交州刺史朱蕃送去檄文，请求以郡北的横山作为与东晋的分界。范文离开以后，朱蕃让督护刘雄戍守日南。

成汉的尚书仆射王誓、镇东将军邓定、平南将军王润、将军隗文等人全都起兵反叛，各自拥有兵众数万。桓温亲自攻打邓定，让袁乔攻打隗文，全都打败了他们。桓温命令益州刺史周抚镇守彭模，斩杀了王誓、王润。桓温在成都逗留了三十天，整顿部队后返回了江陵。李势抵达建康，被封为归义侯。夏季，四月二十九日丁巳，邓定、隗文等人进占成都，征虏将军杨谦放弃了涪城，退守德阳。

（以上为第十三段，写东晋安西将军桓温听从袁乔建议，集中兵力攻打成汉，长驱直入，攻入都城，成汉主李势投降；后来成汉将军邓定、隗文反叛，又攻占了成都。）

后赵凉州刺史麻秋攻打枹罕。晋昌太守郎坦因为枹罕城大，难以防守，想放弃外城。武成太守张悛说：“放弃了外城就会动摇众心，大事也就完了。”宁戎校尉张璩听从了张悛的话，固守城池。麻秋率领八万兵众将护城河团团包围，使用云梯和地道同时进攻，城中的士兵顽强抵抗，麻秋的兵众死伤数万。后赵主石虎又派他的将领刘浑等人率领步兵、骑兵二万人与麻秋会合。郎坦痛恨张悛不采纳自己的意见，叫军士李嘉悄悄地带领一千多赵兵登上城墙。张璩督促众将领奋力战斗，杀死了二百多人，后赵军队这才后退。张璩焚烧了后赵军队进攻的器械，麻秋退守大夏。

石虎任命中书监石宁为征西将军，率领并州、司州的军队二万多人作为麻秋的后继部队。张重华的部将宋秦等人率领二万多户百姓向后赵投降。张重华任命谢艾为使持节、军师将军，率领步兵、骑兵三万人进军临河。谢艾乘着轻车，戴着白色便帽，击鼓前进。麻秋远远望见，愤怒地说："谢艾是年轻书生，如此穿着，这是轻视我。"于是就命令装备黑色矛的三千龙骧兵驰马攻打他，跟随在谢艾周围的人大为惊扰。有人劝谢艾应该骑马，谢艾不听，下车以后，坐在交椅上指挥部署，后赵军以为有伏兵，因害怕不敢再前进了。别将张瑁率兵从小路截断了后赵军队的后路，后赵军队兵退，谢艾乘势进攻，大破后赵军，斩杀了后赵将领杜勋、汲鱼，斩杀其兵众一万三千多人，麻秋单身匹马逃奔大夏。

五月，麻秋和石宁又率领十二万兵众进军驻扎在黄河以南，刘宁、王擢攻略晋兴、广武、武街，直至曲柳。张重华让将军牛旋抵抗他们，后退固守枹罕，姑臧城内大为震恐。张重华想亲自出征抵抗，谢艾恳切劝说。别驾从事索遐说："君王镇慑一国，不可轻率行动。"张重华于是任命谢艾为使持节、都督征讨诸军事、代摄卫将军，任命索遐为军正将军，率领二万步兵、骑兵抵抗赵军。别将杨康在沙阜打败刘宁，刘宁后退，驻扎在金城。

六月初五辛酉，东晋实行大赦。

秋季，七月，林邑军队又攻陷日南，杀掉了督护刘雄。

隗文、邓定等人立前国师范长生的儿子范贲为帝，并尊奉他，他们靠妖异之辞迷惑民众，蜀人大多归附。

后赵主石虎又派征西将军孙伏都、将军刘浑率领步兵、骑兵两万人与麻秋的军队会合，长驱直入，渡过黄河攻打张重华，屯军长最。谢艾在军前竖起大旗与兵众誓师，恰好风吹旌旗指向东南，索遐说："风向就是号令，现在旌旗指向敌人，这是上天的佑助。"谢艾屯军于神鸟，王擢与谢艾的前锋部队交战被打败，逃回黄河以南。八月初三戊午，谢艾进军攻打麻秋，大败麻秋，麻秋逃回金城。石虎听说以后，叹息道："我靠部分军队平定了九州，如今拥有九州的兵力却受困于枹罕，他们有人才在这里，不可图谋！"谢艾班师返回，攻打反叛的敌虏斯骨真等一万多个部落，全都打败并平定了他们。

后赵王石虎占据了十州的地盘，聚集收敛金帛，以及外国所进献的珍异宝物，府库里的财物不可胜数，但他还是觉得不够，把前代的陵墓全都挖掘开，夺走了其中的金宝。

僧人吴进向石虎进言说："胡人的命运将要衰落，晋王朝当要复兴，应当让晋人服艰苦的劳役，以抑制他们的气势。"石虎让尚书张群征发附近各郡的男女十六万人，车十万辆，运土到邺城以北，修筑华林苑及漫长的围墙，占地数十里。申钟、石璞、赵揽等人上疏，陈述目前天文星象错乱，百姓凋敝。石虎勃然大怒，说："即使宫苑和围墙早晨建成，而我晚上就死去，也死无遗憾。"石虎督促张群让人们点燃烛火，夜不停工。天降暴风大雨，死亡的人达数万。各郡国先后送上苍麟十六只，白鹿七头，石虎命令司虞张曷柱调驯它们，用来驾芝盖车，举行盛大朝会时陈列在殿堂庭院。

九月，石虎命令太子石宣到各地的山川祈求福祉，顺便周游打猎。石宣乘坐大车，车子饰以鸟羽华盖，树立天子旌旗，十六路军队的十八万士兵从金明门出发，石虎从后宫登上陵霄观眺望，笑着说："我家父子如此，除非天崩地陷，还有什么可愁的呢！我只管去抱儿子、逗孙子，终日享受天伦之乐吧。"

石宣每到一地停留，就让人们结成漫长的围圈，四边各有一百多里，然后驱赶禽兽，到傍晚让禽兽全都汇集在他的住所附近，让文武官员全都跪立，再把禽兽围拢起来，火炬把四周照得如同白昼，石宣命令强劲骑兵一百多人驰马向围圈中射击，石宣和姬妾们乘车观看，直到禽兽全被射死才停止。有时个别禽兽逃出围圈，负责围守该地段的人，有爵位的就剥夺他的马让他步行一天，没爵位的就责罚一百鞭。士兵饥寒交迫，死亡的人有一万多，所经过的三州十五郡，物资储备全都挥霍无遗。

石虎又命令石韬继石宣之后出行，从并州到秦州、雍州，情况和石宣一样。石宣对石韬和自己势均力敌很恼怒，对他越发嫉恨。宦官赵生得宠于石宣，在石韬面前不受宠爱，于是就暗地里劝说石宣除掉石韬，从此开始有了杀掉石韬的图谋。

后赵的麻秋又攻袭张重华的部将张瑁，打败了他，斩首三千多级。枹罕护军李逵率领七千兵众投降了后赵，自黄河以南，氐族、羌族全都归附了后赵。

（以上为第十四段，写后赵与前凉的攻斗，前凉将领谢艾用智谋退敌，后赵主石勒大为惊叹；后赵拥有十州之地，石虎及其太子、秦公等尽情享受，物资储备全都挥霍无遗。）

冬季，十月十一日乙丑，东晋派侍御史俞归到凉州，授予张重华侍中、大都督、督陇右关中诸军事、大将军、凉州刺史、西平公。俞归抵达姑臧，张重华想称凉王，不肯接受诏命，让亲信沈猛私下里对俞归说："主公世代都是晋王室的忠臣，如今却竟然不如鲜卑，为什么？朝廷封慕容皝为燕王，而主公才仅仅是大将军，靠什么褒奖勉励忠臣贤良呢！您应该向黄河以西的民众发布文告，共同劝州主称凉王。臣下出使于外，如果是对国家有利的事情，擅自决定也是可以的。"俞归说："您说错了！过去三代称王的时候，尊贵的爵位没有什么能比得上上公；等到周室衰微，吴国、楚国开始僭越封号称为王，而其他诸侯国不加责难，是因为把他们作为蛮夷来对待，假使齐国、鲁国称王，其他诸侯国岂不四面攻击他们吗？汉高祖封韩信、彭越为王，不久把他们全都诛灭，这是一时的权宜之计，不是厚待他们。皇上因为你家主公忠诚贤明，所以赐爵上公，授以一方重任，恩宠荣耀登峰造极，难道是鲜卑夷狄所能比拟的吗？况且我听说，功有大小、赏有重轻。如今你家主公刚刚继位就称王，如果率领黄河以西的民众，东进平定胡人、羯人，修复陵庙，迎接天子返回洛阳，将会被加授什么职位呢？”张重华于是放弃了称凉王的打算。

武都氐王杨初派使者前来向晋朝称臣，朝廷下诏，任命杨初为使持节、征南将军、雍州刺史、仇池公。

十二月，振威护军萧敬文杀掉了征虏将军杨谦，攻下涪城，自称益州牧。占据了巴西，直达汉中。

（以上为第十五段，写东晋派侍御史俞归授予前凉主张重华大都督、凉州刺史、西平公等官职，张重华自比燕王慕容皝，在俞归劝说下，放弃了称王的打算。）

【点评】

东晋皇帝多短命。在公元 342 年至公元 347 年的六年中，东晋的两位皇帝先后去世。东晋皇室多艰，皇帝早逝，国家焉能振兴？明帝司马绍，平定了王敦之乱，稳定了东晋皇朝的局势，时年二十七岁，正当年轻有为时，生病去世，五岁的儿子司马衍继位。司马衍当了十几年的傀儡皇帝，其间经历了苏峻之乱，到了该亲政有所作为的时候，又去世，由他的弟弟司马岳继位。司马岳当了两年的皇帝，二十三岁时去世，由他两岁的儿子司马聃做小皇帝。司马聃尽管做了十几年的小皇帝，到了十九岁时，又生病去世。

东晋皇帝早逝，这是东晋皇室的悲哀，也是历史的悲哀。这些皇帝的早逝，据历史的记载，就是得了重病而去世，只有后面的司马丕是因服药过量而死。

关于东晋几位皇帝的死因，也许不是如史书所说的生病，即使是生病而死，其中也许另有隐情。那么究竟是什么隐情？则有待于发掘新的历史资料。如此，几位皇帝连自己的性命都不能掌控，遑论其作为和功绩？

晋纪二十

晋穆帝永和四年至六年（公元 348—公元 350）

【起著雍涒滩（戊申，公元 348 年），尽上章阉茂（庚戌，公元 350 年），凡三年】

【大事提要】

本卷记事起公元 348 年，讫公元 350 年，凡三年，当晋穆帝（司马聃）永和四年至永和六年。本卷所载大事，主要有五个方面：其一，前燕慕容儁即王位。公元 348 年，前燕主慕容皝“雄毅多权略”，崇尚汉族文化，平定内部叛乱，击败宇文部和段部，击退后赵进攻，破高句丽，威震北方。去世时，年五十二岁。慕容儁即位，遣使向东晋朝廷告丧。东晋派遣谒者陈沈至前燕，封慕容儁为燕王。其二，石虎杀子，后赵国大乱。其三，石闵屠胡，建国称帝。其四，蒲洪自称三秦王，改姓苻氏。其五，苻健建立前秦。氐族首领蒲洪于公元 350 年称王后，被后赵将领麻秋毒死。世子苻健杀掉麻秋自立，遣使向东晋告丧请命。苻健自称晋征西大将军，率军向长安进攻，大军长驱直入，攻下长安，即天王位，称大单于，建国号大秦，建元皇始，史称前秦。

孝宗穆皇帝上之下

晋穆帝永和四年（戊申，公元 348 年）

夏季，四月，林邑军队进犯东晋九真郡，当地的士兵和百姓十之八九被杀。

后赵的秦公石韬受到后赵王石虎宠爱，石虎想立他为太子，可是因为已立的太子石宣为长，犹豫不决。石宣曾违背石虎的指令，石虎气愤地说：“真后悔当初没立石韬为太子！”石韬因此而更加傲慢无忌。他在太尉府建造了一座殿堂，命名为宣光殿，横梁长达九丈。石宣看到后认为冒犯了他的姓名，勃然大怒，便杀掉了工匠，截断了横梁，拂袖而去。石韬对此也怒不可遏，又把横梁加长到十丈。石宣听说后，对他的亲信杨杯、牟成、赵生说：“这小子竟敢如此傲慢刚愎！你们如果能把他杀掉，我即位入主西宫后，一定把他现在占据的封国郡邑全都分封给你们。石韬死后，主上一定会亲临哀悼，到时我趁机把他也杀掉，没有不能成功的事情。”杨杯等人同意了。

秋季，八月，石韬因为和他手下的同僚在东明观夜宴，就宿于佛精舍。石宣乘机派杨杯等人爬着梯子溜进佛精舍，杀死了石韬，扔下杀人刀箭潜逃而去。第二天，石宣禀报了石韬被杀的消息，石虎闻讯后悲惊交加，顿时昏厥过去，许久才苏醒过来。当他正要前往参加丧事活动时，司空李农劝他说："杀害秦公石韬的人现在还不知道是谁，凶手尚在京师，国王的车乘不宜轻率出动。"石虎于是取消了亲临丧事的计划，命令士兵严加戒备，只在太武殿进行哀悼。石宣前往参加石韬的丧事活动，不仅不哭，还"呵呵"窃笑，又让人揭开覆盖尸体的被子观看尸体，然后大笑离去。他又把大将军记室参军郑靖、尹武等人抓了起来，准备诿罪于他们。

石虎怀疑石宣杀害了石韬，想召见他，又怕他不来，于是便谎称他母亲杜后因悲哀过度而病危。石宣没有察觉已怀疑到了自己头上，入朝来到中宫，便被扣留起来。建兴人史科知道石宣策划杀害石韬的计谋，告发了他们，石虎便派人去抓杨杯、牟成，但他们都逃跑了，只抓到了赵生。经过追问，他全部招供。石虎听完后更加悲痛愤怒，于是便把石宣囚禁在贮藏坐具的仓库中，用铁环穿透他的下巴颏并上了锁，拿来杀害石韬的刀箭，让他舔掉上面的血，石宣的哀鸣嚎叫声震动宫殿。佛图澄对石虎说："石宣、石韬都是皇上的儿子，今天如果为了石韬被杀而再杀了石宣，这便是祸上加祸了。皇上如果能对他施以仁慈宽恕，福祚的气运尚可延长；如果一定要杀了他，石宣当化为彗星而横扫邺宫。"石虎没有听从劝说。他命令在邺城之北堆上柴草，上面架设横杆，横杆的末端安置辘轳，绕上绳子，把梯子倚靠在柴堆上，将石宣押解到下边，又让石韬所宠爱的宦官郝稚、刘霸揪着石宣的头发，拽着石宣的舌头，拉着他登上梯子；郝稚把绳索套在石宣的脖子上，用辘轳绞上去；刘霸砍断石宣的手脚，挖出眼睛，刺穿肠子，使他被伤害的程度和石韬一样。然后又在柴堆四周点火，浓烟烈焰冲天而起。石虎则跟随昭仪官以下数千人登上中台观看。火灭以后，又取来灰烬分别放在通向各个城门的十字大路当中。还杀掉了石宣的妻儿九人。石宣的小儿子刚刚几岁，石虎平素非常喜爱他，因此临杀前抱着他哭泣，意欲赦免，但手下的大臣们却不同意，从怀抱中要过来就给杀掉了。当时小孩子拽着石虎的衣服大叫大闹，以至于连腰带都被拽断了，石虎也因此得了大病。石虎还废掉了石宣的母后杜氏，贬为庶人。又杀掉了石宣周围的三百人、宦官五十人，全都是车裂肢解以后，抛尸于漳水河中。石宣居住的太子东宫被改作饲养猪牛的地方。东宫卫士十多万人全都被贬去戍卫凉州。谋杀石韬事发之前，散骑常侍赵揽曾对石虎说："宫中将有变故，宜加防备。"等到石宣谋杀石韬以后，石虎怀疑他早已知道此事而没有禀告，把他也杀了。

（以上为第一段，写后赵太子石宣密谋杀掉其弟太尉石韬，被后赵主石虎查出实情，对石宣进行惨无人道的惩处，诛杀全家，石虎也因此得病，命不久，后赵衰微矣！）

东晋朝廷讨论平定成汉的功劳，想把豫章郡赐封给桓温。尚书左丞荀蕤说：“桓温如果再平定了黄河、洛水一带，那将用什么赏赐他呢？”于是朝廷让桓温担任征西大将军、开府仪同三司，封为临贺郡公，让谯王司马无忌担任前将军，让袁乔出任龙骧将军，并封为湘西伯。荀蕤是荀崧的儿子。

桓温平定了蜀地以后，权威日盛，名声大振，连朝廷对他也惧怕三分。会稽王司马昱认为扬州刺史殷浩素有盛名，朝野对他都很推崇佩服，便以他作为心腹骨干，让他参与总揽朝廷权力，想以此来和桓温抗衡。从此殷浩和桓温便逐渐开始互相猜忌，进而彼此产生了异心。

殷浩认为征北长史荀羡和前任江州刺史王羲之历来名声不错，便提升荀羡为吴国内史，提升王羲之为护军将军，作为自己的辅佐。荀羡是荀蕤的弟弟。王羲之是王导的侄子。王羲之认为只有朝廷内外融洽团结、和谐相处，然后国家才能安定，于是就劝说殷浩不要和桓温制造隔阂，但殷浩没有听从。

前燕王慕容皝身患疾病，他招来太子慕容儁嘱咐说：“如今中原尚未平定，正是需要依靠贤良杰出人士掌管朝政的时候。慕容恪智勇双全、才能出众，你应当委他以重任，以实现我入主中原的远大志向！”又说：“阳骛具有高尚的士大夫品行，忠诚不贰，坚贞不屈，可以委托他掌管大事，一定要很好地对待他！”九月十七日丙申，前燕主慕容皝去世。

后赵主石虎与群臣商议册立太子。太尉张举说：“燕公石斌长于军事统治，彭城公石遵长于礼乐教化，只看皇上的选择。”石虎说：“你的意见正合我意。”戎昭将军张豺则说：“燕公石斌，其母亲出身低贱，本人又曾经有过过错；彭城公石遵，其母亲以前因为太子石邃的事情被废退，如今再立石遵为太子，我担心他对您不可能没有丝毫的忌恨，愿皇上慎重考虑！”当初石虎攻克上邽的时候，张豺掳获了前赵主刘曜的小女儿安定公主，因姿色出众，被石虎纳为妾，并深得宠爱，生下了齐公石世。眼下张豺考虑到石虎年老有病，想立石世为继承人，希望刘氏为太后，这样自己便能得以辅佐朝政。基于这种考虑，张豺劝石虎说：“皇上以前两次立太子，他们的母亲全都出身低贱，所以才导致了朝廷祸乱不断。如今应该选择母贵子孝者立为太子。”石虎回答：“你不必说了，我知道太子该是谁了。”此后，石虎又一次和群臣在东堂商议。石虎说：“我要用三斛纯净的灰洗涮我内脏的秽恶，否则为什么我专生凶恶无赖的儿子，年龄一过二十就要杀害他的父亲！如今石世年方十岁，等到他二十岁时，我已经老了！”于是便与张举、李农做出决定，命令公卿大臣们上书，请求立石世为太子。大司农曹莫不肯在上书上签名，石虎派张豺去询问原因，曹莫磕头拜首，回答道：“治理天下这样的重任，不应该选择年少者，所以我不敢签名。”石虎说：“曹莫确实是忠臣，然而却没有领会我的用意；张举、李农深知我的意思，可以让他们去说明一下。”于是便立石世为太子，以刘昭仪为皇后。

冬季，十一月二十六日甲辰，前燕安葬前燕主慕容皝。太子慕容儁即位，境内实行大赦。慕容儁派遣使臣到建康向东晋朝廷报告丧事。他还任命弟弟慕容交为左贤王，任命左长史阳骛为郎中令。

十二月，东晋朝廷任命左光禄大夫、领司徒、录尚书事蔡谟为侍中、司徒。蔡谟上疏，执意推辞。他对周围比较亲近的人说："如果我当了司徒，必将为后人所耻笑，所以按照道义我不敢接受任命。"

（以上为第二段，写东晋朝廷讨论平定成汉的功劳，桓温受封，显现骄色；前燕主慕容皝去世，太子慕容儁即位；后赵主石勒听从张豺建议，立幼子石世为太子。）

晋穆帝永和五年（己酉，公元349年）

春季，正月，辛未朔（疑误），东晋实行大赦。

后赵王石虎即皇帝位，实行大赦，改年号为太宁，并将儿子们的爵位全都晋升为王。

原来守卫石宣东宫号称"高力"的一万多人被贬戍凉州，此时已行至雍城，因为他们不在赦免的范围内，石虎又命令雍州刺史张茂继续遣送他们。张茂却乘机扣留了他们所有的马匹，让他们推着运粮的小车徒步前往凉州。高力督定阳人梁犊利用众人内心的怨恨，策划造反作乱，返回家园。众人听说后，全都跳跃欢呼。于是，梁犊便自称晋朝征东大将军，率领众卫士攻克了下辨。安西将军刘宁率兵从安定出发攻打梁犊，却被梁犊打败。这些号称"高力"的卫士们全都身强力壮，善于射箭，一人足以抵挡十余人。他们虽然没有武器盔甲，但抢来老百姓的斧头，再安上一丈来长的斧柄，交战时用起来出神入化，所向披靡。卫士们跟随着梁犊，攻克郡县，杀掉郡守、县令等官吏，长驱直入，向东而来。等到抵达长安时，参加的人已达十万。乐平王石苞率领全部精锐士兵阻挡他们，但一交战就被打败。梁犊于是东出潼关，向洛阳进发。后赵主石虎任命李农为大都督，行大将军事，统领卫军将军张贺度等人的步兵、骑兵十万人前来攻打，在新安交战，李农等大败；在洛阳交战，又被打败，只好退至成皋，坚壁防守。

梁犊于是继续东进，攻取荥阳、陈留等郡。石虎十分害怕，任命燕王石斌为大都督，掌管内外各种军事事务，统领冠军大将军姚弋仲、车骑将军蒲洪等人的部队前来讨伐。姚弋仲率领他的士兵八千多人来到邺城，求见石虎。石虎正在患病，没有见他，而是派人把他带到领军省，用专供自己所吃的御食赏赐他。姚弋仲勃然大怒，不仅不吃，还说："主上召唤我前来攻打乱贼，理当向我面授计谋，难道我是为了吃一顿饭才来的吗！再说如果主上不见我，我怎么知道他现在是死是活呢？"石虎勉强支撑着病体会见了他。姚弋仲责怪石虎说："儿子死了，很忧愁吧，要不然为什么病了呢？儿子小的时候你不选择好人教育他，这才使他长大后干出了叛逆之事；既然是因为干了叛逆之事才杀了他，又有什么可忧愁的呢？再说你已经病了很久，立为太子的儿子年龄幼小，如果你病情不见好转，天下必将大乱，这才是首先应该忧虑的，不必忧虑那些乱贼！梁犊等人因为穷困无路，思家心切才相聚成为强盗，他们在所经过的地方烧杀抢掠，能成什么事！老夫为你一举消灭他们！”姚弋仲性情耿直暴躁，对人不论贵贱高下都直呼为“你”，因此石虎也不责怪他，当即坐在座位上任命他为使持节、征西大将军，并赏赐给他铠甲、战马。姚弋仲说：“你看老夫能打败乱贼吗？”说着在庭院里就披挂盔甲，跨上战马，然后扬鞭策马，连告辞的话也没说便南驰而去。于是，姚弋仲和石斌等率部在荥阳攻打梁犊，大获全胜，斩掉梁犊的头颅返回。接着又讨伐其残余士兵，把他们也干净彻底地消灭了。石虎因此给予姚弋仲可以佩剑穿鞋上殿、允许他大步入朝晋见国君的特殊礼遇，并晋封他为西平郡公。任命蒲洪为车骑大将军，开府仪同三司，都督雍、秦州诸军事，雍州刺史，并晋封为略阳郡公。

始平人马勖纠集士兵，自称将军。后赵国乐平王石苞率兵攻打，消灭了他们，杀掉三千多家。

（以上为第三段，写后赵主石虎即帝位，改元太宁，原太子石宣的一万多被流放的士兵没有得到宽赦，便举而反叛，攻陷郡县，发展到十万人，后被冠军大将军姚弋仲率兵平定。）

夏季，四月，东晋益州刺史周抚、龙骧将军朱焘率兵攻打范贲，将其斩杀，益州得以平定。

东晋朝廷下令派遣使者陈沈前往前燕，授予慕容儁使持节、侍中、大都督、督河北诸军事以及幽、平二州牧，大将军、大单于、燕王等官职。

东晋征西大将军桓温派督护滕畯率领交、广二州的士兵在卢容攻打林邑王范文，反被范文打败，只好撤退驻扎在九真郡。

四月初九乙卯，后赵主石虎病情恶化，任命彭城王石遵为大将军，镇守关右；任命燕王石斌为丞相，总领尚书职事；任命张豺为镇卫大将军、领军将军、吏部尚书。他们还接受遗诏，辅佐朝政。

刘皇后讨厌石斌辅佐朝政，怕这样对太子不利，因此和张豺一起谋划想除掉他。当时石斌在襄国，她派遣使者前往欺骗石斌说：“主上的病情已逐渐好转，您可以稍迟些再前来。”石斌历来喜好打猎喝酒，听到这消息后，便又开始打猎纵酒。刘氏和张豺于是就假传诏令，称石斌毫无忠孝之心，将他免官归家，派张豺的弟弟张雄率领宫中的龙腾卫士五百人看守他。

四月十九日乙丑，石遵从幽州来到邺城，刘氏传令让他在朝堂接受任命，给他配备了三万宫中的亲兵，便让他回去，石遵流着眼泪走了。这天，石虎的病情稍有好转，问道：“石遵来了没有？”左右的人回答说：“已经离开很久了。”石虎说：“真痛心没有见到他！”

石虎来到太武殿的西阁门，担任宫中护卫任务的龙腾中郎二百多人上前列队拜见。石虎问：“你们有什么请求？”众卫士回答说：“主上圣体欠安，应当让燕王石斌入宫主管警卫，典掌兵马。”有的人还说：“请求以他为皇太子。”石虎说：“燕王不在宫内吗？把他招来！”左右的人回答说：“燕王因纵酒而病，不能入宫了。”石虎说：“赶快用我乘坐的车子把他接来，应当把玺印交给他。”但左右竟然始终无人行动。不一会儿，石虎因头昏目眩，只好回去了。张豺派张雄假传诏令杀了石斌。

四月二十二日戊辰，刘氏再次假传诏令，任命张豺为太保、都督中外诸军、总管尚书职事，就像西汉霍光辅政专权一样。侍中徐统叹息道：“祸乱将要来临了。”随即服毒自杀身亡。

四月二十三日己巳，石虎去世，太子石世即位，尊奉刘氏为皇太后。刘氏临朝掌控朝政，任命张豺为丞相。张豺辞让不肯接受，请求任命彭城王石遵、义阳王石鉴为左右丞相，以此来安抚他们，刘氏听从了。

张豺找太尉张举谋划诛杀司空李农，然而张举和李农历来关系密切，就把此事悄悄地告诉了李农。李农闻讯后逃到广宗，率领乞活等残余部众数万家固守上白之地，刘氏派张举统领多路朝廷禁卫军队包围了他们。张豺任命张离为镇军大将军，监督朝廷内外的各项军务，以作为自己的副手。

彭城王石遵行至河内时，听到了父亲病故的丧讯。姚弋仲、蒲洪、刘宁以及征虏将军石闵、武卫将军王鸾等人在攻打梁犊后的归途中，和石遵在李城相遇。他们一起劝石遵说：“您年长而且德才兼备，先帝也曾有意让您当继承人。正是因为他晚年昏然迷惑，才被张豺所欺误。如今女主当朝，奸臣独揽朝政，上白之地双方相持不下，京师的守卫力量空虚，您如果声讨张豺的罪行，击鼓进军对他进行攻打，有谁不打开城门、掉转武器而迎接您呢！”石遵听从了。

五月，石遵从李城发兵，掉头直奔邺城。洛州刺史刘国率领洛阳的部众前来与他会合。讨伐檄文到了邺城后，张豺十分害怕，急忙命令包围上白的军队返回。

五月十一日丙戌，石遵的部队驻扎在荡阴，士兵达九万人，石闵为前锋。张豺打算出去拦截，但邺城德高望重的老人和羯族士兵都说：“彭城王前来奔丧，我们应当出城迎接他，再也不能为张豺守城了！”于是，纷纷翻越城墙跑了出来，张豺虽然以杀头来制止，但也不能奏效。就连张离也率领龙腾卫士二千人，冲破关卡，准备迎接石遵。刘氏十分恐惧，召张豺来到宫中，悲痛地对他边哭边说：“先帝的棺材还没有入土，而祸乱就到了这种地步！如今太子年幼，只能依靠将军您了。将军您打算怎么办呢？我想给石遵加封显赫的官位，这样能安抚住他吗？”张豺这时也十分惊慌害怕，不知道该怎样回答，只是说：“是的，是的。”于是，刘氏便发下号令，任命石遵为丞相，兼领大司马、大都督、督中外诸军，总管尚书职事，并给予他持黄钺、加九锡等特殊权力和礼遇。

五月十四日己丑，石遵抵达安阳亭，张豺十分害怕，出来迎接，石遵命令拘捕了他。五月十五日庚寅，石遵身穿铠甲，炫耀武力，从凤阳门进入邺城，登上太武前殿，捶胸顿足，宣泄悲哀，然后退至东阁门。在平乐市杀了张豺，还灭了他的三族。石遵借刘氏之令说："太子年幼，之所以立他为太子，那是先帝个人的情义所致。然而国家大业至关重要，不是他所能承担的。应当以石遵为继位人。"于是石遵便即皇帝位，实行大赦，并解除了对上白的包围。五月十六日辛卯，封石世为谯王，废掉刘氏为太妃。过了不久，便把他们全都杀了。

李农前来归附谢罪，石遵让他官复原位。尊奉石遵的母亲郑氏为皇太后，立妃子张氏为皇后，原燕王石斌的儿子石衍被立为皇太子。任命义阳王石鉴为侍中、太傅，沛王石冲为太保，乐平王石苞为大司马，汝阴王石琨为大将军，武兴公石闵为都督中外诸军事、辅国大将军。

（以上为第四段，写后赵主石虎去世，皇太后刘氏与张豺谋杀燕王石斌；彭城王石遵起兵造反，自立为帝，废杀继位的皇帝石世，后赵国内一片大乱。）

五月十九日甲午，邺城内狂风拔树，雷电交加，下的冰雹像盂钵和粮升一样大。太武殿、晖华殿发生火灾，许多门观亭阁被烧得荡然无存，皇宫的车乘服饰也被烧了大半，金银玉石之类全都损失殆尽。大火一直烧了一个多月才熄灭。

当时沛王石冲正在镇守蓟城，听说石遵杀掉了石世自立以后，就对辅佐他的同僚们说："石世是秉承先帝的旨意继位的，石遵专横地把他废除并杀掉，再也没有比这更大的罪过了！命令内外严加戒备，我要亲自出征去攻打他！"于是石冲留下宁北将军沭坚守卫幽州，自己率领五万士兵自蓟城南下，并将讨伐的檄文传递到燕赵之地。他每到一地，人们都云集而来，等到抵达常山，士兵已有十多万。驻扎在苑乡时，石冲见到了石遵实行大赦的诏书，他说："石世、石遵都是我的弟弟，死去的人已经无法复生，为什么还要再互相残杀呢！我要返回去了。"石冲手下的将领陈暹却说："彭城王石遵杀君夺位，自立为帝，罪大恶极！虽然您要挥旗北返，但我还将继续南进，等到平定了京师，擒获了彭城王，然后再来恭迎您的大驾。"听到这话，石冲又改变了主意，于是继续前进。石遵急派王擢送信劝说石冲，但石冲没有听从。石遵便派武兴公石闵及李农率领精锐士卒十万人攻打石冲。双方在平棘交战，石冲的军队大败。他本人在元氏县被擒。石遵赐他自杀，并活埋了石冲手下的士兵三万多人。

武兴公石闵对石遵进言说："蒲洪是杰出的人才，如今让他镇守关中，我恐怕秦州、雍州之地就不再会归赵国所有了。让蒲洪镇守关中虽然是先帝临终前的指令，然而如今皇上登位，自然应当改变谋略。”石遵听从了进言，罢免了蒲洪的都督官职，其他的官职待遇则一如从前。蒲洪对此感到愤怒，回到枋头后，便派使者前来向东晋投降。

前燕平狄将军慕容霸给前燕王慕容儁上书说：“石虎穷凶极恶，残暴无比，已被上天所抛弃。其仅存的一点残余，还自相鱼肉蚕食。如今中原危难至极，人们急切盼望以仁爱安恤，如果您统率大军奋起，石氏的士兵势必会放下武器。”北平太守孙兴也上书说：“眼下石氏内部大乱，应当不失时机地进取中原。”慕容儁考虑到先帝大丧刚刚过去，没有答应。

慕容霸急忙来到龙城，对慕容儁进言说：“时机是难以得到而容易失去的东西。万一石氏由衰败转而复兴，抑或出现英雄之辈占据了他们已有的积聚，这岂止是痛失大利，更是给我们留下了后患。”慕容儁说：“邺城虽已大乱，但邓桓占据着安乐，兵力强大，粮草充足，如今若要讨伐后赵，东面的道路无法通过，只能经由卢龙。然而卢龙的山路险峻狭隘，敌人如果居高山之势把我们的部队拦腰截断，则首尾受敌，那将怎么办呢？”慕容霸说：“邓桓虽然想为石氏抵抗坚守，但其将士念家，人怀归心，如果我们的大军一到，他们自然就会土崩瓦解。我请求率部作为您的前锋，东出徒河，暗赴令支，出其不意。等到他们闻讯后，势必感到震惊，这时其上策不过是闭门固守而已，下策就不免要弃城溃逃了，哪有工夫抵抗我们呢！然而您却可以慢慢前进，这样就不会出现被截留围困的灾难了。”慕容儁仍然犹豫不决，以此去询问五材将军封奕，封奕对他说：“用兵之道，在于碰到强大的敌人就用智取，碰到软弱的敌人就用势夺。所以以大吞小，就像狼吃小猪一样；拨乱反正，就像太阳融化积雪一样。大王自先帝在世以来，积累道德仁义，士兵强悍，武器精良。石虎则因残暴至极，死未瞑目，其子孙便争夺天下，上下一片混乱。中原地区的百姓，落入水深火热的深渊，翘首盼望起兵拯救。大王如果率兵南进，先攻取蓟城，再直指邺城，炫耀威力，弘扬道德，关怀安抚亡国之民，有谁能不扶老携幼迎接大王呢？石氏那些凶残的党羽必将是一望见大王的旗帜就像冰块破碎一样顷刻崩溃，怎么还能继续为害呢？”从事中郎黄泓说：“如今太白星中天可见，木星停留在毕宿之北，这正是北方之国必然接受天命的应验。大王应尽快出师，以禀承天意。”折冲将军慕舆根说：“中原地区的百姓久困于石氏的祸乱，全都想改换君主以摆脱水深火热的危急苦难，这是一个千载难逢的时机，不能丧失。自武宣王慕容廆以来，广招贤士，养育百姓，致力农耕，训练士兵，等待的正是今天。如今时机已到，如果弃而不用，顾虑再三，难道是天意不想使海内安定，还是大王不想夺取天下呢？”

慕容儁笑着听从了他们的劝告，任命慕容恪为辅国将军，慕容评为辅弼将军，左长史阳骛为辅义将军，称之为“三辅”。任命慕容霸为前锋都督、建锋将军，选择精兵二十多万，讲习武艺，进入临战状态，为进攻石氏做好准备。

六月，后赵主石虎被安葬在显原陵，上谥号为武帝，庙号为太祖。

（以上为第五段，写后赵诸子争国，乱成一团，前燕动了觊觎之心，慕容霸、封奕、黄泓、慕舆根等认为是千载难逢的机会，前燕主慕容儁最终拍板，做好攻战后赵的准备。）

东晋征西大将军桓温听说后赵国大乱，便出兵驻扎安陆，派遣手下几员大将去开辟北方。后赵的扬州刺史王浃拱手让出寿春投降。桓温手下的西中郎将陈逵占据了寿春。征北大将军褚裒向朝廷上书，请求攻打后赵，并从当天开始进入临战的戒备状态，目标直指泗口。朝廷商议考虑到褚裒身份尊贵，肩负着镇守京口的重大责任，不应深入敌境，而应当先派遣其他部分的军队出征。褚裒上书，说："先前已派前锋督护王颐之等人直接前往彭城，后又派督护麋嶷进据下邳，如今应该迅速发兵，以造成强大的声势。"

秋季，七月，朝廷授予褚裒征讨大都督，监督徐、兖、青、扬、豫五州的所有军务。褚裒率领三万士兵直接开赴彭城，北方地区投降归附的士人百姓日以千计。

东晋朝野上下都认为光复中原指日可待，只有光禄大夫蔡谟对和他亲近的人说："胡人被消灭确实是非常值得庆贺的事情，然而恐怕这更给朝廷带来了忧患。"听的人问："您说的是什么意思呢？"蔡谟答道："能够顺应天意、掌握时机把百姓从艰难困苦中拯救出来的事业，如果不是最杰出的圣人和英雄是不能承担的，其余的人不如老老实实地衡量一下自己的德行与力量。反观如今攻打后赵之事，恐怕不是褚裒等人就能办成的。结果只能步步为营，分兵攻守，这是以劳民伤财为代价，来炫耀个人的志向。最后会因为才能和见识浅薄平庸，难以遂心，财力耗尽，智慧和勇气全都变得窘困，怎么能不给朝廷带来忧患呢！"

鲁郡的五百多户百姓相聚起兵，归附东晋，他们向褚裒求援，褚裒派部将王龛、李迈率领精锐士兵三千人去迎接他们。后赵的南讨大都督李农率领二万骑兵和王龛等在代陂交战，王龛等大败，都被后赵消灭。

八月，褚裒退驻在广陵。陈逵听说后，把寿春城里贮存的粮草武器付之一炬，破坏了城池，然后逃了回去。褚裒主动上疏请求贬职处分，穆帝下令不同意，命令褚裒回去继续镇守京口，解除了他征讨都督的职务。这时，黄河以北大乱，二十多万晋朝遗民渡过黄河，要来归附东晋。但褚裒正好在这时已回到了京口，声威气势已去，不能接应，结果遗民们陷于孤立无援的境地而不能自救，几乎全部死亡。

（以上为第六段，写东晋在后赵大乱后的举动，征西大将军桓温出兵驻扎安陆，派遣大将开辟北方；褚裒率军出击，朝廷授予征讨大都督，大败亏输，无功而还。）

后赵乐平王石苞谋划率领关右的士兵攻打邺城，左长史石光、司马曹曜等人竭力劝说，石苞大怒，杀掉了石光等一百多人。石苞生性贪婪但无谋略，雍州的豪杰之士都知道他一事无成，于是就一起派人把他想攻打邺城的事情报告了东晋朝廷，梁州刺史司马勋便率领士兵开赴雍州。

前仇池主杨初袭击并攻破了后赵的西城。

九月，凉州的官吏们共同拥戴张重华为丞相、凉王及雍、秦、凉三州的州牧。张重华经常用钱帛赏赐周围所宠信的大臣们，又喜欢玩六博和围棋，很耽误政事。征事索振劝他说："先王昼夜勤于政务，生活简朴，使国家府库充实，正是由于仇恨未报，耻辱未雪，立志要平定海内的缘故。您刚刚即位的时候，强敌前来进犯，依赖重赏，才得到战士们的拼死效力，勉强保住江山。如今积蓄已经空虚，而敌人与仇恨依然存在，怎么能轻易地耗费，把它送给无功之辈呢？过去汉光武帝日理万机，奏章文书送到朝廷后，批复在当天就发下，所以他才能使中兴大业兴隆昌盛。如今奏章文书滞留积压，往返传递动辄数月，下情不能上达，含冤之人困在牢狱，这大概不是英明的君主所干的事情。"张重华对索振表示谢罪。

东晋凉州刺史司马勋率兵出骆谷，攻克了后赵的长城戍，在悬钩设置营垒，离长安二百里。他派治中刘焕攻打长安，杀掉了京兆太守刘秀离，又攻克了贺城。三辅地区的豪杰之士大多都杀掉郡守县令等官吏，以响应司马勋。此时，司马勋共有三十多座营垒，五万士兵。后赵乐平王石苞于是也放弃了攻打邺城的图谋，派他的部将麻秋、姚国等统领士兵抵抗司马勋。后赵主石遵派车骑将军王朗率领二万精锐骑兵，以讨伐司马勋为名，顺势劫持石苞送到邺城。司马勋这时手下兵力不足，由于害怕王朗的精锐骑兵，不敢继续前进。冬季，十月，司马勋放弃了悬钩，攻克宛城，杀掉了后赵南阳太守袁景，又回到了梁州。

当初，后赵主石遵在李城起兵时，曾经对武兴公石闵说："努力干吧！事成以后，让你当太子。"但后来却立石衍为太子。石闵自恃有功，想要专擅朝政，但石遵不听他的。石闵历来英勇善战，屡立战功，四夷和中原久经沙场的老将都害怕他。眼下他既然做了都督，总揽内外兵权，便安抚手下的将士，奏请让他们全都出任殿中员外将军，封爵关外侯。石遵对于石闵的所作所为不加怀疑，反而对这些人题写善与恶的品评，加以压制，于是众将士都怨恨愤怒。中书令孟准、左卫将军王鸾劝石遵应该逐渐剥夺石闵的兵权，石闵越发心怀不满。孟准等人全都劝说石遵要把石闵杀掉。

十一月，石遵召集义阳王石鉴、乐平王石苞、汝阴王石琨、淮南王石昭等人入宫，来到郑太后面前进行商议。石遵说："石闵不忠于君主的迹象已逐渐明显，如今我想把他杀掉，怎么样？"石鉴等人都说："应当如此！"郑氏说："当初在李城起兵时，如果没有石闵，岂能有今天？石闵有点居功自傲，应当对他有所宽纵，怎么能急急忙忙把他杀掉呢？"这时石鉴借故外出，派宦官杨环迅速去把这一消息告诉石闵。石闵闻讯后就胁迫李农及右卫将军王基密谋废掉石遵，派将军苏彦、周成率领披甲士兵三千人前往南台捉拿石遵。士兵们来到石遵的住处时，他正和妇人玩弹棋。他问周成说："造反的是谁？"周成说："义阳王石鉴应当立为继承人。"石遵说："我尚且如此，石鉴又能支撑多长时间！"于是在琨华殿把石遵杀掉了，同时杀了郑太后、张后、太子石衍、孟准、王鸾以及上光禄大夫张斐。

石鉴即位，实行大赦。任命武兴公石闵为大将军，封为武德王；任命司空李农为大司马，并录尚书事；任命郎闿为司空，秦州刺史刘群为尚书左仆射，侍中卢谌为中书监。

（以上为第七段，写东晋凉州刺史司马勋攻打后赵，功绩式微；后赵王室内讧不已，你方唱罢我登台，石遵即位不久，义阳王石鉴借石闵之手杀石遵而自立为帝。）

秦州、雍州的流民结伴西归，路经枋头时，共同推举蒲洪为首领，部众多达十多万。蒲洪的儿子蒲健在邺城，这时也冲破关卡投奔枋头。石鉴害怕蒲洪过于靠近自己，想用计谋把他调开，于是就任命蒲洪为都督关中诸军事、征西大将军、雍州牧兼任秦州刺史。蒲洪召集手下的官吏，商量是否接受任命。主簿程朴请求暂且和后赵讲和，就像诸侯列国一样分地而治。蒲洪大怒，说道："我不配做天子吗？为什么说列国分地而治的话呢！"因此，就把程朴拉出去杀了。

东晋都乡元穆侯褚裒回到京口，听见到处都是哭声，他问周围的人，人们对他说："全是代陂之战中阵亡者的家属。"褚裒既惭愧又愤恨，因此就病倒了，十二月初七己酉去世。朝廷任命吴国内史荀羡为使持节，监徐、兖二州及扬州之晋陵诸军事，徐州刺史。荀羡时年二十八岁，晋朝中兴以来的地方长官中，没有一个像他这样年轻的。

后赵主石鉴派乐平王石苞、中书令李松、殿中将军张才夜里去琨华殿攻打石闵、李农，没有成功，引起了宫中的混乱。石鉴很害怕，装作不知其事的样子，当夜就在西中华门杀掉了李松、张才，并杀了石苞。

新兴王石祗是石虎的儿子，这时镇守襄国。他与姚弋仲、蒲洪等人联合兵力，四处传递檄文，想一起杀掉石闵、李农。石闵、李农闻讯后，任命汝阴王石琨为大都督，与张举以及侍中呼延盛率领七万步兵、骑兵，分路出发攻打石祗等人。

中领军石成、侍中石启及前河东太守石晖谋划诛杀石闵、李农。石闵、李农把他们都杀掉。龙骧将军孙伏都、刘铢等率领羯族士兵三千人埋伏在宫中胡天宫，也想诛杀石闵、李农。当时石鉴正在中台，孙伏都率领三十多人想进入铜雀台挟持石鉴一起攻打石闵、李农。石鉴看见孙伏都捣毁了楼阁通道，便上前询问原因。孙伏都说："李农等人造反，眼下已经在东掖门，我想率领卫士讨伐他，特地先来禀告您。"石鉴说："你是朝廷的功臣，好好为我出力攻打。我在铜雀台上观看，你不必顾虑事成之后没有丰厚的赏赐。”于是，孙伏都、刘铢率领士兵攻打石闵、李农，但没有成功，只好屯兵于凤阳门。石闵、李农率领数千士兵捣毁金明门，进入铜雀台。石鉴害怕石闵杀掉自己，急忙招来石闵、李农，开门接纳，对他们说：“孙伏都造反，你们应该迅速去攻打他。”于是石闵、李农前去攻打，斩杀了孙伏都等一大批人，以至于从凤阳门至琨华殿，横尸遍地，血流成渠。石闵还向内外宣布命令：六夷如果有胆敢拿起武器的，一律斩首！胡人中有的冲破关卡，有的翻越城墙，逃出来的不计其数。

石闵派尚书王简、少府王郁率领数千士兵把石鉴看押在御龙观，用绳子把食品悬吊进去让石鉴食用。石闵还在邺城中颁布命令说：“近日孙伏都、刘铢发动叛乱，他们的亲信党羽已经全都被杀掉，好人没有一个参与其事。从今天以后，凡是和我同心的人留下，不同心的人想去哪里就去哪里，我命令城门不再关闭。”于是，方圆百里之内的汉族人全都蜂拥进城，而胡人则争相离去，以致挤满了城门。石闵知道胡人不会为自己所用，便又在宫廷内外颁布命令：“凡是斩掉一个胡人的脑袋并送到凤阳门的汉人，文官晋升官位三等，武官全都升为牙门将。”命令发布后，一天之中，被斩首的胡人多达数万。石闵亲自率领汉人诛杀胡人，不论贵贱、男女、老幼，全都斩首，被杀掉的人有二十多万，尸体堆在城外，全让野狗豺狼吃掉了。对于屯戍边疆的胡人，石闵颁布诏书，下令让军队中汉人当将帅的把属下胡人统统杀掉。以至于长得鼻子高一点、胡须多一点的人，大半都被滥杀而死。

前燕主慕容儁派遣使者到凉州，与张重华相约共同攻打后赵。

高句丽王钊遣送以前的东夷护军宋晃到达前燕，前燕主慕容儁赦免了他，将其名改为宋活，授官中尉。

（以上为第八段，写氐族首领蒲洪欲与后赵分道扬镳；后赵宫廷政变继续发酵，后赵主石鉴派将领攻打石闵、李农，失败；石闵得势，控制石鉴，尽杀胡人羯人。）

晋穆帝永和六年（庚戌，公元350年）

春季，正月，后赵大将军石闵想消除石氏的残余影响，以谶文中有“继赵李”的字样为托词，便更改国号为卫，改姓李氏，实行大赦，改年号为青龙。太宰赵庶、太尉张举、中军将军张春、光禄大夫石岳、抚军石宁、武卫将军张季，以及公侯、卿、校、龙腾卫士等一万多人，全都投奔石祗。汝阴王石琨投奔冀州。抚军将军张沈占据着滏口，张贺度占据着石渎，建义将军段勤占据着黎阳，宁南将军杨群占据着桑壁，刘国占据着阳城，段龛占据着陈留，姚弋仲占据着滠头，蒲洪占据着枋头，各有士兵数万，全都不归附石闵。段勤是段末柸的儿子；段龛是段兰的儿子。

王朗、麻秋从长安奔赴洛阳。麻秋按照石闵书信中的命令，杀掉了王朗部队中的数千名胡人。王朗投奔襄国。麻秋率领士兵要返回邺城，蒲洪派他的儿子龙骧将军蒲雄迎头攻击，俘获了麻秋，任命他为军师将军。

汝阴王石琨以及张举、王朗率领七万士兵攻打邺城，大将军石闵率领千余骑兵和他们在城北交战。石闵手持双刃矛，策马攻击，所向披靡，斩首三千级，石琨等大败而逃。石闵与李农率领三万骑兵在石渎讨伐张贺度。

闰一月，原后赵主石鉴秘密派遣宦官给张沈等人送去书信，让他们乘石闵率兵外出，后方空虚前来袭击邺城。送信的宦官却把消息告诉了石闵、李农。石闵、李农急忙返回，废掉石鉴，并把他杀掉，一起被杀的还有后赵主石虎的二十八个孙子，石氏家族的人全被消灭。姚弋仲的儿子曜武将军姚益、武卫将军姚若率领宫廷卫兵数千人冲破关卡，投奔滠头。姚弋仲率领士兵讨伐石闵，驻扎在混桥。

司徒申钟等人向石闵进献尊号，石闵要谦让给李农，李农执意推辞，不肯接受。石闵说："我们原是晋朝的人士，如今晋皇室尚在，我希望和诸君一起分割州郡而治，各自称为牧、守、公、侯，然后上书迎接晋朝天子返回故都洛阳怎么样？"尚书胡睦进言说："皇上的圣德顺应天意，理应登上天子之位。如今晋氏衰败，远逃江南，怎么能驾驭各路英雄，统一四海江山呢？"石闵说："胡尚书之言，真可谓识时务知天命啊。"于是石闵便即皇帝位，实行大赦，改年号为永兴，立国号为大魏。

（以上为第九段，写后赵大将军石闵专政，更国号为卫；后赵主石鉴欲除石闵，结果惹火烧身，被废杀；石闵又尽杀石氏子孙，自立为帝，更改年号为永兴，立国号为大魏。）

东晋朝廷听到中原大乱的消息，再次谋划进取收复。闰二月十八日己丑，任命扬州刺史殷浩为中军将军、假节，都督扬、豫、徐、兖、青五州诸军事；任命蒲洪为氐王、使持节、征北大将军、都督黄河以北诸军事、冀州刺史、广川郡公；任命蒲健为假节、右将军、监黄河以北征讨前锋诸军事、襄国公。

姚弋仲、蒲洪都怀有占据关右的志向。姚弋仲派他的儿子姚襄率领五万士兵攻击蒲洪，蒲洪迎头反击，打败了姚襄，斩杀三万多人。蒲洪自称为大都督、大将军、大单于、三秦王，改姓为苻，任命南安人雷弱儿为辅国将军，安定人梁楞为前将军，兼任左长史；任命冯翊人鱼遵为后将军兼右长史；任命京兆人段陵为左将军，并任左司马；任命王堕为右将军兼右司马。天水人赵俱、陇西人牛夷、北地人辛牢全都被任命为从事中郎，氐人酋长毛贵则被任命为单于辅相。

二月，前燕主慕容儁派遣慕容霸统率士兵二万人由东路出徒河，慕舆于由西路出蠮螉塞，慕容儁自己则由中路出卢龙塞，前去攻打后赵。他以慕容恪、鲜于亮为前锋，命令慕舆逕开通山路。留下世子慕容晔镇守龙城，任命内史刘斌为大司农，和典书令皇甫真一起留下统管后方事务。

慕容霸的军队抵达三陉，后赵征东将军邓恒惊慌恐惧，焚烧了储备粮饷武器的仓库后，弃安乐城逃走，和幽州刺史王午一起保卫蓟城。徒河南部都尉孙泳迅速开进安乐城，扑灭余火，没收了粮食、布匹。慕容霸收取了安乐、北平的武器粮饷后，与慕容儁会师于临渠。

三月，前燕军队抵达无终，王午留下部将王佗带领数千人守卫蓟城，自己与邓恒一起前去保卫鲁口。

三月初五乙巳，慕容儁攻下了蓟城，抓到王佗，把他杀掉。慕容儁还想把王佗手下的一千多士兵全部活埋，慕容霸劝道："后赵施行暴虐，大王您才兴师讨伐，目的是想把百姓从水深火热之中拯救出来，进而安抚占据整个中原地区。如今刚刚攻下蓟城，就要坑杀后赵的士兵，恐怕不能以此作为正义之师的开端。"慕容儁于是释放了这些士兵，把都城定在蓟城，中原地区的士人百姓相继来归降。

前燕军队抵达范阳，范阳太守李产想替石氏抵抗后燕军，但手下的士兵却拒不听命上阵，李产只好率领所辖八县的县令出来投降。慕容儁又任命李产为太守。

李产的儿子李绩任幽州别驾，他远离家乡跟随王午守卫鲁口。邓恒对王午说："李绩的家乡在鲁口之北，他的父亲已经投降了前燕，眼下他虽然身在此地，但恐怕最终也难与我们相互保全，徒然成为我们的忧患。不如趁早把他灭掉。"王午说："这叫什么话呢？面对当今这样的丧乱局势，李绩仍然能够坚持大义，置家园于不顾，这种高尚的情操，即使是古代的刚烈之士也难以超越，而你却想以毫无根据的猜忌谋害他。如果让燕、赵的将士们知道后，只能说我们不过是一帮乌合之众，毫无见识。大家的心情一离散，就再也难以凝聚了，这是坐以自毙。"邓恒放弃了杀害李绩的念头。王午仍然担心手下的将领们持有异见，或许会违背自己的意愿而擅自杀害李绩，于是就打发李绩返回家乡。李绩辞别了王午就去拜见前燕王慕容儁，慕容儁责备他说："你不识天命，背弃了父亲而去沽名钓誉，直到今天才迷途知返呀！"李绩回答说："我一直眷恋旧主，心存小小的气节，但我的身子是官家的，什么事不由君主做主呢？如今正是您以道义夺取天下的时候，我不认为投奔您为时已晚。"慕容儁听后很高兴，便很好地对待他。

慕容儁任命弟弟慕容宜为代郡城主，孙泳为广宁太守，并且全部安置了幽州郡县的地方官。

三月二十四日甲子，慕容儁派遣中部部族首领慕舆句监督蓟城留守事务，自己将率兵前往鲁口攻打邓恒。部队行进到清梁时，邓恒的将领鹿勃早统领数千人乘夜偷袭前燕军的营地，当半数士兵潜入营地后，先去捉拿前锋都督慕容霸。士兵们突然冲进慕容霸的军帐中，慕容霸起而反击，亲手杀死了十多人。鹿勃早无法继续进击，前燕军因此得以严加戒备。慕容儁对慕舆根说："敌人的先锋部队很精锐，应该暂且躲避一下。"慕舆根严肃地说："我众敌寡，力量悬殊，所以他们才乘夜偷袭，寄希望于万一取胜。如今正想消灭他们，他们却送上门来，理当给以打击，还有什么可迟疑的！大王您只管安睡，我等自己去为您消灭他们！”慕容儁当然无法自己安睡，内史李洪跟随他走出营外，在一个高土堆上停了下来。慕舆根率领左右精悍勇敢的士兵数百人从中牙军帐出发，一往直前攻打鹿勃早，稍后，李洪也返回去整理好骑兵队伍前往助战，鹿勃早败退逃走。众士兵穷追猛打四十多里，鹿勃早只身得以逃生，其他随从士卒死亡殆尽。慕容儁带领士兵返回蓟城。

（以上为第十段，写北方战乱，东晋再次谋划进取中原；姚弋仲、蒲洪都怀有占据关中的志向，相互火并；前燕出动三路大军攻打石闵，占据了蓟城。）

魏主石闵恢复冉姓，尊奉母亲王氏为皇太后，立妻子董氏为皇后，立儿子冉智为皇太子，冉胤、冉明、冉裕三个儿子全都被封为王。任命李农为太宰兼太尉、录尚书事，并封他为齐王，李农的儿子们全都被封为县公。冉闵派遣使者带着符节，赦免驻扎在各地的将领之前的叛乱行为，他们都不服从。

麻秋劝苻洪说：“冉闵、石祗正在相持对峙，中原之乱难以平定。您不如先攻取关中，等到大业的根基稳固以后，再东进争夺天下，到那时谁敢与您为敌？”苻洪深以为然。此后不久，麻秋利用宴请的机会，让苻洪喝下了毒酒，想要吞并苻洪的士兵。太子苻健捉拿了麻秋，并把他杀掉。苻洪对苻健说：“我以前之所以没有入关的原因是以为中州可以安定。如今我不幸被麻秋这小子困在这里。平定中州不是你们兄弟所能办到的事情，我死了，你要迅速入关！”说完这话，苻洪便死了。苻健代替父亲统领士兵，因此也就除去了大都督、大将军、三秦王的称号，改称晋朝的官职爵位。派遣他的叔父苻安前往东晋朝廷报告丧讯，并且请求朝廷的旨意。

后赵新兴王石祗在襄国即皇帝位，改年号为永宁。任命汝阴王石琨为相国，占据州郡的六夷将领们全都响应他。石祗任命姚弋仲为右丞相、亲赵王，以特殊的礼遇对待他。姚弋仲的儿子姚襄，英勇过人，多才多谋，士人百姓大都喜爱他，就请求姚戈仲以他作为继承人。姚弋仲以姚襄不是长子为由，没有同意，但继续前来请求的人日以千计，姚弋仲于是就让他统领军队。石祗任命姚襄为骠骑将军、豫州刺史、新昌公。又任命苻健为都督黄河以南诸军事、镇南大将军、开府仪同三司、兖州牧、略阳郡公。

夏季，四月，后赵主石祗派汝阴王石琨统领十万士兵攻打大魏。

大魏主冉闵杀掉了李农以及他的三个儿子，一起被杀的还有尚书令王谟，侍中王衍，中常侍严震、赵昇。冉闵派遣使者前往长江畔向东晋朝廷报告说：“叛逆胡人使中原大乱，如今已经诛杀了他们。如果能共同讨伐乱军的话，可以派遣部队前来。”东晋朝廷不作回应。

五月，庐江太守袁真攻下大魏的合肥，掳劫那里的民众返回。

六月，后赵汝阴王石琨进攻并占据邯郸，镇南将军刘国从繁阳来与他会师。大魏卫将军王泰攻击石琨，把石琨打得大败，死亡的将士达一万多人。刘国只好返回到繁阳。

当初，段兰死于令支，段龛代替他率领士兵，乘着石氏大乱的机会，率领着部落南迁。秋季，七月，段龛带领士兵东进，占据了广固，自称齐王。

（以上为第十一段，写冉魏主石闵恢复冉姓，大封诸子；后赵新兴王石祗即位，汝阴王石琨攻打冉魏，被冉魏卫将军王泰打败；鲜卑段部首领段龛占据广固，自称齐王。）

八月，代郡人赵榼率领三百多家背叛前燕而归附后赵并州刺史张平。前燕王慕容儁将广宁、上谷二郡的百姓迁移到徐无，将代郡的百姓迁移到凡城。

王朗离开长安的时候，他的司马杜洪占据了这里，自称为晋朝的征北将军、雍州刺史，任命冯翊人张琚为司马，关西的夷人、汉人全都响应他。苻健想要夺取长安，又怕杜洪知道，就接受了后赵授予的官职爵位。他任命赵俱为河内太守，戍卫温县；任命牛夷为安集将军，戍卫怀县；在枋头修建了宫室，督促百姓种上麦子，以表示没有西进的意图。如果有知道底细而不愿种麦的人，苻健便将其斩杀示众。此后苻健自称晋朝的征西大将军、都督关中诸军事、雍州刺史，任命武威人贾玄硕为左长史，略阳人梁安为右长史，段纯为左司马，辛牢为右司马，京兆人王鱼、安定人程肱、胡文等为军谘祭酒，命令他们向西进发。他以鱼遵为前锋，当行进到盟津时，架设浮桥渡过了黄河。派遣弟弟辅国将军苻雄率领五千士兵从潼关进入，派遣哥哥的儿子扬武将军苻菁率领七千士兵从轵关进入。临别的时候，苻健拉着苻菁的手说："如果事情不能成功，你死在黄河之北，我死在黄河以南，就不再见面了。"渡过黄河以后，烧毁了浮桥，苻健亲自率领大批士兵跟随着苻雄前进。

杜洪听到消息以后，给苻健写了一封信，对他表示轻蔑。杜洪任命张琚的弟弟张先为征虏将军，率领士兵一万三千人在潼关以北迎战苻健。结果张先的士兵大败，逃回到长安。杜洪征召了关中的全部士兵以抵抗苻健。他的弟弟杜郁劝说他去迎接苻健，他没有听从。杜郁便率领他的部队投降苻健。

苻健派苻雄带兵巡行渭水以北地区。当时，氐人首领毛受驻扎在高陵，徐磋驻扎在好畤，羌人首领白犊驻扎在黄白，各有士兵数万。他们全都杀死杜洪的使者，派儿子为代表去向苻健投降。苻菁、鱼遵所经过的城乡，也无不投降归附。杜洪十分害怕，固守长安。

（以上为第十二段，写苻健在中州，欲夺取长安，先做伪装，瞒过镇守长安的杜洪，然后自称晋朝征西大将军，兵分两路向长安进发，渡过黄河，沿途望风归附。）

张贺度、段勤、刘国、靳豚会师于昌城，准备进攻邺城。大魏主冉闵亲自统领军队反击，在苍亭交战，张贺度等大败，死亡二万八千人。冉闵追到阴安，杀了靳豚，将其士兵全部俘虏后返回。冉闵的士兵达三十多万，旌旗、战鼓绵延一百多里，就是石氏最兴盛的时候，也无法与之相比。

过去晋朝的散骑常侍陇西人辛谧，名声高尚，虽然经历了刘氏、石氏时代，但对他们的征召授官全都不接受。冉闵以完备的礼遇征召他出任太常。辛谧致信冉闵，认为："物极必反，到了极点就危险了。如今君王大功已成，应该就此辉煌战果，归身于晋朝，必定会有许由、伯夷那样的正直名声，享受赤松子、王子乔那样的天年高寿。"接着他便绝食而死。

九月，前燕主慕容儁带兵南巡冀州，攻取了章武、河间。当初，渤海人贾坚从小崇尚气节，效力于后赵，任殿中督。后赵灭亡后，贾坚抛弃了大魏主冉闵回到家乡，拥有家兵数千。前燕慕容评带兵巡行渤海，派遣使者去招纳他，但他始终不投降。慕容评与他交战，擒获了他。慕容儁任命慕容评为章武太守，任命封裕为河间太守。慕容儁和慕容恪全都欣赏贾坚的才能。贾坚时年六十多岁，慕容恪听说他善于射箭，便把一头牛放在百步以外的地方以试验他的箭法。贾坚说："年轻时能让箭不射中牛，如今老了，往往能射中牛了。"于是就射了两箭，一箭擦着牛的脊梁而过，一箭擦着牛的肚皮而过，上下两箭都是紧擦牛皮，射落牛毛，上下全一样，围观的人无不佩服他的箭法神妙。慕容儁任命贾坚为乐陵太守，治所在高城。

苻菁与张先在渭水以北交战，擒获了张先，周围的三个郡县以及小城寨全都投降。冬季，十月，苻健长驱直入到达长安，杜洪、张琚逃奔到司竹。

前燕主慕容儁回到蓟城，留下了一些将领镇守该地。他自己又回到龙城，到祖陵和宗庙去祭祖先。

十一月，大魏主冉闵率领步兵、骑兵十万人攻打襄国。委任他的儿子太原王冉胤为大单于、骠骑大将军，并给他手下配备了一千名投降的胡族士兵。光禄大夫韦謏劝说冉闵道："胡人都是我们的仇敌，如今他们归附投降，只是为了苟全性命罢了，万一他们哗变，后悔怎么来得及？请求您斩尽杀绝那些投降的胡兵！去掉单于的称号，以防微杜渐。"冉闵正想要安抚招纳群胡，听了此话，勃然大怒，杀掉了韦謏以及他的儿子韦伯阳。

十一月，甲午（疑为十一月二十七日甲子之误），苻健进入长安，考虑到民心都思念晋朝，就派参军杜山伯到建康去进献俘虏和战利品，并要与桓温重归于好。因此秦州、雍州的夷人、汉人全都归附了他。后赵凉州刺史石宁独自占据着上邽，暂时没有被攻下。十二月，苻雄率兵攻击并斩杀了石宁。

蔡谟被东晋朝廷任命为司徒后，三年没有去就职。命令多次下达，太后也派人去说明意图，蔡谟最终还是没有接受任命。于是，穆帝亲自临朝，派侍中纪据、黄门郎丁纂去征召蔡谟。蔡谟向他们陈说自己身患重病，并派主簿谢攸陈述自己辞让的意见。从早到晚，朝廷派来征召蔡谟的使者往返十多次，然而蔡谟就是不去任职。当时穆帝年仅八岁，在殿前坐了一天，非常疲倦。他问周围的人说："所征召的人为什么到现在还不来？朝会什么时候才能结束？"太后考虑到穆帝和臣下们都很疲劳，就下令说："一定不来的话，就退朝吧。"中军将军殷浩奏请免除吏部尚书江虨的官职。会稽王司马昱给尚书曹下令说："蔡谟傲慢地违抗皇上的命令，这是没有臣下之礼的行为。如果皇上在上谦卑顺从，臣子在下又不履行君臣大义，那么也就不知道靠什么来处理朝政了。"于是公卿们便进上奏书说："蔡谟狂妄傲慢地对待皇上的命令，罪同叛逆，请求将他送交廷尉依法论处。"蔡谟十分害怕，率领他的子弟们穿一身素衣到朝廷去叩头请罪，并自己到廷尉处等待治罪。殷浩想处蔡谟死刑，恰巧这时徐州刺史荀羡来到朝廷，殷浩就此询问荀羡，荀羡回答说："如果蔡公今天被处死，明天就一定会出现齐桓公、晋文公那样举兵问罪的行动。"于是殷浩放弃了处死蔡谟的打算，下令将其免官贬为庶人。

（以上为第十三段，写冉魏主冉闵有士兵三十多万，兴盛一时；苻健进入长安，献捷建康，秦雍地区民心归附；东晋蔡谟不接受朝廷任命，惹怒君臣，差点被杀头。）

【点评】

后赵之乱。后赵是由羯人首领石勒建立的政权，共历七主，历时32年，实际上，只是石勒、石虎两代的政权，石勒当政十五年，石虎当政十六年。石虎去世，国家大乱，继任者互相争斗，两败俱伤，不到一年的时间，政权就被石闵篡去，改国号为大魏，后赵不复存在。回顾后赵之乱这一段惨痛的历史，其祸根是怎么种下的呢？

首先，后赵是建立在血腥屠杀的基础之上，强者为王，刀箭上出政权，无复仁德和信义。后赵的开国者石勒是一个乱世中的枭雄。他在前赵时代，在汉人张宾辅佐下，立下赫赫战功，以襄国为根据地，先后消灭了王浚、邵续与段匹磾等晋朝在北方的势力，而后与前赵主刘曜决裂，自称赵王；再就是消灭了前赵，自建赵国，史称后赵，成为当时北方最为强盛的国家。石勒自己也觉得仅靠强力建立起来的国家是不能长久的，因此，他将比较儒雅的石弘立为皇太子，还是有一点深意的，但是他的设想被残酷的现实击得粉碎，残忍无赖的石虎篡夺了政权，后赵进入了更加黑暗的时代。

其次，石虎残酷地压榨民众，过着极度奢侈荒淫的生活。石虎在位十多年，志得意满，充分表现了其奢侈、残暴的一面。他大造宫殿，挥霍无度，在襄国建造太武殿，又在邺城营建东西二宫、四十多所台观，又营建洛阳、长安二处宫室，参与劳作人数达到四十多万。他整天沉迷于荒淫的极乐世界，广选宫女，充实各宫，大肆征选民女三万多人，太子、各王公又私下发令征选美女将近万人。他还喜欢狩猎，流连忘返，将大片民田划为猎场，晚年身体沉重不能骑马，就建造打猎用的车子一千辆，定期进行打猎比赛。

最后，石虎视立太子为儿戏，国家焉得不乱？石虎首先立的太子是石邃，开始对太子非常宠爱，不注重教育，任其胡作非为。石邃沉溺于酒色，骄纵无道，荒淫残忍，曾想杀父篡位，被石虎废为庶人并杀死。其后，立石宣为太子，也是如此，而石虎又宠爱石宣的弟弟石韬，以致石宣和石韬闹得不可开交，石宣密谋杀了石韬，石虎得知内情，怒不可遏，残忍地杀害石宣，惨不忍睹。石宣杀害石韬，固然罪不可赦，但石虎如此摧残石宣，真是丧心病狂！接着再立石世为太子，更是有些滑稽可笑。石世的哥哥们手握重兵，而石虎这样做，只是因宠妃刘氏而爱屋及乌。石虎曾经说："为什么我专生凶恶无赖的儿子，年龄一过二十就要杀害父亲！如今石世年方十岁，等到他二十岁时，我已经老了！"他自认为娃娃还小，对自己构不成威胁。这哪里是为国家着想？石虎去世，石世才十一岁，只当了二十一天的皇帝，也算是做了一场皇帝梦。石虎这样做，结果是害了娃娃，葬送了国家。

以上三点，可以说是后赵之乱的根源：道德不立，没有治国纲领；奢侈残暴，失去民心支持；太子非人，导致祸乱发生。

晋纪二十一

晋穆帝永和七年至十年（公元351—公元354）

【起重光大渊献（辛亥，公元351年），尽阏逢摄提格（甲寅，公元354年），凡四年】

【大事提要】

本卷记事起公元351年，讫公元354年，凡四年，当晋穆帝（司马聃）永和七年至永和十年。本卷所载大事，主要有五个方面：其一，殷浩北伐失败。其二，石氏灭绝。其三，冉魏亡国。其四，慕容儁称帝。前燕主慕容儁趁中原战乱之机，屡派大军南下，先打败后赵，再消灭冉魏，讨平河北各个小股势力。公元352年，群臣上尊号，慕容儁即帝位，自谓获得传国玺，改元元玺。龙都建留台，迁都于蓟，置百官，封诸王，立世子慕容暐为皇太子。其五，桓温北伐。公元354年，东晋将领桓温统率四万大军，从江陵出发，分兵三路，孤军深入，进攻长安，企图速战速决。前秦主苻健派兵五万在峣关抵抗，被打得落花流水。苻健逃回长安，挖了深沟坚守。桓温胜利进军，到了灞上。长安附近的官员纷纷投降。

孝宗穆皇帝中之上

晋穆帝永和七年（辛亥，公元351年）

春季，正月初一丁酉，出现日食。

苻健的左长史贾玄硕等人想要向东晋朝廷上书，请求依据刘备号称汉中王的做法，任命苻健为都督关中诸军事、大将军、大单于、秦王。苻健愤怒地说："我怎么能胜任秦王呢！况且晋朝的使臣尚未返回，我的官职爵位，不是你们所知道的。"然而紧接着他却悄悄地让梁安暗示贾玄硕等人向他进献尊号，经过表面上的再三推辞然后就接受了。正月二十日丙辰，苻健即天王位、大单于位，立国号为大秦，实行大赦，改年号为皇始；追尊父亲苻洪为武惠皇帝，庙号为太祖。立妻子强氏为天王后，儿子苻苌为太子；封儿子苻靓为平原公，苻生为淮南公，苻觌为长乐公，苻方为高阳公，苻硕为北平公，苻腾为淮阳公，苻柳为晋公，苻桐为汝南公，苻廋为魏公，苻武为燕公，苻幼为赵公；任命苻雄为都督中外诸军事、丞相、兼任车骑大将军、雍州牧、东海公；任命苻菁为卫大将军、平昌公，负责警卫苻健及苻苌所居住的两座宫殿；任命雷弱儿为太尉，毛贵为司空，略阳人姜伯周为尚书令，梁楞为左仆射，王堕为右仆射，鱼遵为太子太师，强平为太傅，段纯为太保，吕婆楼为散骑常侍。姜伯周是苻健的舅舅，强平是王后的弟弟，吕婆楼本来是略阳氐人的首领。

段部鲜卑首领段龛请求以所据的青州归附东晋。二月十三日戊寅，东晋朝廷任命段龛为镇北将军，封为齐公。

大魏国主冉闵攻打包围襄国一百多天。后赵主石祗境况危急，便去掉了皇帝的称号，改称为赵王，派遣太尉张举到前燕请求援军，并承诺送去传国印玺；派遣中军将军张春向姚弋仲请求援军。姚弋仲派他的儿子姚襄率领骑兵二万八千人援救后赵。他告诫姚襄说："冉闵抛弃仁爱，背离道义，屠杀消灭了石氏。我受到过石虎宽厚的待遇，应当为他复仇，但因为既老且病，不能亲自出征。你的才能高出冉闵十倍，如果不能把他的头颅带回来，就不必再来见我了！"姚弋仲也派使者到前燕报告。前燕王慕容儁派御难将军悦绾统领三万士兵前去与姚襄会师。

（以上为第一段，写苻健占据关中后，即位，国号大秦，改元皇始；冉魏主冉闵围攻襄国，后赵主石祗告急，姚弋仲受其厚恩，出兵救援；前燕主慕容儁亦发兵相助。）

冉闵听说慕容儁想要救援后赵，便派大司马从事中郎广宁人常炜出使前燕国。慕容儁派封裕责问常炜说："冉闵是石氏的养子，他背弃养育之恩而为叛逆之举，怎么胆敢狂妄地自称国王大号呢？"常炜说："商汤放逐夏桀，周武王讨伐商纣，以此而振兴了商周的大业；曹操被宦官养育，没有谁知道他的出身，最终奠定了魏氏的基础。如果不是顺应上天之命，他们怎么能够成功！由此推理，何必还要来责问我呢！"封裕说："听人说冉闵初立的时候，曾经用金子铸造自己的形象来占卜成败，然而像却没有铸成，这是真事吗？"常炜说："没有听说过。"封裕说："从南方来的人都说确实是这样，你为什么要隐瞒呢？"常炜说："奸伪之人凡是想假传天命以迷惑人心的，就要假借祥瑞的征兆，伪托占卜的结果，用来显示自己所说的分量。魏国主握有传国印玺，占据中州，受之于天命，这还有什么疑问？难道还要改变事实，变真为伪，取决于金像吗？"封裕说："传国印玺在哪里呢？"常炜说："在邺城。"封裕说："张举说在襄国。"常炜说："诛杀胡人的时候，在邺城的人几乎一网打尽，当时有逃脱漏网的，也全都是潜伏在水渠水沟中的，他们怎么知道传国印玺在什么地方！他们那些求救的人，说起荒诞的谎言来，没有什么不可以编织进去的，何况一个传国印玺呢！"

慕容儁依然认为张举所说的是真话，于是就在常炜身边堆上木柴，派封裕用关系他个人生命的话劝诱道："请您再仔细考虑一下，没有必要白白地化为灰烬！"常炜厉言正色地说："石氏贪婪残暴，曾经亲自率领大军进攻燕国的国都，虽然没有攻下而返回，但其志在必得。所以他们此后往东北地区运送钱财粮饷，聚集武器装备的目的并不是要拿这些东西帮助你们，而是想消灭你们。魏国主攻打镇压石氏，虽然不是为了燕国，但作为臣子之心，听到仇敌被消灭的消息，从道义上说又该如何呢？如今你反而替石氏来责问我，岂不是怪事！我听说死去的人虽然骨肉埋在土下，而灵魂却升到天上。蒙您惠赐，请赶快加柴点火，使我能到上帝那里去诉说冤屈就满足了！”周围的人都请求焚杀常炜。慕容儁说：“他不怕牺牲生命来为他的君主殉葬，确实是忠臣。况且冉闵有罪，与他的使臣有什么关系呢！”于是就让常炜离开此地，住进了馆舍。入夜，慕容儁派常炜的同乡赵瞻去慰劳常炜，并且对他说：“您为什么不以真话相告呢？如果大王发怒，要把您流放到辽海、碣石山以外，您有什么办法呢？”常炜说：“我自从结发成年以来，连布衣百姓都不曾欺骗，何况是君主呢！违心地苟且迎合，这是我本性所不能做的事；尽情直言，就是被沉于东海，也不敢逃避！”说完就面朝墙一躺，不再和赵瞻搭话了。赵瞻把这些情况全都告诉了慕容儁，慕容儁便把常炜囚禁在龙城。

后赵并州刺史张平派使者去向前秦投降，前秦主任命张平为大将军、冀州牧。

前燕主慕容儁从龙城回到蓟城。

三月，姚襄及后赵汝阴王石琨分别率兵救援襄国。冉闵派车骑将军胡睦在长芦阻击姚襄，派将军孙威在黄丘阻击石琨，但全都失败而返，士兵死亡殆尽。

冉闵想要亲自出马攻打姚襄及石琨，卫将军王泰劝谏说：“如今襄国城尚未攻下，外边援救的部队云集而至，如果我们再外出征战，一定会腹背受敌，这是极其危险的做法。不如坚固堡垒以挫伤他们的锐气，慢慢地看着他们之间出现裂痕后再去攻击。况且，皇上亲自上阵，如果一旦出现危险，宏图大业就全完了。”冉闵听了劝说后正想不再出征，而道士法饶却进言说：“皇上包围襄国已有一年之久，然而没有取得丝毫的胜利。如今敌人来了，却避而不攻，今后将怎样调动将士呢？况且启明星进入昂宿，正是诛杀胡王的征兆，一定会百战百胜，绝不可错失良机！”听了这话，冉闵挽起袖子大声说：“我决定要出发征战了。胆敢出言使士兵士气沮丧者杀头！”于是就率领全部士兵出发，与姚襄、石琨决战。这时，悦绾恰好率领前燕兵来到，离魏兵约有几里地的距离，他将骑兵稀疏地布开，拖着树枝扬起漫天尘土，魏兵一看见这阵势便骚动不安、惊恐万状。姚襄、石琨、悦绾三面夹击，后赵主石祗则从后面发起冲锋，魏兵大败，冉闵和十多个骑兵逃回邺城。以前投降冉闵的胡人栗特康等人挟持着大单于冉胤及左仆射刘琦投降了后赵，后赵主石祗把冉胤、刘琦杀掉了。冉闵的众将士再加上胡睦及司空石璞、尚书令徐机、中书监卢谌等，死亡的人总共达十多万。冉闵偷偷地回到邺城，无人知晓。邺城里的人都感到震惊害怕，讹传冉闵已死。射声校尉张艾请求冉闵露面去参加一次郊祀祭天活动，以安定民心，冉闵听从了，讹传才平息下来。冉闵肢解了法饶父子，追封韦谀为大司徒。

姚襄回到滠头，姚弋仲对他没能擒获冉闵十分气愤，打了他一百杖。

（以上为第二段，写后赵襄国被冉魏围困，形势危急，姚弋仲派遣姚襄、慕容儁派遣悦绾，与后赵石琨合力攻打，三面围攻，冉魏大败，损兵折将，冉闵逃还邺城。）

当初，冉闵担任后赵丞相的时候，把国家仓库里的粮食财物全都散发给人们，以此树立个人的恩誉，和羌人、胡人没有一个月不进行战争。后来，后赵所迁移来的青、雍、幽、荆四州的百姓，以及氐、羌、胡、蛮的数百万人，都因为后赵不能执行法令，分别返归本土。但这些人归途交错，又互相掠夺残杀，最终能回到目的地的仅十之二三。中原地区大乱，因此导致了饥荒遍野，瘟疫流行，人相蚕食，再也没有人耕田种地了。

后赵主石祇派他的将领刘显率领七万士兵攻打邺城，驻扎在明光宫，距离邺城二十三里远。魏国主冉闵十分恐惧，征召王泰来和他商量对策。王泰对冉闵以前不听从他的劝告十分气愤，便以伤势严重为由加以拒绝。冉闵亲自前往询问，王泰仍然坚持说伤势严重。冉闵十分愤怒，返回王宫，对周围的人说："巴蛮奴才，我难道还要靠你活命吗？我要先灭掉群胡，然后杀掉王泰。"于是就率领全部士兵出战，重创刘显的军队，一直追击到阳平，斩杀三万多人。刘显十分害怕，秘密地派人去向冉闵请求投降，并请求杀掉石祇以表示自己的效忠，冉闵这才带领士兵撤回。有人报告说王泰想背叛归附前秦，冉闵便杀掉王泰，还灭掉了他的三族。

前秦主苻健分别派遣使者访问百姓的疾苦，搜罗杰出人才，减轻了横征暴敛的赋税，开放了为修建离宫划定的禁区，撤掉了没有用处的器具，换掉了华丽奢侈的服装，凡是后赵制定的不利于百姓的烦琐苛刻的政令，全都予以废除。

杜洪、张琚派遣使者征召梁州刺史司马勋。夏季，四月，司马勋率领步骑兵三万人前往，在五丈原遇上了前秦主苻健的阻击。司马勋多次战斗都失败了，只好退回南郑。苻健因为中书令贾玄硕在当初没有主动进上尊号，对他耿耿于怀，便指使人诬告他与司马勋相勾结，借此把他和他的几个儿子一起杀掉了。

渤海人逄约乘后赵大乱之机，带领数千家民众，归附魏国。魏国任命逄约为渤海太守。原来的太守刘准是刘隗哥哥的儿子；地方豪强封放是封奕的族弟。他们则另外聚集部众自守。冉闵任命刘准为幽州刺史，把渤海一分为二，让逄约和刘准分地而治。前燕主慕容儁派封奕讨伐逄约，派昌黎太守高开讨伐刘准、封放。高开是高瞻的儿子。

封奕率兵直接抵达逄约的营垒，派人告诉逄约说："你我本是乡里乡亲，离别日久，很难见面。眼下事情的利害得失，人人心里都有数，不必多说。希望你自己单独出来见见面，以倾诉聚集于心头的思念之情。"逄约历来信任敬重封奕，随即出来，在营垒门外与封奕见面。他们各自都没带骑兵卫士，只是单独骑着马交谈。封奕和他叙说完各自经历后，接着劝他说："我和你几代同乡，情深意重，确实希望你永远享受大魏国的国土。如今既然得以见面承教，我就不能不尽吐肺腑之言了。冉闵乘石氏大乱之机，囊括了其已有的成果，是应该让天下人佩服其强大的力量，然而战祸动乱也从此开始，这就知道天命本来不是靠力量强大争夺来的。燕王几代人都具有德行，崇奉道义，讨伐祸乱，所向无敌。如今已经定都蓟城，南视赵、魏，远近的百姓纷纷拖儿带女，前来归附。百姓厌恶荼毒之苦，都思念有道德的人。冉闵的灭亡非早即晚，成败的形势显而易见。况且燕主刚刚开创帝王大业，虚心对待俊贤之士，如果您能幡然悔悟，改变图谋，则功劳可与周勃、灌婴相比，福泽可以流传子孙后代，何必做亡国之将，困守孤城，等待必然要到来的灾祸呢！"逄约听了这番话，心情悲怆，默不作声。封奕左右的使者张安，勇气与力量俱佳，封奕事先对他做了布置，等到逄约气势低落时，张安突然冲上前去，抓住他的马缰，顺势挟持着他急驰而返。回到营地，封奕与他坐在一起，对他说："您不能自己决定大计，所以我帮您一起决定，不是想要拿您去邀功请赏，而是想保全您以安抚百姓。"

高开抵达渤海，刘准、封放出来迎接并投降。慕容儁任命封放为渤海太守，刘准为左司马，逄约为参军事，因为逄约是受人劝诱才归附投降的，所以慕容儁把他的名字改为逄钓。

刘显杀掉了后赵主石祗及其丞相乐安王石炳、太宰赵庶等十多人，并将首级传送到邺城。骠骑将军石宁逃奔到柏人县。魏国主冉闵在邺城的通衢大道上焚烧了石祗的首级，授予刘显上大将军、大单于、冀州牧的官职。

五月，后赵兖州刺史刘启从鄄城来投奔东晋。

秋季，七月，刘显再次率兵攻打邺城，被魏国主冉闵击败。刘显返回，在襄国称帝。

（以上为第三段，写后赵主石祗派大将刘显率军攻打邺城，被冉魏主冉闵打败，刘显杀石祗投降，后又反叛，在襄国称帝；前秦主苻健改革弊政，逐渐强大起来。）

八月，魏国徐州刺史周成、兖州刺史魏统、荆州刺史乐弘、豫州刺史张遇前来向东晋投降，献出了他们所占据的廪丘、许昌等城邑。平南将军高崇、征虏将军吕护挟持着洛州刺史郑系也前来向东晋投降，献出了他们所占据的地方。

前燕王慕容儁派慕容恪攻打中山，派慕容评在鲁口攻打王午，魏国中山太守上谷人侯龛紧闭城门，抵抗固守。慕容恪率兵南巡常山，驻扎在九门，魏国赵郡太守辽西人李邽带领全郡投降，慕容恪给他以丰厚的待遇，统领李邽的军队返回去包围中山，于是侯龛投降。慕容恪进入中山，将侯龛手下的数十家将帅、地方豪强迁徙到蓟城，其余的则让他们全都就地安居。部队纪律严明，秋毫无犯。慕容评抵达南安，王午派他的部将郑生抵抗，慕容评发起攻击，斩杀了郑生。

悦绾从襄国返回，慕容儁才知道张举所说的送传国印玺是荒诞之辞，于是就杀了他。常炜有四男二女在中山，慕容儁解除了对他的囚禁，让他的儿子们前来见他。常炜上疏谢恩，慕容儁亲手复信回答说："你的行动本来不是为了活命谋生考虑，但我与你是同乡，所以加以保全。在当今大乱的形势下，你的儿子们全都来到了这里，这难道不是上天对你的关怀吗？上天都关怀你，何况我呢！"慕容儁赐给常炜妾一人，粮食三百斛，让他居住在凡城。任命北平太守孙兴为中山太守。孙兴长于安抚之道，于是中山就安定下来了。

库傉官伟率领他的部众从上党来投降前燕。

姚弋仲派遣使者前来向东晋请求投降。冬季，十一月，东晋朝廷任命姚弋仲为使持节、六夷大都督、督淮北诸军事、车骑大将军、开府仪同三司、大单于、高陵郡公。又任命他的儿子姚襄为持节、平北将军、都督并州诸军事、并州刺史、平乡县公。

逄钓逃亡回渤海，召集起过去的旧部士兵背叛了前燕。乐陵太守贾坚派人劝谕百姓，给他们分析成败大势，逄钓的旧部逐渐离散，于是逄钓前来投奔东晋。

吐谷浑的首领叶延去世，儿子碎奚继位。

（以上为第四段，写冉魏徐州刺史周成、羌族酋长姚弋仲等，纷纷向东晋投降；前燕主慕容儁派将领慕容恪攻打中山，扩大领地，杀掉了后赵谎送传国玉玺的张举。）

当初，桓温听说石氏大乱，便向朝廷上疏，请求出兵整治中原地区，但过了许久也没有回音。桓温知道朝廷倚仗殷浩来对抗自己，对此十分愤怒。然而，他也一向知道殷浩的为人，所以对他也不惧怕。因为国家没有什么其他灾祸变故，也就得过且过一年多，表面上维系着君臣的名分罢了。桓温管辖的八州之内民众的资财赋税，几乎不给朝廷使用。桓温多次请求北伐，朝廷下达命令，不予同意。十二月十一日辛未，桓温上奏后就立即行动，率领四五万人顺江而下，驻扎在武昌。朝廷十分恐惧。

殷浩想用辞职来躲避桓温，又想用驺虞旗帜号令，使桓温的部队不再继续前进。吏部尚书王彪之对会稽王司马昱进言说："殷浩的这些举动全都是为自己考虑，并不能保全江山，不是为您考虑。如果殷浩辞职，必将导致人心分离混乱，天子独坐天下，在这种时候，一定要有人出来承担责任，这人不是您还能是谁呢！"王彪之又对殷浩说："如果桓温上书直言，兴师问罪，首当其冲的是您。您在朝廷任此职务，猜忌隔阂已经形成，这时想成为一般百姓，难道还能保全自己吗？应该暂且静观不动地等待桓温。可以先让宰相给他写一封亲笔信，向他表示恳切的诚意，为他分析成败趋势，他就一定会率兵返回了；如果不听，那就由皇上亲自下达命令；再不听就应当用正义之师去制裁他。为什么您要平白无故地匆匆行事，先自我倾覆呢！”殷浩说：“面临大事的我正难以决策，近日一直使我感到烦闷，听到你这个计谋，主意才得以决定了。”王彪之是王彬的儿子。

抚军司马高崧对司马昱说：“您应该致信桓温，向他说明利害得失，他自己就应当率兵返回了。如果他不这样做，就整理六军人马出征，正义、叛逆从此判明！”于是他就坐下来替司马昱起草书信，说：“寇贼发难应该平定，时运到来，应该承接。这确实是为国家着想的长谋远虑、夺取天下的宏图大略，能够弘扬光大这种时运的人，除了您还能有谁？但兴师动众，重要的是应该以雄厚的财力物力为基础，辗转运输的艰难，正是古人最为头疼的事情，不能从一开始就认为它容易而不加以认真地考虑。近来，我之所以对您的举动深以为疑，原因就在这里。对于出乎寻常的举动，人们都感到惊骇，所以近来各种议论说法，纷至沓来，想您也稍有耳闻。假如生怕得到的东西再失去，就会无所不用其极，也许有些人就会震恐惊扰，甚至会顷刻崩溃逃散。如此则宏大的愿望和已有的成果全都会丧失，国家的大业也就完了。全都是由于我昏庸懦弱，没有表现出崇高的道德和信誉，才没能使大众百姓沉着安定，凭借险势连城固守以保卫国家。这就是我于内问心有愧，于外对不起好友的原因。我与您虽然任职有内外之分，但安定国家、保卫皇上，这个目标是一致的。天下的安危与完美的德行相联系，应当先考虑使国家安宁，然后再图谋向外扩展，以使帝王的基业兴隆昌盛，道义弘扬彰著，这就是我对您的期望。区区一点心意，难道还能再顾虑疑忌而不坦诚尽言吗？”桓温见信后立即上书，诚惶诚恐地表示谢罪，率军返回了原来镇守的地方。

东晋朝廷将要在郊外举行祭祀天地的仪式。会稽王司马昱问王彪之说：“举行郊祀是否应该有大赦？”王彪之回答说：“自从朝廷中兴以来，举行郊祀时往往实行大赦。我的意见是如果经常这样做是不合适的。凶残愚顽之人，以为一举行郊祀必定会实行大赦，那他们必将产生侥幸心理！”司马昱听从了他的意见。

前燕王慕容儁到了龙城。

丁零人翟鼠率领士兵投降了前燕国，被封为归义王。

（以上为第五段，写东晋方镇大将桓温乘后赵大乱，数次请求出兵收复中原，不等朝廷同意就擅自出兵，朝廷恐慌，殷浩打算辞职，丞相会稽王司马昱听从抚军司马高崧的建议，致信桓温，桓温返军。）

晋穆帝永和八年（壬子，公元 352 年）

春季，正月初一辛卯，出现日食。

前秦丞相苻雄等人请求前秦主苻健正式称皇帝的尊号，依从汉朝、晋朝的旧制，而不必效法石氏最初先称天王的做法。苻健听从了这一请求，即皇帝位，实行大赦。诸公全都晋升爵位为王。苻雄等人还说，单于用来统治百蛮的种种措施、办法，不宜由天子亲自掌管。所以苻健把这方面的权力授予太子苻苌。

司马勋已经回到汉中，杜洪、张琚驻扎在宜秋。杜洪自以为出身名门望族而轻视张琚，张琚于是就杀掉了杜洪，自立为秦王，改年号为建昌。

后赵主刘显进攻常山，魏国主冉闵留下大将军蒋幹辅佐太子冉智守卫邺城，自己统率八千骑兵前去救援。刘显的大司马清河人王宁投降了魏国，将枣强县拱手交出。冉闵攻击刘显打败了他，追击到襄国。刘显的大将军曹伏驹打开城门让石闵进入，石闵杀掉了刘显及其公卿以下的官吏一百多人，焚烧了襄国的宫室，将襄国的百姓迁移到邺城。后赵汝阴王石琨带着他的妻妾前来东晋投降，被斩杀在建康街头，于是石氏被彻底根绝了。

（以上为第六段，写前秦苻健接受丞相苻雄请求，即位为帝；后赵雍州刺史杜洪被司马张琚杀害，张琚自立为秦王，改元建昌；后赵石虎之子石琨投奔东晋被杀，石氏根绝。）

尚书左丞孔严向殷浩进言说："近来人们的情绪，真令人心寒，不知您将用什么办法使其安定。我认为应该明确官吏的职责，韩信、彭越专事征伐，萧何、曹参留守理财，对内对外的职责，各有所司；还应该深思廉颇、蔺相如为国家利益而不计前嫌的道理，陈平、周勃为制止吕氏专权而结为至交的谋略，让人们和睦无间，然后就可以保有天下，成就功业了。看看近来投降归附的那些人，全都是人面兽心，贪婪至极而且六亲不认，恐怕难以用道义感化他们。"殷浩没有听从孔严的意见。孔严是孔愉的侄子。

殷浩上疏请求北上许昌、洛阳，穆帝司马聃复诏同意，于是任命安西将军谢尚、北中郎将荀羡为督统，进军驻扎于寿春。谢尚没能抚慰张遇，张遇非常愤怒，便占据许昌反叛，并派他的将领上官恩占据洛阳，乐弘在仓垣攻打督护戴施，殷浩的军队无法前进。三月，东晋朝廷命令荀羡镇守淮阴，不久加任监青州诸军事，又兼任兖州刺史，镇守下邳。

三月十六日乙巳，前燕主慕容儁回到蓟城，并将少量的军队文武官员、士兵的家属迁移到蓟城。

姚弋仲有四十二个儿子，等到他病重时，对儿子们说："石氏对待我很优厚，我本想为他们尽力。如今石氏已被消灭，中原混战无主，我死了以后，你们赶快自己归附晋朝，应当固守作为臣下的气节，不要干不义的事情！"姚弋仲去世，其子姚襄隐瞒消息，不告诉别人，率领六万家的士兵南进，攻打阳平、元城、发干，全部攻下，士兵驻扎在碻磝津，任命太原人王亮为长史，天水人尹赤为司马，太原人薛瓒、略阳人权翼为参军。

姚襄与前秦军队交战，被打败，死亡、溃散了三万多家的士兵。南进抵达荥阳，才公开了父亲死亡的消息。又与前秦将领高昌、李历在麻田交战，他的战马因中了流箭而死。姚襄的弟弟姚苌给了他一匹马，姚襄说：“你自己如何脱身？”姚苌说：“只要哥哥平安，那帮小子就不敢伤害我！”恰好这时援兵到达，他们全都幸免于难。尹赤投奔前秦，前秦任命尹赤为并州刺史，镇守蒲阪。

姚襄于是率领士兵归附东晋，并把他的五个弟弟送去作为人质。东晋朝廷下令姚襄屯戍谯城。姚襄单人匹马渡过淮河，在寿春见到了谢尚。谢尚久闻其名，命令撤掉仪仗侍卫，自己摘掉帽子，只以绢丝束发，热情地招待他，就像见到故友一样。姚襄很博学，善于言谈，江东的人士都很推崇他。

（以上为第七段，写东晋朝廷同意殷浩请求，出兵北上许昌、洛阳，驻扎寿春；姚弋仲去世，其子姚襄与前秦军队交战，被打败，率军归附东晋，受到江东人士推重。）

魏国主冉闵既已攻克襄国，因此就在常山、中山等地周游吃喝。后赵立义将军段勤聚集了胡人、羯人一万多人保卫据守绎幕，自称为赵帝。夏季，四月初五甲子，前燕主慕容儁派慕容恪等人率兵攻击魏国，派慕容霸等人率兵攻击段勤。

魏国主冉闵准备与前燕交战，大将军董闰、车骑将军张温劝说道：“鲜卑人乘胜利之势，锋芒锐利，而且敌众我寡，应该暂且躲避。等他们骄傲懈怠以后，再增加兵力，加以攻击。”冉闵愤怒地说：“我要用这些士兵平定幽州，斩杀慕容儁。如今遇上了慕容恪而躲避他，人们该说我什么呢！”司徒刘茂、特进郎闿互相说：“我们的国君此次出征，一定是有去无回，我们为什么要坐等被杀戮的耻辱！”于是，他们俩都自杀了。

冉闵驻军于安喜，慕容恪率兵跟随。冉闵向常山开进，慕容恪紧追不舍，四月十七日丙子，一直追到魏昌县的廉台相遇。冉闵与前燕兵交战十次，前燕兵全都没有获胜。冉闵历来有勇猛的名声，所统领的士兵精良，前燕人很惧怕他。慕容恪巡视兵阵，对他的将士们说：“冉闵有勇无谋，只能以一当一而已！他的士兵饥饿疲惫，武器装备虽然精良，但实际上难以为用，不难打败他们！”冉闵认为自己所统领的多是步兵，而前燕全是骑兵，于是就率领士兵向丛林开进。慕容恪的参军高开说：“我们骑兵在平坦地域作战有利，如果冉闵得以进入丛林，就无法再控制他了。应该火速派轻装的骑兵去拦截他，等到交战以后再假装逃跑，诱使他来到平坦地域，然后便能进行攻击了。”慕容恪听从了这一意见。魏兵回师追到平坦的地域，慕容恪把军队分为三部分，对将领们说：“冉闵生性轻敌，锐气十足，又自认为士兵较少，一定会拼死与我们作战。我要在中军的阵地上集中优势兵力等着他，等到交战以后，你们从两翼发起攻击，攻无不克。”

于是，他就选择五千名善于射箭的鲜卑人，用铁链把他们的马匹联结起来，形成方阵，布置在前面。冉闵所骑的骏马名叫朱龙，日行千里。只见他左手持有两刃矛，右手拿着钩戟，用来攻击前燕兵，杀掉了三百多人。当他望见宽大的仪仗旗帜后，知道这便是中军，就径直发起冲击。这时，前燕军的其他两部分从两翼夹击，彻底攻破了冉闵的部队。他们把冉闵团团围住，冉闵突破重围向东逃窜了二十多里，不巧骏马朱龙突然死亡，冉闵被前燕兵俘获。前燕兵杀掉了魏国仆射刘群，抓到了董闵、张温及冉闵，把他们全都送往蓟城。冉闵的儿子冉操逃到鲁口；高开负伤而死。慕容恪进军驻扎于常山，慕容儁命令他镇守中山。

四月二十日己卯，冉闵被押送到蓟城。慕容儁实行大赦。慕容儁让冉闵站在那里，斥责他说：“你不过是才能低下的奴仆，怎么能妄自称帝？”冉闵说：“天下大乱，你们夷狄禽兽之类尚可称帝，何况我是中原英雄，为什么不能称帝呢！”慕容儁大怒，打了他三百鞭，把他送到龙城。

慕容霸的军队抵达绎幕，段勤和他的弟弟段思聪举城投降。

四月二十五日甲申，慕容儁派慕容评及中尉侯龛率领精锐骑兵一万人进攻邺城。癸巳（疑误），抵达邺城，魏国的蒋幹及太子冉智紧闭城门抵抗固守，城外的士兵全都投降了前燕军。刘宁及他的弟弟刘崇率领三千胡人骑兵逃奔晋阳。

前秦任命张遇为征东大将军、豫州牧。

五月，前秦主苻健在宜秋攻打张琚，将其斩杀。

邺中地区发生严重饥荒，人们互相蚕食，过去后赵的宫人被烹食殆尽。蒋干派侍中缪嵩、詹事刘猗向东晋朝廷进奉降书，请求投降，并且向谢尚求救。五月初二庚寅，前燕王慕容儁派广威将军慕容军、殿中将军慕舆根、右司马皇甫真等人率领步、骑兵二万人协助慕容评攻打邺城。

五月初三辛卯，前燕人在龙城斩杀了冉闵。恰好这时发生了严重的旱灾、蝗灾，前燕王慕容儁说这是冉闵在作祟，便派使臣去祭祀他，给他追封谥号为悼武天王。

当初，东晋镇西将军谢尚派戴施据守枋头，戴施听说蒋幹派人前来求救，就从仓垣移师到棘津驻扎，阻拦了蒋幹派出的使者，索要传国印玺。刘猗让缪嵩返回邺城禀报蒋干。蒋幹怀疑谢尚不能前来援救，犹豫不决。

六月，戴施率领一百多名勇士进入邺城，帮助守卫三台，并哄骗蒋幹说：“如今燕寇陈兵城外，道路不通，传国印玺还不敢送走。你姑且把它拿出来交给我，我将策马迅速禀报天子。天子听到传国印玺在我们这里，会真诚地相信你，一定会多多地下发兵粮以救助你的困难。”蒋幹认为他说得有道理，就拿出传国印玺交给了他。戴施公开宣称派督护何融去迎接兵粮，暗地里却怀揣传国印玺送到了枋头。

六月初六甲子，蒋幹率领精锐士兵五千人及东晋的士兵出城战斗，被慕容评彻底打败，四千多人被斩首，蒋幹逃回邺城。

（以上为第八段，写前燕将领慕容恪率军攻打冉魏，前燕多骑兵，冉魏多步卒，慕容恪用计诱使魏军至平原，大败魏军，活捉冉闵，斩杀于龙城，东晋镇西将军谢尚得到冉魏的传国玉玺。）

六月二十六日甲申，前秦主苻健返回长安。

谢尚、姚襄一起在许昌攻打前秦征东大将军张遇。前秦主苻健派丞相东海王苻雄、卫大将军平昌王苻菁攻占关东地区，率领二万步、骑兵去援救张遇。

六月二十九日丁亥，双方在颍水的诫桥交战，谢尚等大败，死亡一万五千人。谢尚逃回淮南，姚襄扔掉了军用物资，护送谢尚到了芍陂。谢尚把自己的后事全托付给了姚襄。殷浩听到谢尚失败的消息，退到寿春驻扎。秋季，七月，前秦丞相苻雄把张遇及陈郡、颍川、许昌、洛阳的百姓五万多户迁移到关中，任命右卫将军杨群为豫州刺史，镇守许昌。东晋将谢尚贬降名号为建威将军。

原后赵国西中郎将王擢派遣使者向东晋请求投降，朝廷授予王擢秦州刺史职务。

七月初十丁酉，东晋朝廷任命武陵王司马晞为太宰。

七月二十九日丙辰，前燕主慕容儁到中山。

原后赵幽州刺史王午听说魏国失败的消息，当时邓恒已经死去，就自称安国王。

八月十一日戊辰，前燕主慕容儁派慕容恪、封奕、阳骛攻打他，王午紧闭城门自守，把冉操送给前燕军，前燕百姓把他们的庄稼砍掠一空后返回。

八月十三日庚午，魏国长水校尉马愿等人打开邺城城门，让前燕军队进入，戴施、蒋幹系着绳子从城墙上滑下来，逃奔到仓垣。慕容评把大魏后董氏、太子冉智、太尉申钟、司空条攸以及王宫车乘服饰送至蓟城。尚书令王简、左仆射张乾、右仆射郎肃全都自杀。前燕主慕容儁谎称董氏得到了传国印玺，并献给了他，因此赐董后号为奉玺君，赐封冉智以海宾侯爵位。任命申钟为大将军右长史。命令慕容评镇守邺城。

东晋大将桓温派司马勋帮助周抚在涪城攻打萧敬文，杀掉了他。

谢尚从枋头迎接传国印玺抵达建康，朝廷百官一同庆贺。

前秦任命雷弱儿为大司马，毛贵为太尉，张遇为司空。

（以上为第九段，写东晋谢尚、姚襄出兵攻打前秦将领张遇，被打败；前燕将领慕容恪攻打冉魏邺城，魏将王午闭城自守；冉魏将官马愿等打开城门，投降前燕，冉魏灭亡。）

殷浩北伐的时候，中军将军王羲之写信劝他不要去，他没有听从。此次无功而返，他便图谋再一次出征。王羲之给殷浩写信说：“如今我们占据着区区江左之地，天下人为之心寒，本来已经很久了。力争战功不是现在该干的事情。近来在朝廷内外任职的官员们，没有深谋远虑，却任意挥霍摧残国家的根基，每个人都追求实现自己的志向，最终却没有一项战功可言，于是使天下大有土崩瓦解的趋势。干这种事情的人，岂能让他推卸掉天下人的责怪！如今在外边军队被攻破，在国内资财被耗尽，保全淮南的志向，已经不再是力所能及的事情了，不如回来确保长江，督将们再各自镇守旧地，长江以外的地区保持着联系就可以了。官员们引咎自责，重新实施良好的治理方法，减免赋税徭役，与百姓一起从头奋斗，或许还可以解救千钧一发的危急局势。您出身于布衣百姓，承担着天下的重任，掌管着督察统管之责，然而却失败落魄到如此地步，恐怕满朝廷的那些贤士没有一个会愿意为别人分担责任。如果您还觉得以前的事情考虑得不周到、不细致，所以应该再去追求分外之功，那么虽说宇宙广大，恐怕也容不下您！这就是我愚钝的头脑所不能理解的。”

王羲之又给会稽王司马昱去信说：“作为臣下，谁不愿意尊奉自己的君主，希望他的事业和前代一样兴隆昌盛呢？况且是在遇到了难得的时运的时候。只不过在力量有所不及的情况下，难道能不权衡轻重而随意行事吗！如今虽然有令人可喜的机会，但看看自身的情况，令人担忧的事情仍然多于令人可喜的事情。成功未可预期，遗民损失殆尽，劳役毫无时限，征敛日益繁重，以区区吴越之地去征服统治天下十分之九的广阔地区，不灭亡又会怎样呢！不权衡自己的德行与力量，不彻底失败就不善罢甘休，这就是国内人士所痛心疾首而又不敢直说的话。‘过去的已经无法挽回，但未来的还可以补救。’希望您再度三思，先奠定不可战胜的根基，等到根基牢固、势力强大时再做图谋，那也为时不晚。如果不这样做，恐怕危险就会降临到我们江南！希望您能暂时放弃虚华高远的想法，以挽救眼前千钧一发的危急局势，这才可以说是以亡图存，转祸为福。”司马昱没有听从王羲之的劝告。

九月，殷浩驻扎在泗口，派河南太守戴施占据石门，荥阳太守刘遁占据仓垣。殷浩以征集财物供应军用为由，停止了太学学生的学习，并将他们遣散回去，学校从此也就关闭了。

冬季，十月，谢尚派冠军将军王侠攻克了许昌。前秦的豫州刺史杨群撤退驻扎在弘农。东晋朝廷征召谢尚为给事中，戍卫石头城。

（以上为第十段，写东晋权臣殷浩北伐，遭到失败，还想再次出征，以挽回颜面和损失，中军将军王羲之写信严厉劝阻，希望其度德量力，改弦更张，但殷浩听不进去。）

十月十一日丁卯，前燕主慕容儁回到蓟城。

过去后赵国的将领中带领士兵占据州郡的人，各自都派使者向前燕投降，前燕主慕容儁任命王擢为益州刺史，夔逸为秦州刺史，张平为并州刺史，李历为兖州刺史，高昌为安西将军，刘宁为车骑将军。

慕容恪驻扎在安平，储备粮食，准备进攻的武器装备，将要攻打王午。丙戌（疑误），中山人苏林在无极起兵，自称天子。慕容恪从鲁口返回讨伐苏林。

闰十月初三戊子，前燕主慕容儁派广威将军慕舆根帮助慕容恪攻打苏林，把他杀掉了。王午被他的将领秦兴杀掉，吕护杀了秦兴，又自称安国王。

前燕官员们共同给前燕王慕容儁进上皇帝尊号，慕容儁同意了。十一月十二日丁卯，开始设置百官，任命国相封奕为太尉，左长史阳骛为尚书令，右司马皇甫真为尚书左仆射，典书令张悕为右仆射。其余的文武官员，授予的官职各有等差。十一月十三日戊辰，慕容儁即皇帝位，实行大赦。自称获得了传国印玺，改年号为元玺。追尊武宣王慕容廆为高祖武宣皇帝，文明王慕容皝为太祖文明皇帝。这时，东晋的使者恰好抵达前燕，慕容儁对他说："你回去禀报你的天子，我趁着天下无人才的时机，被中原地区推举，已经成为皇帝了！"慕容儁将司州改为中州，在当初的国都龙城建立了留台。任命玄菟太守乙逸为尚书，专门委任他掌管留台事务。

前秦丞相苻雄在陇西攻打王擢，王擢逃奔到凉州，苻雄返回，驻扎在陇东。张重华任命王擢为征虏将军、秦州刺史，特别宠待他。

（以上为第十一段，写原后赵占据州郡的将领，各派使者向前燕投降，接受前燕的重新任命；前燕主慕容儁被拥立为帝，设置百官，改元元玺，在原国都龙城建立留台。）

晋穆帝永和九年（癸丑，公元 353 年）

春季，正月初一乙卯朔，东晋实行大赦。

二月十七日庚子，前燕主慕容儁立后妃可足浑氏为皇后，立长子慕容晔为皇太子，他们全都从龙城迁至蓟城王宫。

前凉主张重华派将军张弘、宋修会合王擢率领步、骑兵一万五千人攻打前秦，前秦丞相苻雄、卫将军苻菁率兵抵抗，前凉兵在龙黎被彻底打败，一万二千人被斩首，张弘、宋修被俘。王擢放弃了秦州，逃到姑臧。前秦主苻健任命领军将军苻愿为秦州刺史，镇守上邽。

三月，东晋交州刺史阮敷攻打林邑，攻破了五十多座营垒。

原后赵卫尉常山人李犊聚集士兵数千人背叛了前燕。

西域胡人刘康谎称自己是刘曜的儿子，在平阳聚集士兵，自称晋王。夏季，四月，前秦左卫将军苻飞讨伐并擒获了他。

东晋朝廷任命安西将军谢尚为尚书仆射。

五月，前凉主张重华再次派王擢率领士兵二万人攻打上邽，秦州的郡县大多都响应他。苻愿被打败，逃至长安。张重华于是就向东晋朝廷上书，请求攻打前秦。

朝廷下诏，晋升张重华为凉州牧。

前燕主慕容儁派卫将军慕容恪攻打李犊，李犊投降。于是慕容恪东进，到鲁口攻打吕护。

六月，前秦左卫将军苻飞在仇池攻打氐王杨初，但被杨初打败。丞相苻雄、平昌王苻菁率领四万步、骑兵驻扎在陇东。

前秦主苻健纳娶张遇的继母韩氏为昭仪，他多次在人们当中对张遇说："你是我的养子！"张遇对此感到耻辱，便趁着苻雄等精兵在外征战的机会，暗中联络关中的豪杰，想灭掉苻氏，把他所占据的地方降附东晋。秋季，七月，张遇和黄门刘晃密谋夜袭苻健，刘晃约定到时开门等待。恰巧苻健派刘晃外出，他再三推辞，不得已只好去了。而张遇不知道此事，当他带领士兵来到门前时，门没有打开。事情败露，张遇被杀。这时，孔持在池阳起事，刘珍、夏侯显在鄠县起事，乔秉在雍县起事，胡阳赤在司竹起事，呼延毒在灞城起事，参加者达数万人，他们各自都派遣使者来向东晋请求援兵。

前秦任命左仆射鱼遵为司空。

九月，前秦丞相苻雄率领士兵二万人回到长安，派平昌王苻菁平定治理上洛，在丰阳川设置荆州，任命步兵校尉金城人郭敬为刺史。苻雄与清河王苻法、苻飞分别攻打孔持等人。

姚襄驻扎在历阳，考虑到前燕、前秦势力正强，所以没有北伐的念头，就沿淮河两岸广泛开垦屯田，训练勉励将士。殷浩在寿春，讨厌姚襄的日益强盛，于是就囚禁了他的弟弟们，并多次派遣刺客刺杀他。然而刺客们却全都把实情告诉了姚襄。安北将军魏统去世，弟弟魏憬代替他统领部曲家兵。殷浩偷偷地派魏憬率领五千士兵袭击姚襄，但姚襄杀掉了魏憬，其士兵也被兼并。殷浩因此越发讨厌姚襄，派龙骧将军刘启守卫谯郡，把姚襄调到梁国的蠡台，上书请求授予姚襄梁国内史职务。

魏憬的子弟们多次往来寿春，姚襄越发怀疑、担心，就派参军权翼出使殷浩处。殷浩对他说："我本人与姚襄同是君主的臣下，休戚与共。然而姚襄经常独断专行，有失辅车相依的道理，这难道是我所希望的事情吗？"权翼说："姚襄英俊的风姿堪称绝世，他之所以带领数万士兵不辞遥远归附晋朝王室，是因为朝廷具有道义，大臣们贤明智慧的缘故。如今将军轻信谗言妄语，与姚襄有了隔阂，我认为产生猜忌的根源在您这里而不在姚襄那里。"殷浩说："姚襄生性豪放不羁，随意生杀，又纵容小人抢夺我的马匹，君王臣下的行为原本是这样的吗？"权翼说："姚襄归附听命于圣哲王朝，怎么肯滥杀无辜！邪恶作乱之徒，就是帝王的法律也不能容忍，杀了他们有什么害处？"殷浩说："那么为什么抢夺我的马匹呢？"权翼说："将军您认为姚襄雄勇刚健，难以控制，最终也要讨伐他，所以他才夺取您的马匹，想用来自卫啊！"殷浩笑着说："哪里到这种地步呢？"

当初，殷浩暗地里派人劝诱梁安、雷弱儿，让他们去刺杀前秦主苻健，许诺把关右地区的官职封给他们。雷弱儿表面上答应了，而且请求派兵接应。殷浩听说张遇夜袭苻健，苻健哥哥的儿子辅国将军苻黄眉从洛阳向西逃奔，以为梁安等人的事情已经大功告成。

冬季，十月，殷浩从寿春出发，率领士兵七万人北伐，想进攻占据洛阳，以修复帝王的陵墓。吏部尚书王彪之给会稽王司马昱上书认为："雷弱儿等人会有诈伪，殷浩不应该轻举妄动。"司马昱对此未加理会。

殷浩以姚襄作为北伐的前驱。姚襄率兵北进，当预计殷浩将要抵达时，假装让士兵趁夜逃散，实际上却悄悄地埋伏起来等候阻击殷浩。殷浩听说姚襄的士兵逃散，追赶姚襄来到山桑。这时，姚襄突然发兵攻击，殷浩大败，丢弃了轻重装备，逃回去固守谯城。姚襄俘虏斩杀了一万多人，全部收缴了他们的资财武器，派他的哥哥姚益镇守山桑，姚襄又回到了淮南。会稽王司马昱对王彪之说："你言无不中，张良、陈平也无法超过你啊！"

（以上为第十二段，写前秦主苻健娶司空张遇继母韩氏为昭仪，张遇以为耻，密谋夜袭苻健，失败被杀；东晋殷浩受命攻打许昌、洛阳，被六夷大都督姚襄算计，大败而归。）

西平敬烈公张重华患病，儿子张曜灵才十岁，被立为太子，在前凉境内实行大赦。张重华的庶兄长宁侯张祚，力气很大，具有果敢勇猛的禀性和当官的才干，然而为人狡诈，善于看风行事，左右逢源，和张重华的宠臣赵长、尉缉等人结拜为异姓兄弟。都尉常据请求把他调离，张重华说："我正要把张祚当作周公，让他辅佐幼子，你这是说的什么话呢！"

谢艾因为枹罕之战的功劳，在张重华面前很受宠，周围的人对此很是妒忌，就说坏话诬陷他。张重华因此把他调离出去，担任酒泉太守。谢艾上书说："有权势而得宠的人当政，君王的政权将有危险，请求您接受我入宫侍奉。"而且还说："长宁侯张祚及赵长等人将要作乱，应该把他们全都赶走。"

十一月初十己未，张重华病重，亲手写下命令征召谢艾任卫将军，监察中外诸军事，辅佐朝政。张祚、赵长等人将手令隐藏起来而不加以公布。

十一月十八日丁卯，张重华去世，太子张曜灵即位，称为大司马、凉州刺史、西平公。赵长等人假传张重华遗令，让长宁侯张祚出任都督中外诸军事、抚军大将军，辅佐朝政。

殷浩派部将刘启、王彬之在山桑攻打姚益，姚襄从淮南出兵反击，刘启、王彬之全都战败死亡。姚襄继续前进，占据了芍陂。

后赵末年，乐陵人朱秃、平原人杜能、清河人丁娆、阳平人孙元各自拥兵，分别占据了所在的城邑，到这时，他们全都向前燕请求投降。前燕国主慕容儁任命朱秃为青州刺史，杜能为平原太守，丁娆为立节将军，孙元为兖州刺史，各自都留下来镇抚他们的营地。

前秦丞相苻雄攻下池阳，斩杀了孔持。十二月，清河王苻法、苻飞攻下鄠县，斩杀了刘珍、夏侯显。

姚襄渡过淮河，驻扎在盱眙，招募掳掠流民，人数多达七万，分别设置地方长官，勉励督促他们从事农耕蚕桑。姚襄还派遣使者到建康报告殷浩的罪行，并且陈述自己的歉意。东晋朝廷下令，任命谢尚为都督江西、淮南诸军事，豫州刺史镇守历阳。

前凉右长史赵长等人提出建议，认为“目前的灾难尚未平定，应该立年长者为君王。张曜灵年龄幼小，请求立长宁侯张祚”。张祚原先很得张重华母亲马氏的宠幸，马氏同意了，于是就将张曜灵废为凉宁侯，立张祚为大都督、大将军、凉州牧、凉公。张祚达到目的后，肆无忌惮地施展淫威暴虐，杀掉了张重华的妃子裴氏及谢艾。

前燕国卫将军慕容恪、抚军将军慕容军、左将军慕容彪等人曾经屡次荐举给事黄门侍郎慕容霸，说他有显赫于世的才能，应该总揽重任。这一年，前燕主慕容儁任命慕容霸为使持节、安东将军、北冀州刺史，镇守常山。

（以上为第十三段，写前凉主张重华去世，十岁的太子张曜灵即位，长宁侯张祚为人狡诈，夺其位，废其为凉宁侯；东晋殷浩派部将刘启、王彬之攻打姚益，姚襄从淮南出兵反击，东晋军全军覆没。）

晋穆帝永和十年（甲寅，公元 354 年）

春季，正月，张祚自称凉王，改建兴四十二年为和平元年。立妻子辛氏为王后，儿子张太和为太子。封弟弟张天锡为长宁侯，儿子张庭坚为建康侯，张曜灵的弟弟张玄靓为凉武侯。设置了百官，在郊外祭祀天地，使用天子的礼节器乐。尚书马岌恳切地加以劝谏，被加罪免官。郎中丁琪又劝谏说：“我们自从武公张轨以来，历代谨守臣下的节义，胸怀忠诚，行事谦恭五十多年，所以才能用区区一州的士兵抵抗整个天下的敌人，虽然士兵连年征战，但百姓并不诉说困倦。您的功勋与德行并没有高出先公，然而却迫不及待地谋求改变命运，我没见过这样做能行得通的。那些士兵百姓之所以能够听命，远方的部族之所以能够归附向往，就是因为我们能尊奉晋皇室的缘故。如今您自尊为帝，则会内外离心，还怎么能够靠一隅之地抗拒天下的强敌呢！”张祚勃然大怒，在宫殿前就把丁琪杀掉了。

过去魏国投降过来的将领周成造反，从宛县出发袭击洛阳。正月十三日辛酉，河南太守戴施逃奔到鲔渚。

前秦丞相苻雄攻克司竹。胡阳赤逃奔到灞城，依附呼延毒。

东晋中军将军、扬州刺史殷浩连年北伐，士兵屡屡被打败，粮饷武器全都消耗殆尽。征西将军桓温借朝野上下对殷浩的怨愤，上书列举殷浩的罪行，请求将他罢免。朝廷不得已，将殷浩免官，贬为庶人，流放到东阳郡的信安县。从此，朝廷内外的大权统统集中在桓温手里了。

殷浩年轻时就和桓温齐名，双方暗自争胜，不相上下，但桓温经常轻视他。殷浩被罢免后，虽然忧愁怨愤之情不形于色，但常常用手在空中书写“咄咄怪事”四个字。过了很久，桓温对手下的属官郗超说：“殷浩有德行，善言辞，假如以前让他出任尚书令或仆射，足以成为百官的楷模，朝廷对他的任用配不上他本身的才能。”桓温准备任命殷浩为尚书令，写信告诉了他。殷浩对此欣然应允，在准备送出复信时，担心信中还有不妥之处，便拆开封检查了十多次，最后忙中出错，送达桓温手里的竟然只是一个空信封。桓温勃然大怒，从此断绝了起用殷浩的想法，殷浩死于流放之地。桓温任命以前的会稽内史王述为扬州刺史。

二月，乙丑（疑误），桓温统领步兵和骑兵四万人从江陵出发。水军从襄阳进入均口，抵达南乡；步兵从淅川直奔武关；命令司马勋出子午道去攻打前秦。

前燕国卫将军慕容恪包围了鲁口。三月，攻下了该地。吕护逃奔到野王，派弟弟上书向前燕谢罪，前燕任命吕护为河内太守。

反叛东晋的姚襄派遣使者向前燕投降。

前燕主慕容儁任命慕容评为镇南将军，都督秦、雍、益、梁、江、扬、荆、徐、兖、豫十州诸军事，权且镇守洛水。任命慕容强为前锋都督，督察荆、徐二州及缘淮诸军事，他率兵前进，占据了黄河以南。

桓温的另一位将领攻打上洛，俘获了前秦荆州刺史郭敬，继续前进，又攻破了青泥。司马勋夺取了前秦的西部边陲地带，前凉秦州刺史王擢攻打陈仓以接应桓温。前秦国主苻健派太子苻苌、丞相苻雄、淮南王苻生、平昌王苻菁、北平王苻硕率领五万士兵驻扎在峣柳，以阻击桓温。

夏季，四月二十二日己亥，桓温与前秦军队在蓝田交战。前秦淮南王苻生单枪匹马冲入敌阵，往返十多次，杀死杀伤了众多的东晋将士。桓温督促士兵奋力拼搏，前秦军队终于被打得大败。将军桓冲又在白鹿原打败了前秦丞相苻雄。桓冲是桓温的弟弟。

桓温转战前进，四月二十五日壬寅，到达灞上。前秦太子苻苌等退守驻扎在城南，前秦主苻健与六千老弱民众固守长安小城，把三万精锐士兵全部派出，让大司马雷弱儿等人与苻苌会合兵力以抵抗桓温。三辅地区的郡县全都投降。桓温安抚告谕当地居民，让他们安居复业，当地的百姓争先恐后地带着酒肉迎接慰劳桓温的部队，男男女女夹道围观，有些老年人还激动地流下了眼泪，说：“没想到今天又见到了朝廷的军队！”

前秦丞相苻雄率领骑兵七千人在子午谷袭击司马勋，司马勋的部队被攻破，退守女娲堡。

（以上为第十四段，写东晋殷浩连年率军北伐，都以失败告终，桓温上书弹劾，殷浩被罢官流放；桓温统领大军北伐，转战前进，打败前秦主力部队，到达灞上，三辅归服。）

五月初二戊申，前燕主慕容儁封抚军将军慕容军为襄阳王，左将军慕容彭为武昌王；任命卫将军慕容恪为大司马、侍中、大都督、录尚书事，并封为太原王；任命镇南将军慕容评为司徒、骠骑将军，并封为上庸王；封安东将军慕容霸为吴王，左贤王慕容友为范阳王，散骑常侍慕容厉为下邳王，散骑常侍慕容宜为庐江王，宁北将军慕容度为乐浪王。还对他的弟弟们进行了赐封：慕容桓为宜都王，慕容逮为临贺王，慕容徽为河间王，慕容龙为历阳王，慕容纳为北海王，慕容秀为兰陵王，慕容岳为安丰王，慕容德为梁公，慕容默为始安公，慕容偻为南康公。封儿子慕容臧为乐安王，慕容亮为渤海王，慕容温为带方王，慕容涉为渔阳王，慕容暐为中山王。任命尚书令阳骛为司空，仍旧职守尚书令。

慕容儁命令冀州刺史、吴王慕容霸把治所迁到信都。当初，前燕王慕容皝认为慕容霸才能卓越，所以给他起名叫“霸”，准备以他作为太子。因为群臣的劝谏，最终没有这样做，然而对他的宠爱程度仍然超过太子。因此慕容儁很嫉妒，便以慕容霸曾经从马背上摔下来摔坏了牙齿为由，把他的名字改为“𡙇”。不久又以他应验了谶文中的谶语为由，改其名为“垂”。慕容垂升迁为侍中，总领留台事务，被调动去镇守龙城。慕容垂深得东北民众的拥戴，慕容儁对他越发嫉妒，又召他返回。

五月，江西的流民郭敞等一千多人挟持着陈留内史刘仕投降了姚襄。东晋朝廷十分震惊，任命吏部尚书周闵为中军将军，驻扎宫中，豫州刺史谢尚从历阳返回，戍卫京师，加固长江防线，严密守备。

投降前凉的王擢攻克陈仓，杀掉了前秦的扶风内史毛难。

北海人王猛，从小好学，才能卓越，胸怀大志，不屑于琐碎事务，人们都轻视他。王猛却悠然自得，隐居于华阴。当他听说桓温入关后，便披着粗布衣服去拜访他，边摸着虱子边谈论当时的大事，旁若无人。桓温觉得他与众不同，便问道：“我奉天子之命，统帅十万精兵为百姓消灭残存的寇贼，然而三秦的豪杰之士至今没有人前来归附，这是为什么呢？”王猛说：“您不远数千里，深入敌土，如今长安近在咫尺而您却不横渡灞水，百姓们不知道您的意图，所以不来。”桓温沉默不语，无以应答，过了一会儿说：“长江以南没有人能和你相比！”于是就安排王猛暂任军谋祭酒。

桓温与前秦丞相苻雄等在白鹿原交战，桓温的军队失利，死亡一万多人。当初，桓温指望以前秦地区的麦子来做军粮，后来前秦人把麦子全都收割了，等待桓温的只有经过清理的空旷农田，所以桓温的军队军粮匮乏，六月初一丁丑，桓温裹挟关中的三千多户人家开始撤返。任命王猛为高官督护，想让他和自己一同返回，王猛坚决推辞，不予接受。

反叛前秦的呼延毒率领士兵一万人跟随桓温撤返。前秦太子苻苌等人则紧紧追击桓温，一路上桓温的军队屡战屡败，等到抵达潼关时，士兵损失死亡已数以万计。

桓温驻扎在灞上的时候，顺阳太守薛珍劝说桓温直接进逼长安，桓温没有听从。薛珍就带领一部分军队独自渡过灞水，很有收获。等到桓温撤退时，他返了回来，向士兵大肆炫耀，自夸他的勇敢果断而责怪桓温的谨小慎微。桓温把他杀掉了。

前秦丞相苻雄在陈仓攻击司马勋、王擢，司马勋逃奔汉中，王擢逃奔略阳。

（以上为第十五段，写前燕主慕容儁大封诸王，而对被父亲宠爱的弟弟慕容霸非常嫉恨，调其出京城；东晋权臣桓温北伐，开始略有胜利，因军粮缺乏而最终失败。）

前秦任命光禄大夫赵俱为洛州刺史，镇守宜阳。

前秦东海敬武王苻雄在雍县攻打乔秉。六月二十日丙申，苻雄去世。前秦主苻健哭得吐了血，说："上天不想让我平定四海呀！要不为什么这么快就夺去了我的苻雄呢？"追封苻雄为魏王，葬礼依据过去晋朝安平献王的遗规。苻雄虽然具有辅国元勋的身份，出将入相，权力近于君主，然而却态度谦恭，泛爱民众，遵奉法度，所以苻健非常看重他，经常说："苻雄是我的周公。"

苻雄的儿子苻坚继承了爵位。苻坚生性极其孝顺，从小就有远大的志向和不凡的气度，博学多能，结交英豪，吕婆楼、强汪及略阳人梁平老全都和他关系很好。

前燕乐陵太守慕容钩，是慕容翰的儿子，和青州刺史朱秃共同治理厌次。慕容钩自恃是宗室嫡传，经常欺负侮辱朱秃。朱秃按捺不住愤怒，秋季，七月，袭击慕容钩，并杀掉了他，然后南逃，投奔段龛。

前秦太子苻苌在雍县攻打反叛前秦的雍城大族乔秉，八月，将他斩杀，关中全部平定。前秦国主苻健封赏抵御桓温的功臣，任命雷弱儿为丞相，毛贵为太傅，鱼遵为太尉，淮南王苻生为中军大将军，平昌王苻菁为司空。苻健勤于政事，经常邀请手下大臣询问讨论治国之道。继后赵人的苛刻残暴、奢侈浪费之后，他改行宽容简略、节约勤俭、尊重儒士的政策，因此前秦人非常喜欢他。

前燕大规模地征调士兵，根据发布命令的日期，这次的征调称为"丙戌举"。

九月，桓温从攻打前秦的前线返回，穆帝司马聃派侍中、黄门侍郎在襄阳慰劳桓温。

有人报告说前燕的黄门侍郎宋斌等人谋划尊奉冉智为主要造反。他们全都被杀。宋斌是宋烛的儿子。

前秦太子苻苌抵御桓温进攻的时候，被流箭射中，冬季十月去世，谥号为献哀。

前燕主慕容儁到龙城。

桓温入关的时候，投降前凉的王擢派遣使者向前凉主张祚报告，说桓温善于用兵，他的志向难以猜测。张祚十分害怕，而且担心王擢背叛自己，就派人去刺杀王擢。事情败露，张祚更加害怕，于是就大举出兵，声称要去东伐，实则想西退保全敦煌，恰好这时桓温撤兵返回，他才停止了行动。接着，又派秦州刺史牛霸等人率领三千士兵攻打王擢，王擢被打败。十一月，王擢率领士兵投降了前秦，前秦任命他为尚书，任命上将军啖铁为秦州刺史。

前秦主苻健的叔父武都王苻安从东晋返回时，被姚襄俘虏，任命他为洛州刺史。十二月，苻安逃回到了前秦，苻健任命他为大司马、骠骑大将军、并州刺史，镇守蒲阪。

这一年，前秦发生严重饥荒，一升米价值一匹布。

（以上为第十六段，写前秦名将苻雄去世，前秦主苻健非常伤心，其子苻坚继承爵位；太子苻苌打败反叛的雍州大族乔秉，后抵御东晋桓温的进攻，被流箭射杀。）

【点评】

殷浩误国。东晋皇朝自明帝司马绍去世后，国运衰落，其原因一是皇室继嗣无能，皇位形同虚设；二是所用非人，朝廷起用的那些将相臣子，很少是以国家利益为重，而完全是从自身利益的角度来考虑如何固位显荣；三是世风日下，朝野上下崇尚空谈，奢侈挥霍，目光短浅，苟且偷安。从本卷的内容来看，朝廷重用殷浩，是一种误国之举。

第一，空谈误国。殷浩年轻时名气很大，似有才干，其实不然。他只擅长清谈，讲论玄理。有人曾经问殷浩："将要做官而梦见棺材，将要发财而梦见大粪，这是为何？"殷浩回答说："官本是臭腐之物，所以将要做官而梦见死尸；钱本是粪土，所以将要发财而梦见粪便。"实是故弄玄虚。殷浩的空洞理论，很有诱惑力，时人非常崇拜。例如，镇西将军谢尚年轻时就特意去拜访殷浩。殷浩给他提示一些道理，不但谈吐举止风雅，而且辞藻也丰富多彩，很能动人心弦，谢尚全神贯注，倾心向往。殊不知，这种清谈之风弥漫朝野，形成了一种只重清谈，不重实干，甚至以实干为耻的社会风气。在这样的风气下，能把国家治理好吗？

第二，归隐误国。殷浩的清谈水平很高，在注重清谈的东晋，可以说是官运亨通，很快就做到司徒长史。可是，殷浩执意要归隐。这又是一种具有很坏的导向性的社会风气，好像做实际工作的都是一些凡夫俗子，而飘然世外的人才具有真才实学。

第三，出仕误国。时人把殷浩比作管仲、诸葛亮，认为只有他才能扭转乾坤，挽救国家，纷纷要求他出来做官，甚至认为殷浩不出，则晋室危矣，苍生有难，果真如此吗？其实不是。盛名之下，其实难副。这时候，东晋非常能干的地方大员桓温灭掉了成汉，当时的朝廷坚决反对灭成汉之役，而桓温力排众议，当年发兵，次年即告成功，朝野震惊，桓温也声名大振。司马昱力请殷浩出山，其目的是共同对付桓温，哪里是真正为了国家？

第四，北伐误国。殷浩出仕，诸子争夺皇位，势成水火，最后是数败俱伤。大书法家王羲之曾经批评殷浩“没有深谋远虑，却任意挥霍摧残国家的根基”。

殷浩对于治国，并没有什么才能，而人们却寄希望于他，这样的国家怎么能兴旺？而朝廷用他做官的根本目的，就是为了压制桓温，互相掣肘。

晋纪二十二

晋穆帝永和十一年至升平三年（公元 355—公元 359）

【起旃蒙单阏（乙卯，公元 355 年），尽屠维协洽（己未，公元 359 年），凡五年】

【大事提要】

本卷记事起公元 355 年，讫公元 359 年，凡五年，当晋穆帝（司马聃）永和十一年至升平三年。本卷所载大事，主要有四个方面：其一，张祚被杀，张玄靚继位。前凉主张祚废掉张曜灵为凉宁侯后，淫虐无道，引起上下怨愤。他嫉恨河州刺史张瓘强盛，派兵袭击，张瓘起兵废掉张祚，复迎立张曜灵。张祚杀掉张曜灵，后张祚亦被杀。张瓘拥立年仅七岁的张玄靚为凉州牧，后为凉王，掌控朝政。公元 356 年臣服前秦。其二，前燕征服段龛。鲜卑人段氏首领段龛自称齐王，欲与前燕分庭抗礼。段龛致书前燕主慕容儁，表示非议。慕容儁大怒，派慕容恪发兵向段氏进攻。慕容恪率军渡过黄河，大破段兵，段龛逃到广固城据守。后被围困，投降前燕，被杀，段龛的势力至此被消灭。其三，桓温攻打姚襄，收复洛阳。公元 356 年，东晋以桓温为征讨大都督，出兵征讨叛将姚襄。晋军逼近洛阳，姚襄撤围抵抗，结果被桓温杀败，退至襄陵。固守在洛阳城的周成亦率众出降；桓温即以将领谢尚镇守洛阳，拜谒西晋诸陵，并派人修缮，配置守陵令。其四，前秦主苻生被杀，苻坚继位。苻生残虐滥杀，引起朝廷上下怨愤。公元 357 年，苻坚与其兄苻法等人率军发动政变，攻入长安宫寝，杀死苻生，群臣共推苻坚即位。苻坚自称大秦天王，改元永兴。太后苟氏见苻法门前车马辐辏，恐对苻坚将来不利，下令赐死。

孝宗穆皇帝中之下

晋穆帝永和十一年（乙卯，公元 355 年）

春季，正月，前仇池公杨毅的弟弟杨宋奴派遣他姑姑的儿子梁式王刺杀杨初。杨初的儿子杨国杀掉了梁式王以及杨宋奴，自立为仇池公。桓温上书请求任命杨国为镇北将军、秦州刺史。

二月，前秦国发生严重蝗灾，百草无遗，牛马互相啃食身上的毛。

夏季，四月，前燕主慕容儁从和龙返回蓟城。在此之前，幽州、冀州的百姓以为慕容儁已经东迁和龙，因此互相侵扰，据地结集。慕容儁返回后，群臣请求攻打他们，慕容儁说：“这帮小人因为我去东部地区巡视，所以才互相猜忌作乱。如今我已返回，用不了多久他们自己就会安定，不值得去攻打。”

兰陵太守孙黑、济北太守高柱、建兴太守高瓮，以及前秦河内太守王会、黎阳太守韩高全都投降了前燕国，将所据之郡拱手相让。

前秦淮南王苻生小时失了一只眼睛，性情暴烈。他的祖父苻洪曾经和他开玩笑说：“我听说瞎儿只有一只眼流泪，真的吗？”苻生听后发怒了，拔出佩刀就刺向自己的瞎眼，鲜血直流，说：“这也是一只眼睛的眼泪！”苻洪见状十分震惊，用鞭子打他。苻生说：“我生性能够忍耐刀矛，但不堪忍受鞭打！”苻洪对苻生父亲苻健说：“这个儿子狂暴悖逆，应该尽早除掉他，不然一定会导致家破人亡。”苻健正准备杀掉苻生，苻健的弟弟苻雄劝阻说：“儿子长大以后自然就会改变，怎么能这样急不可耐呢！”等到苻生长大以后，能够力举千钧，徒手与猛兽搏斗，跑起来赶得上奔驰的骏马，击刺骑射各种武艺，全都冠绝一时。太子苻苌死后，强太后想立小儿子晋王苻柳，前秦主苻健认为谶文中有“三羊五眼”的字样，于是就立苻生为太子。任命司空、平昌王苻菁为太尉，尚书令王堕为司空，司隶校尉梁楞为尚书令。

姚襄的部下大多都劝他北返，姚襄听从了。五月，姚襄在外黄攻打晋朝冠军将军高季，恰好这时高季去世了，姚襄便进军占据许昌。

六月，初六丙子，前秦主苻健患病，卧床不起。初十庚辰，平昌王苻菁率兵进入东宫，准备杀掉太子苻生自立。这时，苻生正在西宫服侍患病的苻健，苻菁以为苻健已经死了，便攻打东掖门。苻健听到变故的消息后，登上端门，部署兵力自卫。苻菁的士兵看见苻健后十分惶恐害怕，全都丢下武器四处逃散。苻健抓到了苻菁，数说了他的罪行后把他杀死，其余的人不加以追究。

六月十二日壬午，前秦国任命大司马、武都王苻安为都督中外诸军事。十四日甲申，苻健召唤太师鱼遵、丞相雷弱儿、太傅毛贵、司空王堕、尚书令梁楞、左仆射梁安、右仆射段纯、吏部尚书辛牢等人前来接受遗诏辅佐朝政。苻健对太子苻生说：“六夷酋长将帅以及大臣中握有权力的人，如果不听从你的命令，就应该逐渐把他除掉。”

臣司马光评论说：天子临终前之所以要嘱托大臣辅政，是要靠他们来辅佐教导太子，以作为太子的羽翼。既然是羽翼却又告诉太子消灭他们，能不自取灭亡吗？如果知道他不忠诚，不加以任用就可以了；既然委之以重任，而又横加猜忌，没有不招来祸乱的。

六月十五日乙酉，苻健去世。谥号为景明皇帝，庙号为高祖。十六日丙戌，太子苻生即位，实行大赦，改年号为寿光。群臣上奏说：“即位不满一年就改年号，不合乎古礼。”苻生很愤怒，于是就深入追查提议的主谋，查到了右仆射段纯，杀掉了他。

（以上为第一段，写前秦主苻健不顾公卿反对，听信谶言，立独眼的苻生为太子，临终时，嘱咐苻生杀掉那些不听从命令的大臣；苻生即位，暴虐成性，首先杀掉顾命大臣段纯。）

秋季，七月，东晋朝廷任命吏部尚书周闵为左仆射。

有人向会稽王司马昱报告说：“武陵王司马晞的府中大量准备武器，看来将要图谋政变。”司马昱把这一消息告诉了太常王彪之，王彪之说：“武陵王的志向，全都在驰骋狩猎方面而已，愿您安静下来，以平息各种议论，不要再提这事了！”司马昱觉得此话有理。

前秦主苻生尊奉母亲强氏为皇太后，立妃子梁氏为皇后。梁氏是梁安的女儿。任命他的宠臣太子门大夫南安人赵韶为右仆射，太子舍人赵诲为中护军，著作郎董荣为尚书。

前凉主张祚淫虐无道，上上下下对他都非常怨恨愤怒。张祚憎恨河州刺史张瓘的强大，便派张掖太守索孚代替张瓘镇守枹罕，派张瓘去攻打反叛的胡人，又派遣手下的将领易揣、张玲率领步兵、骑兵一万三千人去袭击张瓘。张掖人王鸾懂得阴阳占卜之术，对张祚说：“这支部队一定是有出无还，凉国要危险了。”同时还历数了张祚三方面的不义之举。张祚听后勃然大怒，便以王鸾宣扬妖言为罪名，将他斩首示众。王鸾临刑前说：“我死了以后，军队败于外，国王死于内，必定如此！”张祚把他整个家族的人全都杀死。

张瓘听说这一消息后，杀掉了索孚，起兵攻打张祚。他将攻打檄文传递到各个州郡，宣称废掉张祚，让他以侯爵的身份回家，重新立凉宁侯张曜灵为王。易揣、张玲的军队刚刚渡过黄河，张瓘就击败了他们。易揣等人单身匹马往回逃奔，张瓘的军队紧追不舍，姑臧城里的人都感到震惊害怕。骁骑将军、敦煌人宋混的哥哥宋修与张祚有矛盾，宋混害怕张祚嫁祸于己。八月，宋混和他的弟弟宋澄向西逃走，聚集了万余人以后又掉头开向姑臧，以策应张瓘。张祚派杨秋胡把张曜灵带到东苑，扳断他的腰肢后把他斩杀了，尸体埋在沙坑里，定谥号为哀公。

前秦主苻生封卫大将军苻黄眉为广平王，封前将军苻飞为新兴王，这两人都是他平常所喜欢的。征召大司马武都王苻安兼太尉。任命晋王苻柳为征东大将军、并州牧，镇守蒲阪，任命魏王苻廋为镇东大将军、豫州牧，镇守陕城。

前秦中书监胡文、中书令王鱼对苻生进言说：“近来异星划过大角星座，火星进入井宿。大角是帝王的星座；井宿则是秦国分野。经过占卜，不出三年，国家就会出现帝王皇后死亡，大臣被杀的事情。希望皇上修行德行以避免丧乱的出现！”苻生说：“皇后和我一起统治天下，可以应验大丧的出现。太傅毛贵、车骑将军梁楞、左仆射梁安接受遗诏辅佐朝政，可以应验大臣的结局。”九月，苻生便杀掉了皇后梁氏以及毛贵、梁楞、梁安。毛贵是皇后的舅舅。

前秦右仆射赵韶、中护军赵诲都是洛州刺史赵俱的堂弟，得宠于苻生，于是苻生便任命赵俱为尚书令。赵俱以患病为由坚决推辞，并对赵韶、赵诲说：“你们不顾及祖宗了，想要干灭门之事啊！毛、梁等人何罪之有，而杀了他们？我何功之有，而取代他们？你们可以自以为是，我大概快要死了！”于是赵俱忧郁而死。

前凉宋混的部队驻扎在武始的大湖边，哀悼张曜灵。闰六月，宋混的部队抵达姑臧，前凉王张祚拘捕了张瓘的弟弟张琚及儿子张嵩，准备要杀掉他们。张琚、张嵩听说后，招募了城里的数百人，公开宣称：“张祚无道，我哥哥的大军已抵达城东，敢动手杀我们的人诛灭三族！”于是打开西城门让宋混的军队进城。

领军将军赵长等人因有请立张祚的罪行，十分害怕，他们入宫请求张重华的母亲马氏登堂升殿，立凉武侯张玄靓为国主。易揣等人率兵进入殿堂，拘捕了赵长等人，杀掉了他们。张祚在殿堂上拔剑大喊，命令左右的人奋力战斗。张祚平时失掉了民心，这时没有人肯为他去战斗，于是被士兵杀掉。宋混等人砍下了他的首级示众，公告宫廷内外，张祚暴尸于路旁，城里的人们都高呼万岁。宋混等人把张祚以普通百姓的规格埋葬，并且杀了他的两个儿子。宋混、张琚上书东晋朝廷，请立张玄靓为大将军、凉州牧、西平公，在境内实行大赦，纪年恢复为建兴四十三年。这时张玄靓刚七岁。

张瓘抵达姑臧，推戴张玄靓为前凉王，自己则为使持节、都督中外诸军事、尚书令、凉州牧、张掖郡公，任命宋混为尚书仆射。陇西人李俨据守自己所在的郡，不接受张瓘的命令，仍然用东晋的年号，归附他的民众很多。张瓘派他的将领牛霸讨伐李俨，还没有到达，西平人卫綝也占据自己的郡反叛，牛霸的士兵溃散，掉头逃奔。张瓘派弟弟张琚攻打卫綝，打败了他。酒泉太守马基起兵响应卫綝，张瓘派司马张姚、王国前去攻打，杀掉了马基。

（以上为第二段，写前凉宫廷政变，前凉主张祚淫虐无道，憎恨和州刺史张瓘，使用连环计陷害，被识破，遭到反噬，被枭首示众；张瓘拥戴张玄靓为凉王，自封为凉州牧。）

冬季，十月，东晋朝廷任命豫州刺史谢尚总督并、冀、幽三州，镇守寿春。

鲜卑人段部首领镇北将军段龛给前燕主慕容儁写信，使用中表亲戚的礼仪，对他称帝加以非难。慕容儁见信后大怒。十一月，任命太原王慕容恪为大都督、抚军将军，以阳骛作为他的副手，去攻打段龛。

前秦任命辛牢代理尚书令，任命赵韶为左仆射，尚书董荣为右仆射，中护军赵诲为司隶校尉。

十二月，高句丽王钊派遣使者来到前燕进献贡奉，以此请求准许他的母亲返回。前燕主慕容儁同意了，派殿中将军刁龛送钊的母亲周氏回国。任命钊为征东大将军、营州刺史，并封为乐浪公，高句丽王的称号则仍旧保留。

上党人冯鸯赶走了前燕太守段刚，占据了安民城，自称太守，派遣使者来向东晋投降。

前秦丞相雷弱儿性格刚烈耿直，因为赵韶、董荣败坏朝政，他经常在朝廷公开议论，看见这两人就咬牙切齿。赵韶、董荣便向前秦主苻生进谗言诬陷雷弱儿。苻生于是杀掉了雷弱儿及其九个儿子、二十七个孙子。羌人各部落因此对前秦产生了离心。

苻生虽然在为苻健守丧，但游玩酣饮如常，在朝接见大臣们时，总是佩刀带弓，锤、钳、锯、凿等可以残害人的刑具，全都放在周围。即位没多久，后妃、公卿以下至于奴仆，被杀掉的总共有五百多人；被截下小腿、折断胸肋、锯断脖子、剖开孕腹的人，比比皆是。

前燕主慕容儁考虑到段龛势力正强，对太原王慕容恪说："如果段龛派军队在黄河抵御，你们无法渡河的话，可以直接去捉拿吕护后返回。"慕容恪分别派遣轻装部队先到达黄河岸边，准备渡河舟船，用以观察段龛的动向，段龛的弟弟段罴，勇猛善战而且多智多谋，他对段龛进言说："慕容恪善于用兵，再加上他兵力众多，如果听任他渡过黄河，进军城下，恐怕我们想请求投降，也不能被允许了。请哥哥你固守城池，让段罴我率领精锐部队在黄河抵御，如果战斗有幸获胜，哥哥再率领大部队跟进，一定会大举成功。如果战斗没有获胜，不如及早投降，大约还可以保住千户侯的地位。"段龛没有听从。段罴依然坚持请求，激怒了段龛，把段罴杀掉了。

（以上为第三段，写鲜卑段部首领段龛非议前燕主慕容儁称帝，慕容儁发兵攻打；前秦丞相雷弱儿性格刚直，公开指责奸臣赵韶、董荣，遭构陷，被杀灭族。）

晋穆帝永和十二年（丙辰，公元 356 年）

春季，正月，前燕国太原王慕容恪率兵渡过了黄河，离广固只有一百多里，段龛率领士兵三万人迎战。正月三十日丙申，慕容恪在淄水大破段龛的部队，抓获段龛的弟弟段钦，杀死右长史袁范等人。任职王友的辟闾蔚负伤，慕容恪听说他非常贤明，便派人去寻找他，但辟闾蔚已经死了，段龛士兵中投降的有数千人。段龛逃脱，返回广固城中固守，慕容恪进军将他包围。

前秦司空王堕性格刚峻，右仆射董荣、侍中强国都是靠着谄媚得宠而得到提升重用，王堕恨之如仇，每次上朝，见到董荣都不和他搭话。有人对王堕说："董君显贵宠幸，无与伦比，您应该稍微抑制一点心意，和他接触。”王堕说：“董荣是什么样的鸡狗之徒，而让国中的贤杰人士和他搭话呢？”恰巧这时天象有变故，董荣与强国便向前秦主苻生进言说：“如今上天的谴责非常严重，应该以显贵的大臣去接受谴责。”苻生说：“显贵的大臣只有大司马和司空而已。”董荣说：“大司马苻安是王室的至亲，不能杀。”于是就杀了王堕。在将要行刑的时候，董荣对王堕说：“今天你还敢把董荣我比作鸡狗吗？”王堕怒目痛斥董荣。洛州刺史杜郁是王堕的外甥，左仆射赵韶厌恶他，就向苻生进谗言，说他和东晋来往，有二心，就把他杀死。

二月，壬戌（疑误），前秦主苻生在太极殿宴请群臣，让尚书令辛牢做掌酒官，正喝到尽兴时，苻生愤怒地说：“为什么不让人们尽力去喝而还有人坐着的！”说着，就拉开弓箭射死了辛牢。群臣十分害怕，再也没有人敢不喝醉，全都横躺竖卧，衣冠不整，苻生这才高兴了。

匈奴首领刘务桓去世，他的弟弟刘阏头即位，准备要背叛代国。二月，代王拓跋什翼犍率兵西巡到达黄河岸边，刘阏头害怕，便请求投降。

前燕太原王慕容恪招纳安抚段龛辖境内的各座城邑。二月，己丑（疑误），段龛所设置的徐州刺史、阳都公王腾率领民众投降，慕容恪让王腾以旧有官职的身份回去屯守阳都。

前秦征东大将军、晋王苻柳派参军阎负、梁殊出使前凉，带去书信，游说前凉主张玄靓。阎负、梁殊抵达姑臧，张瓘见到他们说：“我是晋皇朝的臣下。臣下不能有国外的交情，二位何以前来辱见？”阎负、梁殊说：“晋王苻柳和您是邻国，虽然山河阻隔，但风俗相通，道路交接，所以前来和您修好，对此您有什么可奇怪的呢？”

张瓘说：“我竭尽忠诚事奉晋皇朝，至今已有六代人了。如果与苻柳互通使节，这就是上违先辈的志向，下毁士人百姓的气节，怎么可以呢？”阎负、梁殊说：“晋皇室衰微，丧失天命，已经很久了。所以凉国的两位先王向赵国称臣，这是识时务的表现。如今大秦正值威力德行强盛之时，凉王如果想在黄河以西自称为帝，那不是秦国的对手；如果想以小事大，那何不抛弃晋皇室而事奉秦国，以求福禄长存呢？”

张瓘说：“中原人爱自食其言。过去赵国石氏使臣的车辆刚刚返回，而进攻的骑兵已经到达，我不敢相信你们。”阎负、梁殊说：“自古以来身居中原的帝王，政事与教化各不相同，赵国施行奸诈，秦国则奉行信义，怎么能一概而论呢？张先、杨初全都是因为顽抗抵御，拒不降服，所以秦国的先帝才攻打并擒获了他们，然而又赦免了他们的罪行，用官爵俸禄宠待他们，这本来就不是石氏可比的。”

张瓘说：“如果一定像你们所说的那样，秦国的威力德行所向无敌，那么为什么不先去夺取长江以南，那样天下就全归秦国所有了，征东将军为什么要辱赐恩命于我们呢？”阎负、梁殊说：“长江以南现在还是断发文身之俗盛行，朝廷道义衰落，就首先叛乱，教化隆盛，也最后才归服。主上认为长江以南必须靠武力征服，而黄河以西可以靠道义安抚，所以派我们先来申明大义。如果您不洞察天命，那么长江以南尚有残喘数年的命运，而黄河以西恐怕就不是您的领土了。”

张瓘说：“我有跨越三州的领土，全副武装的十万军队，西有葱岭作依托，东有黄河作屏障，攻击别人尚且有余，何况是自我守卫，为什么要惧怕秦国呢？”阎负、梁殊说：“您的领土内山河的险固程度，哪一个能比得上崤山和函谷关？百姓赖以生存的物产的富饶程度，哪一样能比得上秦州和雍州？杜洪、张琚虽然占据了赵国的基业，兵强财丰，大有囊括关中、席卷四海的志向，然而先帝战旗西指，顷刻间便冰消云散，一月之内，不知不觉就改换了君主。主上如果认为您不顺服，赫然发怒，出兵百万，击鼓西行，不知道您怎样对付？”

张瓘笑着说：“此事应当由凉王决定，不是我所能做主的。”阎负、梁殊说：“凉王虽然从小就有英明智慧的风采，然而年龄幼小。您身负伊尹、霍光那样的重任，国家的安危全都维系在您的决断上了。”

张瓘害怕了，于是就以张玄靓的名义派遣使者去向前秦称臣，前秦也就将张玄靓自称的官爵正式授予了他。

（以上为第四段，写前秦主苻生暴虐成性，稍不如意，就随便杀害大臣；前秦晋王苻柳派参军阎负、梁殊出使前凉，游说权臣张瓘，使前凉称藩，前凉听命，举国投降前秦，接受前秦的封爵。）

东晋将军刘度在卢氏攻打前秦国青州刺史王朗。前燕将军慕舆长卿进入轵关，在裴氏堡攻打前秦幽州刺史强哲。前秦主苻生派前将军新兴王苻飞抵抗刘度，派建节将军邓羌抵抗慕舆长卿。苻飞还未到达，刘度就已撤退。邓羌与慕舆长卿交战，打败了他，擒获慕舆长卿，并将二千多披甲士兵斩首。

东晋征西将军桓温请求东晋朝廷将国都迁移到洛阳，修复帝王的陵墓，奏章递上去十多次，都未获许可。只授予桓温征讨大都督的官职，督察司、冀二州各种军务，用以讨伐姚襄。

三月，前秦主苻生调集三辅的百姓去修建渭水桥，金紫光禄大夫程肱对此加以劝说，认为这样做妨碍农耕，苻生把他杀死。

夏季，四月，长安刮起一场大风，掀掉屋瓦，拔起树木。前秦王宫中一片惊恐混乱，有人说寇贼来了，因此宫门在大白天也紧紧关闭，一直持续了五天。前秦主苻生追查谎称寇贼来了的人，要挖出他的心。左光禄大夫强平劝说道：“天降灾祸，皇上应该关怀民众，侍奉神灵，缓施刑罚，崇尚德行，以此来应接天意，才能消除灾祸。”苻生听后大怒，凿开他的头顶后把他杀死。

卫将军广平王苻黄眉、前将军新兴王苻飞、建节将军邓羌，都因为强平是强太后弟弟，叩头恳切地劝谏。但苻生没有听从，并且将苻黄眉贬任到左冯翊，将苻飞贬任到右扶风，贬邓羌代理咸阳太守。只是念及他们作战勇猛，所以没有把他们全杀掉。五月，太后强氏终因忧愤而死，谥号为明德。

姚襄自许昌进发到洛阳，攻打周成。

六月，前秦主苻生下达命令，说："我禀受上天之命，统治万邦，继承先统以来，有什么不好的地方，诽谤之言竟横行天下！杀人还没过千，就说这是残酷暴虐！现在行人还比肩摩踵，不能说稀少，正应当严明重刑，施以极罚，谁又能把我如何！"

自从春天过去以后，从潼关以西一直到长安一带，虎狼肆行无忌。大白天相继出现在道路上，到了夜晚则毁屋入室，不食六畜，专门吃人，被吃掉的人总共已达七百多。百姓们荒废了农耕桑蚕，只能聚集到一块居住，但虎狼仍然不停地为害。

秋季，七月，前秦群臣上奏，请求设祭禳除虎狼之害，苻生说："野兽饿了就要吃人，吃饱了自己就会停止，有什么值得设祭禳除的呢？况且上天难道能不爱护民众吗？正是因为犯罪的人太多，所以上天才帮助我消灭他们！"

七月十二日丙子，前燕献怀太子慕容晔去世。

姚襄攻打洛阳，一个多月也没有攻下。长史王亮劝说姚襄道："您英名盖世，兵力强盛，民众都来归附。如今屯兵于坚固的城池之下，力量受阻，威势受挫，其他敌人或许会利用这个机会，这是走向危险灭亡的道路！"姚襄没有听从。

（以上为第五段，写东晋权臣桓温多次上书，请求将朝廷搬到洛阳，但未被采纳；前秦主苻生不顾民生疾苦，天怨人怒；大将军姚襄率军攻打洛阳，受阻坚城。）

东晋征西将军桓温自江陵出发北伐，派督护高武占据鲁阳，派辅国将军戴施驻扎在大河岸边，自己则率领大军随后进发。他与同僚们登上大船的高楼，遥望中原，深有感慨地说："使神州大地沉沦，百年基业变为废墟，王衍等人不能不承担责任！"记室、陈郡人袁宏说："时运有兴有废，难道一定是这几个人的过错？"桓温脸色一变，说："过去刘表有一头千斤重的大牛，吃进去的草料豆饼比一般的牛多十倍，然而拉车赶路时，竟不如一头瘦弱有病的母牛。魏武帝曹操进入荆州后，就把它杀掉让士兵吃了。"

八月初六己亥，桓温抵达伊水，姚襄把包围洛阳的部队撤下来抵抗桓温。他将精锐部队隐藏在伊水以北的树林中，派使者去对桓温说："承蒙您亲自率领帝王的军队前来，姚襄如今以身归附天命，愿您敕令三军稍微退后，我们当夹道拜迎。"桓温说："我来开辟光复中原，察看拜谒皇陵，与你们无关。想来见面的随便前来，近在咫尺，无须麻烦使者。"姚襄凭借伊水和桓温交战，桓温将部队列阵前进，亲自披甲督战，姚襄的士兵被打败，死亡数千人。姚襄率领手下数千骑兵逃奔到洛阳北山。当晚，百姓抛弃妻子儿女追随姚襄的有五千多人。姚襄勇猛而又爱护百姓，虽然他屡战屡败，但百姓一得知姚襄在哪里，就扶老携幼，急忙追赶投奔他。桓温的军队中传说姚襄因受伤已死，被桓温抓获的许昌、洛阳的男女民众，无不面向北方哭泣。姚襄向西逃走，桓温没有追上。弘农人杨亮从姚襄那里来投奔桓温，桓温问他姚襄的为人，杨亮说："姚襄英明如神，胸怀宽广，如同孙策一样，而雄才武略却超过了孙策。"周成率领士兵出来投降，桓温把部队屯驻在过去的太极殿前，紧接着又转移到金墉城。

八月，己丑（疑误），桓温拜谒各个陵墓，有被毁坏的就加以修复，并分别设置了看守陵园的陵令。上书请求任命镇西将军谢尚为都督司州诸军事，镇守洛阳。因为谢尚还未到达，就留下颍川太守毛穆之、督护陈午、河南太守戴施以二千人的兵力戍守洛阳，保卫皇陵。桓温把三千多家投降的百姓迁移到长江、汉水之间，押解着周成返回。

姚襄逃奔到平阳，前秦并州刺史尹赤又率众投降了姚襄，姚襄于是占据襄陵。前秦大将军张平攻击姚襄。姚襄被张平打败，于是与他结为兄弟，各自罢兵休战。

（以上为第六段，写东晋征西将军桓温率军北伐，攻打洛阳，打败反叛的姚襄，拜谒西晋皇帝诸陵墓，设置陵园令；姚襄率军逃到平阳，又被前秦将领打败。）

段龛派他的属下段蕴来东晋求救，朝廷下令徐州刺史荀羡统领军队跟随段蕴前去救援。荀羡到达琅邪后，由于害怕前燕兵力的强大而不敢继续前进。王腾进犯鄄城，荀羡便进攻阳都，这时恰巧碰上连绵大雨，城墙被淋坏，荀羡擒获了王腾，把他杀掉了。

冬季，十月初一癸巳朔，出现日食。

前秦主苻生晚上吃枣过多，第二天早晨不舒服，就招来太医令程延，让他号脉诊断。程延说："皇上没有别的病，就是枣儿吃多了。"苻生大怒，说："你不是圣人，怎么知道我吃枣了！"随后就把程延杀了。

前燕大司马慕容恪在广固包围了段龛，众将领请求马上攻打，慕容恪说："用兵的方法，有应该缓慢的时候，也有应该急速的时候，不能不仔细审度。如果敌我力量相当，而敌人又在外边有强大的援军，这时恐怕有腹背受敌的危险，则攻打不能不急。如果我强敌弱，敌人在外边又无援军，我们的力量足以制服他的时候，就应该包围并守住他，等待敌人坐以自毙。兵法中的十围五攻，说的正是这个道理。眼下段龛的兵力尚多，还没有出现离心倾向。济南之战时，段龛的军队不是不精锐，只是因为他用兵无术，所以才自取失败。如今他凭借险阻坚守城池，上上下下，齐心合力，我动用全部精锐部队去攻打他，大约有几天时间也可以攻下来，然而我们士兵的伤亡也一定很多。自从中原发生战争以来，士兵们连短暂的休整也没有，每念及此，我便夜不能寐，怎么能轻易地使用让士兵们献身的战术呢！重要的在于把城池攻下来，不必要求迅速成功！”众将领都说：“这些不是我们所能想到的。”军中士兵听说后，人人感动喜悦，于是，他们就筑高墙，挖深壕，用来坚守包围圈。齐地的人争先恐后地运来粮食送给前燕军队。

段龛环城自守，连砍柴的小路也被切断，城里人自相残食。段龛调动全部兵力出城战斗，被慕容恪在包围圈里打败。慕容恪事先就分派骑兵控制了各个城门，段龛经过只身拼搏，仅得以逃回城内，其余的士兵全部覆没。从此，城里的士兵情绪沮丧，没有人再有固守的斗志了。

十一月丙子十四日，段龛将两手反绑于身后出城投降，他和朱秃一起被押解送往蓟城。慕容恪抚慰安定新近归附的民众，全部平定齐地，将三千多户鲜卑人、胡人、羯人迁移到蓟城。前燕主慕容儁用墨、劓、刖、宫、大辟五刑处死朱秃，任命段龛为伏顺将军。慕容恪留下慕容尘镇守广固，任命尚书左丞鞠殷为东莱太守，任命章武太守鲜于亮为齐郡太守，然后返回。

鞠殷是鞠彭的儿子。鞠彭当时任前燕的大长秋官职，他写信告诫鞠殷说：“王弥、曹嶷肯定有子孙后代，你一定要很好地招纳抚慰他们，不要计较过去的怨恨，以防扩大祸乱的根源。”鞠殷经过推问访察，在山中找到了王弥的侄子王立、曹嶷的孙子曹岩，便邀请他们前来相见，结下了深厚的情谊。鞠彭又派使者给他们送去车马衣服，东莱郡的百姓从此太平了。

荀羡听说段龛已经失败，便退回到下邳，留下将军诸葛攸、高平太守刘庄统率三千士兵守卫琅邪，参军谯国人戴逯等统率二千士兵守卫泰山。前燕将领慕容兰驻扎在汴城，荀羡攻打并杀掉他。

东晋穆帝司马聃下令，派兼司空、散骑常侍车灌等人带着符节前往洛阳，修整先帝的五座陵墓。十二月十九日庚戌，穆帝和群臣全都身穿细麻布衣服，到太极殿哭泣谒拜三天。

司州都督谢尚因为有病无法料理政事，东晋朝廷以丹阳尹王胡之代替他。王胡之是王廙的儿子。

这一年，仇池公杨国的叔父杨俊杀掉杨国而自立。东晋朝廷任命杨俊为仇池公。杨国的儿子杨安投奔前秦。

（以上为第七段，写前燕大司马慕容恪在广固包围段龛，采用筑高墙、挖深壕的办法来围困，城内人相食，段龛率领精兵出城作战，被打败，只好出城投降。）

晋穆帝升平元年（丁巳，公元 357 年）

春季，正月初一壬戌朔，东晋穆帝司马聃行加冠礼，太后下诏，让他开始主持朝政，实行大赦，改年号，太后迁居崇德宫。

前燕主慕容儁征召幽州刺史乙逸为左光禄大夫。乙逸夫妇共坐一辆小车前往就任，而他的儿子乙璋却带着随从数十骑，衣着华丽，在路上迎候。乙逸十分愤怒，紧闭车门，不和他说话，到了蓟城后，乙逸深深地责备他，乙璋还不认错。乙逸常常担心乙璋败落，而乙璋却屡被提升，历任中书令、御史中丞。乙逸于是便叹息道："我从小修身养性，克己守礼，到头来也只能是得以免罪。乙璋不检点品行，专干放纵奢侈的事情，反而屡任政事清简、地位显赫的官职，这难道仅仅是乙璋有愧于宠幸吗？实在是世道的衰落。"

二月二十三日癸丑，前燕主慕容儁立他的儿子中山王慕容暐为太子，实行大赦，改年号为光寿。

金星进入井宿。前秦有关官署上书，说："金星是主惩罚之星，井宿则是原秦国分野，京师一定要出现暴动了。"前秦主苻生说："金星入井宿，是它自己渴了，有什么大惊小怪的呢！"

姚襄准备图谋关中，夏季，四月，从北屈出发进据杏城，派辅国将军姚兰攻占敷城，曜武将军姚益生、左将军王钦卢分别统率士兵去招纳羌胡各部族。姚兰是姚襄的堂兄；姚益生是姚襄的哥哥。羌胡部族及汉族的民众归附他们的有五万多户。前秦将领苻飞龙攻击姚兰，擒获了他。姚襄率军进据黄落，前秦主苻生派卫大将军广平王苻黄眉、北平将军苻道、龙骧将军东海王苻坚、建节将军邓羌统率步、骑兵一万五千人前去抵御。姚襄坚壁固守，不与交战。邓羌对苻黄眉说："姚襄被桓温、张平打败，锐气已丧。然而他为人争强好胜，如果我们敲响战鼓，挥舞战旗，大兵直接压向他的营垒，他一定会愤而出战，这样就可以一战而擒获他。"

五月，邓羌率领三千骑兵压到姚襄的营垒门前，摆开了战阵，姚襄大怒，调动全部兵力出来迎战。邓羌表面上装作不能取胜而逃跑，姚襄追到了三原，这时邓羌掉转骑兵攻击姚襄，苻黄眉等人则率领大部队随后赶到，姚襄的部队被彻底打败。姚襄所骑的骏马叫黧眉騧，失蹄摔倒，前秦的士兵擒获了姚襄，然后把他杀死。姚襄的弟弟姚苌率领部众投降。姚襄把他父亲姚弋仲的棺材停放在军营中，前秦主苻生以诸侯王的礼仪把姚弋仲埋葬在孤磐，也以公爵的礼仪埋葬了姚襄。广平王苻黄眉等人返回长安，苻生没有奖赏他们，反而还多次当众侮辱苻黄眉。苻黄眉非常愤怒，谋划要杀掉苻生，但被苻生发现，苻黄眉反而被杀。事情牵连到王公贵戚，被杀死的人很多。

（以上为第八段，写东晋穆帝司马聃行加冠礼，开始主持朝政；前燕主慕容儁立慕容暐为太子，改元光寿；羌酋姚襄欲图谋关中，前秦派苻黄眉等率军围攻，姚襄被擒杀。）

五月十九日戊寅，前燕主慕容儁派抚军将军慕容垂、中军将军慕容虔、护军将军慕容平熙率领八万步、骑兵在边境以北攻打敕勒部族，彻底攻破了他们，俘获斩首十多万人，缴获马十三万匹，牛羊亿万头。

匈奴单于贺赖头率领本部落的三万五千人投降了前燕，前燕人把他们安置在代郡的平舒城。

前秦主苻生梦见大鱼吃蒲草，另外长安城里也有谣谚说："东海大鱼化为龙，男皆为王女为公。"苻生于是就杀掉了太师、录尚书事、广宁公鱼遵以及他的七个儿子、十个孙子。金紫光禄大夫牛夷害怕祸及自己，请求到荆州任职，苻生不答应，任命他为中军将军，召见时戏弄说："老牛生性迟缓稳重，善驾车辕，虽然没长骏马的蹄子，但走起路来能负重百石。"牛夷说："虽然驾着大车，但没有走过险峻的道路。愿意试拉重车，便可知道我的功用了。"苻生笑着说："多么痛快啊！你嫌所负载的轻吗？朕将用鱼遵的爵位安置你。"牛夷十分害怕，回去后就自杀了。

苻生喝酒不分昼夜，有时一连数月不临朝处理政事。进上的奏章不批阅，常常搁置不理，有时在醉酒后处理政事。周围的人因此就常干奸诈之事，赏罚失去标准。有时到申时、酉时才出来临朝视政，乘着醉意杀了许多人。他自己由于少了一只眼睛，就忌讳说"残、缺、偏、只、少、无、不全"一类的字词，因误说了这些字词而被杀死的人，不计其数。他喜欢剥掉活着的牛、羊、驴、马的皮，用热水煺活鸡、活猪、活鹅、活鸭的毛，把它们放到大殿前面，几十个为一群。有时则剥掉人的脸皮，让他们唱歌跳舞，他来观看，以此作乐。他曾经问周围的人说："自从我统治天下以来，你们在外边听到些什么？"有人对他说："圣明君主主宰天下，赏赐得当，刑罚严明，天下人只有歌颂太平盛世了。"苻生愤怒地说："你向我献媚！"于是就把他拉出去杀了。改天他又问这个问题，有人对他说："皇上的刑罚稍微过分了一点。"苻生又愤怒地说："你诽谤我！"这人也被杀了。有功的旧臣和亲戚，被诛杀殆尽，群臣们能保全一天，如同度过十年。

东海王苻坚，一直被时人称誉，与过去姚襄的参军薛赞、权翼关系很好。薛赞、权翼秘密地劝苻坚说："主上猜忌残忍，行为暴虐，宫廷内外对他已经离心，如今适宜主持秦国祭祀的人不是您是谁？愿您及早谋划，不要让大权落入他姓人手中！"苻坚去问尚书吕婆楼，吕婆楼说："我已经是屠刀下的人了，不足以办成大事。我的私宅里有一位叫王猛的人，他的谋略世间少见，殿下应该请他出来，并向他请教。"苻坚根据吕婆楼的意见招来王猛，二人一见如故。谈论到国家当前的大事，苻坚十分高兴，自认为如同刘备遇到了诸葛亮。

六月，前秦太史令康权对前秦主苻生进言说："昨天晚上同时出现了三个月亮，彗星进入太微星座，又连着井宿。自从五月上旬以来，天气沉阴密布，又不下雨，一直到今天。将要出现臣下图谋主上的灾祸了。"苻生十分愤怒，认为这是妖言，把他摔死。

（以上为第九段，写前秦主苻生作恶多端，暴虐无道，将勋旧亲戚杀害殆尽，上下怨声载道，自绝于天下；东海王苻坚暗地里积蓄力量，伺机而动，欲取而代之。）

前秦国特进兼御史中丞梁平老等人对苻坚说："主上丧失道德，上下怨声载道，人心各异，燕、晋二朝，伺机而动，恐怕灾祸出现之日，宗族、国家都要灭亡。这是殿下的大事。应该及早图谋！"苻坚内心同意，但又畏惧苻生的勇捷凶猛，没敢作声。

苻生夜里对服侍他的婢女说："苻坚、苻法兄弟也不可信赖，明天就应当把他们除掉。"婢女把这一消息告诉了苻坚以及他的哥哥清河王苻法。苻法和梁平老以及特进光禄大夫强汪率领勇士数百人潜入云龙门，苻坚和吕婆楼率领手下三百人击鼓跟进，守卫王宫的将士们全都丢掉武器归顺了苻坚。苻生这时还醉倒大睡，苻坚的士兵来到后，苻生惊慌地问周围人说："这是些什么人？"周围的人回答说："强盗！"苻生说："为什么不叩拜！"苻坚的士兵全都笑了。苻生又大声说："为什么不赶快叩拜，不拜者杀头！"苻坚的士兵把苻生带到别的房间，废黜他为越王，不久，就把他杀了，定谥号为厉王。

苻坚把王位让给苻法，苻法说："你是嫡传嗣子，而且贤明，应该立为王。"苻坚说："哥哥年长，应该立为王。"苻坚的母亲苟氏哭泣着对群臣说："朝政事关重大，我儿子自知不能胜任。以后大家如有悔恨，过失在诸君身上。"群臣全都磕头请求立苻坚为王。苻坚于是就去掉了皇帝的称号，称为大秦天王，在太极殿即位。杀掉了苻生的宠臣中书监董荣、左仆射赵韶等二十多人。实行大赦，改年号为永兴。追尊父亲苻雄为文桓皇帝，尊母亲苟氏为皇太后，立妃苟氏为皇后，立长子苻宏为太子，任命清河王苻法为都督中外诸军事、丞相、录尚书事、东海公，诸王全都降为公。任命从祖右光禄大夫、永安公苻侯为太尉，晋公苻柳为车骑大将军、尚书令。封弟弟苻融为阳平公，苻双为河南公，儿子苻丕为长乐公，苻晖为平原公，苻熙为广平公，苻睿为钜鹿公。任命汉阳人李威为左仆射，梁平老为右仆射，强汪为领军将军，吕婆楼为司隶校尉，王猛为中书侍郎。

苻融爱好文献经典，分辨能力过人，耳闻成诵，过目不忘。力量之大，能敌百人，善于骑马射箭刺击，从小就有美好的声誉。苻坚非常喜欢并看重他，经常和他共商国家大事。苻融谋划治理天下，刑罚政令，规范清明，荐举贤才，拔擢沉沦之士，对苻坚有很大帮助。苻丕也有文才武略，但治理民众、决断刑狱，全都逊于苻融。

李威是苟太后姑姑的儿子，和魏王苻雄一直关系很好，苻生多次想杀掉苻坚，全靠李威设法救助才得以幸免。李威很得苟太后的宠爱，苻坚对待他像父亲一样。

李威深知王猛的贤明，经常劝苻坚把国家重任交给他。苻坚对王猛说：“李公了解你，就像鲍叔牙了解管仲一样。”王猛像对待哥哥一样对待李威。

（以上为第十段，写东海王苻坚起兵潜入云龙门，废除并杀掉前秦主苻生，与庶兄苻法谦让一番，即位自称大秦天王，去帝号，改元永兴，诸王全部降为公。）

前燕主慕容儁杀掉了段龛，把他的士兵三千多人活埋。

秋季，七月，前秦大将军冀州牧张平派遣使者到东晋请求投降，朝廷授予他并州刺史官职。

八月十九日丁未，东晋穆帝司马聃立何氏为皇后。何皇后是过去散骑侍郎庐江人何准的女儿。立后礼仪像咸康二年那次一样，不加以庆贺。

前秦主苻坚任命权翼为给事黄门侍郎，薛赞为中书侍郎，和王猛一起掌管机要事务。九月，追认恢复了太师鱼遵等人的官位，按照礼仪对他们重新加以安葬，对他们在世的子孙，全都根据才能加以提拔任用。

并州刺史张平占据了新兴、雁门、西河、太原、上党、上郡等地，修筑了三百多座坚实营垒，有夷汉十万多户人家，设置了征镇官吏，要与前燕、前秦相对抗。冬季，十月，张平进犯秦地，前秦王苻坚让晋公苻柳总领并、冀二州各种军务，授予并州牧，镇守蒲阪，以抵御张平。

十一月十七日癸酉，前燕主慕容儁将都城由蓟城迁往邺城。

前秦太后苟氏游览宣明台，看见东海公苻法的宅门前车水马龙，她恐怕这最终会对前秦主苻坚不利，于是就与李威商量，赐苻法死。苻坚和苻法在东堂诀别，二人失声痛哭，以致口吐鲜血。苻法死后，谥号定为献哀公，其儿子苻阳被封为东海公，苻敷被封为清河公。

十二月十九日乙巳，前燕主慕容儁进入邺城宫殿，实行大赦，修复了铜雀台。

东晋任命太常王彪之为左仆射。

前秦主苻坚巡视到了尚书省，看见文牍案卷凌乱，便罢免了尚书左丞程卓的官职，任命王猛取代他。苻坚任用贤才，整治废弛的政事，劝勉农桑，抚恤贫困，礼敬百神，设立学校，表彰节义，恢复已经断绝的世祀，前秦的百姓十分高兴。

（以上为第十一段，写前燕主慕容儁杀掉段龛，由蓟城迁都到邺城；前秦大将军张平投降东晋，任为并州刺史；太后苟氏见权臣苻法势力强盛，怕对苻坚不利，赐死。）

晋穆帝升平二年（戊午，公元 358 年）

春季，正月，东晋司徒司马昱磕头请求归还朝政，穆帝司马聃不同意。

当初，前燕京兆太守冯鸯已将上党献给东晋，但又归附张平，不久又归附前燕，紧接着又背叛了前燕。二月，前燕司徒、上庸王慕容评前往讨伐冯鸯，但没有攻下。

前秦主苻坚准备亲自出征，讨伐并州刺史张平。他任命邓羌为前锋督护，率领五千骑兵，驻扎于汾水岸边。张平派养子张蚝抵御。张蚝身强力壮又很矫捷，能够拽着牛倒退行走，城墙不论高低，都可以翻越而过。他和邓羌相持了十多天，互不能胜。

三月，苻坚抵达铜壁，并州刺史张平用全部兵力出来迎战，张蚝只身匹马，大声呼喊，出入冲杀前秦的兵阵有四五次。苻坚悬赏兵将活捉张蚝，鹰扬将军吕光刺击张蚝，击中了他，邓羌将他擒获，献给了苻坚，张平的士兵彻底溃散。张平十分害怕，便请求投降。苻坚授他为右将军，任命张蚝为虎贲中郎将。张蚝本姓弓，上党人。苻坚对待他非常宠厚，经常让他跟随在左右。前秦人称邓羌、张蚝都可力敌万人。吕光是吕婆楼的儿子。苻坚将张平的部众三千多户迁移到了长安。

三月二十日甲戌，前燕主慕容儁派领军将军慕舆根带领军队协助司徒慕容评攻打冯鸯。慕舆根想展开急攻，慕容评说："冯鸯营垒坚固，不如缓攻。"慕舆根说："不对，您抵达城下已经一个多月了，还未曾交锋。寇贼认为燕国的力量不过如此而已，于是就互相聚集固守，寄希望于万一侥幸取胜。眼下我慕舆根的军队刚刚抵达，形势正好，众寇贼惶恐害怕，都产生了离心，应对之策还未确定，如果乘势而攻，没有不成功的道理。"于是就对冯鸯展开了急攻。冯鸯和他的同党们果然互相猜忌，冯鸯逃奔到野王，依附了吕护，他的部众则全部投降。

夏季，四月，前秦主苻坚到雍州，祭祀五畤。六月，到河东，祭祀土地神。

秋季，八月，东晋豫州刺史谢奕去世。谢奕是谢安的哥哥。司徒司马昱任命建武将军桓云替代他的职位。桓云是桓温的弟弟。司马昱就此去向王彪之询问意见，王彪之说："桓云不是无能的人，然而桓温已经居守长江上游，管辖着天下的一半，他的弟弟再要掌握朝廷西部藩屏的重要军职，兵权集于一家之手，这不宜于使国家根基牢固。人才不是可以预料的，只应当让他不与您怀有二心而已。"司马昱点头说道："你说得对。"

八月二十一日壬申，任命吴兴太守谢万为西中郎将，监司、豫、冀、并四州诸军事及豫州刺史。

王羲之给桓温写信说："谢万的才能足以经世治国，在时人中堪称通达，如果让他身居朝廷，肯定是后起之秀；如今让他屈身去治理兵荒马乱之后的边境，这就有些违背他的才能而任用了。"又给谢万写信说："以您的超越前贤、不屑于琐碎事务的风韵，而去屈身治理群民，主持军中琐细杂务，确实是难以称心。然而所谓通达的见识，正是应当适应环境的变化而决定如何行动。希望您经常与下层士兵同甘共苦，这就是完美的品行了。"但谢万却没有能照此去办。

东晋徐、兖二州刺史荀羡患病，任命御史中丞郗昙为军司。郗昙是郗鉴的儿子。

九月，庚辰（疑误），前秦主苻坚返回长安，任命太尉苻侯暂任尚书令。这时，前秦发生大旱。苻坚减少了膳食，取消了歌乐，命令后妃以下的人全都换掉绢丝服装。开发山林湖泽，国家与百姓共同享用，停止战争，休养生息。所以虽遇大旱，但并没有引起灾荒。

王猛日益受到重用，王室亲属以及有功的旧臣对他都十分厌恶。特进姑臧侯樊世，本是氐族的豪强，辅佐前秦主苻健平定关中，他对王猛说："我们耕种，你坐享其成吗？"王猛说："不仅让你耕种，还要让你做成熟食！"樊世勃然大怒，说："一定要把你的脑袋悬挂在长安城门上，不这样，我就不活在人世！"王猛把这些话告诉了苻坚，苻坚说："一定得杀掉这个氐族老匹夫，然后群臣百官才能恭敬从命。"恰好这时樊世进宫商讨事情，和王猛在苻坚面前争论起来，樊世想起身打王猛，苻坚大怒，把樊世杀了。从此，群臣百官见到王猛都连大气也不敢出。

（以上为第十二段，写前秦主苻坚出征攻打反叛的并州刺史张平，张平投降；东晋以谢万守边，才非所用；王猛被前秦重用，前秦老臣樊世反唇相讥，被杀，百官震肃。）

后赵灭亡的时候，其将领张平、李历、高昌都派遣使者投降了前燕，后来又投降了东晋，不久又投降了前秦，分别接受了爵位，想以中立的方式自我保全。前燕主慕容儁派司徒慕容评在并州攻打张平，派司空阳骛在东燕攻打高昌，派乐安王慕容臧在濮城攻打李历。阳骛在黎阳攻打高昌另一部将的军队，没有攻破。李历逃奔荥阳，其士兵全部投降。并州一百多座营垒都投降了前燕，慕容儁任命右仆射悦绾为并州刺史安抚他们。张平统辖的征西将军诸葛骧等人率领一百三十八座营垒投降了前燕，慕容儁都恢复了他们的官职爵位。张平率领三千士兵逃奔到平阳，又一次向前燕请求投降。

冬季，十月，泰山太守诸葛攸攻打前燕的东郡，进入武阳后，前燕主慕容儁派大司马慕容恪统领阳骛及乐安王慕容臧的部队迎击。诸葛攸被打败逃跑，回到了泰山。慕容恪渡过黄河，占据河南，分别设置了地方官吏。

前燕主慕容儁想要图谋前秦、东晋。十二月，他命令各州郡核实现有的成年男子，每户留下一名，其余的全部征召充军，想使兵员达到一百五十万，以期明年春天会集洛阳。武邑人刘贵上书，极力陈述"民力衰败，征兵的办法违反古法，必定会导致军队土崩瓦解"。慕容儁认为此话有理，便更改了命令，改为三丁抽二、五丁抽三的办法，而且放宽征调的期限，把会集邺城的时间改为明年冬天。

当时前燕征赋调兵频繁，各官府派遣使者穿梭往返，郡县苦不堪言。太尉兼中书监封奕请求："从今开始，如果不是军令期限紧迫，不得再派使者。其余征赋调兵事宜全都由州郡督促完成，州郡以下的部门派出在外催促监督的人，一律返回。"慕容儁听从了这一请求。

前燕泰山太守贾坚驻扎在山茌，东晋荀羡带领士兵攻击他。贾坚统领的士兵才七百多人，荀羡的兵力十倍于贾坚。贾坚准备出城迎战，众将领都说："士兵数量少，不如固守。"贾坚说："固守也不能幸免，不如迎战。"于是出城迎战。贾坚身先士卒，率兵斩杀了荀羡的士兵一千多人，又返回了城中。荀羡向他发起进攻，贾坚叹息说道："我自结发成年以来，立志要建立功名，然而每每陷于穷途险境，这岂不是命中注定吗！与其遭受屈辱而苟且偷生，不如保持气节而慨然赴死。"于是对将士们说："如今处于危险的困境，无计可施，你们可以离去，我将只有一死。"将士们都哭泣着说："您不出城，大家也一起死。"于是，他们就扶持贾坚上马，贾坚说："我如果想要逃走，一定不会丢开你们。现在应当为你们去决死一战，如果力量不支，你们可以赶快离去，不要再顾及我了！"说完便打开城门，径直出去。荀羡的士兵四面云集，贾坚把马停在护城河的桥上，左右开弓，荀羡的士兵应声倒下。然而荀羡的兵力众多，一部分士兵从河下砍断桥梁，贾坚连人带马陷落下去，被活捉。山茌于是被攻克。荀羡对贾坚说："你的祖上世代都是晋朝的臣子，你为什么要背叛先祖而不肯投降？"贾坚说："是晋皇朝自己抛弃了中华大地，不是我背叛了它。百姓既然已经没有了君主，只有把命运托付给力量强大的人。我既然已经侍奉了别人，怎么可以改变气节！我从师就学自立于世以来，历经赵、燕，未曾改变志向，你怎么能一下子就劝我投降呢！"荀羡又一次责备贾坚，贾坚愤怒地说："小子！做儿女的竟想管教父亲！"荀羡大怒，把他押到院子里淋雨。过了几天，贾坚满怀悲愤，遗憾而死。

前燕青州刺史慕容尘派司马悦明去救援泰山，荀羡的军队被打败，前燕又夺取了山茌。前燕国主慕容儁任命贾坚的儿子贾活为任城太守。

荀羡病重，被东晋朝廷召回，任命郗昙为北中郎将，都督徐、兖、青、冀、幽五州诸军事，徐、兖二州刺史，镇守下邳。

前燕吴王慕容垂娶了段末柸的女儿，生下儿子慕容令、慕容宝。段氏才能颇高但性格刚烈，自以为出身于名门贵姓，不恭敬侍奉可足浑王后，可足浑氏对她怀恨在心。前燕主慕容儁历来不喜欢慕容垂，中常侍涅皓便迎合他的心意，诬告段氏及吴国典书令、辽东人高弼使用巫蛊邪术，想以此株连慕容垂。慕容儁拘捕了段氏和高弼，分别送交大长秋、廷尉审问。段氏及高弼意志坚定，始终没有屈招。严刑拷打日甚一日，慕容垂怜悯他们，就私下派人告诉段氏说："人生固有一死，何必忍受如此荼毒！不如屈招服罪。"段氏叹息道："我难道是喜欢死的人吗！如果诬蔑自己而去迎合邪恶，上辱没祖宗，下连累大王，坚决不能干！"此后，她辩驳答对越发明确。慕容垂因此得以免遭祸害，而段氏最终死于狱中。慕容儁将慕容垂调出，担任平州刺史，镇守辽东。慕容垂娶段氏的妹妹作为继室。然而可足浑氏却废掉了她，把自己的妹妹长安君嫁给慕容垂。慕容垂很不高兴，从此慕容儁更加讨厌他。

匈奴人刘阏头的部落大多都反叛，他由于害怕而东逃。到达黄河后，他踩着冰过河，走到一半，冰面破裂。落在后面的士兵全都归附了刘悉勿祈，刘阏头逃奔到代国。刘悉勿祈是刘务桓的儿子。

（以上为第十三段，写前燕主慕容儁出兵攻打反叛的张平、李历、高昌，尽数攻下，又欲图谋前秦、东晋，大肆征兵；东晋将领荀羡攻打前燕泰山太守贾坚，坚兵少力战而死。慕容儁欲陷害慕容垂，拷掠其妻段氏，欲以连污垂，段氏宁死不屈，垂得以免祸，娶段氏女弟为妻以报之。）

晋穆帝升平三年（己未，公元 359 年）

春季，二月，前燕主慕容儁立儿子慕容泓为济北王，慕容冲为中山王。

前燕人杀了段勤，段勤的弟弟段思来投奔东晋。

前燕主慕容儁在蒲池宴请群臣，谈到周朝太子姬晋的时候，他潸然泪下，说："有才华的儿子难得。自从慕容晔死去以后，我鬓发已经半白。你们说慕容晔怎么样？"司徒左长史李绩回答说："献怀太子慕容晔在东宫的时候，我为中庶子，太子的志向业绩，我怎敢说不清楚呢！太子的大德表现在八个方面：其一，至孝；其二，聪明敏锐；其三，沉着坚毅；其四，痛恨阿谀，喜欢刚直；其五，好学；其六，多才多艺；其七，谦恭；其八，喜欢施惠于人。"慕容儁说："你的赞誉虽说有点过分，但如果此儿健在，我便死而无忧了。慕容暐怎么样？"当时慕容暐正陪从在旁边，李绩说："皇太子天资聪慧，虽然已经具备八德的声誉，但尚有两方面的缺憾未能弥补，喜欢游玩打猎和丝竹器乐，这就是导致他有所不如的原因。"慕容儁看着慕容暐说："李绩的话是苦口良药，你应该引以为戒。"慕容暐却愤愤不平。

前燕主慕容儁梦见后赵王石虎咬他的臂膀，便掘开石虎的坟墓，寻找他的尸体，但是没有找到，于是悬赏百金搜求。邺城的女子李菟知道下落，告诉了慕容儁，在东明观下找到尸体。尸体僵而不腐。慕容儁踩着尸体骂道："死胡人，竟敢吓唬活天子！"接着历数石虎的残暴罪行，又用鞭子抽打尸体，最后投进漳水之中，但尸体却倚靠在桥柱边而不漂走。等到前秦灭掉了前燕，王猛为此杀掉李菟，将石虎的遗骸收拾起来安葬了。

前秦平羌护军高离据守略阳反叛，永安威公苻侯前往攻打，没有攻克，苻侯就死了。夏季，四月，骁骑将军邓羌、秦州刺史啖铁攻打并平定了反叛。

匈奴刘悉勿祈去世，弟弟刘卫辰杀掉了他的儿子，取而代之。

五月，前秦王苻坚到河东。六月，实行大赦，改年号为甘露。

凉州牧张瓘，猜忌成性，苛刻暴虐，专断地以自己的爱憎进行赏罚。郎中殷郇劝他，张瓘说："老虎生下来三天，自己就会吃肉，不需要别人教导。"因此人心都和他疏远。辅国将军宋混，生性忠诚耿直，张瓘害怕他，想杀掉宋混以及他的弟弟宋澄，乘势将凉王张玄靓废除，取而代之。张瓘征兵数万人，集结于姑臧，宋混知道后，和宋澄一起率领杨和等四十多名勇士骑着马潜入城南，向各个军营宣布："张瓘阴谋叛逆，奉太后令来杀他。"不一会儿，聚集起来的士兵就达二千。张瓘率领士兵出来迎战，被宋混击败。张瓘手下的玄胪刺击宋混，未能刺透盔甲，宋混擒获了他，张瓘的士兵全部投降。张瓘和他的弟弟张琚自杀，宋混将其宗族灭绝。张玄靓任命宋混为使持节、都督中外诸军事、骠骑大将军、酒泉郡侯，取代张瓘辅佐政事。宋混于是就请求张玄靓去掉凉王的称号，恢复凉州牧的称呼。宋混对玄胪说："你刺我，我幸运而未伤，如今我辅佐朝政，你大概害怕吧？"玄胪说："我承受了张瓘的恩惠，只恨刺你刺得不够深，内心无所畏惧！"宋混认为他具有大义，把他当作心腹。

高昌抵抗不住前燕的攻击，秋季，七月，从白马逃奔到荥阳。

（以上为第十四段，写前燕主慕容儁怀念已故太子慕容晔，司徒左长史李绩认为其有八德，得罪现太子慕容暐；凉州牧张瓘暴虐成性，欲废王自立，被宋混谋杀。）

前秦主苻坚从河东返回，任命骁骑将军邓羌为御史中丞。八月，任命咸阳内史王猛为侍中、中书令，兼领京兆尹。特进光禄大夫强德是强太后的弟弟，他借酒逞凶，骄纵蛮横，抢人财物子女，是百姓的祸害。王猛一上任就拘捕了他，进上奏章没等回复，强德就已经陈尸街市。苻坚见到奏章后迅速派使者来要将强德赦免，但为时已晚。王猛与邓羌志同道合，斩除邪恶，纠正冤案，无所顾忌，几十天时间，被处死和依法废免的权贵、豪强、王公贵戚有二十多人，震动了朝廷上下，奸猾之辈屏声敛气，境内路不拾遗。苻坚感叹地说："我到如今才知道天下有法律是什么样子了！"

东晋泰山太守诸葛攸统率二万水兵、步兵攻击前燕，从石门进入，驻扎在黄河的小岛上。前燕上庸王慕容评、长乐太守傅颜率领五万步兵、骑兵和诸葛攸在东阿交战，诸葛攸的军队大败。

冬季，十月，东晋命令谢万率军驻扎下蔡，郗昙率军驻扎高平，以攻打前燕国。谢万豪放自负，对人傲慢，整天只是以啸吟自命清高，不曾抚慰士兵。他的哥哥谢安对此深感忧虑，对谢万说："你作为统兵主将，应该经常接触众将领以使他们内心高兴愉快，岂有如此傲慢而能成大事的！"于是谢万就召集众将领，二话没说，直接用如意指着坐在四周的将领们说："众将领都是精壮的士兵。"将领们听后越发痛恨他。谢安担心谢万难免遭受不测，就亲自深入到各队主将以下的人中，一一亲访，用深厚的情谊拜托他们。此后谢万率兵进入涡水、颍水之间去支援洛阳。郗昙因病后退，驻扎在彭城。谢万以为郗昙后退是因为前燕的兵势强盛，随即也率兵撤还，于是士兵惊慌溃散。谢万自己狼狈地逃回，军中将士想乘着他的失败谋害他，考虑到谢安的缘故，才没有这样干。逃回建康后，穆帝司马聃下诏贬黜谢万为庶人，把郗昙的封号降为建武将军。从此许昌、颍川、谯、沛等城邑都相继覆没于前燕。

前秦主苻坚任命王猛为吏部尚书，不久又升迁为太子詹事，十一月，任左仆射，其他官职依旧如前。

十二月，东晋穆帝司马聃封武陵王司马晞的儿子司马𨂂为梁王。

东晋发生严重旱灾。

十二月十七日辛酉，前燕主慕容儁患病，卧床不起，他对大司马、太原王慕容恪说："我的病肯定难以好转了。如今晋、秦二国尚未平定，慕容暐年幼，国家多有磨难，我想效仿宋宣公，把天下嘱托给你，如何？"慕容恪说："太子虽然年幼，但却是能遏制顽凶、实现大治的君主。我是什么人，怎么敢当正统的君主呢！"慕容儁愤怒地说："兄弟之间，岂能虚伪掩饰！"慕容恪说："皇上如果认为我是能够承担天下重任的人，我怎么就不能辅佐少主呢？"慕容儁高兴地说："你能做周公，我还有什么可忧虑的！李绩为人清廉，忠诚闻名，你要很好地对待他。"慕容儁召吴王慕容垂返回邺城。

前秦主苻坚任命王猛为辅国将军、司隶校尉，在宫中值宿警卫，仆射、詹事、侍中、中书令以及兼任的其他职务一如从前。王猛上疏请求辞让，并荐举散骑常侍阳平公苻融，光禄散骑西河人任群，处士京兆人朱彤来分别替代自己的这些兼职，苻坚没有同意，而是任命苻融为侍中、中书监、左仆射，任命任群为光禄大夫，兼领太子家令，任命朱彤为尚书侍郎，兼领太子庶子。王猛时年三十六岁，一年中五次升迁，权势显赫压倒朝廷内外。有诋毁他的人，苻坚就以罪处置，于是群臣没有谁再敢说三道四。苻坚任命左仆射李威兼任护军，右仆射梁平老为使持节、都督北垂诸军事、镇北大将军，戍守朔方以西地区，丞相司马贾雍为云中护军，戍守云中以南地区。

前燕从各郡国征调的士兵全部会集于邺城。

（以上为第十五段，写前秦重臣王猛用非常手段斩除邪恶，纠正冤案，惩处权贵，无所顾忌，朝野震动，奸猾之辈屏声敛气，境内风清气正；王猛被重用，一岁五次升迁。）

【点评】

苻健立嗣。苻健是前秦立国的关键人物。其父苻洪好施舍，多机变，有谋略，勇猛威武，公元350年被人毒杀后，苻健继其位，统领部众，成功入关，定都长安；次年僭称天王，建立前秦，年号皇始；又次年在太极前殿即皇帝位，自立为帝。苻健屡次作战，谋勇俱备，征服了其他反抗前秦的关内势力，也打败了北伐晋军，稳定了关中等地。但令人不可思议的是，他选的皇帝差点儿把国家彻底葬送。

苻健当了皇帝后，立长子苻苌为太子。苻苌在战斗中被流箭射中，箭疮复发而死。苻生被选为继承人。

苻生的德行优秀吗？不是。他的祖父苻洪十分讨厌他。他天生一只眼睛，小时候，祖父和他开玩笑，问身边的侍者说："我听说瞎儿只有一只眼睛流泪，你信吗？"侍者说："当然。"这本来是一句玩笑话，而苻生大怒，拔出佩刀就刺自己的那只瞎眼，鲜血直流，说："这只眼也在流泪啊！"祖父大惊，就鞭打他。他说："我生性能忍受刀剑刺击，就是不能忍受鞭子抽打的侮辱。"祖父认为这个孙子狂暴悖逆，应该尽早除掉，不然一定会导致家破人亡。苻生生性嗜酒，整天昏昏然，他后来被捉拿时，也是醉意不消，要前来捉拿他的人向他跪拜。他的心理灰暗，特别忌讳别人说"残、缺、偏、只、少、无"等字眼，因不小心说出这些字眼而被杀的大臣不计其数。

难道是苻生的谋略突出吗？也不是。苻生力能举千钧，雄健勇猛好杀，能徒手与猛兽格斗，跑得比马还快，不论击刺骑射，都是超绝一时。曾经单骑冲入敌阵，前后斩将夺旗十多次。但其谋略却没有体现出来，他做事不考虑后果，随心所欲，胡作非为。可见，苻生徒有力气，完全是匹夫之勇。

那么，雄勇聪慧的苻健为什么要选他当皇帝？原来是因为"三羊五眼"的谶言，才立苻生为太子，而后即位为皇帝。

苻健如此做法，把国家推向了灭亡的深渊，苻生也丢掉了性命。如果后来不是苻坚掌握国家政权，励精图治，前秦国家也不会存在了。

晋纪二十三

晋穆帝升平四年至晋海西公太和三年（公元 360—公元 368）

【起上章涒滩（庚申，公元 360 年），尽著雍执徐（戊辰，公元 368 年），凡九年】

【大事提要】

本卷记事起公元 360 年，讫公元 368 年，凡九年，当晋穆帝（司马聃）升平四年至海西公（司马奕）太和三年。本卷所载大事，主要有四个方面。其一，前燕慕容儁去世，慕容暐即位。其二，东晋穆帝司马聃去世，司马丕、司马奕相继即位。东晋穆帝司马聃即位时只有两岁，由褚太后临朝听政。临朝期间，用大将桓温驱逐了庾氏势力。桓温势力日益强大，企图篡夺帝位。公元 361 年，司马聃病死。由于无子，由晋成帝司马衍长子、司马聃的堂弟司马丕即位，改元隆和。其三，前凉张天锡杀张玄靓自立，称大都督等。其四，前燕军攻下东晋洛阳。

孝宗穆皇帝之下

晋穆帝升平四年（庚申，公元 360 年）

春季，正月二十日癸巳，前燕主慕容儁在邺城对军队进行大检阅，想让大司马慕容恪、司空阳骛统领军队进攻东晋。恰好这时病情加重，于是就招来慕容恪、阳骛以及司徒慕容评、领军将军慕舆根等人，接受遗诏辅佐朝政。正月二十一日甲午，慕容儁去世。戊子（疑误），太子慕容暐即皇帝位，时年十一岁。实行大赦，改年号为建熙。

前秦主苻坚分司隶之地设置雍州，任命河南公苻双为都督雍、河、凉三州诸军事，征西大将军，雍州刺史，并将他改封为赵公，镇守安定。封弟弟苻忠为河南公。

仇池公杨俊去世，儿子杨世继位。

二月，前燕人尊可足浑后为皇太后。任命太原王慕容恪为太宰，总揽朝政；任命上庸王慕容评为太傅，阳骛为太保，慕舆根为太师，参与辅佐朝政。

慕舆根性格质朴倔强，自恃是先朝的有功旧臣，心里不服慕容恪，因此行为举止傲慢。当时太后可足浑氏经常干预朝政，慕舆根想要作乱，就对慕容恪进言说："如今主上年幼，母后干预政事，殿下应该防范意外的变故，考虑用来自我保全的方法。况且平定天下是殿下的功劳。兄亡弟及，这是古今的既成之规，等到先帝的陵墓竣工后，就应该将主上废除为王，您自己登上尊位，从而为大燕带来无穷之福。”慕容恪说：“你喝醉了吗？怎么说这样的悖逆之言！我和你接受先帝的遗诏，你为什么突然提出这样的建议？”慕舆根面有愧色地谢罪退下去了。慕容恪把此事告诉了吴王慕容垂，慕容垂劝慕容恪杀掉他。慕容恪说：“如今刚刚遭受先帝大丧，晋、秦两个邻国都在坐观灾祸，而我们辅政大臣如果自相残杀，恐怕有悖于远近民众的期望，暂且可以容忍他。”秘书监皇甫真向慕容恪进言说：“慕舆根本来就是庸人竖子，过去蒙受先帝厚重的恩宠，被引用参与辅佐朝政。然而小人没有见识，自从先帝驾崩以来，日益骄横，最终将要制造祸乱。您今天处于周公的地位，应当为国家深谋远虑，应及早将他处置。”慕容恪没有听从。

慕舆根又向可足浑氏及前燕主慕容暐进言说：“太宰慕容恪、太傅慕容评将要图谋不轨，我请求率领宫中卫兵去消灭他们。”可足浑氏正要同意他的请求，慕容暐说：“太宰、太傅二公，是国家亲近而又贤明的人，先帝选择了他们，将孤儿寡母相托，他们一定不会干那样的事情。怎么知道不是太师你想作乱呢！”于是就没有同意慕舆根的请求。慕舆根又思念东土龙城，向可足浑氏及慕容暐进言说：“如今天下衰败凋零，外敌不止一家，国家越大，忧患越深，不如东返龙城。”慕容恪听说后，便与太傅慕容评商量，秘密地奏上慕舆根的罪行。让右卫将军傅颜在宫内杀掉慕舆根，连他的妻子、儿子、同党也一并杀掉。实行大赦。

这时前燕刚刚遭受了大丧，又诛杀了一大批人，宫廷内外都感到震动恐惧。太宰慕容恪则举止如常，人们看不到他有忧虑的神色，每当出入宫廷时，只有一个人随从。有人劝他应该自己严加防备，慕容恪说：“人心正值恐惧，应当泰然自若以使他们镇定，为什么还要自我惊扰，那样民众将仰仗什么！”从此人心逐渐稳定了下来。

（以上为第一段，写前燕主慕容儁去世，太子慕容暐即位，太宰慕容恪等辅政；慕容恪总揽大权，尊崇礼法，不独断专行；太师慕舆根欲为乱事，被诛杀，人心趋稳。）

慕容恪虽然总揽大权，然而对于朝廷的礼法，小心谨慎，严加遵守，每件事情都要和司徒慕容评商议，从来不独断专行。虚心对待读书人，向他们征求治国良策，根据才能授以官职，使人们各居其位。官属、朝臣如果出现过失，也不公开宣布，只是根据情况加以调动，并且不让他们失去原来的等级次第，仅以此表示贬责。当时的人都以受到这样的处置为大愧，没有人敢轻易触犯。有人出现小过失，也都责备自己说：“你又想让宰公慕容恪调动你的官职啦！”东晋朝廷开始听说前燕主慕容儁去世，都认为中原可以收复。桓温说：“慕容恪尚在，忧患正大着呢！”

三月初六己卯，把前燕主慕容儁安葬在龙陵，谥号为景昭皇帝，庙号为烈祖。从各郡国征调的士兵，因为前燕多灾多难，互相惊扰骚动，往往擅自逃散归乡，以至于从邺城向南，道路堵塞。太宰慕容恪任命吴王慕容垂为使持节、征南将军、都督河南诸军事、兖州牧、荆州刺史，镇守梁国的蠡台；任命孙希为并州刺史，傅颜为护军将军，率领二万骑兵，在河南炫耀了一番，到了淮水才返回。于是境内安定了下来。孙希是孙泳的弟弟。

匈奴刘卫辰派使者向前秦投降，请求在内地划给他们农田耕种，春天来秋天走，前秦主苻坚同意了。夏季，四月，云中护军贾雍派司马徐赟率领骑兵袭击刘卫辰，满载而返。苻坚愤怒地说："我正在以恩信安抚戎狄，而你却贪图小利而败坏了事情，为什么呢！"于是废掉贾雍，让他以布衣百姓的身份兼领职务，派使者将他所掠获的财物送还给刘卫辰，并对他加以抚慰。刘卫辰从此进入关内定居，经常向前秦进献贡奉。

夏季，六月，代王拓跋什翼犍的妃子慕容氏去世。秋季，七月，刘卫辰来到代国参加葬礼，顺便求婚，拓跋什翼犍把女儿嫁给了他。

八月初一辛丑朔，出现日全食。

（以上为第二段，写前燕太宰慕容恪总揽大权，处事妥帖；前秦主苻坚怀抚前来投降的匈奴人，允许到内地耕种，并果断处理派兵袭匈奴的官员，匈奴入贡前秦。）

东晋谢安从小就名重一时，朝廷前后多次征召，他都不就任。闲居在会稽，以山水、文献典籍自以为乐。虽然身为布衣百姓，但时人都对他寄予三公和宰辅的期望，士大夫们在一起议论说："谢安不出山，叫百姓该怎么办？"谢安每次游览东山，总是让歌舞女伎跟随。司徒司马昱听说后说："谢安既然能够与人同乐，就一定不会不与人同忧，征召他一定会就任。"谢安的妻子是刘惔的妹妹。她看到谢家门庭显盛，而谢安却自甘寂寞，不思进取，就对谢安说："大丈夫不应该如此。"谢安手掩鼻子回答说："我怕难以逃脱兄弟们的命运。"等到弟弟谢万被废掉以后，谢安才有了进身仕途的志向，当时已经四十多岁了。征西大将军桓温向朝廷请求让他做司马，谢安就应召就任，桓温十分高兴，以礼相待，十分看重他。

冬季，十月，乌桓的独孤部、鲜卑的没奕干各自率领数万部众投降前秦，前秦王苻坚把他们安置在塞南地区。阳平公苻融劝苻坚说："戎狄人面兽心，不懂仁义。他们叩首归附，实际上是贪图地利，并不是向往仁德；他们不敢侵犯边境，实际上是害怕军队的威势，并不是感激恩情。如今把他们安排在塞内地区与我们的百姓混住杂居，等窥探弄清郡县的虚实后，一定会成为边境之地的祸患，不如把他们迁移到塞外，以防患于未然。"苻坚听从了这一劝告。

十一月，东晋封桓温为南郡公，封桓温的弟弟桓冲为丰城县公，桓温的儿子桓济为临贺县公。

前燕太宰慕容恪想任命李绩为右仆射，前燕主慕容暐不同意。慕容恪多次请求，慕容暐说："国家各种事务，全都交给叔父处理，只有李绩一人的事情，我请求独自裁断。"于是把李绩调出朝廷，任章武太守，李绩忧郁而死。

（以上为第三段，写东晋谢安从小名重一时，闲居会稽，时人寄寓厚望，桓温召为司马；前燕太宰慕容恪欲任命李绩为右仆射，前燕主慕容暐不同意，李绩被调出朝廷，忧郁而死。）

晋穆帝升平五年（辛酉，公元361年）

春季，正月初一戊戌，东晋实行大赦。

刘卫辰掳掠了前秦的边境居民五十多人作为奴婢，进献给了前秦，前秦王苻坚责备他，让他把掳掠的百姓放回去。刘卫辰因此而背叛了前秦，一心依附于代国。

东晋东安简伯郗昙去世。二月，任命东阳太守范汪都督徐、兖、冀、青、幽五州诸军事，兼任徐、兖二州刺史。

平阳全郡的人都投降了前燕。前燕任命建威将军段刚为太守，派督护韩苞统率军队共同守卫平阳。

方术之士丁进在前燕主慕容暐面前很得宠，他想向太宰慕容恪献媚，劝说慕容恪杀掉太傅慕容评。慕容恪勃然大怒，奏请拘捕并斩杀他。

高昌去世，前燕河内太守吕护吞并了他的士兵，派使者前来东晋投降。吕护被授予冀州刺史。吕护想带领东晋的军队去袭击邺城。

三月，前燕太宰慕容恪统率五万士兵，冠军将军皇甫真统率一万士兵，共同攻打吕护。前燕的军队抵达野王，吕护环城自守。护军将军傅颜请求展开急攻，以减少过多的耗费。慕容恪说："这个老贼经历的变故很多，看他防守戒备的样子，不容易展开急攻，以免士兵伤亡过重。前不久攻打黎阳时，精锐士兵伤亡严重，但最终也没能攻克，那是自取危困受辱。吕护城内无积蓄，城外无救援，我们只要把战壕挖深，把营垒筑高，坐而坚守，休养士兵，同时离间他的同党，对我们来说毫不费力，而敌人的形势却日益危急，用不了一百天，一定能够攻取他，何必要以大量士卒的伤亡去换取旦夕之功呢！"于是他们就修筑了长围来坚守。

夏季，四月，桓温任命他的弟弟黄门郎桓豁为都督沔中七郡诸军事，兼任新野、义城二郡太守，统率军队攻取了许昌，打败了前燕国将领慕容尘。

前凉骠骑大将军宋混病重，国主张玄靓及其祖母马氏前去看望，说："将军万一有不幸，我们孤儿寡妇将依靠谁呢？想以宋林宗继承将军，可以吗？"宋混说："臣下的儿子宋林宗年幼无力，难以承担重任。主上如果还未抛弃我们一家，我的弟弟宋澄施政办事的能力胜于我，只是恐怕他迂缓迟钝，难以适应随机应变的事务。主上如果能对他鞭策鼓励而加以使用就可以了。”宋混告诫宋澄以及儿子们说：“我们家承受了国家的大恩大泽，应当以死相报，不要倚仗权势地位而对人傲慢。”他又会见了朝廷的大臣，全都告诫他们要忠贞不贰。等到宋混死后，路人都为他流泪。张玄靓任命宋澄为领军将军，辅佐朝政。

五月二十二日丁巳，东晋穆帝司马聃驾崩，没有继承人。皇太后下令说：“琅邪王司马丕是朝廷中兴以来的正统嫡传，不论是道德名声，还是族亲地位，没有人能和他相比，让琅邪王奉接帝位！”于是朝廷百官备好皇帝的车驾去琅邪王的宅第迎接他。

五月二十五日庚申，司马丕即皇帝位，实行大赦。二十七日壬戌，改封东海王司马奕为琅邪王。秋季，七月，二十三日戊午，东晋穆帝被安葬在永平陵，定庙号为孝宗。

前燕人包围了野王几个月，吕护派他的将领张兴出城迎战，傅颜攻击并斩杀了张兴，城中日益危急。皇甫真告诫手下的部将们说：“吕护大势丧失外逃时，一定会选择空虚间隙之处突围，我们军中的士兵大多瘦弱，武器也不够精良，应该多加防备。”于是他就多次督促试验战车盾牌，亲自检查夜间巡逻的人。吕护粮食断绝，果然趁夜带领他的全部精锐士兵向皇甫真部队坚守的地方进发，实施突围，但没能突破。太宰慕容恪率兵攻打他，吕护的士兵死伤殆尽，吕护本人丢下妻儿逃奔到荥阳。慕容恪安抚投降的百姓，把积蓄的粮食供应给他们，将官吏和将帅迁移到邺城，其余的人则随他们到自己愿意去的地方。任命吕护的参军广平人梁琛为中书著作郎。

九月十四日戊申，东晋立妃王氏为皇后。王皇后是王濛的女儿。穆帝何皇后称为穆皇后，居住在永安宫。

（以上为第四段，写前燕河内太守吕护背叛前燕，投降东晋，太宰慕容恪率兵攻打，取胜；前凉骠骑大将军宋混病重，推荐其弟宋澄担任辅臣；东晋穆帝司马聃去世，司马丕即位。）

前凉右司马张邕憎恨宋澄独专朝政，起兵攻打宋澄，把他杀了，他的家族也一并灭掉。张玄靓任命张邕为中护军，任命叔父张天锡为中领军，一同辅佐朝政。

张平袭击前燕的平阳，杀掉了段刚、韩苞；又攻打雁门，杀掉了太守单男；接着又遭到前秦的攻打，他无奈又向前燕谢罪以求救助。前燕人因为张平反复无常，没有救他，于是张平被前秦消灭。

九月，乙亥（疑误），前秦实行大赦。

徐、兖二州刺史范汪，历来被桓温所憎恶。桓温准备北伐，命令范汪率领士兵向梁国出发。冬季，十月，范汪犯了延误期限的罪过，被免为庶人，于是被废免，死在家中。

范汪的儿子范甯，喜好儒学，性格质朴直爽。他常说王弼、何晏的罪恶比夏桀、商纣还重。有的人认为这是过分贬低，范甯说："王、何蔑视抛弃经典文献，使仁义沉沦，荒诞空虚的言辞论说遗害后代，导致士大夫幡然改变正确的道路，以致礼崩乐坏，中原覆没。其遗风余俗，直到今天还在为害世人。夏桀、商纣一时的肆意暴虐，也足以使他们身败名裂，使国家倾覆灭亡，成为后世的借鉴，岂能躲过百姓的视听呢！所以我认为为害一个时代的灾祸轻，为害历代的灾祸重；自己身败名裂的罪恶小，迷惑世人的罪恶大！"

吕护又背叛了东晋，逃奔到前燕，前燕人宽赦了他，任命他为广州刺史。

前凉张邕傲慢自负，纵行淫虐，网罗朋党，专擅朝政，滥施刑罚、杀戮，国人都很怨恨他。张天锡的亲信敦煌人刘肃对张天锡说："国家的事情尚未平静！"张天锡说："这话是什么意思？"刘肃说："如今护军张邕出入朝廷，就像当年的长宁侯张祚。"张天锡吃惊地说："我本来就怀疑他，只是没敢说出口。有什么办法呢？"刘肃说："应当迅速除掉他！"张天锡说："哪里有除掉他的人呢？"刘肃说："我就是这个人！"刘肃当时年龄不满二十。张天锡说："你还年轻，另外再找一个助手。"刘肃说："有赵白驹和我两个人就足够了。"

十一月，张天锡和张邕一起入朝，刘肃和赵白驹跟随着张天锡，张邕正在宫门前，刘肃砍击张邕，没有砍中，赵白驹接着再砍，又没砍中，他们二人和张天锡一起进到宫中，张邕得以逃跑，率领披甲士兵三百多人攻打宫门。张天锡登上屋顶大声喊道："张邕凶恶叛逆，毫无道义，已经杀掉了宋澄，又想颠覆我们一家。你们众将士世代都是凉朝的臣属。怎么忍心把武器对准我呢！如今我要擒获的只有张邕而已，其他人一概不追究！"于是张邕的士兵全都奔散逃走，张邕自刎而死，张天锡把张邕的家族、同党全部消灭。张玄靓任命张天锡为使持节、冠军大将军、都督中外诸军事，辅佐朝政。

十二月，开始改变了建兴四十九年的纪年，尊奉使用东晋的年号升平。东晋朝廷下令，任命张玄靓为大都督、督陇右诸军事、凉州刺史、护羌校尉、西平公。

前燕实行大赦。

前秦王苻坚命令州郡地方官吏分别荐举孝悌、廉直、文学、政事等科目的人才，并且对他们荐举上来的人加以考察，荐举得当者给以奖赏，荐举失当者给以责罚。因此人们都不敢妄加推荐，也没有请求拜托的现象，读书人全都自我勉励。即使是宗室外戚，没有才能的也都弃而不用。这时，朝廷内外的官吏，人人称职。农田得以修整，荒地得以开垦，仓库丰盈充实，盗贼息声敛行。

这一年，归义侯李势去世。

（以上为第五段，写前凉右司马张邕憎恨首辅大臣宋澄独专朝政，起兵攻杀之；张邕被任为中领军，也是专横跋扈，叔父张天锡又把张邕杀了，独辅前凉朝政。）

晋哀帝隆和元年（壬戌，公元362年）

春季，正月二十日壬子，东晋实行大赦，改年号为隆和。

正月二十二日甲寅，东晋减免田租，每亩收租二升。

前燕豫州刺史孙兴请求攻打洛阳，他说："东晋将领陈祐只有一千多疲惫体弱的士兵，独守孤城，不堪一击！"前燕人听了他的话，派宁南将军吕护驻军河阴。

二月初十辛未，东晋任命吴国内史庾希为北中郎将，徐、兖二州刺史，镇守下邳；任命龙骧将军袁真为西中郎将，监豫、司、并、冀四州诸军事，豫州刺史，镇守汝南，全都持有符节。庾希是庾冰的儿子。

二月十五日丙子，东晋授予皇帝的母亲周贵人为皇太妃，礼仪服饰仿照太后的规格。

前燕吕护攻打洛阳。三月，乙酉（疑误），东晋河南太守戴施逃奔到宛城，陈祐告急。

五月二十七日丁巳，桓温派庾希及竟陵太守邓遐率领水军三千人帮助陈祐守卫洛阳。邓遐是邓岳的儿子。

桓温上书，请求迁都洛阳，把自从永嘉之乱以来迁移流落到长江以南的人全部北迁，以充实河南地区的力量。朝廷害怕桓温，不敢持有异议。然而北方地区萧条冷落，人们内心都感到怀疑、恐惧，虽然全都知道桓温的请求不可行，但没有人敢于率先劝说。散骑常侍兼著作郎孙绰上书说："过去晋元帝即位，不仅仅是顺应天意，符合人愿，实际上是依靠万里长江而得以划地防守。自从丧乱以来到如今，已经六十多年，黄河、洛水一带已变为废墟，中原地区一片萧条。士人百姓迁移流落到长江以南，已经有好几代了，活着的人子孙已老，死去的人更是坟墓成行，虽然对北方故土的思念一直牵动着他们的心，但眼前的哀痛实际上更为深切。如果哪天迁都北返，中兴以来五位皇帝的陵墓也就又处在遥远的地域了。泰山的安定，既然从道理上说难以保全，对安葬在江南的几位先帝深厚的思念之情，能不萦绕于圣主心间！如今桓温的这一举动，确实是想纵览天下，为国家的长远打算，然而百姓却感到震动、害怕，全都心怀畏惧，这难道不是因为返回故土的欢乐遥远，而走向死亡的忧虑紧迫吗？为什么呢？植根于长江以南，已经有数十年了，一时马上就要迁移他们，紧迫地把他们驱赶到荒远之地，使他们拖家带口，远行万里，跋山涉水，远离祖坟，抛弃谋生之业，农田宅院无法变卖，舟船车乘无处获得，舍弃安乐的家园，到达凌乱的乡邦，必将是死于路途，葬身江河，很少会有能到达的。这是施行仁义的人所应该悲哀怜悯，国家所应该深深忧虑的。依照我的想法，以为暂且应该派遣有威望名声、资历和实际才能的将帅，先到洛阳镇守，扫平梁国、许昌，统一黄河以南。运送粮食的水路开通后，垦荒种植的收获已经丰盈，豺狼野兽逃窜，中原实现小康，然后才可以慢慢地讨论迁徙的问题。为什么要舍弃稳操胜券的长远之理，拿整个天下孤注一掷呢！”

孙绰是孙楚的孙子。他小的时候就倾慕高尚，曾经著《遂初赋》用来表达志向。桓温看到孙绰进上的奏书，很不高兴，说：“告诉孙绰，何不去实践你的《遂初赋》，而偏要了解别人的家国大事呢！”

（以上为第六段，写东晋大将军桓温弄权，与朝廷较力，提出迁都洛阳，将中原流落而来的人再迁回去，显然不切实际，群臣不敢持有异议，而孙绰上书，极力反对。）

当时朝廷忧虑害怕，准备派侍中去劝阻桓温。扬州刺史王述说：“桓温是想虚张声势来威胁朝廷罢了，并非真想迁都。只要依从他，他自己就不会去了。”于是朝廷诏令桓温说：“昔日发生的丧乱，转眼已经过了五十多年，戎狄肆行暴虐，后继者承袭着他们凶狠的恶迹，回首西望，感慨叹息充满心怀。得知你想亲率三军，荡涤污秽，廓清中原，光复旧都，如果不是有以身殉国的志向，谁能如此！各种措施安排，都依靠托付于你的多谋深算。只是黄河、洛水的废墟需要经营治理的很多，开始营治时的辛苦，一定会导致你心力劳累。”迁都的事情果然没有实行。

桓温又提议迁移洛阳的悬挂乐钟的格架，王述说：“永嘉之乱失利，暂时建都江东，正应当荡平海内，回师旧京。如果不能如此，应该改迁先帝的陵墓，不应该先行迁移悬挂乐钟的格架！”于是桓温没有这样干。

东晋朝廷认为交州、广州遥远，改授桓温都督并、司、冀三州官职，桓温上书辞让，不予接受。

前秦主苻坚亲临太学，考查学生们的儒学经书义理，与博士一起谈论讲习，从此每月来这里一次。

六月十五日甲戌，前燕征东参军刘拔在信都刺杀了征东将军、冀州刺史、范阳王慕容友。

秋季，七月，吕护退守小平津，身中流箭而死。前燕将领段崇收拢军队向北渡河，驻扎在野王。邓遐进军驻扎在新城。八月，东晋西中郎将袁真进军驻扎在汝南，运来五万斛大米送给洛阳。

冬季，十一月，代王拓跋什翼犍向前燕进贡女子，前燕人也把女子送给他为妻子。

十二月初一戊午朔，出现日食。

东晋将领庾希从下邳后退，驻扎在山阳，袁真从汝南后退，驻扎在寿阳。

（以上为第七段，写桓温继又提出迁移钟虡，朝廷识破了他的虚言，王述提出迁都旧京，首先应迁陵墓，桓温解决不了这个难题，迁都之议，只好作罢。）

晋哀帝兴宁元年（癸亥，公元 363 年）

春季，二月，己亥（疑为乙亥之误。乙亥，二月十九日），东晋实行大赦，改年号为兴宁。

三月十七日壬寅，皇太妃周氏死于琅邪的宅第。十八日癸卯，哀帝司马丕前往周氏宅第办理丧事，下令司徒会稽王司马昱总揽朝廷内外的各种事务。哀帝想为太妃居丧三年，仆射江虨陈述说："根据礼制，应该服三个月的缌麻丧。"哀帝又想降低一等，居丧一年，江虨说："抑制和暂时委屈自己的私人感情，这是为了尊奉祖先。"于是，哀帝就穿缌服以示居丧。

夏季，四月，前燕宁东将军慕容忠攻打荥阳太守刘远，刘远逃奔到鲁阳。

五月，东晋让征西大将军桓温担任侍中、大司马、都督中外诸军事、录尚书事，并给予他持黄钺的礼遇。桓温任命抚军司马王坦之为长史。王坦之是王述的儿子。又任命征西掾郗超为参军，王珣为主簿，每件事情一定要和这两人商量。王府里的人称他们是："长胡子参军，矮个子主簿，能让桓公高兴，也能让桓公愤怒。"桓温气概清高卓越，很少有他所推重的人，和郗超谈论常常自己说郗超深不可测，而尽心敬待他。郗超也很认真地与桓温交往。王珣是王导的孙子，他和谢玄都是桓温的辅佐掾吏，桓温对他们都很看重。桓温说："谢玄年届四十必定会拥旗执节，王珣当成为少壮而居高位的黑头公，全都是不可多得的人才。"谢玄是谢奕的儿子。

东晋任命西中郎将袁真为都督司、冀、并三州诸军事，任命北中郎将庾希为都督青州诸军事。

五月十九日癸卯，前燕人攻下了密城，刘远逃奔到江陵。

秋季，八月，有异星出现在角宿、亢宿。

前凉张玄靓的祖母马氏去世，尊奉庶母郭氏为太妃。郭氏因为张天锡专擅朝政，与大臣张钦等人谋划要杀掉他。事情泄露，张钦等人全都自杀。张玄靓十分害怕，要把王位让给张天锡，张天锡不肯接受。右将军刘肃等人劝张天锡自立为王。

闰八月，张天锡让刘肃等人趁夜率兵闯进王宫杀掉了张玄靓，公开宣布时则称他突然死亡，定谥号为冲公。张天锡自称使持节、大都督、大将军、凉州牧、西平公，时年十八岁。尊奉母亲刘美人为太妃。派司马纶骞带着奏书去建康请求指令，同时送御史俞归东返建康。

闰八月，癸亥（疑误），东晋实行大赦。

冬季，十月，前燕镇南将军慕容尘在长平攻打陈留太守袁披。汝南太守朱斌乘虚袭击许昌，许昌被攻下。

代王拓跋什翼犍攻击高车，把他们打得大败。俘获一万多人，马、牛、羊一百多万头。

东晋任命征虏将军桓冲为江州刺史。十一月，姚襄的旧将张骏杀掉了江州督护赵毗，率领他的士兵反叛，桓冲讨伐并斩杀了张骏。

（以上为第八段，写东晋哀帝司马丕生母周氏去世，要守丧三年，后改为一年；桓温为大司马，越发权倾朝野；权臣张天锡谋杀前凉主张玄靓，自任凉州牧。）

晋哀帝兴宁二年（甲子，公元 364 年）

春季，正月初六丙辰，前燕实行大赦。

二月，前燕太傅慕容评、龙骧将军李洪率军巡视黄河以南。

三月初一庚戌朔，东晋大规模地核查户数人口，命令以所居之地作为编制户口、纳税服役的依据，并严格法律制度。此项法令称为“庚戌制”。

东晋哀帝司马丕相信方术之士的话，不吃饭仅吃药以求长生不老。侍中高崧劝说道：“这不是帝王应该干的事。如果这样，皇上实在就像出现日食月食一样犯了过失。”哀帝不听劝说。三月二十二日辛未，哀帝因为药性发作，不能亲临政事，褚太后又临朝摄政。

夏季，四月二十五日甲辰，前燕龙骧将军李洪攻打许昌、汝南，在悬瓠打败了东晋的军队，颍川太守李福战死，汝南太守朱斌逃奔到寿春，陈郡太守朱辅退守彭城。大司马桓温派西中郎将袁真等人抵御李洪，桓温自己率领水军驻扎在合肥。于是前燕人攻下了许昌、汝南、陈郡，将一万多户百姓迁移到幽州、冀州，派镇南将军慕容尘驻扎在许昌。

五月二十日戊辰，东晋任命扬州刺史王述为尚书令。让大司马桓温担任扬州牧、录尚书事。二十四日壬申，派侍中召桓温入朝参政，桓温辞让不来。

王述每当接受任命，都不虚情假意地辞让，他表示推辞的就肯定不接受。到他做尚书令时，儿子王坦之告诉他：“根据惯例，应当表示辞让。”王述说：“你认为我不胜任吗？”王坦之说：“不是，只是能辞让自然是件好事。”王述说：“既然认为能够胜任，为什么又要辞让！人们都说你比我强，我看肯定赶不上我。”

六月，前秦主苻坚派大鸿胪授予张天锡大将军、凉州牧、西平公。

秋季，七月二十日丁卯，东晋下达命令，再一次征召大司马桓温入朝。八月，桓温抵达赭圻，朝廷下令尚书车灌劝阻他，于是桓温就以赭圻为城住了下来，固执地辞让录尚书事职务，只在名义上接受了扬州牧职务。

前秦汝南公苻腾图谋反叛，被诛杀。苻腾是前秦主苻生的弟弟。这时，苻生的弟弟们还有晋公苻柳等五人，王猛对苻坚说：“不除掉这五人，他们最终肯定要作乱。”苻坚没有听从。

前燕侍中慕舆龙到龙城，将祭祀祖先的宗庙以及所留下来的百官全都迁移到邺城。

前燕太宰慕容恪准备攻取洛阳，先派人去招募士人百姓，远近各小城全都归附了他，于是就让司马悦希驻军于盟津，让豫州刺史孙兴驻军于成皋。

当初，东晋沈充的儿子沈劲，因为他的父亲死于叛逆作乱，立志要建立战功以雪旧耻。但年纪已经三十多岁了，仍然因为出身于受过刑罚的家庭而不能进入仕途。吴兴太守王胡之任司州刺史，上书称赞沈劲的才能品行，请求解除对他的禁锢，让他参与自己州府的政事，朝廷同意了。恰好这时王胡之生病，事情没能实行。等到前燕人逼迫洛阳，冠军将军陈祐守卫该地，士兵不到二千人。沈劲自己进上奏书，请求到陈祐那里任职效力。朝廷下达命令，让沈劲补为冠军长史，自己招募勇士，得到一千多人以后便前往。沈劲屡屡用较少的兵力攻击前燕国的大部队，并攻破了他们。然而洛阳城里终于粮食耗尽，支援断绝，陈祐自己估计已无法坚守，就以救援许昌为名，九月，给沈劲留下五百人守卫洛阳，陈祐自己则率领士兵东行。沈劲高兴地说："我的志向就是要临危受命，如今得到机会了。"陈祐听说许昌已经失陷，于是就逃奔到新城。前燕国悦希率兵进攻河南各城，全都攻了下来。

前秦主苻坚命令各公爵封国分别设置郎中令、中尉、大农三卿，同其他官吏一起，全都由他们自行征召选拔，只有郎中令由苻坚任命。富商赵掇等人车乘服饰奢侈僭越，然而各位公爵却竞相推举富商做三卿。黄门侍郎安定人程宪请求苻坚干预此事。苻坚于是就下达命令说："本来想让诸王公选聘有才华的儒生，没想到竟然混乱到这种地步！应该命令有关官吏追究检查，凡是所征召的人选不得当的，全都把爵位降为侯，从现在开始，国家的官吏全都由吏部尚书选拔。本人职位不在朝廷任命以上，不许乘车马；离开京师百里以内，工商差役之人，不许穿饰有金银、锦绣的服装，违犯者陈尸街头示众。"因此，平阳、平昌、九江、陈留、安乐的五位公爵全被降低爵位为侯。

（以上为第九段，写东晋哀帝司马丕辟谷吃药，中毒病发；前燕太宰慕容恪攻打东晋洛阳，城中粮尽，守将军陈祐逃跑，沈劲率残兵坚守；前秦主苻坚严肃处理违规用人的五公。）

晋哀帝兴宁三年（乙丑，公元 365 年）

春季，正月，十六日庚申，东晋皇后王氏去世。

刘卫辰又背叛了代国，代王拓跋什翼犍东渡黄河，赶跑了刘卫辰。

代王拓跋什翼犍性格宽容厚道，郎中令许谦盗窃了两匹绢丝，拓跋什翼犍知道后就加以隐瞒，还对左长史燕凤说："我不忍心看到许谦，您千万不要说出去，如果见面后许谦因惭愧而自杀，这就是我因财货而杀手下的官吏了。"过去攻打西部反叛者的时候，拓跋什翼犍曾被流箭击中眼睛，后来擒获了射箭的人，群臣都要将他千刀万剐，拓跋什翼犍说："他们都是各为其主战斗罢了，有什么罪呢！"于是就释放了他。

东晋大司马桓温转移到姑孰镇守。二月二十一日乙未，任命他的弟弟右将军桓豁监荆州、扬州的义城、雍州的京兆诸军事，兼领荆州刺史；让江州刺史桓冲担任监江州及荆、豫八郡诸军事，全都持有符节。

东晋司徒司马昱听说陈祐放弃了洛阳，便和大司马桓温在洌洲会面，共同商议征讨事宜。二月二十二日丙申，东晋哀帝司马丕在西堂驾崩，攻打事宜也就搁置起来。

哀帝没有后嗣，二月二十三日丁酉，皇太后下令，让琅邪王司马奕继承帝位。朝廷百官到琅邪王的宅第去迎接他。当天，司马奕即皇帝位，实行大赦。

前秦实行大赦，改年号为建元。

前燕太宰慕容恪、吴王慕容垂共同攻打洛阳。慕容恪对众将领说："你们经常担心我不进攻，如今洛阳城墙虽高而守兵微弱，容易攻克，不要再畏惧怯懦而懒惰！"于是，就开始进攻洛阳。

三月，洛阳被攻克，抓获了扬武将军沈劲。沈劲神态自若，慕容恪准备要宽赦他。中军将军慕舆虔说："沈劲虽然是杰出的人，但观察他的志向气度，最终也不会被我所用，如今赦免了他，肯定会留下后患。"于是，就把沈劲杀掉了。

慕容恪攻占夺取了崤谷、渑池，关中一带十分惊恐，前秦主苻坚亲自率兵驻扎在陕城，以防备慕容恪。

前燕任命左中郎将慕容筑为洛州刺史，镇守金墉；任命吴王慕容垂为都督荆、扬、洛、徐、兖、豫、雍、益、凉、秦十州诸军事，征南大将军，荆州牧，配备兵力一万，镇守鲁阳。

太宰慕容恪回到邺城，对僚属们说："我以前平定了广固，却没能救助辟闾蔚；如今平定了洛阳，又使沈劲被杀。这些虽然都不是我的本意，然而身为军中主将，实在有愧于天下。"东晋朝廷嘉奖沈劲的忠诚，追赠他为东阳太守。

臣司马光评论说：沈劲可以称得上是有能的孝子了！对父亲的罪恶深以为耻，不惜以生命加以洗刷，变凶恶叛逆的家族为忠诚道义的门第。《易》说："挽救父辈败坏的基业，一定会得到人们的赞誉。"《尚书·蔡仲之命》说："你尚能遮掩前人的过错，这就是忠和孝。"沈劲大概就是这样的人吧！

前燕太宰慕容恪作为将领，从不显示威严，专门使用恩信。安抚士兵十分注重重要的方面，不乱发苛刻的命令，从而使得人人都相宜安好。平时军营中宽容随便，看上去好像可以冒犯，然而实际上却戒备严密，敌人来到后没有能接近的，所以一直未曾失败过。

三月二十九日壬申，在安平陵安葬了东晋哀帝司马丕及静皇后王氏。

（以上为第十段，写东晋哀帝司马丕去世，无子，由琅邪王司马奕继任大统；前燕太宰慕容恪率军攻打洛阳，守将沈劲殉职，东晋朝廷嘉奖沈劲的忠诚，追赠为东阳太守；东晋葬哀帝于安平陵。）

夏季，四月初九壬午，前燕太尉武平匡公封奕去世。任命司空阳骛为太尉，侍中、光禄大夫皇甫真为司空，兼中书监。阳骛先后奉事前燕四代君主，德高望重，从太宰慕容恪以下的人全都叩拜他。但阳骛谦恭仁厚，胜过年轻的时候，对子孙们严加管教，所以他们虽然朱衣紫绶，身为高官，却没人敢违反他的戒律。

六月十六日戊子，东晋益州刺史建城襄公周抚去世。周抚在益州三十多年，很有威望名声。朝廷下令任命他的儿子犍为太守周楚代替他的职务。

秋季，七月初七己酉，东晋朝廷调会稽王司马昱再次为琅邪王。

七月初十壬子，东晋立庾氏为皇后。庾皇后是庾冰的女儿。

七月，甲申（疑误），东晋立琅邪王司马昱的儿子司马曜为会稽王。司马昱固执地表示不同意，仍自称会稽王。

匈奴右贤王曹毂、左贤王刘卫辰都背叛前秦国。曹毂率领二万士兵进犯杏城，前秦王苻坚亲自率兵攻打他，派卫大将军李威、左仆射王猛辅佐太子苻宏留守长安。八月，苻坚攻击曹毂，攻破了他，斩杀了曹毂的弟弟曹活，曹毂请求投降。苻坚将他的富豪显贵六千多户迁移到长安。建节将军邓羌攻打刘卫辰，在木根山擒获了他。

九月，前秦主苻坚到了朔方，巡视安抚各胡族部落。

冬季，十月，前秦征北将军、淮南公苻幼率领杏城的士兵乘虚袭击长安，李威迎击并斩杀了他。

鲜卑人秃发椎斤去世，享年一百一十岁，儿子秃发思复鞬代替他统率部众。秃发椎斤是秃发树机能的堂弟秃发务丸的孙子。

梁州刺史司马勋为政残酷暴虐，治中、别驾以及州内的豪强大族，只要说话不合他的心意，就在座位上命令将他们斩首示众，有时则亲自把他们射死。他一直有占据蜀地的心思，只是因为惧怕周抚，才没敢发兵。等到周抚死后，司马勋就起兵反叛。别驾雍端、西戎司马隗粹恳切地劝说，司马勋把他们都杀了，自称梁、益二州牧、成都王。

十一月，司马勋带兵进入剑阁，攻打涪城，西夷校尉毌丘暐弃城逃跑。十五日乙卯，司马勋在成都包围了益州刺史周楚。大司马桓温上书，请求让鹰扬将军、江夏相、义阳人朱序为征讨都护，前去救援周楚。

前秦主苻坚回到长安，任命李威暂任太尉，并担任侍中。任命曹毂为雁门公，刘卫辰为夏阳公，让他们各自统领自己的部落。

十二月二十九日戊戌，东晋任命尚书王彪之为仆射。

（以上为第十一段，写前秦主苻坚率兵打败背叛前秦的匈奴右贤王曹毂、左贤王刘卫辰；梁州刺史司马勋为政残酷暴虐，起兵反叛东晋，自称成都王，入成都。）

海西公上

晋海西公太和元年（丙寅，公元366年）

春季，三月，东晋荆州刺史桓豁派督护桓罴攻打南郑，讨伐司马勋。

前燕太宰、大司马慕容恪，太傅、司徒慕容评，磕头请求归还辅佐朝政的权力，进上了印玺和绶带，请求返回自己的宅第，前燕主慕容暐没有同意。

夏季，五月十二日戊寅，东晋皇后庾氏去世。

东晋将领朱序、周楚攻打司马勋，攻破了他，擒获了司马勋以及他的同党，解送给大司马桓温。桓温把他们全都杀了，把首级传送到建康。

代王拓跋什翼犍派左长史燕凤向前秦进献贡奉。

秋季，七月初八癸酉，东晋在敬平陵安葬了庾皇后。

前秦辅国将军王猛、前将军杨安、扬武将军姚苌等人率领二万士兵攻打荆州，攻打南乡郡。荆州刺史桓豁前去救援，八月，驻扎在新野。前秦士兵掳掠了安阳的民众一万多户返回。

九月二十九日甲午，特赦了梁、益二州，在境内赦免其支党、胁从者。

冬季，十月，东晋任命司徒司马昱担任丞相、录尚书事，并给予他入朝晋见皇帝不必小步趋行、唱拜不直呼姓名、可以佩剑穿鞋上殿的礼遇。

前凉张天锡派使者到前秦边境，告知与前秦绝交。

前燕抚军将军下邳王慕容厉攻打东晋兖州，攻下了鲁、高平数郡，设置了地方官后返回。

当初，陇西人李俨率领他所统辖之郡投降了前秦，接着又和张天锡交往。十二月，羌族人敛岐带领略阳的四千家民众背叛了前秦，向李俨称臣。李俨于是便在当地设置州郡长官，与前秦、前凉绝交。

前秦南阳督护赵亿占据宛城，投降了前燕，东晋宛城太守桓澹逃到新野以自保。前燕人派南中郎将赵盘从鲁阳出发去戍守宛城。

徐、兖二州刺史庾希，因为是皇后家族的缘故，兄弟们显贵一时，大司马桓温对此非常忌恨。

（以上为第十二段，写东晋将领朱序、周楚率军攻打反叛的司马勋，擒获并杀之，平定了梁、益二州；前燕抚军将军慕容厉率军攻下了东晋兖州的鲁、高平数郡。）

晋海西公太和二年（丁卯，公元 367 年）

春季，正月，庾希因不能救援鲁郡、高平郡的罪过，被免官。

二月，前燕抚军将军、下邳王慕容厉，镇北将军、宜都王慕容桓袭击敕勒。

前秦辅国将军王猛、陇西太守姜衡、南安太守南安人邵羌、扬武将军姚苌等人率领士兵一万七千人攻打前羌人首领敛岐。

三月，前凉主张天锡派前将军杨遹进发到金城，征东将军常据进发到左南，游击将军张统进发到白土，张天锡自己统领三万人驻扎在仓松，用以讨伐李俨。敛岐的部落以前属于姚弋仲，听说姚苌到来，全都投降。王猛于是攻克了略阳，敛岐逃奔到白马。前秦主苻坚任命姚苌为陇东太守。

夏季，四月，前燕慕容尘进犯竟陵，太守罗崇击败了他。

前凉主张天锡攻打李俨统辖的大夏、武始二郡，攻了下来。常据在葵谷打败了李俨的军队，张天锡进军驻扎在左南。李俨十分害怕，退守枹罕，派他哥哥的儿子李纯去向前秦谢罪，并且请求救援。前秦主苻坚让前将军杨安、建威将军王抚率领二万骑兵，会合王猛前去救援李俨。

王猛派邵羌追击敛岐，王抚守卫侯和，姜衡守卫白石，王猛与杨安去救援枹罕。张天锡派杨遹在枹罕以东迎战，王猛彻底攻破了他，俘获斩首一万七千多人，与张天锡在枹罕城下相持。邵羌在白马擒获了敛岐，把他遣送回来。王猛给张天锡写信说："我接受命令救援李俨，没想到却和凉州交战，如今面对着坚壁高垒，等候命令。相持旷日持久，恐怕对秦和凉两家全都不利，这不是良策。如果将军撤退，我带着李俨东返，将军迁徙百姓西归，不是也可以吗？"张天锡对众将领说："王猛的信中是这样说的。我本来也是来讨伐反叛的，不是来和秦国交战的。"于是就率兵西归。

李俨还没有让前秦军队进城，王猛身穿白衣，坐着车乘，数十人跟随，请求与李俨见面。李俨打开城门请他进入，没来得及防备，众将士也相继而入，于是就拘捕了李俨。任命立忠将军彭越为平西将军、凉州刺史，镇守枹罕。

前凉主张天锡西归的时候，李俨的将领贺肫劝李俨说："以明公您这样的神明威武，将士们骁勇强悍，为什么要束手就擒于别人呢？王猛的孤军远道而来，士兵疲惫，而且是因为我们的请求救援而来，所以一定不会设置防备措施，如果乘他们懈怠而攻击他们，可以遂心得手。"李俨说："靠着求救于别人而免遭危难，危难解除后又去攻击来救援的人，天下人将会怎样说我呢！不如固守以耗磨他们，他们将会自行撤退。"王猛责备李俨不马上出来迎接他们，李俨把贺肫的计谋告诉了他，王猛斩杀了贺肫，带着李俨返回。到达长安后，苻坚任命李俨为光禄勋，赐爵位为归安侯。

前燕太原桓王慕容恪对前燕主慕容暐进言说："吴王慕容垂具有的将相才能超过

我十倍，先帝只是考虑了长幼次序，所以我得以在他之先。我死了以后，希望您让整个国家都听命于吴王。”

五月，壬辰（疑误），慕容恪病重，前燕主慕容暐亲自前往看望，并向他询问后事。慕容恪说：“我听说报恩没有比荐举贤能更重要的了，贤能的人虽然隐遁在服役筑墙的人中间，也可以起用为宰相，何况是近亲呢！吴王慕容垂文武兼备，才能仅次于管仲、萧何，皇上如果将朝廷大政委托给他，国家就可以安定，不这样的话，秦国、晋朝一定会有窥探我们的计谋。”说完以后，慕容恪就死了。

前秦主苻坚听说慕容恪去世，暗地里制订了图谋前燕国的计策，想看看这个计策是否可行，就命令匈奴右贤王曹毂启程出使前燕进献贡奉，以西戎主簿郭辩做他的副手。前燕司空皇甫真的哥哥皇甫腆以及侄子皇甫奋、皇甫覆全都在前秦做官，皇甫腆任散骑常侍。郭辩抵达前燕后，逐一拜访公卿，对皇甫真说：“我本是秦国人，家人被秦国诛杀，所以才把生命寄托于曹王，你的哥哥散骑常侍皇甫腆以及皇甫奋、皇甫覆兄弟全都和我素来相知。”皇甫真愤怒地说：“我没有境外的交往，你这话为什么要告诉我！你好像是奸佞之人，莫非是借此来冒充吗？”皇甫真把这些事情告诉了慕容暐，请求追究处理他，太傅慕容评不同意。郭辩返回去以后，告诉苻坚说：“燕朝政事乱无纲纪，确实可以图谋。明白了解时机变故的，只有皇甫真罢了。”苻坚说：“以六州之广的民众，怎能不能有一个明白人呢！”

（以上为第十三段，写前凉主张天锡攻打前秦李俨，前秦派辅国将军王猛等前去救援，逼退张天锡，救出李俨；前燕首辅大臣慕容恪去世，临终极力推荐吴王慕容垂为首辅。）

前秦将领曹毂不久就去世了，前秦把他的部落分成两部分，让他的两个儿子分别统领，称为东曹和西曹。

东晋荆州刺史桓豁、竟陵太守罗崇攻打宛城，攻了下来，赵亿逃跑，赵盘退回到鲁阳。桓豁追击赵盘到雉城，擒获了他，留下士兵戍守宛城后返回。

秋季，七月，前燕下邳王慕容厉等攻破了敕勒，夺取牛马数万头。

当初，前燕下邳王慕容厉的军队经过代国，毁坏了他们的穄田，代王拓跋什翼犍很愤怒。前燕平北将军武强公慕容埿用幽州的军队戍卫云中。八月，拓跋什翼犍攻打云中，慕容埿弃城逃跑，振威将军慕舆贺辛战死。

九月，东晋任命会稽内史郗愔为都督徐、兖、青、幽、扬州的晋陵诸军事和徐、兖二州刺史，镇守京口。

前秦淮南公苻幼反叛的时候，征东大将军、并州牧、晋公苻柳，征西大将军、秦州刺史赵公苻双，全都与他互通谋略。前秦王苻坚考虑到苻双同母弟关系至亲，苻柳是苻健喜爱的儿子，便将此事隐埋在心里而不加以追究。苻柳、苻双又与镇东将军、洛州刺史魏公苻廋，安西将军、雍州刺史燕公苻武谋划作乱，镇东主簿南安人姚眺劝说苻廋道："明公您因为是像周公、邵公一样与王室关系最近的亲戚，接受了统管一方的重任，国家有危难，应当竭力消除，怎么能自己起来反叛作难呢！"苻廋没有听从。苻坚听说后，征召苻柳等人前往长安。

冬季，十月，苻柳占据蒲阪，苻双占据上邽，苻廋占据陕城，苻武占据安定，全都起兵反叛。苻坚派使者劝谕他们说："我对待你们，恩情备至，何苦要反叛呢？现在停止对你们的征召，你们应该罢兵息叛，各居其位，一切如故。"苻坚要求他们各自咬梨交给使者，作为表示听从劝告的信物。他们都没有照办。

代王拓跋什翼犍攻打刘卫辰，准备渡黄河时，黄河还没有封冻，拓跋什翼犍命令用苇草绳阻拦流水。不一会就冻合起来了，然而还冻得不够坚固。于是就把苇草铺散在冰面上，冰草相连，就像浮桥一样，代国士兵踏着它渡过了黄河。刘卫辰没想到代国士兵这么快就来了，便和他的宗族亲信仓皇向西逃跑，拓跋什翼犍掳获了他部落之中十之六七的人后返回。刘卫辰逃奔到前秦，前秦主苻坚送他返回朔方，并派兵去戍守。

十二月，甲子（疑误），前燕太尉建宁敬公阳骛去世。任命司空皇甫真为侍中、太尉，光禄大夫李洪为司空。

（以上为第十四段，写东晋北伐，荆州刺史桓豁攻下宛城；前秦苻健之子苻柳、苻廋、苻武以及苻坚之弟苻双反叛作乱；代王什翼犍踏冰打跑匈奴首领刘卫辰。）

晋海西公太和三年（戊辰，公元 368 年）

春季，正月，前秦主苻坚派遣后将军杨成世、左将军毛嵩分别讨伐上邽、安定，派遣辅国将军王猛、建节将军邓羌攻打蒲阪，派遣前将军杨安、广武将军张蚝攻打陕城。苻坚命令前去攻打蒲阪、陕城的军队全都在离城三十里的地方构筑坚固堡垒，不要与敌交战，等到平定了秦州、雍州以后，再集中兵力攻取。

当初，前燕太宰慕容恪有病，考虑到前燕主慕容暐年幼，自己不能主持政事，太傅慕容评生性多疑，恐怕大司马的职务落入不适当的人手中，便对慕容暐的哥哥乐安王慕容臧说："如今南有遗留下来的晋朝，西有强大的秦国，二国一直怀有进取的志向，只不过看到我们这里还没有可乘之机罢了。国家的兴衰全在于宰辅丞相。大司马总管六军，这个职务不可用错了人。我死了以后以亲疏关系而言，承担大司马职务的人应当在你和慕容冲中选择。你们虽然才能见识神明敏锐，然而年龄尚轻，没有经历过太多的磨难。吴王慕容垂天资出众，智谋超人，你们如果能推举他出任大司马，一定能够统一四海，何况是外敌，那就不值得惧怕了。千万不要贪图权力而忘记了祸患，不为国家考虑。"他又把这些话对太傅慕容评说了。等到慕容恪死后，慕容评没有听从他的话。二月，任命车骑将军中山王慕容冲为大司马。慕容冲是慕容暐的弟弟。任命荆州刺史吴王慕容垂为侍中、车骑大将军、仪同三司。

前秦魏公苻廋以陕城投降了前燕，请求前燕出兵接应。前秦人十分害怕，以强大的兵力守卫华阴。

前燕魏尹范阳王慕容德上书，认为："先帝应承天意，接受天命，志向在于平定天下。皇上继承帝统，应当继续成就大业。如今苻氏骨肉叛离，国家一分为五，投诚求援的前后相继，这是上天要把秦国赐给燕国。上天赐予而不接受，反过来就要遭受他们的祸害，春秋时吴国、越国的往事，足以为鉴。应当命令皇甫真带领并州、冀州的士兵直接开向蒲阪，命令吴王慕容垂带领许昌、洛州的士兵迅速去解救苻廋所受的围困，命令太傅慕容评总领京师的劲旅作为皇甫真、慕容垂二军的后继部队，把檄文传递到三辅地区，向他们昭示祸福，明确悬赏，他们一定会闻风而动，群起响应，统一天下的时间，就在此刻了！"当时前燕有很多请求救援陕城，顺势图谋关中的人，太傅慕容评说："秦国是一个大国，如今虽有危难，也不容易图谋。主上虽然神明，但不如先帝；我们的智谋又无法和太宰慕容恪相比。只要能闭关保全国境足矣，平定秦国不是我们的事情。"

魏公苻廋给吴王慕容垂及皇甫真去信说："苻坚、王猛都是杰出的人物，图谋祸害燕国已经很久了。如今不乘机消灭他们，恐怕日后燕国的君主臣下将会有春秋时吴王居于甬东那样的悔恨！"慕容垂对皇甫真说："如今我们的祸患肯定是在秦国，主上年纪尚轻，观察太傅慕容评的见识气度，难道能与苻坚、王猛匹敌吗？"皇甫真说："是这样，我虽然知道，奈何说了也不被采用呢！"

（以上为第十五段，写前秦主苻坚组织力量平定叛乱；前燕太宰慕容恪去世，后继者慕容评优柔寡断，坐失前秦混乱而乘机讨伐的良机。）

三月初一丁巳朔，出现日食。

三月初七癸亥，东晋实行大赦。

前秦杨成世被赵公苻双的将领苟兴打败，毛嵩也被燕公苻武打败，都逃了回去。前秦主苻坚又派武卫将军王鉴，宁朔将军吕光，将军冯翊人郭将、翟傉等人率领三万士兵讨伐苻双、苻武。

夏季，四月，苻双、苻武乘胜抵达榆眉，以苟兴作为前锋。王鉴想和他迅速交战，吕光说："苟兴刚刚得志，气势正锐，应该稳固防守以等待他。粮食耗尽后他必然要后退，后退时再攻击他，肯定能够成功！"二十多天后，苟兴后退。吕光说："可以攻打苟兴了。"于是就开始追击，苟兴被打败，接着又攻打苻双、苻武，把他们打得大败。斩首擒获一万五千多人，苻武放弃了安定，和苻双全都逃奔到上邽。王鉴等又跟进攻击他们。

晋公苻柳多次出来挑战，王猛不应战。苻柳认为王猛是害怕他，五月，留下他的长子苻良守卫蒲阪，自己率领二万士兵西进长安。离开蒲阪一百多里，邓羌率领精锐骑兵七千人趁夜攻袭，打败了苻柳。苻柳带领军队撤返，王猛半路截击，将他的士兵全部俘获。苻柳和数百骑兵逃进城中，王猛、邓羌跟进攻击。

秋季，七月，王鉴等人攻下了上邽，斩杀了苻双、苻武，宽恕了他们的妻儿。任命左卫将军苻雅为秦州刺史。八月，任命长乐公苻丕为雍州刺史。

九月，王猛等攻下了蒲阪，斩杀了晋公苻柳以及他的妻儿。王猛驻扎在蒲阪，派邓羌和王鉴等会合攻打陕城。

前燕的王公贵戚有很多人强占民户作为自己的衣食佃户，以致国家的户数人口竟少于私家，仓库空竭，费用不足。尚书左仆射广信公悦绾说："如今燕、晋、秦三国鼎立，各自都有吞并天下的心思。然而国家的政纲法度不能确立，豪强贵族恣意横行，致使民户财力耗尽，租税没有收入，仓库空竭，入不敷出，官吏中断俸禄，士兵断绝粮饷，官府靠借贷粟帛以供养自己。这些既不能让邻敌知道，又不是用来治理国家的办法，应该断然罢免所有的荫户，把他们全都归还给郡县官府。"前燕主慕容暐听从了这一意见，让悦绾独自主管这件事，揭露举发隐藏的奸邪之人，没有人再敢隐瞒藏匿，共查出二十多万户，朝廷上下一片怨恨愤怒。悦绾以前就有病，因为竭尽全力整顿审核户口，病情也加重了。冬季，十一月，去世。

十二月，前秦王猛等攻下了陕城，俘获了魏公苻廋，送至长安。前秦主苻坚问他为什么反叛，苻廋回答说："我本来没有反叛的心思，只是因为弟兄们屡屡谋划叛逆作乱，我害怕一起被杀，所以才谋反。"苻坚哭泣着说："你历来都是厚道人，我本来就知道谋反不是你的本意。而且高祖苻健也不能没有后嗣。"于是就赐苻廋以死，赦免了他的七个儿子，让长子袭任魏公，其余的儿子全都封为县公，以继承越厉王苻生以及众兄弟中没有后嗣的。苟太后说："苻廋与苻双同样是反叛，唯独苻双没能设立后嗣，为什么？"苻坚说："天下是高祖的天下，高祖的儿子不能没有后嗣。至于苻双不顾及太后，图谋危害国家，天下的法律，不能枉私！"任命范阳公苻抑为征东大将军、并州刺史，镇守蒲阪。任命邓羌为建武将军、洛州刺史，镇守陕城。提升姚眺为汲郡太守。

东晋给予大司马桓温特殊的礼遇，地位在诸侯王之上。

这一年，东晋任命仇池公杨世为秦州刺史，杨世的弟弟杨统为武都太守。杨世也向前秦国称臣，前秦任命杨世为南秦州刺史。

（以上为第十六段，写前秦诸将平定了叛乱，苻坚对苻廋网开一面，赦免了他的七个儿子；前燕大臣悦绾彻查"阴户"，查出二十多万户，因劳累而去世。）

【点评】

论晋哀帝司马丕。晋成帝司马衍病重不治，谁来继位？司马丕是晋成帝司马衍的长子，而且是嫡子，按照当时的皇位继承法，他是最有资格当皇帝的。可是，当时他还幼小，只有一岁，而朝廷执掌大权的是晋成帝的舅舅庾冰。庾冰担心皇帝换代以后，自己与皇帝亲属之间的关系愈加疏远，受到他人的离间，就以国家外有强敌为由，劝说司马衍册立年纪大的为君王，请求立其同母弟司马岳为皇位继承人。于是，司马岳坐上了龙廷，把司马丕封为琅邪王。

司马岳只当了两年的皇帝就去世了。他的书法代表作《陆女帖》，被收进宋代《淳化阁帖》。《淳化阁帖》是中国最早的一部汇集各家书法墨迹的法帖，被后世誉为中国法帖之冠和“丛帖始祖”。司马岳去世后，司马聃继位。司马聃在位十七年，当他开始懂事而有些能力当皇帝的时候，却生病去世了。司马聃没有留下一子半嗣，于是皇位又回到了成帝嫡子手上。司马丕即位，是为哀帝，其时司马丕二十岁矣。司马丕在位不足五年，实行了土断法，划定州、郡、县领域，居民按实际居住地编定户籍。这一政策有利于行政统一和节省开支。应当说，这样做在当时是有积极意义的，但后来还是被废了。司马丕在位，还做了两件匪夷所思的事，关系东晋国运。司马丕不听大臣劝谏，追求长生不老。他按照道士传授的长生法，断谷、服丹药，摧残了身体，一是绝了生育，没了儿子继位；二是毒发，在他二十四岁时英年早逝。他本来命运坎坷，好不容易继位了，过了四年就死了，他实行的土断法也因此而终。此后，东晋再无中兴希望，令人唏嘘。司马丕谥为哀，《谥法》曰：“恭仁短折曰哀”，不亦可乎！

晋纪二十四

晋海西公太和四年至五年（公元369—公元370）

【起屠维大荒落（己巳，公元369年），尽上章敦牂（庚午，公元370年），凡二年】

【大事提要】

本卷记事起公元369年，讫公元370年，凡二年，当晋海西公（司马奕）太和四年至太和五年。本卷所载大事，主要有三个方面。其一，桓温第三次北伐失败。公元369年，东晋大司马桓温率领五万大军北伐，攻打前燕，一路势如破竹，打到距前燕都城仅几十里的枋头，遭遇殊死抵抗，因粮尽撤退，归途中被前燕大将慕容垂设伏打败，又被赶来支援前燕的前秦军队劫了归路，仅剩万余人回归。其二，前燕慕容垂奔秦，慕容评乱政。前燕吴王慕容垂大败东晋大将军桓温，威名大振，却遭到总揽朝政太傅慕容评的忌恨，两人嫌隙日深。太后可足浑氏也憎恶慕容垂，便密谋将其杀害。慕容垂被迫于公元369年外出逃奔前秦，被任命为冠军将军，封宾徒侯。慕容垂出走后，慕容评更加骄横自负，还贪污受贿，令朝野怨愤。加上太后可足浑氏干预朝政，皇帝慕容暐奢侈无度，前燕政局动荡，让前秦有机可乘。其三，前秦覆灭前燕。公元370年，前秦主苻坚任命司徒王猛为统帅，率领杨安、张蚝、邓羌等十将，步骑六万人，东征前燕。一路攻下壶关、晋阳。前燕太傅慕容评集中精兵三十万驻扎潞川。两军相持，王猛派骑兵绕到前燕军后方，烧毁辎重，前燕军大败。前秦军乘胜围攻邺城、龙城，前燕灭亡。前燕自慕容廆统一部落，至此，凡四世，85年；自慕容皝杀掉冉闵入主中原，至此为19年。

海西公下

晋海西公太和四年（己巳，公元369年）

春季，三月，大司马桓温请求与徐兖二州刺史郗愔，江州刺史桓冲，豫州刺史袁真等攻打前燕。当初，郗愔在京口的北府时，桓温经常说："京口酒可饮，兵可用。"对郗愔身居北府深为不满。而郗愔却不识时务，还给桓温写信，想要共同辅佐王室，请求督领自己的部队渡越黄河北上。郗愔的儿子郗超是桓温的参军，拿来信看过后，便把信撕得粉碎，重新改写了一封，信中诉说自己不是将帅之才，不能胜任军旅重任，而且年老多病，请求找一个悠闲的地方休养，劝说桓温把郗愔的部队一并统领。桓温见信后大喜过望，当即把郗愔调任为冠军将军、会稽内史。桓温自己兼任徐、兖二州刺史。夏季，四月初一庚戌，桓温率领步、骑兵五万人从姑孰出发。

三月十五日甲子，前燕主慕容暐立可足浑氏为皇后，她是太后的堂弟尚书令豫章公可足浑翼的女儿。

大司马桓温从兖州出发攻打前燕。郗超说："路途遥远，汴水又浅，恐怕运送粮食的水道难以畅通。"桓温没有听从。六月，辛丑（疑误），桓温抵达金乡，因为天旱，水路断绝，桓温让冠军将军毛虎生在钜野开凿三百里水路，引来汶水会合于清水。毛虎生是毛宝的儿子。桓温带领水军从清水进入黄河，船只绵延数百里。郗超说："从清水进入黄河，运输难以畅通。如果敌人不与我们交战，运输通道又断绝，只能靠着敌人的积蓄来做给养，那又会一无所得，这是危险的办法。不如让现有部队全部径直开向邺城，他们害怕您的威赫名声，一定会闻风溃逃，北归辽东、碣石。如果他们能出来迎战，那么事情就可以立见分晓。如果他们想盘踞邺城固守，那么值此盛夏之时，难以进行行动，百姓遍布各地，全都为官府所控制，易水以南的人一定会恭敬地向我们请求指令。只是怕明公您认为此计虽说锋锐但欠稳妥，胜负难定，而想一定要持有万全之策，那就不如停兵于黄河、济水，控制水路运输，等到储备充足，到明年夏天再进军。虽说拖延了时间，然而这只是期望必定成功而已。舍此二策而让绵延百里的军队北上，进不能迅速取胜，退则必然导致差错与粮饷缺乏。敌人顺应这种形势和我们周旋时日，渐渐地就到了秋冬季节，水路更加难以畅通。而且北方寒冷较早，三军将士穿皮衣冬装的很少，恐怕到那时所忧虑的，就不仅仅是没有粮食了。"桓温又没有听从。

东晋大将军桓温派建威将军檀玄攻打湖陆，攻了下来，擒获了前燕宁东将军慕容忠。前燕主慕容暐任命下邳王慕容厉为征讨大都督，率领二万步、骑兵在黄墟迎战，慕容厉的部队大败，他本人只身匹马逃了回去。高平太守徐翻带领全郡向东晋投降。前锋邓遐、朱序在林渚打败了前燕将领傅颜。慕容暐又派乐安王慕容臧统领众军抵抗桓温，慕容臧抵抗不住，就派散骑常侍李凤去向前秦国求救。

（以上为第一段，写东晋大将军桓温趁慕容恪去世之际，出兵攻打前燕，开始非常顺利，但未采用谋臣郗超的谋略，埋下了失败的隐患。）

秋季，七月，东晋大将军桓温驻扎在武阳，原前燕兖州刺史孙元率领他的亲族同党起兵响应桓温，桓温抵达枋头。慕容暐及太傅慕容评十分恐惧，谋划要逃奔到和龙。吴王慕容垂说："我请求去攻打他们。如果不能取胜，再走也不晚。"慕容暐于是任命慕容垂代替乐安王慕容臧为使持节、南讨大都督，率领征南将军范阳王慕容德等士兵五万人去抵御桓温。慕容垂上书，让司徒左长史申胤、黄门侍郎封孚、尚书郎悉罗腾全都跟随部队一同前往。申胤是申钟的儿子；封孚是封放的儿子。

慕容暐又派遣散骑侍郎乐嵩去前秦请求救援，许诺把虎牢以西的地域送给他们。前秦主苻坚召集群臣到东堂商议，群臣都说："过去桓温攻打我们，到达灞上，燕国不救援我们；如今桓温攻打燕国，我们为什么要救援！而且燕国不向我们称藩，我们为什么要去救他！"王猛悄悄地对苻坚进言说："燕国虽然强大，但慕容评不是桓温的对手。如果桓温占据了整个崤山以东地区，进军驻扎在洛邑，收揽幽州、冀州的兵力，调来并州、豫州的粮食，在崤谷、渑池炫耀兵威，那么皇上统一天下的大业就全完了。眼下不如与燕国会合兵力来打退桓温。桓温撤退以后，燕国也就精疲力竭了，然后我们趁机攻取燕国，不是很好的事情吗！"苻坚听从了王猛的意见。

八月，前秦主苻坚派将军苟池、洛州刺史邓羌率领步、骑兵二万人去救援前燕国，从洛阳出发，到颍川后驻扎。又派散骑侍郎姜抚出使前燕报告。任命王猛为尚书令。

前秦太子太傅封孚问于申胤说："桓温士兵强壮整齐，顺流直下，如今大军只在高岸上徘徊，兵不交锋，看不到取胜的迹象，事情将会怎样呢？"申胤说："以桓温今天的声势，似乎能有所作为，然而在我看来，肯定不会成就功业。为什么呢？晋室衰微软弱，桓温专擅国家权力，晋皇室的朝臣未必都与他同心同德。所以桓温的得志是众人所不愿看到的，他们必将从中阻挠以败坏他的事业。再说桓温倚仗着军队人数众多而骄傲，不善于应变。大军深入以后，正值有机可乘的时候，他反而让部队在中途徘徊，不出击争取胜利，指望相持下去，坐取全胜。如果运输误期，粮食断绝，衰落的威势就会如实地显露出来，肯定是不战自败，这是当然之理。"

东晋大将军桓温让前燕投降过来的人段思做向导，悉罗腾与桓温交战，活捉了段思。桓温让赵国的旧将李述带兵攻占过去的赵魏之地，悉罗腾又与虎贲中郎将染干津攻击并斩杀了他。桓温军队的士气低落。

当初，桓温让豫州刺史袁真攻打谯郡、梁国，开辟石门以使水运之路畅通，袁真攻克了谯郡、梁国，但没能开通石门，水运之路堵塞。

九月，前燕范阳王慕容德率领骑兵一万人、兰台侍御史刘当率领骑兵五千人驻扎在石门，豫州刺史李邽率领本州士兵五千人为截断桓温运粮的通道。刘当是刘佩的儿子。慕容德派将军慕容宙率领骑兵一千人作为前锋，与东晋的军队相遇，慕容宙说："晋人轻浮急躁，害怕攻入敌阵，勇于乘退追击，应该设诱饵以使他们上钩。"于是就让二百骑兵前去挑战，其他骑兵则分别埋伏在三处。去挑战的骑兵未交战就退逃，晋兵追击，慕容宙率领埋伏的骑兵展开攻击，晋兵战死的很多。

东晋大将军桓温交战屡屡失利，粮食储备又已空竭，又听说前秦国的军队将要到来，九月十九日丙申，焚烧了舟船，丢弃了装备、武器，从陆路往回逃奔。任命毛虎生督察东燕等四郡的各种军务，兼任东燕太守。

东晋大将军桓温从东燕郡出发一路到了仓垣，沿途掘井饮水，走了七百多里。前燕众将领都争着要追击桓温，吴王慕容垂说："不行，桓温刚刚溃退，惊恐未定，一定会严加戒备，选择精锐士兵来殿后，攻击他未必能遂愿，不如暂缓一下。他庆幸我们没有追上，一定会昼夜急行，等到他的士兵们力量耗尽，士气衰落，然后再去攻击他，攻无不克。"于是，慕容垂就率领八千骑兵跟在桓温的后边慢慢前进。桓温果然兼程行进。过了几天，慕容垂告诉众将领说："可以攻打桓温了。"于是就迅速追击，在襄邑追上了桓温。范阳王慕容德先率领精锐骑兵四千人埋伏在襄邑东面的山涧中，与慕容垂夹击桓温，桓温大败，被斩首三万多人。前秦人苟池在谯郡迎击桓温，又攻破了他，战死的士兵又数以万计。孙元乘机占据了武阳以与前燕抵抗，前燕左卫将军孟高讨伐并擒获了他。

冬季，十月，二十二日己巳，东晋大司马桓温收拢溃散的士兵，驻扎在山阳。桓温对遭受失败深感耻辱，于是就把罪过归咎于袁真，奏请罢免袁真为庶人，还奏请罢免冠军将军邓遐的官职。袁真认为桓温诬陷自己，不服，于是就进上奏书，陈述桓温的罪行。朝廷没有回音。袁真于是便占据寿春反叛，投降了前燕，请求前燕救援；也派遣使者到了前秦。桓温任命毛虎生兼任淮南太守，戍守历阳。

（以上为第二段，写东晋大将军桓温北伐，开始势如破竹，直达枋头，前燕非常恐惧，遣使向前秦求救；后燕兵反扑，形势急转直下，桓温大败，归罪于部将袁真，袁真据寿春叛降前燕。）

前燕、前秦缔结友好关系后，使者便频繁往来。前燕散骑侍郎郝晷、给事黄门侍郎梁琛相继到前秦。郝晷与王猛有旧交，王猛和他叙说往事，向他询问东边的事情。郝晷看到前燕朝政混乱而前秦天下大治，知道前燕将要灭亡暗中想依附于王猛，于是便泄露了很多实情。

前燕给事黄门侍郎梁琛抵达长安，前秦主苻坚正在万年打猎，要把梁琛带到这里见面。梁琛说："秦国的使者到了燕国，燕国的君主臣下都穿好朝服，备好礼仪，打扫干净庭舍，然后才敢见面。如今秦王要在郊野会见我，使臣不敢听命！"尚书郎辛劲对梁琛说："宾客入境，只能是客随主便，你怎么能专断别人的礼仪呢！况且天子称为乘舆，所到的地方叫行在所，哪里有固定的居所呢！再说《春秋》当中也有路途相遇的礼节，又有什么不可以的呢？"梁琛说："晋室纲纪混乱，神明赐福归于有道，秦、燕二国继承天运，全都接受了神明的赐命。然而桓温猖狂无忌，窥视我们的王土，如果燕国遭受危险，秦国必然孤立，势必难以独立于世，所以秦国的主上和我们一样对时患感到忧虑，相邀结为友好，互相支援。我们燕国的君主臣下，翘首西望，深为燕国软弱、给邻国带来忧虑而惭愧，秦国的使臣前来相见，我们都十分尊敬地接待他。如今强敌已经后退，我们的交往刚刚开始，照我看应当崇尚礼仪，笃行大义，以加强两国的友好关系。如果忽视慢待使臣，就是看不起燕国，这难道是友好的象征吗？天子以四海为家，所以天子出行叫乘舆，停留叫行在。如今天下分裂，天光分照二国，怎么能以乘舆、行在作为托词呢？根据礼制，事先没有约定而偶然相见称为遇。因为这是顺便行事，所以礼节简略，难道是平常闲居在家时所应该遵奉的吗？使者只身单行，威势确实低于主人，但是假如不以礼相待，也不敢从命。”于是，苻坚就为梁琛设置行宫，让众多的官吏奉陪，然后才请客人前来，就像前燕的礼仪一样。

事情结束以后，前秦主苻坚又为梁琛摆设私宴，问道：“燕国以贤能著称的大臣是谁？”梁琛说：“太傅、上庸王慕容评，是有完美德行与才能的亲属，光大、辅佐王室；车骑大将军吴王慕容垂，勇武和谋略冠世，抗击敌人，抵御外侮；其他人有的以文才进身，有的以武略被用，官吏全都称职，民间没有被遗漏的贤能人才。”

梁琛的堂哥梁奕是前秦尚书郎，苻坚让他主管接待来客，他让梁琛住在梁奕的馆舍里。梁琛说：“过去诸葛瑾为吴国出使蜀国，与诸葛亮只在办公事的朝堂上见面，退下朝堂后就没有个人的接触，我心里对此非常敬慕。如今我出使秦国就把我安置在私人的馆舍居住，这是我所不敢接受的。”于是，就没有居住。梁奕多次来到梁琛居住的馆舍，与梁琛共同起居，间或也向他询问前燕的事情。梁琛说：“如今秦、燕二国分据，你我则同时在二国蒙受荣誉和宠信，然而要论本心，则各有向往。梁琛我想说燕国的好处，恐怕不是秦国人所想听的；你想让我说燕国的坏处，又不是使臣所应该说的。哥哥，你还何必问我呢？”

前秦主苻坚派太子去邀请梁琛见面。前秦人想让梁琛对太子行拜礼，事先含蓄地暗示他说：“邻国的君主，就像自己的君主一样；邻国的太子，又有什么不同呢？”梁琛说：“天子的儿子被视同于一般士人，希望他能由低贱进升到高贵。他自己尚且不敢以他父亲的臣下作为臣下，何况是别国的臣下呢！假如没有真诚的恭敬，则礼尚往来，我内心岂能忘记恭敬，只是怕屈身降格惹出许多麻烦来。”梁琛最终也没有对太子行拜礼。王猛劝苻坚留下梁琛，苻坚没有同意。

（以上为第三段，写前燕派使臣郝晷、梁琛出使前秦，郝晷欲依附王猛，透露前燕许多内情；梁琛凛然坚持互访国使抗礼相待，非常讲究礼节，不接受苻坚的野外接见，不对前秦太子行拜太子之礼，不辱使命。）

前燕主慕容暐派大鸿胪温统授予袁真使持节、都督淮南诸军事、征南大将军、扬州刺史，封为宣城公。结果温统没过淮河就死了。

前燕吴王慕容垂从襄邑返回邺城，威武的名声越发高涨，太傅慕容评也更加忌恨他。慕容垂上书说：“所招募的将士舍生忘死，建立战功，将军孙盖等人冲锋陷阵，应该受到特殊的奖赏。”慕容评全都压着不办。慕容垂多次陈说，与慕容评在朝廷争论，结果二人的怨恨隔阂更加深重。太后可足浑氏历来厌恶慕容垂，诋毁他的战功，与慕容评密谋要杀掉他。太宰慕容恪的儿子慕容楷以及慕容垂的舅舅兰建知道此事，便告诉了慕容垂，并说：“先发制人，只要除掉慕容评及乐安王慕容臧，其他的人就无能为力了。”慕容垂说：“骨肉互相残杀而带头在国家作乱，我只有一死而已，不忍心那样干。”过了不久，这两人又来报告，说：“可足浑氏已经下了决心，不能不早动手了。”慕容垂说：“如果一定不能消除隔阂的话，我宁愿到外边去躲避他们，其余的不是所要商议的。”

前燕吴王慕容垂内心十分忧虑，而又没敢告诉儿子们。长子慕容令恭敬地问道：“您近来好像面有忧色，难道不是因为主上年幼，太傅妒忌贤能，您功高望重，越来越被猜忌吗？”慕容垂说：“是这样。我竭尽全力，不惜生命打败了强敌，本来是想保全宗族与国家，岂知功业成就以后，反而使得自己无容身之处。你既然了解我的心思，将怎样为我谋划？”慕容令说：“主上昏庸而懦弱，将重任交给太傅，一旦灾祸发生，就会苦于猝不及防。如今想要保全宗族与自身，又不失大义，不如逃到龙城，以恭顺的言辞谢罪，等待主上明察，就像当年周公居东一样，也许主上能够有所感而觉悟，使您得以返还，如能这样，则是大幸。如果主上不这样做，您则可以对内安抚燕代之地，对外怀柔群夷部族，坚守肥如之险以自我保全，这也是等而次之的办法。”慕容垂说：“好！”

十一月，辛亥朔（疑误），前燕吴王慕容垂请求到大陆打猎，因此换上便装出了邺城，准备到龙城去。到达邯郸后，小儿子慕容麟因为慕容垂平时不喜欢他，跑回去告了状，慕容垂周围的人大多都逃跑背叛。太傅慕容评把此事告诉了前燕国主慕容暐，并派西平公慕容彊率领精锐骑兵追赶，到范阳后追了上去。长子慕容令在慕容垂后面掩护，所以慕容彊也不敢逼近。这时正好太阳落山，慕容令对慕容垂说：“本来想守住东都龙城以自我保全，如今事情已经泄露，计谋来不及实施了。前秦国主正在广招英杰，不如前去归附他。”慕容垂说：“如今来谋划，舍此还能去哪里呢！”于是，他们就遣散骑兵，消除痕迹，沿着南山又返回了邺城，隐藏在后赵主石虎的显原陵。不一会儿，有数百名骑着马打猎的人从四面奔来。抵抗，显然无法匹敌；逃跑，又无路可走，不知道该怎么办。恰好这时打猎人捕猎的老鹰全都飞走了，骑马打猎的人们也就散走了。慕容垂于是便杀掉了白马以祭祀上天，而且和跟随他的人对天盟誓。

长子慕容令向慕容垂进言说：“太傅嫉贤妒能，自从谋划杀掉您以来，人们对他尤其愤恨。如今邺城里的民众，没有人知道您的去向，他们想念您就像婴儿想念母亲一样，夷夏百姓全都有此心情。如果能顺应民心，乘慕容评毫无防备对他进行袭击，擒获他易如反掌。事情成功以后，革除弊害，选拔贤能，大力整顿朝政，用以辅佐主上，安定国家，保全宗族，这是大功大德。如今这样的有利时机，实在不可丧失。愿您调给我骑兵数人，就足以办成此事。”慕容垂说：“像你这样的计谋，事情如能成功，确实是大福，如果不成，后悔怎么来得及？不如向西逃奔，可以万无一失。”慕容垂儿子的马夫暗中谋划要逃跑回去，慕容垂杀掉了他们开始西行。到河阳后，被管理渡口的官吏挡住了，慕容垂杀掉了官吏后渡过了河。于是，慕容垂和段夫人，长子慕容令，慕容令的弟弟慕容宝、慕容农、慕容隆，哥哥的儿子慕容楷，舅舅兰建，郎中令高弼全都从洛阳逃奔到前秦，将妃子可足浑氏留在邺城。戍卫乙泉的首领吴归追到阌乡，长子慕容令将他击退。

当初，前秦主苻坚听说太宰慕容恪去世，暗中怀有图谋前燕的想法，只是因为惧怕慕容垂的威武名声，才没敢发兵。等到听说慕容垂来到后，十分高兴，亲自到郊外迎接，拉着慕容垂的手说：“上天降于人世的贤杰，一定会相互携手共同成就大的功业，这是天然的气数。眼下重要的是与您共同平定天下，在泰山上告慰上天，然后把您的故国归还给您，世代封居幽州，使您离开故国不失掉作为儿子的孝顺，归依我也不失掉侍奉君主的忠诚，不也是很好的事情吗？”慕容垂谢罪说：“寄居他人的臣下，能被免罪就是大幸，世居故国的殊荣，不是我所敢企望的！”苻坚又爱惜其长子慕容令以及慕容楷的才能，全都给他们以厚重的礼遇，赏赐数万，每当他们进见，苻坚都注目端详他们。关中的士人百姓历来知道慕容垂父子的名声，全都向往倾慕他们。王猛对苻坚进言说：“慕容垂父子，就像龙虎，不是能够驯服驾驭的人，如果他们得到风云际会的机会，那将无法控制，不如尽早把他们除掉。”苻坚说：“我正要招揽各路英雄以廓清四海，为什么要杀掉他们！况且他们刚刚到来，我已经诚心诚意地接纳了他们，庶民百姓尚不食言，何况是万乘之君呢！”于是，苻坚任命慕容垂为冠军将军，封为宾徒侯，任命慕容楷为积弩将军。

（以上为第四段，写前燕太傅慕容评嫉妒吴王慕容垂，对随慕容垂立功者不予奖赏，二人隔阂加深。慕容评又与太后密谋诛杀慕容垂，消息泄露，慕容垂投奔前秦，得到重用。）

前燕魏尹范阳王慕容德平素与慕容垂关系很好，还有车骑从事中郎高泰，全都坐罪被免官。尚书右丞申绍向太傅慕容评进言说：“如今吴王出走，外边的人议论纷纷，应该征召吴王僚属中的贤明者给予破格提升，大致可以消除人们的指责。”慕容评说：“谁可以呢？”申绍说：“高泰是他们的代表。”于是，任命高泰为尚书郎。高泰，是高瞻的侄子；申绍，是申胤的儿子。

前秦挽留了梁琛一个多月，才让他返回。梁琛兼程赶路，等到抵达邺城时，吴王慕容垂已经出走前秦。梁琛对太傅慕容评进言说：“秦国人每天检阅军队，在陕城以东储备了许多粮食，照我看来，与他们的和好一定不会长久。如今吴王又前去归附了他们，秦国一定会有窥视燕国的打算，应该及早防备。”慕容评说：“秦国怎么肯接受背叛之臣而破坏我们的和好关系呢？”梁琛说：“如今二国分别占据着中原，一直有互相吞并的志向。桓温入侵的时候，他们是有自己的打算前来救援，并不是爱护燕国。如果燕国出现灾祸，他们岂能忘记本来的志向呢！”慕容评说：“秦国主是一个什么样的人？”梁琛说：“明达而且善于决断。”慕容评又问王猛如何，梁琛说：“名不虚传。”慕容评对这样的说法全都不以为然。梁琛又把这些告诉了前燕国主慕容暐，慕容暐也不以为然；又告诉了皇甫真，皇甫真对此深感忧虑，上书说：“苻坚虽然不断派使者前来访问，但实际上却怀有窥探我国之心，他不是向往于道德大义，也不是不会忘记平时的和好之约的。由于以前他出兵洛川，以及使者的相继抵达，我们国家地形的险易，兵力的虚实，他已经都知道了。如今吴王慕容垂又前去归附，作为他的主谋，春秋时楚国的伍员带领吴国的军队攻入楚国那样的祸患，不能不防。洛阳、太原、壶关，都应该选择将领，增加兵力，以防患于未然。”慕容暐招来太傅慕容评商量此事，慕容评说：“秦国国小力弱，还要靠我们作为后援。而且苻坚大体上还能以友好的态度与邻国交往，最终也不会采纳叛臣的意见，断绝两国的和好。我们不应该轻举妄动，自我惊扰，以启发他们的进犯之心。”前燕最终没做防备。

前秦派黄门郎石越出使前燕，太傅慕容评向他显示自己的奢豪，想以此炫耀前燕的富裕程度。高泰以及太傅参军、河间人刘靖向慕容评进言说：“石越嘴里说着荒诞之辞，眼睛窥视远方，不是来寻求和好的，而是来观察祸患的。应该炫耀兵力让他看，用以挫败他的阴谋。如今却向他显示奢豪，这就更被他所轻视了。”慕容评没有听从。高泰于是就称病辞谢回去了。

这时，太后可足浑氏干涉扰乱国家的政事，太傅慕容评贪得无厌，财货贿赂流入上层，官员不按才能选拔，群臣百官一片怨恨愤怒。尚书左丞申绍上书，认为：“郡县地方官吏，是实现天下大治的根本。如今的地方官，大约都是任非其人，有的武臣就出自军队，有的贵戚就生长于富贵人家，既不是经由乡里选举，又不曾经历朝廷的职务，再加上提升罢免毫无准则，贪婪懒惰者没有遭受刑罚的畏惧，清廉勤勉者没有获得奖赏的激励，所以百姓穷困凋敝，坏人盗贼充斥，政纲颓废，法度紊乱，没有人能够互相监督震慑。再加上官吏冗多，超过前代，公私纠葛，不胜其烦。大燕国的户数人口，数量相当于晋朝、秦国之和，武器战马的精良强劲，天下没有谁能比，然而近来屡战屡败，这全都是由于地方官吏征调赋税不公平，侵吞鱼肉无休无止，出征的和留下的全都窘困，没有人肯舍生战斗的缘故。朝廷后宫的嫔妃有四千多人，童仆、侍者、奴隶、差役尚不包括在内，一天的费用，就值万金。官吏百姓顺承这种风气，竞相奢侈浪费。秦国僭越封号，晋朝偏居一隅，尚且能有条不紊地治理国家，怀有兼并天下之心，而我们却上行下效因循陋习，越来越失去秩序。

我们的混乱，正是他们的愿望。我认为应该精心选择地方长官，裁撤冗官冗职，安抚士兵家属，使公私双方都遂心顺意，抑止浮华靡费，珍惜支出费用，奖赏一定与功劳相称，刑罚一定与罪行相当。如此则桓温、王猛可以斩杀，晋朝、秦国也可以攻取，岂是保全国境、安定百姓而已！再说，索头人拓跋什翼犍老朽昏庸，虽然很少贡奉，但也没有能力作乱，而我们却劝勉士兵远征戍卫，这有损无益。不如将兵力调至并州，控制西河，在南面使壶关得以坚固，在北面使晋阳得到加强，西边的敌人来犯，则可以抵御防守，路过，则可以断其后路，这也胜于保卫孤城戍守无用之地。”奏书进上，没有回音。

十一月二十五日辛丑，东晋丞相司马昱和大司马桓温在涂中会面，共同商量以后的行动。任命桓温的长子桓熙为豫州刺史、假节。

当初，前燕人许诺把虎牢以西的地域割送给前秦，东晋的军队撤退以后，前燕人反悔了，对前秦人说：“那是派去的使者言辞失当。有国有家的人分担灾难救助祸患，这是常理。”前秦主苻坚勃然大怒，派遣辅国将军王猛、建威将军梁成、洛州刺史邓羌率领步、骑兵三万人讨伐前燕。十二月，进军攻打洛阳。

东晋大司马桓温征派徐州、兖州的百姓建筑广陵城，他迁往那里镇守。当时征调劳役已经很频繁，再加上瘟疫流行，死亡的人有十之四五，百姓们慨叹怨恨。秘书监孙盛著《晋春秋》，真实地记述了当时的事情。大司马桓温见到后很愤怒，对孙盛的儿子说：“在枋头确实是失利了，但哪至于像你父亲所说的那样！如果这部史书最终流行开来，自然是有关你家门户的事情！”孙盛的儿子急忙跪拜谢罪请求修改。当时孙盛年老居家，性格方正严肃，做事严守规矩准则，子孙们虽然也已头发半白，但孙盛对待他们却更为严厉。到这时，儿子们便一起痛哭叩首，请求他为整个家族百口人的生命着想。孙盛勃然大怒，没有答应。儿子们于是就私下做了修改。孙盛在此前已另外抄写了一部，并已传送到了其他国家。到东晋孝武帝求购珍本图书时，从辽东人手中得到了这部抄本，与当时所见的版本不同，于是二者并存。

（以上为第五段，写前秦与前燕交恶，当初前燕许诺将虎牢以西之地给前秦，后来反悔，赖皮，前秦主苻坚大怒，派辅国将军王猛率领重兵攻打前燕，进军洛阳。）

晋海西公太和五年（庚午，公元 370 年）

春季，正月二十四日己亥，袁真因为梁国内史沛郡人朱宪以及弟弟汝南内史朱斌暗通大司马桓温，把他们杀掉了。

前秦辅国将军王猛给前燕荆州刺史武威王慕容筑去信，说：“秦国如今已占据了成皋的险关，切断了盟津的通道，秦王劲旅百万，从轵关攻取邺都，金墉城困厄戍守，外无救援，城下的军队将军您也看到了，岂是你三百疲惫士兵所能应付的！”慕容筑十分害怕，将洛阳献出，投降了前秦，王猛带领部队列阵接受慕容筑投降。

前燕卫大将军乐安王慕容臧驻守新乐城，他在石门攻破了前秦的军队，抓获了前秦将领杨猛。

前秦辅国将军王猛发兵长安的时候，请慕容令参与军事行动，让他作为向导。将要出发时，慕容令到慕容垂那里喝酒，不慌不忙地对慕容垂说："值此远别之时，赠送我点什么东西呢？以使我见物思人。"慕容垂解下佩刀赠送给了他。王猛抵达洛阳以后，贿赂慕容垂的亲信金熙，让他装作慕容垂的使者，对慕容令说："我们父子来到这里是因为要逃避一死。如今王猛憎恨我们如同仇敌，谗言诋毁日益深重，秦王虽然表面上对我们仁厚友善，但内心难知。大丈夫逃避死难而最终却不能幸免，将被天下人耻笑。我听说燕朝近来开始幡然悔悟，国主、王后相互自责过错，我现在要返回燕国，所以派使者去告诉你。我已经上路了，你有机会也可以迅速出发。"慕容令对此十分怀疑，整整一天犹豫不决，但又无法去核实。于是就带领着他过去的随从，谎称外出打猎，逃到石门，投奔乐安王慕容臧。王猛上书陈述慕容令叛逃的罪行，慕容垂因为害怕也出逃了。逃至蓝田，被追赶的骑兵擒获。前秦王苻坚在东堂召见他，安慰他说："你因为自家朝廷争斗，委身投靠于我。贤人心不忘本，仍然怀念故土，这也是人各有志，不值得深究。然而燕国行将灭亡，不是慕容令所能拯救的，可惜的只是他白白地进了虎口而已。况且父子兄弟，罪不株连，你为什么过分惧怕而狼狈到如此地步呢？"苻坚对待慕容垂同过去一样。前燕人因为慕容令是背叛后又返回，他的父亲又被前秦所厚待，便怀疑他是派回来的奸细，把他迁移到沙城，此地在龙都东北六百里处。

臣司马光评论说：过去周朝得到了微子而革殷商之命，秦国得到了由余而称霸西戎，吴国得到了伍员而攻克强楚，汉王得到了陈平而诛杀项籍，魏国得到了许攸而大破袁绍。那些敌国的贤能之臣，投奔过来后以为己用，这是进攻取胜的良好凭借。王猛知道慕容垂的心，时间一久就难以信任，偏偏不考虑燕国尚未消灭，慕容垂因为才能杰出、功勋卓著，无罪而被怀疑，穷困无路，才归依秦国，并没有异端之心，而竟要因为猜忌杀害他，这是帮助燕国施行无道而向投奔者关闭门户，这怎么能行呢！所以秦王苻坚以礼对待慕容垂，用以招揽燕国人；亲近慕容垂，用以断绝燕国对他的情义；宠爱慕容垂，用以吸引燕国的百姓；信任慕容垂，用以结交燕国人的心，这些都不过分。王猛为什么要一心想着杀慕容垂，竟然干出了市井叫卖者的欺骗勾当，就像嫉妒别人得宠进而就用谗言加以诋毁的人一样，这难道是具有高尚道德的君子应该干的事情吗？

（以上为第六段，写前秦辅国将军王猛征讨前燕，借刀杀人，用"金刀计"离间慕容垂父子，诱使慕容令投奔前燕乐安王慕容臧，又劝苻坚杀害慕容垂，这件事做得非常不光彩，司马光予以讥评。）

前燕乐安王慕容臧进军驻扎在荥阳，王猛派建威将军梁成、洛州刺史邓羌打跑了他，留下邓羌镇守金墉，任命辅国司马桓寅为弘农太守，代替邓羌戍守陕城，然后王猛返回。

前秦主苻坚任命王猛为司徒，录尚书事，封为平阳郡侯。王猛固执地辞让，说："如今燕、晋尚未平定，战车正在行驶，刚刚攻下了一城，我就接受了三公这样的奖赏，如果攻克了燕、晋二敌，那将再怎样奖赏呢？"苻坚说："我假如不暂时有所让步，何以显示出你谦虚风范的光彩！我已下令有关部门暂且就保持你现在的职位，至于赐封爵位是酬劳战功，你就勉为其难，服从我的决定吧！"

二月二十八日癸酉，袁真去世。陈郡太守朱辅拥立袁真的儿子袁瑾为建威将军、豫州刺史，以保全寿春，派他的儿子朱乾之及司马爨亮到邺城请求指令。前燕人任命袁瑾为扬州刺史，朱辅为荆州刺史。

三月，前秦王苻坚任命吏部尚书权翼为尚书右仆射。夏季，四月，又任命王猛为司徒，录尚书事。王猛坚决推辞，这才作罢。

前燕、前秦全都派兵帮助袁瑾，大司马桓温派督护竺瑶等抵御他们。前燕的军队先到达，竺瑶等与他们在武丘交战，攻破了他们。南顿太守桓石虔攻下了寿春的南城。桓石虔是桓温弟弟的儿子。

前秦主苻坚又派王猛督领镇南将军杨安等十名将领的步、骑兵六万人攻打前燕国。

慕容令自己推测最终也不能免祸，密谋起兵反叛。沙城中被贬来戍守的士兵有数千人，慕容令全都优厚地安抚他们。五月庚午，慕容令杀掉了衙官孟妫，任城大职的涉圭害怕了，自动请求效忠。慕容令相信了他，把他安置在自己身边。于是慕容令便率领被贬戍守沙城的士兵东进，袭击威德城，杀掉了城郎慕容仓，占据沙城，部署兵力，派人征召驻扎在东西各处的士兵，他们全都欣然响应。镇东将军渤海王慕容亮镇守龙城，慕容令准备袭击他。他的弟弟慕容麟将这一消息告诉了慕容亮，慕容亮紧闭城门抵御固守。

癸酉日，涉圭利用当班侍卫的机会攻击慕容令，慕容令只身匹马逃走，他的同党全都溃散。涉圭追赶慕容令到薛黎泽，擒获并斩杀了他，然后到龙城向慕容亮报告。慕容亮为此杀了涉圭，收葬了慕容令的尸体。

六月十二日乙卯，前秦主苻坚在灞上为王猛送行，说："如今把关东的重任委托给你，你应当先攻破壶关，平定上党，长驱直入夺取邺城，此所谓'迅雷不及掩耳'。我要亲自督帅数以万计的士兵，紧随你星夜出发，车船运粮，水陆并进，你不必再有后顾之忧。”王猛说：“我仰仗您的声威，遵奉您成熟的计划，涤荡残胡，如风扫落叶，希望不必麻烦您的车乘亲自披尘出征，只愿您能尽快命令有关部门预先安排好鲜卑的官府。”苻坚听后十分高兴。

秋季，七月初一癸酉朔，出现日食。

前秦王猛攻打壶关，杨安攻打晋阳。八月，前燕主慕容暐命令太傅上庸王慕容评统率宫廷内外的精兵三十万人以抵抗前秦。慕容暐对前秦的进犯深以为忧，招来散骑侍郎李凤、黄门侍郎梁琛、中书侍郎乐嵩问道：“秦国的兵力到底有多少？如今大军已经出发，秦国能够交战吗？”李凤说：“秦国国小兵弱，不是王师的对手；王猛是一般的人，又无法与太傅相比，不值得忧虑。”梁琛、乐嵩说：“胜败在于谋略，不在于兵力多寡。秦国远道而来进犯，怎么肯不交战呢！再说我们应当用谋略以求胜，怎么能希望他仅仅不交战就行了呢！”慕容暐不高兴。王猛攻克壶关，抓获了上党太守南安王慕容越，所经过的郡县，全都闻风归附投降。前燕人十分震惊。

黄门侍郎封孚问司徒长史申胤说：“事情将会如何？”申胤叹息道：“邺城必定灭亡，我们如今将要被秦国俘虏了。然而越国占有岁星，吴国讨伐他们，最终还是要自食其祸。如今福气与道德在燕国，秦国虽然一时得志，但燕国的复兴不会超过十二年。”

东晋大司马桓温从广陵出发率领二万士兵攻打袁瑾，任命襄城太守刘波为淮南内史，统领五千人镇守石头城。刘波，是刘隗的孙子。

八月十一日癸丑，桓温在寿春打败了袁瑾，于是，就包围了他。前燕左卫将军孟高统领骑兵救援袁瑾，到达淮河以北，尚未渡河，恰逢前秦攻打前燕，前燕便召孟高返回。

广汉的妖贼李弘，诈称是成汉归义侯李势的儿子，聚集了士兵一万多人，自称圣王，定年号为凤凰。陇西人李高，诈称是成汉主李雄的儿子，攻破了涪城，驱逐了梁州刺史杨亮。九月，益州刺史周楚派儿子周琼攻打李高，又派周琼的儿子梓潼太守周虓攻打李弘，把他们全都平定。

（以上为第七段，写前秦主苻坚亲自定下攻打前燕的作战计划，先攻壶关，平定上党，然后长驱直入夺取邺城；东晋大司马桓温率军在寿春打败反叛的袁瑾。）

前秦杨安攻打晋阳，晋阳兵多粮足，久攻不下。王猛留下屯骑校尉苟长成守壶关，自己带兵帮助杨安攻打晋阳。他们挖了地道，让虎牙将军张蚝率领勇士数百人潜入城中，大声呼喊着冲破了关卡，接秦兵入城。

九月初十辛巳，王猛、杨安进入晋阳城，抓获了前燕并州刺史东海王慕容庄。太傅慕容评惧怕王猛，不敢继续前进，驻扎在潞川。

冬季，十月初十辛亥，王猛留下将军武都人毛当戍守晋阳，自己进军潞川，与慕容评相对峙。

十月二十一日壬戌，王猛派将军徐成去侦察前燕军队的布阵要略，要求他日到中天时返回，而他到了黄昏时分才回来。王猛大怒，要把他杀掉。邓羌向王猛请求说："如今敌众我寡，明天一早将要开战。徐成是大将，应该姑且宽恕他。"王猛说："如果不杀掉徐成，军法就无法确立。"邓羌坚持请求说："徐成是我邓羌本郡的将领，虽然说延误了期限应该斩首，但邓羌愿意和徐成一起效力决战以赎罪。"王猛不同意。邓羌大怒，回到军营，急促地敲响战鼓，率领着士兵，将要攻打王猛。王猛询问邓羌这样做的缘故，邓羌说："我们接受命令攻打远敌，现在却有近敌一味地要自相残杀，我想要先把他除掉！"王猛赞扬邓羌仗义而又勇敢，派人去告诉他说："将军别这样干了，我现在赦免徐成。"徐成获免以后，邓羌去到王猛那里谢罪。王猛拉着他的手说："我这是考验将军罢了，将军对本郡的将领尚且如此，何况是对国家呢，我不再忧虑敌人了！"

前燕太傅慕容评认为王猛孤军深入，想用持久对峙的办法来制服他。慕容评为人贪婪鄙俗，命令封山禁泉，自己则贩柴卖水，从中渔利，积攒的钱帛堆积如山，士兵们都怨恨愤慨，没有人心怀斗志。王猛听说后笑着说："慕容评真是个奴才，就是有再多的士兵也不值得害怕，何况只有数十万呢！我今天在这儿打败他是肯定的了。"于是就派游击将军郭庆率领五千骑兵，趁夜顺着小路出现在慕容评军营的后面，焚烧了他的轻重装备，火光在邺城中都能看到。

前燕主慕容暐十分害怕，派侍中兰伊责备慕容评说："你是高祖慕容廆的儿子，应当为宗庙国家担忧，为什么不安抚战士反而贩柴卖水，只执迷于钱财呢？府库里的积蓄，我与你共享，哪里有什么贫穷可以忧虑！如果敌人最终进占，家国全都灭亡，你拥有钱帛又想往哪里放呢？"于是就命令把他的钱帛全部发给军中士兵，而且督促他出战。慕容评十分害怕，派使者去和王猛请战。

十月二十三日甲子，王猛在渭源布开战阵并告诫士兵们说："我王猛接受了国家的厚恩，肩负朝廷内外的重任，如今与诸君深入敌境，应当竭尽全力，殊死战斗，有进无退，共立大功，以报效国家。凯旋后接受贤明君主的封爵，在父母面前举杯庆祝，不也是很美妙的事情吗？"士兵全都踊跃争先，破釜弃粮，高声呼喊着竞相前进。

王猛望见前燕的兵力众多，对邓羌说："今天的战事，非将军不能攻破强大的敌人，成败的关键，在此一举，将军为此尽力吧！"邓羌说："如果能委任我为司隶校尉的话，您不必为此担心。"王猛说："这不是我所能做到的。我可保证任命你为安定太守、万户侯。"邓羌不高兴，退走了。不一会儿，双方军队交战，王猛召唤邓羌，邓羌沉默不答应。王猛驰马跑到邓羌身边，答应了委任他为司隶校尉的要求，邓羌于是就在军帐中畅怀大饮，然后与张蚝、徐成等跨上战马，挥舞战矛，奔向前燕军阵。四番出入，旁若无人，杀伤数百人。到中午时分，前燕军大败，被俘获斩首的有五万多人，前秦军乘胜追击，前燕士兵被斩杀和投降的又有十万多人。慕容评只身匹马逃回邺城。

崔鸿评论说：邓羌为本郡将领求情而扰乱军法，这是枉徇私情；想要率兵攻打王猛，这是目中无上；临战先要求委任司隶校尉，这是邀官求赏。有这三种行为，还有比这些更大的罪吗！王猛能容忍他的短处，利用他的长处，有如驯服猛虎，驾驭烈马，终成大功。《诗经》曰："藤蔓菁萝收进门，难道要叶不要根？"说的就是王猛啊！

（以上为第八段，写前秦司徒王猛率领大军孤军深入，发挥猛将邓羌之长，攻打前燕势如破竹；而前燕太宰慕容评畏惧不前、贪婪谋私，军心浮动，全军覆没，慕容评只身逃回邺城。）

前秦军队长驱东进，十月二十六日丁卯，包围了邺城。王猛上书称："我在二十三日甲子那天，痛歼敌人。顺承皇上仁爱的心志，使六州之内的官吏百姓，在不知不觉中就改换了君主，除非执着迷误、违背命令的人，对官吏百姓一无伤害。"前秦王苻坚回复王猛说："将军此次出战时间没有超过三个月，而首恶元凶已被攻下，功高前古。我现在亲自率领六军，星夜启程，火速赶赴。将军可以让士兵休整一下，等我赶到以后，再攻取邺城。"

王猛还没有抵达的时候，邺城周围有人公然抢劫，等到王猛来到后，远近秩序井然。王猛军令严明，部队秋毫无犯。他又简化法律，放宽政令，前燕的百姓安居乐业，都互相称颂说："没想到今天又见到了太原王慕容恪！"王猛听到这话后，感叹地说："慕容恪真是不同寻常的人，可以称得上是具有古代遗留下来的仁爱风范啊！"于是便设置太牢来祭奠他。

十一月，前秦主苻坚留下李威辅佐太子守卫长安，让阳平公苻融镇守洛阳，自己率领十万精锐士兵奔赴邺城，七天后到达了安阳，宴请祖父、父亲的故旧相识。王猛悄悄地来到安阳谒见苻坚，苻坚说："过去周亚夫不迎接汉文帝，如今将军面对敌人而抛下部队，为什么呢？"王猛说："周亚夫不迎接汉文帝是为了求取名声，我私下里很看不起他。而且我承奉皇上的声威，攻击行将灭亡的敌虏，就像釜中抓鱼，哪里值得多虑！太子年幼留守，君王乘舆远行，万一有不测，后悔莫及！皇上忘记了我在灞上所说的话了吗？"

当初，前燕宜都王慕容桓率领一万多士兵驻扎在沙亭，作为太傅慕容评的后继部队，听说慕容评失败后，他带兵移驻内黄。苻坚派邓羌攻打信都。

十一月初六丁丑，前燕宜都王慕容桓率领五千鲜卑人逃奔龙城。初七戊寅，前燕散骑侍郎余蔚率领五百多扶余、高句丽及上党的人质，趁夜打开邺城北门让前秦的军队进入，前燕国主慕容暐与上庸王慕容评、乐安王慕容臧、定襄王慕容渊、左卫将军孟高、殿中将军艾朗等逃奔龙城。十一月初十辛巳，前秦王苻坚进入邺城的王宫。

慕容垂见到前燕的公卿大夫及过去的僚属官吏后，面有怒色。高弼向慕容垂进言说："大王依靠祖宗积累的成果，具有英明杰出的才能，遭遇挫折，滞留外域。如今虽然宗族国家倾覆，怎么知道这不是中兴之运的开始呢！我认为对国家的故旧元老，应该具有江海那样的宽广肚量，这样才能安慰取得大家的心，以奠定光复的基础，成就宏大的功业，为什么因愤怒而抛弃他们？我认为大王的态度不足取。"慕容垂高兴了，听从了他的意见。

前燕主慕容暐逃出邺城的时候，尚有一千多骑兵侍卫，等到出城以后，他们全都逃散，只有十多个骑兵跟随。前秦主苻坚让游击将军郭庆追击他们。当时道路艰难，孟高搀扶侍奉慕容暐，还要跑前跑后地保护乐安王慕容臧和定襄王慕容渊，竭尽辛劳。再加上途中遇上强盗，只得边打边走。几天以后，走到福禄，靠着坟墓休息时，有二十多个强盗突然来到，全都手持弓箭，孟高挥刀与他们搏斗，杀死杀伤了数人。孟高疲劳至极，自觉得必死无疑，于是就冲上前去抱住一个强盗，把他打倒在地，大喊道："男儿完了！"其他强盗从旁边向孟高射击，射死了他。艾朗看到孟高独自搏斗，也返回来冲向强盗，一并被射死了。慕容暐失去了马匹，只好步行，郭庆在高阳追上了他，部将巨武正要把他捆绑起来，慕容暐说："你是哪里的小人，胆敢捆绑天子！"巨武说："我接受命令追击盗贼，什么叫天子！"于是就押着他到了前秦王苻坚那里。苻坚责问慕容暐为什么不投降而逃跑，慕容暐回答说："狐狸要死在自己的洞穴，我想归葬于先人的墓地罢了。"苻坚为他感到悲哀，释放了他，命令他返回王宫，率领文武大臣出来投降。慕容暐向苻坚称颂孟高、艾朗的忠诚，苻坚命令对他们加以厚葬，提升他们的儿子为郎中。

郭庆继续前进抵达龙城，太傅慕容评逃奔到高句丽，高句丽拘捕了慕容评，把他送到前秦。宜都王慕容桓杀掉了镇东将军渤海王慕容亮，吞并了他的士兵，逃奔辽东。辽东太守韩稠，此前已经投降了前秦，慕容桓来到后，没能进入。攻打韩稠，没有攻下。郭庆派将军朱嶷攻打慕容桓，慕容桓丢下士兵只身逃跑，朱嶷擒获并斩杀了他。

前燕的各州州牧、太守以及六夷首领全都向前秦投降，前秦共得到一百五十七郡，二百四十六万户，九百九十九万人。苻坚将前燕的宫女、珍宝分别赏赐给众将士。下达大赦命令称："我以微薄之德，承受天命，不能以道义安抚远方的民众，以怀柔征服天下，以致使战车屡屡出征，有害于百姓，虽然这是百姓的过错，然而也是我的罪行。现在大赦天下，与百姓一起从头开始。”

（以上为第九段，写前秦司徒王猛率领大军包围前燕都城邺城，前秦主苻坚率领十万大军赶来支援；前燕主慕容𬀩仓皇逃跑，被捉回，投降前秦，前燕灭亡。）

当初梁琛出使前秦的时候，以侍辇苟纯作为副手。梁琛每逢应酬对答，不事先告诉苟纯，苟纯很忌恨他，回来后告诉前燕国主慕容𬀩说：“梁琛在长安，与王猛非常亲密友好，我怀疑他有反叛的图谋。”梁琛又多次称赞前秦王苻坚及王猛的美善，而且说前秦将要起兵，对此应该防备。此后前秦果然攻打前燕，全都和梁琛所说的一样，慕容𬀩便怀疑梁琛知道实情。等慕容评失败以后，就将梁琛逮捕下狱。

前秦主苻坚进入邺城后释放了梁琛，授职中书著作郎，召见时对他说：“你过去就说上庸王慕容评、吴王慕容垂全都是不同寻常的将相之才，为什么不能出谋划策，情愿让国家灭亡？”梁琛回答说：“天命的废兴，难道是这两个人所能改变的？”苻坚说：“你没能洞察燕国危机的征兆而有所作为，还虚称燕国的美善，忠诚不能保全自己，反而招来灾祸，这能说是明智吗？”梁琛回答说：“我听说：‘所谓征兆是运动中的隐微苗头，是吉凶的事先表现。’像我这般愚昧实在无法洞察。然而作为臣下没有什么能与忠诚相比，作为儿子没有什么能与孝顺相比，没有一贯之心的人，不能始终保持忠和孝。所以古代的刚强之士，临危不改变初衷，见死不加以逃避，以此来殉身君主、父母。那些了解征兆的人，心知安危，便身择去留，不再顾及宗族国家，我即使知道征兆，尚且不忍心去做，何况了解征兆还是力不能及的呢？”

苻坚听说了悦绾的忠诚，只遗憾没能见到他，授予他的儿子郎中职务。

苻坚任命王猛为使持节、都督关东六州诸军事、车骑大将军、开府仪同三司、冀州牧，镇守邺城，晋升爵位为清河郡侯，将慕容评宅第中的东西全都赐给了他。赐封杨安博平县侯爵位。任命邓羌为使持节、征虏将军、安定太守，赐封真定郡侯爵位。任命郭庆为持节、都督幽州诸军事、幽州刺史，镇守蓟城，赐封襄城侯爵位。对其余将士的赐封奖赏各有等差。

苻坚任命京兆人韦钟为魏郡太守，彭豹为阳平太守，其余州县的牧、守、令、长，全都根据过去的人选加以任命。任命前燕的常山太守申绍为散骑侍郎，让他和散骑侍郎京兆人韦儒一起作为绣衣使者，巡视关东州郡，观察风俗民情，劝勉农耕蚕桑，赈济抚恤贫困，收敛安葬死者，表彰节义行为，前燕的政令有不利于百姓的，全都加以修改、废除。

十二月，前秦主苻坚把慕容𬀩以及前燕的王后、妃嫔、王公、百官连同四万多户鲜卑人，一起迁移到了长安。

王猛上书请求留下梁琛任主簿，兼记室督。有一天，王猛和僚属聚宴，说到了燕朝的使者，王猛说：“人心不同。过去梁琛到了长安，专门美化自己的朝廷；乐嵩只说桓温的军队强盛；郝晷暗地里说到了国家的弊端。”参军冯诞说：“如今这三人全都成了前秦之臣，敢问您任用臣下的策略，应该优先考虑谁？”王猛说：“郝晷能洞察隐微的征兆，应该优先。”冯诞说：“那么您就是奖赏丁公而要诛杀季布。”王猛大笑。

前秦主苻坚从邺城到枋头，宴请父老，把枋头改称永昌，终世免除该地的赋税劳役。

十二月十四日甲寅，苻坚抵达长安，封慕容暐为新兴侯，任命前燕旧臣慕容评为给事中，皇甫真为奉车都尉，李洪为驸马都尉，全都给予他们在春、秋朝见天子的资格。任命李邽为尚书，封衡为尚书郎，慕容德为张掖太守，前燕人平睿为宣威将军，悉罗腾为三署郎。对其他人的赐封任命各有等差。封衡是封裕的儿子。

原前燕太史黄泓叹息道：“燕国一定能中兴，大概是在吴王慕容垂了！遗憾的是我已年老，来不及看到了！”汲郡人赵秋说：“天道在燕，被秦国灭亡了，用不了十五年，秦国必定又为燕国所有。”

慕容桓的儿子慕容凤，年仅十一，暗中怀有复仇之志，鲜卑、丁零有才干的人全都俯身与他结交。权翼见到后对慕容凤说：“小儿正以才能名望自我显露，不要效法你父亲不识天命！”慕容凤严厉地说：“先父想建立忠诚而没能遂愿，这是作为人臣的节操；你所说的话难道是奖掖后辈的意思吗？”权翼脸色一变称谢离开，向前秦王苻坚进言说：“慕容凤慷慨而有才能与气度，只是豺狼之子不可驯服，恐怕最终也不会被人所用。”

前秦取消了雍州建制。

这一年，仇池公杨世去世，儿子杨纂继位，开始与前秦国绝交。杨纂的叔父武都太守杨统与杨纂争夺封国，互相起兵攻打。

（以上为第十段，写前燕灭亡之后的善后，前秦主苻坚命王猛主管关东之事，妥善安置前燕王公贵族和郡守县令；史家预测前燕中兴，应在吴王慕容垂身上实现。）

【点评】

前燕之亡。前燕国之立，向前追溯，始于公元 337 年辽东公慕容皝自立为燕王，建立前燕国。后来，击败了后赵国的二十万大军，解除了来自中原的压力，建都于龙城。公元 352 年，慕容儁称帝，建年号元玺，迁都于蓟。随后几年，平定了北方，后来定都于邺。公元 370 年，前秦消灭了前燕。建国三十四年的前燕，画上了句号。

前燕国曾经是北方最为强大的国家，当年国主慕容儁曾有消灭前秦、东晋，统一天下的雄心大志，要集结全国一百五十万的兵马，誓师出征，不久病笃而逝，其雄心大志转为泡影。而后慕容暐即位，太宰慕容恪辅政，国家还算安稳，等到慕容恪去世，慕容评辅政，形势便急转直下，仅仅三年多时间，前燕国便不复存在。其中成败得失值得认真回顾和思考。

首先，前燕主慕容暐没有治国才能，不能使国家强盛。慕容暐十一岁即位，政事委于太宰慕容恪，慕容恪有治国才干，国家安然无事。慕容恪病重去世，慕容评担任首辅，国家失去重心。此时的慕容暐仍担当不起治国的重任，慕容评无论是德行还是才能，都不可与慕容恪相比。史书记载，当时仆射悦绾上奏尽罢军封荫户，以释放人口，充实国家地方，慕容暐同意了，最终释放了二十多万户，令朝野震惊。可是，慕容评却十分不满，派人暗杀了悦绾。而慕容暐对慕容评这一做法没有任何说法，实际上是起了纵容作用。再者，慕容暐与母亲合谋，欲杀掉才能卓越的吴王慕容垂，结果导致慕容垂出走，使得前燕国没有得力的将军，前秦国肆无忌惮地出兵攻打。慕容暐对前秦国欲攻打、消灭前燕国这样事关国家存亡的大事，都是置若罔闻，放松戒备。

其次，首辅大臣慕容评工于心计，腐败无能，鱼肉百姓，贪婪误国，自毁江山，是导致前燕国灭亡的罪人。慕容评心胸狭窄，容不得才杰之士。吴王慕容垂打败东晋大将桓温，威名大振，慕容评非常忌恨。慕容垂为了奖励麾下将士，上书请示，给予立功将士奖赏，被慕容评压住不报。慕容垂大为不满，与慕容评相争而加深矛盾。太后可足浑氏也是个亡国的祸根，她素恨慕容垂，就毁其战功，与慕容评相谋，欲杀之而后快。再者，慕容评为人贪鄙，致使军心离散，不战而溃。当时，前秦军仅有六万，而慕容评率领前燕“倾国之兵”，号称三十万，却畏惧敌人不敢进攻，一面深沟高垒，一面将驻地附近的山林、泉水统统划为私人禁区，打柴、汲水的军民都要向他缴税。结果，将士因此丧失了斗志。连国主慕容暐也直言不讳地批评他不顾国家而“专以货殖为心”，实在愚不可及，倘若一味贪腐，导致军心涣散，最终国破家亡，这些聚敛来的财富，又如何能保得住？

最后，自古君王妒贤才，前燕国更是如此，吴王慕容垂的出走，是前燕国灭亡的关键性因素。慕容垂是慕容皝的第五个儿子，才兼文武，勇猛多谋，一生立下战功无数，在东晋大将军桓温第三次北伐时，是慕容垂运用智谋将其彻底打败。可就是这样一次立功扬名的战斗，却给他带来杀身之祸。慕容垂原来叫慕容霸，受到父王的宠爱，哥哥慕容儁非常忌恨他。慕容霸小时候在骑马射猎时从马背上栽落倒地，磕掉牙齿。慕容儁即位后，将他改名为慕容𡙇，后来因“𡙇”字犯忌，又改其名为慕容垂。到慕容暐即位，他就与他的母亲合谋要杀掉慕容垂，结果慕容垂成功逃脱，前燕国失去慕容垂，前秦国终将其一举消灭。

晋纪二十五

晋简文帝咸安元年至晋孝武帝宁康三年（公元 371—公元 375）

【起重光协洽（辛未，公元 371 年），尽旃蒙大渊献（乙亥，公元 375 年），凡五年】

【大事提要】

本卷记事起公元 371 年，讫公元 375 年，凡五年，当晋简文帝（司马昱）咸安元年至晋孝武帝（司马曜）宁康三年。本卷所载大事，主要有四个方面。其一，桓温废司马奕为海西公。东晋大将军桓温与参军郗超谋划废立之事，觉得皇帝司马奕没有什么过失，便以床笫私事予以诬陷，将其废掉，收回玺绶，降为东海王，次年降为海西公；桓温亲自前往会稽王府迎接丞相、会稽王司马昱，司马昱即皇帝位，改年号咸安，是为简文帝。桓温以大司马镇守姑孰，遥控朝政，直到去世。其二，司马昱去世，司马曜继立。东晋简文帝司马昱继位后，一切听命于大司马桓温，形同傀儡。公元 372 年病危，写下遗书，说："家国大事都要禀告大司马，要像刘禅对待诸葛亮一样敬重桓温。"其三，庾希聚众入京口。公元 371 年，大司马桓温诛杀殷、庾两大家族，庾希、庾邈幸免于难。次年，他们与已故青州刺史武沈之子武遵聚众，乘夜进入京口，庾希诈称受海西公司马奕密旨，前来诛杀大司马桓温。京师震动，后来桓温攻下京口，庾亮家族被消灭殆尽。其四，前秦王猛去世。前秦相国王猛年轻时以贩簸箕为生。桓温入关，他曾往见，扪虱而谈天下大势。后被苻坚召为谋士，受到信任和重用，亲率大军东征，灭亡前燕，而后留镇邺城，都督关东六州，后入朝为相。病重，建议苻坚不要攻打东晋，而应留心鲜卑等内患。

太宗简文皇帝

晋简文帝咸安元年（辛未，公元 371 年）

春季，正月，反叛东晋的袁瑾、朱辅向前秦求救，前秦主苻坚任命袁瑾为扬州刺史，朱辅为交州刺史，派武卫将军武都人王鉴、前将军张蚝率领步、骑兵二万人前去救援。大司马桓温派淮南太守桓伊、南顿太守桓石虔等在石桥迎击王鉴、张蚝，把他们打得大败，前秦军队后退驻扎在慎城。桓伊是桓宣的儿子。

正月十七日丁亥，桓温攻下了寿春，擒获了袁瑾及朱辅，连同他们的宗族亲属一起送往建康，杀掉了他们。

前秦主苻坚迁移关东豪杰及杂夷部族十五万户到关中地区，把乌桓人安置在冯翊、北地，把丁零人翟斌的部族安置在新安、渑池。众多因战乱而流离失所，如今想重归故里恢复旧业的人，全部听任他们自己的安排。

二月，前秦任命魏郡太守韦钟为青州刺史，中垒将军梁成为兖州刺史，射声校尉徐成为并州刺史，武卫将军王鉴为豫州刺史，左将军彭越为徐州刺史，太尉司马皇甫覆为荆州刺史，屯骑校尉天水人姜宇为凉州刺史，扶风内史王统为益州刺史；任命秦州刺史、西县侯苻雅为使持节，都督秦、晋、凉、雍各州诸军事及秦州牧；吏部尚书杨安为使持节，都督益、梁州诸军事，梁州刺史。重新设置雍州，治所为蒲阪，任命长乐公苻丕为使持节、征东大将军、雍州刺史。梁成是梁平老的儿子，王统是王擢的儿子。苻坚认为关东刚刚平定，郡守县令应该有合适的人选，于是就命令王猛根据具体情况选拔征召英俊杰出之士，充实六州的郡守县令，授官以后，上报朝廷正式任命。

三月二十三日壬辰，益州刺史建成定公周楚去世。

前秦后将军金城人俱难在桃山攻打兰陵太守张闵的儿子，大司马桓温派兵击退了他。

前秦西县侯苻雅、杨安、王统、徐成以及羽林左监朱肜、扬武将军姚苌率领步、骑兵七万人攻打仇池公杨纂。

代国将领长孙斤图谋杀掉代王拓跋什翼犍，世子拓跋寔攻打他，伤了两肋，但终于擒获了长孙斤，把他杀掉了。

夏季，四月二十日戊午，东晋实行大赦。

前秦军队抵达鹫峡，杨纂率领五万士兵抵御他们。梁州刺史弘农人杨亮派督护郭宝、卜靖率领一千多骑兵帮助杨纂，与前秦的军队在峡中交战，杨纂的军队大败，十之三四的人死亡，郭宝等人也战死，杨纂收罗了逃散的士兵逃了回去。西县侯苻雅进军攻打仇池，杨统率领武都的民众投降了前秦。杨纂十分害怕，两手反绑于身后出来投降，苻雅把他送到了长安。任命杨统为南秦州刺史，让杨安担任都督南秦州诸军事，镇守仇池。

（以上为第一段，写袁瑾等反叛东晋，被攻灭；前秦消灭前燕后采取了一系列措施，迁移豪杰，简选人才，又派遣将领率领七万大军攻打仇池，灭之，改为南秦州。）

王猛在枹罕攻破张天锡的时候，俘获了他的将领敦煌人阴据及披甲士兵五千人。前秦主苻坚平定了杨纂以后，派阴据率领他的披甲士兵返回凉州，让著作郎梁殊、阎负去送他们，顺便命令王猛写信告诉张天锡说：“过去你的先公向刘曜、石勒称藩的原因只是考虑了力量的强弱。如今要论凉国的力量则不如过去；要说大秦的德威，也不是二赵所能匹敌，而将军却反而与秦国绝交，这恐怕不是祖先的福分吧！以秦国的威力，只要一动作就没有谁能够阻挡，可以让弱水掉头东流，让长江、黄河回流西向，关东既已平定，就将移师黄河以西，恐怕不是你六郡的士人百姓所能抵抗的。刘表说汉水以南可以自保，将军说黄河以西可以保全，凶吉祸福全都系于你身上，可以借鉴的往事并不遥远，你应该深思熟虑，自己多谋求一点福分，不要让六代人经营的大业毁于一旦！”张天锡十分害怕，派使者向前秦谢罪称藩。苻坚授予张天锡使持节、都督河右诸军事、骠骑大将军、开府仪同三司、凉州刺史、西平公。

吐谷浑王辟奚听说杨纂失败，五月，派使者向前秦进献一千匹马、五百斤金银。前秦任命辟奚为安远将军、漒川侯。辟奚是叶延的儿子，好学、待人仁慈宽厚，但缺乏威严决断，他的三个弟弟专权放纵，国人对他们都很厌恨。长史锺恶地是西漒羌族中有势力的人，他对司马乞宿云说：“辟奚的三个弟弟横行无忌，权势高出了君王，快要亡国了。我们二人位居辅臣之首，岂能坐而视之！明天早晨日月相望，文官武将都要会集，我将要在那里攻打他们。国王周围全都是我们羌族子弟，只要我一使眼色，马上就可以擒获他们。”乞宿云请求先告诉国王，锺恶地说：“国王仁慈而优柔寡断，告诉他一定不会同意，万一事情败露，我们就要被斩尽杀绝。事情已经说出来了，怎么能中途改变！”于是锺恶地按计划在座位上拘捕了辟奚的三个弟弟，把他们杀掉了。辟奚惊慌恐怖，躲到了床下，锺恶地、乞宿云上前扶起他说：“臣昨晚梦见先王敕令臣说：‘你的三个弟弟将要干叛逆之事，不能不攻打他们。’所以才把他们杀掉了。”辟奚因此得了病，神志不清，他告诉世子视连说：“我祸及亲生弟弟，怎么能在地下与他们相见？国家的大小事情，听凭你去治理，我的余年残命，依附于你而已。”于是辟奚因忧郁而死亡。

视连继立，七年拒绝饮酒游猎，军队国家的事务，全都委托给将领、辅臣们处理。锺恶地劝他，认为人主应当自己欢娱行乐，建立威势，传布道德。视连哭泣着说：“我家从祖上以来，以仁孝忠恕相承续。先王念及友善仁爱没有贯彻到底，悲愤而死。我虽然继承王位，不过是空占着位置而已，岂敢安于声色娱乐！威势和道德的建立，只好交给后人吧！”

代国世子拓跋寔因伤势恶化而死亡。

秋季，七月，前秦主苻坚到洛阳。

代国世子拓跋寔娶东部大人贺野干的女儿为妻，他死时妻子怀有身孕，七月初七甲戌，生下一个儿子，代王拓跋什翼犍为此在境内实行大赦，给他起名叫涉珪。

大司马桓温考虑到梁州、益州多有寇贼，周氏则世代都有显赫的名声，八月，任命宁州刺史周仲孙监益、梁二州诸军事，兼任益州刺史。周仲孙，是周光的儿子。

前秦任命光禄勋李俨为河州刺史，镇守武始。

王猛依据潞川的战功，请求任命邓羌为司隶校尉。前秦王苻坚下达命令说："司隶校尉负责督察京城周围的地区，职责重大，不能用来优待名将。汉光武帝不以政务官职赏赐功臣，实际上是更看重他们。邓羌有廉颇、李牧那样的才能，我准备将攻战的事情交给他，在北方平定匈奴，在南方扫除扬、越，这才是邓羌的重任，怎么能以司隶校尉局限住他呢！晋升他的封号为镇军将军，赐位特进。"

九月，前秦主苻坚返回长安。归安元侯李俨在上邽去世，苻坚又任命李俨的儿子李辩为河州刺史。

冬季，十月，前秦主苻坚到邺城，在西山打猎，竟然十多天还流连忘返。乐官王洛勒住马劝说道："皇上为百姓所依托，如今久猎不归，一旦出现不测之患，让太后、天下人怎么办呢？"苻坚因此停止打猎回到了王宫。王猛接着进言说："打猎确实不是当务之急，王洛的话，不可忘记。"苻坚赏赐王洛一百匹帛，授官箴左右，从此就不再打猎了。

（以上为第二段，写前凉主张天锡在前秦王猛威逼下，向前秦称臣；吐谷浑王辟奚仁厚，三个弟弟专横，被属下所杀，他忧郁而死，儿子视连继立，连国家也不管了。）

东晋大司马桓温，倚仗他的才能与地位、声望，暗中怀有背叛皇帝的心志，曾经抚枕慨叹说："男子汉不能流芳百世，也应当遗臭万年！"方术之士杜炅，能预测人的贵贱，桓温问他自己的官位能到什么地步。杜炅说："明公的功勋举世无双，官位能到大臣的顶峰。"桓温听后不高兴。桓温想先在河朔建立战功，以此为自己赢得更大的声望，回来后接受加九锡的礼遇。等到在枋头失败，他的威赫名声陷于困顿，受到挫折。攻克寿春以后，桓温对参军郗超说："这足以洗刷枋头的耻辱了吧？"郗超说："没有。"过了许久，郗超到桓温的住所留宿，半夜时分对桓温说："明公没有考虑什么吗？"桓温说："你想有话对我说吗？"郗超说："明公承担着天下的重任，如今以六十高龄，却在一次大规模的行动中失败，如果不建立非常的功勋，就不足以镇服、满足百姓的愿望！"桓温说："那么该怎么办呢？"郗超说："明公不干伊尹放逐太甲、霍光废黜昌邑王那样的事情，就无法建立大的威势与权力，镇压四海。"桓温历来怀有此心，对郗超所说的深以为然，于是就和他商定计议。

大司马桓温考虑到皇帝司马奕平素谨慎小心，没有什么过错，而利用床笫之事则容易对他进行诬陷，就说："皇上早就患有阳痿，宠臣相龙、计好、朱灵宝等，参与服侍起居床笫之事，与田氏、孟氏两位美人生下了三个儿子，将要设立太子赐封王位，转移皇上的基业。"并将这话秘密地传播到民间，当时的人们都无法辨别真假。

十一月初九癸卯，大司马桓温准备从广陵返回姑孰，驻扎在白石。十三日丁未，抵达建康，含蓄地劝说褚太后，请求废掉司马奕，立丞相、会稽王司马昱，同时还草拟了命令进呈给褚太后。太后正在佛室烧香，内侍报告说："外边有紧急奏书。"褚太后出来，倚着门看奏书，刚看了几行字就说："我自己本来就怀疑是这样！"看了一半，就停下来了，向内侍要来笔加上了这样的话："我不幸遭受了这样的种种忧患，想到死去的和活着的，心如刀绞！"

十一月十五日己酉，大将军桓温把百官召集到朝堂。废立皇帝既然是历代所没有过的事情，所以没有人知道过去的典则，百官们都震惊恐惧。桓温也神色紧张，不知该怎么办。尚书左仆射王彪之知道事情不能半途而废，就对桓温说："您废立皇帝，应当效法前代的成规。"于是就命令取来《汉书·霍光传》，礼节仪制很快就决定了。王彪之身穿朝服面对朝廷，神情沉着，毫无惧色，文武仪规典则，全都由他决定，朝廷百官因此而服了他。于是就宣布太后的命令，废除废帝司马奕为东海王，以丞相、录尚书事、会稽王司马昱继承皇位。百官进入太极前殿，桓温让督护竺瑶、散骑侍郎刘亨收取了废帝的印玺绶带。司马奕戴着白色便帽，身穿大臣的仅次于朝服的盛装，走下西堂，乘着牛车出了神虎门，群臣跪拜辞别，没有谁不哽咽。侍御史、殿中监带领一百多名卫兵把他护送到东海王的宅第。桓温率领百官准备好皇帝的车乘，到会稽王的官邸去迎接会稽王司马昱。会稽王在朝堂更换了服装，戴着平顶的头巾，穿着单衣，面朝东方流涕，跪拜接受了印玺绶带。这天，会稽王司马昱即皇帝位，改年号为咸安。桓温临时住在中堂，分派兵力屯驻守卫。桓温的脚有毛病，司马昱下令可以让他乘车进入殿堂。桓温事先准备好辞书，想陈述他废掉司马奕的本意，司马昱引见，一见他便流下了眼泪，桓温战战兢兢，始终没能说出一句话。

（以上为第三段，写东晋大将军桓温肆意弄权，无事生非，听从谋士郗超建议，仿照西汉权臣霍光废立皇帝的做法，废掉东晋皇帝司马奕，立会稽王司马昱为帝。）

太宰、武陵王司马晞，喜好习武练兵，被桓温所忌恨，想废掉他，就把此事告诉了王彪之。王彪之说："武陵王是皇室的亲族尊者，没有明显的罪过，不能因为猜忌随便废掉他。您要建立贤明的君主，应当尊崇辅佐王室，与伊尹、周公具有同样的美德。这件大事应该再仔细考虑！"桓温说："这已经是我决定了的事情，你不要再说了！"

十一月二十一日乙卯，桓温进上奏书："司马晞收罗招纳轻浮之士，儿子司马综自负残忍。袁真叛逆，事情与他有牵连。近来他猜疑恐惧，将会成为祸乱的缘由。请求免除司马晞的官职，让他以王的身份返回藩地。"简文帝司马昱同意了。同时还免除了司马晞世子司马综、梁王司马逢等人的官职。桓温让魏郡太守毛安之率领所统领的军队宿卫皇宫。毛安之是毛虎生的弟弟。

十六日庚戌，尊奉褚太后为崇德太后。

当初，殷浩去世的时候，大司马桓温派人送信悼念他。殷浩的儿子殷涓没有答复，也没有到桓温那里去，而是与武陵王司马晞游玩。广州刺史庾蕴是庾希的弟弟，一直和桓温有隔阂。桓温厌恨殷涓、庾蕴宗族的强大，想要灭掉他们。

十七日辛亥，桓温派他的弟弟桓秘逼迫新蔡王司马晃到西堂去磕头自述，称与司马晞及他的儿子司马综、著作郎殷涓、太宰长史庾倩、掾曹秀、舍人刘彊、散骑常侍庾柔等阴谋反叛。简文帝面对他流下了眼泪，桓温把他们全都抓起来送交廷尉。庾倩、庾柔都是庾蕴的弟弟。

十九日癸丑，桓温杀掉了东海王司马奕的三个儿子和他们的母亲。二十日甲寅，御史中丞谯王司马恬秉承桓温的意旨，请求依据法律诛杀武陵王司马晞。简文帝司马昱下达命令说："悲痛惋惜，惊恐不安，不忍心耳闻，何况是诉说呢！再仔细商议吧！"司马恬是司马承的孙子。

二十一日乙卯，桓温再次进上奏书，坚持请求杀掉司马晞，言词非常激烈严厉。简文帝司马昱于是就亲手写下诏书赐予桓温说："如果晋皇朝的神灵悠长，你就不必请示，遵奉执行以前的命令；如果晋王朝的大运已去，我就请求避让贤人晋升之路。"桓温看了以后，惊慌失色，汗流满面，于是就奏请废掉司马晞及他的三个儿子，将其家人全都迁移到新安郡。

二十二日丙辰，废免新蔡王司马晃为庶人，将他迁移到衡阳，殷涓、庾倩、曹秀、刘彊、庾柔全都被满门诛杀，庾蕴服毒而死。庾蕴的哥哥东阳太守庾友的儿媳是桓豁的女儿，所以桓温特别地赦免了她。庾希听说了这桩灾难，与弟弟会稽王司马昱参军庾邈及儿子庾攸之逃到了海陵的湖泽中。

大将军桓温诛杀了殷、庾等人以后，威势显赫至极，侍中谢安看见桓温，在很远的地方就开始磕拜。桓温吃惊地说："谢安，你为什么要这样呢？"谢安说："没有君主磕拜于前，臣下拱手还礼于后的。"

二十四日戊午，东晋实行大赦，为文武官员增加品位二等。

二十五日己未，桓温到白石，上书请求返归姑孰。二十六日庚申，简文帝司马昱下达命令，晋升桓温为丞相，大司马职位则仍旧，留在京师辅佐朝政。桓温固执地辞让，还是请求回到镇所。二十七日辛酉，桓温从白石返回姑孰。

前秦主苻坚听说了桓温废立皇帝的事情，对群臣们说："桓温先在灞上失败，后又在枋头失败，不能反思过错自我贬责以向百姓谢罪，反而还废掉君主以自我解说，六十岁的老叟举动如此，将怎样自容于天下呢？民谚曰'生妻子的气，就向父亲要脸色'，大概说的就是桓温吧。"

（以上为第四段，写东晋大将军桓温在废立皇帝之后，又对武陵王司马晞等看不顺眼的官员下手了，废太宰司马晞，诛杀殷氏、庾氏多人，简文帝司马昱无可奈何。）

前秦车骑大将军王猛，考虑到都督六州的责任重大，向前秦王苻坚进言，请求将此重任改授给亲近而又贤明的人，还有受命相机选拔六州郡县官吏的工作也已经停止了，请求让自己去镇守一州以效力。苻坚回复王猛说："我和你的关系，从道义上讲是君臣，从亲情上讲则胜过骨肉，虽然这又像齐桓公、燕昭王拥有管仲、乐毅，刘备拥有孔明，但我认为要超过他们。人主寻求有才能的人时辛劳费力，得到人才就省力放心了。既然把六州委托给你，那么，我就解除了东顾之忧，不是以此来对你表示优待尊崇，而是我自己寻求消闲安逸。打江山不易，坐江山也难，假如任非其人，祸患出现于我们预料之外，岂止仅是我的忧患，也是你的责任，所以，我宁肯让三公的职位空虚，也要首先分职陕东。你不了解我的心愿，有违我本来的期望。刚刚建立的政权急需人才，应该尽快选拔充实官吏，等到东方教化融洽以后，理当让你身着上公礼服西返。"苻坚于是派侍中梁谠到邺城去传达命令，王猛也就像从前一样地处理政事。

十二月，东晋大司马桓温上奏书，说："废除放逐之人，应该把他摒弃到遥远的地方，不能让他接近黎民百姓。对东海王司马奕，应该按照过去废除昌邑王的办法，让他到吴郡居住。"太后下达命令说："让东海王成为庶人，于心不忍，可以特别地封他为王。"桓温又上奏书，说："可以封他为海西县侯。"二十六日庚寅，封司马奕为海西县公。

东晋大司马桓温威震朝廷内外，简文帝司马昱虽然身处至尊地位，实际上也仅仅是拱手沉默而已，常常害怕被废掉。此前，火星居于太微、南蕃之间，过了一个月，司马奕就被废掉。十二月二十七日辛卯，火星逆行进入太微星垣，简文帝对此很厌恶。中书侍郎郗超在宫中当班，简文帝对郗超说："命运长短，本来就并不计较，所以应该不再出现前不久废掉皇帝那样的事情了吧？"郗超说："大司马桓温，正在对内稳定国家，对外开拓江山，我愿用百余家口来保他，不会发生那种不正常的事变。"等到郗超急于要请假回去看望他的父亲时，简文帝说："告诉尊父，宗族国家之事，最终到了这种地步，是因为我不能用道德去匡正守卫的缘故，惭愧慨叹之深，怎么能用语言来表达！"接着便吟诵了庾阐的诗，说："志士为朝廷危险而痛心，忠臣为君主受辱而悲哀。"吟诵得潸然泪下，打湿了衣襟。

简文帝风度仪表堂堂，言谈举止得体，用心于典籍，翻阅典籍常常弄得满席尘土，一派湛然自得的样子。他虽然神情恬淡，见识通达，但没有济世大略，谢安认为他是晋惠帝一类的人物，只是清谈方面比晋惠帝略胜一筹。

郗超因为大司马桓温的缘故，朝廷里的人都因畏惧而侍奉他。谢安曾经与左卫将军王坦之一起到郗超那里，太阳快落山了还没被召见，王坦之想离去，谢安说："你不能为保全性命忍耐一会儿吗？"

前秦任命河州刺史李辩兼任兴晋太守，回去镇守枹罕，将凉州的治所迁移到金城。张天锡听说前秦有兼并他的想法，十分害怕，便在姑臧城西设立祭坛，杀了牛、羊、猪三牲，率领他的官属们遥望东晋，与东晋的三公致意起誓结盟。派从事中郎韩博去奉献表书，送达盟约，同时还带信给大司马桓温，约定明年夏天同时大举伐秦，在上邽会师。

这一年，前秦益州刺史王统在度坚山攻打陇西的鲜卑人乞伏司繁，乞伏司繁率领三万骑兵在苑川抵抗王统。王统偷袭了度坚山，乞伏司繁部落的五万多部众全都投降了王统，他的士兵们听说妻子儿女已经投降了前秦，不战而溃。乞伏司繁无处可走，也到王统那里投降了。前秦王苻坚任命乞伏司繁为南单于，把他留在长安。任命乞伏司繁的堂叔乞伏吐雷为勇士护军，去安抚其部众。

（以上为第五段，写王猛感到都督六州责任重大，怕引火烧身，想卸任，前秦主苻坚仍然用之不疑；东晋大将军桓温志得意满，权倾朝野，皇帝司马昱唯唯诺诺，拱手而已。）

晋简文帝咸安二年（壬申，公元 372 年）

春季，二月，前秦任命清河人房旷为尚书左丞，征召房旷的哥哥房默以及清河人崔逞、燕人韩胤为尚书郎，北平人阳陟、田勰、阳瑶为著作佐郎，郝略为清河相。这些人全都是关东享有声望的士人，由王猛所荐举。阳瑶是阳骛的儿子。

前秦冠军将军慕容垂对前秦主苻坚进言说：“我的叔父慕容评是燕国像商代的恶来一样的人，不应该让他再玷污圣朝，希望皇上为燕国杀掉他。”苻坚于是调动慕容评任范阳太守，前燕的诸王全都被任命为边境州郡的太守。

> 臣司马光评论说：上古时候的人，有时他们的国家被灭了他们反而高兴，为什么呢？因为替他们除掉祸害。那个慕容评蒙蔽君主，专擅朝政，猜忌贤能，嫉恨功臣，愚顽昏暗，贪婪暴虐，最终丧失了他的国家。国家灭亡了，他本人还不死，逃亡躲避，终被擒获。秦王苻坚不把他杀掉，又对他放纵并给以宠爱，授以官秩，这是爱一个人而不爱一国人，肯定要丧失很多人心。所以对人施以恩惠而人们并不以恩相报，对人待以诚意而人们并不以诚相报，最终导致功名不成，无处容身，这是由于不得要领的缘故。

三月二十五日戊午，东晋朝廷派侍中王坦之征召大司马桓温入朝辅政，桓温又一次推辞了。

前秦主苻坚下达命令说：“关东的百姓有学问能够精通一经，才能具有一技之长的人，所在郡县应按礼仪把他们送到官府。享受百石以上俸禄的官吏，学问不能精通一经，才能没有一技之长的，罢官遣送，恢复普通百姓的身份。”

夏季，四月，将海西公司马奕迁徙到吴县的西柴里，敕令吴国内史刁彝负责防卫，又派御史顾允前去监察。刁彝是刁协的儿子。

六月十二日癸酉，前秦任命王猛为丞相、中书监、尚书令、太子太傅、司隶校尉，其特进、常侍、持节、将军、侯爵则仍旧保留。任命阳平公苻融为使持节、都督六州诸军事、镇东大将军、冀州牧。

（以上为第六段，写前秦主苻坚广招人才，任用关东享有声誉之士；重用王猛，几乎到了无以复加地步；不听劝谏，任用前燕王国罪人慕容评为范阳太守，司马光予以讥评。）

东晋庾希、庾邈与过去的青州刺史武沈的儿子武遵聚集士兵，趁夜进入京口城，晋陵太守卞眈翻越出城逃奔到曲河。庾希诈称接受了海西公的秘密旨令，诛杀大司马桓温。建康城里震惊混乱，内外都严加戒备。卞眈派出各县的士兵二千人攻击庾希，庾希失败，紧闭城门自我固守。桓温派东海内史周少孙攻打庾希。秋季，七月初一壬辰，攻下了京口城，擒获了庾希、庾邈以及他们的亲信同党，把他们全都杀掉了。卞眈是卞壶的儿子。

七月二十三日甲寅，简文帝司马昱身体不适，紧急征召大司马桓温入朝辅政，一天一夜接连发出四道诏令，桓温推辞不来。当初，简文帝为会稽王时，娶了王述的堂妹为妃，生下了长子司马道生及弟弟司马俞生。司马道生粗鲁急躁，品行不端，母子全都因此被囚禁废免而死。其他三个儿子司马郁、司马朱生、司马天流全都早年夭折。众姬妾绝孕将近十年，会稽王让会相面的人来观察她们，会相面的人都说："能生儿子的不是这些人。"会稽王又让相面的人去观察女仆女佣。有一个叫李陵容的在纺织作坊里，长得又高又黑，宫女们都叫她"昆仑"。相面的人见到她后吃惊地说："这就是会生儿子的人！"会稽王召她服侍起居，生下了儿子司马曜及司马道子。

七月二十八日己未，简文帝司马昱立司马曜为皇太子。这时他已经十岁了。任命司马道子为琅邪王，兼领会稽国，以尊奉帝母郑太妃的祀位。简文帝下达遗书："大司马桓温依据周公的旧例，代理皇帝摄政。"又说："对年轻的儿子，可以辅佐就辅佐，如果不能辅佐，君则自己取而代之。"侍中王坦之自己手持诏书进入宫中，在简文帝面前把诏书撕掉了。简文帝说："我的天下来自于意外的命运，你有什么不满意的！"王坦之说："天下是晋宣帝、晋元帝的天下，皇上怎么能独断专行！"于是简文帝就让王坦之修改了诏书，说："宗族国家之事，一概听命于大司马桓温，就像诸葛亮、王导辅政时的做法一样。"这一天简文帝去世。

群臣疑惑不解，没敢确立嗣子。有人说："应当让大司马桓温来处理。"尚书仆射王彪之脸色严厉地说："天子去世，太子代立，大司马怎能有资格提出异议！如果事先当面向他询问，一定反而会被他责备。”于是经过朝臣讨论就决定了。太子即皇帝位，实行大赦。崇德太后发布命令，因为孝武帝年幼，加上他得居丧，命令桓温依据周公摄政的旧例行事。命令已经公布，王彪之说：“这是非常大事，大司马桓温一定会固执地辞让，从而导致政务停顿，耽误先帝陵墓的修筑，我不敢遵奉命令，谨将诏书密封归还。”于是事情也就没能实行。

大司马桓温希望简文帝临终前将皇位禅让给自己，不这样的话，也应当让他摄政。此后这个愿望没能实现，非常怨恨愤怒，给弟弟桓冲写信说：“简文帝遗诏让我按诸葛亮、王导的旧例辅政。”桓温怀疑这事是王坦之、谢安干的，对他们怀恨在心。朝廷诏令谢安前去征召桓温入朝辅政，桓温又推辞了。

（以上为第七段，写东晋简文帝司马昱去世前，曾立下遗书，让大司马桓温摄政，侍中王坦之予以毁诏制止，改为入朝辅政，太子司马曜即位，桓温未达摄政目的，非常恼恨。）

八月，前秦丞相王猛抵达长安，又加任都督中外诸军事。王猛推辞说：“丞相的重任，太傅的尊位，尚书令政务纷繁，司隶校尉责任重大，总领督察军务，上传下达皇帝的命令，文武职务集于一身，大小事务都要亲躬，以伊尹、吕望、萧何、邓禹那样的贤明尚且不能兼备，何况我王猛不肖先贤呢！”表示辞让的奏书进上了三四次，前秦主苻坚不同意，说：“我正在统一四海，除了你再没有人可以委以重任。你不能推辞宰相，就像我不能推辞天下一样。”

王猛为宰相，苻坚敛手无为于其上，百官统属其下，军队及国家内政外交事务，没有不经由他手的。王猛刚正贤明，清廉严肃，褒贬鲜明，放逐罢免尸位素餐者，提拔重用有才而不得志者，劝勉农耕桑蚕，训练军队，任用职官都符合他们的才能，依据罪行定刑。因此国富兵强，战无不胜，秦国大治。苻坚敕令太子苻宏及长乐公苻丕等人说：“你们事奉王猛，要像侍奉我一样。”

前秦阳平公苻融在冀州，以严格的标准选择州府官吏，任命尚书郎房默、河间相申绍为治中别驾，清河人崔宏为州从事，掌管记室。苻融年轻，为政喜好新奇，推崇以苛刻烦琐的方式体现精明。申绍多次劝他改正，转向实行宽容和缓的政策，苻融虽然尊敬申绍，却未能完全听从他的意见。后来申绍调任济北太守，苻融屡屡因为犯有过错而失去声望，多次导致被谴责，这才悔恨自己没有听从申绍的话。

苻融曾经因为擅自建造学舍而被官府纠劾，他派主簿李纂到长安去陈述理由。李纂担心害怕，半路上就死掉了。苻融问申绍：“还有谁可以派去？”申绍说：“燕国尚书郎高泰，清晰明辨，有胆有谋，可以派去。”此前丞相王猛及苻融多次征召高泰，高泰都不就任，到这时，苻融对高泰说：“君子救助别人的危急，你不能再推辞了！”高泰于是就听从了命令。到达长安后，王猛见到他笑着说：“高泰到今天才来，为什么这样迟呢！”高泰说：“犯了罪的人前来接受刑罚，还问什么迟早！”王猛说：“你说的是什么意思？”高泰说：“过去鲁僖公因为在泮水建立学宫而被歌颂，齐宣王因为在稷下建立学宫而声名远扬，如今阳平公开辟建立学宫，追从齐鲁，没有听说下达诏令加以褒奖，反而还烦请官府罗织罪名加以弹劾。明公辅佐圣朝，如此惩罚劝勉，下面的官吏到什么地方能逃避罪责呢！”王猛说：“这是我的过错。”事情于是就圆满解决。

王猛因而感叹说：“高泰怎么能是阳平公可以当作属吏的呢？”他把这话告诉了前秦王苻坚。苻坚召见高泰，很喜欢他，向他询问治国的根本。高泰回答说：“治国之本在于获得人才，获得人才在于审慎选拔，审慎选拔在于调查真情，没有任官得到合适的人才而国家不能实现大治的。”苻坚说：“这话真可谓言辞简略而道理博深呀！”任命高泰为尚书郎。高泰固执地请求返回冀州，苻坚同意了。

九月二十四日甲寅，东晋追尊过去的会稽王妃王氏为顺皇后，尊孝武帝的生母李氏为淑妃。

冬季，十月初八丁卯，东晋在高平陵安葬了简文帝。

彭城妖人卢悚，自称是大道祭酒，效忠他的人有八百多家。十一月，卢悚派弟子许龙去到吴县，早晨，到了海西公司马奕门口，称太后下达秘密诏令，奉迎海西公复兴大业。海西公开始想听从他的话，后来采纳了抚养子女的保姆的劝告而没有这样干。许龙说：“大事快要成功了，怎么能听女人的话呢？”海西公说：“我获罪在此，有幸蒙受宽赦，岂敢轻举妄动！而且太后如有诏令，就应该让官属前来，为什么只派你来呢？你一定是要作乱！”接着就喝令左右的人把他捆起来。许龙害怕了，转身逃走。

十一月初五甲午，卢悚率领士兵三百人，在早晨攻打广莫门，诈称海西公回来了，从云龙门突入宫殿的庭院，夺取武器库中的盔甲兵杖，守卫云龙门的卫士十分惊骇，不知所措。游击将军毛安之听说发生了祸难，率领士兵直接开进云龙门，亲身奋力搏击；左卫将军殷康、中领军桓秘进入止车门，与毛安之一起攻打斩杀他们，打死贼党数百名。海西公深深地担心横祸发生，专事饮酒，恣意音乐美色，有儿子也不养育，当时的人都很怜悯他。朝廷知道他安于屈辱，所以对他也就不再防备了。

前秦都督北蕃诸军事、镇北大将军、开府仪同三司、朔方桓侯梁平老去世。梁平老镇守朔方十多年，鲜卑、匈奴人对他既怕又爱。

东晋三吴地区发生大旱，许多人都饿死了。

（以上为第八段，写前秦主苻坚重用王猛为宰相，王猛刚正贤明，清廉严肃，放逐罢免尸位素餐者，提拔重用有才而不得志者，劝勉农耕，训练军队，秦国大治。）

烈宗孝武皇帝上之上

晋孝武帝宁康元年（癸酉，公元373年）

春季，正月初一己卯朔，东晋实行大赦，改换年号为宁康。

二月，大司马桓温来晋见孝武帝。二十四日辛巳，孝武帝司马曜命令吏部尚书谢安、侍中王坦之到新亭迎接。这时，都城里人心浮动，有人说桓温要杀掉王坦之、谢安，接着晋皇室的天下就要转落他人之手。王坦之非常害怕，谢安则神色不变，说："晋朝国运的存亡取决于此行。"桓温抵达后，百官夹道跪拜。桓温部署重兵守卫，接待会见朝廷百官，有地位名望的人全都惊慌失色。王坦之汗流浃背，连手版都拿倒了。谢安从容就座，坐定以后，对桓温说："谢安听说诸侯有道，守卫便在四邻，明公哪里用得着在墙壁后面安置人呀！"桓温笑着说："正是由于不能不这样做。"于是就命令左右的人让他们撤走，与谢安笑谈良久。郗超经常作为桓温的谋主，谢安和王坦之去见桓温，桓温让郗超藏在帐子中听他们谈话。风吹开了帐子，谢安笑着说："郗超可谓入帐之宾。"当时天子年幼力弱，外边又有强臣，谢安与王坦之竭尽忠诚辅佐护卫，最终使晋王室得以安稳。

桓温处理卢悚攻入宫廷的事件，拘捕了尚书陆始，并送交廷尉处置，罢免了桓秘的官职，株连坐罪的人很多。提升毛安之为左卫将军。桓秘从此开始怨恨桓温。

三月，桓温生病，在建康停留了十四天，初七甲午，返回姑孰。

夏季，代王拓跋什翼犍让燕凤去向前秦进献贡奉。

秋季，七月十四日己亥，南郡宣武公桓温去世。

当初，桓温病重的时候，暗示朝廷给他以加九锡的礼遇，多次派人去催促。谢安、王垣之故意拖延此事，让袁宏草拟命令。袁宏草拟完后，让王彪之审阅，王彪之赞叹他文辞的优美，接着说："你本来是杰出的人才，怎么能写这样的文章让别人看呢！"谢安见到了袁宏写的草稿，就对其加以修改，因此前后十多天也没有最后定稿。袁宏暗地里和王彪之商量，王彪之说："听说桓温的病情日益严重，应该不会再支持多久了，自然可以再稍微晚一点回复。"袁宏听取了这个意见。

桓温的弟弟江州刺史桓冲，向桓温询问谢安、王坦之应该担任什么职务，桓温说："他们不由你来安排。"这话的意思是自己活着的时候，他们一定不敢公开抗衡，自己死了以后，则不是桓冲所能控制的，如果谋害了他们，无益于桓冲，因为这反而会失去声望。

桓温考虑到世子桓熙才能不足，就让桓冲统领他的士兵。因此桓秘和桓熙的弟弟桓济谋划要一起去杀掉桓冲。桓冲私下里知道了此事，不敢进入府内。不久，桓温死了，桓冲先派身强力壮的士兵拘捕了桓熙、桓济，然后才前去吊丧。桓秘于是也被废掉了，桓熙、桓济都被迁移到长沙。孝武帝下令，安葬桓温依据汉代霍光及安平献王的旧例。桓冲称桓温留下遗嘱，以小儿子桓玄为继承人。当时桓玄刚刚五岁，继承南郡公的爵位。

七月二十五日庚戌，东晋朝廷加任右将军荆州刺史桓豁为征西将军，督荆、梁、雍、交、广五州诸军事。桓冲任中军将军，都督扬、豫、江三州诸军事及扬、豫二州刺史，镇守姑孰。竟陵太守桓石秀任宁远将军、江州刺史，镇守寻阳。桓石秀是桓豁的儿子。桓冲代替桓温就任以后，对皇室竭尽忠诚。有人劝桓冲杀掉那些有威信、有声望的人，独掌大权，桓冲没有听从。

当初，桓温在任时，对人处以死罪全都是擅自决定，不请示朝廷批准。桓冲认为生杀这样的大事，应当由朝廷核准，于是凡属死刑全都事先上报，等待批准以后，再去执行。

谢安因为太子年幼，辅佐首臣又刚刚死去，想请崇德太后临朝处理国政。王彪之说："前代人主年幼，尚在襁褓，母子不可分离，所以可以让太后临朝。即便如此，太后也不能擅自决定国事，还需要征求大臣们的意见。如今主上已经十多岁，快到加冠完婚的年龄了，反而让堂嫂临朝，显示人主年幼力弱，这难道是用来发扬光大圣德的做法吗？你们如果一定要这样做，我无法制止，所痛惜的是丧失了伦理大义。"谢安不想把重任交给桓冲，所以让太后临朝，自己得以专权裁决，于是就没有听从王彪之的话。

八月，壬子（疑误），太后又临朝主持国政。

东晋梁州刺史杨亮派遣他的儿子杨广攻袭仇池，与前秦梁州刺史杨安交战，杨广的军队被打败，沮水一带的戍卫部队全都弃城溃逃。杨亮十分害怕，退守磬险。九月，杨安进军攻打汉川。

八月十二日丙申，东晋任命王彪之为尚书令，谢安为仆射，兼管吏部，共同执掌朝政。谢安每每感叹地说："朝廷大事，众人不能决断的，去询问王彪之，无不马上决断！"

东晋任命吴国内史刁彝为徐、兖二州刺史，镇守广陵。

（以上为第九段，写东晋大将军桓温去世，其弟桓冲统领其兵，朝廷任命王彪之为尚书令，谢安为仆射，共掌朝政，谢安不想把朝廷重权交给桓冲，让太后临朝。）

冬季，前秦主苻坚让益州刺史王统、秘书监朱肜率领二万士兵从汉川出征，让前禁将军毛当、鹰扬将军徐成率领三万士兵指向剑门，入侵东晋梁州、益州。梁州刺史杨亮率领一万多巴地獠人抵抗，在青谷交战。杨亮的军队被打败，逃奔到西城固守。朱肜于是就攻下了汉中。徐成攻打剑门，攻了下来。杨安进军攻打梓潼，梓潼太守周虓固守涪城，派步、骑兵数千人护送母亲、妻子自汉水去江陵，朱肜半路截击，擒获了她们，周虓于是就投降了杨安。

十一月，杨安攻克了梓潼。荆州刺史桓豁派江夏相竺瑶救援梁州、益州，竺瑶听说广汉太守赵长战死，就带兵撤退了。益州刺史周仲孙统率士兵在绵竹抵御朱肜，听说毛当将要抵达成都，便率领骑兵五千逃奔到南中。前秦于是就夺取了梁、益二州，邛、筰、夜郎等地全都归附于前秦。前秦主苻坚任命杨安为益州牧，镇守成都；任命毛当为梁州刺史，镇守汉中；任命姚苌为宁州刺史，驻扎在垫江；任命王统为南秦州刺史，镇守仇池。

前秦主苻坚想任命周虓为尚书郎，周虓说："我蒙受了晋朝厚重的恩宠，只是因为老母亲被擒获，才丧失气节，落身秦国。母子得以全身，这是秦国的恩惠。即使给我以公侯的高贵地位，我都不以为荣，何况是一个郎官呢？"于是便拒绝就任。每当见到苻坚，周虓有时就叉开腿傲慢地一坐，喊苻坚为氐贼。有一次正当正月初一的朝会，仪仗隆重，卫士众多，苻坚问周虓说："晋朝正月初一的朝会，与此相比怎么样？"周虓撸起袖子厉言正色地说："犬羊相聚，怎么敢和天朝相比！"前秦人因为周虓不恭顺，多次请求把他杀掉，而苻坚却对待他更加优厚。

周仲孙因益州失守，坐罪而被免官。桓冲任命冠军将军毛虎生为益州刺史，兼建平太守，任命毛虎生的儿子毛球为梓潼太守。毛虎生与毛球攻打前秦，已经到达了巴西，因为粮食缺乏，退到巴东驻扎。

东晋任命王坦之为中书令，兼任丹杨尹。

这一年，鲜卑人勃寒攻掠陇右，前秦王苻坚派乞伏司繁攻打他，勃寒请求投降。于是让乞伏司繁镇守勇士川。

有彗星出现在尾宿、箕宿之间，长达十多丈，经过太微星垣，扫掠东井星宿。从四月开始出现，到秋冬还未消失。前秦国太史令张孟对前秦主苻坚进言说："尾宿、箕宿是燕国的分野；东井是秦国的分野。如今彗星出现于尾宿、箕宿而扫掠东井，十年以后，燕国要灭掉秦国；二十年以后，代国要灭掉燕国。慕容暐的父子兄弟，是我们的仇敌，然而却布满了朝廷，尊贵显赫，无人可比，我私下里为此担忧，应该杀掉他们的首领以消除上天的灾变。"苻坚没有听从。

前秦阳平公苻融上书说："东胡人占据的领土横跨六州，面南称帝，皇上兴师动众多年，然后才制服了他们，他们本来就不是倾慕道义才来的。如今皇上对他们亲近而又宠信，让他们父子兄弟林立于朝廷，掌握权力，行使职责，威势超过了功勋旧臣。我愚昧地认为，虎狼之心，终究不能畜养，星象如此变化，愿皇上稍加注意！"苻坚回复说："我正要统一天下为一家，把夷狄当作赤子看待，你应该去掉忧虑，不要心怀不安。只有修治德行才可以消除灾祸，假如能完善自己，还怕什么外患呢！"

（以上为第十段，写前秦攻打并夺取东晋梁州、益州；梓潼太守周虓因母、妻被掳而投降前秦，但不屑与之为伍；前秦太史令张孟劝苻坚杀掉前燕国主慕容暐父子兄弟，防止生变，苻坚不听。）

晋孝武帝宁康二年（甲戌，公元374年）

春季，正月初一癸未朔，东晋实行大赦。

正月二十七日己酉，东晋大臣刁彝去世。

二月初一癸丑，东晋任命王坦之为都督徐、兖、青三州诸军事及徐、兖二州刺史，镇守广陵。任命谢安总领中书职事。谢安喜好音乐，就连服丧期间，也不停演奏丝竹器乐。士大夫们效仿他，以至于成为一种时尚。王坦之屡屡写信恳切地劝说他，说："礼仪法度是天下之宝，应当为天下而爱惜它。"谢安没能听从劝告。

三月，前秦太尉建宁烈公李威去世。

夏季，五月，蜀人张育、杨光起兵攻打前秦，拥有士兵二万人，派使者来东晋请求援军。前秦主苻坚派镇军将军邓羌率领五万披甲士兵攻打他们。东晋益州刺史竺瑶、威远将军桓石虔率领三万士兵攻打垫江，姚苌的军队被打败，退到五城驻守。竺瑶、桓石虔驻扎在巴东。张育自称蜀王，与巴獠酋长张重、尹万的一万多人进军包围了成都。

六月，张育改年号为黑龙。秋季，七月，张育与张重等人争夺权力，起兵相攻，前秦杨安、邓羌攻袭张育，打败了他，张育与杨光退守绵竹。八月，邓羌在涪西打败了东晋军队。九月，杨安在成都以南打败了张重、尹万，张重战死，士兵被斩首的有二万三千人。邓羌在绵竹攻打张育、杨光，全都斩杀了他们。益州又归前秦所有。

冬季，十二月，有人进入前秦的明光殿大喊道："甲申、乙酉之年，鱼羊吃人，悲惨啊，没有人活着剩下来！"（鱼羊合为"鲜"字，暗指鲜卑人。）前秦王苻坚命令抓住此人，但没有抓获。秘书监朱肜、秘书侍郎略阳人赵整坚持请求诛杀鲜卑人，苻坚没有听从。赵整是宦官，博闻强记，善于写文章，喜欢直言，上书以及当面劝说，前后有五十多次。慕容垂的夫人深得苻坚的宠幸，苻坚和她同乘一车在后庭游玩，赵整作歌唱道："不见雀来入燕室，但见浮云蔽白日。"苻坚听到后脸色一变，向赵整道歉，同时命令这位夫人下车。

这一年，代王拓跋什翼犍攻打刘卫辰，刘卫辰向南逃走。

（以上为第十一段，写蜀人张育、杨光起兵攻打前秦，自称蜀王，前秦派遣重兵围剿；东晋派兵支援蜀人，被前秦打败；代王什翼犍攻打刘卫辰，卫辰向南逃走。）

晋孝武帝宁康三年（乙亥，公元375年）

春季，正月初五辛亥，东晋实行大赦。

夏季，五月初二丙午，东晋蓝田献侯王坦之去世。临终前给谢安、桓冲写信。

只是对国家的事情表示忧虑，没有谈及个人的事情。

东晋将领桓冲考虑到谢安历来深孚众望，想把扬州让给他，自己则请求到外地任职。桓氏家庭的人都认为这不是好办法，全都扼腕痛惜，苦苦劝说，郗超也竭力劝阻他，桓冲全都不予听从，恬静地对待此事。

五月初十甲寅，朝廷下达命令，任命桓冲为都督徐、豫、兖、青、扬五州诸军事及徐州刺史，镇守京口；任命谢安兼任扬州刺史，全都加任侍中。

六月，前秦清河武侯王猛患病卧床不起，前秦主苻坚亲自为他到南、北郊以及宗庙、社稷坛祈求神灵，并分派侍卫大臣前往黄河、华岳遍祈诸神。王猛的病情稍有好转，苻坚又为此而对判死刑以下的罪犯实行赦免。王猛上书说："没想到皇上因为我的性命而损害了天地之德，这是开天辟地以来没有过的事情。我听说回报恩德没有什么能比得上尽情直言，谨以我行将完结的生命，私下里向皇上进献剩下的一点忠诚。我想到皇上威德功业震动八方以外，声望教化照耀天地之中，九州百郡，十有其七，平定燕蜀，有如俯拾小草。善于开创的人不一定善于守成，善于起始的人不一定善于结束，所以古代的圣哲帝王知道建功立业的不易，都是战战兢兢，如临深渊。我盼望皇上能够追随前代的圣哲帝王，这是天下的大幸。"苻坚看了王猛的上书，十分悲痛。

秋季，七月，苻坚亲自到王猛的宅第察看他的病情，并向他询问后事。王猛说："晋朝虽然偏居长江以南，但他们是正统相沿，上下安定和睦，臣死了以后，希望不要把晋朝作为图谋的对象。鲜卑、西羌，是我们的仇敌，最终也要成为我们的祸患，应当逐渐消灭他们，以使江山安定。"说完这话，王猛就死了。苻坚亲自参与装殓王猛，三次前往痛哭，并对太子苻宏说："上天不想让我统一天下吗？为什么这么快就夺走了我的王猛呢？"依照汉代霍光的旧例安葬了王猛。

八月二十日癸巳，东晋立王氏为皇后，实行大赦。王皇后是王濛的孙女。任命王皇后的父亲晋陵太守王蕴为光禄大夫，兼五兵尚书，封为建昌县侯。王蕴坚决辞让，不接受任命。

九月，东晋孝武帝司马曜讲习《孝经》，开始阅览典籍，邀请儒士。谢安荐举东莞人徐邈补中书舍人，他经常接受孝武帝的询问，匡正补益颇多。孝武帝有时宴集群臣，酣饮歌乐之后，喜欢随手写些诗歌赐给侍臣，有的诗歌文辞草率，内容污杂，徐邈按时把这些诗歌搜集起来，带回中书省加以修改，使它们全都适宜观览，经过孝武帝重新审阅，然后再传播出去。当时的人们都因此而称赞徐邈。

冬季，十月初一癸酉朔，出现日食。

前秦主苻坚下达命令说："刚刚丧失了贤明的辅佐，百官当中有的不称我的心愿，可以在未央宫以南设置听理诉讼的台观，我五天亲临一次，以访求隐没在民间的人才。如今天下虽然还没有完全平定，但暂且可以停息武备，修明文教，以实现王猛高雅的旨趣；应该进一步尊崇儒家学说，禁止老子、庄子及宣扬符命占验的学说，有犯者斩首示众。”

前秦适宜地选择生员，太子以及公侯百官的子弟全都就学受业，朝廷内外的四禁、二卫、四军中长期宿卫的将士，全都命令他们参加学习。每二十人配备一名经生，负责教授诵读音句，在后宫设置学官，用来教授妃嫔，选择宦官以及女仆中的聪慧敏捷者到博士那里去学习经书。尚书郎王佩阅读、宣扬谶纬符命的书籍，苻坚把他杀掉了，从此学习谶纬的人也就绝迹了。

（以上为第十二段，写东晋将领桓冲因谢安深孚众望，主动让出扬州刺史；前秦丞相王猛去世，临终前希望前秦主苻坚不要图谋东晋，集中力量消灭鲜卑、西羌，使前秦安定；前秦主苻坚痛失贤才，禁学老、庄、图谶。）

【点评】

桓温功过。桓温三次出兵北伐，攻打前秦、羌族姚襄、前燕，但得不到朝廷的支持，可以说是孤军奋战。而后，他独揽朝政十多年，操纵废立，有意夺取帝位，但终未能如愿。

桓温有志向，从权臣角度来看，桓温有些像当年的王敦，但他在内心上效法的是刘琨，以收复中原为念。可天下事不如意者十之八九，他只得在朝廷不予赞成的情况下出兵北伐。

桓温在世，曾与两位名相有过交结。一个是王猛，桓温北伐，驻扎在长安灞水，王猛在华山隐居，向桓温自荐献策。他虽是一介布衣，但在征西大将军面前毫不怯色，手扪虱子，侃侃而谈，终日不倦。桓温感慨地说：“江东没有像王猛这样的人才！”桓温许诺授予王猛高官，担任督护，同回荆州。王猛没有答应。也许，王猛在与桓温的交谈中，发现了桓温的致命缺陷。一个是谢安，朝廷屡征不就，而第一次出山，就是进入桓温的幕府担任司马之职。桓温对谢安十分器重，与之交谈，也是终日不倦，而谢安待了一段时间，似乎也觉得这里不是理想的栖身之地，便婉言辞职。王猛与谢安，他们各自成就了一番大事业，被千古传颂。这说明在英雄眼里，桓温还算不上是真正的英雄。说到底，桓温在他所建立的功勋中，还带有很大一部分的私心杂念。

晋纪二十六

晋孝武帝太元元年至七年（公元376—公元382）

【起柔兆困敦（丙子，公元376年），尽玄黓敦牂（壬午，公元382年），凡七年】

【大事提要】

本卷记事起公元376年，讫公元382年，凡七年，当晋孝武帝（司马曜）太元元年至太元七年。本卷所载大事，主要有三个方面。其一，司马曜亲政，改元太元。公元376年，晋孝武帝司马曜13岁，开始临朝，皇太后归政，复称崇德太后。经谢安策划，以郗愔为镇军大将军，解除会稽内史职务；桓冲为车骑将军，解除徐州刺史职务，自京口移镇姑孰；谢安为中书监、录尚书事，总揽朝政。其二，前秦灭前凉、灭代国。前凉王张天锡荒于声色，不问政事。公元376年，前秦主苻坚派武卫将军苟苌等率步骑13万，西讨前凉。前凉军败退，前秦兵进至姑臧城，张天锡被迫率众降秦，苻坚封他为归义侯。前凉共存在76年。苻坚乘胜兵伐代国，代王拓跋什翼犍几次发兵抵抗，都被打败，不久，代王室发生内讧，前秦乘机消灭代国。代国存在了62年。其三，前秦用兵东晋。公元378年，前秦主苻坚派征南大将军苻丕等率领步骑兵7万攻下东晋重镇襄阳。公元382年，苻坚大会群臣，讨论攻打东晋之事。群臣各言利弊，久而不决。将领苻融认为伐晋有三难：天道不顺，晋国无内乱，我方士卒疲劳，而皇上出征，只恐京师发生变乱。太子苻宏、沙门道安、张夫人等先后劝说，苻坚一概不听。

烈宗考武皇帝上之中

晋孝武帝太元元年（丙子，公元376年）

春季，正月初一壬寅朔，东晋孝武帝司马曜加冠，皇太后下达命令，将朝政归还给他，自己恢复崇德太后的称号。

正月初三甲辰，实行大赦，改年号为太元。

正月初五丙午，孝武帝开始临朝主持国政。任命会稽内史郗愔为镇军大将军，都督浙江东五郡诸军事；任命徐州刺史桓冲为车骑将军、都督豫江二州之六郡诸军事，从京口调到姑孰镇守。谢安想让王蕴做地方长官，所以先解除桓冲在徐州的职务。

正月十四日乙卯，任命谢安为中书监，录尚书事。

二月二十一日辛卯，前秦主苻坚下达命令说："我听说作为帝王，应该在搜求贤能的人时辛劳，得到合适的人才后就省心省力了。这话多么符合实际呀！过去我得到了丞相王猛，经常说帝王非常容易做。自从丞相去世以后，我已经操劳得胡须、头发都半白了，每当想到王猛，酸楚悲痛就油然而生。如今天下既然失去丞相，政事教化或许会陷于沦废，可以分派侍臣周游巡视各郡县，询问民间疾苦。"

三月，前秦军队进犯南乡，攻下该地，山蛮民众三万户投降前秦。

夏季，五月十五日甲寅，东晋实行大赦。

当初，张天锡诛杀张邕的时候，刘肃以及安定人梁景全都有功，他们二人因此得宠，被赐姓张氏，张天锡把他们当作自己的儿子，让他们参与政事。张天锡沉湎于酒色，不亲自处理政务，废除了世子张大怀，改立宠妾焦氏的儿子张大豫为世子，以焦氏作为左夫人，人们心里都很怨恨愤怒。堂弟从事中郎张宪用车拉着棺材，以死劝说，张天锡也不听从。

前秦主苻坚下达命令说："张天锡虽然对我们称藩，接受了我们授予的官位，但他为臣之道不纯，可以派遣使持节、武卫将军苟苌和左将军毛盛、中书令梁熙、步兵校尉姚苌等人统领军队逼近西河驻扎，让尚书郎阎负、梁殊遵奉命令，征召张天锡前来朝廷，如果他违背命令，马上进军攻打。"这时，前秦的步、骑兵有十三万人，军司段铿对周虓说："以这么多的士兵出战，有谁能抵挡！"周虓说："在戎狄之人这里，确实是从来也没有过的。"苻坚又命令秦州刺史苟池、河州刺史李辩、凉州刺史王统率领三州的士兵作为苟苌的后继部队。

（以上为第一段，写东晋孝武帝司马曜加冠，亲政，改元太元；前凉主张天锡荒于酒色，废嫡立庶，前秦觉得有机可乘，便令入朝，一旦违令，便出动大军征讨。）

秋季，七月，阎负、梁殊抵达姑臧。张天锡召集手下的官员们商量说："如今前往朝廷，一定就无法返回了；如果不听从征召，前秦的军队一定会到来，该怎么办呢？"禁中录事席仂说："以您心爱的儿子作为人质，再给他们奉赠贵重的宝物，以使他们的军队撤退，然后再从长计议，这是以屈求伸的办法。"众人听后全都愤怒，说："我们世世代代侍奉晋朝，忠诚节气闻名海内。如今一旦委身于秦贼门下，耻辱殃及祖宗。再也没有比这更大的羞耻了！况且凭仗河西的天险，百年无患，如果出动境内的全部精兵，再向西延请西域、向北延请匈奴的兵力抵抗他们，怎么就知道不能取胜呢！"张天锡撸起袖子大声说："我主意已定，说投降者斩首！"于是张天锡派人告诉阎负、梁殊说："你们是想活着回去呢，还是死着回去？"梁殊等人回答的语气毫不屈服。张天锡发怒，把他们捆绑在军营的门柱上，命令士兵乱箭射死他们，并说："射不中的人，就是和我不一心。"张天锡的母亲严氏哭泣着说："秦国主靠一州之地起家，横扫天下，向东平定了鲜卑，向南攻取了巴蜀，军队丝毫没有被阻滞。你如果投降了，还可以延长几年性命。如今以此一隅之地，抗衡大国，又杀掉了他们的使者，离灭亡没有几天了！"张天锡派龙骧将军马建率领士兵二万人抵抗前秦。

前秦人听说张天锡杀掉阎负、梁殊，八月，梁熙、姚苌、王统、李辩从清石津渡过西河，在河会城攻打前凉骁烈将军梁济，降服了他们。

八月十七日甲申，苟苌由石城津渡河，与梁熙会合，攻取了缠缩城。马建畏惧，从杨非退守清塞。张天锡又派征东将军掌据率领三万士兵集结于洪池，张天锡亲自统领剩下的五万士兵，集结在金昌城。安西将军、敦煌人宋皓向张天锡进言说："我白天观察人际表现，晚上观察天文星象，秦国的军队不可抵挡，不如投降。"张天锡发怒，将宋皓贬为宣威护军。广武太守辛章说："马建出身于行伍，一定不会为国家效力。"苟苌让姚苌率领三千甲士作为前锋部队。

八月二十三日庚寅，马建率领一万人向苟苌投降，其余的士兵全都逃散。

八月二十四日辛卯，苟苌与掌据在洪池交战，掌据的部队被打败，战马被乱兵杀死，属下董儒交给他一匹马，掌据说："我三次督领各路军队，二次持符节斧钺，八次领宫中卫队，十次在外带兵，受到的重用宠信达到了顶峰。今天终于受困于此，这就是我的死亡之地，怎么还能安身活命呢？"于是进入军帐，褪下头盔甲胄，向西叩头，自刎而死。前秦士兵杀死军司席仂。

八月二十六日癸巳，前秦军队进入清塞，张天锡派司兵赵充哲率领士兵抵抗。前秦的军队与赵充哲在赤岸交战，彻底攻破了他们，俘获并斩首三万八千人，赵充哲战死。张天锡亲自出城迎战，城内又发生了反叛。张天锡与数千骑兵逃回姑臧。

八月二十七日甲午，前秦军队抵达姑臧，张天锡以白车白马载着棺材，双手反绑于身后，在军营门前投降。苟苌为他松绑，焚烧了棺材，送他到长安，凉州的郡县全都投降了前秦。

九月，前秦主苻坚任命梁熙为凉州刺史，镇守姑臧。将七千多户豪强世族迁移到关中，其余的全都让他们在原地安居；封张天锡为归义侯，授官北部尚书。

当初，前秦军队出征的时候，就预先为张天锡在长安建造了宅第，张天锡到达长安后就住在这里。任命张天锡手下的晋兴太守陇西人彭和正为黄门侍郎，治中从事武兴人苏膺、敦煌太守张烈为尚书郎，西平太守金城人赵凝为金城太守，高昌人杨幹为高昌太守，其余的人全都根据才能加以任用。

梁熙清正节俭，爱护民众，黄河以西因此很安定。他任用张天锡手下的武威太守敦煌人索泮为别驾，宋皓为主簿。西平人郭护起兵攻打前秦，梁熙任命宋皓为折冲将军，前去攻打并平定了他们。

桓冲听说前秦攻打凉州，派兖州刺史朱序、江州刺史桓石秀与荆州督护桓罴率兵在沔水、汉水一带游巡，声援凉州。又派豫州刺史桓伊率领士兵开向寿阳，淮南太守刘波的水军乘船在淮水、泗水巡游，想分散前秦的兵力，以救助凉州。当听说凉州失败覆没以后，全都停止了行动。

（以上为第二段，写前凉主张天锡杀害前秦使臣，前秦主苻坚下令征讨，前凉大败亏输，张天锡投降前秦，前凉灭亡；东晋声援前凉，收效甚微，无济于事。）

当初，东晋哀帝司马丕减少田租，每亩收租二升。九月初八乙巳，废除了按田亩收租的制度，王公以下的人，每人交纳三斛米的赋税，对服兵役、劳役的人实行减免。

冬季，十月，东晋将淮河以北的百姓迁移到淮河以南。

匈奴铁弗部首领刘卫辰受到代国的威胁，向前秦求救，前秦主苻坚任命幽州刺史、行唐公苻洛为北讨大都督，率领幽州、冀州的十万军队攻击代国，让并州刺史俱难，镇军将军邓羌，尚书赵迁、李柔，前将军朱肜，前禁将军张蚝，右禁将军郭庆率领步兵、骑兵二十万人，东出和龙，西出上郡，全都与苻洛会合，让刘卫辰做向导。苻洛是苻菁的弟弟。

苟苌攻打凉州的时候，派扬武将军马晖、建武将军杜周率领八千骑兵西出恩宿，截断张天锡的退路，并让他们在一定的期限内到姑臧会合。马晖等行进到洼池，遇上了大水，延误了期限，按照军法应当斩首，有关部门奏请召回投入牢狱。前秦王苻坚说："河水春季、冬季枯竭，秋季、夏季暴涨，这是苟苌估计上的失误，不是马晖等人的罪过。如今天下正有战事，应该宽恕罪过，责成他们立功。命令马晖等人掉头奔赴北军，攻击代国的敌虏以自我赎罪。"众人都认为相距万里征召战将，难以迅速响应，苻坚说："马晖等人对免于一死感到高兴，不能按常规去怀疑他们。"马晖等人果然日夜兼程，迅速行进，于是赶上了东军。

十一月，己巳朔（疑误），出现日食。

代王拓跋什翼犍让白部、独孤部在南面抵御前秦的军队，都没有取胜。又让南部大人刘库仁统领十万骑兵去抵御。刘库仁与刘卫辰同族，是拓跋什翼犍的外甥。他与前秦军队在石子岭交战，刘库仁大败。拓跋什翼犍患病，不能亲自带兵上阵，于是，率领众部族逃奔到阴山以北。高车各部族全都反叛，四面攻劫掠夺，由于无法牧养牲畜，拓跋什翼犍又到了沙漠以南。听说前秦军队逐渐撤退，十二月，拓跋什翼犍回到云中。

当初，拓跋什翼犍分出国土的一半授予弟弟拓跋孤，拓跋孤死后，儿子拓跋斤失去了继承的职位，因而心怀不满。拓跋什翼犍的长子拓跋寔及弟弟拓跋翰早年死亡，拓跋寔的儿子拓跋珪年龄尚幼，慕容妃的儿子拓跋阏婆、拓跋寿鸠、拓跋纥根、拓跋地干、拓跋力真、拓跋窟咄全都年长，由谁来继位还未确定。当时前秦的军队尚在君子津，慕容妃的儿子们每到夜晚都手持兵器警卫。拓跋斤借机劝说拓跋什翼犍的庶长子拓跋寔君说："国王将要立慕容妃的儿子为继承人，想要先杀掉你，所以近来慕容妃儿子们每到夜晚都全副武装，领兵环绕庐帐，窥探好时机后就要动手了。"拓跋寔君信以为真，于是杀掉了弟弟们，把拓跋什翼犍也杀了。当晚，慕容妃儿子们的妻子以及部属跑去向前秦的军队报告，前秦的李柔、张蚝率兵开赴云中，代国的部属士兵溃逃，国内大乱。拓跋珪的母亲贺氏带着拓跋珪投奔了贺讷。贺讷是贺野干的儿子。

（以上为第三段，写匈奴铁弗部首领刘卫辰受到代国威胁，向前秦求救，前秦主苻坚派大军攻打代国，代国大乱，拓跋什翼犍庶长子拓跋寔君杀害诸弟，拓跋珪奔依贺讷。）

前秦主苻坚召见代国长史燕凤，问他导致代国大乱的原因，燕凤把实情原原本本地告诉了他。苻坚说："天下的丑恶都是一样的。"于是就将拓跋寔君及拓跋斤押解到长安，车裂了他们。苻坚想把拓跋珪迁移到长安，燕凤坚持请求说："代王拓跋什翼犍刚刚死亡，群臣、部属背叛离散，留下来的孙子年幼，没有人再统领代国。代国的别部大人刘库仁，勇猛而有智谋，刘卫辰则狡猾多变，他们都不宜独担重任。应该将众部族一分为二，让这两人分别统领。他们两人历来有深仇，势必都不敢首先发难。等到拓跋珪逐渐长大，再将他立为王，这样皇上对代国有存亡继绝的恩德，从而使他们子子孙孙永远成为不侵犯、不背叛的臣属，这才是安定边境的良策。"苻坚听从了燕凤的意见。把代国的百姓分为两部分，自黄河以东属于刘库仁，自黄河以西属于刘卫辰，各授官职爵位，让他们统领自己的部众。贺氏带着拓跋珪返回了独孤部，与南部大人长孙嵩、元佗等都归依了刘库仁。行唐公苻洛考虑到拓跋什翼犍的儿子拓跋窟咄年长，把他迁移到了长安。苻坚让拓跋窟咄进入太学读书。

苻坚下达命令说："张天锡继承了先辈的成果，凭借着延续百年的功业，擅自在黄河以西发号施令，偏居一隅飞扬跋扈。索头部族世代横跨朔北，在中部，分割地域；在东部，结交濊貊；在西部，招引乌孙，士兵百万，虎视云中。于是命令苟苌、苻洛二军，分别讨伐狡诈的敌虏，征战不到一年，就彻底消灭了这两个顽凶，俘获多达百万，开辟领土九千。没有宾服五帝的人，周朝、汉朝没能到达的地方，全都经过辗转翻译前来朝见，感念我们的恩德，恪尽职守。有关部门应当迅速依功授爵，军中将士全都免除赋税五年，赏赐爵位三级。"于是让行唐公苻洛担任征西将军，任命邓羌为并州刺史。

阳平国常侍慕容绍私下里对他的哥哥慕容楷说："前秦自恃强大，求胜不止，北面驻守云中，南面镇守蜀汉，辗转运输，遥遥万里，道旁坟冢相望。军队疲惫在外，百姓困苦在内，危亡之时已经临近了。冠军叔父慕容垂的仁爱、智谋、气度出类拔萃，一定能弘扬光复燕国的国统，我们只需要多多保重以等待时机！”

当初，前秦人攻克了凉州以后，商议攻打西方边境上的氐族、羌族部落。前秦王苻坚说：“他们不同种族部落混杂而居，并不统一，不能构成中原之国的大患，应该先加以安抚劝谕，征收他们的田租赋税，如果不服从命令，然后再去攻打他们。”于是就让殿中将军张旬前往安抚，让庭中将军魏曷飞率领骑兵二万七千人紧随其后。魏曷飞对他们凭借险要的地势拒不降服非常气愤，就发兵对他们展开攻击，大肆抢掠以后返回。苻坚对他违背命令十分愤怒，打了他二百鞭，杀掉了前锋督护储安以向氐族、羌族人谢罪。氐族、羌族人十分高兴，向前秦投降归附进献贡奉的有八万三千多个部落。雍州士族先前因为战乱而流落寓居河西的人，全都听凭他们返回故土。

刘库仁招纳安抚叛离逃散的百姓，恩德与信义十分明显，事奉拓跋珪殷勤周到，不因为他的废兴而改变主意，常对儿子们说：“这孩子有高于天下人的志向，一定能弘扬昌隆祖先的业绩，你们应当谨慎小心地对待他。”前秦王苻坚奖赏刘库仁的功绩，任命他为广武将军，并给予他旌旗、战鼓、伞盖。

刘卫辰对位居刘库仁之下感到耻辱，愤怒地杀掉了前秦五原太守后反叛。刘库仁攻打刘卫辰，攻破了他，一直追击到阴山西北一千多里的地方，俘获了他的妻儿。又向西攻击库狄部，迁移他们的部落，安置在桑乾川。过了许久，苻坚任命刘卫辰为西单于，督率统领河西的各部族，驻扎在代来城。

这一年，乞伏司繁去世，儿子乞伏国仁继位。

（以上为第四段，写前秦主苻坚派遣大军攻打代国，平定后将代国一分为二，分别由刘库仁、刘卫辰镇守，后又加封刘库仁，导致刘卫辰反叛，叛乱被刘库仁平定。）

晋孝武帝太元二年（丁丑，公元 377 年）

春季，高句丽、新罗、西南夷全都派遣使者来向前秦进献贡奉。

原后赵国将作功曹熊邈向前秦主苻坚讲述石氏宫室、器物古玩的华丽丰盛，苻坚任命熊邈为将作长史，兼尚方丞，大规模地修整舟船、兵器，用金银装饰，精巧之极。慕容农私下里对慕容垂说：“自从王猛死后，前秦的法律制度日益荒废，如今再加上奢侈，灾祸快要临头了，图谶中的话，行将应验。大王应当结交招纳勇武杰出之人以禀承天意，时机不可丧失！”慕容垂笑着说：“天下大事不是你所能预知的。”

东晋将领桓豁上书请求任命兖州刺史朱序为梁州刺史，镇守襄阳。

秋季，七月，丁未（疑误），东晋任命尚书仆射谢安为司徒，谢安辞让不予接受。又任命谢安为侍中，都督扬、豫、徐、兖、青五州诸军事。

七月丙辰（疑误），征西大将军、荆州刺史桓豁去世。

冬季，十月十一日辛丑，任命桓冲都督江、荆、梁、益、宁、交、广七州诸军事，兼荆州刺史。任命桓冲的儿子桓嗣为江州刺史。又任命五兵尚书王蕴都督江南诸军事，兼徐州刺史，任命征西司马兼南郡相谢玄为兖州刺史，兼广陵相，监长江以北诸军事。

桓冲考虑到前秦人威势强盛，想移师固守长江以南，奏请从江陵移镇上明，让冠军将军刘波戍守江陵，谘议参军杨亮戍守江夏。

东晋王蕴坚持辞让徐州刺史的职务，谢安说："你居皇后之父的重要身份，不应该妄自菲薄，以损害一时的恩遇。"王蕴于是接受任命。

当初，中书郎郗超自认为他的父亲郗愔的职位待遇应该在谢安之上，然而谢安入朝掌握了重要的权力。郗愔却在一些闲散的职位上悠闲无事，所以郗超的愤恨抑郁之情时常溢于辞色，因此与谢氏产生了隔阂。这时，朝廷正对前秦的侵扰深以为忧，下达命书在文武良将中寻求可以镇守戍卫北方领土的人，谢安荐举他哥哥的儿子谢玄应诏。郗超听说后，慨叹道："谢安贤明，才能够违背凡俗荐举他的亲戚；谢玄的才能足以不辜负谢安的荐举。"众人全都认为并非如此。郗超说："我曾经与谢玄同在桓温的幕府共事，见他施展才能，虽然是履屐间的小事也从来不失职，所以我了解他。"

谢玄招募敏捷勇猛之人，得到了彭城的刘牢之等数人。任命刘牢之为参军。他经常统领精锐部队作为前锋出战，战无不胜。当时的人称他们为"北府兵"，敌人对他们很害怕。

十月十二日壬寅，护军将军、散骑常侍王彪之去世。当初，谢安想要增建宫室，王彪之说："朝廷中兴之初，把东府作为宫廷，甚为简陋。苏峻之乱，成帝住在御史台官吏办公的地方，几乎连寒风酷暑也不能遮挡，所以才又营造了新宫。与汉魏相比还算简陋，但与刚刚渡过长江时相比则算是奢侈了。如今正值敌寇强大，怎么能大兴土木，侵扰百姓呢！"谢安说："宫室粗弊简陋，后人会说住在这里的人无能。"王彪之说："凡承担天下重任的人，应当保全国家安定百姓，使政事光明显赫，怎么能以修建宫室为能事呢！"谢安无法改变他的意见，所以王彪之在世期间，什么宫室也没有营建。

十二月，临海太守郗超去世。当初郗超与桓氏结为同党，因为父亲郗愔忠诚于王室，所以没让父亲知道。等到他病重以后，拿出一箱子书信交给门下的弟子，说："父亲年纪大了，我死了以后，如果父亲因为悲痛惋惜而妨碍了起居饮食的时候，可以把这个箱子呈献给他；如果没有出现这种情况，就把箱子烧掉。"郗超死后，郗愔果然因悲痛惋惜而患病，弟子把箱子呈送给他，里面全是郗超与桓温商议密谋的往返信件。郗愔勃然大怒，说："这小子死得已经晚了！"于是就不再为他悲痛流泪了。

（以上为第五段，写前秦大规模修整舟船、兵器，饰以金银；东晋谢安掌控朝政，荐举侄子谢玄，谢玄统帅精锐部队为前锋出战，战无不胜，时人称为"北府兵"。）

晋孝武帝太元三年（戊寅，公元378年）

春季，二月十七日乙巳，开始建造新宫，东晋孝武帝司马曜移居到会稽王的宫邸。

前秦主苻坚派遣征南大将军、都督征讨诸军事、守尚书令、长乐公苻丕，武卫将军苟苌和尚书慕容暐率领七万步、骑兵进犯东晋襄阳，让荆州刺史杨安率领樊州、邓州的士兵作为前锋，征虏将军始平人石越率领一万精锐骑兵出鲁阳关，京兆尹慕容垂、扬武将军姚苌率领五万士兵出南乡，领军将军苟池、右将军毛当、强弩将军王显率领四万士兵出武当，会合攻打襄阳。

夏季，四月，前秦军队抵达沔水以北，梁州刺史朱序认为前秦的军队没有舟船，未做防备。等到石越率领五千骑兵顺流渡过汉水，朱序惶恐惊骇，固守中城。石越攻克了他的外城，缴获了一百多艘船只，用来接运其余的士兵。长乐公苻丕统领众将领攻打中城。

朱序的母亲韩氏听说前秦的军队将要到达，亲自登上城墙察看是否坚固。行至西北角，认为这里不够坚固，于是就率领女仆及城里的成年女子一百多人在城墙里边又斜着修筑了一道城墙。等到前秦军队来到以后，西北角的城墙果然被攻破，士兵们转移到新城墙上防守，襄阳人称这段城墙为"夫人城"。

桓冲在上明拥有士兵七万人，由于害怕前秦的强大，不敢进军。

苻丕想要急攻襄阳，苟苌说："我们的士兵十倍于敌人，储备的粮食堆积如山，只要逐渐把汉水、沔水一带的百姓迁移到许昌、洛阳，阻塞他们转运的通道，断绝他们的援军，他们就如同坠入罗网的鸟，还怕抓不到他们吗？何必要以将士们过多的伤亡为代价，而急切地求取成功呢！"苻丕听从了他的意见。慕容垂攻下了南阳，抓获太守郑裔，与苻丕在襄阳会合。

秋季，七月，新宫建成。二十五日辛巳，孝武帝司马曜进入新宫居住。

前秦兖州刺史彭超请求攻打在彭城的沛郡太守戴逯，并说："希望再派遣大将攻打淮河以南各城，以便与征南大将军苻丕形成围棋劫争之势，东西并进，丹阳不堪一击！"前秦王苻坚听从了他的意见，让他都督东讨诸军事。前秦后将军俱难、右禁将军毛盛、洛州刺史邵保率领七万步、骑兵进攻淮阳、盱眙。彭超，是彭越的弟弟；邵保是邵羌的堂弟。

八月，彭超攻打彭城。东晋命令右将军毛虎生率领五万士兵镇守姑孰以抵御前秦军队。

前秦梁州刺史韦钟在西城包围了魏兴太守吉挹。

九月，前秦王苻坚与群臣饮酒，让秘书监朱肜当酒正官，让人们都喝到烂醉如泥的程度。秘书侍郎赵整编了一首《酒德之歌》说："地上有酒泉，天上垂着酒池，杜康酒的美妙，帝女仪狄先知。纣丧失殷商之邦，桀倾毁夏朝之国，由此言之，前人的危亡，后人的法则。"苻坚听后十分高兴，命令赵整写出来以作为对饮酒的禁戒，从此再宴请群臣时，只是礼节性地喝一点酒而已。

前秦凉州刺史梁熙派遣使者进入西域，宣扬前秦的威势道德。冬季，十月，大宛进献汗血宝马。前秦王苻坚说："我曾经羡慕汉文帝的为人，使用千里马干什么呢？"于是就命令群臣作《止马之诗》，送还汗血马。

巴西人赵宝在凉州起兵，自称为晋朝西蛮校尉、巴郡太守。

前秦豫州刺史北海公苻重镇守洛阳，图谋反叛。前秦王苻坚说："长史吕光忠诚正派，一定不会与他同流合污。"于是命令吕光拘捕了苻重，用囚车把他送到长安。苻坚赦免了他，让他以公爵的身份回家。苻重是苻洛的哥哥。

十二月，前秦御史中丞李柔进上弹劾奏章说："长乐公苻丕等人拥兵十万，围攻小城，每天耗费万金，但久围而不见功效，请求召回，送交廷尉加以追究。"前秦王苻坚说："苻丕等人大量耗费不见成效，确实应该被贬责斩杀。只是军队出征已久，不能无功而返，特别宽恕他们一次，让他们以成就战功来赎罪。"苻坚派黄门侍郎韦华持符节严厉地责备苻丕等人，并赐给苻丕一把剑，说："明年春天还不能取胜的话，你就可以自杀，不要再厚颜来见我了！"

周虓在前秦，秘密地给桓冲写信，报告前秦的密谋计策。后又逃奔到汉中，被前秦人抓获后赦免了。

（以上为第六段，写前秦主苻坚发动对东晋的战争，派出重兵攻打襄阳，前秦大将苻丕，围而不攻，师老前线，被弹劾；东晋将领桓冲拥兵七万，畏敌不敢进军；前秦北海公苻重谋反，被平定。）

晋孝武帝太元四年（己卯，公元 379 年）

春季，正月初八辛酉，东晋实行大赦。

前秦长乐公苻丕等人见到命令后十分惶恐，就命令各路部队协力攻打襄阳。前秦王苻坚想亲自统领军队攻打襄阳，下令阳平公苻融率领关东六州的士兵会集寿春，下令梁熙率领黄河以西的士兵作为后继部队。阳平公苻融劝说道："皇上想要夺取长江以南，本来应当广泛征求意见，深思熟虑，不可仓促行事。如果仅仅是攻取襄阳，又怎么值得亲劳大驾呢？没有动用整个天下的士兵而仅仅是为了区区一城的，正所谓‘以珍贵无比的随侯之珠来弹射高达千仞的小雀’呀！”梁熙劝说道：“晋主的暴躁不像孙皓，山河险峻坚固，易守难攻。皇上一定想要统一江南，也不过分别命令将帅带领关东的军队，南进淮河、泗水，让梁州、益州的士兵顺流而下，东出巴山、三峡就可以了，又何必亲自屈居鸾舆，远到洼湿之地呢？过去汉光武帝刘秀诛杀公孙述，晋武帝司马炎擒获孙皓，没有听说二位帝王亲自统领六军，亲自执掌战鼓，遭受箭石的攻击。”苻坚于是作罢。

东晋朝廷命令冠军将军、南郡相刘波率领八千士兵救援襄阳，刘波畏惧前秦，不敢前进。朱序屡屡出战，攻破前秦的军队，秦兵逐渐远退，朱序不再设防。

二月，东晋襄阳督护李伯护秘密地派遣他的儿子到前秦去表示忠诚，请求作为内应。长乐公苻丕命令各路部队进攻襄阳。戊午（疑误），攻克了襄阳，抓获了朱序，把他送到长安。前秦主苻坚因为朱序能够保持气节，授官度支尚书。认为李伯护不忠诚，就把他杀掉了。

前秦将军慕容越攻下顺阳，抓获了太守、谯国人丁穆。苻坚想给他授官，丁穆固执地推辞不接受。苻坚任命中垒将军梁成为荆州刺史，给他配备了一万兵力，镇守襄阳，选拔当地有才能名望的人，给予礼遇，并加以任用。

东晋将领桓冲因为襄阳沦陷覆没，上书要求送还印章符节，请求解除他的职务，没有被允许。朝廷下达命令，免除刘波的官职，不久，又任命他为冠军将军。

前秦任命前将军张蚝为并州刺史。

东晋兖州刺史谢玄率领一万多士兵救援彭城，驻扎在泗口，想要派遣伺机行事的使者去向戴逯报告，但找不到合适的人。军中将领田泓请求潜水去彭城，谢玄派他去了。田泓被前秦人抓获，前秦人送给他很多财物，让他报告说南军已经失败。田泓佯装同意，但到达后却告诉城里的人说：“南军快要到达了，我独自前来报告被敌人抓获，你们努力吧！”前秦人把田泓杀掉了。

前秦将领彭超在留城放置了轻重装备，谢玄扬言派遣后军将军何谦开赴留城。彭超听说后，放弃了对彭城的包围，率兵返回留城保护轻重装备。戴逯率领彭城的部众，跟随何谦投奔谢玄，彭超于是占据彭城，留下兖州治中徐褒守卫彭城，彭超南攻盱眙。俱难攻克了淮阴，留下邵保戍守。

三月初十壬戌，东晋下达命令认为“边境多有忧患，谷物收成不佳，供奉御用所需，一律应该节简；九族的供给、百官的粮俸，暂且减掉一半。各种劳役费用，如果不是关系军队和国家事务的关键，全都应该停止支出以求节省”。

三月，癸未（疑误），东晋派右将军毛虎生率领三万士兵攻打巴中，用以救援魏兴。前锋督护赵福等人抵达巴西后，被前秦将领张绍等打败，损失七千多人。毛虎生退到巴东驻扎。蜀人李乌聚集了二万士兵，包围了成都以响应毛虎生，前秦王苻坚派破虏将军吕光攻打并消灭了他们。

（以上为第七段，写前秦久攻襄阳不下，前秦主苻坚欲亲自统军攻打，被臣下劝止；襄阳陷没，东晋将领桓冲自认为失职，主动要求免职，朝廷不许。）

夏季，四月二十六日戊申，前秦将领韦钟攻下了魏兴，吉挹正要拔刀自杀，左右的人夺下了他的刀。恰好这时前秦人到达抓获了他，吉挹一言不发，粒米不进而死亡。前秦王苻坚感叹地说："前有周虓不示屈服，后有丁穆洁身自好，如今吉挹又闭口而死，为什么晋朝有这么多的忠臣呢？"吉挹的参军史颖逃了回来，东晋朝廷得到了吉挹临终前亲笔写下的奏书，下达命令追赠他为益州刺史。

前秦毛当、王显率领二万士兵从襄阳东进，与俱难、彭超会合后攻打淮河以南地区。

五月十四日乙丑，俱难、彭超攻下了盱眙，抓获了高密内史毛璪之。前秦的六万军队在三阿包围了幽州刺史田洛，离广陵只有一百里。东晋朝廷十分震惊，沿长江部署了戍卫力量，派遣征虏将军谢石率领水军驻扎在涂中。谢石是谢安的弟弟。

东晋右卫将军毛安之等率领四万士兵驻扎在堂邑。前秦毛当、毛盛率领二万骑兵攻袭堂邑，毛安之等惊慌溃逃。兖州刺史谢玄从广陵出发救援三阿。

五月二十五日丙子，俱难、彭超战败，退守盱眙。

六月初七戊子，谢玄与田洛率领五万士兵进军攻打盱眙，俱难、彭超又被打败，退到淮阴驻扎。谢玄派遣何谦等人率领水军趁着涨潮沿河而上，夜间焚烧了淮桥。邵保战死，俱难、彭超后退驻扎于淮河以北。谢玄与何谦、戴逯、田洛一起追击他们，在君川交战，又打败了他们。俱难、彭超向北逃跑，仅仅逃脱了性命。谢玄返回广陵，朝廷下达命令，晋升他的封号为冠军将军，授予兼领徐州刺史的官职。

前秦主苻坚听说此事，勃然大怒。秋季，七月，派囚车去征召彭超，要将他送交廷尉，彭超自杀。俱难被免除爵位降为庶民。

苻坚任命毛当为徐州刺史，镇守彭城；毛盛为兖州刺史，镇守湖陆；王显为扬州刺史，戍守下邳。

谢安做宰相时，前秦人屡屡进犯，守境的晋军失利，朝臣惊恐而谢安却总是以沉着、平和的态度使大家镇静。他的施政方法是务举大纲，不拘泥于小事。当时的人把谢安与王导相提并论，但认为谢安的文雅要超过王导。

八月初七丁亥，东晋任命左将军王蕴为尚书仆射，不久又提升为丹阳尹。王蕴认为自己是皇后的父亲，不想在朝廷内任职，苦苦请求到外地去，朝廷又任命他为都督浙江东五郡诸军事、会稽内史。

这一年，前秦发生严重饥荒。

（以上为第八段，写东晋谢玄等将领率领五万将士奋起反击，大败前秦军队，苻坚退回北方；谢玄得到朝廷嘉奖，晋升冠军将军。）

晋孝武帝太元五年（庚辰，公元 380 年）

春季，正月，前秦主苻坚又任命北海公苻重为镇北大将军，镇守蓟城。

二月，前秦在渭城建造了教武堂，命令太学生中明悉阴阳兵法的人教授众将领，秘书监朱肜劝说苻坚道："皇上东征西讨，所向无敌，四海之地，十得其八，虽然长江以南尚未征服，但不足挂齿。这时应该逐渐偃息战事，增加修行文德。然而刚刚开始建立学宫，就教人征战之术，这大概不是招致天下升平的办法。况且众将领都身经百战，为什么还担心他们不熟悉军事，反而让他们受教于书生？这不是用来提高他们志气的办法。此事没有实际的好处，又损害了声名，希望皇上考虑！"于是苻坚停止了这种做法。

前秦征北将军、幽州刺史、行唐公苻洛勇猛而又力大无比，能坐在那里制服奔牛，射穿坚硬而厚实的犁耳铁，自以为有消灭代国的功劳，要求开府仪同三司的资格，没有得到，因此便怨恨愤怒。

三月，前秦主苻坚任命苻洛为使持节，都督益、宁、西南夷诸军事，征南大将军，益州牧，让他从伊阙开赴襄阳，溯汉水而上。苻洛对他的官属们说："我是王室的至亲，不能进入朝廷成为将相，而一直被摈弃在边远之地。如今又把我投向西陲，还不让我路经京师，这里一定有阴谋诡计，是想让梁成把我葬身于汉水，你们大家是怎样认为的呢？"幽州治中平规说："逆取顺守，商汤、周武就是这样；因祸为福，齐桓、晋文就是这样。主上虽然还没有干昏庸暴虐之事，然而穷兵黩武，百姓中盼望安身休息一下的人，十有九家。如果明公将神旗一竖，境域之内的百姓一定会随从如云。如今您横跨占据全燕，囊括东海，北边统领着乌桓、鲜卑，东面带领着高句丽、百济，士兵不下五十多万，为什么要束手服从征召，迈向不测之祸呢！"苻洛捋起袖子，大声说："我的主意已定，反对者斩首！"

于是，苻洛自称大将军、大都督、秦王，任命平规为幽州刺史，玄菟太守吉贞为左长史，辽东太守赵赞为左司马，昌黎太守王缊为右司马，辽西太守王琳、北平太守皇甫杰、牧官都尉魏敷等人为从事中郎。分别派遣使者到鲜卑、乌桓、高句丽、百济、新罗、休忍各国征召军队，派出三万兵力协助北海公苻重戍守蓟城。各国都说："我们为天子守卫藩地，不能跟从行唐公苻洛作乱。"苻洛害怕了，想停手不干，又犹豫不决。王缊、王琳、皇甫杰、魏敷知道苻洛终将无成，想要告发他，苻洛把他们全都杀掉了。吉贞、赵赞说："如今各国都不跟从，事情与我们的本意相背。明公您如果是因为害怕前往益州，应当派遣使者进奉奏书，请求留下，主上也不会不加考虑地拒绝。"平规说："如今事情的形迹已经败露，怎么能半途而废！应该声称接受命令，实则带领幽州的全部军队，南出常山，阳平公苻融一定会远道迎接，乘势将他擒获，进军占据冀州，统领关东士兵以图谋西边的领土，天下弹指间就可以平定！"苻洛听从了平规的意见。夏季，四月，苻洛率领七万士兵从和龙出发。

前秦主苻坚召集群臣商议此事，步兵校尉吕光说："行唐公苻洛凭借王室至亲的身份作乱，这是天下人所共同痛恨的。希望您为我配备五万步、骑兵，擒获他如同拣拾遗物那样容易。"苻坚说："苻重、苻洛兄弟占据着整个东北地区，兵员、赋税全都有所依凭，不可轻视。"吕光说："他的士兵是迫于凶狠的威慑，才一时像蚂蚁一样聚集起来的。如果大军前往，势必瓦解，不值得忧虑。"苻坚于是便派使者去责备苻洛，让他返回和龙，许诺当会把幽州作为他世代承袭的封地。苻洛对使者说："你回去告诉东海王苻坚，幽州地域狭小，不足以容纳万乘之主，我必须在秦中称王以继承高祖苻健的大业。如果他能亲自到潼关迎接大驾的话，我就让他位在上公，封爵后回归本国。"苻坚听了这话后十分愤怒，派左将军武都人窦冲以及吕光率领四万步、骑兵攻打苻洛，派右将军都贵驰马急行，到邺城，统率冀州的三万军队作为前锋，任命阳平公苻融为征讨大都督。

前秦北海公苻重率领蓟城的全部士兵与苻洛会合，驻扎在中山，共有士兵十万。五月，窦冲等与苻洛在中山交战，苻洛的军队大败，苻洛被活捉，送至长安。北海公苻重逃回蓟城，吕光追击并斩杀了他。屯骑校尉石越从东莱率领一万骑兵，渡海袭击和龙，斩杀了平规，幽州全部被平定。苻坚赦免了苻洛，没有诛杀他，把他迁移到凉州的西海郡。

臣司马光评论说：有功不赏，有罪不杀，就是尧舜也不能实现大治，何况是其他人呢！前秦主苻坚每次擒获了反叛作乱的人就宽赦他们，从而使他的臣下对叛逆作乱习以为常，干险恶的勾当还心存侥幸，即便是力量不足被擒获，也不用担心被杀，这样祸乱从哪儿能停息呢！《尚书》说："以威胜爱，必定成功；以爱胜威，必定失败。"《诗经》说："别听狡诈欺骗的话，警惕两面三刀；制止暴虐与劫掠，不使作恶欺负他人。"如今苻坚违背了这些话，怎能不灭亡呢？

（以上为第九段，写前秦行唐公苻洛雄勇多力，因没有得到想要的封赏，不服从前秦主苻坚的调动，举兵造反，欲进攻前秦都城长安，被打败俘获，发配西海郡。）

东晋朝廷认为前秦军队的溃退是谢安、桓冲的功劳，给谢安授予官卫将军，与桓冲都开府仪同三司。

六月十九日甲子，东晋实行大赦。

六月二十二日丁卯，东晋任命会稽王司马道子为司徒，司马道子坚持辞让，不予接受。

前秦主苻坚征召阳平公苻融为侍中、中书监、都督中外诸军事、车骑大将军、司隶校尉、录尚书事。任命征南大将军、守尚书令、长乐公苻丕为都督关东诸军事、征东大将军、冀州牧。苻坚考虑到众氐族种族滋长繁杂，秋季，七月，将三原、九嵕、武都、汧、雍氐的十五万户氐族人划分开来，让自己的各个亲属分别统领，散居一方，如同古代的诸侯国一样。长乐公苻丕统领了三千户氐族，任命仇池的氐族酋长、射声校尉杨膺为征东左司马，九嵕的氐族酋长、长水校尉齐午为右司马，让他们各自统领一千五百户，作为长乐公苻丕世代承袭的卿大夫。任命长乐郎中令、略阳人垣敞为录事参军，侍讲、扶风人韦幹为参军事，申绍为别驾。杨膺是苻丕妻子的哥哥；齐午是杨膺妻子的父亲。

八月，在幽州分置平州，任命石越为平州刺史，镇守龙城；任命中书令梁谠为幽州刺史，镇守蓟城；任命抚军将军毛兴为都督河、秦二州诸军事及河州刺史，镇守枹罕；任命长水校尉王腾为并州刺史，镇守晋阳。河、并二州各自分配三千氐族民户。毛兴、王腾全都与苻氏联姻，是氐人中有崇高声望的人。任命平原公苻晖为都督豫、洛、荆、南兖、东豫、阳六州诸军事，镇东大将军，豫州牧，镇守洛阳，调动洛州刺史镇守丰阳。任命钜鹿公苻睿为雍州刺史，镇守蒲孤。各自配给三千二百氐族民户。

前秦主苻坚把苻丕送到灞上，众氐族人在辞别他们父兄的时候，全都失声痛哭，悲哀气氛感动路人。赵整趁着陪同宴请的机会，弹琴唱道："阿得脂，阿得脂，伯劳鸟的舅父是仇绥，尾长翼短不能飞。远迁氐人留鲜卑，一旦出现缓急应当告诉谁！"苻坚报之以微笑，但没有理会。

九月初十癸未，东晋皇后王氏去世。

冬季，十月，东晋九真太守李逊占据交州反叛。

前秦主苻坚任命左禁将军杨壁为秦州刺史，尚书赵迁为洛州刺史，南巴校尉姜宇为宁州刺史。

十一月十三日乙酉，东晋在隆平陵安葬了定皇后王氏。

十二月，前秦任命左将军都贵为荆州刺史，镇守彭城。

前秦设置东豫州，任命毛当为刺史，镇守许昌。

这一年，前秦主苻坚遣送高密太守毛璪之等二百多人回归东晋。

（以上为第十段，写前秦主苻坚因众氐部族滋长繁杂，让各地氐人宗亲分别统领，散居各方，便于控制；又将得力干将苻丕等派镇外地，京都一旦危急，则很难控制。）

晋孝武帝太元六年（辛巳，公元 381 年）

春季，正月，东晋孝武帝司马曜刚刚开始尊奉佛法，在殿内设置了精舍，让僧徒们居住。尚书左丞王雅上书劝说，孝武帝不听。王雅是王肃的曾孙。

正月二十六日丁酉，东晋任命尚书谢石为仆射。

二月，东夷、西域六十二国向前秦国进贡。

夏季，六月初一庚子朔，出现日食。

秋季，七月二十五日甲午，东晋交趾太守杜瑗斩杀李逊，交州得以平定。

冬季，十月，原武陵王司马晞在新安去世，东晋追封他为新宁郡王，让他的儿子司马遵继嗣王位。

十一月，己亥（疑误），东晋任命前会稽内史郗愔为司空。郗愔坚决辞让，不肯就任。

前秦荆州刺史都贵派遣其司马阎振、中兵参军吴仲率领二万士兵进犯东晋竟陵，桓冲派南平太守桓石虔、卫军参军桓石民等率领二万水、陆军抵抗。桓石民是桓石虔的弟弟。

十二月初八甲辰，桓石虔袭击阎振、吴仲，重创他们。阎振、吴仲退守管城，桓石虔进军攻打，二十七日癸亥，攻克管城，擒获阎振、吴仲，斩首七千人，俘虏一万人。东晋朝廷下达命令，封桓冲的儿子桓谦为宜阳侯，任命桓石虔兼河东太守。

这一年长江以南发生严重饥荒。

（以上为第十一段，写东晋孝武帝司马曜开始尊奉佛法；前秦荆州刺史都贵进犯东晋竟陵，东晋大将桓冲派遣南平太守桓石虔率军予以抵抗，打败了来犯的敌人。）

晋孝武帝太元七年（壬午，公元 382 年）

春季，三月，前秦大司农东海公苻阳、员外散骑侍郎王皮、尚书郎周虓图谋反叛，事情被发觉，被捕后送交廷尉治罪。苻阳是苻法的儿子；王皮是王猛的儿子。前秦主苻坚问他们谋反的情况及原因，苻阳说："我的父亲哀公苻法无罪而死，我是为父亲复仇。"苻坚哭泣着说："哀公苻法之死，责任不在我身上，你难道不知道吗？"王皮说："我的父亲身为丞相，有辅佐天命的功勋，而我却不免于贫贱，所以我想图谋富贵。"苻坚说："丞相临终前把你托付给我，用十头牛作为种田的资本，未曾为你求取官位。了解儿子没有谁能比得上父亲，这话多么英明啊！"周虓说："我世代承受晋朝的恩惠。生为晋臣，死为晋鬼，还有什么可问的呢？"此前周虓多次图谋反叛，周围的人都请求苻坚把他杀掉，苻坚说："周虓是刚烈之士，他持有如此的志向，岂能害怕一死！杀掉他正好足以成就他的名声！"于是将他们全部赦免不杀。把苻阳迁移到凉州的高昌郡，把王皮、周虓迁移到朔方以北。周虓死于朔方。苻阳勇气力量过人，不久又被迁移到鄯善。等到建元末年，前秦国内大乱，苻阳劫持鄯善丞相图谋东返，被鄯善王所杀。

前秦王苻坚把邺城的铜驼、铜马、神禽飞廉像、巨人翁仲像迁移到长安。

夏季，四月，前秦主苻坚任命扶风太守王永为幽州刺史。王永是王皮的哥哥。

王皮凶狠险恶、无德，而王永却清正修明、好学，所以被苻坚任用。又任命阳平公苻融为司徒，苻融坚决地辞让，不接受。苻坚正在图谋攻打东晋，就任命苻融为征南大将军、开府仪同三司。

五月，幽州发生蝗灾，遍及千里。前秦主苻坚让散骑常侍彭城人刘兰发动幽、冀、青、并四州的百姓消灭蝗虫。

秋季，八月十一日癸卯，东晋实行大赦。

前秦主苻坚任命谏议大夫裴元略为巴西、梓潼二郡太守，让他秘密地准备水军。

九月，车师前部王弥寘、鄯善王休密驮来到前秦朝见，请求作为向导，以攻打西域拒不臣服的部族，顺势效法汉代的办法，设置都护来统领管辖他们。前秦主苻坚任命骁骑将军吕光为使持节、都督西域征讨诸军事，与凌江将军姜飞，轻车将军彭晃，将军杜进、康盛等统领十万军队，铁甲骑兵五千，攻打西域。阳平公苻融劝说道："西域荒芜遥远，得到了那里的百姓也无法役使，得到了那里的土地也无法耕种，汉武帝攻打他们，得不偿失。如今让部队艰辛地出征万里之外，重犯汉武帝的错误，我私下里为此感到痛惜。"苻坚没有听从苻融的意见。

东晋将领桓冲让扬威将军朱绰攻打在襄阳的前秦荆州刺史都贵，焚烧破坏了沔水以北用以征收军饷的屯田，掳掠了六百多户百姓后返回。

（以上为第十二段，写前秦东海公苻阳等图谋反叛，事泄，前秦主苻坚问及原因，将之全部赦免、流放；车师前部王弥寘等来朝前秦，请求扫平西域，苻坚即发兵攻打。）

冬季，十月，前秦主苻坚在太极殿会见群臣，和他们商量说："自从我继承大业，已经三十年了，四方之地，大致平定，只有东南一隅，尚未蒙受君王的教化。如今粗略地计算一下我的士兵，能有九十七万，我想亲自统率他们去攻打晋朝，怎么样？"秘书监朱肜说："皇上奉行上天的惩罚，一定是只有出征远行而不会发生战斗，晋朝国君不是在军营门前口含璧玉以示投降，就是仓皇出逃，葬身江海，皇上让中原之国的士人百姓返回故土，让他们恢复家园，然后回车东巡，在岱宗泰山奉告成功，这是千载难逢的时机。"苻坚高兴地说："这就是我的志向。"

尚书左仆射权翼说："过去商纣王无道，但微子、箕子、比干三位仁人在朝，周武王尚且因此回师，不予攻打。如今晋朝虽然衰微软弱，但还没有大的罪恶，谢安、桓冲又都是长江一带才识卓越的人才，他们君臣和睦，内外同心，以我来看，不可图谋！"苻坚沉默了许久说："诸君各自发表自己的意见。"

太子左卫率石越说："今木星、土星居于斗宿，福德在吴地，如果攻打他们，必有天灾。而且他们凭借着长江天险，百姓又为其所用，恐怕不能攻打！"苻坚说："过去周武王讨伐商纣，就是逆太岁运行的方向而进，也违背了占卜的结果。天道隐微幽远，不容易确知。夫差、孙皓全都据守江湖，但也不能免于灭亡。如今凭借我士兵，把鞭子投之于长江，也足以断绝水流，又有什么天险足以凭借呢？”石越回答说：“商纣、夫差、孙皓这三国之君，全都淫虐无道，所以敌对的国家攻取他们，就像俯身拣拾遗物一样容易。如今晋朝虽然缺乏德行，但没有大的罪恶，愿皇上暂且按兵不动，积聚粮谷等，等待他们灾祸的降临。”于是群臣们各言利害，久久未能决定。苻坚说：“这正所谓在道路旁边修筑屋舍，没有什么时候能够建成。我要自己决断了！”

群臣们都出去了，唯独留下了阳平公苻融。苻坚对他说：“自古参与决定大事的人，不过是一两个大臣而已。如今众说纷纭，只能扰乱人心，我要与你来决定此事。”

苻融对苻坚说：“如今攻打晋朝有三难：天道不顺，此其一；晋朝自身无灾祸，此其二；我们频繁征战，士兵疲乏，百姓怀有畏敌之心，此其三。群臣当中说不能攻打晋朝的人全都是忠臣，希望皇上听从他们的意见。”

苻坚脸色一变，说：“你也是如此，我还能寄希望于谁呢？我有强兵百万，资财兵器堆积如山；我虽然不是完美的君主，但也不是昏庸之辈。趁着捷报频传之势，攻击垂死挣扎之国，还怕攻不下来？怎么可以再留下这些残敌，使他们长久地成为国家的忧患呢？”

苻融哭泣着说：“晋朝无法灭掉，事情非常明显。如今大规模地出动疲劳的军队，恐怕不会获得万无一失的战功。况且我所忧虑的还不仅于此。皇上宠爱养育鲜卑人、羌人、羯人，让他们布满京师，这些人都对我们有深仇大恨。太子独自和数万弱兵留守京师，我害怕有不测之变出现在我们的心腹地区，后悔不及。我的个人之见确实不值得采纳，王猛是一时的英明杰出之人，皇上常常把他比作诸葛亮，为什么唯独不铭记他的临终遗言呢？”苻坚依然没有听从。此时向苻坚劝说的朝臣很多，苻坚说：“以我们的力量攻打晋朝，比较双方的强弱之势，就像秋风扫落叶一样，然而朝廷内外都说不能攻打，这确实令我百思不得其解！”

前秦太子苻宏说：“如今木星在吴地的分野，再加上晋朝国君没有罪恶，如果大举进攻而不能取胜，在外威风名声受挫，在内资财力量耗尽，这就是导致群臣们产生疑问的原因！”苻坚说：“过去我消灭燕国，也违背了木星的征兆，但取得了胜利，天道本来就是难以确知的。秦灭六国，六国之君难道全都是暴虐的君主吗？”

前秦冠军将军、京兆尹慕容垂向苻坚进言说：“弱被强所并，小被大所吞，这是自然的道理与趋势，并不难理解。像皇上这样神明威武，适应天意，威名远播海外，拥有强兵劲旅百万，韩信、白起那样的良将布满朝廷，而江南弹丸之地，独敢违抗王命，岂能再留下他们而交给子孙后代呢！《诗经》说：‘出谋划策人太多，因此事情不能成功。’皇上自己在内心做出决断就完全可以了，何必广泛地征询众朝臣的意见！晋武帝平定吴国，所倚仗的只有张华、杜预两三位大臣而已，如果听从众朝臣之言，难道能有统一天下的功业？”苻坚十分高兴地说：“与我共同平定天下的人只有你而已。”赏赐给慕容垂五百匹帛。

（以上为第十三段，写前秦主苻坚召集群臣讨论攻打东晋事宜，阳平公苻融、太子苻宏等都表示强烈反对，而前燕降臣京兆尹慕容垂表示支持，迎合苻坚。）

苻坚专注于想要攻取长江以东，连睡觉也不能睡到早晨。阳平公苻融劝说他道：“‘知道满足就不会感到耻辱，知道停止就不会出现危险。’自古以来，穷兵黩武的人没有不灭亡的。况且我们的国家本来就属戎狄之人，天下的正宗嫡传大概不会归于像我们这样的外族人。长江以南虽然衰微软弱，残喘生存，但他们是中华的正统，天意一定不会灭绝他们。”苻坚说：“帝王更替之道怎么会有一成不变的呢？只看道德在哪里。刘禅难道不是汉朝的后裔吗？但最终被魏国所灭。你之所以不如我的原因，毛病正在于不了解变通的道理。”

前秦主苻坚历来信任重视僧人道安，群臣们让道安寻找机会向苻坚进言。十一月，苻坚与道安同乘一车在东苑游览，苻坚说：“我将要与你南游吴越之地，泛舟长江，亲临沧海，不也是很快乐的事情吗？”道安说：“皇上顺应天意统治天下，身居中原而控制四方，自身的昌隆就足以与尧舜相比，何必栉风沐雨，经营远方呢？而且东南地区低洼潮湿，容易造成灾害不祥之气，虞舜前去游猎就再也没有返回，大禹去了一趟就再也没有第二趟，有什么值得劳您大驾的呢？”苻坚说：“上天生育了民众而为他们树立了君主，是让君主统治他们，我岂敢害怕辛劳，唯独使那一方土地不承受恩泽呢！如果一定像你所说的那样，古代的帝王就全都没有攻打之事了！”道安说：“一定要干的话，皇上应当在洛阳停驻，先派遣使者给他们送去书信，众将领统领六军跟随于后，他们就一定会叩首称臣，您不必亲自涉足长江、淮河。”苻坚没有听从。

苻坚所宠爱的张夫人劝说他道：“我听说大地滋生万物，圣王统治天下，全都是顺其自然，所以功业无所不成。黄帝之所以能驯服牛马是顺应了它们的禀性；大禹之所以能疏通九川，挡住九泽是顺应了它们的地势；后稷之所以能播种、繁殖百谷是顺应了天时；商汤、周武王之所以能率领天下人攻下夏桀、商纣是顺应了民众的心愿，全都是顺应则成功，不顺应则失败。如今朝野之人都说晋朝不可攻打，唯独皇上一意孤行，我不知道皇上是顺应了什么？《尚书》说：‘上天的聪慧明察来自于民众的聪慧明察。’上天尚且要顺应民意，何况是人呢？我又听说君王出动军队，一定要上观天道，下顺人心。如今人心既然不同意攻打晋朝，请您再与天道验证一下。俗谚说：‘鸡夜鸣时不利于出师，犬群嚎时宫室将空，兵器响动，圈马惊叫，军败难归。’自从秋季、冬季以来，众鸡夜鸣，群犬哀嚎，圈马多惊，武库里的兵器自己响动，这些都是不能出师的预兆。”苻坚说：“军旅之事不是妇人所应当参与的！”

苻坚的小儿子中山公苻诜最受宠爱，他也劝说苻坚道：“我听说国家的兴亡，与对贤明之人的弃用相联系。如今阳平公苻融是国家的主谋，然而皇上却不听他的意见；晋朝有谢安、桓冲，然而皇上却要攻打他们，我私下里感到大惑不解！”苻坚说：“天下大事，小孩子知道什么！”

前秦国刘兰从事灭蝗，经过秋季、冬季仍未明显奏效。十二月，有关部门奏请将刘兰送交廷尉处理。前秦王苻坚说：“灾害降自上天，不是人力所能消除的，这是由于我的政治混乱所致，刘兰何罪之有！”

这一年，前秦大获丰收，上等农田每亩收获七十石，下等农田每亩收获三十石。蝗虫不出幽州之境，而且不吃麻豆五谷，这里的上等农田每亩收获一百石，下等农田每亩收获五十石。

（以上为第十四段，写前秦主苻坚立意攻打东晋，听不进任何意见，即使是所信重的沙门道安、宠爱的张夫人、喜欢的小儿子苻诜都极力劝谏，他也是置之不理。）

【点评】

苻坚统一北方。苻坚所在的前秦“东极沧海，西并龟兹，南苞襄阳，北尽沙漠”，疆域之大，是十六国任何一国以及后来北魏、北周、北齐所不能比拟的。

苻坚是前秦开国君主苻健的侄子。苻健去世时，把皇位传给了儿子苻生，苻生残酷无道，朝野上下离心离德，民怨沸腾。而苻坚袭父爵为东海王，亦获授龙骧将军，博学多才，更有经略大志，又广交豪杰，又善于抓住机遇，他从苻生手里夺取前秦政权，是顺理成章的。

苻坚于公元357年即位，先后平燕、定蜀、擒代、吞凉，统一了北方。在当时，就前秦与前燕相比，实力显然不如前燕。前燕皇帝慕容儁也曾经打算消灭前秦、东晋，统一中国，他向全国征兵，集中一百多万的兵力，举行了盛大的阅兵仪式，可是恰在这关键时刻，慕容儁一病不起，前燕的统一大业也就搁置一边。前秦的苻坚对前燕的强大实力也心存畏惧，迟迟没有动手，后来前燕国由慕容评掌控朝局，慕容垂出走并投奔了前秦，苻坚大喜过望，抓紧时机，迅速调兵遣将，灭了前燕。

前凉主张天锡荒于酒色，不理政事，国家处于分崩离析之中，苻坚派兵一举攻下了前凉；代国是鲜卑拓跋氏建立的割据政权，鲜卑铁弗部首领刘卫辰周旋于前秦、代国之间，他向前秦求救，愿意带路，攻打代国，苻坚抓住这一机会，代国为前秦所灭。

苻坚识才，重用济世之才王猛，是他取得成功的关键。王猛博学多能，是个文武全才，东晋桓温曾许以高官厚禄，王猛认为东晋王朝已经腐败，坚辞不就。后来经人推荐给苻坚，二人一见如故，君臣如鱼得水，后王猛官至丞相，苻坚言听计从，委以国政。王猛治政，一个最大的特点就是严明法律。苻坚曾派王猛作为始平县县令前往治理，王猛下车伊始就把一个作恶多端的奸吏给当众打死了。结果恶人先告状，将王猛逮捕，押送到长安大狱。苻坚大惊，亲自到狱中看望，并责问王猛："当官理政要把仁义慈爱放在首位，你怎么能一上任就杀人？"王猛说："治理乱世要用重典，我一心为皇上铲除奸暴不法之徒，现在才杀掉了一个奸吏，还要再杀掉一批，社会才能安定。"苻坚感到王猛确是一个治理乱世的干才，于是破格提拔，言听计从，逐步把国家大政交给了王猛，倚以为栋梁。

苻坚非常宽容，四方前来投奔的人络绎不绝，他们愿为前秦效死力。苻坚对所灭国的上层也十分宽容，用今天的话说，他的统一战线工作很出色。宽容表现了苻坚的博大胸怀。

现代语文版《资治通鉴》学者柏杨评论说："在中国数千年历史上，有资格称得上大帝的不过五人，他们是秦始皇、汉武帝、苻坚、李世民和康熙。"显然，柏杨的一家言对苻坚过誉了，统一北方乱局的人还有在苻坚之前的曹操，他也在苻坚之上。但苻坚统一了长期战乱的北方，是值得肯定的，他的成功经验是值得总结的。可是苻坚最终是一个失败者，他没有守住家业，他中兴了前秦，又顷刻之间丢失了前秦。他的宽容带有沽名钓誉的私心，他有所成就而骄，听不进善言，所以他的失败也值得认真咀嚼和回味。苻坚还不是一个非常之人，所以他最终失败了。

资治通鉴（白话本） 卷第一百五

晋纪二十七

晋孝武帝太元八年至九年（公元383—公元384）

【起昭阳协洽（癸未，公元383年），尽阏逢涒滩（甲申，公元384年），凡二年】

【大事提要】

本卷记事起于公元383年，到公元384年，凡二年，时当晋孝武帝（司马曜）太元八年至太元九年。本卷所载大事，主要有四个方面。其一，公元383年，前秦主苻坚大举南犯，兵败淝水，前秦灭亡，北方重又陷入混乱。其二，慕容垂自立为燕王。公元383年，前秦冠军将军慕容垂叛秦，至荥阳自称大将军、燕王，以慕容德为车骑大将军，翟斌为建义大将军，率众20多万，长驱向邺城。慕容垂至邺城外，其子慕容农也引兵来会。慕容垂立慕容宝为太子，改立燕国，史称后燕。其三，慕容泓建立西燕。公元384年，前秦北地长史慕容泓乘后燕主慕容垂攻邺之机逃往关东，收集鲜卑残部，击败前秦将军强永，自称都督陕西诸军事、大将军、济北王。刚被秦将窦冲击败的慕容冲也率兵来投奔慕容泓。慕容泓改元燕兴，建立燕国，史称西燕。其四，后秦姚苌建国。公元384年，慕容泓起兵反秦。前秦主苻坚派钜鹿公苻睿为统帅、龙骧将军姚苌为司马攻打慕容泓。前秦军战败，苻睿被斩首。苻坚大怒，杀掉姚苌部将。姚苌十分恐惧，逃到渭水北，自称大将军、大单于、万年秦王，建元白雀，史称后秦。

烈宗孝武皇帝上之下

晋孝武帝太元八年（癸未，公元383年）

春季，正月，前秦吕光发兵长安，以鄯善王休密驮、车师前部王弥窴作为向导。

三月二十八日丁巳，东晋实行大赦。

夏季，五月，桓冲率领十万士兵讨伐前秦，攻打襄阳。派前将军刘波等攻打沔北各城。辅国将军杨亮攻打蜀地，攻下了五座城池，又进军攻打涪城。鹰扬将军郭铨攻打武当。

六月，桓冲的别将攻打万岁、筑阳，攻了下来。前秦主苻坚派遣征南将军钜鹿公苻睿、冠军将军慕容垂等率领五万步、骑兵救援襄阳，派兖州刺史张崇救援武当，派后将军张蚝、步兵校尉姚苌救援涪城。苻睿驻军于新野，慕容垂驻军于邓城。桓冲后退，驻扎在沔南。

秋季，七月，郭铨以及冠军将军桓石虔在武当打败了张崇，掳掠了二千户百姓后返回。钜鹿公苻睿派慕容垂作为前锋，进军来到沔水。慕容垂夜晚命令军中士兵每人手持十个束苇做成的火把，系在树枝上，光照数十里。桓冲害怕了，退回上明。张蚝率兵出了斜谷，杨亮带兵返回。桓冲上书请求让他哥哥的儿子桓石民兼任襄阳太守，戍守夏口。桓冲请求兼任江州刺史。朝廷下达命令同意了。

前秦主苻坚下达命令，开始大举入侵东晋。百姓中每十个成年人选派一人充军，良家子弟中年龄在二十岁以下，有才能勇气的人，全都授官羽林郎。又说："任命司马曜为尚书左仆射，谢安为吏部尚书，桓冲为侍中。以此形势来看，凯旋的时间不会太远，可以先行建造府第。"良家子弟应征的有三万多骑兵，苻坚任命秦州主簿赵盛之为少年都统。这时，满朝大臣都不想让苻坚出征，唯独慕容垂、姚苌及良家子弟对此加以劝勉。阳平公苻融向苻坚进言说："鲜卑、羌人的虏臣是我们的仇敌，经常盼望着风云变化以实现他们的心愿，他们所陈献的办法怎么能听从呢？良家少年全都是富豪子弟，不熟悉军事，只是苟且进上阿谀奉承之言以迎合皇上的心愿。如今皇上相信并采纳了他们的话，轻率地进行大规模行动，我恐怕既不能成就战功，随之还会产生后患，悔之不及！"苻坚没有听从。

八月初二戊午，苻坚派遣阳平公苻融督率张蚝、慕容垂等人的步、骑兵二十五万人作为前锋，任命兖州刺史姚苌为龙骧将军，督益、梁州诸军事。苻坚对姚苌说："过去我靠龙骧将军的官位建立了大业，未曾轻易地把这个官位授予别人，你努力干吧！"左将军窦冲说："君王无戏言，这话是不祥之兆！"苻坚沉默不语。

慕容楷、慕容绍向慕容垂进言说："主上的骄纵傲慢已经非常严重，叔父建立中兴大业就在此行！"慕容垂说："对。除了你们，谁能和我一起成就大业呢？"

八月初八甲子，苻坚发兵长安，将士共有六十多万，骑兵二十七万，旌旗战鼓遥遥相望，绵延千里。

九月，苻坚抵达项城，凉州的军队刚刚到达咸阳，蜀汉的军队正顺流而下，幽州、冀州的军队到了彭城，东西万里，水陆并进，运输军粮的船只多达万艘。阳平公苻融等人的部队三十万人，先期抵达颍口。

东晋下达命令，任命尚书仆射谢石为征虏将军、征讨大都督，任命徐、兖二州刺史谢玄为前锋都督，与辅国将军谢琰、西中郎将桓伊等人的士兵八万人抵抗前秦。让龙骧将军胡彬带领五千水军援助寿阳。谢琰是谢安的儿子。

这时，前秦的军队已经非常强盛，东晋京城里的人震惊恐惧。谢玄入朝，向谢安询问应对之策，谢安一副平静的样子，回答说："已经另有打算了。"紧接着就闭口无言。谢玄不敢再问，就让张玄重新请求指令。谢安于是就命令驾车出游山间别墅，亲戚朋友云集，与张玄在别墅玩围棋赌博。谢安的棋术一直不如张玄，这天张玄由于内心恐惧，在有利的形势下投子打劫，反而还不能获胜。谢安于是就登山漫游，到晚上才回来。桓冲对国家的根基大业深以为忧，派精锐部队三千人入城保卫京师。谢安固执地阻拦他，说："朝廷的处理办法已经决定，士兵武器都不缺乏，应该留在西藩之地以做防备。"桓冲对藩府参佐叹息道："谢安有身居朝廷的气量，但不熟悉带兵打仗的方法。如今大敌临头，还尽情游玩，高谈阔论不止，只派遣未经战事的年轻人前去抵抗，再加上数量不足，力量软弱，天下的结局已经可以知道了，我们将要受外族的统治了！"

东晋任命琅邪王司马道子为录尚书六条事。

（以上为第一段，写前秦主苻坚倾巢出动，率领数十万人攻打东晋，以为可以水到渠成，信心满满；东晋朝野忧心忡忡，唯独谢安胸有成竹，沉静自如，一如往常，照旧游山玩水。）

冬季，十月，前秦阳平公苻融等攻打寿阳。十八日癸酉，攻克了寿阳，擒获了平虏将军徐元喜等人。苻融任命他的参军河南人郭褒为淮南太守。慕容垂攻下了郧城。胡彬听说寿阳被攻陷，后退守卫硖石，苻融进军攻打硖石。前秦卫将军梁成等率领五万士兵驻扎在洛涧，沿淮河布防以遏制东面的部队。谢石、谢玄等在距离洛涧二十五里的地方驻军，由于惧怕梁成而不敢前进。胡彬的粮食耗尽，秘密地派遣使者向谢石等报告说："如今贼寇强盛而我的粮食已经耗尽，恐怕不能再见到大军了！"前秦人擒获了胡彬，把他送交给阳平公苻融。苻融急速派使者向前秦王苻坚报告说："现在贼寇力量不足，容易擒获，只是怕他们逃走，应该迅速率兵前来。"苻坚于是就把大部队留在项城，带领八千轻装骑兵，日夜兼程赶赴寿阳与苻融会合。

苻坚派尚书朱序前去劝说谢石等人，认为："形势强弱悬殊，不如迅速投降。"朱序私下里却对谢石等人说："如果秦国的百万士兵全部抵达，确实难以与他们抗衡。如今乘着各路军队尚未会集，应该迅速攻击他们。如果能打败他们的前锋部队，那他们就已经丧失了士气，最终就可以攻破他们。"

谢石听说苻坚在寿阳，十分害怕，想用不交战的办法来拖垮前秦的军队。谢琰劝说谢石听从朱序的话。

十一月，谢玄派广陵相刘牢之率领五千精兵开赴洛涧，在离洛涧十里的地方，梁成扼守山涧部署兵阵以等待刘牢之。刘牢之径直向前渡河，攻击梁成，大败梁成，斩杀了梁成以及弋阳太守王咏。又分派部队断绝了他们归途上的渡口，前秦的步、骑兵全都崩溃，争先恐后地逃向淮水，死亡的士兵有一万五千人，抓获了前秦扬州刺史王显等人，全部收缴了他们的武器军粮。于是谢石等各路军队，从水路、陆路相继进发。前秦主苻坚与阳平公苻融登上寿阳城观望，只见东晋的军队布阵严整，又望见了八公山上的草木，也以为都是东晋士兵，苻坚掉头对苻融说："这也是强敌，怎么能说他们软弱呢！"茫然若失，脸上开始有了恐惧的神色。

前秦军队紧逼淝水而布阵，东晋军队无法渡过。谢玄派使者对阳平公苻融说："您孤军深入，然而却紧逼淝水部署军阵，这是长久相持的策略，不是想迅速交战的办法。如果能移动兵阵稍微后撤，让晋朝的军队得以渡河，以决胜负，不也是很好的事情吗？"前秦的众将领都说："我众敌寡，不如遏制他们，使他们不能上岸，这样可以万无一失。"苻坚说："只带领士兵稍微后撤一点，让他们渡河渡到一半，我们再出动铁甲骑兵奋起攻杀，没有不胜的道理！"苻融也认为可以，于是就挥舞战旗，指挥士兵后退。前秦的军队一退就不可收拾。谢玄、谢琰、桓伊等率领军队渡过河攻击他们。苻融驰马巡视军阵，想来率领退逃的士兵，结果战马倒地，苻融被东晋士兵杀掉，前秦军队于是就崩溃了。谢玄等乘胜追击，一直追到青冈，前秦军队大败，自相践踏而死的人，遮蔽山野，堵塞山川。逃跑的人听到刮风的声音和鹤鸟的鸣叫声，都以为是东晋军队将要来到，昼夜不敢停歇，慌不择路，风餐露宿，冻饿交加，死亡的人十有七八。

当初前秦军队稍微后撤时，朱序在军阵后面高声呼喊："秦军失败了！"士兵们听到后就狂奔乱逃。朱序乘机与张天锡、徐元喜都来投奔东晋。缴获了前秦主苻坚所乘坐的装饰着云母的车乘，以及仪服、器械、军资、珍宝、畜产，无法统计。又攻取了寿阳，抓获了前秦的淮南太守郭褒。

前秦主苻坚中了流箭，单身匹马逃到淮河以北，十分饥饿，有的百姓送来了盛在壶里的水泡饭、猪骨头，苻坚吃了下去，赏赐给他们十匹布帛、十斤绵。这些人推辞说："皇上厌倦困苦，安于享乐，自取危难。我是皇上的儿子，皇上是我的父亲，哪里有儿子给父亲饭吃还求取报偿的呢？"他们连赏赐的那些东西看也没看就离开了。苻坚对张夫人说："我如今再以什么面目去治理天下呢？"说着便潸然泪下。

这时，前秦的各路军队全都溃散，唯独慕容垂所统领的三万人完整保全，苻坚带领一千多骑兵到了他那里。长子慕容宝向慕容垂进言说："宗族国家覆灭，天命人心全都归于极其尊贵的帝王，只是时运还未到来，所以应该掩饰形迹躲藏起来。如今秦主兵败，委身于我们，这是上天赐予的有利时机以恢复燕国的国统，这个时机不可丧失，希望您不要因为受到过恩义小惠而忘掉了国家的重任！"慕容垂说："你说得对。然而他以一片赤诚之心把自身的安全交给我，为什么要伤害他！假如上天抛弃他，不用担心他不灭亡。不如在危难中保护他以报答他的恩德，慢慢地等待他的灾祸，然后再图谋他，这样既不违背往日的心愿，而且能够以道义征服天下。"

奋威将军慕容德说："秦国强大的时候吞并了燕国，秦国软弱的时候图谋他，这是报仇雪耻，不是违背往日的心愿。哥哥你为什么得到了却不占取，放弃数万士兵而授予别人呢？”慕容垂说：“我过去被太傅慕容评所不容，无处安身，逃死到了秦国，秦国主像对待国中才能出众的人那样对待我，恩义礼遇备至。以后我又被王猛所出卖，无法自我明辨，秦国主偏偏就能明察，这样的恩情怎么能忘记呢？如果氐族人的命运必定穷尽，我应当招纳关东的民众，以光复先帝的大业，关西之地必定不会归我所有！”

冠军行参军赵秋说：“明公您应当继承光复燕国的国统，这已经明显地表现在图谶上了。如今天时已经来到，还要等待什么！如果杀掉秦国主苻坚，占据邺都后击鼓西行，三秦之地也就不会归苻氏所有了！”慕容垂的亲信党羽大多都劝他杀掉苻坚，慕容垂一概没有听从，命令把军队交给苻坚。平南将军慕容時驻扎在郧城，听说苻坚失败后，抛弃了他的士兵而逃走。到达荥阳，慕容德又劝说慕容時起兵以恢复前燕的国统，慕容時没有听从。

谢安接到了驿站传递的书信，知道前秦军队已经失败，当时他正与客人下围棋，拿着信放到了床上，毫无高兴的样子，继续下棋。客人问他是什么事，他慢条斯理地回答说：“小孩子们已经最终攻破了寇贼。”下完棋以后，他返回屋里，过门槛时，高兴得竟然连屐齿被折断都没有发觉。

十一月初二丁亥，谢石等人返回建康，由于得到了前秦的音乐工匠，熟悉过去的音乐，从此宗庙当中开始有了钟磬乐器演奏音乐。初十乙未，任命张天锡为散骑常侍，朱序为琅邪内史。

（以上为第二段，写东晋在淝水之战中以少胜多，打败前秦军队；前秦主苻坚逃到慕容垂营地，众人劝慕容垂杀掉苻坚，举兵起义，慕容垂念其旧恩，没有听从。）

前秦主苻坚收拢逃散的士兵，等到抵达洛阳时，士兵已有十多万，属僚百官、礼仪器物、军事装备粗略齐备。

慕容农对慕容垂说：“您不在险境里逼迫别人，这种道义的名声足以感动天地。我听说图谶中记载：‘燕国的复兴应当在河阳。’在尚未成熟时就摘取果实与等待瓜熟蒂落相比，从时间上看不过是十来天的差距，然而它们的难易美恶程度，却相差甚远。”慕容垂在内心里赞同他的话，行进到渑池时，他向苻坚进言说：“北方边远之地的百姓，听说您的军队出师不利，轻率地互相鼓动作乱，我请求遵奉命令去镇抚招纳他们，顺便路过拜谒先帝的陵庙。”苻坚同意了。

权翼劝说苻坚道：“国家的军队刚刚失败，四方全都有离心倾向，应该征召集合名将，把他们安置在京城，以稳固根基，安定枝叶。慕容垂勇猛谋略过人，世代都是中原以东的豪杰，不久前因为躲避灾祸而前来归附，他的本心难道仅仅是想做一个冠军将军吗？就像养育苍鹰，它饥饿的时候依附于人，每当听到狂风骤起，就常常有飞越云霄的志向，正当应该紧闭樊笼的时候，岂能放纵它，听任它为所欲为呢！”苻坚说：“你说得对。然而我已经同意了他，一般人尚不食言，何况是万乘君主呢！如果天命要有废兴的事变发生，本来就不是靠智慧与力量所能改变的。”权翼说：“皇上重视小的信誉而轻视国家政权，依我之见，他一定是去而不返，关东之乱，从此就要开始了。”苻坚没有听从，派遣将军李蛮、闵亮、尹国率领三千士兵护送慕容垂。又派遣骁骑将军石越率领三千精锐士兵戍守邺城，派遣骠骑将军张蚝率领五千羽林军戍卫并州，派遣镇军将军毛当率领四千士兵戍卫洛阳。

权翼悄悄地派遣勇士邀请慕容垂到河桥以南的空仓房中，慕容垂对此产生了怀疑，用草绳编结成筏子从凉马台渡过了河，让典军程同穿上自己的衣服，骑上自己的马，与童仆一起奔赴河桥。权翼埋伏在这里的军队发起攻击，程同策马逃脱。

十二月，前秦主苻坚抵达长安，痛哭了阳平公苻融之后才进入，给苻融定谥号为哀公。实行大赦，免除征收战死者家属的赋税。

十二月十五日庚午，东晋实行大赦。任命谢石为尚书令，晋升谢玄的称号为前将军，谢玄坚决辞让，没有接受。

谢安的女婿王国宝是王坦之的儿子。谢安讨厌他的为人，总是压制着他而不加以任用，让他担任尚书郎。王国宝自以为出身于名门望族，按惯例只在吏部供职，其他官署一概不干，因此对于任命坚决辞让，不予就任。并因此而怨恨谢安。王国宝的堂妹是会稽王司马道子的王妃，孝武帝司马曜与司马道子全都喜欢喝酒，互相亲昵邪媚，王国宝于是就向司马道子说谢安的坏话，让司马道子挑拨谢安与孝武帝的关系。谢安的功名已经非常显赫，那些行为邪恶、追求升官的人大都诋毁谢安，孝武帝从此逐渐疏远、猜忌谢安。

东晋开始放开禁酒的戒令，增加百姓的米粮税额，每人纳粮五石。

（以上为第三段，写慕容垂虽然不杀苻坚，却在内心盘算反秦复国之事，借言镇抚招纳北方民众，脱离前秦，苻坚允诺，而权翼劝说苻坚留住慕容垂，趁机清除，慕容垂用计成功逃脱。）

前秦吕光率兵穿越沙漠三百多里，焉耆等各国全都投降。只有龟兹王帛纯抵抗他们，环城固守，吕光进军攻击他们。

前秦主苻坚入侵东晋的时候，任命乞伏国仁为前将军，统领作为先锋的骑兵。恰巧乞伏国仁的叔父乞伏步颓在陇西反叛，苻坚派乞伏国仁返回去攻打他。乞伏步颓听说以后非常高兴，到半路去迎接乞伏国仁。乞伏国仁摆好酒大声说：“苻氏使民众疲惫而炫耀军队，大概快要灭亡了，我应当与诸君共同建立一方大业。”等到苻坚失败以后，乞伏国仁于是就胁迫各部族，有不听从的就加以攻击，然后吞并，部众达到了十多万人。

慕容垂抵达安阳，派参军田山写信给长乐公苻丕。苻丕听说慕容垂到北方去，怀疑他想作乱，但还是亲自去迎接他。赵秋劝说慕容垂在座位上擒获苻丕，顺势占据邺城起兵，慕容垂没有听从。苻丕谋划袭击慕容垂，侍郎天水人姜让劝说道："慕容垂没有表露出反叛的迹象，然而明公您却要擅自杀掉他，这不是作为臣子的应有之义。不如用上宾之礼对待他，再派士兵严密地看守他，秘密地进上奏书报告情况，听候敕令，然后再对他做出处置。"苻丕听从了这一意见，让慕容垂住在邺西的馆舍。

慕容垂暗地里与前燕旧臣图谋恢复前燕的国统，恰好这时丁零人翟斌起兵背叛了前秦，图谋在洛阳攻打豫州牧平原公苻晖，前秦王苻坚通过驿站送信，让慕容垂统领军队去攻打他们。石越向苻丕进言说："国王的军队刚遭失败，民心尚未安定，负罪逃亡之徒，渴望祸乱的人很多，所以丁零人一带头，十来天时间，响应的人已有数千，这就是证明。慕容垂是燕国德高望重的人，有振兴恢复旧业的心愿，如今再交给他军队，这是为虎添翼。"苻丕说："慕容垂在邺城犹如卧虎睡蛟，经常害怕他制造肘腋之变，如今让他远行在外，不是似乎更好一些吗？而且翟斌凶暴悖逆，一定不肯甘居下风，让两虎俱伤，我紧跟着去控制他们，这是卞庄子的策略。"于是，苻丕就给了慕容垂两千老弱的士兵以及一些残次的铠甲兵器，又派广武将军苻飞龙率领一千氐族骑兵协助慕容垂。苻丕秘密地告诫苻飞龙说："慕容垂是三军的主帅，你是图谋慕容垂的将领，出发，努力吧！"

慕容垂请求进入邺城拜谒宗庙，苻丕没有同意，慕容垂于是就穿上便服进了邺城。守卫宗庙的官吏不让他进去，慕容垂十分愤怒，杀掉官吏、烧毁庙亭后离开了。石越向苻丕进言说："慕容垂胆敢轻视侮辱一方长官，杀官吏，烧庙亭，反叛的形迹已经显露，可以就此而除掉他。"苻丕说："在淮南失败的时候，慕容垂在主上车前马后侍奉守卫，这个功劳不能忘记。"石越说："慕容垂对燕国尚且不忠，怎么能对我们尽忠呢！错过了今天就无法除掉他，肯定要成为后患。"苻丕没有听从。石越退下去以后，告诉人们说："苻丕父子喜欢施行小恩小惠，而不顾天下大计，最终将会被别人所擒。"

慕容垂把慕容农、慕容楷、慕容绍留在邺城，当他行进到安阳的汤池时，闵亮、李毗从邺城赶了上来，把苻丕与苻飞龙的图谋告诉了慕容垂。慕容垂以此激发士兵们的义愤，说："我尽忠于苻氏，而他却专门想图谋我们父子，我虽然想善罢甘休，能行吗？"于是就借口兵力不足，停留在河内招募士兵，十天时间已经拥有八千士兵。

平原公苻晖派遣使者责备慕容垂，督促他率兵前进。慕容垂告诉苻飞龙说："如今离寇贼不远，应当白天休息夜间前进，以攻其不意。"苻飞龙认为有理。

十二月二十七日壬午，夜晚，慕容垂派长子慕容宝统领军队居前，小儿子慕容隆带领军队跟随自己，命令氐族士兵每五人为一个编制单位。他暗地里与慕容宝已有约定，当听到战鼓声后，前后合击氐族士兵以及苻飞龙，把他们全部杀尽，参佐当中有家在西方的人，慕容垂全都让他们还乡，并且给前秦王苻坚送信，陈述所以要杀掉苻飞龙的原因。

当初，慕容垂跟随苻坚进入邺城，因为他的儿子慕容麟曾经多次向前燕慕容评告发事变，所以立即杀掉了他的母亲，然而尚不忍心杀掉慕容麟，让他住在城外的馆舍，很少见他。等到杀了苻飞龙以后，慕容麟屡屡进献计策，对慕容垂多有启发，慕容垂转而认为他不一般，对他的宠爱和其他的儿子一样了。

慕容凤以及前燕旧臣的儿子燕郡人王腾、辽西人段延等听说翟斌起兵，各自率领部曲家兵归附了他。平原公苻晖让武平武侯毛当攻打翟斌。慕容凤说："我今天将要为先王雪耻，请求为将军斩杀这个氐奴。"于是就身披铠甲，一往直前，丁零的士兵紧随其后，大败前秦的军队，斩杀了毛当。接着又进军攻打戍卫陵云台的军队，攻克了他们，缴获了一万多人的铠甲兵器。

十二月二十八日癸未，慕容垂渡过黄河后焚烧了桥梁，拥有三万士兵，留下辽东的鲜卑人可足浑谭在河内的沙城会集士兵。慕容垂派田山到邺城，秘密地告诉慕容农等，让他们起兵响应。当时天色已晚，慕容农与慕容楷留在邺城中过夜。慕容绍先行出城，到了蒲池，偷盗了苻丕的数百匹骏马以等待慕容农、慕容楷。

二十九日甲申晦，慕容农、慕容楷带领数十名骑兵身着便服出了邺城，于是他们就一起奔赴列人县。

（以上为第四段，写慕容垂脱险后直奔邺城，谋划反秦；前秦长乐公苻丕对慕容垂有所怀疑，但苦于没有证据，仅有所防备，慕容垂见招拆招，做好反秦准备。）

晋孝武帝太元九年（甲申，公元 384 年）

春季，正月初一乙酉朔，前秦长乐公苻丕大规模地宴请宾客，邀请慕容农却没有见着人，方才发觉事有变故。派人四处寻找，三天以后，才知道他在列人县，已经起兵反叛了。

慕容凤、王腾、段延全都劝翟斌尊奉慕容垂为盟主，翟斌听从了。慕容垂想袭击洛阳，但暂且还不知道翟斌是否有诚意，就拒绝他说："我是来救援豫州的，不是来投奔您。您既然要干大事，成功则享受其福，失败则承受其祸，我不参与此事。"

正月初二丙戌，慕容垂抵达洛阳，平原公苻晖听说他杀了苻飞龙，把他拒之门外。翟斌又派长史郭通前去劝说慕容垂，慕容垂还是没有同意做盟主。郭通说："将军之所以拒绝郭通的原因，难道不是认为翟斌的弟兄们是身居山野的异族，没有超人的才能和远大的谋略，肯定无所作为的缘故吗？为什么唯独不考虑将军今天凭借他们，就可以成就大业呢！"听了这话，慕容垂就同意了。于是翟斌率领他的士兵前来与慕容垂会合，劝慕容垂称帝王的尊号。慕容垂说："新兴侯慕容暐是我们的国主，应当迎接他回去重归正统。”

慕容垂考虑到洛阳四面受敌，想攻取邺城据守，于是就率兵东进。过去的扶余王余蔚任荥阳太守，他和昌黎的鲜卑人卫驹各自率领自己的士兵投降了慕容垂。慕容垂抵达荥阳，众属下执意请求进上尊号，慕容垂就依据晋元帝的遗规，自称大将军、大都督、燕王，秉承君主的旨意行事，称为统府。众属下称臣，文表奏疏，封爵授官，全都和君王一样。慕容垂任命他的弟弟慕容德为车骑大将军，封为范阳王；任命哥哥的儿子慕容楷为征西大将军封为太原王；任命翟斌为建义大将军，封为河南王；任命余蔚为征东将军、统府左司马，封为扶余王；任命卫驹为鹰扬将军，慕容凤为建策将军。率领二十多万士兵，从石门渡过了黄河，长驱直入，奔赴邺城。

慕容农奔赴列人县的时候，在乌桓人鲁利家中停留，鲁利给他准备了食物，慕容农报之一笑，没有吃。鲁利对他的妻子说：“恶奴，君郎是贵人，家穷没有什么食物可以给他吃，怎么办呢！”妻子说：“他有雄才大志，如今无缘无故地来必将有不寻常的事情，不是为了吃喝才来的。你赶快出去，望着远处以防备不测。”鲁利听从妻子的吩咐。慕容农对鲁利说：“我想在列人县集结士兵以图谋复兴，你能跟我一起干吗？”鲁利说：“不论生死，都跟从君郎。”慕容农于是就到乌桓人张骧那里，劝他说：“我家君王已经发动了复兴旧业的大事，翟斌等人全都推举尊奉他，远近的民众全都响应，所以我来告诉你。”张骧叩头两拜说：“得到了过去的君主而尊奉他，怎么敢不尽死效忠呢？”于是慕容农就让住在列人的居民作为士兵，砍桑树榆树作为兵器，撕下衣襟作为旗帜，派赵秋去劝说屠各人毕聪。毕聪与屠各人卜胜、张延、李白、郭超以及东夷人余和、敕勃，易阳的乌桓人刘大各自率领部众数千人投奔慕容农。慕容农暂时任命张骧为辅国将军，刘大为安远将军，鲁利为建威将军。慕容农亲自率兵攻克了馆陶，收缴了那里的军粮武器，派遣兰汗、段赞、赵秋、慕舆悕掠夺了康台的牧马数千匹。兰汗是后燕王慕容垂的堂舅；段赞是段聪的儿子。

此时步、骑兵云集，士兵多达数万，张骧等人共同推举慕容农为使持节、都督河北诸军事、骠骑大将军，对于众将领则根据他们的才能加以任用，上上下下，恭敬顺从。慕容农考虑到后燕王慕容垂还未抵达，不敢擅自赐封奖赏将士。赵秋说：“军队没有奖赏，士兵不会勇往直前，如今前来投奔的人全都是想建立一时的战功，以谋求长远的利益，应该秉承国王的旨意对他们封爵授官，以扩大中兴大业的根基。”慕容农听从了他的意见，于是前来投奔的人络绎不绝。慕容垂听说了以后对此加以赞扬。慕容农派使者招纳上党的库傉官伟，在东面延引东阿的乞特归，在北面征召后燕国的光烈将军平睿及平睿的哥哥汝阳太守平幼，库傉官伟等人全都响应他。慕容农又派兰汗攻打顿丘，攻了下来。慕容农号令严肃，军队秋毫无犯，男女百姓十分高兴。

（以上为第五段，写慕容垂起兵反秦，其子慕容农充当了急先锋，在列人县招兵买马，迅速结集队伍，并且承制封拜，赴者相继，号令整肃，军无私掠，士女喜悦。）

长乐公苻丕让石越统领一万多步、骑兵攻打慕容农。慕容农说："石越有多勇多谋的名声，如今不在南边抵抗大军而来这里，这是畏惧燕王慕容垂而欺负我。他们肯定没做防备，可以使用计谋战胜他们。"士兵们请求慕容农据守列人城，慕容农说："善于用兵的人凝聚士兵靠的是赢得人心，不靠别的什么东西。如今兴起义兵，只要是敌人就攻击，应当以山河作为城池，一个小小的列人城哪里值得据守呢！"

正月初七辛卯，石越抵达列人城西，慕容农让赵秋及参军綦毋滕攻打石越的前锋部队，打败了他们。参军、太原人赵谦向慕容农进言说："石越的铠甲兵仗虽然精良，但人心惊恐畏惧，所以容易被攻破，应该迅速攻击他们。"慕容农说："他们的铠甲在身外，我们的铠甲在心里，白天交战，则士兵们看见他们表面上的精良装备就会畏惧，不如等到晚上再攻击他们，必定取胜。"慕容农命令士兵严阵以待，不得轻举妄动。石越修建栅栏自守，慕容农笑着对众将领说："石越武器精良，兵力众多，不乘着刚刚抵达后的锐气攻击我们，反而在建栅栏防御，我知道他们是没有能力进攻了。"

等到天黑以后，慕容农击鼓呼喊出发，在城西摆开战阵，牙门刘木请求作为先锋攻击石越的栅栏，慕容农笑着说："凡人见到美食谁不想吃，怎么能够独自请求呢！然而你的勇猛锐气值得赞赏，应当把先锋的角色优待给你。"刘木于是就率领四百名勇士越过栅栏冲入敌阵，前秦的军队惊慌溃逃。慕容农督率大军追击，大败前秦的军队，斩杀了石越，把他的首级送到了慕容垂那里。石越与毛当都是前秦的勇猛战将，所以前秦王苻坚让他们辅助两个儿子镇守，此后相继失败死亡，人心骚动，他们所在的地方盗贼群起。

正月二十六日庚戌，后燕王慕容垂抵达邺城，改前秦建元二十年为后燕元年，官员服饰的颜色及朝廷礼仪，全都一如旧制。任命从前的岷山公库傉官伟为左长史，从前的尚书段崇为右长史，荥阳人郑豁等人为从事中郎。慕容农带领军队与慕容垂在邺城会合，慕容垂将他自称的官职正式授予了他。立长子慕容宝为太子，封堂弟慕容拔等十七人以及外甥宇文翰、舅舅的儿子兰审为王，其余的宗族亲属及有功之臣被封为公的有三十七人，被封为侯、伯、子、男的有八十九人。可足浑谭聚集到了两万士兵，攻打野王，攻了下来，又率领军队与慕容垂会合攻打邺城。平幼以及他的弟弟平睿、平规也率领数万士兵在邺城与慕容垂会合。

长乐公苻丕派姜让谴责后燕王慕容垂，并且劝他说："有过错而能够改正，如今还不晚。"慕容垂说："我承受了主上罕见的恩惠，所以想保全长乐公，让他带领全部军队返回京师长安，然后我修整恢复国家的大业，与秦国永远结为友好邻邦。为什么他不识时务，不将邺城归还给我呢？如果他执迷不悟，我就应当动用全部兵力攻打，恐怕他想单身匹马逃窜求生也是不可能的了。”

姜让厉言正色地责备慕容垂说：“将军在自己的国家无处容身，投靠圣朝，燕国难道能有你的尺寸之份吗？主上与将军风俗不同，种族有异，然而却一见倾心，亲如一家，对你的宠待超过了功勋旧臣，自古君臣相遇，有像这样优厚的吗？一旦因为君王的军队遭受了小小的失败，你马上就另有图谋！长乐公是主上的嫡传长子，接受分治一方辅佐君王的重任，他难道能把百城之地拱手让给你吗？将军想背弃君主，自然可以大动兵威，哪里用得着说那么多话呢！只可惜将军以七十高龄，像被周武王杀掉的商纣一样把头颅悬挂在白旗上，往日超越世俗的忠诚，反而要变成叛逆之鬼！”慕容垂沉默不语。周围的人请求杀掉姜让，慕容垂说：“那是各为其主而已，他有什么罪过？”对他以礼相待，送他回去了。并给苻丕送信，给前秦王苻坚进上奏书，陈述利害，请求送苻丕返回长安。苻坚和苻丕十分愤怒，复信痛切地责备了慕容垂。

（以上为第六段，写慕容农打败了前秦骁将石越，慕容垂到达邺城，建立后燕，称燕王，大封王侯，与前秦决裂。）

东晋鹰扬将军刘牢之攻打前秦的谯城，攻了下来。桓冲派上庸太守郭宝攻打前秦的魏兴、上庸、新城三郡，攻了下来。将军杨佺期进军占据了成固，攻击前秦梁州刺史潘猛，赶跑了他。杨佺期是杨亮的儿子。

正月二十八日壬子，后燕主慕容垂攻打邺城，攻下了外城，长乐公苻丕退守中城。关东六州的郡县大都送来人质请求向后燕投降。二十九日癸丑，慕容垂任命陈留王慕容绍代理冀州刺史，驻扎在广阿。

东晋丰城宣穆公桓冲听说谢玄等人建立了战功，自认为以前的话说错了，悔恨交加，酿成疾病。二月二十七日辛巳，桓冲去世。朝廷议论要让谢玄出任荆、江二州刺史。谢安认为自己父子的名声职位太引人注目，又害怕桓氏家族的人因为失掉职位而怀恨在心，就任命梁郡太守桓石民为荆州刺史，河东太守桓石虔为豫州刺史，豫州刺史桓伊为江州刺史。

后燕王慕容垂带领丁零、乌桓的二十多万士兵架设云梯、开挖地道用来攻打邺城没有攻下。于是就建筑包围工事坚守，分别将老弱士兵安置在肥乡，建筑新兴城用来放置轻重装备。

前秦征东府的官属们怀疑参军高泰是前燕旧臣，怀有二心，高泰害怕了，与同郡的虞曹从事吴韶逃回渤海。吴韶说：“燕国的军队近在肥乡，应该归附他们。”高泰说：“我们为的是逃避灾祸而已，离开一个君主，又去侍奉另一个君主，这是我所不愿意干的！”申绍见到他后感叹地说：“离开与归附全都依循一定的道理，可以称得上是君子啊！”

后燕范阳王慕容德攻击前秦的枋头，攻了下来，设置了守卫力量后返回。

东胡人王晏占据着馆陶，声援邺中，鲜卑、乌桓以及郡县的民众据守坞堡壁垒不服从后燕的人尚有许多。后燕王慕容垂派太原王慕容楷与镇南将军、陈留王慕容绍攻打他们。慕容楷对慕容绍说："鲜卑、乌桓以及冀州的民众，本来都是燕国的属臣，如今大业刚刚开始，人心尚未融洽，这就是导致小有不同的原因。只应该用仁德安抚他们，不能靠威势震慑他们。我应当停留在一个地方，作为军队声威的根基，你去巡视安抚民众夷狄，向他们展示大义，他们就一定会听命服从。"慕容楷于是就驻扎在辟阳。慕容绍率领数百骑兵前去劝说王晏，为他陈述祸福，王晏跟随慕容绍到慕容楷那里投降，于是鲜卑、乌桓以及守卫在坞堡中的民众投降的有数十万人。慕容楷将其中的老弱者留下，设置地方官吏以安抚他们，派遣其中十多万身强力壮的成年人与王晏一起到邺城。慕容垂十分高兴地说："你们弟兄的才能文武兼备，足以继承先王的事业！"

三月，东晋任命卫将军谢安为太保。

前秦北地长史慕容泓听说后燕王慕容垂攻打邺城，逃奔到关东，收拢会集鲜卑人，多达数千，返回驻扎在华阴，打败了前秦将军强永，他的士兵于是就更多了。慕容泓自称都督陕西诸军事、大将军、雍州牧、济北王，推举慕容垂为丞相、都督陕东诸军事、领大司马、冀州牧、吴王。

前秦主苻坚对权翼说："没有听你的话，让鲜卑人到了如此地步。关东之地我不再和他们争夺，但拿慕容泓怎么办呢？"于是就任命广平公苻熙为雍州刺史，镇守蒲阪。征召雍州牧钜鹿公苻睿为都督中外诸军事、卫大将军、录尚书事，给他配备五万士兵；任命左将军窦冲为长史、龙骧将军姚苌为司马来攻打慕容泓。

平阳太守慕容冲也在平阳起兵，拥有二万士兵，进军攻打蒲阪。苻坚派窦冲去攻打他。

库傉官伟率领部众数万人抵达邺城，后燕王慕容垂封库傉官伟为安定王。

前秦冀州刺史阜城侯苻定戍守信都，高城男苻绍在他的封地，高邑侯苻亮、重合侯苻谟戍守常山，固安侯苻鉴戍守中山。后燕王慕容垂派遣前将军、乐浪王慕容温督帅各路军队攻打信都，没有攻下。

夏季，四月初三丙辰，后燕主慕容垂派遣抚军大将军慕容麟增兵协助他们。苻定、苻鉴是前秦主苻坚的堂叔；苻绍、苻谟是他的堂弟；苻亮是他的侄子；慕容温是后燕主慕容垂弟弟的儿子。

慕容泓听说前秦军队将要到达，很害怕，率领士兵准备逃奔关东。前秦钜鹿公苻睿鲁莽轻敌，想要迅速出兵在半路拦截他们。姚苌劝说苻睿道："鲜卑人全都有思念归返的心情，所以才起兵作乱，应该驱使他们出关，不能阻截。抓住了鼷鼠的尾巴，它还能反咬人一口。他们自知陷于穷途末路，必将要与我们拼命，万一失利，后悔将怎么来得及？只能击鼓紧随他们，他们将全力溃逃。”苻睿没有听从劝告，在华泽交战，苻睿的军队失败，苻睿被慕容泓杀掉。姚苌派龙骧长史赵都、参军姜协到前秦王苻坚那里谢罪，苻坚十分愤怒，杀掉了他们。姚苌害怕了，逃奔到渭北的牧马之地，于是天水人尹纬、尹详，南安人庞演等纠集煽动羌族豪强，率领他们的民户丁口归附姚苌的共有五万多家，推举姚苌为盟主。姚苌自称大将军、大单于、万年秦王，实行大赦，改年号为白雀，任命尹详、庞演为左、右长史，南安人姚晃及尹纬为左、右司马，天水人狄伯支等为从事中郎，姜训等为掾属，王据等为参军，王钦卢、姚方成等为将帅。

（以上为第七段，写前秦北地长史慕容泓收聚鲜卑人反秦，钜鹿公苻睿等率兵攻打，被打败；龙骧将军姚苌也起兵造反，建立后秦，自称万年秦王，改元白雀；平阳太守慕容冲也在平阳起兵。）

前秦窦冲在黄河以东攻击慕容冲，大败慕容冲。慕容冲率领八千鲜卑骑兵投奔慕容泓。慕容泓的士兵达到十多万，他派遣使者告诉前秦王苻坚说：“吴王慕容垂已经平定了关东，可以迅速就此准备车驾，奉送家兄慕容暐皇帝，慕容泓要率领关中的燕国人守卫车乘，返回邺都，与秦国以虎牢为界，永远结为友邻。”苻坚听后勃然大怒，招来慕容暐责备他说：“如今慕容泓的信中把话说到了这种地步，你想离开的时候，我将提供帮助。你的宗族亲戚可以称得上是人面兽心，无法把他们作为国士来寄于期望！”慕容暐磕头磕得流了血，哭泣着表示谢罪。过了许久，苻坚说：“事情是由慕容垂、慕容泓、慕容冲三个家伙所干的，不是你的过错。”于是恢复了慕容暐的职位，对待他像当初一样。苻坚命令慕容暐写信招纳劝谕慕容泓、慕容冲以及慕容垂。慕容暐秘密地派使者告诉慕容泓说：“我是笼中之人，肯定没有回归的道理；况且我还是燕王室的罪人，不值得你们再顾念。你们努力建成大业，让吴王慕容垂做相国，中山王慕容冲做太宰兼大司马，你可以做大将军兼司徒，秉承我的旨意封爵授官，听到我死了的消息后，你就可以即皇帝的尊位。”慕容泓于是进军长安，改年号为燕兴。

后燕主慕容垂因为邺城尚在固守，会集僚属辅佐商议此事。右司马封衡请求引来漳水灌入城中，慕容垂听从了。慕容垂到了打猎场，顺便在华林园饮酒，前秦人秘密出兵对他突然袭击，乱箭如雨射来，慕容垂几乎没能逃出，冠军大将军慕容隆带领骑兵冲击敌人，慕容垂才幸免于难。

竟陵太守赵统攻打襄阳，前秦荆州刺史都贵逃奔鲁阳。

五月，前秦洛州刺史张五虎占据丰阳，前来向东晋投降。

东晋梁州刺史杨亮率领五万士兵攻打蜀地，派遣巴西太守费统统率三万水军、陆军作为前锋。杨亮驻扎在巴郡，前秦益州刺史王广派巴西太守康回等人抵抗他们。

前秦苻定、苻绍全都投降了后燕。后燕慕容麟带领军队西攻常山。

后秦王姚苌进军驻扎在北地，前秦华阴、北地、新平、安定的羌人、胡人投降的有十多万。

六月初一癸丑朔，东晋崇德太后褚氏去世。

前秦主苻坚亲自率领步、骑兵二万人攻打后秦，驻军于赵氏坞，让护军将军杨璧等人分路进攻。后秦的军队屡战屡败，后秦王姚苌的弟弟镇军将军姚尹买被斩杀。后秦驻军的地方没有水井，前秦人堵塞了安公谷、拦截了同官水以围困他们。后秦人惊慌恐惧，有人干渴而死。恰巧天下大雨，后秦的军营积水三尺，环绕军营百步以外，积水仅仅一寸多而已，后秦军队又振奋了起来。前秦王苻坚叹息道："上天也保佑寇贼啊！"

（以上为第八段，写原前燕主慕容暐深陷前秦，自度不得脱，捎信勉励慕容泓等建成大业；前秦主苻坚亲率大军攻打后秦，断水以困后秦军，老天垂怜，下了及时雨。）

慕容泓的谋臣高盖等人认为慕容泓的道德威望不如慕容冲，而且执行法律苛刻严峻，于是就杀掉了慕容泓，立慕容冲为皇太弟，秉承国王的旨意行事，设置了百官。任命高盖为尚书令。后秦主姚苌派遣儿子姚嵩作为人质到慕容冲那里，以请求和好。

东晋将军刘春攻打鲁阳，都贵逃回长安。

后秦主姚苌率领七万士兵攻打前秦，前秦主苻坚派杨璧等人抵抗，被姚苌打败。擒获了杨璧以及右将军徐成、镇军将军毛盛等将帅官吏数十人，姚苌对他们全都以礼相待，然后放他们回去了。

后燕慕容麟攻下了常山，前秦苻亮、苻谟全都投降。慕容麟进军包围中山，秋季，七月，攻克了中山，抓获了苻鉴。慕容麟威势名声大振，留驻中山。

前秦幽州刺史王永、平州刺史苻冲率领二州的士兵攻击后燕。后燕王慕容垂派宁朔将军平规反击王永，王永派昌黎太守宋敞在范阳迎战，宋敞的军队被打败，平规进军占据了蓟城以南。

前秦平原公苻晖率领洛阳、陕城的七万士兵回到了长安。

前秦主苻坚听说慕容冲逐渐逼近长安，就带领军队返回，派抚军大将军高阳公苻方戍守骊山，任命平原公苻晖为都督中外诸军事、车骑大将军、录尚书事，配备五万士兵以抵抗慕容冲。慕容冲与苻晖在郑西交战，大败苻晖。苻坚又派前将军姜宇与小儿子河间公苻琳率领三万士兵在灞上抵抗慕容冲，苻琳、姜宇全都战败死亡，慕容冲于是就占据了阿房城。

前秦康回的军队多次失败，退回到成都。梓潼太守垒袭率领涪城投降了东晋。荆州刺史桓石民占据了鲁阳，派河南太守高茂北进戍守洛阳。

七月二十八日己酉，东晋在崇平陵安葬了康献皇后。

后燕翟斌自恃有功，傲慢无忌，邀官求赏，贪得无厌。又因为邺城久围不下，私下里怀有背叛之心。太子慕容宝请求除掉他，后燕主慕容垂说："河南的盟誓不能背弃。如果他要发难，罪过出于翟斌。如今事情尚未发生而杀掉他，人们一定会说我忌恨害怕他的功劳与才能。我正在收罗招揽英雄豪杰以使大业昌盛，不能向人们表现出狭隘，以丧失天下人的期望。假如他怀有阴谋，我以智谋防范他，他也无所作为。"范阳王慕容德、陈留王慕容绍、骠骑大将军慕容农都说："翟斌兄弟居功自傲，一定会成为国家的祸患。"慕容垂说："傲慢必然导致迅速失败，怎么能成为祸患呢？他立有大功，应当听凭他自取灭亡。"慕容垂对翟斌的礼遇越发优厚。

翟斌暗示丁零人及自己的同党请求让他出任尚书令。慕容垂说："以翟王的功劳，应该位居宰相，只是官署尚未建立，此官无法迅速设置。"翟斌非常愤怒，暗地里与前秦长乐公苻丕互通计谋，让丁零人开决输引漳水的堤防，把水放走，事情泄露，慕容垂杀掉了翟斌及他的弟弟翟檀、翟敏，其余的人全都赦免了。

翟斌哥哥的儿子翟真，趁夜带领军营里的士兵向北逃向邯郸，途中又掉头开向后燕围攻邺城的包围圈，想和苻丕形成内外呼应之势。太子慕容宝与冠军大将军慕容隆打败了他们。翟真又掉头逃向邯郸。

太原王慕容楷、陈留王慕容绍向慕容垂进言说："丁零人并非胸怀大志，只是因为过分地宠待了他们，所以才背叛作乱罢了。如今若要迅速消灭他们，那他们就会聚集起来成为寇贼，如果暂时不理睬他们，他们就会自我离散，等到离散以后再攻打他们，攻无不克。"慕容垂听从了这一意见。

（以上为第九段，写西燕反秦的势头正盛，慕容冲逼近长安，占据阿房宫城；翟斌自恃有功，邀官求赏，后燕将领请求杀之，慕容垂待其反迹显露而杀之。）

龟兹王帛纯处境困窘危急，给猃胡送去优厚的礼物以求救援。猃胡王派他的弟弟呐龙、侯将馗率领二十多万骑兵，同时带领温宿、尉头等各国军队共计七十多万人前去救援龟兹。前秦国吕光和他们在城西交战，大败他们。帛纯出逃，三十多国的王侯投降。吕光进入龟兹人的城内，城里如同长安的都市，宫室非常华丽。吕光抚慰安宁西域地区，威势与恩德十分显著，远方各国，前代所未能臣服的，全都前来归附，并献上汉朝时赐给他们的符节凭证。吕光全都进上表章请求为他们更换，立帛纯的弟弟帛震为龟兹王。

八月，反叛后燕的翟真从邯郸北逃，后燕主慕容垂派太原王慕容楷、骠骑大将军慕容农率领骑兵追击他，八月初三日甲寅，在下邑追上了翟真。慕容楷想与他交战，慕容农说："士兵饥饿疲倦，而且在敌人军营中看不见身强力壮的成年人，恐怕在其他地方有埋伏。"慕容楷没有听从，进军交战，后燕军队大败。翟真向北开赴中山，驻扎在承营。

邺城中饲料、粮食全都耗尽，只能砍下松树枝喂马。后燕主慕容垂对众将领说："苻丕是势穷力竭的敌寇，一定没有投降的道理。我们不如退驻新城，为苻丕让开西返的道路，以此来感谢秦王昔日的恩情，而且可以作为讨伐翟真的计策。"

八月十五日丙寅那天夜晚，慕容垂解除了对邺城的包围，开赴新城。派慕容农带兵巡行清河、平原，监督征收田租赋税。慕容农明确地公布了条令，使贫富之家的分担适当，军纪严明，无所侵扰，因此交纳粮食、布匹的人络绎不绝，军队的给养丰富充足。

八月二十七日戊寅，东晋南昌文穆公郗愔去世。

东晋太保谢安进上奏书，请求乘苻氏失败之机，开拓中原地区，任命徐、兖二州刺史谢玄为前锋都督，率领豫州刺史桓石虔讨伐前秦。谢玄抵达下邳，前秦徐州刺史赵迁放弃彭城逃走，谢玄进军占据了彭城。

前秦主苻坚听说吕光平定了西域，任命吕光为都督玉门以西诸军事、西域校尉。因为道路被阻绝，任命无法通达。

前秦幽州刺史王永向振威将军刘库仁求救，刘库仁派他妻子的哥哥公孙希率领三千骑兵前去救援，在蓟南大败平规的军队，乘胜长驱直入，进军占据了唐城，与慕容麟相持。

九月，谢玄让彭城内史刘牢之攻打前秦兖州刺史张崇。十一日辛卯，张崇放弃了鄄城投奔后燕。刘牢之占据了鄄城，河南城邑村堡里的人全都前来归附东晋。

东晋太保谢安上书，请求亲自出征北伐。九月十四日甲午，朝廷让谢安担任都督扬、江等十五州诸军事，并授予他黄钺。

慕容冲进军逼临长安，前秦主苻坚登上城墙观望，感叹地说："这些敌虏是从哪里出来的呢？"接着大声责备慕容冲说："你小子何苦来送死！"慕容冲说："我厌倦了我的困苦，想捉拿你来代替！"慕容冲小的时候很得苻坚的宠爱，苻坚派使者带着锦袍宣称是皇帝下令送给慕容冲的，慕容冲则派詹事以皇太弟的命令回答说："我如今的志向在于夺取天下，岂能看得上一件锦袍这样的小恩小惠！假如能够知天命，君主臣下就应该停止抵抗，及早把皇帝慕容暐送来，自然就可以宽恕苻氏以酬报过去的好处。"苻坚勃然大怒，说："我没有听从王猛、阳平公苻融的话，使鲜卑白虏胆敢放肆到这种地步！"

（以上为第十段，写前秦军吕光出兵西域，打败违抗不从者，获得全胜；东晋太保谢安率军北伐，收复失地；西燕将领慕容冲进逼长安，前秦主苻坚悔之无及。）

冬季，十月初一辛亥朔，出现日食。

十五日乙丑，东晋实行大赦。

谢玄派阴陵太守高素攻打前秦青州刺史苻朗，军队抵达琅邪，苻朗前来投降。苻朗是苻坚的侄子。

翟真在承营，与公孙希、宋敞首尾呼应。长乐公苻丕派宦官冗从仆射清河人光祚带领数百士兵奔赴中山，与翟真相勾结。又派阳平太守邵兴带领数千骑兵招纳会集冀州过去的郡县，与光祚约期在襄国会合。这时后燕的军队疲惫，而前秦的威势又重新振作，冀州的郡县全都观望成败，赵郡人赵粟等在柏乡起兵以响应邵兴。后燕王慕容垂派冠军大将军慕容隆、龙骧将军张崇带领士兵迎击邵兴，命令骠骑大将军慕容农带领军队从清河出发，与他们会合。慕容隆与邵兴在襄国交战，邵兴的军队大败，邵兴逃到了广阿，遇上了慕容农，抓获了他。光祚听说以后，沿着西山逃回邺城。慕容隆于是就攻击赵粟等人，把他们全都打败，冀州的郡县又归顺了后燕。

刘库仁听说公孙希已经打败了平规的军队，想大举出兵以救援长乐公苻丕，他出动了雁门、上谷、代郡的军队，驻扎在繁畤。前燕太子太保慕舆句的儿子慕舆文、零陵公慕舆虔的儿子慕舆常，这时在刘库仁处，他们知道三郡的军队不愿意远征，因此就反叛作乱，趁夜攻打刘库仁，把他杀掉了，偷了他的骏马，逃奔后燕。公孙希的士兵听到叛乱的消息后自我溃散，公孙希投奔翟真。刘库仁的弟弟刘头眷代替刘库仁统领部众。

前秦长乐公苻丕派光祚及参军封孚到晋阳征召骠骑将军张蚝、并州刺史王腾救援自己，张蚝、王腾因为兵力不足不能前往。苻丕进退无路，便和僚属辅佐们商量。司马杨膺请求自动归附东晋，苻丕不同意。恰好这时谢玄派龙骧将军刘牢之等占据碻磝，派济阳太守郭满占据滑台，派将军颜肱、刘袭驻军于黄河以北，苻丕派将军桑据驻扎在黎阳以抵抗他们。刘袭夜晚袭击桑据，赶跑了他，于是攻克了黎阳。苻丕害怕了，就派堂弟苻就与参军焦逵向谢玄请求救援，给他写信说：“想借路求粮，西赴国难，等到援军一到，就把邺城拱手交出。如果西路不通，长安失陷，请求您率领军队来保全守卫邺城。”焦逵与参军姜让秘密地对杨膺说：“如今惨败到如此地步，长安的音讯隔绝，存亡不得而知。丧失气节竭尽诚意以求取粮食和援军，还害怕得不到。而你若不去掉感情义气，态度左右摇摆，事情也终将无成。应该把书信改为奏章，告诉他君王的军队到达时，就将投身南归晋朝。如果苻丕不服从，可以逼迫捆绑他交给晋朝。”杨膺自以为他的力量能够控制苻丕，于是就改写了书信后送走了。

谢玄派遣晋陵太守滕恬之渡过黄河戍守黎阳。滕恬之是滕修的曾孙。东晋朝廷认为兖、青、司、豫各州已经平定，任命谢玄为都督徐、兖、青、司、冀、幽、并七州诸军事。

（以上为第十一段，写投降前秦的匈奴首领刘库仁欲大举出兵救援长乐公苻丕，驻扎繁畤，慕舆文等背叛，将其杀之；苻丕被困守邺城，走投无路，向东晋求援。）

后秦主姚苌听说慕容冲攻打长安，召集群臣商议是继续进军，还是停止前进，群臣都说："大王应该先攻取长安，建立根基，然后再经营四方。"姚苌说："不对。燕人是因为他们的士兵思归心切才起兵进攻，如果他们的志向得以实现，肯定不会在关中久留。我应当移驻九嵕以北，广泛地储备粮食、物资，以等待秦国的灭亡、燕人的离去，然后就可以拱手获取关中。"于是姚苌就留下他的长子姚兴守卫北地，让宁北将军姚穆守卫同官川，自己统率士兵攻打新平。

当初，新平人杀掉了本郡的将领，前秦主苻坚把他们的城墙去掉了一个角，用以羞辱他们，新平的贤俊豪杰都觉得这是一桩心病，想要建立忠义以洗刷耻辱。等到后秦王姚苌抵达新平，新平太守南安人苟辅想要投降，本郡人辽西太守冯杰、莲勺令冯羽、尚书郎赵义、汶山太守冯苗劝说他道："过去田单以一个城的力量保存了齐国。如今秦国的州镇，还有一百多座城邑相连，为什么要匆忙地做叛臣呢？"苟辅高兴地说："这正是我的心愿。只是怕时间长了无人救援，郡中的百姓横遭无辜之祸。诸君尚能如此，我难道还能怕死吗？"于是他们就凭借城墙固守。后秦的军队在城外修筑土山地道，苟辅在城内也同样修筑，双方有时在地道内交战，有时在土山上交战，后秦死亡的人有一万多。苟辅谎称投降以引诱姚苌，姚苌准备入城，发觉以后返回去。苟辅预先埋伏的军队半路迎击，差一点擒获了姚苌，又斩杀了一万多人。

陇西处士王嘉，隐居在倒虎山，有异常之术，能预知未来，秦人把他当作神仙。前秦主苻坚、后秦王姚苌以及慕容冲全都派使者去迎接他。十一月，王嘉进入长安，众人听说以后，认为苻坚有福，所以圣人帮助他，三辅地区的村镇军营以及依山而居的氐人、羌人归附苻坚的有四万多人。苻坚把王嘉及僧人道安安置在外殿，行动与否全都要向他们询问。

后燕慕容农从信都向西到鲁口攻打丁零人翟辽，打败了他。翟辽退到无极县防守，慕容农驻扎在藁城以威逼他。翟辽是翟真的堂兄。

在长安城中的鲜卑人尚有一千多，慕容绍的哥哥慕容肃与慕容時暗地里谋划聚集鲜卑人作乱。十二月，慕容時告诉苻坚说，因为他的儿子刚刚结婚，请苻坚到他家去，置酒招待，实则想埋伏士兵杀掉苻坚。苻坚答应了，恰巧天下大雨，没有去成。事情泄露，苻坚召见慕容時及慕容肃，慕容肃说："事情肯定泄露了，进去则全都被杀。如今城内已经严密布防，不如杀掉使者冲出去，逃出城门以后，我们的士兵就可以聚集起来。"慕容時没有听他的话，于是就一起入宫去见苻坚。苻坚说："我待你们怎么样，你们反而产生了这样的意图！"慕容時遮遮掩掩地搪塞。慕容肃说："宗族国家事关重大，还谈什么感情义气！"于是苻坚先杀掉了慕容肃，接着又杀掉了慕容暐以及他的宗族亲属，城内的鲜卑人不论男女老幼，全都被杀。后燕王慕容垂的小儿子慕容柔，养育在宦官宋牙家里，作为宋牙的儿子，所以没有坐罪被杀，他与太子慕容宝的儿子慕容盛乘机逃出，投奔了慕容冲。

后燕慕容麟、慕容农会合军队袭击翟辽，大败翟辽，翟辽只身匹马投奔翟真。

后燕主慕容垂因为前秦长乐公苻丕还在据守邺城不肯离去，就又带领军队包围了邺城，同时为他放开了西逃的道路。焦逵见了谢玄，谢玄想要征召苻丕的人质，然后才出兵。焦逵恳切地陈述苻丕的忠诚，并且诉说了杨膺的意图，谢玄于是就派刘牢之、腾恬之等率领两万士兵救援邺城。苻丕报告粮食断绝，谢玄通过水路、陆路运去二千斛米送给他。

前秦梁州刺史潘猛放弃了汉中，逃奔到长安。

（以上为第十二段，写后秦主姚苌听说慕容冲攻打长安，决定按兵不动，坐收渔人之利；慕容肃与慕容暐密谋作乱，谋杀苻坚，事泄，在长安的鲜卑人全部被杀。）

【点评】

淝水之战。淝水之战是中国历史上著名的以少胜多的战例。前秦军投入的兵力有七十多万，而东晋只出动了八万兵马。

首先，前秦主苻坚不顾众多大臣的反对，一意孤行，失败是必然的。有诸葛亮之称的前秦宰相王猛，在八年前去世时就说过，晋朝虽然偏安江南，但为华夏正统，而且上下安和，千万不可图灭晋朝。在出征前的御前会议上，群臣几乎众口一词，反对出兵攻打东晋，接替王猛职位的大将军苻融，甚至声泪俱下，劝说不要出兵，苻坚根本听不进去。而劝说出兵的，是前燕投诚过来的冠军将军慕容垂，他是别有用心，不怀好意，可正中苻坚下怀。那么苻坚为什么要一意孤行呢？这种举动也不可一概否定。其中有苻坚的统一情怀，并进行了坚持不懈的努力；也有他的轻敌思想，他在前几次攻打前燕、前凉、代国取得成功的基础上，有些骄傲，认为东晋不足惧，并且要亲自出征。可是，一出战成千古恨。

其次，东晋宰相谢安在淝水之战中起了重要作用。其一，作为宰相，在皇帝司马曜非常懦弱的情况下，掌控朝局，专擅朝政，能够注重调节各方面的利益和矛盾，如处理与桓温势力的平衡问题，既不像当年庾亮处理苏峻而引发冲突那样，也不是一味退让、迁就，使得朝野上下非常和谐，同心并力，这可以说是取得淝水之战胜利的重要基础。当年桓温北伐，不能奏效，就是因为朝野上下矛盾重重，近乎孤军奋战所致。其二，谢安举贤不避亲，力荐侄儿谢玄出任建武将军，谢玄招募北来民众中的骁勇之士，组建训练一支精锐部队，号为"北府兵"。如果没有谢玄以及他的北府兵，淝水之战能否取胜，要打上一个大大的问号。其三，在淝水大战前，东晋朝野上下惴惴不安，人心惶惶，而谢安始终不动声色，甚至桓冲派出三千得力干将前来保护朝廷，都被谢安退回去了，这对稳定朝局确实起了重要作用。

再次，朱序在淝水之战中起到了关键性的作用。朱序在淝水之战中的功绩不可埋没。朱序原是东晋梁州刺史，镇守襄阳，秦军攻下襄阳，把他捉了过去，苻坚觉得朱序非常忠贞，就任以为将，而他身在曹营心在汉。在淝水之战前，苻坚自认为能够速战速决，就派朱序前去劝降谢石，朱序前去通风报信，送去了至关紧要的军事情报，并提示谢石要先发制人，击溃前秦的先锋部队。他说："秦军虽有百万之众，但还在进军中，如果兵力集中起来，晋军将难以抵御。现在情况不同，应趁秦军没能全部抵达的时机，迅速发动进攻，只要能击败其前锋部队，挫其锐气，就能击破秦国百万大军。"这番话如醍醐灌顶，改变了谢石原来认为秦军强大，而采用坚守不战，待敌疲惫后再伺机反攻的战略，决定转守为攻，主动出击。这才有了后面的压轴好戏。谢石派谢琰挑选八千名勇士渡过淝水挑战。秦军稍微向后撤退一点，朱序在军阵后面高声呼喊："秦军失败了！"这一喊不要紧，秦军真的以为是失败了，潮水般地向后撤退。后人曾评论淝水之战说："幸而朱序私通军情，苻坚骄傲自满，苻融未谙军机，临阵自退，以致晋军乘势得胜耳。"其说符合实情，朱序所起的作用不可忽视。

最后，谢石以征虏将军兼假节、征讨大都督的身份，在淝水之战中发挥了统率作用。年轻将领谢玄临阵随机应变，劝说临河布阵的秦军向后退一点，造成秦军的致命被动。

晋纪二十八

晋孝武帝太元十年至十一年（公元385—公元386）

【起旃蒙作噩（乙酉，公元385年），尽柔兆阉茂（丙戌，公元386年），凡二年】

【大事提要】

本卷记事起于公元385年，到公元386年，凡二年，时当晋孝武帝（司马曜）太元十年至太元十一年。本卷所载大事，主要有五个方面。其一，慕容冲即帝位。原前燕主慕容暐之弟慕容冲，起兵于河东，投靠济北王慕容泓。慕容泓被谋杀，其为皇太弟，承制行事，又占据阿房。公元385年，慕容冲在阿房即帝位，改元更始，是为“西燕”。而后亲率军队围攻前秦都城长安，大肆抢掠、杀人无数。其二，姚苌在新平杀苻坚。西燕慕容冲围攻前秦都城长安，前秦主苻坚率领数百骑兵出奔五将山。公元385年，后秦主姚苌骁骑将军吴忠率兵包围并俘获苻坚。姚苌派人向苻坚索要传国玉玺，苻坚不给。姚苌又要求禅位，也被苻坚拒绝，姚苌派人在新平佛寺将苻坚缢死。其三，苻丕在晋阳即帝位。前秦主苻坚新平遇难时，其子长乐公苻丕率领邺城6万多人向长安进发，途中被骠骑将军张蚝、并州刺史王腾等迎入晋阳。苻丕方知苻坚被害，长安已失守，于公元385年在晋阳发丧，即位，改元大安。追谥苻坚为宣昭皇帝，庙号世祖。其四，乞伏国仁建西秦。鲜卑首领乞伏国仁出于陇西，其父乞伏司繁率领部众归附前秦主苻坚，为南单于。淝水之战后，乞伏国仁召集部落，聚众十多万人。公元385年，乞伏国仁自称大都督、大将军、大单于，建元建义，建立西秦，设置十二郡，建都于勇士城。其五，拓跋珪初称魏王。前秦消灭代国后，拓跋什翼犍之孙拓跋珪先后流寓于独孤部和贺兰部。公元386年，在牛川召开部落大会，十六岁的拓跋珪趁乱重兴代国，即代王位，建元登国，设立百官，后改称魏王。拓跋氏自此以魏为国号，从此兴盛。史称拓跋魏或北魏。

烈宗孝武皇帝中之上

晋孝武帝太元十年（乙酉，公元385年）

春季，正月，前秦主苻坚祭祀太庙，宴请群臣。当时长安正值饥荒，人相残食，众将领回家以后，都把吃进去的肉吐出来再让妻子儿女们吃。

慕容冲在阿房城即皇帝位，改年号为更始。慕容冲踌躇满志，任意赏罚。慕容盛年方十三，对慕容柔说："就是在十人中位居首位，也必须是才能超过其他九人，然后才能安稳。如今中山王慕容冲才能不及别人，没有建立战功，而骄奢傲慢已经十分严重，恐怕难以成功啊！"

后秦王姚苌留下众将领攻打新平，自己带领军队去攻打安定，擒获了前秦国安西将军渤海公苻珍，岭北各城全都投降了姚苌。

正月，甲寅（疑误），前秦主苻坚与西燕主慕容冲在仇班渠交战，大败慕容冲。乙卯（疑误），在雀桑交战，又打败了他。甲子（疑误），在白渠交战，前秦军队大败。西燕的军队包围了前秦王苻坚，殿中将军邓迈奋力阻击，苻坚才得以幸免。壬申（疑误），慕容冲派尚书令高盖夜袭长安，进入了南城，前秦左将军窦冲、前禁将军李辩等打败了他们，斩首八百多人，士兵们把尸体分开吃掉。乙亥（疑误），高盖带领军队攻打渭北各营垒，太子苻宏与他在成贰壁交战，大败高盖，斩首三万人。

前燕带方王慕容佐与宁朔将军平规一起攻打蓟城，王永的军队屡战屡败。二月，王永让宋敞焚烧了和龙以及蓟城的宫室，率领三万士兵逃奔壶关。慕容佐等进入蓟城。

后燕将领慕容农带领军队与慕容麟在中山会合，与他共同攻打翟真。慕容麟、慕容农先率领数千骑兵到了承营，察看地势。翟真远远望见，部署军队出动。众将领想要撤退，慕容农说："丁零人不是不强劲勇猛，而翟真却很懦弱，现在应该选择精锐士兵，看准翟真所在的位置发起冲击，翟真一逃跑，其士兵必然溃散，就可以堵截城门围歼他们，可以把他们全部消灭。"于是就派骁骑将军慕容国率领一百多名骑兵冲击翟真，翟真逃跑，其士兵夺门溃逃，自相践踏，死者过半，于是就攻下了承营的外城。

三月初六癸未，前秦主苻坚与西燕主慕容冲在长安城西交战，大败慕容冲，一直追击到阿城。众将领请求乘胜入城，苻坚担心被慕容冲包围，带领军队返回。

三月初八乙酉，前秦益州刺史王广让蜀人江阳太守李丕出任益州刺史，戍守成都。三月十二己丑，王广率领部众逃回陇西，跟随他的蜀人有三万多。

东晋将领刘牢之抵达枋头。杨膺、姜让的阴谋泄露，长乐公苻丕拘捕并斩杀了他们。刘牢之听说后，便徘徊不进。

前秦平原悼公苻晖多次被西燕主慕容冲打败，前秦主苻坚责备他说："你是我有才能的儿子，带领众多的士兵与白虏的稚嫩小孩子作战，反而屡屡失败，活着还有什么用呢？"三月，苻晖愤恨自杀。

前秦前禁将军李辩、都水使者陇西人彭和正担心长安失守，召集西方各州人驻扎在韭园。苻坚征召他们，他们却不到。

西燕主慕容冲在骊山攻打前秦高阳愍公苻方，杀掉了他，抓获了前秦尚书韦钟，任命韦钟的儿子韦谦为冯翊太守，让他招抚三辅地区的百姓。冯翊垒主邵安民等人责备韦谦说："你是雍州的望族，如今反而跟从了寇贼，与他们一起干不忠不义的事情，以什么面目行于人世呢？"韦谦把这些话告诉了韦钟，韦钟自杀，韦谦投奔东晋。

前秦左将军苟池、右将军俱石子与西燕主慕容冲在骊山交战，战败。西燕将军慕容永斩杀了苟池，俱石子逃奔邺城。慕容永是慕容廆弟弟慕容运的孙子；俱石子是俱难的弟弟。

前秦主苻坚派领军将军杨定攻打慕容冲，大败慕容冲，俘虏了一万多鲜卑人后返回，把他们全都活埋了。杨定是杨佛奴的孙子，苻坚的女婿。

（以上为第一段，写长安发生灾荒，人相食，慕容冲称帝阿房，改元更始，史称西燕，与前秦角逐争斗，互有胜负；前秦主苻坚十分痛恨，俘获了一万多人，全部坑杀。）

荥阳人郑燮举郡向东晋投降。

后燕主慕容垂攻打邺城，久攻不下，准备向北到冀州去，就命令抚军大将军慕容麟驻扎在信都，乐浪王慕容温驻扎在中山，征召骠骑大将军慕容农返回邺城。远近的人们听说以后，认为后燕威势不振，都在考虑归附还是离去的问题。

慕容农抵达高邑，派从事中郎眭邃到附近外出，过了期限还没有返回。长史张攀向慕容农进言说："眭邃是您身边的部下，胆敢欺骗蒙蔽您，逾期不归，请求回军攻打他。"慕容农没有答应，敕令准备借国主名义下达命令，任命眭邃为高阳太守，僚属部下中凡是家在赵地以北的人，全都派他们回去暂时代理官职，共选拔补充了太守三人，长史二十多人。慕容农退下去以后对张攀说："你的见解非常错误，当今之时，怎么能自相残杀！等我从北边返回来时，眭邃等人自然应当夹道欢迎，你只管等着瞧吧。"

北燕乐浪王慕容温在中山，兵力很弱，四周布满了丁零人，分别占据着各个城邑。慕容温对众将领说："以我们的兵力，进攻则力量不足，防守则绰绰有余。骠骑将军、抚军将军的兵力会集起来，应当能够消灭寇贼，只是需要聚集军粮、训练军队以等待时机。"于是他就安抚故旧，招纳新兵，劝勉督促农耕桑蚕，前来归附的民众络绎不绝，郡县村落争先恐后地运来军粮，仓库充实丰盈。翟真趁夜袭击中山，慕容温击败了他，从此翟真不敢再来了。慕容温于是派遣一万士兵运送粮食用以犒饷慕容垂，而且在中山营建宫室。

东晋将领刘牢之在孙就栅攻打后燕黎阳太守刘抚，后燕主慕容垂留下慕容农镇守包围邺城的部队，亲自带领士兵救援刘抚。前秦长乐公苻丕听说以后，乘虚出兵夜袭后燕的军营，慕容农打败了他。刘牢之与慕容垂交战，没能获胜，退守黎阳，慕容垂又返回了邺城。

前秦将领吕光因为龟兹富饶安乐，想在此居住久留。天竺僧人鸠摩罗什对吕光说："这里是凶亡之地，不值得久留。将军只要东返，半路上自会有福地可以居住。"吕光于是就大宴将士，讨论是否停留的问题，众人都想返回。于是就用两万多头骆驼载着境外之国的珍宝奇玩，驱赶了一万多匹骏马东返。

夏季，四月，东晋将领刘牢之进军抵达邺城，后燕王慕容垂迎战，但失败了，于是就撤除了对邺城的包围，退到新城驻扎。初八乙卯，从新城向北逃走。刘牢之没有向前秦长乐公苻丕报告，就带领军队追击。苻丕听说以后，也紧跟着出兵追击。十三日庚申，刘牢之在董唐渊追上了慕容垂。慕容垂说："秦国、晋朝苟且聚合，互相依靠才显得强大，一方取胜则全都威风，一方失败则全都溃散，双方并不是同心同德。如今双方的军队相继而来，既然兵力尚未会合，就应该迅速猛击他们。"刘牢之的军队急速行进了二百里，到了五桥泽，争抢后燕的轻重物资，慕容垂迎头攻击，大败他们，斩首数千人。刘牢之只身匹马逃跑，恰好前秦前来救助，才得以幸免。

后燕冠军将军宜都王慕容凤，每逢战斗都奋不顾身，前后参与了大小二百五十七次战役，没有不建立战功的。慕容垂告诫他说："如今大业刚刚成就，你应当首先自爱！"让他做车骑将军慕容德的副手以抑制他的锐气。

邺城中的饥荒十分严重，长乐公苻丕率领士兵到枋头去求东晋的粮谷。刘牢之进入邺城，收罗逃散的士兵，士兵又稍微有所振作。刘牢之因军队失败坐罪，朝廷征召他返回。

（以上为第二段，写后燕主慕容垂围攻邺城，久攻不下；前秦长乐公苻丕困守邺城，东晋将领刘牢之出兵救援，惨败逃回；前秦将领吕光攻打龟兹，得胜返回。）

后燕、前秦相持了一年多，幽州、冀州出现了严重饥荒，人相残食，城邑村落一片萧条。后燕士兵有很多饿死。后燕主慕容垂禁止百姓养蚕，以桑葚作为军粮。

慕容垂准备北赴中山，以骠骑大将军慕容农作为前锋，以前暂时授职的官吏眭邃等人全都前来迎候，上上下下和当初一样，张攀于是对慕容农的远见卓识表示折服。

东晋会稽王司马道子喜好专权，又被奸邪谄媚者挑拨煽动，与太保谢安有了隔阂。谢安想躲避他，恰好前秦主苻坚前来求救，谢安就请求亲自率兵去救援苻坚。四月十五日壬戌，谢安离开朝廷去镇守广陵的步丘，建筑了叫作新城的营垒，居住在这里。

蜀郡太守任权攻下了成都，斩杀了前秦益州刺史李丕，又夺取了益州。

新平城内箭尽粮绝，外边救援的部队没有到达。后秦主姚苌派人对苟辅说："我正在以道义夺取天下，怎么能仇恨忠臣呢！你只要率领城里的民众返回长安就行了，我只是想得到这座城邑。”苟辅认为此话有理，就率领民众五千人出了城，姚苌包围了他们，然后把他们全都活埋，不论男女，无一遗漏。只有冯杰的儿子冯终得以逃脱，逃到长安。前秦王苻坚给苟辅等人追赠了官职爵位，全都定谥号叫节愍侯，任命冯终为新平太守。

翟真从承营转移到行唐驻扎，翟真的司马鲜于乞杀掉了翟真及其亲属，自立为赵王。军营里的人一起杀掉了鲜于乞，立翟真的堂弟翟成为主。其士兵大都投降了后燕。

五月，西燕主慕容冲攻打长安，前秦王苻坚亲自督战，被飞来的乱箭射得遍体鳞伤，鲜血淋漓。慕容冲放纵军队残暴掠夺，关中士人百姓流离失所，道路被阻绝，千里不见炊烟。有三十多座堡寨营垒，推举平远将军赵敖为主，互相结盟，冒着危险派兵送粮救助苻坚，但大多都被西燕杀掉。苻坚对他们说："听说前来救助的人大都不能顺利到达，这确实表现了忠臣的大义，但如今敌寇制造的祸难繁多，不是靠一个人的力量就能解决的，只能是白白地相继落入虎口，有什么好处？你们应该为了国家而自我保重，积蓄粮食，训练军队，以等待天时，也许做善事不会长久困顿，还会有时机否极泰来的！"

三辅地区被慕容冲掠夺的百姓派人秘密地向苻坚报告，请求苻坚派兵攻打慕容冲，他们想要在里边放火以作为内应。苻坚说："非常怜悯你们的忠诚！然而我勇猛的将士如同虎豹，锋利的兵器如同霜雪，反而受困于乌合之众，这难道不是天意吗？恐怕会白白地让你们招致覆灭，我不忍心这样干！"派来的人不停地固执请求，苻坚就派遣七百骑兵前往。在慕容冲军营里放火的人，反而被乘风之火所烧，得以幸免的人只有十之一二，苻坚设祭痛哭他们。

卫将军杨定与慕容冲在城西交战，被慕容冲擒获。杨定是前秦的勇猛战将。苻坚十分害怕，依据谶书中所说，"帝王出走五将山才能得到长久的命运"，便留下太子苻宏守卫长安，对他说："上天大概是想引导我外出。你好好地守卫城池，不要与寇贼争锋，我要走出陇地召集士兵运送粮食供给你。"于是苻坚就率领数百骑兵与张夫人、中山公苻诜及两个女儿苻宝、苻锦奔往五将山，向各州郡公开宣布，约定在初冬时拯救长安。苻坚顺路袭击了韭园，李辩逃奔后燕，彭和正感到惭愧，自杀而死。

（以上为第三段，写东晋会稽王司马道子好专权，与太保谢安有隔阂，谢安率军出征以避祸；西燕主慕容冲攻打长安，势头正盛；前秦主苻坚奔往五将山避难。）

闰五月，东晋任命广州刺史罗友为益州刺史，镇守成都。

闰五月初四庚戌，后燕王慕容垂抵达常山，在行唐包围了翟成，命令带方王慕容佐镇守龙城。

六月，高句丽进犯辽东，慕容佐派司马郝景统帅军队救援，被高句丽打败，高句丽于是攻陷了辽东、玄菟。

前秦太子苻宏无法坚守长安，带领数千骑兵与母亲、妻子、宗室亲属向西逃奔到下辨。僚属百官全都逃散，司隶校尉权翼等数百人投奔后秦。西燕国主慕容冲进城占据了长安，放纵军队大肆抢掠，城中死亡的人不计其数。

秋季，七月，东晋发生大旱、饥荒，水井全都枯竭。

后秦王姚苌从过去的安定县到新平。

前秦王苻坚抵达五将山，后秦王姚苌派骁骑将军吴忠率领骑兵包围了他。前秦的士兵全都溃散逃走，只有十几个侍从官留在身边，苻坚神色自若，坐在那里等待吴忠的军队，召唤掌管膳食的官吏进上食物。不一会儿吴忠来到，拘捕了苻坚，把他送到新平，幽禁在特设的房间内。

太子苻宏抵达下辨，南秦州刺史杨璧拒绝接纳他。杨璧的妻子是苻坚的女儿顺阳公主，她抛弃了丈夫，跟苻宏走了。苻宏逃奔到武都，投靠氐族豪强强熙，然后借道投奔东晋，朝廷下达诏令，把他安置在江州。

长乐公苻丕率领三万士兵准备从枋头返回邺城，东晋龙骧将军檀玄向他发起攻击，在谷口交战，檀玄的军队失败，苻丕又进入了邺城。

后燕建节将军余岩反叛，从武邑北赴幽州。后燕王慕容垂迅速派使者敕令幽州将领平规说："加强固守，不要交战，等我攻破丁零以后亲自去攻打他。"平规出兵迎战，被余岩打败。余岩进入蓟城，掳掠了一千多户人后离去，于是占据了令支。

七月二十八日癸酉，翟成的长史鲜于得斩杀了翟成后出来投降后燕，后燕王慕容垂在行唐大肆屠杀，将翟成的士兵全部活埋。

东晋太保谢安因病请求回建康，朝廷下达命令同意了。八月，谢安回到了建康。

八月十九日甲午，东晋实行大赦。

八月二十二日丁酉，建昌文靖公谢安去世。朝廷下达命令，按非常的礼仪安葬他，仿照大司马桓温的遗规。

八月二十五日庚子，任命司徒琅邪王司马道子兼扬州刺史、录尚书、都督中外诸军事，任命尚书令谢石为卫将军。

后秦王姚苌派人去向前秦主苻坚索取传国印玺，说："姚苌按顺序承接天命，可以把玉玺交给我。"苻坚怒目斥责来人说："小羌胆敢威逼天子，五胡的次序没有你羌族的名称。传国印玺已经送到了晋朝，你无法得到了！"姚苌又派右司马尹纬劝说苻坚，要求苻坚把君主之位禅让给他。苻坚说："禅让是圣贤的事情，姚苌是叛贼，怎么能让他继位呢？"苻坚与尹纬谈论了一番，问尹纬："你在我的朝廷里做什么官？"尹纬说："尚书令史。"苻坚叹息地说："你是王猛那样的人才，具有宰相的才能，然而我却不知道你，应该灭亡了。"苻坚自认为平时对待姚苌有恩，越发愤恨他，多次痛骂姚苌，以求一死，对张夫人说："岂能让羌奴侮辱我的儿女。"于是，就先杀掉了苻宝、苻锦。

八月二十六日辛丑，姚苌派人把苻坚缢死在新平的佛寺。张夫人、中山公苻诜全都自杀。后秦将士全都为他们悲痛。姚苌想隐埋苻坚的名字，给苻坚定谥号为壮烈天王。

臣司马光评论说：谈论这段历史的人都认为秦王苻坚的灭亡，是由于没有杀掉慕容垂、姚苌的缘故。我唯独认为不是这样。许劭说魏武帝曹操是太平盛世的能臣，混乱世道的奸雄。假如苻坚治理国家不违背治国之道，那么，慕容垂、姚苌全都是秦国的能臣，怎么能作乱呢？苻坚之所以灭亡的原因，是由于屡次取胜后骄傲的缘故。魏文侯问李克关于吴国失败的原因，李克回答说："经常征战又经常胜利。"魏文侯说："经常征战又经常胜利，这是国家的福分，为什么灭亡了呢？"李克回答说："经常征战则民众疲惫，经常胜利则主上骄傲，以骄傲的君主统治疲惫的民众，没有不灭亡的道理。"秦王苻坚就与此相似。

（以上为第四段，写前秦主苻坚信谶言离开长安，被后秦主姚苌俘获、杀害；太子苻宏无法坚守长安，也出逃，投降东晋；西燕主慕容冲占领长安。）

前秦长乐公苻丕在邺城，准备西赴长安，幽州刺史王永在壶关，派使者去招纳苻丕，苻丕就率领邺城中的男女六万多人向西到潞川，骠骑将军张蚝、并州刺史王腾迎接他们进入晋阳。王永留平州刺史苻冲守壶关，亲自率领一万骑兵与苻丕会师于晋阳。这时，苻丕才知道长安已经失守，苻坚已经死亡，于是，便公开宣布了苻坚死亡的消息，他自已即皇帝位，给苻坚定谥号为宣昭皇帝，庙号为世祖，实行大赦，改年号为大安。

后燕主慕容垂任命鲁王慕容和为南中郎将，镇守邺城，派慕容农出蠮螉塞，经过凡城，开赴龙城，会合兵力讨伐余岩，慕容麟、慕容隆从信都出发，带兵巡行渤海、清河。慕容麟攻打渤海太守封懿，抓获了他，顺势驻扎在历口。封懿，是封放的儿子。

鲜卑人刘头眷在善无击败了贺兰部，又在意亲山击败了柔然。刘头眷的儿子刘罗辰向刘头眷进言说："近来的征战，所向无敌，然而对心腹之患，希望早作图谋！"刘头眷说："谁是心腹之患？"刘罗辰说："堂兄刘显，是残酷无情的人，必将要作乱。"刘头眷没有听从。刘显，是刘库仁的儿子。

不久，刘显果然杀掉了刘头眷而自立。又准备杀掉拓跋珪。刘显弟弟刘亢泥的妻子，是拓跋珪的姑姑，她把这一消息告诉了拓拔珪的母亲贺氏。刘显的主谋梁六眷，是代王拓跋什翼犍的外甥，他也派其部属穆崇、奚牧把消息秘密地报告了拓跋珪，并且把宠爱的妻子、骏马交给穆崇说："如果事情泄露，就用这些来证明自己。"贺氏当晚让刘显喝酒，等他喝醉以后，让拓跋珪暗中与旧臣长孙犍、元他、罗结轻装骑马逃走。第二天早晨，贺氏故意惊动马厩中的马匹，让刘显起来察看。贺氏哭泣着说："我的儿子们就在这里，现在全都不见了，你们谁杀了他们呢？"刘显因此没有急于追赶。拓跋珪于是就逃奔到贺兰部，投靠了他的舅舅贺讷。贺讷惊喜地说："复国以后，还应该想着老臣！"拓跋珪笑着说："确实像舅舅所说，不敢忘记。"

刘显怀疑梁六眷泄露了他的计谋，准备要把他囚禁起来。穆崇扬言说："梁六眷不顾恩义，辅佐刘显却干出了叛逆之事，我夺取了他的妻子、骏马，足以解除愤恨。"刘显于是就不再理会梁六眷了。

贺氏的堂弟外朝大人贺悦带领所属部众尊奉拓跋珪。刘显很气愤，准备杀掉贺氏，贺氏逃奔到刘亢埿家，在供奉着神像的车子中躲藏了三天，刘亢埿全家人都为她求情，贺氏这才免于一死。

过去的南部大人长孙嵩率领部众七百多家背叛了刘显，逃奔到五原。当时拓跋寔君的儿子拓跋渥也聚众自立，长孙嵩想归附他。乌渥对长孙嵩说："叛逆之父的儿子，不值得归附，不如归附拓跋珪。"长孙嵩听从了他的意见。过了很久，刘显的部族内发生祸乱，过去的中部大人庾和辰侍奉着贺氏投奔跖跋珪。

贺讷的弟弟贺染干因为拓跋珪深得人心，便忌恨他，让自己的党羽侯引七突杀掉拓跋珪。代国人尉古真知道此事，把它告诉了拓跋珪，侯引七突不敢动手了。贺染干怀疑尉古真泄露了他的计谋，便把尉古真抓起来审讯，用两个车轮夹他的头部，他的一只眼睛受伤，尉古真拒不承认，贺染干就放了他。贺染干于是就出兵包围了拓跋珪，贺氏出来对贺染干说："你们想要把我发落到什么地方，而要杀我的儿子呢？"贺染干惭愧地离开了。

（以上为第五段，写前秦长乐公苻丕投奔幽州刺史王永，到达晋阳知坚死，自即帝位；后燕主慕容垂占领邺城；匈奴独孤部刘显杀首领刘头眷自立，又谋杀拓跋珪，珪成功逃脱。）

九月，前秦主苻丕任命张蚝为侍中、司空，任命王永为侍中、都督中外诸军事、车骑大将军、尚书令，王腾为中军大将军、司隶校尉，苻冲为尚书左仆射，封为西平王；又任命左长史杨辅为右仆射，右长史王亮为护军将军，立妃杨氏为皇后，儿子苻宁为皇太子，苻寿为长乐王，苻锵为平原王，苻懿为渤海王，苻昶为济北王。

前秦将领吕光从龟兹返回到宜禾，前秦凉州刺史梁熙计划封锁边境拒绝他进入。高昌太守杨翰向梁熙进言说："吕光刚刚攻破西域，兵力强盛，气势锋锐，听说中原动乱，一定会有不同寻常的图谋。河西地广万里，拥有十万披甲将士，足以自我保全。如果吕光走出沙漠，他的威势就难以抵挡了。高梧谷口是险阻的要塞，应该先据守那里，从而断绝他们的水源。等他们疲困干渴以后，我们就可以坐而制之。如果认为那里路途遥远，也可以在伊吾关拒守。除了这两处险阻要塞，就是有张良那样的谋略也无处施展！”梁熙没有听从。美水令犍为人张统对梁熙说：“如今关中大乱，京师长安不知道是存是亡。吕光前来，其志向难以预测，将军怎样抵抗他？”梁熙说：“正对此事忧虑，但不知道该怎么办。”张统说：“吕光谋略过人，如今带领着盼望归家的将士，乘着交战取胜的气势，其锋芒不容易抵挡。将军您世代承受恩泽，历来以忠诚著称，为王室建立功勋，应该就在今天。行唐公苻洛，是主上的堂弟，勇猛冠绝一时，为将军着想，不如尊奉他为盟主以凝聚众人的期望，推举忠义之人以率领众豪强，如此则吕光虽然到来，也不敢怀有异心。凭借他的精锐部队，就可以兼并东面的毛兴，联合王统、杨璧，会集四州的士兵，扫除顽凶叛逆，安定王室，这是像齐桓公、晋文公那样的举动。”梁熙又没有听从，在西海杀掉了苻洛。

吕光听说了杨翰的计谋，很害怕，不敢前进。杜进说：“梁熙文雅有余，随机应变不足，最终也不会采纳杨翰的计谋，不值得担忧。应该乘着他上下离心的时机，迅速进军以攻取他。”吕光听从了杜进的意见。前进到高昌，杨翰出来迎接，举郡投降。到了玉门，梁熙传递檄文责备吕光擅自命令军队返回，任命儿子梁胤为鹰扬将军，与振威将军南安人姚皓、别驾卫翰率领五万士兵在酒泉阻击吕光。敦煌太守姚静、晋昌太守李纯举郡投降了吕光。吕光向凉州发出了回复檄文，责备梁熙没有以身赴难的志向，反而阻止归国的士兵。派彭晃、杜进、姜飞作为前锋，与梁胤在安弥交战，大败梁胤的军队，擒获了梁胤。于是，周围依山而居的胡人、夷人全都归附于吕光。武威太守彭济拘押着梁熙投降，吕光杀掉了梁熙。

吕光进入姑臧，自己兼任凉州刺史，上书请求任命杜进为武威太守，其余的将领辅佐，分别都接受了职位。凉州的郡县全都投降了吕光，只有酒泉太守宋皓、西郡太守索泮固守城池不投降。吕光发起攻击，抓获了他们，责备索泮说：“我接受命令平定西域，而梁熙却断绝我的归路，这是朝廷的罪人，你为什么要依附他呢？”索泮说：“将军接受命令平定西域，并没有接受命令搞乱凉州，梁公有什么罪过而将军杀了他？我只是苦于力量不足，不能为君父报仇，怎么肯干像叛逆的氐人彭济那样的事情呢！主灭臣死，这本来就是千古不变之理。”吕光杀掉了索泮及宋皓。

主簿尉祐，奸佞凶险，与彭济一起抓获了梁熙，吕光对他宠爱信任。尉祐诬陷杀害了名士姚皓等十多人，凉州人因此很不高兴。吕光任命尉祐为金城太守，尉祐到了允吾，突然占据了该城反叛。姜飞攻破了他，尉祐逃奔，占据了兴城。

乞伏国仁自称大都督、大将军、单于，兼秦、河二州牧，改年号为建义，任命乙旃童埿为左相，屋引出支为右相，独孤匹蹄为左辅，武群勇士为右辅，弟弟乞伏乾归为上将军，在所辖领地分别设置了武城等十二郡，建筑了勇士城作为都城。

前秦尚书令、魏昌公苻纂从关中奔赴晋阳。前秦国主苻丕授予苻纂太尉官职，封他为东海王。

冬季，十月，西燕主慕容冲派尚书令高盖率领五万士兵攻打后秦，在新平以南交战，高盖大败，投降了后秦。当初，高盖把杨定作为养子，等到高盖失败，杨定逃奔到陇右，又收集起了他过去的士兵。

苻定、苻绍、苻谟、苻亮听说前秦国主苻丕即位，全都从河北派遣使者前来谢罪。中山太守王兖，本是新平的氐族人，他固守博陵，替前秦抵抗后燕。十一月，苻丕任命王兖为平州刺史，苻定为冀州牧，苻绍为冀州都督，苻谟为幽州牧，苻亮为幽、平二州都督，全都晋升爵位为郡公。左将军窦冲占据着兹川，拥有士兵数万，他与秦州刺史王统、河州刺史毛兴、益州刺史王广、南秦州刺史杨璧、卫将军杨定全都从陇右派遣使者邀请苻丕共同攻打后秦。苻丕任命杨定为雍州牧，窦冲为梁州牧，让王统担任镇西大将军，毛兴担任车骑大将军，杨璧担任征南大将军，同时授予他们开府仪同三司，王广担任安西将军，全都晋升职位为州牧。

不久，杨定将治所迁移到历城，把储备物资安放在百顷，自称龙骧将军、仇池公，派遣使者前来向东晋称藩。东晋朝廷下达命令，把他自封的称号暂时授予他。而后他又夺取了天水、略阳的领地，自称秦州刺史、陇西王。

（以上为第六段，写前秦将领吕光从龟兹返回，打败了前秦凉州刺史梁熙，自称凉州刺史，凉州郡县全都投降；乞伏国仁建立西秦，改年号建义，建都勇士城。）

绎幕人蔡匡据城背叛了后燕，后燕慕容麟、慕容隆共同攻打他。泰山太守任泰暗中出兵救援蔡匡。到了蔡匡营垒以南八里的地方，后燕人才发现了他们。众将领因为还没有攻下蔡匡而外面的敌人又突然到来，深以为患。慕容隆说："蔡匡靠着外边的救援，所以不会马上攻下。如今考虑任泰的兵力不超过数千人，趁着他们尚未会合，展开攻击，任泰一失败，蔡匡自然就会投降。"于是就丢开蔡匡去攻击任泰，大败任泰，斩首一千多人。蔡匡于是也就投降了，后燕主慕容垂杀掉了他，并且在他的营垒内大肆屠杀。

慕容农抵达龙城，让士兵军马休整了十多天。众将领都说："您来的时候，选择道路非常迅速，如今到了这里却长久地停留而不再前进，这是为什么呢？"慕容农说："我来得迅速的原因，是担心余岩会越过白狼山强取豪夺，侵扰百姓。余岩没有过人之才，欺骗诱惑处于饥饿状态的人，乌合成群，并没有什么法度纪律。我现在已经扼制了他的咽喉，时间一久他们就会自行离散，不能为患了。如今这里的庄稼丰收，不收拾完就离开，只能白白地浪费掉，应当等收拾完以后，再去斩了他，也不过是十来天以后的事情。"

不久，慕容农统率步、骑兵三万人抵达令支，余岩的士兵非常震惊害怕，逐渐逃出城外归附了慕容农。余岩无计可施，出来投降，慕容农斩杀了他。慕容农又进军攻打高句丽，夺回了辽东、玄菟二郡。返回龙城以后，上疏请求修缮先帝的陵庙。

后燕主慕容垂任命慕容农为使持节，都督幽州、平州、北狄诸军事及幽州牧，镇守龙城；调动平州刺史带方王慕容佐镇守平郭。慕容农于是便建立法律制度，实行宽松简略的政策，清理刑狱，减免赋役，鼓励督促人们种田养蚕，当地的民众十分富足，各地的流民前后来到这里的有数万人。此前，幽州、冀州的流民大多都去了高句丽，慕容农任命骠骑司马范阳人庞渊为辽东太守，招纳安抚他们。

后燕将领慕容麟在博陵攻打王兖，博陵城中箭尽粮绝，功曹张猗翻越城墙逃出，聚集士兵以响应慕容麟。王兖登上城墙数说张猗："你是秦国的臣民，我是你的君主，你起兵响应寇贼，自称'义兵'，为什么名实不符呢？古人求取忠臣一定要到孝子家门，你的母亲在城里，你弃而不顾，对我有何损害呢？如今人们要记取你的一时功劳，当然可以，但难道能忘掉你所干的不忠不孝的事情吗？没想到在中州这样的礼仪之邦，居然还有像你这样的人！"

十二月，后燕将领慕容麟攻下了博陵，抓获了王兖及苻鉴，杀掉了他们。昌黎太守宋敞率领乌桓、索头的士兵救援王兖，没有来得及，只好返回去了。前秦国主苻丕任命宋敞为平州刺史。

后燕主慕容垂到北面的中山，对众将领说："乐浪王慕容温招纳流离失所的民众，充实粮仓谷库，在外军粮丰足，在内营建宫室，即使是萧何的功劳，又怎么能超过他！"十二月二十三日丙申，慕容垂开始定都中山。

前秦苻定据守信都以抵抗后燕，后燕主慕容垂任命堂弟北地王慕容精为冀州刺史，带领军队攻打苻定。

拓跋的叔伯曾祖父拓跋纥罗与他的弟弟拓跋建以及各部大人一起向贺讷请求，推举拓跋珪为国主。

（以上为第七段，写后燕将领慕容农率军攻打叛将余岩，余岩投降被杀；又进军攻打高句丽，夺回辽东、玄菟二郡；后燕主慕容垂定都中山，令慕容农镇龙城。）

晋孝武帝太元十一年（丙戌，公元386年）

春季，正月初六戊申，拓跋珪在牛川与各路军队会合，拓跋珪即代王位，改年号为登国；任命长孙嵩为南部大人，叔孙普洛为北部大人，分别统领他们的部众；任命上谷人张衮为左长史，许谦为右司马，广宁人王建、代国人和跋、叔孙建、庾岳为外朝大人，任命奚牧为治民长，全都掌管宫中警卫及参与讨论军队国家的谋略。长孙道生、贺毗等人在拓跋珪左右侍从，传递命令。王建娶了代王拓跋什翼犍的女儿。庾岳是庾和辰的弟弟；长孙道生是长孙嵩的侄子。

后燕主慕容垂即皇帝位。

后秦主姚苌到安定。

南安人秘宜率领五万多羌、胡人攻打乞伏国仁，乞伏国仁带领五千士兵迎击，大败秘宜。秘宜逃回了南安。

鲜于乞斩杀翟真的时候，翟辽逃奔到黎阳，黎阳太守滕恬之非常宠爱信任他。滕恬之喜欢打猎，不爱护士兵，翟辽暗中施行奸巧的恩惠以收买人心。滕恬之在南面攻打鹿鸣城，翟辽则在他身后紧闭城门不让他返回，滕恬之向东逃奔鄄城，翟辽追击并抓获了他，于是就占据了黎阳。豫州刺史朱序派将军秦膺、童斌与淮河、泗水一带的各郡共同攻打翟辽。

前秦益州牧王广从陇右带领军队在枹罕攻打河州牧毛兴，毛兴派建节将军卫平率领他的一千七百多同族人夜袭王广，大败王广。二月，秦州牧王统派兵帮助王广攻打毛兴，毛兴环城自守。

后燕实行大赦，改年号为建兴，设置公卿尚书百官，修缮宗庙、社稷坛。

西燕主慕容冲喜欢住在长安，而且畏惧后燕国主慕容垂的强盛，不敢东归，便督促农耕，建筑宫室，做长久安居的打算。鲜卑人全都怨恨他。左将军韩延顺应众人心中的不满，攻打慕容冲，杀掉了他，立慕容冲的将领段随为西燕王，改年号为昌平。

当初，张天锡南逃的时候，前秦长水校尉王穆把他的长子张大豫藏了起来，后来与张大豫一起逃奔到河西，投靠了秃发思复鞬，秃发思复鞬把张大豫送到了魏安。魏安人焦松、齐肃、张济等聚集士兵数千人迎接张大豫为盟主，攻打吕光占据的昌松郡，攻了下来，抓获了太守王世强。吕光让辅国将军杜进攻打他们，结果杜进的军队失败，张大豫进军威逼姑臧。王穆劝说张大豫道："吕光粮食充足，城池坚固，武器精良，军队锋锐，威逼他于己不利，不如横扫岭西，训练军队，积蓄粮食，然后再东进与他抗争，不用一年，就可以攻取吕光。"张大豫没有听从，自称抚军将军、凉州牧，改年号为凤凰，任命王穆为长史，向郡县传递檄文，让王穆去游说劝谕岭西各郡，建康太守李隰、祁连都尉严纯全都起兵响应他，拥有士兵三万人，坚守杨坞。

代王拓跋珪迁移到定襄的盛乐居住，致力于农耕，让百姓休养生息，国内的人对此都很高兴。

三月，东晋实行大赦。

泰山太守张愿带领本郡背叛了东晋，投降翟辽。当初，谢玄想让朱序驻扎在梁国，谢玄自己驻扎彭城，用以在北面稳固黄河沿岸，西南支援洛阳。朝廷商议认为在外征战已久，想让谢玄部署防守力量返回。恰好这时翟辽、张愿相继背叛，北方动荡不安，谢玄谢罪，请求解除他的职务，朝廷下达命令抚慰他，让他回到淮阴。

（以上为第八段，写北魏拓跋珪历尽千难万苦，即代王位，改元登国，迁居定襄盛乐，让百姓休养生息；前凉主张天锡世子大豫被推为盟主，重建前凉，昙花一现。）

后燕主慕容垂追尊母亲兰氏为文昭皇后，想要移走文明段后的灵位，把兰氏的灵位和太祖慕容皝的灵位供奉在一起，便下令百官讨论此事，百官都认为应当如此。博士刘详、董谧认为："尧的母亲是帝喾的妻子，位居第三，不因为尊贵就凌驾于姜原之上，清明圣哲之道，首先应该出以公心，文昭皇后的灵位应该另立庙。"慕容垂很愤怒，对他们施以威胁，刘详、董谧说："主上想要这样做，就不要向我们询问了。我们依据经典崇奉礼法，不敢违背。"慕容垂于是就不再询问众儒生，终于迁走了段后的灵位，而用兰后的灵位代替。又因为景昭可足浑后使国家倾覆，追废了她。尊奉烈祖慕容儁的昭仪段氏为景德皇后，与烈祖的灵位供奉在一起。

崔鸿说：齐桓公命令诸侯王不能以妾为妻。丈夫对于妻子尚且不能以妾来代替，何况是儿子来改换他的母亲呢！《春秋》中所说的母亲因为儿子而尊贵的话是指生母死后，可以让妾母转而为正。至于在宗庙里供奉的牌位，则鲁庄公之妾成风最终也不能和鲁庄公供奉在一起。君主、父亲之所为，臣下、儿子必然要学习而后效仿，这就像形体之于影子，声音之于回响一样。慕容宝威逼杀害他的母亲，就是从慕容垂那里受到了影响。战国时以尧舜那样的禅让，尚且还出现了子之、燕王哙那样的祸乱，何况是违背礼法、放纵私情的人呢！过去文姜在鲁桓公面前犯了罪，据《春秋》的记载后来也没有废掉她。可是可足浑氏虽然有罪于前朝，但对待她这样的皇后的礼法已有成规，慕容垂因为私恨而废掉了她，又立哥哥的妻妾中没有儿子的人作为皇太后，这些全都违背了礼法。

（以上为第九段，写后燕主慕容垂称帝后，追尊母亲兰氏为文昭皇后，配享太祖慕容皝；又追废慕容儁的皇后可足浑氏，尊奉昭仪段氏，招致司马光借论讥评。）

刘显从善无向南逃奔到马邑，他的同族人刘奴真率领部众向代国请求投降。刘奴真有个哥哥叫刘犍，以前居住在贺兰部，刘奴真向代王拓跋珪进言，请求征召刘犍前来，让他统领自己的部众，拓跋珪同意了。刘犍统领了部众以后，派他的弟弟刘去斤给贺讷送去金子和马。贺染干对刘去斤说："我对待你们兄弟很优厚，如今你们统领了部众，应该来归附我。"刘去斤答应了。刘奴真愤怒地说："我们自从祖父以来，世代都是代国的忠臣，所以我才把部众交给了你们，想让你们奉行道义。如今你们毫无德行，反而阴谋叛国，道义何在！"于是就杀了刘犍及刘去斤。贺染干听说以后，带领军队攻打刘奴真，刘奴真逃奔到代国。拓跋珪派使者去责备贺染干，贺染干才停止了行动。

西燕仆射慕容恒、尚书慕容永袭击段随，把他杀掉了。立宜都王慕容恒的儿子慕容颛为燕王，改年号为建明，率领鲜卑男女四十多万人离开长安东去。慕容恒的弟弟护军将军慕容韬诱骗慕容颛，在临晋杀掉了他，慕容恒很愤怒，丢下慕容韬离开了。慕容永与武卫将军刁云率领士兵攻打慕容韬，慕容韬失败，逃奔到慕容恒的军营。慕容恒立西燕主慕容冲的儿子慕容瑶为帝，改年号为建平，给慕容冲定谥号为威皇帝。士兵全都离开慕容瑶投奔慕容永，慕容永抓获了慕容瑶，杀掉了他，立慕容泓的儿子慕容忠为帝，改年号为建武。慕容忠任命慕容永为太尉，暂任尚书令，封为河东公。慕容永施行法令宽松平和，鲜卑人安居乐业。慕容永到了闻喜，听说后燕主慕容垂已经称帝，就不敢继续前进，修筑燕熙城居住。

鲜卑人既已东去，长安空虚。从前的荥阳太守高陵人赵谷等人招纳杏城的卢水胡人郝奴率领四千户人家进入长安，渭北的人们全都响应他，以赵谷作为丞相。扶风人王驎有数千士兵，据守马嵬，郝奴派弟弟郝多攻打他。

夏季，四月，后秦主姚苌从安定出发攻打他们，王驎逃奔汉中。姚苌抓获了郝多以后继续前进，郝奴害怕了，请求投降，姚苌给他授官镇北将军、六谷大都督。

四月二十三日癸巳，东晋任命尚书仆射陆纳为左仆射，谯王司马恬为右仆射。陆纳是陆玩的儿子。

毛兴袭击王广，打败了他，王广逃奔秦州。陇西的鲜卑人匹兰抓获了王广，把他送到后秦。毛兴又想在上邽攻打王统，枹罕的众氐人都厌恶战事，于是就一起杀掉了毛兴，推举卫平为河州刺史，派使者去前秦请求指令。

后燕主慕容垂封他的儿子慕容农为辽西王，慕容麟为赵王，慕容隆为高阳王。

代王拓跋珪开始改称魏王。

张大豫从杨坞进军驻扎在姑臧城西，王穆及秃发思复鞬的儿子秃发奚于率领三万士兵驻扎在城南，吕光出城攻击，把他们打得大败，斩杀了秃发奚于等两万多人。

前秦实行大赦，任命卫平为抚军将军、河州刺史，任命吕光为车骑大将军、凉州牧。传达任命的使者全都落于后秦之手，没有能到达目的地。

后燕主慕容垂任命范阳王慕容德为尚书令，太原王慕容楷为左仆射，乐浪王慕容温为司隶校尉。

后秦主姚苌在长安即皇帝位，实行大赦，改年号为建初，立国号为大秦。追尊他的父亲姚弋仲为景元皇帝，立妻子蛇氏为皇后，儿子姚兴为皇太子，设置百官。姚苌与群臣聚宴，酒喝到尽兴时，说道："你们全都与我北面称臣于秦朝，今天突然成为君臣关系，不感到耻辱吗？"赵迁说："上天不耻以皇上作为儿子，我们为什么耻于作为部下呢！”姚苌开怀大笑。

（以上为第十段，写西燕内讧，其主段随被杀，又立慕容颉为王，杀之，改立慕容忠为帝；代王拓跋珪始称魏王；后秦主姚苌占领长安，即皇帝位，国号大秦。）

魏主拓跋珪到东面的陵石，护佛侯部的主帅侯辰、乙佛部的主帅代题全都背叛逃走。众将领请求追击他们，拓跋珪说：“侯辰等人世代为我们效劳，有罪过也应该暂且容忍他们。如今国家刚刚建立，人心尚未统一，愚昧的人本来就是进退无常，不值得追击！”

六月二十日庚寅，东晋任命以前的辅国将军杨亮为雍州刺史，镇守戍卫洛阳的陵庙。荆州刺史桓石民派将军晏谦攻打弘农，攻了下来。开始设置了湖、陕二县的戍卫。

西燕的刁云等人杀掉了西燕主慕容忠，推举慕容永为使持节、大都督中外诸军事、大将军、大单于以及雍、秦、梁、凉四州牧，录尚书事，河东王，向后燕称藩。

后燕主慕容垂派太原王慕容楷、赵王慕容麟、陈留王慕容绍、章武王慕容宙攻打前秦国将领苻定、苻绍、苻谟、苻亮等。慕容楷先写信送给他们，为他们陈述祸福，苻定等人全都投降。慕容垂封苻定等人为侯，说：“以此来报答秦国主苻坚的恩德。”

前秦主苻丕任命都督中外诸军事、司徒、录尚书事王永为左丞相，任命太尉、东海王苻纂为大司马，任命司空张蚝为太尉，任命尚书令咸阳人徐义为司空，任命司隶校尉王腾为骠骑大将军、仪同三司。前秦将领王永向各地的公侯、州牧郡守、垒主、豪族传递檄文，共同讨伐姚苌、慕容垂，命令他们各自率领所统辖的部众，以十月上旬为期，在临晋与前秦主会合。于是天水人姜延、冯翊人寇明、河东人王昭、新平人张晏、京兆人杜敏、扶风人马朗及建忠将军、高平牧官都尉扶风人王敏等，全都秉承檄文起兵，各自拥有士兵数万人，派使者到前秦，苻丕全都授予他们将军、郡守职位，封为列侯。冠军将军邓景拥有五千士兵据守彭池，与窦冲首尾呼应，用以攻击后秦。苻丕任命邓景为京兆尹。邓景是邓羌的儿子。

后秦主姚苌把安定的五千多户人家迁移到长安。

秋季，七月，前秦平凉太守金熙、安定都尉没弈干与后秦左将军姚方成在孙丘谷交战，姚方成的军队失败。后秦主姚苌任命他的弟弟征虏将军姚绪为司隶校尉，镇守长安。自己统领部队抵达安定，攻打金熙等人，把他们打得大败。金熙本来属东胡种族；没弈干是鲜卑多兰部的首领。

枹罕的众氐族部落，因为卫平年老，难以与他成就功业，商量要废掉他，但害怕他宗族强大，好多天都没有决定下来，氐人啖青对众将领说：“重大事情应该及时决定，不然就会产生变故。诸君只要请求卫平召集聚会就行了，看我的行动。”正逢七月初七大宴聚会，啖青拔剑上前说："如今天下大乱，我们休戚与共，没有贤明的君主无法成就大事。卫公已经年老，应该辞去官职为贤人晋升让开道路，狄道首领苻登，虽然是王室的远亲，但志向才略宏伟英明，请求共同立他为首领，以奔赴秦国主苻丕。诸君如有不同意的，马上说出不同的看法。"接着就挥剑撸袖，准备斩杀持有不同意见的人。众人全都服从了他，没有人敢仰头观望。于是便推举苻登为使持节、都督陇右诸军事、抚军大将军及雍河二州牧、略阳公，率领五万士兵，东下陇郡，攻打南安，攻了下来，迅速派使者到前秦请求指令。苻登是前秦国主苻丕同族兄弟的儿子。

秘宜与莫侯悌眷率领他们的三万多户部众投降了乞伏国仁，乞伏国仁给秘宜授官东秦州刺史，给莫侯悌眷授官梁州刺史。

七月初十己酉，魏主拓跋珪回到盛乐，代题又带领部落前来投降，十多天以后，又投奔了刘显。拓跋珪让他的孙子倍斤代替他统领其士兵。刘显的弟弟刘肺泥率领士兵投降了魏国。

八月，后燕主慕容垂留下太子慕容宝守卫中山，任命赵王慕容麟为尚书右仆射，总领留台。初一庚午，慕容垂亲自率领范阳王慕容德等人攻打南部地域，让高阳王慕容隆向东开辟平原地区。丁零人鲜于乞据守在曲阳以西的山岭，听说慕容垂到南方攻打，出山驻扎在望都，抢掠当地民众。赵王慕容麟准备亲自出征攻打他，众将领都说："您使镇守之地空虚而远征讨伐，万一无功而返，有损威严，不如派遣众将领去讨伐他。"慕容麟说："鲜于乞听说国主在外，无所畏惧，一定不会设防，一举就可以攻取他，不值得忧虑。"于是就扬言前往鲁口，夜晚，回师直奔鲜于乞，等到天亮时，到了他的营地，突然发起攻击，擒获了鲜于乞。

翟辽进犯东晋谯郡，朱序击退了他。

前秦主苻丕任命苻登为征西大将军、开府仪同三司、南安王，持节、州牧、都督，全都根据他的自称而加以正式任命，又任命徐义为右丞相。留下王腾镇守晋阳，右仆射杨辅戍守壶关，率领四万士兵，进军到平阳驻扎。

当初，后秦国主姚苌的弟弟姚硕德统领他的羌族部众驻守陇上，听说姚苌起兵后，就自称征西将军，在冀城聚集士兵以响应姚苌。姚苌任命哥哥的孙子姚详为安远将军，据守陇城，任命弟弟的孙子姚训为安西将军，据守南安的赤亭，与前秦秦州刺史王统相对峙。姚苌从安定带领军队与姚硕德会合攻打王统，天水的屠各人、略阳的羌胡人响应他的有两万多户。前秦略阳太守王皮投降了姚苌。

（以上为第十一段，写前秦灭亡后，北方群雄争立为帝，各种势力争强斗胜。西燕杀掉国主慕容忠，推奉慕容永，称藩后燕；枹罕氐族推荐苻登为首领，接受前秦主苻丕节制。）

当初，前秦国消灭了代国，把代王拓跋什翼犍的小儿子拓跋窟咄迁移到了长安，后来他跟着慕容永向东迁徙，慕容永任命拓跋窟咄为新兴太守。刘显派他的弟弟刘亢埿迎接拓跋窟咄，并带领军队跟随着他，威逼魏国的南部边境，众部落骚动不安。魏王拓跋珪的身边侍从于桓等人与部落中的一些人谋划拘捕拓跋珪以响应拓跋窟咄，幢将、代国人莫题等也暗中与拓跋窟咄相勾结。于桓的舅舅穆崇告发了他们，拓跋珪斩杀了于桓等五人，对莫题等七人则全部原谅，不予追究。拓跋珪害怕内部的人发难，便向北翻越阴山，又依附贺兰部，派遣外朝大人辽东人安同去向后燕求救，后燕主慕容垂派赵王慕容麟救援他们。

九月，王统献出秦州投降了后秦。后秦主姚苌任命姚硕德为使持节、都督陇右诸军事、秦州刺史，镇守上邽。

吕光获悉前秦主苻坚死的消息，全军将士都身穿白色丧服志哀，给苻坚定谥号为文昭皇帝。冬季，十月，实行大赦，改年号为大安。

西燕慕容永派使者到前秦主苻丕那里请求借道东返，苻丕不同意，与慕容永在襄陵交战，前秦的军队大败，左丞相王永、卫大将军俱石子全都战死。

当初，东海王苻纂从长安来投奔苻丕，手下有勇士三千多人，苻丕非常忌恨他，等到苻丕失败以后，害怕被苻纂杀掉，就率领数千骑兵向南逃奔东垣，打算袭击洛阳。扬威将军冯该从陕城出发迎击他，斩杀了苻丕，抓获了他的太子苻宁、长乐王苻寿，把他们送到了建康。朝廷下达命令赦免他们，不予诛杀，把他们交给了苻宏。苻纂与他的弟弟尚书永平侯苻师奴率领前秦的数万士兵逃奔占据了杏城，其余的王公百官全都落入慕容永之手。

慕容永于是就进军占据长子，即皇帝位，改年号为中兴。正准备要以前秦皇后杨氏作为上夫人，杨氏拔剑刺击慕容永，被慕容永杀掉。

（以上为第十二段，写北魏主拓跋珪北度阴山避乱，依附贺兰部；吕光得知前秦主苻坚去世，举哀，改元大安；西燕主慕容永消灭前秦主苻丕，即位，改元中兴。）

十月十六日甲申，东晋海西公司马奕在吴郡去世。

后燕宦官吴深占据清河反叛，国主慕容垂攻打他，没有攻下。

后秦主姚苌回到了安定。

前秦南安王苻登攻克了南安以后，夷人、汉人归附他的有三万多户，于是他就进军秦州，攻打姚硕德，后秦主姚苌亲自前往救援。苻登与姚苌在胡奴阜交战，大败姚苌，斩首两万多人，将军啖青射击姚苌，射中了他。姚苌伤势严重，逃至上邽自保，姚硕德代替他统领部众。

后燕赵王慕容麟的军队没有抵达魏国，拓跋窟咄逐渐前进紧逼魏王拓跋珪，贺染干入侵魏国北部以响应他。魏国士兵惊恐混乱，北部大人叔孙普洛投奔刘卫辰。

慕容麟听说以后，迅速派安同等人返回。魏国人知道后燕的军队就在近处，众人的心里稍微安定了一点。拓跋窟咄进军驻扎在高柳，拓跋珪带领军队与慕容麟会合攻打他，拓跋窟咄大败，逃奔刘卫辰，刘卫辰杀掉了他。拓跋珪接收了他的全部士兵，任命代国人库狄干为北部大人。慕容麟带领军队返回了中山。

刘卫辰驻军朔方，士兵战马非常强盛。后秦主姚苌任命刘卫辰为大将军、大单于、河西王、幽州牧，西燕国主慕容永任命刘卫辰为大将军、朔州牧。

十一月，前秦尚书寇遗奉送渤海王苻懿、济北王苻昶从杏城投奔南安，南安王苻登公布了前秦国主苻丕死亡的消息，并为他服丧守孝，定立谥号为哀平皇帝。苻登商议立苻懿为国主，众人说："渤海王苻懿虽然是先帝的儿子，但是年龄幼小，没有经历过多的磨难。如今三国的敌人都在窥伺图谋我们，应该立年长的君主，此人非大王不可。"苻登于是就在陇东设立祭坛，即皇帝位，实行大赦，改年号为太初，设置百官。

慕容柔、慕容盛以及慕容盛的弟弟慕容会全都在长子，慕容盛对慕容柔、慕容会说："主上已在幽州、冀州中兴，但东西尚未统一，我们身居容易引起怀疑的地方，不管做得明智还是愚鲁，都将难免于祸，不如及时东归，不要干坐以待毙的事情！"于是他们就一起逃回了后燕。此后一年多，西燕国主慕容永将前燕国主慕容儁及后燕国主慕容垂的子孙们全部诛杀，不论男女，无一遗漏。

西凉张大豫从西郡进入临洮，掳掠了五千多户百姓，据守俱城。

十二月，吕光自称使持节，侍中，中外大都督，督陇右、河西诸军事，大将军，凉州牧，酒泉公。

前秦主苻登在军队中设立了世祖苻坚的牌位，放在四周遮蔽的车乘里，并给车乘装上黄色的旗帜，蓝色的车盖，让三百名虎贲士兵守卫，凡是想干的事情，一定要先向苻坚的牌位报告然后才行动。苻登带领五万军队，东进攻打后秦，将士们全都在头盔铠甲上刻了"死""休"二字，每逢战斗都用剑矛组成方圆大阵，知道了力量分布不均后，再重新调整，所以人人各自为战，所向无敌。

当初，长安将要失守的时候，中垒将军徐嵩、屯骑校尉胡空各自聚集五千士兵，构筑营垒固守，不久，名义上又接受了后秦授予的官职爵位。后秦主姚苌以国王的礼仪把前秦主苻坚安葬在二垒之间。等到苻登抵达，徐嵩、胡空带领士兵投降了苻登。苻登授予徐嵩雍州刺史，授予胡空京兆尹，按天子的礼仪重新安葬了苻坚。

十二月十八日乙酉，后燕主慕容垂攻打吴深的营垒，攻了下来，吴深单身匹马逃走，慕容垂进军驻扎在聊城的逢关陂。当初，后燕太子洗马温详前来投奔东晋，东晋任命他为济北太守，驻扎东阿。后燕主慕容垂派范阳王慕容德、高阳王慕容隆攻打他，温详派他的堂弟温攀坚守黄河南岸，派儿子温楷坚守碻磝以抵抗他们。

后燕主慕容垂任命魏王拓跋珪为西单于，封为上谷王。拓跋珪不予接受。

（以上为第十三段，写前秦将领苻登在陇东即帝位，改元太初；慕容垂小儿子慕容柔等人从西燕逃回后燕；西燕主慕容永将前燕主慕容儁以及后燕主慕容垂的子女全部诛杀。）

【点评】

东晋贤相谢安。谢安是东晋时期不可多得的定国安邦的宰相。他曾高卧东山四十年，后来出仕，做了桓温的征西司马，当过吴兴太守，在朝廷担任侍中，后来接受遗诏，做了十多年的辅政大臣。

谢安稳定朝局，使东晋避免了动荡不安的局面出现。谢安的性格沉稳，处理事情有条不紊，危急关头能够镇静自若，桓温后期凌驾朝廷之上，驻在外地，遥控指挥，曾入京朝见孝武帝司马曜，建康城里人心浮动，认为桓温要大开杀戒，辅政大臣谢安、王坦之的性命危矣。桓温来到京城，旁若无人。王坦之吓得汗流浃背，而谢安则从容镇静，谈笑自若，机智应对，使得桓温的野心有所收敛。在淝水之战中，谢安也是如此。

谢安淡泊功利，缓和了矛盾和冲突。桓温去世后，东晋朝廷的权力重心逐渐转到谢安，如何缓和矛盾、稳定政局，是处理政事的重中之重。桓温去世后，有人主张尽罢桓温一族的权力。而谢安则认为，桓温虽然死了，但势力还在，如果骤夺其权，会引发一系列新的矛盾和争斗。于是，他继续用桓温之弟桓冲都督徐、豫等五州诸军事，担任徐州刺史，镇守京口，后又转任都督七州诸军事，兼任荆州刺史。桓冲的名望不如谢安，而谢安的军事才能不及桓冲，两人相辅相成，相得益彰，共同对付北方的前秦政权。谢安能做到这一点，实在是不容易啊！东晋的王敦、桓温，应当说都是有一些大才能的人，但就是过于揽权，恨不得把朝廷卷到自己家中，一则威逼皇帝，一则废立皇帝，弄得天怨人怒，甚至还搭上了自己的千古名声。何必呢？

桓冲去世又引发了新的矛盾，谢安仍然以大局为重。桓冲在淝水之战后不久就心存愧疚去世了。谢安没有让亲信谢玄接替桓冲的职务，担任荆、江两州刺史，他担心桓氏失去荆、江二州的职权会不服气，就任命桓石民为荆州刺史，桓伊改镇江州，桓石虔镇守豫州，使三桓统辖三州，各无怨言，各得其所，相安无事。如果谢安存有私心，或是才力不济，焉能做到如此？作为朝廷的首辅大臣，职任不在于自己如何标新立异，立功显名，而在于把握运筹，掌控时势，扭转时风，稳定人心。谢安当之无愧地做到了这一切。

历代人们将谢安与王导相提并论。应当说，他们对于东晋王朝的建立和巩固，起到了关键的作用，两人各有所长，而在文雅方面，谢安则更胜一筹。清朝诗人侯方域曾写有《谢安论》，其中说："晋氏之既东也，其相臣前有王导，后有谢安。导有大有为之识，而无大有为之才；安有大有为之量，而无大有为之干。”是说王导、谢安各有其突出才能以及不足之处。人无完人，其说是矣。

桓温和谢安，都是朝廷的权臣，而两人的行事作风则迥然不同，桓温处处好强，稍有不慎，则是弦断难续，因此，朝廷上下都在提防着他，处处予以掣肘，甚至与之为敌，朝廷请殷浩出山，就有这种明显的意图。桓温的三次北伐，其功甚微，与这种政治环境就有很大关系。而谢安悠游自在，与世不争，相对比较宽容，故朝野上下都信任他、拥护他。如果将两人相比较，在这一点上就高下立分。

谢安和王猛是当时东晋和前秦两个对国家有大贡献的宰相，有一副对联说：“关中良相唯王猛，天下苍生望谢安。”其说恰如其分。王猛遇到前秦主苻坚这种具有大抱负的帝王，就如同商鞅遇到了秦孝公，但他比商鞅更幸运，于是就放开手来一搏，无论是改革内政，还是消灭前燕，都立下了不朽的功劳，因为他的身后有强大的帝王在为他撑腰啊！而谢安却要全靠自己，他所侍奉的皇帝孱弱无能，是扶不上墙的烂泥，时不时还听小人之言，给谢安小鞋穿。谢安在此情此境下，能够做到安如磐石，成为民众的依赖，实在是了不起啊！到了生命的最后，朝廷小人得势，他则选择了急流勇退，申请退出朝廷，到边镇立功，这一点，非是一般人所能做到啊！

晋纪二十九

晋孝武帝太元十二年至十六年（公元387—公元391）

【起强圉大渊献（丁亥，公元387年），尽重光单阏（辛卯，公元391年），凡五年】

【大事提要】

本卷记事起于公元387年，至公元391年，凡五年，时当晋孝武帝（司马曜）太元十二年至太元十六年。本卷所载大事，主要有五个方面。其一，后燕怒击刘显。公元387年，后赵将领刘显自恃地广兵强，称雄一方。匈奴铁弗部首领刘卫辰向后燕献马，被刘显抢劫。后燕王慕容垂大怒，派兵攻打。刘显兵败，逃到马邑。北魏主拓跋珪率兵与后燕会合，合击刘显。刘显逃到西燕。后燕获马牛羊数以万计。其二，翟辽自称魏天王，西秦乞伏乾归为河南王。公元388年，丁零人翟辽派司马眭琼向慕容垂请罪，被斩，翟辽大怒，自称魏天王，改元建光，设置百官，屯于滑台。西秦鲜卑首领乞伏国仁去世后，其子年幼，群臣推其弟乞伏乾归为大将军、大单于，改元太初。其三，后燕破张申、王祖。公元388年，后燕太原王慕容楷、赵王慕容麟与高阳王慕容隆在合口会合，共同攻打壁垒主张申，王祖率诸垒前来援助，夜袭后燕军队。慕容隆判定这些壁垒主不过是乌合之众，只要乘势追击，一定可以获全胜，遂分道追击，大获全胜。其四，后燕安辽西。后燕辽西王慕容农，一直镇守龙城，实行休养生息，遂百废俱兴，政通人和。公元389年，后燕主慕容垂召慕容农为侍中，司隶校尉，派高阳王慕容隆镇守龙城。慕容隆沿袭其守边之策，对百姓广为安抚，使得辽西地区局势稳定，经济不断发展。其五，东晋司马道子乱政。东晋孝武帝司马曜因沉迷酒色而疏于政事，司徒司马道子权倾天下，又亲近僧尼，宠信小人，尤以时任侍中的王国宝卑下讨好而特别宠信之。其宠信之徒趁机玩弄朝权，贿赂买官，政治和刑律都很混乱；又崇尚佛教而耗费过多，民不堪命。

烈宗孝武皇帝中之下

晋孝武帝太元十二年（丁亥，公元387年）

春季，正月初八乙巳，东晋任命朱序为青、兖二州刺史，代替谢玄镇守彭城；朱序请求改镇淮阴得到了朝廷的允许。朝廷任命谢玄为会稽内史。

正月初十丁未，东晋实行大赦。

后燕主慕容垂在黄河之上阅兵，高阳王慕容隆说："温详这些人，都是白面儒生，乌合之众，只是依靠长河之险来保护自己；如果大军渡过黄河，他们一定会望旗自溃，不用一战。"慕容垂同意他的话。

正月二十一日戊午，慕容垂派遣镇北将军兰汗、护军将军平幼率军在碻磝以西四十里的地方渡黄河，慕容隆则把更多的军队部署在河北岸。温攀、温楷等果然向东阿城逃去。平幼跟踪追击，把这支敌军打得大败。温详则趁夜携带妻子儿女逃奔彭城，他的三万多户部众都投降了后燕。慕容垂任命太原王慕容楷为兖州刺史，镇守东阿城。

当初，慕容垂在长安的时候，前秦主苻坚曾经与他握手交谈。慕容垂离开后，冗从仆射光祚曾对苻坚说："皇上您很顾虑慕容垂吗？慕容垂可不是一个久居人下的人啊！"苻坚却把光祚这番话告诉了慕容垂。前秦主苻丕从邺城逃奔晋阳后，光祚和黄门侍郎封孚、钜鹿太守封劝都来投奔东晋。封劝是封奕的儿子。慕容垂再次兵围邺城，前秦老臣西河人朱肃等人都各自率自己的部众来归顺东晋。朝廷下令任命光祚等人为河北等几个郡的太守，都在济北、濮阳等处驻扎，从属于温详；温详失败后，他们都向后燕军投降。慕容垂赦免了他们，并像过去一样安抚厚待他们。慕容垂看见光祚也在其中，于是痛哭流涕，泪湿衣襟，说："秦王苻坚对我恩重如山，我也尽自己全力为他办事；但是受到苻丕、苻晖二公的猜忌，我因为怕死才背叛了他们。现在每一想起这些，半夜也睡不着觉。"光祚也很悲恸。慕容垂赐给光祚金钱布帛，光祚坚决辞谢不收，慕容垂说："您现在还怀疑我吗？"光祚说："我过去只知道忠于我所侍奉的主人，想不到皇上您今天还把我这事挂在心上，我怎么能逃过死罪呢？"慕容垂说："这是你的一片忠心，正是我所企求的，刚才那句话不过是玩笑罢了。"从此慕容垂对待光祚更加优厚，任命他为中常侍。

丁零部酋长翟辽派遣他的儿子翟钊进犯东晋的属地陈留、颍川郡。朱序派将军秦膺击退翟钊。

前秦主苻登册立王妃毛氏为皇后，封勃海王苻懿为皇太弟。毛皇后是毛兴的女儿。苻登派遣使节拜封东海王苻纂为使持节、都督中外诸军事、太师兼大司马，并封为鲁王；任命苻纂的弟弟苻师奴为抚军大将军、并州牧，并封为朔方公。苻纂生气地对使节说："勃海王苻懿是先帝苻丕的儿子，南安王苻登为什么不拥立他做皇帝，却自己登上宝座呢？"长史王旅劝他说："南安王既已做了皇帝，按道理便不能半途改变了；现在贼寇盗匪还没有消灭，皇族宗室之中不能自己先互相成为仇敌。"苻纂这才接受了任命。从此卢水的胡人彭沛谷，屠各人董成、张龙世，新平羌人雷恶地等都归附于苻纂，苻纂的部众达到十多万人。

（以上为第一段，写后燕主慕容垂的势力逐渐强大，派高阳王慕容隆打败了东晋温详的部队；前秦主苻登拜封东海王苻纂，胡人纷纷响应归附，部众达到十多万人。）

后秦主姚苌，把秦州的强族豪门之士三万户强行送到安定居住。

当初，安次人齐涉聚集当地的民众八千多家占据新栅，归降后燕，后燕国主慕容垂任命齐涉为魏郡太守。不久，齐涉又反叛后燕，与东晋叛将张愿联合。张愿统率一万多人进驻屯扎在祝阿的瓮口，并联络翟辽，共同呼应齐涉。

高阳王慕容隆对慕容垂报告说："新栅城池坚固，如果进攻，不容易马上攻破。如果长时间屯兵在那座城下，张愿裹胁率领他的流民部众，又从西方引来丁零部落的翟辽，可能会给我们造成深重的祸患。张愿的兵虽然多，但都是新近才归附的，不能替张愿奋力死战。应该趁他自己找上门来，先对他发动攻击。张愿父子依仗他们自己骁勇善战，一定不肯躲避而走，因此，可以在一次战斗之中把他们擒住。张愿被击败，齐涉就不能独自存在了。"慕容垂接受了他的建议。

二月，后燕主慕容垂派范阳王慕容德、陈留王慕容绍、龙骧将军张崇等统领步、骑兵二万人，会合慕容隆一起攻击张愿。大军抵达斗城，距瓮口二十多里时，下马解鞍，暂时休整。张愿带兵突然袭击，后燕兵马惊慌失措，慕容德的部队撤退而走，慕容隆则压住阵脚不动。张愿的儿子张龟出马冲掠慕容隆的兵阵，慕容隆派身边的将领王末迎上前去厮杀，杀了张龟。慕容隆慢慢挥军掩杀，张愿的军队才撤了回去。慕容德奔逃一里多远，重新整顿兵马，回来与慕容隆会合，对慕容隆说："贼寇的气势正盛，我们应该暂时缓进。"慕容隆说："张愿趁我们不加防备的时候，进行突然进攻，理应取得大胜；而我们的将士都因为被隔在黄河渡口的南岸，迫于形势，每个人都想到的都只有死战，所以才能把敌兵击退。现在敌兵没有得到便宜，士气衰竭，声势败微，进退战守都有各自的打算，因此不能齐心奋战，应该迅速去攻击他们。"慕容德说："我完全听你的指挥。"于是，开始进攻，在瓮口与敌兵会战，大破张愿的部队，杀死七千八百多人；张愿逃脱，退保三布口。后燕军队开进历城，青州、兖州、徐州等郡县与一些民堡，大多数投降。慕容垂任命陈留王慕容绍为青州刺史，镇守历城，慕容德等班师回朝。新栅人冬鸾抓住齐涉，押送到后燕。慕容垂下令诛斩齐涉父子，其他的人都赦免。

（以上为第二段，写反叛后燕的齐涉占据新栅城，张愿占据瓮口，共同呼应，而后燕高阳王慕容隆有勇有谋，出兵攻下立足未稳的张愿，齐涉也被抓获而被杀。）

三月，前秦主苻登任命窦冲为南秦州牧，杨定为益州牧，杨璧为司空、梁州牧，封乞伏国仁为大将军、大单于、苑川王。

后燕上谷郡人王敏袭杀了太守封戢，代郡人许谦驱逐了太守贾闰，各自举郡城归顺匈奴部落的刘显。

后燕乐浪王慕容温被任为尚书右仆射。

夏季，四月初三戊辰，晋孝武帝司马曜尊封他的母亲李氏为皇太妃，仪礼服饰如同皇太后。

后秦征西将军姚硕德由于受到前秦益州牧杨定的逼迫，撤退到泾阳据守。杨定与前秦鲁王苻纂一起攻击姚硕德，在泾阳决战，姚硕德大败。后秦主姚苌从阴密赶来援救，苻纂退到敷陆屯守。

后燕主慕容垂从碻磝回到中山。慕容柔、慕容盛、慕容会也从长子县赶回。四月，十五日庚辰，慕容垂因为他们重新回到都城，实行大赦。慕容垂问慕容盛说："长子那个地方人们的心情怎么样，可以争取吗？"慕容盛说："西方常有军事骚扰，因此人们都有归顺东部的意思，皇上您只需施行仁政、耐心等待时机罢了。如果大军一旦逼临，他们一定会拿着武器前来归顺，就像孝顺的儿子归附仁慈的父亲那样。"慕容垂大喜。

四月十八日癸未，慕容垂封慕容柔为阳平王，慕容盛为长乐公，慕容会为清河公。

高平人翟畅抓住了太守徐含远，并率全郡投降了翟辽。后燕主慕容垂对各位将领说："翟辽只不过凭借着一个城池的部众，却在三个国家之间反复归叛，不能不去攻打。"五月，慕容垂命令章武王慕容宙为监中外诸军事，辅佐太子慕容宝镇守都城中山；慕容垂则亲自统率各位将领向南进攻翟辽。他任命太原王慕容楷为前锋都督。翟辽的部众都是燕赵一带的人，听说慕容楷率军到了，都说："太原王的儿子，是我们的父母！"于是都互相带领着归顺慕容楷。翟辽恐惧异常，派遣使节到后燕军中请求投降。慕容垂任命翟辽为徐州牧，并封为河南公，并往黎阳地方，办理受降后，班师回朝。

（以上为第三段，写后燕主慕容垂亲自统率属将进攻反复无常的叛将翟辽，以太原王慕容楷为前锋都督，当地人都归降，翟辽恐惧，也请求投降，为徐州牧。）

井陉人贾鲍，招引来北山丁零部落翟遥等五千多人，趁黑夜偷袭后燕都城中山，攻陷了中山的外城。章武王慕容宙派遣一支奇兵在外边攻击，太子慕容宝在城内擂鼓呐喊呼应，内外合击，把丁零部打得大败，俘虏全部敌军，只有翟遥、贾鲍二人单骑逃走幸免。

匈奴首领刘显属地广大、兵马强壮，在北方称雄。正巧遇到刘显兄弟之间发生权力争斗，北魏长史张兖便对魏王拓跋珪说："刘显这个人的志向就是要吞并我们，现在如果不趁他们内部崩溃而消灭他们，一定会成为我们的后患。但是我们又没有能力自己战胜他们，不妨请燕国和我们一起进攻他们。"拓跋珪听从了他的话，派安同去后燕国请求出兵。

东晋孝武帝司马曜下令，征召会稽郡的隐士戴逵，戴逵几次推辞不肯接受。郡里县里的人敦促逼迫不停，戴逵无奈，只好逃到吴郡藏了起来。谢玄上书说："戴逵自己追求他那隐居的志向，现在您下的征召他的命令没有收回，将要使他承受在外流浪的风霜之苦。皇上您既然爱惜他又器重他，就应该使他的身体与声名一同存在，请您收回征召他的命令。"孝武帝答应了谢玄的请求。戴逵是戴逯的哥哥。

前秦主苻登任命他的哥哥苻同成为司徒、守尚书令，封颍川王；任命他的弟弟苻广为中书监，封为安成王；任命他的儿子苻崇为尚书左仆射，封为东平王。

后燕主慕容垂从黎阳回到中山。

后燕叛将吴深杀了后燕清河太守丁国，章武人王祖杀了太守白钦，勃海人张申占据高城反叛，慕容垂命令乐浪王慕容温发兵去攻打他们。

西秦苑川王乞伏国仁统领骑兵三万人袭击鲜卑部落的首领密贵、裕苟、提伦等三部所据守的六泉。秋季，七月，乞伏国仁与前秦安定都尉没弈干、金熙在渴浑川展开大战，没弈干、金熙大败，鲜卑的三个部落也都归降了西秦。

前秦主苻登在瓦亭集结军队，后秦主姚苌进攻卢胡人彭沛谷的堡垒，攻破后，彭沛谷逃奔杏城。姚苌则还兵阴密，派太子姚兴镇守长安。

后燕赵王慕容麟发兵去上谷攻打变民首领王敏，并杀了他。

朔方部落首领刘卫辰向后燕进献马匹，被刘显抢走。后燕主慕容垂勃然大怒，派遣太原王慕容楷率领兵马协助赵王慕容麟进攻刘显，把刘显打得大败。刘显逃奔到马邑的西部山区。魏王拓跋珪又带领兵马与慕容麟一起在弥泽攻击刘显，再一次打败了他。刘显走投无路，投奔西燕。慕容麟接收了刘显残留下来的全部兵马，缴获马、牛、羊等战利品成千上万。

后凉吕光带领彭晃、徐炅在临洮进攻张大豫，大破张大豫军。张大豫逃奔广武，长史王穆逃奔建康。八月，广武人擒获张大豫押送到姑臧之后斩首。王穆则攻袭占据了酒泉，自称为大将军、凉州牧。

八月十八日辛巳，东晋立皇子司马德宗为太子，实行大赦。

后燕主慕容垂封立刘显的弟弟刘可泥为乌桓王来安抚他残余的部众，把八千多帐落的人迁到中山。

前秦冯翊太守兰椟率领军队二万人，从频阳到和宁驻扎，跟鲁王苻纂谋划攻取长安。苻纂的弟弟苻师奴劝苻纂登极称尊当皇帝，苻纂没有听从。苻师奴杀了苻纂，取代了他的权位，兰椟于是与苻师奴断绝了来往。西燕主慕容永进攻兰椟，兰椟派人到后秦求救，后秦主姚苌想要亲自带兵去救兰椟。尚书令姚旻、左仆射尹纬对姚苌说："苻登大军就屯聚在离我们最近的瓦亭，势将乘虚袭击我们的背后。"姚苌说："苻登的军队虽然强大，但不是一两天内就可以到达的。苻登为人反应迟钝滞重而且缺乏决断力，一定不会轻易地指挥大军迅速深入袭击我们。差不多两个月之内，我一定会打败贼兵慕容永而返回，那时即使苻登兵到，也已没有什么可作为的了。”九月，姚苌率兵来到泥源。苻师奴迎战，被打得大败，逃命到鲜卑。后秦收编了他的部众，屠各人董成等也都投降。

前秦主苻登进兵据守胡空堡，戎人与汉人前来归附的有十多万。

（以上为第四段，写西秦主乞伏国仁与前秦安定都尉没弈干展开大战，没弈干大败，鲜卑的三个部落都归降西秦；后秦主吕光打败并杀死前凉末主张大豫。）

冬季，十月，翟辽又一次反叛后燕，派兵与王祖、张申的军队配合，在清河、平原一带烧杀抢劫。

后秦主姚苌率兵挺进，在河西一带袭击西燕主慕容永的部队。慕容永撤退。兰椟又排开兵阵拒守，姚苌又来攻击他。十二月，姚苌生擒兰椟，于是进入杏城。

后秦将领姚方成进攻前秦雍州刺史徐嵩的寨垒，攻克后抓住徐嵩，历数他的罪恶。徐嵩大骂说：“姚苌才是罪该万死，当初苻黄眉打算杀了他，幸亏先帝苻坚阻止，救了他一命，还任命他担任朝廷和地方的重要官职，荣耀宠爱都达到极点。可是姚苌却不如犬马那般知道被主人养育的恩德，做出大逆不道的事情。你们这些羌人怎么可以用做人的道理来要求呢？为什么不快来杀我！让我早一点到地下见到先帝抓捕姚苌惩治他。”姚方成恼羞成怒，分三次斩杀徐嵩，把徐嵩的士兵全部推到坑里活埋，又把这些士兵的妻子女儿赏给自己的士兵。后秦主姚苌把他的恩主前秦主苻坚的尸首挖出来，用皮鞭抽打不计其数，并且剥掉了他的衣服，露出尸体，再用荆棘包起来，挖了一个坑埋了起来。

凉州发生了严重饥荒，普通的谷米每斗竟然值五百钱。出现了人吃人的事情。死亡的人数超过总人口的一半。

吕光的西原太守康宁，自称为匈奴王，刺杀了湟河太守强禧后叛变。张掖太守彭晃也相继反叛，向东结交康宁，向西通好王穆。吕光想亲自带兵去袭击彭晃，各位将领都说：“现在康宁在南方，等待着机会动手，如果彭晃、王穆还没有被诛，康宁又带兵杀来，我们就会进退两难，处境狼狈，局势一定会非常危险。”吕光说：“确实像你们所说的那样。但是我们现在如果不去打败他们，就是坐在这里等待他们来打我们。如果这三支匪寇联合起来，东西夹攻我们，城外就都不会属于我们所有了，大事也就无法挽救了。现在彭晃刚刚叛变，与康宁、王穆在感情联络上还不亲密，我们采取出乎他们意料的进攻，使他们处于仓促之境，战胜他们就比较容易了。”于是他亲自率领骑兵三万人，以比平时加倍的速度急行军，到达张掖后猛烈进攻二十天左右，攻破城池，杀了彭晃。

当初，王穆聚众起兵时，曾经派使节征召敦煌的隐士郭瑀，郭瑀叹息说：“现在黎民就要像戎人那样穿左边开襟的衣服了，我怎么能忍心不去拯救他们呢！”于是他与同郡人索嘏一起拉起队伍响应王穆，并给王穆运送去三万石粮食用来款待他的部队。王穆任命郭瑀为太府左长史、军师将军，任命索嘏为敦煌太守。不久王穆便听信谗言，率领部队去进攻索嘏。郭瑀尽力劝阻，王穆不听，郭瑀只好辞职离城，挥泪大哭，并举起手来向城谢罪说：“我恐怕不会再看见你了！”回到家后，郭瑀拉开被子盖住自己的脸面，不跟别人说一句话，绝食而死。吕光听到这个消息后说：“两个匪寇自己互相攻击，这样就已成被捉之势了。我们万万不可因为害怕不断战斗的劳苦而失去一劳永逸的良机。”于是他亲自统率步、骑兵两万人进攻酒泉，攻克后，又进军在凉兴集结。王穆见势只好带着自己的部队向东撤退，还没有跑回自己的老巢，部众便溃不成军。王穆只身单骑逃走，骍马县令郭文砍下他的首级送给了吕光。

（以上为第五段，写后凉主吕光平定反叛的郡守；后秦将领姚方成进攻前秦雍州刺史徐嵩，大破之。）

晋孝武帝太元十三年（戊子，公元388年）

春季，正月，东晋会稽郡太守、康乐献武公谢玄去世。

二月，前秦主苻登驻军朝那，后秦主姚苌驻军武都。

翟辽派遣司马眭琼，前往后燕认罪。后燕主慕容垂因为他几次反复，便斩了眭琼，拒绝他的请求。翟辽于是自称为魏天王，改年号为建光，设立文武百官。

后燕青州刺史陈留王慕容绍受到东晋平原太守辟闾浑的逼迫，退兵到黄巾固驻扎。后燕主慕容垂调任慕容绍为徐州刺史。辟闾浑是辟闾蔚的儿子，因为苻氏内部混乱，趁机占据故齐国的地域投降东晋。

三月十五日乙亥，后燕主慕容垂命太子慕容宝任录尚书事，把政事交付给他，自己不过在总体上把握而已。

后燕赵王慕容麟攻击许谦，把他们打得大败，许谦逃奔西燕。后燕于是取消了代郡，把这里的居民统统迁到龙城。

后凉主吕光当初平定凉州的时候，杜进所立的功劳最多，吕光任命他为武威太守，他蒙宠专权，其他同僚都赶不上。吕光的外甥石聪从关中地方前来，吕光问他说：“中州那里的人说我治理朝政怎么样？”石聪说：“只听说有一个杜进罢了，没听说有舅舅。”吕光因此忌恨杜进而借故把他杀了。

吕光跟一些幕僚聚餐，谈到朝政方面的事情，参军京兆人段业说：“明公您施用刑法太严峻了。”吕光说：“吴起当年刻薄寡恩，但楚国因此强大；商鞅当年刑律森严，但秦国因此振兴。”段业说：“吴起自己被杀，商鞅全家遭到屠戮，都是因为他们残酷到了极点。明公您才刚刚开始创建大业，效法尧、舜恐怕还不能成功，竟然去仰慕吴起、商鞅那样的治理方法，这难道是本州的百姓所期望的吗？”吕光肃然变色，感谢段业的这番忠告。

夏季，四月二十九日戊午，东晋任命朱序为都督司、雍、梁、秦四州诸军事和雍州刺史，戍守洛阳；任命谯王司马恬代替朱序为都督兖、冀、幽、并等州诸军事和青、兖二州刺史。

西秦苑川王乞伏国仁在平襄击败鲜卑越质叱黎，俘获了他的儿子越质诘归。

四月，丁亥（疑误），后燕主慕荣垂册立他的夫人段氏为皇后，命太子慕容宝兼任大单于。段氏是右光禄大夫段仪的女儿，她的妹妹嫁给了范阳王慕容德。段仪是慕容宝的舅舅。慕容垂追尊以前的妃子段氏为成昭皇后。

五月，前秦皇太弟苻懿去世，谥号为献哀。

翟辽迁往滑台驻扎。

六月，西秦苑川王乞伏国仁去世，谥号宣烈，庙号为烈祖。他的儿子乞伏公府还很幼小，因此属下百官拥推乞伏国仁的弟弟乞伏乾归为大都督、大将军、大单于、河南王，并下令大赦，改年号为太初。

魏王拓跋珪在弱落水的南岸将库莫奚打得大败。秋季，七月，库莫奚又来袭击魏营，拓跋珪再次打败了他。库莫奚本来属于宇文部落，跟契丹同是一个民族，但不是一个支派，他们的祖先都曾被前燕王慕容皝打败，迁移到松漠一带居住。

前秦与后秦从春天开始相持不下，交战了好几次，互有胜败，这时各自罢兵返回。关西的一些英雄豪杰因为后秦兴起这么久而仍不能成功，有很多便离去而归附了前秦。

西秦河南王乞伏乾归册立他的妻子边氏为王后；设置文武百官，模仿汉族的制度，任命南川侯出连乞都为丞相，梁州刺史悌眷为御史大夫，金城人边芮为左长史，东秦州刺史秘宜为右长史，武始人翟勍为左司马，略阳人王松寿为主簿，任命他的堂弟乞伏轲弹为梁州牧，弟弟乞伏益州为秦州牧，乞伏屈眷为河州牧。

（以上为第六段，写后凉主吕光听了外甥一句话，杀掉大臣杜进，用法严峻，失去民心；西秦主乞伏国仁去世，立其弟乞伏乾归为国主，仿照汉制，设立百官。）

八月，前秦主苻登立自己的儿子苻崇为皇太子，苻弁为南安王，苻尚为北海王。

后燕护军将军平幼会同章武王慕容宙一起攻打并打败吴深，吴深逃到绎幕固守。

魏王拓跋珪暗中有图谋后燕的野心，派遣九原公拓跋仪担任使者来到后燕都城中山。后燕主慕容垂盘问他说："魏王为什么不自己来？"拓跋仪说："我们的先王与燕国的祖先曾经一起为晋朝的帝室做事，世世代代情同兄弟。我今天奉使前来，在情理上没有失误。"慕容垂说："今天我的威望，已经传播影响到四面八方去了，过去怎么能够与现在相比呢？"拓跋仪说："后燕如果不遵守道德，不循奉礼仪，而只打算依靠军事威力使自己强大，那是将帅们的事情，不是我这个做使臣的人所知道的。”拓跋仪回国后，对拓跋珪说：“后燕主慕容垂已经年老体衰，太子慕容宝又庸碌懦弱，范阳王慕容德对自己的才干气质非常自负，绝不愿做将来少主的臣下。慕容垂一旦死去，内部一定会发生争斗，到那个时候才可以图谋他们，现在还不行。”拓跋珪对他的看法大为称赞。拓跋仪是拓跋珪叔父拓跋翰的儿子。

九月，西秦河南王乞伏乾归把都城迁到金城。

后燕张申率领部众进攻广平，王祖率兵进攻乐陵。九月二十五日壬午，后燕高阳王慕容隆率兵攻打他们。

冬季，十月，后秦主姚苌返回安定。前秦主苻登前往新平谋取军粮，率领一万多士兵围住姚苌的军营，在四面放声大哭。姚苌也命令军营中的士兵用哭来回应他们，苻登的军队才退去。

十二月十五日庚子，东晋尚书令、南康襄公谢石去世。

后燕太原王慕容楷、赵王慕容麟，率领兵马在合口与高阳王慕容隆会合，来攻击张申。王祖率领各个堡垒的士兵一起赶来救张申，趁夜袭击后燕军营，后燕部队迎战，王祖败走。慕容隆想要追击，慕容楷、慕容麟说：“王祖那个老贼，恐怕他假败却在外设下伏兵，不如等到明天天亮再说。”慕容隆说：“他们不过是一群穷土地上的盗匪乌合在一起而来，只希望偶然的机会一战而胜，不是训练有素能够统一步调进退的。现在他们没有捞到好处而退走，部众已不能再接受指挥。如果现在趁势追击，不超过几里路，就可以全部抓获。张申所依仗的也只有王祖，王祖被打败，那么张申就得投降了。”于是留下慕容楷、慕容麟困守张申的堡垒，慕容隆与平幼分两路带人追击王祖。等到天亮，他们获得大胜回来，把所砍下的王祖士兵的脑袋悬挂起来向张申的部众展示。二十九日甲寅，张申出城投降，王祖也回来投降请罪。

前秦任命颍川王苻同成为太尉。

（以上为第七段，写北魏主拓跋珪有吞并后燕之志，与大臣谋划，待后燕主慕容垂去世、内难发生时再行动；后燕平定将领张申、王祖的叛乱。）

晋孝武帝太元十四年（己丑，公元389年）

春季，正月，后燕命令阳平王慕容柔镇守襄国。

后燕辽西王慕容农驻守龙城五年。将庞杂的事务处理得很得法，于是上书说：“我当年因为征讨敌军，就顺便镇守在这里，我所统领的将帅士兵已经过了几年安定闲逸的生活，然而青州、徐州、荆州、雍州等地遗留的匪寇还很多，我希望能够早日派人来接替我的职务，让我回去，尽量施展我微弱的能力来报效国家，使我在活着的时候不遗留未使出之力，死后也没有什么遗憾，这就是我的愿望！”

正月初五庚申，后燕主慕容垂召回慕容农，任命为侍中、司隶校尉，又任命高阳王慕容隆为都督幽、平二州诸军事，征北大将军和幽州牧。在龙城建立留台，任命慕容隆为留台录尚书事。又任命护军将军平幼为征北长史，散骑常侍封孚为司马，并兼任龙城留台尚书。慕容隆遵循、保留了慕容农旧的规章制度，加以修订扩充，于是辽水、碣石一带更加安定。

后秦主姚苌因为前秦军队屡次获得胜利，以为那是得到了前秦主苻坚的神灵帮助的结果，因此也在军营中竖立苻坚的神像，并且向他祷告说："我的哥哥姚襄临死时嘱咐我为他报仇，那次在新平城缢死您的祸事，就是我在执行哥哥姚襄的遗命，不是我的罪过呀。苻登不过是皇上您的比较疏远的亲属，还想着为您复仇，我作为弟弟，怎么敢忘掉哥哥的大仇呢？况且皇上您又命令我以龙骧将军的身份建立大业，我怎敢违背您的教诲？今天我为皇上您立这尊神像，希望皇上不要再追究计较我的过错。"

前秦主苻登爬上军营中的指挥楼，从远处告诉姚苌说："作为臣子而杀害了自己的君主，却又立像求福，能有什么好处呢？"因此他又大声呼喊说："杀害了自己君主的奸贼姚苌为什么不自己出来！我和你决一死战！"姚苌不答应。可是时间一长，因为在交战时并没有得到什么好处，而他自己在军营中每夜都要受几次惊吓，所以姚苌把神像的头斩了下来送给了前秦。

前秦主苻登任命河南王乞伏乾归为大将军、大单于，封为金城王。

正月，甲寅（疑误），魏王拓跋珪袭击位于北方的高车部落，大破高车军。

二月，后凉主吕光自称为三河王，实行大赦，改年号为麟嘉，设置文武百官。吕光的妻子石氏、儿子吕绍、弟弟吕德世从仇池来到姑臧。吕光册立石氏为王妃，吕绍为世子。

二月初九癸巳，魏王拓跋珪在女水攻击吐突邻部，把他们打得大败，又强行将这个部落全部迁走后才班师回朝。

前秦主苻登把部队的一些需要搬运的笨重物资留在大界，亲自率领一支一万多人的轻装骑兵部队进攻据守安定的羌族密造保，并攻克了他们的地域。

夏季，四月，翟辽侵犯荥阳，抓住了荥阳太守张卓。

后燕派遣长乐公慕容盛镇守蓟城，修理整顿旧有宫殿。

五月，清河人孔金杀死了后燕的叛官吴深，并把他的首级送到了后燕的都城中山。

西秦金城王乞伏乾归袭击侯年部落，并大败侯年部落。从此，秦州、凉州的百姓以及鲜卑人、羌人、胡人等大多数都归附了乞伏乾归，乞伏乾归对他们中的头目都加授官爵。

后秦主姚苌和前秦主苻登会战，多次失败，于是，就派中军将军姚崇突袭大界。苻登在安丘把姚崇截住厮杀，又一次把他们打败了。

后燕范阳王慕容德、赵王慕容麟袭击贺兰部落的贺讷，将他打跑并追到勿根山。贺讷走投无路，只好请求投降，并把部众调遣到上谷，把自己的弟弟染干送到中山去当人质。

秋季，七月，东晋任命骠骑长史王忱为荆州刺史，都督荆、益、宁三州诸军事。王忱是王国宝的弟弟。

前秦主苻登在平凉进攻后秦右将军吴忠等人，攻下了平凉。八月，苻登守苟头原，以此威逼安定。几位将军劝说后秦主姚苌与前秦决一死战，姚苌说："和走投无路的强盗在战场上争胜是用兵的大忌。我准备用计谋战胜他。"于是留下尚书令姚旻镇守安定，自己在深夜率领骑兵三万人直奔大界，偷袭前秦等待搬运的粮草等辎重物资，果然攻下了大界，杀死了毛皇后以及南安王苻弁、北海王苻尚，俘获名将几十人，并且驱赶、掠走男女兵丁五万多人。毛皇后貌美而勇武，善于骑马射箭，后秦的兵马冲进她的营帐的时候，毛氏还曾跨上马匹，弯弓反击，带领指挥几百个健壮的士兵死战，杀死了七百多敌人。但最终寡不敌众，被后秦俘获。姚苌有意收她为妾，毛氏边哭边骂着说："姚苌，你先前就已经杀害了天子，今天又想来侮辱皇后，皇天后土，怎么还能容你！"姚苌杀了毛皇后。他的部下众将想趁前秦军惊骇混乱之机继续攻击，姚苌说："苻登的部众虽然一时陷于混乱，但是激愤之气仍然很大，不可轻敌。"于是停止继续进攻。苻登也集结残兵败将，屯聚在胡空堡。姚苌派遣姚硕德镇守安定，并把安定一千多家居民迁到阴密，又派他的弟弟征南将军姚靖到阴密镇守。

九月十九日庚午，东晋擢升左仆射陆纳为尚书令。

前秦主苻登向东退守时，后秦主姚苌命令姚硕德选拔任命秦州的一些守宰。姚硕德于是便派他的堂弟姚常戍守陇城，邢奴戍守冀城，姚详戍守略阳。杨定发兵攻破陇城、冀城，斩杀了姚常，擒获了邢奴，姚详则放弃略阳，逃奔阴密。于是杨定便自称为秦州牧、陇西王。前秦后来也就按照他所自称的，委任他官职。

冬季，十月，前秦主苻登任命窦冲为大司马、都督陇东诸军事、雍州牧；杨定为左丞相、都督中外诸军事及秦、梁二州牧；杨壁为都督陇右诸军事，南秦、益二州牧，约定一起进攻后秦。苻登又分别通知监河西诸军事、并州刺史杨政，都督河东诸军事、冀州刺史杨楷，各自统率他们的军队在长安会师。杨政、杨楷都是河东人，前秦主苻丕当年失败的时候，杨政、杨楷召集收容逃亡的几万户难民，杨政占据河西，杨楷占据湖县、陕城一带的地方，并派遣信使向前秦请求任命官职，苻登按照他们的功劳分别授予官职。

后燕乐浪悼王慕容温担任冀州刺史，翟辽派遣部下丁零人故堤去慕容温帐下诈降，成为慕容温的部属。十月初四乙酉，故堤刺杀了慕容温和他的长史司马驱，然后带着守卫部队的二百户人家逃奔西燕。后燕辽西王慕容农在襄国拦击参与刺杀司马温的人，全部抓获，只有故堤逃走而幸免。

十一月，枹罕部落羌人首领彭奚念归附乞伏乾归，乞伏乾归便任命彭奚念为北河州刺史。

（以上为第八段，写北方各国争斗不休，北魏王拓跋珪袭击高车部落，大破高车军；后燕范阳王慕容德等打败贺兰部落；后秦主姚苌偷袭前秦物资基地，重创前秦。）

当初，东晋孝武帝司马曜亲自处理国家的政事后，权力与威望出自自己之手，很有君主的气度。但不久便沉溺于酒色之中，把朝廷的政事统统推给琅邪王司马道子代管。但司马道子也嗜好喝酒，从早到晚都和孝武帝一起把高歌狂饮当成主要事情。孝武帝又迷信佛教，在佛教方面极端奢侈挥霍，浪费在这方面的钱财很多。他所亲近的人又都是三姑六婆、和尚尼姑，所以他左右的侍从人员便乘机争权夺利，互相勾结，公开进行贿赂，封官加赏又杂又滥，刑罚惩戒混乱冤错。尚书令陆纳遥望着皇宫叹息着说道："这么好的一个家，小孩子要把它折腾坏呀！"左卫领营将军会稽人许营呈上奏书说："现在朝廷小吏、军中武官，下至男仆女奴那些不知生父只取母姓的人，没有经过官府的考察举荐，却都能当上郡守县令，甚至进入朝中当官，至于那些和尚、尼姑、乳娘等人，更是争先恐后地引进他们的亲朋好友，接受财物贿赂。以至于任用官吏、管辖百姓、政治与教化都没有标准，对无罪之人滥施暴行，当禁当行的法令不明确公布，抢劫、偷盗公然横行。过去皇上也曾下令臣属们知无不言，尽可能规劝讽谏，但是等大家把建议提出来集中到一起呈给皇上时，却没有一个建议被采用。我听说佛是一个清淡、玄妙虚旷的神祇，但是现在的这些和尚尼姑虽穿着僧服，却连佛义中最粗浅的教义不淫、不盗、不杀、不说谎、不酗酒这五戒也不能遵守，更何况精妙的佛法了！而那些受流行的歪风迷惑的人，更是一方面争相拜佛，一方面又欺凌搜刮黎民百姓，以掠夺来的财产作为实惠，这也不符合佛家布施的道理。"奏书呈上之后，没有回音。

司马道子的权势在朝廷内外都达到了极点，远近官员也都前来投靠。孝武帝司马曜的心里渐渐有些不高兴，但在表面上对司马道子还是多加优待尊崇。侍中王国宝奸佞而善于谄媚，得到了司马道子的宠爱。他在背地里鼓动朝中众臣，暗示八位重要大臣联名上书给孝武帝，请求提升司马道子为丞相兼任扬州牧，赐给他皇帝诛杀时专用的铜斧，并加以特别尊崇的礼节等。护军将军、南平人车胤说："这是周成王姬诵尊敬他叔父周公姬旦的办法。而现在主上在位，不能和成王相比，相王处在这地位怎么能成为周公呢？"于是托词有病，没有在奏书上签名。这个奏书呈上后，孝武帝勃然大怒，而夸奖车胤有自己的节操。

（以上为第九段，写东晋孝武帝司马曜沉溺酒色，不理政事，把国家政事一股脑儿丢给权臣司马道子；司马道子任用奸佞，为非作歹，把朝廷弄得乌烟瘴气。）

中书侍郎范甯、徐邈深受孝武帝信任亲近。他们几次进献忠言，弥补修正朝中错误遗漏的地方，当面痛斥奸邪之辈。王国宝是范甯的外甥，范甯尤其痛恨他阿谀谄媚的行径，劝说孝武帝罢免、革除王国宝的官职。陈郡人袁悦之也受司马道子的宠爱，王国宝让袁悦之请尼姑妙音写信给太子司马德宗的母亲陈淑媛说："王国宝忠实而又谨慎，可以亲近信任。"孝武帝知道这件事后，大发雷霆，借口别的事杀了袁悦之。王国宝异常恐惧，和司马道子一起诬陷范甯，把他逐出朝廷，贬为豫章太守。范甯临走的时候，呈上一道奏书说："现在边疆并没有点起战争的烽火，但是国家的府库也还是空乏。古代的统治者征召民工应差，一年内不超过三天。现在百姓所遭受的辛劳骚扰，一年内几乎没有三天休息，致使百姓中竟有生下男孩不敢抚养哺育，独身的男子和寡妇也不敢再迎娶出嫁的现象。臣担忧国家面临的危难，用柴堆之下点火也不足以形容的危机呀！"

范甯又上奏章说："北方中原一带的民众士子当初逃难，流亡江南并在这里居住下来，时间已经比较久了，他们也都渐渐地安居乐业。凡是在天底下生活的人，追溯他们的祖先，都能随着世情的变化而迁徙移动，为什么单单到了今天，反而不允许呢？我认为应该确定他们拥有的土地，确认户籍乡里也都按照他们现在居住的地域断定办理。另外，人的性情是没有一定限度的，无论豪奢还是节俭，都是由环境和形势决定的。现在，那些曾经兼并过别人财产的豪门大族，也已大多数不能维持，这并不是因为他们财力不足，主要是因为他们花销没有节制，争着以奢靡豪华来比试高下，没有限度的缘故。古代的礼法规定，人在十九岁的时候死了，称作长殇，因为他还没有成年。现在十六岁的孩子就作为全丁，十三岁的孩子就作为半丁，他们所承担的事不再是孩童的事，这岂不是伤天害理，虐待百姓吗？我认为应该规定二十岁的人当全丁，十六岁的人当半丁，那样的话就不会再有人因此而夭折，人口才能正常增长繁衍。"范甯的这些建议，有很多孝武帝都采纳施用了。

范甯在豫章任上，派遣十五名官吏分别下到十五个属城去，探采访求当地的风俗习惯及治理情况。遇到官吏回来休假时，他就仔细问询民间对官长的评价与反应。徐邈给范甯写信说："你审理官司，明正公允，日常的很多杂事小事也不积压，这样，官员自然对他职权内应负责任的事情更加谨慎，而人们的心里也就不再觉得迷惑不解了，何必还要到乡里村落听取伪饰的虚名呢？那样做不仅无助于获得好处，实际上是为掠夺百姓提供了可乘之机。哪有正人君子对于不是他的事情，而愿意说长道短的？自古以来，愿意当别人左右耳目的人没有不是小人的，都是先依靠小小的忠心而逐渐获得方便时机，酿成他的大不忠；先是凭借小小的信义蒙骗别人，最后才得以干出大不信的丑事的。于是就使谗害别人和谄媚别人的人并进，也使善恶混淆，岂可不加以特别警惕！你能谨慎地选择任用部属下官，一定能够找到经国济世的栋梁来领导各个部门，各部门都能有优秀的官吏来掌管主持事务，再遴选公允方正、廉明的人来担任监督，那么这个机构的清廉污浊，官员有才能与否，在办事过程中便可了解清楚。你只需平心静气地处理事务，何必要借耳目而来访查呢？从前汉代明德皇后马氏从来不跟左右侍从的人员谈论公事，可以说是有远见卓识的，为何身为大丈夫反而不能避免这样呢？”

十二月，后秦主姚苌命令他的东门将军任瓫诈降前秦主苻登，并派信使给苻登送信，答应打开城门把苻登放进来。苻登打算接受。征东将军雷恶地带领部队在外驻防，听说了这个消息，骑着马飞快地跑来晋见苻登，说：“姚苌诡计多端，绝不可以相信。”苻登这才停了下来。姚苌听说雷恶地返营拜见苻登，就对各位将领说：“这个羌人见了苻登，我的计划就不能成功了。”苻登因为雷恶地勇猛和韬略都超过常人，因此心中暗暗忌惮。雷恶地为此很恐惧，就投降了后秦，姚苌任命他为镇军将军。

前秦任命安成王苻广为司徒。

（以上为第十段，写东晋中书侍郎范甯等为人正直，数进忠言，补正阙失，指斥奸党，反被诬陷，贬为豫章太守。）

晋孝武帝太元十五年（庚寅，公元 390 年）

春季，正月二十六日乙亥，东晋青州、兖州刺史谯敬王司马恬去世。

西燕主慕容永率领部队直奔洛阳，东晋雍州刺史朱序从河阴向北渡过黄河迎战，打败了慕容永，迫使他退还上党。朱序追击到达白水，正好翟辽此时正打算进攻洛阳，所以朱序只好带着部队赶回，打跑了翟辽。朱序留下鹰扬将军朱党守卫石门，又派他的儿子朱略镇守洛阳，并让参军赵蕃辅佐帮助他，自己回到襄阳。

东晋琅邪王司马道子依仗孝武帝司马曜的宠爱骄横强蛮，放纵自己，每次陪孝武帝宴饮，都喝得酩酊大醉，有时竟然有失对孝武帝的礼节与尊敬。孝武帝越发不满，因此打算遴选几位有名望的人充任地方上的权要，暗地里节制司马道子。于是，孝武帝司马曜向太子左卫率王雅问道：“我想重用王恭、殷仲堪，你看怎么样？”王雅说：“王恭风度神韵优雅高贵，志向气质端方严肃；殷仲堪小心谨慎、行为检点，他的文章道义被人广泛称道。然而他们都心胸狭窄，自以为是，而且缺乏才干谋略。如果让他们独当一面，天下太平没有变乱时，尽可以忠于职守，一旦有事，就一定会成为祸乱的根源！”孝武帝没有听从他的话。王恭是王蕴的儿子。殷仲堪是殷融的孙子。

二月初二辛巳，东晋孝武帝司马曜任命中书令王恭为都督青、兖、幽、并、冀五州诸军事，兖、青二州刺史，镇守京口。

三月二十日戊辰，东晋宣布大赦。

（以上为第十一段，写西燕主慕容永长驱直入奔袭洛阳，东晋雍州刺史朱序渡过黄河迎战，将其打败；东晋琅邪王司马道子骄横放纵，孝武帝司马曜选用人才予以节制。）

后秦主姚苌在新罗堡进攻前秦扶风太守齐益男，攻下之后，齐益男逃走。而前秦主苻登又在陇东进攻后秦天水太守张业生，姚苌赶去解救他，苻登率兵退去。

夏季，四月，前秦镇东将军魏揭飞自称为冲天王，率领氐人、胡人组成的部队，在杏城向后秦安北将军姚当成发起攻击。镇军将军雷恶地此时也叛变后秦响应魏揭飞，在李润镇袭击后秦镇东将军姚汉得。后秦主姚苌打算自己亲自率军攻打魏揭飞，众大臣说："皇上不担心近在六十里的强敌苻登，却忧虑远在六百里以外的魏揭飞，这是为什么呢？"姚苌说："苻登不是马上就可以消灭的，我的城池也不是苻登马上就可以攻破的。但是雷恶地智谋韬略非常人可比，如果他向南结交魏揭飞，向东结交董成，再占领杏城、李润，并据守不去，那么长安东北一带就不是我们的了。"于是，姚苌秘密率领一支一千六百人的精锐部队奔赴那里。魏揭飞、雷恶地拥有部众几万人，而且氐人、胡人前往投军的络绎不绝。姚苌每次看到一支军队前去，总是十分高兴。他手下的大臣都觉得奇怪，问他为什么高兴，姚苌说："魏揭飞等人煽动诱惑那些一样险恶的贼人共同作恶，他们的种族和部落繁多纷乱，我虽然能够制服他们的首领主帅，但是他们的余党却不容易一下子铲除。现在他们像乌鸦一样聚合到这里，我乘胜而来消灭他们，可以一网打尽没有遗漏。"魏揭飞等人发现后秦军的人数很少，便全军出动攻击他们。姚苌固守自己的堡垒，不与对方接战，把自己力量微弱的假象有意暴露给敌方，又暗地里派自己的儿子中军将军姚崇率领骑兵几百名迂回到敌军的背后，进行偷袭。魏揭飞的部队霎时乱作一团。姚苌趁机派镇远将军王超等人发动所有的兵力进行攻击，斩杀魏揭飞以及他所属的将士一万多人。雷恶地请求投降，姚苌对待他像当初一样。雷恶地对人说："我自以为我的智谋勇力在目前是高出常人的，但是每次遇到姚翁就难以施展，这一定是我的命运！"

姚苌命令姚当成在他的营地的每个栅栏小孔中都立一个木牌，用来表彰战功。一年后，姚苌问这事怎么样了，姚当成说："因为表功的木牌太多，因此显得营地就太小了，我已经把营地扩大了。"姚苌说："我从成人以来，跟别人作战，从来没有像现在这么痛快，用一千多名士兵击破三万多人的敌军，这真是军营只因为其小才是奇迹，怎么能够以军营大为可贵呢？"

（以上为第十二段，写前秦镇东将军魏揭飞率军向后秦安北将军姚当成镇守的杏城发起攻击，后秦镇军将军雷恶地也叛变响应，后秦主姚苌亲自率领一千多名精兵远出奔袭，前后夹击，成功救援。）

吐谷浑可汗慕容视连派遣使节晋见西秦金城王乞伏乾归。乞伏乾归任命慕容视连为沙州牧，封白兰王。

丙寅（疑误），魏王拓跋珪与后燕赵王慕容麟在意辛山会合，共同进攻贺兰、纥突邻、纥奚三个部落，把他们全部打得大败。纥突邻、纥奚两个部落都向拓跋珪投降。

秋季，七月，冯翊人郭质在广乡聚众起兵，来响应投靠前秦，并向三辅的百姓发布檄文说："姚苌这个家伙凶恶残暴，他祸害遍及天神和民众。我们世世代代蒙受先帝苻坚像尧和舜那样的恩德仁政，即使不是侍中、尚书一类官的儿子，那么也应该是卿、校、牧、守之类的地方官员的孙子。与其忍受屈辱地活着，不如为追求正义而死。"于是三辅一带所有的民堡都起兵响应他的号召，唯独郑县人苟曜召集部众数千人归附了后秦。前秦任命郭质为冯翊太守。后秦则任命苟曜为豫州刺史。

受后秦、西燕封爵的匈奴部落首领刘卫辰，派遣自己的儿子刘直力进攻贺兰部落。贺兰部落首领贺讷处境窘急，请求向魏投降。七月三十日丙子，魏王拓跋珪亲自率兵前去解救他，打退了刘直力。拓跋珪于是迁移贺讷的部落，把它安排在东部边境一带。

八月，东晋刘牢之在鄄城袭击翟钊的部队，翟钊逃到了黄河以北。刘牢之又在滑台击败了翟辽军。叛将张愿重新回来投降。

九月，北平人吴柱聚集一千多人的部队，拥立一名叫法长的佛门和尚为天子，攻破了北平郡，转而进攻广都，突进了白狼城。后燕幽州牧高阳王慕容隆此时正在安葬他的妻子，各郡县的官员都聚集在这里参加葬礼，大家一听说吴柱武装叛乱，纷纷请求慕容隆回城，派遣大部队前去攻打吴柱。慕容隆说："现在老百姓都安居乐业，并不希望发生战乱，吴柱等人用谎言和欺骗来迷惑愚昧的民众，在诱骗和裹胁之下，他们才能暂时聚在一起，根本不可能有什么作为。"于是仍然留下来安葬完妻子，派遣广平太守、广都令先行返回，接着又派安昌侯慕容进带领一百多名骑兵奔袭白狼城。吴柱的部众听说慕容隆派兵前来，霎时溃散。慕容进严密搜捕吴柱，把他抓到后便斩了。

东晋任命侍中王国宝为中书令，不久，又兼任中领军。

九月初一丁未，东晋又调任吴郡太守王珣为尚书右仆射。

吐谷浑可汗、白兰王慕容视连去世，他的儿子慕容视罴继位。慕容视罴认为他的父亲、祖父由于秉性仁慈和善而受到四周邻国的入侵欺侮，于是他常常督促激励将士，加强军事训练，打算以此建立功业。冬季，十月，西秦金城王乞伏乾归派遣使者委任慕容视罴为沙州牧，并封白兰王，慕容视罴拒绝接受。

十二月，郭质的部队与苟曜的部队在郑县东部展开激战。郭质战败，逃奔洛阳。

西秦鲜卑部落首领越质诘归据守平襄，背叛了金城王乞伏乾归。

（以上为第十三段，写北魏主拓跋珪与后燕赵王慕容麟共同打败贺兰等三个部落；北平吴柱聚集部队，拥立佛门僧人法长为天子，被后燕慕容隆打败。）

晋孝武帝太元十六年（辛卯，公元 391 年）

春季，正月，后燕在蓟城设置行台，任命长乐公慕容盛录行台尚书事。西秦金城王乞伏乾归进攻刚刚反叛的鲜卑首领越质诘归，越质诘归再度归降。乞伏乾归把本族的一位女儿嫁给了越质诘归。

贺兰部落的贺染干准备谋杀亲哥哥贺讷，贺讷得知后派兵攻打。魏王拓跋珪把这个消息告诉后燕，请求担任向导，带兵去攻打他们。二月，甲戌（疑误），后燕主慕容垂派遣赵王慕容麟带领部队去袭击贺讷，又派镇北将军兰汗统率龙城的守军去袭击贺染干。

三月，前秦主苻登从雍城出发，去范氏堡进攻后秦安东将军金荣，攻克了范氏堡。于是苻登又渡过渭水，去进攻京兆太守韦范所据守的段氏堡，没有攻下。苻登因此进入并据守曲牢。

夏季，四月，后燕镇北将军兰汗在牛都将贺染干的部队打败。

后秦将领苟曜拥有一万部众，秘密招请前秦主苻登来，并答应作为内应。苻登从曲牢向繁川开进，把部队集结在马头原。五月，后秦主姚苌带领大部队前来迎战，苻登击退了他们的进攻，并且斩杀了他的右将军吴忠。姚苌收集余下的士兵重新战斗，姚硕德说："皇上一向十分谨慎，避免轻率地出战，常常希望能够用计策夺取胜利，今天一战已经失利，但是却要更加奋勇上前逼战贼兵，这是什么原因？"姚苌说："苻登本来调配部队一向迟缓，不了解敌人的虚实。今天他能不顾一切，派遣轻装部队长驱直入，一下子远远地扼守住了我们的东部，这一定是苟曜这小子和他暗中有预谋。如果我们的攻势稍缓，他们的阴谋就要得逞，因此我要在他们还没有得以汇合的时候，就急速袭击他们，打破他们的计划。"于是他们又进逼死战，将苻登打得大败。苻登退到郿县屯兵据守。

前秦兖州刺史强金槌在新平据守，投降了后秦，并把他的儿子强逵送到后秦去做人质。后秦主姚苌仅带领几百名骑兵直接进入强金槌的兵营，他的部属们纷纷劝阻他。姚苌说："强金槌既然已经背叛了苻登，如果又打算谋害我的话，那么他要到哪里去安身呢？况且他又是刚刚前来归附我，我更应该推心置腹地来接纳他，为什么还要不信任他而使他怀疑呢？"姚苌入强金槌大营后，氐人都要抓获姚苌，强金槌没有听从。

六月初三甲辰，后燕赵王慕容麟在赤城大破贺讷的部队，活捉了贺讷。贺讷的部落几万人投降。后燕主慕容垂命令慕容麟将贺讷送回他的部落，并把贺染干迁移到中山去。慕容麟回来后，告诉慕容垂说："我观察拓跋珪的一举一动，他终究要成为我们的祸患，不如强行让他来都城，让他的弟弟代他处理魏国的大事。”慕容垂没有答应。

西燕主慕容永进犯东晋的河南郡，太守杨佺期率领守兵打败了慕容永。

秋季，七月初二壬申，后燕主慕容垂来到范阳。

魏王拓跋珪派遣他的弟弟拓跋觚到后燕去进贡晋见。后燕主慕容垂年老体衰，他的子弟掌权，扣留拓跋觚，要求拓跋珪用好马来赎。魏王拓跋珪没有给他们良马，便和后燕断绝了交往。拓跋珪派使节长史张兖去向西燕请求和好。拓跋觚逃走，又被后燕太子慕容宝追上抓获，慕容垂对待他仍与过去一样。

前秦主苻登进攻新平，后秦主姚苌率兵赶去解救。苻登带兵退走。

前秦骠骑将军没弈干，把他的两个儿子当人质送到金城王乞伏乾归处，请求他发兵共同袭击鲜卑部落的首领大兜。乞伏乾归和没弈干一起进攻大兜所据守的鸣蝉堡，攻克了它。大兜换上平民的衣服逃跑了。乞伏乾归收编了大兜的部众班师回朝，并且把没弈干的两个儿子送了回去。没弈干不久就反叛了乞伏乾归，又向东与刘卫辰联合起来。八月，乞伏乾归率领一万骑兵攻打没弈干，没弈干逃奔到他楼城，乞付乾归用箭射没弈干，射中了他的眼睛。

九月十四日癸未，东晋任命尚书右仆射王珣为左仆射，太子詹事谢琰为右仆射。太学博士范弘之提议应该追加殷浩谥号，又顺便述说了桓温叛逆的事情。这个时候，桓氏家族的气势仍然很大，王珣以前也是桓温的属官，认为桓温废掉昏君，拥立明君，是具有忠贞的节操的，因此，便把范弘之逐出京都，贬为余杭令。范弘之是范汪的孙子。

冬季，十月，壬辰（疑误），后燕主慕容垂回到中山。

（以上为第十四段，写贺兰部落的贺讷、贺染干兄弟相斗，北魏主拓跋珪与后燕联合，出兵攻灭了贺氏兄弟；前秦主苻登率兵攻打后秦，被后秦打败，而后撤退。）

当初，柔然部落世世代代都臣服于代国。后来，部落首领郁久闾地粟袁死了，这个部落便一分为二：长子郁久闾匹候跋继承父位，居住在东部；二儿子郁久闾纥提住在西部。前秦苻坚消灭代国以后，柔然部落便转而归附刘卫辰。

魏王拓跋珪登上王位后，攻击高车等部落，这些部落大多数都甘心臣服，只有柔然部落拒不接受北魏的指使。十月，戊戌（疑误），拓跋珪带兵前去攻打柔然部落，柔然部落全部一起逃走。拓跋珪带兵追击奔跑六百里。北魏各将领委托张衮向拓跋珪请求说：“贼匪已逃得太远，而我们的粮草也已断绝，不如早些回去吧。”拓跋珪问各位将领：“如果宰杀备用的马匹充当粮草，当作三天的粮食，够不够？”都说：“足够。”于是他们又加倍地追击逃敌。追到大沙漠南床山下的时候，果然追上了，把柔然部落逃兵打得大败，俘虏了他们的一半人。郁久闾匹候跋和他的另一支部落的首领屋击各自收拾残兵逃走。拓跋珪又派长孙嵩、长孙肥继续追击。

拓跋珪询问左右的将佐说："你们知道我前几天问三天粮食的话的意思了吗？"众将领说："不知道。"拓跋说："柔然部落驱赶家畜等奔逃几天，到了有水的地方一定滞留。我用轻装骑兵去追赶他们，计算道路的远近，我料定不超过三天一定能赶上他们。"大家都说："这不是我们所能想到的。"长孙嵩赶到平望川，追上并斩杀了屋击。长孙肥追击郁久闾匹候跋来到涿邪山，郁久闾匹候跋率领余下的部众投降，并抓获了郁久闾纥提的儿子郁久闾曷多汗，侄儿郁久闾社仑、郁久闾斛律等亲属亲友几百人。郁久闾纥提打算投奔刘卫辰，拓跋珪也追上了他。郁久闾纥提也投降了。拓跋珪把柔然部落的居民部众全部迁移到云中郡。

翟辽去世，他的儿子翟钊继位，改年号为定鼎。翟钊攻击后燕邺城，后燕辽西王慕容农把他击退。

后凉三河王吕光趁西秦国内虚空而派遣部队攻打。乞伏乾归听了这个消息后，马上从攻打没弈干的战场上带兵赶回都城。吕光的部队也退了回去。

刘卫辰派遣他的儿子刘直力鞮统率士兵八九万人进攻魏南部。十一月初十己卯，魏王拓跋珪带兵五六千人迎战。十三日壬午，拓跋珪在铁岐山以南将刘直力鞮打得大败。刘直力鞮单骑逃走。北魏军队乘胜追击，十九日戊子，从五原金津向南渡过黄河，径直进入刘卫辰的国界。刘卫辰部落惊骇异常，顿时大乱。

十一月二十二日辛卯，拓跋珪直接抵达刘卫辰所居住的悦跋城，刘卫辰父子仓皇逃走。二十三日壬辰，拓跋珪分别派遣将领率领轻装骑兵追击。将军伊谓在木根山生擒刘直力鞮，刘卫辰则被他自己的部下杀死。

十二月，拓跋珪在盐池驻扎，诛杀刘卫辰的家属亲戚以及同事朋友等五千多人，把这些人的尸体全部扔进黄河。从此，黄河以南各部落便全部投降，北魏缴获三十多万匹马，牛羊四百多万头。北魏的经济财力因此强大充裕起来。

刘卫辰最小的儿子刘勃勃，逃奔到薛干部落，拓跋珪派人到薛干部落去索要刘勃勃。薛干部落的首领太悉伏把刘勃勃叫出来让使者看着说："刘勃勃国破家亡，因为无路可走才跑到我这里来，我宁可和他一起死，怎么能够忍心抓住他送给魏呢？"于是又把刘勃勃护送到没弈干那里去。没弈干把自己的女儿嫁给了刘勃勃。

十二月初十戊申，后燕主慕容垂来到鲁口。

前秦主苻登进攻安定，后秦主姚苌来到阴密对抗他的进攻，他对太子姚兴说："苟曜听说我向北进军，一定会来晋见你，你趁机把他抓住杀了。"待姚苌走后，苟曜果然到长安来见姚兴。姚兴派尹纬责问并杀掉了苟曜。

姚苌在安定城以东打败了苻登。苻登退到路承堡据守。姚苌摆下酒席大宴将士。各位将领都说："这要是在魏武王姚襄执政的时候，他就不会让苻登这个奸贼猖狂到今天这种地步。皇上未免谨慎稳重得太过度了吧！"姚苌笑着说："我不及我死去的哥哥的地方有四个方面：第一是不像他那样身高有八尺五寸，两臂下垂长过膝盖，让人一看就畏惧他。第二是不像他那样能统领十万人的庞大部队，与天下所有的英雄争高低、相抗衡，手下的将士望见军旗所指的方向，奋勇冲杀，没有人可以阻挡。第三是不像他那样可以通晓历史，了解时势，讲解论说道理和艺文，并能广泛招揽、集结贤能英才。第四是不能像他那样统帅大军，使上下全部都心悦诚服，人人尽死力而战斗。我之所以还能够建立一些功业，领导指挥你们这么多俊杰，正是还算在计谋策略上有那么一点长处罢了。”文武大臣都口称万岁。

（以上为第十五段，写柔然部原来臣服于代国，后来投奔匈奴首领刘卫辰，北魏主拓跋珪率军穷追猛打，打败了柔然和刘卫辰所部，黄河以南各部落全部投降，北魏由此强大起来。）

【点评】

仁人慕容垂。慕容垂生于公元326年，死于公元395年，他的一生，功勋卓著又忍辱负重。

前燕国时代，二哥慕容儁当了皇帝，慕容垂的日子并不好过。当时，慕容垂的妻子段氏才高性烈，不太买皇后可足浑氏的账，皇后就设计陷害她；当然不是把矛头直接指向慕容垂，而是从段氏身上打开缺口，把慕容垂牵扯进来。有人奉皇后之令告段氏为巫蛊，而所谓巫蛊，在当时是死罪。慕容儁也是忌讳慕容垂的功名，便将段氏投到大牢，进行拷问。但段氏被屈打，就是不招。慕容垂非常心痛，就暗中派人对段氏说：“人生会当一死，何苦受罪如此！你不如招了吧。”段氏叹息，说道：“我难道是害怕死吗？如果自认而成罪人，上辱祖宗，下累大王，我坚决不为也！”世间真有此刚烈女子也！后来，段氏死于狱中，而慕容垂也因此得以免祸，出镇辽东。他念念不忘段氏的这份情义，后以段氏之侄为继室，又不顾他人的反对，将段氏之子慕容宝作为接班人，以此来报答。慕容垂看不得妻子受苦，就劝她招认，这意味着什么？就是宁愿让自己去受这般苦，也要减轻妻子的苦痛。这是一种什么样的情怀？非仁者，能做到吗？

后来，到了侄子慕容暐当政，慕容评辅政时，慕容垂的日子越发不好过了，他忍受来自皇帝、权臣的猜忌以及可足浑太后的谋害，但不忍刀兵相向。当年桓温北伐，曾经一路高歌猛进，到达枋头，接近前燕的都城，是慕容垂率领兵马在桓温撤退时予以重创，使桓温大败亏输。慕容垂威名大振，但却受到朝廷的排挤。当时辅政的慕容评，对他非常嫉妒；太后可足浑氏也一向恨他，遂毁其战功，与慕容评相谋，欲除之而后快。消息泄露，有人劝说慕容垂先发制人，慕容垂心中不忍，说道：“骨肉相残而首乱于国，我有死而已，不忍为也。”甚至有人都将反事准备好了，只等慕容垂点头而已。可是，慕容垂制止了反事，而选择避让，一走了事，避免了一场争斗和屠杀。这在当时的年代里，可以说是绝无仅有的，按照慕容垂的智慧、威望和能力，要推翻前燕政权，取而代之，完全是有可能的，甚至有十足的把握。但是，他没有这样做，没有同室操戈、手足相残，可谓仁矣！

无奈之下，慕容垂投奔了前秦主苻坚。苻坚也是仁者皇帝，非常爱慕慕容垂的才能，后来让他担任冠军将军，慕容垂因此得到重用。淝水之战，前秦大败，而慕容垂率领的三万兵马却完好无损。苻坚落荒而逃，来到慕容垂的军营。这时候，有不少人知道慕容垂有复国之志，便劝其杀掉苻坚，乘机起事。在当时，杀掉苻坚是轻而易举的事情。可慕容垂没有这样做，他感谢苻坚几年来对他的收留与重用，他不愿采取龌龊手段而背负千古骂名，他认为要消灭前秦、打败苻坚，要在战场上真刀真枪、光明磊落地去做，而不是乘人之危。正因为如此，慕容垂的仁者之名使得他在以后建立后燕的生涯中赢得了许多忠勇人士的爱戴与归附，因而使后燕得以中兴。

无须再细说了，慕容垂之仁，在当时纷纷扰扰的攻战时代，是屈指可数的。当然，慕容垂的仁心也带来了一些副作用，如错过了杀掉北魏王拓跋珪的机会；由于念及亡妻段氏的恩情，立了才能平庸的慕容宝为太子，使得后燕国在他去世后不久就灭亡了。惜哉，痛哉！可见，慕容垂心中执念的“仁”字，是一把双刃剑，既能使其事业振兴，也能使其事业毁弃，关键在于如何把握。而从人格的角度来说，一个“仁”字，塑造了慕容垂的仁者形象，让其充满了人格的力量，让千秋万代的人们对他增加了怀念的感情！

晋纪三十

晋孝武帝太元十七年至二十一年（公元392—公元396）

【起玄黓执徐（壬辰，公元392年），尽柔兆涒滩（丙申，公元396年），凡五年】

【大事提要】

本卷记事起于公元392年，止于公元396年，凡五年，时当晋孝武帝（司马曜）太元十七年至太元二十一年。本卷所载大事，主要有五个方面。其一，后燕灭西燕。公元393年，后燕主慕容垂向西燕大举进攻，西燕主慕容永亲率驻太行5万大军回师阻击，却中了埋伏，慕容永败退都城长子，后燕军包围其都城，西燕太尉逸豆归部将伐勤等人开门投降，后燕军入长子，杀慕容永等。西燕灭亡，历时10年。其二，西秦灭前秦。公元394年，前秦主苻登在马毛山以南废桥与后秦主姚兴交战，被后秦击溃、生擒而斩首。太子苻崇投奔湟中继承帝位，被西秦首领乞伏乾归驱逐，又投奔陇西王杨定，与杨定在攻击西秦时，被西秦凉州刺史乞伏轲弹斩杀。前秦灭亡，历时45年。其三，北魏大破后燕。公元395年，后燕太子慕容宝率领8万军队进攻北魏。北魏王拓跋珪采取敌进我退、诱敌深入、敌退我打的战略。后燕军不能速战速决，又误信后燕主慕容垂去世的消息，决定撤兵。拓跋珪抓住机会，在参合陂围困、打败后燕军，加速了后燕的灭亡。其四，司马曜为一句玩笑话丧命。公元396年，东晋孝武帝司马曜酗酒后，对宠妃张贵人说了句喜欢年轻女子，要废掉她的玩笑话，张贵人妒忌成性，最担心司马曜宠爱别人，废弃自己，便令宫女偷偷溜进司马曜寝宫，将酒醉后熟睡的司马曜用被子闷死。司马曜时年35岁。其五，司马德宗即位。公元396年，东晋孝武帝司马曜去世，太子司马德宗即位，是为晋安帝，次年改年号为隆安。司马德宗生活不能完全自理，天性愚笨，不善说话，皇帝的权威大大削弱。会稽王司马道子专权，王国宝等奸佞当道，许多将军不受君命，国运衰颓。

烈宗孝武皇帝下

晋孝武帝太元十七年（壬辰，公元392年）

春季，正月初一己巳朔，东晋实行大赦。

前秦主苻登册立昭仪陇西人李氏为皇后。

二月初五壬寅，后燕主慕容垂从鲁口前往河间、渤海、平原。翟钊派遣他的部将翟都侵犯馆陶，驻在苏康垒。三月，慕容垂带领部队向南袭击翟钊。

前秦骠骑将军没弈干率领他的部众向后秦投降。后秦任命他为车骑将军，封他为高平公。

后秦主姚苌卧病不起，命令姚硕德去镇守李润，尹纬留守长安，并让太子姚兴来行营之中见面。征南将军姚方成对姚兴说道："现在来进犯的敌人还没有被消灭，皇上又卧病不起。王统等人都拥有自己的部队，最终会成为我们的祸患，应该尽快把他们全部除掉。"姚兴听从了他的话，杀掉了王统、王广、苻胤、徐成、毛盛。姚苌听到这个消息，生气地说："王统他们兄弟，跟我是同州同里的老乡，根本没有二心。徐成等人因为是前朝的有名将领，我才重用他们，怎么能轻易地说杀就杀呢？"

后燕主慕容垂向前进军威逼苏康垒。夏季，四月，翟都向南撤退到滑台。翟钊向西燕请求救援，西燕主慕容永与大臣们商议，尚书郎渤海人鲍遵说："让这两个寇匪互相进攻、消耗力量，我们紧跟在他们身后，坐收渔人之利，这是卞庄子当年用过的策略。"中书侍郎太原人张腾则说："慕容垂强大，而翟钊弱小，我们有什么好处可以得到呢？不如赶快去解救翟钊，这样还可以形成鼎足而立的局势。现在我们带领部队奔袭后燕的都城中山，白天多设些疑兵，黑夜多点些火把，慕容垂得知后一定会担心后方的安全而赶回来为自己解围。那时候，我们再迎击他们的前面，翟钊又可以跟在他们的背后骚扰，这是上天所给我们提供的绝好时机，万万不可失去。"慕容永没有听从他的话。

后燕实行大赦。

五月初一丁卯朔，出现日食。

六月，后燕主慕容垂的部队抵达黎阳，来到黄河岸边准备渡河，翟钊则把部队布置在黄河南岸用来抵抗后燕军。十六日辛亥，慕容垂把大营迁到西津，距离黎阳四十里，制作牛皮战船一百多艘，假装把士兵器械满载船上，逆水而上。翟钊急忙带领部队直扑西津防卫。慕容垂又暗中派遣中垒将军桂林王慕容镇等人率兵从黎阳渡口连夜渡河，在黄河南岸扎下大营，天亮时，后燕的大营已经全部构筑完成。翟钊听到这个消息后，急忙返回，进攻慕容镇等人的军营，慕容垂命令慕容镇等只许坚守防备，不许出战。翟钊的兵马跑来跑去疲惫燥热不堪，攻打后燕军的营地难以取胜，正要带兵退走，慕容镇等人突然带兵从营地中杀出，与此同时，后燕骠骑将军慕容农从西津渡过黄河，与慕容镇等一起夹击翟钊，把他打得大败。翟钊回逃到滑台，携带妻子儿女，收集残兵败将，向北渡过黄河，登上了白鹿山，依靠险峻山势严密把守，后燕的部队无法进击。慕容农说："翟钊没有军粮，一定不能长时间地在山中蜷缩。"他率领部队回营，仅留下一些骑兵观望翟钊的动静。翟钊果然下了山，慕容农马上挥师回军突袭，把翟钊的部众全部俘获，只有翟钊一人骑马投奔长子。西燕国主慕容永任命翟钊为车骑大将军、兖州牧，并封他为东郡王。一年多之后，翟钊阴谋反叛西燕，慕容永把他杀了。

（以上为第一段，写后秦主姚苌病重，太子姚兴乘机杀掉徐成等前朝名将；后燕主慕容垂率军南渡黄河，袭击翟魏主翟钊，大获全胜，翟钊逃奔西燕，后被杀。）

最初，郝晷、崔逞以及清河人崔宏、新兴人张卓、辽东人夔腾、阳平人路纂等人都在前秦做官。前秦大乱时，他们为了躲避战乱，投奔东晋。孝武帝司马曜下令委任他们做了冀州几个郡的郡守，并带领他们各自的部队在黄河南岸驻扎。不久，他们又接受了翟辽的官职和爵位。翟辽及他的家族失败后，他们又都投降了后燕，后燕主慕容垂按照他们各自的才干，分别留用了他们。翟钊过去所统辖的七个郡的三万多户人家，都安居下来，像过去一样。慕容垂又任命章武王慕容宙为兖州、豫州两个州的刺史，镇守滑台；把徐州的居民七千多户迁移到黎阳，并任命彭城王慕容脱为徐州刺史，镇守黎阳。慕容脱是慕容垂的侄儿。又任命崔荫为慕容宙的司马。

当初，陈留王慕容绍担任镇南将军，太原王慕容楷担任征西将军，乐浪王慕容温担任征东将军，慕容垂都委派崔荫作为他们的辅佐。崔荫精明强干，刚强正直，善于规劝主上的过失，因此，四位亲王都很害怕他。崔荫每到一个地方，都努力减少刑法，减轻田赋与劳役，使外出逃亡的难民渐渐地回来，当地的户口也越来越多。

秋季，七月，慕容垂来到邺城，任命太原王慕容楷为冀州牧、右光禄大夫余蔚为左仆射。

前秦主苻登听说后秦主姚苌生病，喜出望外，焚香禀告世祖苻坚的神位，又在国中实行大赦，并把文武百官的职位连升二级，喂饱战马，磨利武器，统领大军逼临安定，距离城池仅九十多里。

八月，姚苌病稍有好转，便率军出城与前秦军队对抗。苻登带领军队冲出营地将要交战，姚苌却派遣安南将军姚熙隆从别的地方去进攻前秦的营地。苻登惧怕后营有失，连忙撤退。姚苌在夜晚带领部队从侧翼迂回出来，紧跟在苻登部队的背后。天亮时，前秦的哨探骑兵回来报告，说："贼兵的几个军营都已经空了，不知去向。"苻登大惊失色，说道："姚苌这个家伙是个什么人？走的时候能让我不得知道，来的时候又能让我无从知觉，都说他快要死了，可却忽然之间又能出来和我对阵打仗。我与这个老羌贼同活在一个世上，是多么不走运的事情啊！"于是苻登只好撤兵回到雍城去了，姚苌也回到安定。

后凉三河王吕光派他的弟弟右将军吕宝等，进攻西秦金城王乞伏乾归，吕宝及将士战死的有一万多人。吕光又派遣他的儿子虎贲中郎将吕纂进攻南部羌族部落首领彭奚念，吕纂也大败而归。于是吕光亲自领兵去枹罕袭击彭奚念，获胜。彭奚念去投奔甘松。

冬季，十月十八日辛亥，东晋荆州刺史王忱去世。

东晋雍州刺史朱序因为年老多病，请求辞官。孝武帝司马曜下令，任命太子右卫率郗恢为雍州刺史，代替朱序镇守襄阳。郗恢是郗昙的儿子。

流亡到关中一带的巴蜀人全部背叛了后秦，占据了弘农并归附前秦。前秦主苻登任命窦冲为左丞相，带兵转到华阴去驻扎。郗恢派遣将军赵睦据守金墉，河南太守杨佺期统率部队到湖城，袭击窦冲，并把窦冲赶走。

（以上为第二段，写前秦主苻登趁后秦主姚苌生病，率军攻打，而姚苌病稍愈，又率军出阵，苻登没有捞到任何好处；后凉主吕光出兵攻打西秦，先败后胜。）

十一月初十癸酉，东晋任命黄门郎殷仲堪为都督荆、益、宁三州诸军事，荆州刺史，镇守江陵。殷仲堪虽然有很好的名声，但是资历、威望还浅，因此议论的人认为这并不公允合理。果然，殷仲堪到达任上后，喜欢行使小恩小惠，却对大政方针缺乏有力切实的措施。

东晋南郡公桓玄仗恃自己的才能和显赫的家族地位，总把自己看作是英雄豪杰，朝廷对他怀有戒心而不重用。二十三岁那年，他才开始在朝廷任太子洗马。桓玄曾经去拜见琅邪王司马道子，当时正赶上司马道子酩酊大醉，他睁开醉眼对身旁的宾客说："桓温到了晚年的时候，曾经打算要做贼，你们说怎么样呀？"桓玄伏在地上，汗流浃背，站不起来。从此他越发忐忑不安，常常对司马道子痛恨得咬牙切齿。后来，他补任义兴太守，但还是感到怀才不遇而闷闷不乐，叹息着说："我的父亲曾是九州的盟主，而他的儿子却只不过是五湖的小头目！"于是他弃官回到封地。临行，他呈上一封奏书，为自己申辩道："我父亲辅佐皇家，平定祸乱的功劳，朝廷把它遗忘了，我并不计较。但是，先帝登上宝座，皇上得以继承大统，这些事请皇上问一问那些谈论的人，是靠谁得来的呀？"奏书被搁置下来，没有上报。

桓玄在江陵，殷仲堪对他十分恭敬畏惧。桓氏家族几代都在荆州镇守，桓玄尤其强豪专横，当地的官员、百姓都害怕他甚于害怕殷仲堪。桓玄曾经在殷仲堪升堂办公之前在公堂外骑马取笑，并且用长矛假装向殷仲堪直刺。殷仲堪的部将中军参军彭城人刘迈对桓玄说："战马和长矛的威力有余，但是于道理精义却有缺陷。"桓玄怫然不悦，殷仲堪也为此大惊失色。桓玄走出去之后，殷仲堪对刘迈说："你是疯了！桓玄如果趁夜派出刺客来杀你，我怎么能救得了你呢？"于是他便让刘迈赶快到京城去躲避桓玄的报复。桓玄派人去追杀他，刘迈免于一死。

东晋征虏参军豫章人胡藩路过江陵，前去看望殷仲堪，劝解他说："桓玄的志向兴趣不比常人，常常因为没有得到一个满意的职位而大为不满，您对他尊敬优待得似乎太过分了，这恐怕不是能够长期维持的办法吧！"殷仲堪心中不大高兴。胡藩的妻弟同乡罗企生是殷仲堪手下的功曹。胡藩从殷仲堪那里出来，对罗企生说："殷仲堪把长戈倒转过来，把木柄交给别人，自己一定遭难。你如果不早早地图谋去留，后悔可是来不及的呀！”

十一月二十七日庚寅，东晋孝武帝司马曜立他的儿子司马德文为琅邪王，把原琅邪王司马道子改封为会稽王。

十二月，后燕主慕容垂回到都城中山，任命辽西王慕容农为都督兖、豫、荆、徐、雍五州诸军事，镇守邺城。

休官部落的首领权千成据守显亲县，自称为秦州牧。

东晋清河人李辽上奏朝廷，请求下令南兖州府修建孔子庙，指定专门的人家负责日常洒扫；仍然开办学校，聘请教师，招收学生。他说：“有的事情看起来好像可以作长久打算，实际上却需要尽快办理，指的就是这些事情。”奏书呈上，没有得到回应。

（以上为第三段，写东晋任用文弱书生殷仲堪为荆州刺史，而荆州是桓氏家族几代人镇守之地，根基深厚，桓温之子桓玄十分豪横，上门找事，晋祸不远矣。）

晋孝武帝太元十八年（癸巳，公元 393 年）

春季，正月，后燕阴平孝王慕容柔去世。

休官部落首领权千成被前秦逼迫，向西秦金城王乞伏乾归请求投降。乞伏乾归任命他为东秦州刺史、休官大都统，封为显亲公。

夏季，四月初九庚子，后燕主慕容垂加封太子慕容宝为大单于。又任命安定王库傉官伟为太尉，范阳王慕容德为司徒，太原王慕容楷为司空，陈留王慕容绍为尚书右仆射。五月，册立他的儿子慕容熙为河间王，慕容朗为渤海王，慕容鉴为博陵王。

前秦右丞相窦冲自恃其才，以为超人一等，请求封自己为天水王。苻登没有答应。六月，窦冲自称秦王，改年号为元光。

西秦金城王乞伏乾归立他的儿子乞伏炽磐为太子。乞伏炽磐的武勇谋略和明智决断，都超过他父亲。

秋季，七月，前秦主苻登在野人堡进攻窦冲。窦冲向后秦求救。尹纬向后秦主姚苌进言说：“太子姚兴仁慈敦厚的名声，远近闻名。但是他的英才伟略却没有广泛传扬开去，请您派他去攻击苻登，来使他扬名立威吧！”姚苌听从了他的话。太子姚兴带兵进攻胡空堡。苻登急忙解除对窦冲的围困，赶赴那里去解救。姚兴于是又进袭平凉，缴获了许多物资后班师回朝。姚苌还是派姚兴回到长安去镇守。

北魏王拓跋珪因为薛干部落的首领太悉伏拒绝把刘勃勃送交给他，在八月，袭击了太悉伏的驻地，大肆杀戮。太悉伏逃奔到了前秦。

东晋氐人首领杨佛嵩叛变，逃到了后秦。杨佺期、赵睦追赶他。九月，丙戌

（疑误），在潼关附近将杨佛嵩打败。后秦将领姚崇出兵搭救杨佛嵩，击败了晋军，杀死了晋将赵睦。

冬季，十月，后秦主姚苌病重，回到长安。

后燕主慕容垂召集文武大臣议论攻打西燕的计划，各位将领都说：“慕容永与我们并没有什么大的冲突。我国连续几年东征西讨，将士兵卒疲惫不堪，不可再发动战争。”范阳王慕容德却说：“慕容永是我慕容皇族的偏枝旁叶，他超越本分另立尊号，迷惑了老百姓的视听。我们应该先把他除掉，以使老百姓一心向着我们。虽然士兵将领的确很疲倦，但是又怎么能够罢手停战呢？”慕容垂说：“司徒的意见正好和我的想法一样。我虽然已经老了，但是我拍一拍脑袋，觉得剩下的这一点点智谋足够对付他们，不能把这些蟊贼留下来连累我的子孙。”于是下令处于临战状态，严阵以待。

十一月，慕容垂调动中山的步、骑兵共七万人，派遣镇西将军、丹杨王慕容瓒，以及龙骧将军张崇等从井陉出发，在晋阳对西燕武乡公慕容友发起攻击；征东将军平规在沙亭进攻西燕的镇东将军段平。西燕主慕容永派遣他的尚书令刁云、车骑将军慕容钟统领大军五万据守潞川。慕容友是慕容永的弟弟。十二月，慕容垂来到邺城。

十二月，己亥（疑误），后秦主姚苌把太尉姚旻，仆射尹纬、姚晃，将军姚大目，尚书狄伯支等人召进宫中，要他们接受遗诏，辅佐太子姚兴治理朝政。姚苌对太子姚兴说：“如果有诋毁攻击这几位先生的人，你一定要慎重处理，不要听从他们的话。你如能做到用恩德来抚慰骨肉，用礼仪来对待大臣，用信义来处理一切事情，用仁慈来对待百姓，这四个方面都能不偏废的话，我就没有什么可担忧的了。”姚晃此时流着泪询问征服苻登的计策，姚苌说：“现在，我们的帝王大业马上就要完成了，姚兴的才智与谋略已经足以胜任，还有什么必要再来问我呢？”

十二月，庚子（疑误），姚苌去世。姚兴不对外宣布死讯，只是马上任命他的叔叔姚绪去镇守安定，派遣姚硕德去镇守阴密，并命令他的弟弟姚崇留守长安。

有人对姚硕德说：“您的威望名声历来就是最高的，您带领的部队也是最强壮的，现在正是皇帝即位、政权交接之际，您一定会受到朝廷的怀疑。不如暂时前往秦州躲避一下，观望事态的发展变化。”姚硕德说：“太子姚兴的心胸与度量宽宏明达，绝对不会有其他的想法和顾虑。现在苻登还没有铲除，我们自家骨肉便先互相打起来，这是自取灭亡。我不过一死罢了，绝对不做那种事。”他便去晋见姚兴，姚兴对他非常尊敬，待遇也很优厚，并送他回去。姚兴自称大将军，任命尹纬为长史，狄伯支为司马，率众攻打前秦。

（以上为第四段，写前秦大将窦冲背叛前秦，另立山头；后秦主姚苌临终托付后事，确立辅政大臣；后燕主慕容垂商量攻打西燕，不顾将士疲劳，要遗逸后代。）

晋孝武帝太元十九年（甲午，公元394年）

春季，正月，前秦主苻登听说后秦主姚苌已死，喜不自禁地说："姚兴这个黄口乳儿，我折下一根树枝，就可以打他一顿。"于是实行大赦，率领所有军队向东开进，只留下司徒、安成王苻广镇守雍城，太子苻崇留守胡空堡。苻登又派遣使者前去加授西秦金城王乞伏乾归为左丞相、河南王，领秦、梁、益、凉、沙五州牧，加授九锡。

当初，鲜卑部落首领秃发思复鞬去世，他的儿子秃发乌孤继位。秃发乌孤十分勇武雄健，胸怀大志。他和大将纷陁商议夺取凉州。纷陁说："您如果一定要夺取凉州，就应该首先提倡并推广农耕，讲习武事，再礼贤下士，治理纲政与刑法，然后方可采取行动。"秃发乌孤听从了他的劝告。后凉三河王吕光派遣使节任命秃发乌孤为冠军大将军、河西鲜卑大都统。秃发乌孤同他的部下商议说："可以接受吗？"部下都说："我们的兵将马匹众多，为什么非要隶属于别人！"只有石真若留没有发言。秃发乌孤说："你害怕吕光吗？"石真若留说："我们根本还没有稳固，与吕光相比，力量的大小相差太悬殊，如果吕光一定要消灭我们，我们能用什么办法来抗拒他呢？我看不如暂时接受他的加封，以此来使吕光自高自大，我们也好等待机会采取相应的行动，那样的话，我们就没有什么不能战胜的了。"秃发乌孤听从了他的劝告，接受了吕光的加封。

二月，前秦主苻登进攻屠各部落所占领的姚奴堡、帛蒲堡，攻克。

后燕主慕容垂留下清河公慕容会镇守邺城，调动司州、冀州、青州、兖州的兵力，派遣太原王慕容楷从滏口出击，辽西王慕容农从壶关出击，慕容垂则从沙庭进发，共同攻打西燕。他故意公开分派任务，并且使各支军队准备就绪。西燕主慕容永听到这个消息，派遣兵马分几路严密把守，把粮草物资等聚集在台壁，派自己的侄儿征东将军小慕容逸豆归、镇东将军王次多、右将军勒马驹等人率领一万多人保卫台壁。

夏季，四月，前秦主苻登从六陌进发到废桥，后秦始平太守姚详据守马嵬堡准备和他对抗。后秦太子姚兴派遣尹纬带领兵马前去营救姚详，尹纬占据废桥等待前秦部队来攻。前秦士兵与后秦争夺饮水，没有能够成功，渴死的人有十分之二三。前秦更加急迫地向尹纬发动进攻。姚兴派狄伯支赶来叮嘱尹纬说："苻登这家伙已是穷途末路的强盗，我们应该沉着、谨慎，有把握后再将他打败。"尹纬说："先帝刚刚成仙而去，人心难免骚动惊惧。现在我们如果不想办法奋勇作战，克制强敌，我们的大业将一败涂地！"尹纬与前秦军队决战，前秦军队大败。当天夜晚，前秦军队便溃不成军，苻登一人骑马逃奔雍城。太子苻崇以及安成王苻广听说自己的军队失败，早已弃城逃走，等苻登来到这里时，已经没有地方可以投靠，于是他又逃奔平凉，收集残兵败将，进入马毛山。

后燕主慕容垂驻扎在邺城西南，一个多月也没有向前推进。西燕主慕容永觉得很奇怪，以为是太行道路宽阔，怀疑慕容垂打算秘密通过来偷袭，于是他把几支军队统统地调集在轵关驻扎下来，封锁太行路口，只把镇守台壁的部队留下。四月二十日甲戌，慕容垂率领大部队从滏口出兵，进入了天井关。

五月初一乙酉，后燕军队到达台壁，慕容永派遣他的堂兄太尉大慕容逸豆归领兵去解救，结果被后燕将领平归击败。小慕容逸豆归出列讨战，又被后燕辽西王慕容农打得大败，后燕军斩杀了西燕的右将军勒马驹，活捉了另一个将军王次多，于是，把台壁团团围住。慕容永急忙把驻守太行的部众调回，他本人统领五万多人的精锐部队抵抗后燕。西燕驻守潞川的将军刁云、慕容钟等被后燕的进攻气势所震慑，率领部众投降了后燕。慕容永杀死了他们的妻子儿女。五月十五日己亥，慕容垂在台壁以南的地区列开阵势，又派骁骑将军慕容国带领一千多骑兵埋伏在山涧之下。十六日庚子，慕容垂与慕容永展开决战，慕容垂佯装败退，慕容永带兵追赶他，追了几里路，慕容国率领的骑兵部队从山涧中突然杀出，切断了慕容永的后路，后燕各支军队从四面八方一起向慕容永发起了进攻，把西燕的部队打得大败，杀死敌人八千多人。慕容永仓皇逃回到长子。西燕晋阳守将听说己方大败，弃城逃走。后燕丹杨王慕容瓒等人夺取了晋阳。

后秦太子姚兴这时才宣布父亲姚苌已死，并在槐里即皇帝位。实行大赦，改年号为皇初。随后来到安定。追谥后秦主姚苌为武昭皇帝，庙号为太祖。

（以上为第五段，写后秦主姚苌去世，太子姚兴即位，前秦主苻登乘机发兵攻打，结果大败亏输；后燕主慕容垂发兵攻打西燕主慕容永，数路出击，予以重创。）

六月，壬子（疑为五月二十八日壬子之误），东晋孝武帝司马曜追尊自己的祖母、元帝司马睿的妃子郑氏为简文宣太后。很多大臣都说宣太后的牌位应该被尊放在元帝之侧，与元帝一起享受香火，太子前率徐邈却说："宣太后活着的时候，并没有被作为先帝的婚配正室，作为子孙，我们怎么可以为祖先们做主安排妻室呢？"国学明教东莞人臧焘说："现在宣太后的尊号已经扶正，作为后代的无穷的孝思已经得到表达；为宣太后另建一座祭庙，尊重先辈祭庙的心情就可以显现；把儿子的谥号加在母亲的谥号前面，能使人明白母亲得以荣耀尊贵的原因。这一个举动可以符合三方面的意义，不也是一件应该做的好事吗？"于是在太庙路的西侧建立了一座宣太后的祭庙。

后燕主慕容垂指挥部队包围了长子。西燕主慕容永打算投奔后秦，侍中兰英说："当年石虎攻打龙都，大燕国太祖慕容皝坚守城池不肯离去，终于成就了大燕国的基础。现在慕容垂已经是一个七十岁的老翁，他讨厌长年战争，终究不能成年累月地攻打我们。我们只需严密守城，拖垮敌人。"慕容永听从了他的意见。

前秦主苻登送他的儿子汝阴王苻宗作为人质，到河南王乞伏乾归那里去请求救助，并且加封乞伏乾归为梁王，并迎娶乞伏乾归的妹妹为梁王后。乞伏乾归派遣前军将军乞伏益州等人统领一万骑兵前去解救他。秋季，七月，苻登带领兵马迎接乞伏乾归的部队。后秦主姚兴从安定直扑泾阳，与苻登在马毛山南激战。姚兴生俘了苻登，并把他杀掉了；把苻登的部众全部解散，让他们回到家里去从事农事耕作；又把阴密的三万户居民迁到长安，把苻登的妻子李皇后赏赐给姚晃。乞伏益州等人听到了这个消息，就带着部队回去了。前秦太子苻崇又跑到湟中，继承了帝位，改年号为延初。又追谥苻登为高皇帝，庙号太宗。

后秦安南将军强熙、镇远将军强多叛变，拥推窦冲为盟主。后秦主姚兴亲自带兵前去攻打，部队行进到武功的时候，强多的侄儿强良国杀死了强多归降。强熙则逃奔秦州，窦冲逃奔汧川，被汧川氐族部落首领仇高抓住，送还给了后秦。

后凉三河王吕光，任命他的儿子吕覆为都督玉门以西诸军事、西域大都护，镇守高昌，并命令大臣的子弟随同前往。

八月十六日己巳，东晋孝武帝司马曜尊封皇太妃李氏为皇太后，居住在崇训宫。

西燕主慕容永被包围，局势危急，派他的儿子常山公慕容弘等人去向东晋雍州刺史郗恢求救，并奉献一颗玉玺作为进见之礼。郗恢上奏说："慕容垂如果吞并了慕容永，会给我们带来更深的祸患，不如让他们二者暂时并存，我们也好寻找机会同时除掉他们两个。"孝武帝司马曜认为他说得很对，便下令调青、兖二州刺史王恭和豫州刺史庾楷前往解救慕容永。庾楷是庾亮的孙子。慕容永担心东晋不肯出兵，又派他的太子慕容亮到东晋充当人质。后燕平规追捕慕容亮，追到高都把他抓住了。慕容永又向北魏告急。北魏主拓跋珪派陈留公拓跋虔和将军庾岳统领骑兵五万人向东渡过黄河，集结在秀容一带救援慕容永。拓跋虔是拓跋纥根的儿子。

东晋和北魏援兵还没有来到的时候，大慕容逸豆归手下的将领伐勤等打开城门，把后燕军放了进来。后燕将士抓住了慕容永并且把他杀了，又斩杀了慕容永的文臣武将如刁云、大慕容逸豆归等三十多人，吞并了慕容永所统辖的八个郡、七万多户居民以及前秦御用的车辇、服饰、歌女乐器、奇珍异宝不计其数。后燕主慕容垂任命丹杨王慕容瓒为并州刺史，镇守晋阳；宜都王慕容凤为雍州刺史，镇守长子。对于慕容永的尚书仆射昌黎人屈遵、尚书阳平人王德、秘书监中山人李先、太子詹事渤海人封则、黄门郎太山人胡母亮、中书郎张腾、尚书郎燕郡人公孙表等，慕容垂都根据他们的才能加以任用。

九月，慕容垂从长子来到邺城。

（以上为第六段，写前秦主苻登被后秦主姚兴打败，被俘杀，太子苻崇到湟中即位；后燕主慕容垂围困西燕，西燕主慕容永四处求救，救兵不至，城破被杀。）

冬季，十月，前秦主苻崇被梁王乞伏乾归驱逐，去投奔陇西王杨定。杨定留下司马邵彊把守秦州，亲自统领两万大军和苻崇一起进攻乞伏乾归，乞伏乾归则派遣凉州牧乞伏轲弹、秦州牧乞伏益州、立义将军越质诘归统领骑兵三万加以抵抗。乞伏益州与杨定展开激战，在平川一带被杨定打得大败。乞伏轲弹和越质诘归带着部队向后撤退。乞伏轲弹的部下司马翟瑥气愤地拔出佩剑，咆哮着说："我们主上依仗英雄武略，开创基业，所到之处无人抵挡，声威震撼秦、蜀地区。将军您是乞伏家族的宗室，担任元帅的重任，本来应该竭尽全力拼死辅佐国家。现在，秦州那里虽然战败，但我们的两支大军还完整无损，怎么能够看见势头稍有不利便赶紧退逃，这样还有什么脸面可以去见主上呢？我翟瑥虽然没有什么重要职务和大权，难道就不能因为紧急情况，见机诛杀将军吗？"乞伏轲弹道歉说："先前，我不知道大家的心意怎样。如果真的能像你所说的那样，那么我个人怎么敢贪生怕死？"于是率领骑兵挺进，与敌军作战，乞伏益州与越质诘归也率领部队，紧紧跟上，果然把杨定的兵马打得大败，杀死了杨定和苻崇，斩杀他们的部众一万七千多人。乞伏乾归于是全部占有了陇西一带。

杨定没有儿子，他叔父杨佛狗的儿子杨盛，在此之前镇守仇池，这时他自称征西将军、秦州刺史、仇池公，追谥杨定为武王。他仍然派遣使节向东晋称为藩属。前秦的太子苻宣也来投奔杨盛，把氐族人、羌族人划分为二十个护军单位，各自镇守保卫自己的家园，不设置郡县等行政区划。

后燕主慕容垂向东巡视阳平、平原，命令辽西王慕容农渡过黄河，与安南将军尹国一起发兵去夺取东晋所属的青州、兖州一带。慕容农进攻廪丘、尹国进攻阳城，都攻克了。东晋东平太守韦简在战斗中战死，高平、泰山、琅邪几个郡的统领长官却都弃城脱逃。慕容农乘胜向海边进军，一路上设置了许多地方官员。

北方沙漠中的柔然部落首领郁久闾曷多汗，抛弃他的父亲不管，与堂弟郁久闾社仑率领部众一起向西逃去。北魏将军长孙肥追击他们，追到上郡跋那山，斩杀了郁久闾曷多汗。郁久闾社仑收集他的余众几百人，投奔堂兄郁久闾疋候跋，郁久闾疋候跋把他们安置在南方偏僻的地方。郁久闾社仑恩将仇报，杀了郁久闾疋候跋。郁久闾疋候跋的儿子郁久闾启跋、郁久闾吴颉等人都去投奔北魏。郁久闾社仑于是大肆抢掠了五原以西的各个部落，然后向北穿过沙漠，到大漠以北去了。

十一月，后燕辽西王慕容农在龙水地方击败了东晋的辟闾浑，随即进入临淄。十二月，后燕主慕容垂把慕容农等征召回国。

后秦主姚兴派遣使节与后燕建立友好关系，并且把太子慕容宝的儿子慕容敏送回后燕。后燕封慕容敏为河东公。

西秦梁王乞伏乾归自称秦王，实行大赦。

（以上为第七段，写前秦主苻崇投奔西秦王乞伏乾归，不被收留，又投奔陇西王杨定，杨定发兵攻打西秦中遭灭顶之灾，苻崇被杀；后燕主慕容垂派将攻打东晋，郡县望风而下。）

晋孝武帝太元二十年（乙未，公元 395 年）

春季，正月，后燕主慕容垂派遣散骑常侍封则去后秦回访。于是，慕容垂从平原出发，在广川、渤海、长乐等地巡狩之后，回到中山。

西秦王乞伏乾归任命太子乞伏炽磐领尚书令，左长史边芮为左仆射，右长史秘宜为右仆射，设置的文武百官等都按照魏武帝和晋文帝时的旧例，但却依然称大单于、大将军等。边芮等人也都还像过去一样兼任大单于府、大将军府的官职。

薛干部落的首领太悉伏，从后秦长安逃回到岭北。上郡以西地区的鲜卑族人和其他胡人都纷纷起来响应他。

二月初四甲寅，东晋尚书令陆纳去世。

三月初一庚辰朔，出现日食。

东晋皇太子司马德宗从皇宫迁到太子东宫居住，孝武帝司马曜任命丹杨尹王雅兼任太子少傅。

这时，东晋会稽王司马道子独揽大权，奢侈放纵，不可一世。他的亲信赵牙本来是优伶出身，另一个亲信茹千秋本来是钱塘地方负责抓贼缉盗的小吏，他们都依靠贿赂、谄媚等得到提升。司马道子任命赵牙为魏郡太守，茹千秋为骠骑谘议参军。赵牙为司马道子另建东第，堆积假山，挖掘水池，人工和资金，都耗费十分巨大。

孝武帝司马曜曾经到司马道子的府邸，对司马道子说："你住宅之中竟然有山，当然很好，但是修整装饰得太过分了。"司马道子无言以对。孝武帝走了之后，司马道子对赵牙说："如果皇上知道这山居然是用人力堆积成的，你就死定了！"赵牙说："有您在，我赵牙怎么能够死呢？"他为司马道子营建居所游宫越来越奢华。茹千秋更是卖官鬻爵，招权纳贿，搜刮的钱财加在一起竟有上亿。

博平令吴兴人闻人奭上书，说出了这些情况，孝武帝司马曜便更加讨厌司马道子，只是迫于母亲的压力，没有下定决心罢免他。于是他擢升那些在当时较有声望和与自己关系亲近的王恭、郗恢、殷仲堪、王珣、王雅等人，任命他们担当朝廷内外的重要官职，用来防备、牵制司马道子。司马道子也把王国宝和王国宝的堂弟琅邪内史王绪等人作为心腹。从此东晋朝廷内外党派、集团等一个接一个地出现，再也没有过去那样友爱团结的欢乐景象了。

太后经常对孝武帝司马曜和司马道子进行劝解。中书侍郎徐邈心平气和地向孝武帝进言道："汉文帝刘恒是一位英明的君主，仍然后悔自己处死淮南王刘长的事情。世祖司马炎聪明豁达，也不能不对齐王司马攸深负愧疚。兄弟之间的关系，实在应该更加慎重。会稽王司马道子虽然有嗜酒好色的坏毛病，但也应当加以宽容担待，使大家的议论逐渐消失。对外是为了国家的长远利益，对内可以安慰太后对儿子的一片爱心。”孝武帝采纳了他的劝告，对司马道子恢复了与过去一样的信任。

（以上为第八段，写东晋朝廷的腐败，会稽王司马道子仗着太后撑腰，独揽大权，奢侈放纵，任用奸佞，孝武帝司马曜虽然厌恶，却无力制止，任其胡作非为。）

当初，陇西王杨定战死的时候，天水人姜乳袭击并且占领了上邽。夏季，四月，西秦王乞伏乾归派遣乞伏益州率领骑兵六千前去讨伐姜乳。左仆射边芮、民部尚书王松寿说：“乞伏益州因为打了几次胜仗而骄傲起来，不可以单独交给他任务，那样他一定会因为轻视敌人而遭到惨败。”乞伏乾归说：“乞伏益州骁勇善战，是其他将领赶不上的，只需派几位助手辅佐他便可以了。”于是任命平北将军韦虔为长史，左禁将军务和为司马。兵至大寒岭，乞伏益州居然不按编制约束部队，听任将士们随便打猎，开怀痛饮，并且下令说：“有胆敢谈论作战方面事情的人，斩！”韦虔等苦苦相劝，乞伏益州拒不听从。果然姜乳趁机带兵迎头痛击，把乞伏益州的部队打得大败。

北魏王拓跋珪背叛后燕，威胁了靠近边塞的一些种族部落。五月，甲戌（疑误），后燕主慕容垂派遣太子慕容宝、辽西王慕容农、赵王慕容麟统领八万人，从五原出发攻打北魏，范阳王慕容德、陈留王慕容绍另外带领步、骑兵一万八千人作为后继部队。散骑常侍高湖劝谏说：“魏国与我们燕国几世以来都是姻亲关系，他们内部发生天灾人祸时，我们燕国总是帮助他们渡过难关。我们对他们的恩德够深厚的了，与他们结成友好关系也已经很久了。中间虽然出现过向他们要马被拓跋珪拒绝而扣留了他弟弟拓跋觚的事情，但那件事的错误和起因在我们这里，怎么能够突然调动军队进攻他们呢？何况拓跋珪沉稳勇武，极富谋略，从小就经历过许多艰难困苦，现在又兵强马壮，不应该轻视。皇太子固然年轻气壮，意志果断，势头正盛，但是现在把进攻魏的指挥大权完全交给他，他一定会轻视魏而简单地对付他们。最后的结果万一不像我们所想象的那样，可就使太子损伤了威望，同时又坏了大事，请皇上再仔细考虑这件事！”他的言辞也有些激烈，慕容垂十分生气。当即罢免了高湖的官职。高湖是高泰的儿子。

六月初五癸丑，后燕太原元王慕容楷去世。

西秦王乞伏乾归把自己的都城迁到苑川西城。

秋季，七月，后凉三河王吕光统领十万大军攻打西秦。西秦左辅密贵周、左卫将军莫者羖羝劝西秦王乞伏乾归向吕光称藩，并且把儿子乞伏敕勃送去作人质。吕光带着部队回去了。乞伏乾归对此事深深懊悔，杀了密贵周和莫者羖羝。

北魏长史张衮听说后燕的大军即将到来，向北魏王拓跋珪献计说：“后燕国被滑台、长子两次战役的胜利冲昏了头脑，这次动员全国的人力物力来进攻我们，是有轻视我们的意思，我们应该表现得疲惫孱弱，以使他们更加骄纵，我们便可以攻克他们了。”拓跋珪听从了他的计策，命令把所有部落的牲畜资产全部迁到黄河以西一千多里以外的地方去躲避。后燕军队来到五原，收降了北魏其他部落的居民三万多户，收割杂粮一百多万斛，在那里设置了黑城，然后把大军开进到黄河边，打造船只作为渡河的用具。拓跋珪派遣右司马许谦去向后秦请求援助。

秃发乌孤攻击乙弗、折掘等部落，把他们全部攻破并且收降，修筑了廉川堡作为这个地方的中心据点。广武人赵振小的时候就喜欢奇谋异计。听说秃发乌孤在廉川，他便抛家舍业，前去做秃发乌孤的幕僚。秃发乌孤为此喜不自禁地说：“我得到了这位赵先生，大事就可以成功了！”于是加封赵振为左司马。三河王吕光封秃发乌孤为广武郡公。

有长尾彗星从须女星座出现，划到主哭泣、死丧的虚、危宿下。东晋孝武帝司马曜心里很讨厌它，在华林园捧着酒杯祈祷上天说：“彗星，我劝你喝了这杯酒吧！自古以来，哪有活到一万岁的天子呀！”

八月，北魏王拓跋珪在黄河南岸整顿自己的队伍。九月，把部队开到黄河边。后燕太子慕容宝把自己的部队排开正要渡河与北魏接战，突然狂风大作，把他们的几十艘战船刮到黄河南岸泊下，船上的三百多全副武装的士兵，全都被北魏军队俘虏，北魏把他们全都释放遣送回去。

慕容宝从中山出发的时候，慕容垂已经患有疾病。等到了五原之后，拓跋珪派人守候在从中山来的那条路上，等待后燕的送信人路过，把他们一个个全部抓住。慕容宝等几个月都没有得到慕容垂的生活起居情况，拓跋珪把俘虏的后燕国信差带到河边，命令他隔河告诉慕容宝说：“你的父亲已经死了，你为什么还不早点回去？”慕容宝等人忧虑恐惧，士兵也惊骇不安。

拓跋珪派陈留公拓跋虔带领五万骑兵驻扎在黄河东岸，派东平公拓跋仪带领十万骑兵屯据在黄河北岸，又派略阳公拓跋遵带领七万骑兵堵塞在后燕国军队的南边。拓跋遵是拓跋寿鸠的儿子。这时候后秦主姚兴也派遣杨佛嵩带兵前来营救北魏军。

后燕有一个占卜算卦的术士，叫靳安。他对后燕太子慕容宝说：“现在天时对我们很不利，我们将会大败，如果赶快撤退，可以免去这场大难。”慕容宝拒不听从。靳安退出去后，告诉别人说：“我们都得把自己的尸首抛弃在这荒凉的原野之上，回不去了！”

后燕与北魏两国互相对阵，僵持了二十多天，后燕赵王慕容麟的部将慕舆嵩等人认为慕容垂是真的死了，因此图谋叛乱，拥戴慕容麟为后燕主。这事泄漏了消息，慕舆嵩等人都被处死，慕容宝与慕容麟之间产生了嫌隙。

（以上为第九段，写后燕主慕容垂希望在有生之年消灭北魏，便派太子慕容宝等率领大军攻打北魏；北魏主拓跋珪听取部属意见，采用示弱方略，严阵以待。）

冬季，十月二十五日辛未，后燕军自行焚烧战船，趁着夜色掩护撤退回国。这时，黄河上的冰还没有冻住，慕容宝以为北魏的部队一定不能渡过黄河来追击他们，没有派出侦察部队进行侦查。十一月初三己卯，突然狂风大作，黄河上的冰很快封死，北魏王拓跋珪带兵过河，留下军用物资，挑选了二万多骑兵组成精锐部队，火速追赶后燕部队。

后燕军队走到参合陂，大风突起，一片黑气如同一道堤岸，从后燕军的后面压了上来，将后燕军全部覆盖。佛教高僧支昙猛对慕容宝说："风云突变，这是魏军就要追到的征兆，应该派兵准备抵御他们。"慕容宝认为现在离开北魏军已经很远，只是一笑置之。支昙猛坚持请求，慕容麟大怒说："以我们殿下的神勇英明，加之军队力量的强大，那在沙漠上横行，梳发拖辫的索虏怎么敢跑这么远来追击我们！支昙猛胡说八道，扰乱军心，理应斩首示众！"支昙猛哭着说："苻家拥有百万雄师，但却在淮南遭到惨败，正是因为他们仗恃自己人多势众，轻视敌人，不相信天意的缘故啊！"司徒慕容德劝慕容宝听信支昙猛的话，慕容宝才派慕容麟率领三万骑兵走在大军的最后，以防备非常事件的发生。慕容麟认为支昙猛的话是瞎说，成天放纵骑兵到处游猎，不肯设置哨卫防备。慕容宝派骑兵向西打探北魏军队的动静，这些骑兵也是只走出十几里地，便人卸甲、马解鞍地倒头睡觉去了。

北魏军队不分昼夜兼程前进，十一月初九乙酉黄昏，追到了参合陂西边。这时，后燕军在陂东，扎营在蟠羊山南面的河旁。北魏主拓跋珪连夜部署各个将领，偷袭后燕，让士兵们含着枚，扎紧马口，暗中接近后燕军。

十一月初十丙戌，太阳刚出来，北魏军就已经登上了山头，向下面对着后燕军大营。后燕军队向东进发时，回头发现北魏骑兵，惊慌失措，混乱不堪。拓跋珪趁势驱兵攻击，后燕军奔跑落水，人撞马踩，轧死淹死者数以万计。略阳公拓跋遵的部队横阻在逃亡后燕军的前边，四五万后燕兵，马上统统放下武器束手就擒，逃出去的也不过几千人。太子慕容宝等人都是单人匹马逃出才得以幸免。北魏军队杀死了后燕右仆射陈留悼王慕容绍，活捉了鲁阳王慕容倭奴、桂林王慕容道成、济阴公慕容尹国等文武官员几千人，至于缴获的兵刃、衣甲、粮草、辎重等更是以万万计算。慕容道成是慕容垂的侄儿。

北魏王拓跋珪选择后燕被俘的大臣中有才可用的人，如代郡太守广川人贾闰、贾闰的堂弟骠骑长史昌黎太守贾彝、太史郎辽东晁崇等留了下来，其余的打算全部都发给衣服粮食，放他们回家，希望用这样的恩德来博得中州百姓的好感。中部大人王建说："后燕国势强大，人口众多，这次动员全国力量来进攻我们，我们侥幸获得这么大的胜利，不如把这些人全部杀掉，这样后燕的内部就是一片空虚，以后再攻打他们也就容易多了。况且抓获了强盗而又把他们放掉，不是很不合情理吗？”于是北魏把所俘的后燕将士全部活埋了。十二月，拓跋珪返回了云中的盛乐城。

后燕太子慕容宝以自己在参合陂的那次大败为奇耻大辱，请求再次进攻北魏。司徒慕容德也向后燕主慕容垂进言道：“魏虏因为参合陂的那场胜利，一定会产生轻视太子的心意。正应该运用皇上的神机谋略制服他们，不然将会后患无穷。”慕容垂便委任清河公慕容会为录留台事，兼任幽州刺史，代替高阳王慕容隆镇守龙城；任命阳城王兰汗为北中郎将，代替长乐公慕容盛镇守蓟城；命令慕容隆与慕容盛全都带着他们的精锐部队回到中山，准备在明年大举进攻北魏。

这一年，后秦主姚兴封他的叔父姚绪为晋王，封另一位叔叔姚硕德为陇西王，封他的弟弟姚崇为齐公，封另一位弟弟姚显为常山公。

（以上为第十段，写北魏抓住天时之利，突然袭击，后燕军在参合陂被打败，全军覆没，元气大伤，仍图谋报仇，调兵遣将，以期大举。）

晋孝武帝太元二十一年（丙申，公元 396 年）

春季，正月，后燕高阳王慕容隆带领驻防龙城的士兵来到中山，军容精壮整齐，使后燕人的精神稍稍得到振奋。

休官部落的首领权万世率领部众投降了西秦。

后燕主慕容垂派遣征东将军平规率领军队开往冀州。二月，平规率领博陵、武邑、长乐三个郡的部队在鲁口背叛了后燕。平规的侄儿冀州刺史平喜劝说平规，平规不听。平规的弟弟海阳令平翰也在辽西起兵响应他的哥哥。慕容垂派遣镇东将军余嵩进攻平规，余嵩战败而死。慕容垂亲自领兵攻打平规，刚刚到鲁口，平规便抛弃自己的部众，带着妻子儿女以及平喜等几十个人渡过黄河逃走了。慕容垂便带着部队回去了。平翰带领着部队直指龙城，后燕清河公慕容会派遣东阳公慕容根等人进攻平翰，把他打得大败，平翰逃到了山南。

三月二十六日庚子，后燕主慕容垂留下范阳王慕容德镇守中山，自己带着部队秘密出发，翻过青岭，途经天门，在山中奋力开凿打通道路，出乎北魏意料，大军直奔云中。北魏陈留公拓跋虔统领的部落约三万多户人家镇守在平城。慕容垂来到猎岭，让辽西王慕容农、高阳王慕容隆作为前锋部队突袭拓跋虔。这时，后燕部队刚刚遭到惨败，都很畏惧北魏，只有慕容隆统辖的龙城部队勇敢果决，个个争先。拓跋虔平素不注意戒备，闰三月十二日乙卯，后燕军来到平城时，拓跋虔才发觉，仓促之中率领他的部下出来接战，战败而死。后燕军收编了他的部落。北魏王拓跋珪听到这个消息后，大为震惊恐惧，打算放弃都城逃走，其他部落听说了拓跋虔的死讯，都产生了二心。拓跋珪不知所措。

后燕主慕容垂率军路过参合陂的时候，看到那里尸骸依然堆积如山，于是摆下香案，为死难者祭奠，军士们也都跟着放声恸哭，哭声震撼着山谷。慕容垂见此惨状，心里既惭愧，又愤怒，因而吐血，从此得了一场病，乘坐马拉的车继续前进，停扎在平城西北部三十里远的地方。太子慕容宝等人听到了这个消息后，都带兵从前方撤回。后燕军里有叛逃的人，跑到北魏说："慕容垂已经死了，他的尸首在军中车上。"魏王拓跋珪打算去追击燕军，又听说平城已经沦陷，就带着部队回到阴山。

后燕主慕容垂在平城养病已满十天，病势却反而加重了，在这里兴筑了燕昌城，便班师回朝。

夏季，四月初十癸未，后燕主慕容垂在上谷的沮阳去世。后燕没有宣布这个消息。二十三日丙申，大军回到都城中山。二十五日戊戌，发布慕容垂已死的消息，追谥他为成武皇帝，庙号世祖。二十九日壬寅，太子慕容宝即位，实行大赦，改年号为永康。

五月初九辛亥，后燕主慕容宝任命范阳王慕容德为都督冀、兖、青、徐、荆、豫六州诸军事，车骑大将军，冀州牧，镇守邺城；任命辽西王慕容农为都督并、雍、益、梁、秦、凉六州诸军事，并州牧，镇守晋阳；又任命安定王库傉官伟为太师，扶余王余蔚为太傅。十二日甲寅，任命赵王慕容麟兼任尚书左仆射，高阳王慕容隆兼任右仆射，长乐公慕容盛为司隶校尉，宜都王慕容凤为冀州刺史。

五月十三日乙卯，东晋任命散骑常侍、彭城人刘该为徐州刺史，镇守鄄城。

五月二十二日甲子，东晋任命望蔡公谢琰为尚书左仆射。

当初，后燕主慕容垂的前妻段皇后生了儿子慕容令、慕容宝，他的继室小段皇后又生了儿子慕容朗、慕容鉴。但是，慕容垂偏爱其他姬妾生的儿子慕容麟、慕容农、慕容隆、慕容柔、慕容熙。慕容宝刚刚当上太子时，还有比较好的名声，但是不久便渐渐荒废倦怠，使朝廷内外大失所望。小段皇后曾经向慕容垂进言说："太子如果生逢太平盛世，他足可以做一个很好守住成业的君主。但是，现在国家举步维艰，太子恐怕不是一个拯世济民的干才。辽西王与高阳王两人，是皇上您的贤能的儿子，应该从他们中间选择一个，把国家的大业托付给他们。赵王慕容麟奸佞狡诈、刚愎自用，以后总有一天一定会成为国家的大患，应该早日计划除掉他。"慕容宝颇能善待结交慕容垂左右近臣，他们经常称赞太子，所以慕容垂竟认为慕容宝贤明干练，便毫不客气地对小段皇后说："你打算让我成为听信骊姬的谗言而杀了太子申生的晋献公吗？"小段皇后忍不住凄然落泪，退了出来，告诉她的妹妹范阳王慕容德王妃说："太子无才，这是天下人都知道的事情。我为了考虑江山社稷而说出自己的看法，但主上却把我当成了进献谗言的骊姬，我是多么冤枉啊！我看太子一定会把江山社稷断送，而范阳王却有不比寻常的气度，如果我们燕国的气数还没有尽，难道不是应在范阳王身上吗？"慕容宝与慕容麟听到这些话，对小段皇后恨之入骨。

五月二十三日乙丑，慕容宝派慕容麟去面见小段皇后说："您常说我们主上不能守住国家大业，你看现在能守不能？您应该早日自裁，这样才能保全你们段家宗族的所有性命！”小段皇后大怒说：“你们兄弟这样轻易地逼杀继母，还谈什么能守先人的大业呢！我岂是贪生怕死之人，只是忧虑不久之后国家就要灭亡罢了。”于是，她愤而自杀。慕容宝认为小段皇后曾经谋划废掉太子的嫡传正统，没有一个做母亲皇后该有的道义，因此不应该为她举办丧事。朝中的文武百官都认为这样做很对。只有中书令眭邃在金殿之上动情地高声说：“作为儿子没有废掉母亲的义理。东汉王朝安思皇后阎氏亲手把顺帝贬废，死了之后仍然还能进入太庙，何况先皇后不过说了几句含糊不清的话，这事是虚是实都无法证实呢！”于是慕容宝为继母举行了丧礼。

（以上为第十一段，写后燕主慕容垂率军攻打北魏，攻下平城，而后病重去世，退兵；小段皇后曾劝说慕容垂废掉慕容宝，慕容宝即位后施行报复，逼其自尽。）

六月初一癸酉，北魏王拓跋珪派遣将军王建等人袭击后燕广宁太守刘亢泥，杀了他，并把他管辖的部落迁到平城。后燕上谷太守开封公慕容详放弃自己的郡城逃走。慕容详是慕容皝的曾孙子。

六月十五日丁亥，北魏贺太妃去世。

后燕主慕容宝下令重新核定士族的旧有户籍，区分辨别居民阶层的等次，审校查看住户与人口，撤销了那些受到军营保护照顾的户族，使他们全部归属郡县管辖。从此，士民对朝廷嗟叹怨恨之声越来越多，开始离心离德。

后凉三河王吕光，登上了天王的宝座，定国号为大凉，实行大赦，改年号为龙飞。设置了文武百官，册立长子吕绍为太子，分封二十个儿子、兄弟为公爵、侯爵。任命中书令王详为尚书左仆射，著作郎段业等五人为尚书。

吕光又派遣使者授秃发乌孤为征南大将军、益州牧，封为左贤王。秃发乌孤对前来的使节说道：“吕天王的几个儿子全都贪婪淫邪，三个外甥凶暴狂虐，远近的百姓无不忧愁怨恨，我怎么可以违逆百姓的民心，接受这不义的官爵呢？我应当做一些帝王应该做的事了。”于是留下使节所带来的乐队和仪仗，向使节道过歉意之后把他送回去了。

后燕叛将平规，收整、集中他的余党，占据了高唐。后燕主慕容宝派遣高阳王慕容隆带兵前去攻打。东方地区的居民，一向怀念慕容隆的好处，所以欢迎等待他的人在道路上前后不绝。秋季七月，慕容隆挥军来到黄河岸边，平规放弃高唐逃走。慕容隆派遣建威将军慕容进等人渡过黄河追击，在济北将平规斩首。平喜逃奔彭城。

东晋太子司马德宗，娶原中书令王献之的女儿为太子妃。王献之是王羲之的儿子。

北魏的文武大臣一致劝说魏王拓跋珪自称尊号，拓跋珪才开始制作天子才用的旌旗，出入时戒备森严，清除道路，禁止行人通行，改年号为皇始。参军事、上谷人张恂进劝拓跋珪发兵夺取中原，拓跋珪认为他说得很对。

后燕辽西王慕容农带领所统属的几万口部曲前往并州。并州一向缺乏粮食储备，这一年又正赶上下霜较早，百姓无法供应这么多人的粮食，再加上慕容农派遣各部护军分头监视其他几处胡人部落，因此，汉人、夷人对他都深怀怨恨，暗地里有人偷偷地去请北魏的部队前来。

八月二十八日己亥，北魏王拓跋珪发重兵攻打后燕，步兵、骑兵共约四十多万人，从马邑向南进发，越过句注山，军旗招展逶迤两千多里，擂鼓前进。其中，左将军雁门人李栗带领五万骑兵为前锋部队，又另外派遣将军封真等从东路越过军都山，袭击后燕的幽州。

后燕征北大将军，幽、平二州牧，清河公慕容会母亲出身贫贱且年纪最大，但雄伟俊逸，器宇不凡，颇有才能，慕容垂很喜欢他。慕容宝讨伐北魏的时候，慕容垂曾命令慕容会摄管东宫太子府的事务，遇事全权处理，对他的待遇跟对太子相同。到慕容垂亲自带兵伐魏的时候，他又命令慕容会镇守龙城，把东北方面的所有军政事务全部交由他来处理，选派藩国和府衙官员都是在当时才能、声望最高的人。慕容垂病重时，留下遗嘱，命令慕容宝一定让慕容会当他的继承人。但是，慕容宝却喜爱小儿子濮阳公慕容策，而不看重慕容会。长乐公慕容盛与慕容会同岁，觉得自己当他的部下为奇耻大辱，于是便和赵王慕容麟一起力劝慕容宝立慕容策为太子，慕容宝听从了他们的话。八月初四乙亥，慕容宝册立妃子段氏为皇后，册立慕容策为皇太子，慕容会、慕容盛都晋封为王。慕容策这年才十一岁，一向愚昧懦弱。慕容会听到这个消息后，心里不免怨恨不满。

九月，章武王慕容宙护送后燕主慕容垂以及成哀小段皇后的灵柩到龙城宣平陵安葬。慕容宝下令慕容宙把高阳王慕容隆手下的幕僚官员、军队、家眷等人全部迁回都城中山。慕容会违背慕容宝的旨意，留下了许多慕容隆的部曲没有遣返。慕容宙年纪已经很老、辈分又高，慕容会却经常借机欺凌侮辱他。看见这种情况的人都知道，这时候慕容会已经心怀不轨。

九月十八日戊午，北魏军开到阳曲，沿着西山，临近晋阳，派骑兵围绕晋阳城大声喧哗一阵又退了回来。后燕辽西王慕容农领兵出战，被打得大败，奔逃回晋阳，后燕司马慕舆嵩紧闭城门拒绝慕容农进城。慕容农带着妻子儿女、统领着几千名骑兵向东逃去。北魏中领将军长孙肥追击他们，到了潞川终于追上，抓获了慕容农的妻子儿女。后燕军也全部被消灭，慕容农受了伤，和三名骑兵一起逃回了中山。

北魏王拓跋珪于是夺取了并州，第一次设置了朝廷办事机构，安排刺史、太守、尚书郎等以下的官吏，完全用读书人担当这些职务。士大夫到军营门口拜见，无论年龄大小，他都礼让到营中尽心抚慰，使他们每个人都能畅所欲言，只要稍稍有一些才能和可用之处，都加以任用。

九月十九日己未，北魏王拓跋珪派遣辅国将军奚牧去攻取汾川，抓获了后燕国丹杨王慕容买德和离石护军高秀和。拓跋珪任命中书侍郎张恂等人做几个郡的太守，招徕并且抚慰过去流亡失散的农民回到自己的家园，鼓励并且奖赏他们种田养蚕。

后燕主慕容宝听说北魏军就要打来，在东堂商议对策。中山尹苻谟说："现在魏军人数众多，力量强大，而且能从千里之外前来作战，乘胜前进，锐不可当，如果放他们进入平原，我们便没有办法再抵挡了，我们应当依据险要地形对付他们。"中书令眭邃说："魏国以骑兵为多，奔来驰往剽悍迅速，但是他们在马上携带的粮草不过够十天左右的用度。我们应该命令各郡县把居民聚集在一起，一千户人家组成一个寨堡，深挖战壕，高筑壁垒，使原野上既无人迹又无粮草可取，等待他们的进犯，他们来到这里没有什么可抢劫的东西，最多不超过六十天，他们就会因为粮食用完而自行撤退回去。"尚书封懿说："现在魏军有数十万人，这是天下最大的劲敌。居民即使修筑寨堡，也没有办法保卫自己的安全，这等于把兵马及粮草聚集在一起送给他们。而且那样容易使民心动摇、暴露自己的虚弱，我看不如据守关隘，决一死战，这才是上策呀！"赵王慕容麟说："魏军现在乘胜而来，气势旺盛，正面锋芒无论如何也挡不住，我们应该全面地据守中山。等待他们出现漏洞和失策的时候再乘机反击。"于是后燕开始大规模地修筑城墙，储备粮食，做持久作战的准备。慕容宝又命令辽西王慕容农驻扎在安喜，而把军务交给慕容麟全权掌管。

（以上为第十二段，写北魏主拓跋珪出动大军，强力攻打后燕，攻下晋阳，直抵中山；后燕主慕容宝庸弱，内部矛盾重重，放弃阻关据守，困守中山，坐待国亡。）

东晋孝武帝司马曜非常喜欢喝酒，他经常在内殿里流连迷醉，头脑清醒的时候少了，宫外的人很难也很少被允许进见。张贵人是后宫里最受宠幸的，后宫中人人都非常害怕她。

九月二十日庚申，东晋孝武帝司马曜和后宫的嫔妃们一起宴饮，美女和乐队也都在一旁伺候。这时张贵人年纪将近三十，孝武帝故意调笑她说："你如果按照年龄来说，也应该废掉了，我的心意是更喜欢年轻的。"张贵人心中暗自气愤。到了晚上，孝武帝大醉，在清暑殿就寝。张贵人拿酒赏赐所有的宦官，打发他们走开，然后，让贴身的服侍婢女用被子蒙住孝武帝的脸，杀掉了孝武帝，又用重金贿赂左右的侍从，声称是"睡梦中惊悸窒息突然死去"。

当时，太子司马德宗愚昧懦弱，会稽王司马道子也昏庸荒淫，便都不追究查问。中书令王国宝深夜前来，叩打禁宫的大门，打算进去替孝武帝撰写遗诏，侍中王爽拒绝了他的请求，说："皇上去世，皇太子还没有赶到，胆敢闯入的人，格杀勿论！"王国宝才打消这个念头。王爽是王恭的弟弟。九月二十一日辛酉，太子司马德宗即皇帝位，宣布大赦。

九月二十三日癸亥，有部门上奏说："会稽王司马道子应该晋升为太傅，任扬州牧，赐予黄钺，下令朝中朝外的一切大小事务都要请示司马道子。"

晋安帝司马德宗小的时候便不聪明机敏，不会说话，甚至到了连冷热饥饱也不能分辨的程度，他喝水、吃饭、睡觉、起床都不能自己料理。他的同母兄弟琅邪王司马德文却性情谦恭谨慎，他经常在司马德宗的身边帮忙照顾，替他安排调度，使他的行事才勉强合理。

当初，王国宝作为死党依附于会稽王司马道子，骄横放纵，不依法礼，几次被御史中丞褚粲纠举弹劾，王国宝建筑自己的私房，可以和清暑殿相媲美。孝武帝司马曜很讨厌他。王国宝非常害怕，于是他便转而向孝武帝大献其媚，而对司马道子逐渐疏远，孝武帝因此又重新宠信亲近他。司马道子曾经为此怒不可遏，一次在朝见时当着大家的面直接申斥王国宝，甚至拔出佩剑，掷向王国宝，他们之间多年密切的关系完全破裂。孝武帝驾崩后，王国宝重又投靠司马道子，与王绪一同邪佞、谄媚，司马道子再一次受到他的迷惑，把他当作心腹。于是王国宝又开始管理朝政大权，声威震动朝廷内外，同时受到了当时人的痛恨。

兖、青二州刺史王恭回来参加孝武帝的葬礼，经常面色严肃地直言、劝谏，司马道子非常忌惮他。王恭退朝后，叹道："房屋的梁椽虽然是新的，我却有了国家将亡的叹息！"王绪向王国宝建议说，趁王恭上朝，让相王司马道子伏兵杀了他，王国宝没有答应。司马道子也曾经想多方调解，使朝廷内外团结一致，于是，对王恭推心置腹，希望能尽释前嫌，但是王恭每次谈到朝政时，经常是声色俱厉。司马道子知道王恭已经不可能妥协合作，于是便有了陷害他的念头。

有人劝说王恭趁前去朝见晋安帝的机会，动用军队杀了王国宝。王恭因为豫州刺史庾楷兵马精壮强盛，与王国宝结为死党，心存顾忌而不敢贸然动手。王珣对王恭说："王国宝虽然最终一定会成为祸乱，但是他的罪恶和逆行还没有大白于天下，现在如果先对他发动攻击，一定会使全国上下大失所望。况且你如果统领强悍的部队偷偷地在都城起事，谁能说你不是叛乱呢？王国宝如果仍然不思悔过自新，他的罪孽一定会很快地传遍全国，到了那时候，我们顺应民心来除掉他，也就不用忧虑不会成功了。"王恭停止了除掉王国宝的准备。后来王恭对王珣说："最近以来，我看你太像胡广了。"王珣说："王陵在皇帝面前争执，陈平经常在一旁谨慎小心，沉默不语，你只看结果如何罢了。"

冬季，十月十四日甲申，将孝武帝司马曜埋葬在隆平陵。王恭准备返回京口镇守，临走的时候对司马道子说："主上守丧，相国身上的任务更加繁重，恐怕即使是伊尹、周公也难以做得很好。希望您亲自料理军政要务，听取接受忠直坦率的不同意见，放弃对淫靡之音的爱好，疏远奸佞小人。"王国宝等人更加害怕了。

（以上为第十三段，写东晋朝廷的宫廷政变，张贵人杀死孝武帝司马曜，呆傻的司马德宗即位，昏庸的司马道子专权，王国宝等奸佞当朝，东晋行将灭亡！）

北魏王拓跋珪派遣冠军将军代郡人于栗磾、宁朔将军公孙兰等二人率领步、骑兵共二万人，偷偷地从晋阳向东开辟修复韩信当年修筑使用过的栈道。己酉（疑误），拓跋珪带兵从井陉直奔中山。李先投降了北魏，拓跋珪任命他为征东左长史。

西秦凉州牧乞伏轲弹与秦州牧乞伏益州二人发生冲突，乞伏轲弹投奔后凉国。

北魏王拓跋珪进军攻打常山，攻克后抓获了常山太守苟延。从常山以东，各地的驻守官吏或者逃跑或者开城投降，各郡县都归附北魏，只有中山、邺城、信都三座城池还被后燕国坚守。

十一月，拓跋珪命令东平公拓跋仪带领五万骑兵进攻邺城，命令冠军将军王建、左军将军李栗进攻信都。十九日戊午，拓跋珪亲自带兵挺进中山。二十日己未，发起进攻。后燕高阳王慕容隆据守南城，率领部众全力奋战，从早晨苦战到中午，杀伤敌兵几千人，北魏军队才败退下去。拓跋珪对众将说："中山城非常坚固，慕容宝一定不肯出城来与我们决战。我们急切攻打会损兵折将，长期围困又要花费大量的粮草，不如先去夺取邺城、信都，得手之后再来想办法对付它。"二十八日丁卯，拓跋珪还兵向南开进。

后燕章武王慕容宙从龙城回京，途中听说有北魏大军进犯，赶快进蓟城和镇北将军阳城王慕容兰一起据城固守。慕容兰是慕容垂的堂弟。北魏的别将石河头率军攻打，没有攻下，便退到渔阳驻扎。

北魏王拓跋珪把大军集结在鲁口。后燕博陵太守申永逃奔河南，高阳太守崔宏逃到海岛上避祸。拓跋珪平日早就听说了崔宏的名声，便派遣骑兵前去追赶寻找，找到了崔宏，任命他为黄门侍郎，和给事黄门侍郎张衮一起共同执掌国家机要大事，制订国家的各种法令制度。博陵令屈遵投降北魏，拓跋珪也任命他为中书令，负责收发全国各地来往的公文和法令函件，并且负责撰写各种文告。

后燕范阳王慕容德派遣南安王慕容青等人趁夜色的掩护在邺下袭击北魏军，把北魏军打败。北魏军队退到新城驻守。慕容青等人请求继续追击敌军，别驾韩谆说："古代先计划好了如何用兵，然后才按计划作战。这次魏军不可追打的原因有四点：第一，对方远路而来，缺乏根基，在原野上作战对他们有利。第二，敌军孤军深入，已经毫无退路可走，此时再打，恐怕要逼迫他们拼命。第三，敌人的前锋部队虽然已经遭到失败，但是他们的后队却仍然整齐精壮。第四，敌众我寡。我们的部队不应该轻易出动的原因也有三点：第一，我们是在自己的土地上作战，稍有挫折，士兵便易于溃散。第二，如果轻易出战却不能取胜，容易动摇军心。第三，我们的城池还没有来得及修整加固，敌兵冲来，我们缺少必要的防备和依托。现在魏军缺乏物资粮草，我们不如深挖战壕、高筑壁垒，稳住阵脚，安定军心，把敌人拖垮。”慕容德听从了他的话，命令慕容青赶紧回城。慕容青是慕容详的哥哥。

十二月，北魏辽西公贺赖卢统率骑兵二万人会同东平公拓跋仪一起，进攻邺城，贺赖卢是贺讷的弟弟。

北魏另有一支部落的首领没根，有胆气又很骁勇，北魏王拓跋珪非常讨厌他。没根害怕被拓跋珪诛杀，十二月二十日己丑，带领着几十个亲信士兵投降了后燕。后燕主慕容宝任命他为镇东大将军，封为雁门公。没根请求带兵奇袭北魏，慕容宝不肯交给他大批的部队，只给了他一百多名骑兵。没根更换了这些人的装束，伪装成魏兵，连夜进入北魏大营，直到来到中央大帐，拓跋珪这时才发觉，狼狈不堪地仓皇逃走了。没根因为自己所带领的人很少，不能大批杀伤魏营的士兵，只是多抓了一些魏兵便撤回去了。

杨盛派遣使节来到东晋请求归附。晋安帝司马德宗下令，封杨盛为镇南将军、仇池公。杨盛随即又上书，推荐苻宣为平北将军。

这一年，越质诘归率领自己的部属二万户，背叛了西秦，向后秦投降。后秦把他们安排在成纪地区，任命越质诘归为镇西将军，封平襄公。

后秦陇西王姚硕德在上邽地区进攻姜乳，姜乳率领部下投降。后秦便任命姚硕德为秦州牧，镇守上邽，并且任用姜乳为尚书。强熙和权千成二人统领兵丁三万人包围了上邽，姚硕德打破了封锁，强熙逃奔仇池，不久又转而投奔东晋。姚硕德挥军向西追击权千成来到略阳，权千成投降。

西燕已经灭亡，原为它所统属的河东太守柳恭等人各自拥有军队固守地盘。后秦主姚兴派遣晋王姚绪前去进攻，柳恭等人在黄河的沿岸设防据守，姚绪没有办法过河。

当初，永嘉之乱时，汾阴的薛氏家族聚集同族、同党据守黄河险要，保卫家园，不去做刘氏与石氏的臣民。前秦苻氏兴起之后，对他们加以礼遇，延聘薛强出仕，任命他为镇东将军。这时薛强引导后秦部队从龙门渡过黄河，进入蒲阪地区。柳恭等人投降后秦。后秦主姚兴任命姚绪为并州、冀州二州牧，镇守蒲阪。

（以上为第十四段，写北魏主拓跋珪率领大军攻打后燕，所向披靡，后燕只有中山、邺城、信都三座城池还在坚守，形势岌岌可危，唯有范阳王慕容德打败北魏围困邺城之军。）

【点评】

昏湎之主司马曜。司马曜是东晋王朝的第九任皇帝，在位二十四年。

司马曜贪图享乐，滋长了朝野的歪风邪气。司马曜十一岁被立为皇太子并继承皇位，这时他年纪太小，长大后才开始亲政，却嗜酒如命，无法处理国家大事。信奉佛教，宠幸僧尼，把朝廷当成佛堂。“南朝四百八十寺，多少楼台烟雨中”，恐怕南朝佛教之盛，也与司马曜的喜好和推崇分不开。好酒、佞佛、好色，皇朝萎靡不振，皇权权威下降。

司马曜重用同母弟弟司马道子，后者搞乱朝廷，是个无所为的弄权者。最后司马曜被宫女用被子捂死，可以说，司马曜是中国历史上死得最为窝囊的皇帝。司马曜把治理国家当作儿戏，而他继任的儿子也同样治理不了国家。

王夫之评价其为“昏湎之主”，认为“晋亡决于孝武之末年”。史学家们认为司马曜是愚昧柔弱，非有戡乱之才，任用会稽王司马道子，致政治大乱，大权旁落，晋运终矣！司马曜之“曜”，乃指日光，日出有光，光明照耀；而从司马曜的行事来看，这“曜”字是对他最大的讽刺。

资治通鉴（白话本） 卷第一百九

晋纪三十一

晋安帝隆安元年（公元397）

【强圉作噩（丁酉，公元397年），凡一年】

【大事提要】

本卷记事公元397年，凡一年，时当晋安帝（司马德宗）隆安元年。本卷所载大事，主要有五个方面。其一，王恭讨伐权臣。东晋由司马道子执掌朝政。司马道子将朝政交给宠臣王国宝打理，青兖二州刺史王恭大为不满。公元397年，王恭得到荆州刺史殷仲堪支持，以讨伐王国宝、王绪为名起兵。司马道子被迫杀掉王国宝、王绪二人，向王恭谢罪。王恭还镇京口。其二，秃发乌孤建南凉。秃发乌孤接受后凉王吕光的授官，为冠军大将军、河西鲜卑大都统。公元397年，秃发乌孤背叛后凉，自称西平王，改年号为太初，出兵攻占后凉金城，后凉乐都、湟河、浇河三郡投降，岭南羌胡数万部落归附，吕光将领杨轨等投奔。其三，慕容详称帝。北魏王拓跋珪率领魏军围攻后燕都城中山，后燕主慕容宝撤离中山，出逃龙城，城内大乱，开封公慕容详未及跟随撤离，城中军民便拥戴他做统帅，抵御北魏军。北魏军退却后，慕容详即皇帝位，改元建始。慕容详荒淫奢侈，两个月后就被杀。其四，慕容麟反叛后燕。北魏军进围后燕都城中山，赵王慕容麟欲谋叛，事败，逃出中山。不久，后燕主慕容宝等撤出中山，城内大乱，慕容麟被城民迎请入城。他杀掉主持政务的慕容详，称帝，改元延平。随后又被北魏军击败，南奔邺城，投靠范阳王慕容德。其五，北魏攻下中山。北魏主拓跋珪率领40万大军，攻取后燕国晋阳、常山、信都，公元397年，后燕主慕容宝出动10多万士兵抵抗魏军，大败而还；北魏军进围后燕都城中山，慕容宝率军突围，退往龙城。后来北魏军攻下中山，后燕国实际上只统治辽西一带。

安皇帝甲

晋安帝隆安元年（丁酉，公元397年）

春季，正月初一己亥朔，东晋安帝司马德宗行加冕礼，改年号为隆安。任命左仆射王珣为尚书令；领军将军王国宝为左仆射，兼管官员任免升降，仍兼任后将军、丹杨尹。会稽王司马道子把东宫太子的兵马全部分配给王国宝，让他带领这些部队。

后燕国范阳王慕容德向后秦请求救援，后秦不出兵，邺城军民惊恐异常。北魏将领贺赖卢自以为是北魏王拓跋珪的舅舅，所以不听东平公拓跋仪的调度、指挥。因此，他与拓跋仪产生了矛盾。拓跋仪的司马丁建暗地里与慕容德勾结，在拓跋仪与贺赖卢中间挑拨离间，并把这种情况写成书信用箭射进邺城告诉给了慕容德。

正月初六甲辰，大风突起，天昏地暗。贺赖卢的军营之中出现火光，丁建对拓跋仪说："贺赖卢在焚烧营地举行叛乱。"拓跋仪认为丁建说得很对，便迅速领兵撤退。贺赖卢听说了拓跋仪后撤的消息，也紧跟着带兵退了下来。丁建此时则带领着他的部众向慕容德投降，并且告诉慕容德，拓跋仪的部队已经疲惫不堪，可以一击。于是慕容德派遣桂阳王慕容镇、安南王慕容青率领骑兵七千人前去追赶袭击北魏军队，把他们打得大败。

后燕主慕容宝派遣左卫将军慕舆腾进攻博陵，杀掉了北魏的地方官吏。

北魏将领王建等进攻信都城，六十多天也没有攻下，士兵伤亡很多。正月二十二日庚申，北魏王拓跋珪带兵进攻信都。二十四日壬戌夜晚，后燕宜都王慕容凤跳出城墙逃往中山。二十五日癸亥，信都城向北魏投降。

后凉主吕光因为西秦主乞伏乾归多次反复，兴兵攻打。乞伏乾归手下官员请求向东逃奔到成纪去躲避。乞伏乾归说："战争的胜败，全在于用兵的巧拙，不在于兵马的多少。吕光的部队虽然人多，但是却缺乏纪律，他的弟弟吕延虽然勇猛，但是却没有谋略，不值得担心。况且吕光的精锐部队全部由吕延统带，吕延一败，吕光自然而然就会逃跑。"这时吕光把大军集结在长最，派遣太原公吕纂等人统率步、骑兵共三万人进攻金城。乞伏乾归带领二万士兵前去解救，还没有赶到，吕纂便已攻克了金城。吕光又派遣他的部将梁恭等人带领全副甲胄的士兵一万多人直逼阳武下峡，与秦州刺史没弈干一起从东部进攻乞伏乾归。天水公吕延也率领枹罕的军队进攻临洮、武始、河关，全部攻下。乞伏乾归派人去欺骗吕延说："乞伏乾归的军队已经溃散，他自己逃往成纪去了。"吕延打算带领轻装的骑兵前去追赶，司马耿稚劝说他道："乞伏乾归的勇武和谋略超过常人，怎么可能听到一点风声便自行解体！从前，乞伏乾归打败王广、杨定，都是这样先把自己的弱点暴露给敌人，引诱对方急功冒进。这次我看报信的人目光向上，脸上的表情也闪烁不定，其中一定有诈，我们应该列好战阵，有条不紊地向前推进，使步兵与骑兵互相照应配合，等到各路大军全部集结，再去攻击敌人，那就没有攻不破的道理了。"吕延不听他的劝阻，挥军直进，与乞伏乾归遭遇，吕延战死，耿稚与将军姜显收集散逃的士卒，回到枹罕去驻守。吕光也领兵退回姑臧。

鲜卑首领秃发乌孤自称为大都督、大将军、大单于、西平王，实行大赦，改年号为太初。在广武集结整顿部队，进攻并攻下后凉金城。后凉主吕光派将军窦苟去攻打，在街亭展开激战，后凉军大败。

（以上为第一段，写东晋安帝司马德宗行加冠礼，改元隆安，继续重用奸臣王国宝；后凉主吕光派遣将领攻打自称西平王的鲜卑首领秃发乌孤，在街亭激战，后凉军大败。）

后燕主慕容宝听说北魏王拓跋珪带兵进攻信都，便率军驻扎在深泽，又派赵王慕容麟进攻杨城，杀死了守兵三百人。慕容宝将皇宫中所藏的珍宝甚至所有的宫女全部作为赏资，招募各郡各封国的强盗匪徒，让他们充军，去抗击北魏。

二月初一己巳朔，北魏王拓跋珪带兵回到杨城驻扎。叛将没根的侄儿丑提任并州监军，听说他的叔父降燕，害怕牵连自己被杀，索性带着自己所管辖的士兵还国举行叛乱。拓跋珪打算北撤，派国相拓跋涉延前去向后燕求和，并且请求用他的弟弟作为人质。慕容宝听说北魏内部出现动乱，没有答应讲和，又派冗从仆射兰真前往北魏军营，斥责拓跋珪忘恩负义，调动全部步兵十二万人、骑兵三万七千人去曲阳的柏肆驻守，在滹沱河的北岸立下大营，以拦截撤退的北魏军。

二月初九丁丑，北魏后撤的部队来到这里，在滹沱河的南岸扎营。慕容宝秘密地派遣一支部队连夜渡过河去，招募一万多敢死队袭击北魏军营，慕容宝在营北结阵作为援兵。后燕招募来的这些人，顺着风放火，对北魏军发起迅猛的进攻。北魏军一片大乱，拓跋珪也在睡梦中惊醒，光着双脚抛弃大营逃走。后燕将军乞特真带着一百多名士兵来到拓跋珪的大帐，只得到了拓跋珪仓促之间遗留下的衣服和皮靴。不久，招募来的那些兵勇不知什么原因便突然一片大乱，互相之间胡砍乱射。拓跋珪在营外远远看到这种情况，于是击鼓召集刚刚溃散了的士兵，不久，他左右的侍从以及中军将士渐渐地集合在一起，并在营地的外围设置了许多火炬，派骑兵向前冲击后燕兵营。招募的兵勇大败，逃回慕容宝的大营，慕容宝带领着部队再一次渡到河的北岸。

二月初十戊寅，北魏整顿好部队渐渐逼近，并和后燕军相对峙。后燕军士气大为低落。慕容宝只好带着部队回到中山，北魏军随后追击，后燕军几次接战均告失败。慕容宝十分恐惧，丢下大部队，自己带领二万骑兵逃奔回去。这时正值狂风暴雪，冻死的人横躺竖卧在原野上。慕容宝害怕被北魏军队追上抓获，命令士兵全都丢下袍甲枪杖，最后把几十万精良武器全部丢弃，甚至连一把小刀也没有带回。后燕的朝廷大臣、将帅士兵投降、被俘的人非常之多。

在这之前，张衮曾经对北魏王拓跋珪说过后燕秘书监崔逞的才能，这次拓跋珪得到崔逞，非常高兴，任命崔逞为尚书，掌管三十六曹，把政事委任给他来处理。

北魏士兵中有从柏肆逃亡回来的人，说大部队已经惨败溃散，甚至也不知道北魏王拓跋珪的下落。他们途中经过晋阳，晋阳守将封真调集军队进攻并州刺史、曲阳侯拓跋素延，拓跋素延出城迎战，斩了封真。

北魏南安公拓跋顺留守云中，听说拓跋珪下落不明的消息后，打算自己代理国家政事，他的幢将代郡人莫题说："这可是一件大事，千万不可草率从事，应该谨慎地等待观察事态的进一步发展，不然，为祸不浅。"拓跋顺才放弃了这个想法。拓跋顺是拓跋什翼犍的孙子。这时，贺兰部落的首领附力眷、纥邻部落的首领匿物尼、纥奚部落的首领叱奴根等也都闻讯拉起队伍反叛，拓跋顺带兵去攻打他们，却无法平息。拓跋珪派遣安远将军庾岳统率一万骑兵，赶回来攻打这三个部落，把这三个部落的叛乱平定之后，全国百姓才安定下来。

北魏王拓跋珪打算安抚宽慰新投降的人，因此对在参合陂那次大批屠杀俘虏的举动深感后悔。拓跋素延攻打叛变的人时杀戮太多，拓跋珪免去了他的官职，任命奚牧为并州刺史。奚牧与后秦主姚兴通信，以对等之礼称"顿首"。姚兴看后勃然大怒，把这事告诉了拓跋珪，拓跋珪因此杀了奚牧。

二月十一日己卯夜间，后燕尚书郎慕舆皓阴谋刺杀后燕主慕容宝，拥立赵王慕容麟，没有成功。因此，慕舆皓便砍开城门，冲出去逃奔北魏。慕容麟从此心中万分不安。

（以上为第二段，写北魏主拓跋珪率领大军攻打后燕，北魏后方却出现叛乱，因而向后燕主求和，慕容宝知北魏有内难，没有答应，调动军队拦截，但事与愿违，被打得大败。）

三月，后燕任命仪同三司武乡人张崇为司空。

当初，后燕清河王慕容会听说北魏军大批东来，上书请求带兵出征，以救国难。后燕主慕容宝同意了他的请求。但是慕容会根本没有要去拯救国家的意思，只派遣征南将军库傉官伟、建威将军余崇二人带兵五千人作为前锋出发。余崇是余嵩的儿子。库傉官伟等人在卢龙一带停留了将近一百天，后燕主慕容宝在中山吃完了粮食，军中的马牛也即将吃尽，慕容会还是没有带兵出发。慕容宝大怒，几次下令严厉斥责他，慕容会迫不得已，以置办行装、加强训练为名，又滞留了一个多月。这时道路不通，库傉官伟打算派遣一支活动灵便的部队继续向前开通道路，侦察了解北魏军队的强弱虚实，而且还能大肆张扬他们的声势。各位将领都因为害怕危险不愿意去。这时余崇奋然而起说："现在大敌强盛无比，京都正在遭受着强敌的逼迫。一个普通人都想到舍命拯救自己的君主与父老，你们身受皇家的宠爱与重任，怎么能够只爱惜个人的性命呢！国家社稷一旦被推翻，作为臣子的节操不能保全，即便是死了，也要留下耻辱！你们几位就在这儿安稳呆着吧，我余崇请求去抵挡敌人。"库傉官伟非常高兴，挑选步、骑兵共五百人拨给余崇。余崇带兵来到渔阳，遇到北魏骑兵一千多人。余崇对他手下的人说："敌众我寡，不主动出击，我们就跑不掉了。"于是大声呼喊着一直向敌人杀去，余崇一个人便杀死了十几个敌兵。北魏军骑兵溃散而逃，余崇也带着士兵们回营。这次出击杀死了许多敌人，又生擒了一些，他仔细讲述了敌军的内部情况，军心因此稍稍得到了振作。慕容会这才正式带兵上路，慢慢地向前开进。这个月他们才到达蓟城。

北魏军围困后燕都城中山已经很久，中山城里的将士们都有心想要出城与敌人决一死战。征北大将军慕容隆对慕容宝说：“拓跋珪虽然多次获得一些小胜利，但大军在这里羁留已经一年，他们来时的那种凶恶的气势，已经萎靡丧失，士兵马匹也或死或伤损失大半，人心思归，各部落正在离析瓦解，这正是我们将他们打败的大好时机呀！再加上我们全城的兵民都在想着奋力一搏，如果利用我们的锐气，趁着他们的衰弱攻打他们，就没有不胜利的。如果谨慎持重、犹豫不决，等到将士的斗志丧失，环境又一天天艰苦，时间一久，事情就会发生变化，到那时候即使想利用机会，也不会再有了。”慕容宝觉得他说得很对。但是卫大将军慕容麟却几次都阻止了慕容隆的建议，慕容隆准备好出击却被迫停止，前后一共四次。

后燕主慕容宝派人向北魏王拓跋珪请求，打算把他弟弟拓跋觚护送回去，并且割让常山以西的大部地区送给北魏，向北魏求和，拓跋珪答应了。但不久慕容宝却又后悔了。

三月十一日己酉，北魏拓跋珪来到卢奴。三月十三日辛亥，他再一次包围了中山城。后燕几千名将士都来主动向慕容宝请战说：“现在我们坐守这座已经山穷水尽的孤城，终有一天会被困死，我们愿意出城与敌人决一死战，但是皇上却每每制止我们，这是自取灭亡啊！况且我们被围已经很长时间，并没有产生其他的突然变化，只是白白地盼望时间久了贼兵便能自行退去。城里城外的形势，强与弱相差过于悬殊，他们一定不会自己撤退，这已经是很明显的事情了。所以我们应该听从大家的意见，出城与敌人决战。”慕容宝答应了。慕容隆退出去后，很快把部队调配完毕，召集参谋佐将，对他们说：“皇上的声威不振，强盗贼子打到我们家门口来侮辱我们，这是我们做臣子的共同的耻辱，我们理应把自己的生死置之度外。这次决战，如果能侥幸地打败敌人，平平安安地回来固然最好，假如有什么不幸，起码也让我们的志向节操获得一次展现的机会。你们这些人如有回到北方，看到我母亲的，请千万代替我向母亲禀告我的这种心情。”于是他披戴盔甲，跨上战马，来到城门等候命令。慕容麟再一次坚决阻止了这次军事行动，众将士气愤之极，慕容隆也流着眼泪回去了。

（以上为第三段，写北魏大军围困后燕都城中山，征北大将军慕容隆等将领请求出城攻打北魏疲困之兵，后燕主慕容宝六神无主，听从慕容麟主张，拒绝出战。）

这天夜晚，慕容麟派兵劫持了左卫将军、北地王慕容精，并且派他率领禁军去刺杀后燕主慕容宝。慕容精用大义拒绝了慕容麟，慕容麟大怒，杀了慕容精，跑出城去逃奔西山，投靠丁零的残余部落。从此，中山城里军民的情绪更加震惊动荡。

后燕主慕容宝不知道慕容麟到哪里去了，总是以为清河王慕容会的部队就在附近驻扎，因此害怕慕容麟夺走慕容会的部队，抢先跑去占据龙城，于是他召集慕容隆及骠骑大将军慕容农，商议要放弃中山去死保龙城。慕容隆说："先帝历经千辛万苦，才完成了中兴的大业，他死去不到一年便天下大乱，怎么能说我们没有辜负了先帝的嘱托厚望呢？现在外面的强盗力量正当强盛，而我们内部又发生了危难，同胞骨肉反目成仇，百姓惊疑恐惧，这样的确是不可能抗拒强敌的。向北迁回我们的旧都，也是理所当然。但是龙川那一带地方狭小，百姓贫困，如果我们打算在那里作为依凭，进图中原，仍然早晚都盼望着取得大的进展和成功，那是一定不行的。如果我们节俭开支花费，爱惜民力，鼓励农耕，训练军队，那么几年之间，官府与民间的积蓄一定会充实起来，而赵、魏之间连年战乱，百姓一定苦不堪言，厌倦、怨恨之声四起，那时他们怀念我们燕国统治时的恩德，我们也或许有机会回转旗帜恢复自己往日的帝业。即使不能这样，那么我们依据山川险要，巩固自己的势力，也还是足够我们在那里安闲度日养精蓄锐了。"慕容宝说："你说的全都在理，我完全听从你的意见。"

辽东人高抚善于占卜算卦，一向得到慕容隆的信任与厚爱，他私下里告诉慕容隆说："您此次向北撤退，绝对不可能到达目的地，也不可能看到您的母亲太妃。假如让主上自己单独前往，您暗地里留在这里，一定会有大的功业可以建立。"慕容隆说："国家有这样空前的大难，主上遭受奔波之苦与耻辱，而且我的老母亲又在北方，我能够在死的时候头向着北方，便没有什么遗憾了，你这是说的什么？"于是他将官吏僚属召集在一起，询问他们是去是留，只有司马鲁恭、参军成岌愿意跟从北迁，其余的都打算留下，慕容隆全听凭他们自己拿主意。

慕容农的部将谷会规劝慕容农说："中山城里的人，都是魏王拓跋珪在参合陂所杀的士兵的父兄子弟，他们眼睛哭出血来，激愤奔走，打算同魏军决一死战，却被卫军慕容麟所压制。现在听说主上要北迁，都说：'能够找到慕容氏家族中的一个人而拥戴他当皇上，以此来与魏军苦战，即便死了，也没有什么遗憾。'大王您最好是留在这里，以符合大家的希望，等到击退魏军，使京畿地区得到安抚宁静，再奉迎皇上的大驾回来，这也不失为是一个忠臣呀。"慕容农想杀了谷会归，但又爱惜他的才华，因此只对他说："一定要那样来期望继续生存，还不如去死！"

三月十四日壬子夜晚，慕容宝与太子慕荣策、辽西王慕容农、高阳王慕容隆、长乐王慕容盛等率领一万多骑兵，出城去投奔慕容会的军营，河间王慕容熙、勃海王慕容朗、博陵王慕容鉴还都年幼，未能逃出城来，慕容隆又回到城里去迎护，亲自驾车，终于使他们全部逃脱。后燕将领王沈等人投降北魏。乐浪王慕容惠、中书侍郎韩范、员外郎段宏、太史令刘起等人率领工匠、艺伎等三百人逃奔邺城。

后燕中山城中没有了首领，老百姓惶惑惊恐，东门也没有关闭。北魏王拓跋珪打算连夜进城，冠军将军王建则一心想要抢劫，于是说恐怕手下的士兵偷盗府库中的财物，请求等到明天天亮再进城，拓跋珪才停止进城。后燕开封公慕容详来不及跟随慕容宝北返，城中的军民便拥戴他做了统帅，关闭了城门抗拒北魏军。拓跋珪出动他所有的军队发动进攻，接连几天也没有攻下。于是派人登上攻城用的巢车，接近城墙向城里喊话说："慕容宝已经抛弃了你们自己逃走，你们这些老百姓白白地找死，打算为谁效忠呵？"城里的老百姓便都说："我们这些无知的小民，只是害怕又像参合陂那些人一样，在这里权且拖延十天半月的活命罢了。"拓跋珪气得直视王建，把唾沫吐在他的脸上，并派遣中领将军长孙肥、左将军李栗二人带领着三千骑兵追杀慕容宝，到了范阳，没有赶上，攻破新城的戍守之后便返回。

三月十六日甲寅，东晋安帝司马德宗尊奉他的祖母皇太后李氏为太皇太后。二十日戊午，册立王氏妃子为皇后。

后燕主慕容宝逃出都城中山，和赵王慕容麟在阱城相遇，慕容麟没有想到慕容宝来到这里，大惊失色，赶紧率领着他的部众向蒲阴逃去，然后又来到望都驻扎。当地的土人还为他提供粮草。慕容详派兵袭击慕容麟，抓获了他的妻子儿女，慕容麟自己则逃脱，进入山中。

（以上为第四段，写后燕慕容麟派人刺杀慕容宝，被拒，怕事情败露，逃之夭夭；慕容宝灰心丧气，放弃中山逃奔龙城，慕容农、慕容隆号为智将，亦束手无策。）

三月十六日甲寅，慕容宝来到蓟城，他宫廷中的亲信近臣或走散或逃跑，几乎一个也不剩了，只有高阳王慕容隆所统领的几百名骑兵担任警卫。清河王慕容会率领骑兵两万人到蓟南去迎接。慕容宝对慕容会的表情举止充满怨恨的样子感到奇怪，偷偷地告诉了慕容隆与辽西王慕容农。慕容农、慕容隆都说："慕容会年纪小，但很早就能独当一面，养成了骄纵的习惯，怎么会有别的想法呢！我们有机会一定依据礼仪制度来责备他。"慕容宝虽然听了他们的话，但还是下令解除了慕容会的兵权，转交给慕容隆。慕容隆坚决推辞，于是慕容宝只好减少慕容会的一部分兵力，分别交给慕容农、慕容隆。他又派遣西河公库傉官骥统领三千士兵去帮助守卫中山。

三月十八日丙辰，慕容宝把蓟城中府库里的所有财宝全部向北搬到龙城去。北魏将领石河头带领部队追击他们，二十日戊午，在夏谦泽追上了慕容宝。慕容宝并不打算出战，清河王慕容会说："我管教、训练我的部队，只是要寻找敌人求战。现在您的大驾受到凌辱，我们人人都想着牺牲性命为您尽忠，强盗贼子胆敢前来送死，大家心中十分愤怒。《兵法》说：'急于回去的部队，千万不能阻止。'又说：'使人处于将要死的地位时，才能逼迫他求生存。'这两点我们今天都符合，还怕不能取得胜利！如果我们只是一味地躲避逃跑，贼寇一定会得寸进尺，乘虚而入，恐怕还可能产生别的变化。”慕容宝于是听从了他的建议。慕容会调整阵势与北魏军队接战，慕容农、慕容隆等人也带领南来的骑兵冲杀敌军，把北魏军队打得大败，并且追杀奔走了一百多里，杀了敌兵几千名。慕容隆又独自再追出去几十里之后才回来，告诉他的旧部下留台治书阳璆说：“中山城中集结部队几万，却没有机会使我一展心胸，今天的这次胜利让我充满遗恨！”因此大为激动，泪洒衣襟。

慕容会击败了北魏军队后，狂傲凶狠得越来越厉害。慕容隆曾几次教训斥责他，慕容会更加怨恨了。慕容会想到慕容农、慕容隆都曾经在龙城镇守过，辈分既高，权位又重，名声威望一向又超过自己，因此恐怕到了龙城，权力政事不会再让自己掌握，再加上他又知道自己到头来也不会再有当太子的希望，于是他便阴谋发动政变。

幽州及并州的部队都怀念着慕容会的恩德，不愿意隶属于慕容农、慕容隆两位亲王，向慕容宝请求说：“清河王的勇武谋略都高过当世，我们发誓与他要同生共死，愿皇上您与皇太子、各位亲王暂时留在蓟城宫中，我们这些人跟随清河王去向南解救被围困的京师，再回来迎接大驾还朝。”慕容宝左右的近臣与侍卫都讨厌慕容会，对慕容宝说：“清河王因为当不上太子，神态与脸色都表现出非常不满。而且他的才能与武力又超过常人，很善于收买人心，皇上如果答应了这些人的请求，我们恐怕解除了中山的围困以后，就一定会有春秋时卫辄那样自己继承王位，却拒绝父亲回国的事情发生。”慕容宝对这些人说：“慕容会年纪还小，他的才干也赶不上慕容农、慕容隆二王，怎么可以承担自己单独带兵征战的大任？况且我正要亲自统率六军，依靠慕容会作为我的助手，他怎么可以离开我的身边呢？”那些人都很不高兴地退出去了。

左右侍卫近臣都劝说慕容宝杀掉慕容会，侍御史仇尼归听说后，向慕容会报信说：“大王您所依仗的是自己的父亲，但您的父亲现在已另有打算；您所依仗的是军队，但是军队也已经不在您手里。您还打算到什么地方、依仗什么容身呢？我看您不如诛杀慕容农、慕容隆两位亲王，废掉太子，您自己处于东宫的位置，兼任宰相、大将军之职，以此来匡正恢复社稷，这才是上策。”慕容会犹豫不决，没有应许。

慕容宝对慕容农、慕容隆说：“我看慕容会的心思与志向，今后一定谋反无疑，应该早早除掉他。”慕容农、慕容隆说：“现在敌寇入侵欺侮我们，国中腹地一片大乱，政权危如累卵。慕容会本来在旧都镇守，这次千里迢迢赶来解救国家的危难，他的声威名望的分量，足以使四邻震动。他的叛逆的形迹还没有暴露便突然杀掉他，岂止是白白地伤损父子之间的恩德，恐怕也要使您的威望遭受重大损失。”慕容宝说：“慕容会反叛的主意已经打定，你们这样仁慈宽恕，不忍心早点杀掉他，恐怕有一天他突然发动政变，一定会首先伤害你们几个做叔父的，然后再伤害我，那时候可不要因自负而后悔呀！”慕容会听说后，越加害怕。

夏季，四月初六癸酉，慕容宝在广都黄榆谷扎营露宿。慕容会派遣他的死党部下仇尼归、吴提染干率领壮士二十多人，分两路去偷袭慕容农、慕容隆。在寝帐之中将慕容隆杀死，慕容农则身受重伤，抓住了仇尼归，逃进了深山。慕容会因为仇尼归被对方抓住，担心事情最终败露，于是连夜拜见慕容宝说：“慕容农、慕容隆阴谋叛逆，我们已将他们除掉。”慕容宝准备讨伐慕容会，表面上用好话来稳住他说：“我本来怀疑他们很长时间了，除掉他们很好。”

四月初七甲戌清晨，慕容会下令严密戒备，在前面引路，继续前进。慕容会打算遗弃慕容隆的灵柩，将军余崇流着眼泪坚决请求携带，就听凭他随着军队运载。慕容农从深山中出来，自己回到大营，慕容宝呵斥他说：“为什么自负前言！”命令手下人把他逮捕收押起来。走了十几里路，慕容宝回头召集文武大臣一起吃饭，并商议如何给慕容农定罪。慕容会也入席就座，慕容宝使眼色让卫军将军慕舆腾刺杀慕容会，却只将他的头部击伤，没有杀死。慕容会带伤逃奔回自己的军队，马上集合部队向慕容宝发起猛攻。慕容宝带着几百名骑兵跑出去二百里，下午晡时，到了龙城。慕容会派遣骑兵追赶到石城，没有追上。

四月初八乙亥，慕容会派遣仇尼归前去攻打龙城，慕容宝却在夜里派遣一支部队袭击他，将他打败。慕容会派遣使者去面见慕容宝，请求诛杀左右的奸佞之臣，并且请求册立自己做太子，慕容宝不答应。慕容会便把皇帝用的车马服装器具等全部收为己有，把后宫的姬妾宫女等分赏给各位将帅，并且设置了文武百官，自称为皇太子、录尚书事，带着部队直向龙城进发，名义上却说要讨伐慕舆腾。

四月初九丙子，在龙城下驻扎下来。慕容宝来到西门，慕容会乘着马从远处与慕容宝对话。慕容宝斥责他。慕容会命令士兵面对慕容宝大声鼓噪、起哄，以炫耀自己的威势。城里的将士都义愤填膺，傍晚的时候出城与慕容会接战，将他们打得大败。慕容会的士兵死伤了一大半，他自己也逃回了大营。侍御郎高云当夜率领一百多名敢死壮士偷袭慕容会的营寨，慕容会的部众完全崩溃。慕容会本人只带领着十几名骑兵逃奔中山，被开封公慕容详杀了。慕容宝杀掉了慕容会的母亲和他的三个儿子。

四月初十丁丑，慕容宝实行大赦，凡是与慕容会同谋的人，全都免除罪名，恢复旧有的官职。论功行赏，晋升为将军、加封侯爵的有几百人。辽西王慕容农头骨被击破，甚至能看见脑髓，慕容宝亲手为他包扎伤口，居然救活了他的性命。慕容宝任命慕容农为左仆射，不久又升为司空、领尚书令。慕容隆的部将余崇从躲藏的地方回来，慕容宝赞赏他的忠诚，提升他为中坚将军，派他统领宫廷侍卫。追赠高阳王慕容隆为司徒，谥号康王。

慕容宝任命高云为建威将军，封为夕阳公，并收为自己的养子。高云是高句丽王室分支的后代，当年前燕主慕容皝击败高句丽的时候，曾把他的先辈迁移到青山一带，从此，他们便世世代代成了前燕的臣民。高云平时沉稳敦厚，不善言谈，当时的人都不熟悉他，只有中卫将军长乐人冯跋觉得他的志向与气度极不一般，和他结为好友。冯跋的父亲冯和，为西燕主慕容永效力并做了西燕的将军。慕容永失败以后，他被安置在和龙居住。

（以上为第五段，写后燕上演了一场闹剧，后燕主慕容宝立小儿子慕容策为太子，而次子慕容会非常不满，起兵反叛，杀死慕容隆等宗室元老，自己也被诛杀。）

东晋仆射王国宝、建威将军王绪等人依附于会稽王司马道子，收受贿赂，穷奢极欲，无法无天已达到了极点。他们厌恶王恭、殷仲堪，劝司马道子裁减他们二人的兵权。朝廷内外流言四起，人心动荡不安。王恭等人各自都在整理兵甲，训练部队，上书请求北上讨伐。司马道子对他们怀有疑心，下令以盛夏出兵妨碍农业生产为由，命令他们解严。

王恭派人去见殷仲堪，商议声讨王国宝等人的事情。桓玄也因为未能当上大官，郁郁不得志，打算趁此机会借助殷仲堪的兵马势力制造混乱，就对殷仲堪说："王国宝与你们几个人向来都是死对头，只恨消灭你们的时间来得不快。现在他既然已经执掌了大权，并且与王绪内外呼应，他们所想要改变的事，没有一件达不到目的。王恭处在国舅的位置上，王国宝一定不敢加害他，但你是先帝提拔起来的，超越常规地独领一方。人们都认为你虽然头脑清楚、有才干，却不是封疆大吏的人才。他们如果征召你回朝做中书令，任命殷觊为荆州刺史，你将如何应付？"殷仲堪说："我也忧虑很长时间了，你认为怎么办才好呢？"桓玄说："王恭为人正直，疾恶如仇，你应该暗地里与他联合，约定时间，仿效战国赵鞅发动晋阳兵马以清除君侧恶人的办法，东西两面一齐起兵，桓玄我虽然不成材，也愿意率领荆州、楚州两地的英雄豪杰，手拿武器充任前锋。这是齐桓公、晋文公那样的功勋呵！"

殷仲堪心中认为他说得很对，于是向外联络雍州刺史郗恢，内部又与自己的堂兄南蛮校尉殷觊、南郡相陈留人江绩等人一起谋划，殷觊说："作为国家的大臣，应当各自坚守自己的职责，朝廷里的是非对错，怎么能是做地方官员的人可以干预的！所说仿效晋阳出兵一事，我不敢听闻参与。"殷仲堪坚决邀请他出来一块干，殷觊大怒说："我前进一步不会同意，退后一步不会反对。"江绩也竭力地分析认为不可。殷觊恐怕江绩说得太激烈，招来祸患，便坐在那里从中调解。江绩说："大丈夫怎么能用死来威胁呢？我江仲元活了六十岁，只是没有找到值得我去死的地方罢了！"殷仲堪对江绩的坚定正直很害怕，因此任命杨佺期代替江绩为南郡相。朝廷得知了这个消息后，征召江绩回朝廷担任御史中丞。殷觊借口自己食用寒食散之后药性发作，辞去了职位。殷仲堪去看望他，对殷觊说："堂兄的病实在值得忧虑。"

殷觊说："我的病至多不过是我个人身死，你的病发作却会招致灭门大祸啊！你应当深深地爱惜保护自己，不要挂念我。"

雍州刺史郗恢也不愿意一起干。殷仲堪犹疑不决。正巧王恭的信使来到，殷仲堪应诺了王恭的约定，王恭非常高兴。四月初七甲戌，王恭便上奏章陈述了王国宝的罪状，同时发动部队前去攻打他。

当初，晋孝武帝司马曜重用左仆射王珣，后来，孝武帝突然驾崩，他没有来得及接受先帝的委托做顾命大臣。王珣失去了权势，只好一言不发。

四月初十丁丑，王恭的奏章送到朝中，朝廷内外十分紧张，戒备森严。司马道子问王珣道："王、殷两股地方势力发动叛乱，你知道这件事吗？"王珣说："朝廷内部政治事务的好坏得失，我都不曾参与，王、殷两个人所发动的反叛，我怎么能知道呢？"王国宝异常惶恐，不知如何是好，派了几百人到竹里去守卫，因为夜间遇到风雨大作，各自散去回家了。

王绪给王国宝出主意，让他假借相王司马道子的命令，召集王珣、车胤前来，将他们杀掉，先除掉有声望的人，然后以此要挟安帝和司马道子调兵讨伐两个藩臣。王国宝同意了王绪的建议。王珣、车胤来到之后，王国宝又不敢杀害，只好再向王珣询问解决的方法。王珣说："王恭、殷仲堪与您素来没有什么深仇大恨，他们所要争的不过是一些权势利益罢了。"王国宝说："莫非要把我当成曹爽吗？"王珣说："你这是什么话呀！您哪里有曹爽那么重的罪过，王恭又哪里是宣帝司马懿那样的人呢？"

王国宝又向车胤问计，车胤说："过去，桓温围困寿阳，很长时间才攻下。现在朝廷如果派兵去攻，王恭便一定会坚守。倘若京口还没有攻下，长江上游的殷仲堪又带兵突然乘虚而来，您准备怎样对付他呢？"王国宝更加恐惧，于是上了一道奏章，请求解除一切官职，前往宫门等待朝廷定罪。奏章刚送上去就后悔了，因此又谎称安帝已经下诏恢复他原来的官职。司马道子为人愚昧懦弱，只求暂时平息此事，便把一切罪过完全推到王国宝身上，并派遣骠骑谘议参军、谯王司马尚之前去逮捕王国宝，交到廷尉那里去问罪。司马尚之是司马恬的儿子。

四月十九日甲申，安帝司马德宗下令，命令王国宝自杀，把王绪绑赴街市斩首，并派使者前去面见王恭，对自己的过失表示深深的歉意。王恭于是带兵回到京口。王国宝的哥哥侍中王恺、骠骑司马王愉一起恳请辞职。司马道子因为王恺、王愉与王国宝不是同母所生，彼此的关系又历来不和，就都不予追究。

四月二十一日戊子，宣布大赦。

殷仲堪虽然已经答应王恭一起声讨王国宝，但仍然犹豫，不敢带兵东下。听说王国宝等已死，才开始上书朝廷，起动大兵，派遣杨佺期去驻守巴陵。司马道子写信阻止，殷仲堪才回师。

会稽王司马道子的长子司马元显，十六岁，聪明能干。此时他在朝中担任侍中。他提醒司马道子说，王恭、殷仲堪到头来一定会成为祸患，请在暗地里做好准备。司马道子于是任命司马元显为征虏将军，把自己的卫队以及徐州的军政要员全部交给司马元显管辖。

（以上为第六段，写东晋佞臣仆射王国宝、建威将军王绪收受贿赂，穷奢极欲，为非作歹，劝说权臣司马道子裁削王恭、殷仲堪兵权，结果惹火烧身，王恭起兵，司马道子求自保，让佞臣双双送了性命。）

北魏王拓跋珪因为军队中的粮食供应不足，命令东平公拓跋仪离开邺城，迁到钜鹿驻扎，并把粮食补给等聚积在杨城。慕容详派出六千步兵，等待机会乘虚袭击骚扰北魏军的几个驻地。拓跋珪击溃了慕容详，杀死了五千人，活捉了七百人，又把这些俘虏全部释放。

当初，居住在张掖的卢水匈奴部落的首领沮渠罗仇是匈奴沮渠王的后代，世世代代都当部落的首领。后凉王吕光任命沮渠罗仇为尚书，跟着吕光一起去攻打西秦。吕延战败身死后，沮渠罗仇的弟弟三河太守沮渠麹粥对沮渠罗仇说："主上吕光年老、昏庸，又常常听信谗言，这次军队失败，大将战死，正是他猜忌勇武有识的部下的时候，他一定容不得我们兄弟。与其平平庸庸死掉，不如干脆带领军队进攻西平，闯过苕藋，只要我们振臂一呼，平定凉州一带就不在话下了。"沮渠罗仇说："确实像你说的。但是我们沮渠家，世世代代都以忠孝之名被西域的人们所称颂，所以宁可让别人背叛我，我是绝对不忍心去背叛别人的。"吕光果然听信谗言，以出战失败的罪名杀掉了沮渠罗仇与沮渠麹粥。沮渠罗仇的侄儿沮渠蒙逊为人雄武过人而又身怀奇才大略，阅读过许多经史典籍。他护送沮渠罗仇与沮渠麹粥的灵柩回乡安葬，附近的许多部落都与他们有姻亲关系，参加葬礼的竟达一万多人。沮渠蒙逊哭着对这些人说："吕光昏庸无道，杀死了无辜的人。我们的祖先雄威震慑河西一带，今天我要与各部落一起为我的两位伯叔报仇雪恨，进而恢复我们祖先的大业，各位意下如何？"众人都高喊万岁。于是缔结了盟约，拉起队伍，攻占了后凉的临松郡，然后进军在金山据守。

东晋司徒左长史王廞是王导的孙子，因为母亲去世，在吴地守丧。王恭讨伐王国宝的时候，曾任命他暂时代理吴国内史的官职，让他在东方起兵。王廞于是派前任吴国内史虞啸父等人到吴兴、义兴一带去招兵买马，赶来从军的人数以万计。不久，王国宝被赐自杀，王恭也停止了军事行动，便来信通知王廞可以离开任职，回家继续守丧。王廞在起兵的时候，诛杀了很多和自己意见不同的人，已经不能半途停止，于是不禁大怒，拒绝接受王恭的命令，并且派他的儿子王泰带兵前去攻打王恭，又写信给会稽王司马道子，历数王恭的罪恶。司马道子把他的信送给了王恭。

五月，王恭派司马刘牢之统领五千人迎击王泰，并把他杀了。刘牢之又与王廞在曲阿展开激战，王廞的部队溃散，王廞一个人骑马跑走，下落不明。又抓获虞啸父送到廷尉问罪，因为他的祖父虞潭过去有功，免死，被贬为平民。

（以上为第七段，写居住张掖的卢水胡沮渠罗仇，随后凉主吕光攻打西秦，兵败被杀，其侄子沮渠蒙逊起兵报仇；东晋司徒左长史王廞起兵叛乱，攻打王恭，王恭平定了叛乱。）

后燕西河公库傉官骥进入中山，与留守在那里的开封公慕容详互相攻打，慕容详杀了库傉官骥，并把整个库傉官氏家族全部消灭。他又杀死了中山尹苻谟，屠杀了苻谟一族。中山城内没有一个主事人，居民们害怕北魏的军队乘虚攻进城来，男女老幼自愿结起盟约，各自单独作战。

五月初七甲辰，北魏王拓跋珪撤除对中山的包围，开往河间征粮，督促各郡义务献粮。十七日甲寅，拓跋珪任命东平公拓跋仪为骠骑大将军，都督中外诸军事，兖、豫、雍、荆、徐、扬六州牧，左丞相，封为卫王。

后燕将领慕容详自认为能使北魏军队撤去，他的声威与恩德已经重振，便登上了皇帝宝座，改年号为建始，设置了文武百官，任命新平公可足浑谭为车骑大将军、尚书令，杀掉了原来被扣押在中山的拓跋珪的弟弟拓跋觚，希望以此来稳定人心。

后燕邺城的文武官员力劝范阳王慕容德面南称帝，正巧有人从龙城来，众官知道后燕主慕容宝还活着，这才停止。

后凉主吕光派遣太原公吕纂带兵在忽谷进攻沮渠蒙逊，并把他打败。沮渠蒙逊逃进深山之中。

沮渠蒙逊的堂兄沮渠男成，担任后凉的将军。他听说沮渠蒙逊起兵反叛，也集合了几千名士兵进驻乐涫。酒泉太守垒澄带兵去攻打沮渠男成，兵败，垒澄战死。

沮渠男成进攻建康，派遣使者去说服建康太守段业说："吕氏的政治势力已经衰微，掌权的官僚操纵一切，刑罚杀戮没有法度，使人们无容身之处。仅在一个州的地域上，反叛的人就接连不断，这种土崩瓦解的形势一看便知，百姓们饥饿痛苦，找不到可以依托的人。您为什么以盖绝当世的奇才，却打算向这个面临灭亡的国家尽效忠心呢？我们既然倡导大义，便打算委屈阁下出面领导安抚本州，使人们在灾难和不幸的缝隙之间，能够得到恢复生机的好处，你看怎么样？"段业不听从他的劝告。两方相持了二十天左右，外面的救援没有赶来，建康本郡的居民高逵、史惠等人劝说段业接受沮渠男成的建议。段业历来与后凉侍中房晷、仆射王详不融洽，经常恐惧不安，于是，他同意了沮渠男成的请求。沮渠男成等人公推段业为大都督、龙骧大将军、凉州牧、建康公，改年号为神玺。段业任命沮渠男成为辅国将军，把国家军政大权全部交给他掌管。沮渠蒙逊听说这个消息之后，也带着自己的部众来归附段业。段业任命沮渠蒙逊为镇西将军。吕光命令太原公吕纂带领部队攻打段业，没有攻下。

六月，西秦王乞伏乾归征召北河州刺史彭奚念为镇卫将军，任命镇西将军屋弘破光为河州牧，定州刺史翟瑥为兴晋太守，镇守枹罕。

秋季，七月，慕容详杀掉了车骑大将军可足浑谭。慕容详嗜酒如命，又奢侈荒淫，从来也不体恤士人、百姓，施刑屠杀没有法度，被他诛杀的自王公以下的人有五百多，以致各级僚属和下层军民都有离心。城中发生饥荒，慕容详不允许人们出城去采集野草和野生的粮食，因此，饿死的人尸横遍野，全城上下的人们都在希望设法把赵王慕容麟迎请回来。慕容详派遣辅国将军张骧率领五千多人前去常山督促人们缴纳粮租，慕容麟从丁零部落那里潜入张骧军中，偷袭中山，城门没有关闭，慕容麟抓住慕容详，杀了他。

慕容麟自己做了皇帝，准许人们出城到四处去采集可吃的东西。军民能够吃饱之后，便又提出要求与北魏军队决战，慕容麟却没有同意，不久，城中再次发生饥荒。北魏王拓跋珪驻扎在鲁口，派遣长孙肥率领骑兵七千人进攻中山，并且攻进了外城。慕容麟发动反击。把北魏军追击到了泒水，却被北魏军队打败，回到中山。

（以上为第八段，写后凉吕光打败沮渠蒙逊，建康太守段业又起兵反叛；后燕自称皇帝的慕容详奢侈荒淫，被反叛后燕的慕容麟潜回杀死，慕容麟又自立为帝。）

八月初一丙寅朔，北魏王拓跋珪迁到常山的九门驻扎。忽然军营流行严重瘟疫，人和牲畜都死了很多，将士们都想着回家。拓跋珪向手下的各位将领询问瘟疫的蔓延与治疗情况，将领们回答说：“活着的只占十分之四五。”拓跋珪说：“这本来是天命，我们有什么办法！四海之内的所有居民，都可以成为我们国家的一部分，只不过是要看我统治、驾驭他们的方法罢了，何必担忧我们没有百姓呢？”大臣们不敢再多说话。拓跋珪派抚军大将军略阳公拓跋遵进攻中山，攻进了中山的外城之后便撤回去了。

后燕任命辽西王慕容农为都督中外诸军事、大司马、录尚书事。

后凉散骑常侍、太常、西平人郭麐，擅长观测天文和数术，国中的人们都很相信他。正巧赶上火星侵占井宿，郭麐对仆射王详说：“凉州一带，将要发生大的战争。现在主上年老多病，太子又愚昧软弱，太原公吕纂凶暴骄悍，一旦主上去世，祸乱便一定会发生。我们两个人长期身居朝廷要职，太原公一直咬牙切齿地痛恨我们，到那时我们一定会成为他所要诛杀的首要对象。田胡部落的首领王乞基的力量最强大，都城姑臧东苑、西苑的人大多是他们的旧属部众。我打算和你一起发动一个大事，拥推王乞基为我们的首领，居住在两苑里的人，都会为我们所拥有。攻占城池之后，再慢慢商议其他的事情。”王详听从了他的话。郭麐当夜便派两苑的人火烧洪范门，并且让王详作为内应。不料事情败露，王详被杀。郭黁便占据了东苑城公开反叛。民间都流传说，像郭黁那样的圣人带领部队战斗，事情没有不成功的，所以，跟从他的人很多。

后凉王吕光连忙征召太原公吕纂围剿郭黁。吕纂将要回去，各位将领都说："段业一定会跟在我军的背后追打，我们应该在夜间秘密撤退。"吕纂说："段业没有雄才大略，只能凭借城池的险要保全自己。如果我们在夜间偷偷撤军，恰恰长了敌人的志气。"于是，他派遣一个使者去告诉段业说："郭黁发动了叛乱，我现要就要回都城去，你如果有胆量能来决一死战，那么可以尽早出战。"于是，撤军回去，段业没敢出来。

吕纂的司马杨统对他的堂兄杨桓说："郭黁领兵起事，一定不会凭空地盲目作战，我想杀掉吕纂，推举您为首领，向西袭击吕弘，占据张掖，向其他几个郡发号施令。这真是千载难逢的好机会！"杨桓大怒说："我作为吕氏的臣子，在平安的时候享受他们给我的荣禄，在危急的时候不能去解救，怎么能再增加他们的困难呢？吕氏如果灭亡，我甘愿做春秋时忠君而死的弘演！"杨统到了番禾县，反叛归附了郭黁。吕弘是吕纂的弟弟。

吕纂和西安太守石元良合击郭黁，把他打得大败，才得以进入都城姑臧。郭黁在东苑城抓获了吕光的八个孙子，被吕纂击败之后恼羞成怒，把这八个孩子全部投掷到兵刃的锋口之上，并把他们的尸体一肢一节地分解开来，喝掉了他们的鲜血，用来和大家对天盟誓。其状极其惨烈，他手下的人都蒙住双眼，不忍观看。

凉州人张捷、宋生等召集戎族和汉族三千人，在休屠城造反。他们与郭黁一起推举后凉后将军杨轨为盟主。杨轨是略阳的氐人。将军程肇劝阻杨轨说："您抛弃了龙头而去追随蛇尾，不是上策。"杨轨没有接受他的劝告，自称为大将军、凉州牧、西平公。

吕纂在城西又打败了郭黁的部将王斐。郭黁的军队势力渐渐衰微，派遣使者到秃发乌孤那里去求救。九月，秃发乌孤派他的弟弟骠骑将军秃发利鹿孤率领五千骑兵赶去救援。

（以上为第九段，写后凉的内乱，太常郭黁擅长天文，借助天象起兵反叛，被太原公吕纂率军打败；凉州人张捷、宋生又起兵造反，推举后凉将领杨轨为盟主。）

后秦太后蛇氏去世。后秦主姚兴哀痛过度，不能正常地处理国家的日常事务。众大臣请求依据汉朝与曹魏处理这类事的旧规矩，安葬之后便不再继续守丧。尚书郎李嵩上书说："用孝道来治理天下是先王们的最高准则。应该遵守圣主的天性，来发扬光大道德的训诫。太后安葬之后，皇上应该穿着孝服来主持朝政。"尚书左仆射尹纬反驳说："李嵩违反常规，冒犯礼法，请把他交付有关部门判定罪罚。"姚兴说："李嵩在国是忠臣，在家是孝子，有什么罪呀！这件事就完全按照李嵩的建议办理吧！"

后秦所属的鲜卑部落首领薛勃叛变，后秦主姚兴亲自带兵去攻打他，薛勃战败，去投奔没弈干，没弈干把他抓住后送回后秦。

后秦泫氏男姚买得阴谋杀害后秦主姚兴，没有成功而被杀死。

后秦主姚兴率军攻打东晋的湖城，东晋弘农太守陶仲山、华山太守董迈都投降了他。后秦军队便很快抵达陕城，进犯并攻下了上洛。姚兴又派遣姚崇进攻洛阳，河南太守夏侯宗之坚守在金墉，姚崇进攻而没有攻下，便裹胁迁移二万多户流民撤回。

武都氐人屠飞、啖铁等人占据了方山背叛后秦。后秦主姚兴派姚绍等人前去攻打，斩杀了屠飞和啖铁。

后秦主姚兴对于国家的军政大事非常勤勉努力，并且善于接受采纳、征求一些好的意见，京兆人杜瑾等人因为经常议论国事而得到荣升提拔，天水人姜龛等人因为精通儒家学说而受到尊重和礼敬，给事黄门侍郎古成诜等人因为文章写得好而参与朝廷的机要。古成诜为人刚直耿介、高雅正派，以维护道德、风尚作为自己的责任。京兆人韦高仰慕阮籍的为人，母亲去世后的守丧期间，一边弹琴，一边饮酒。古成诜听说这件事之后，潸然流泪，提着佩剑去找韦高，准备杀了他。韦高非常害怕，逃走之后躲了起来。

（以上为第十段，写后秦国事。后秦太后蛇氏去世，姚兴过度哀毁；出兵攻打东晋湖城，太守投降；姚兴对于军国大事非常勤勉，善于接受不同意见，重用贤才治国。）

中山城里的饥荒越来越严重，慕容麟带领二万多人出城据守新市。九月二十九日甲子晦，北魏王拓跋珪指挥军队进攻慕容麟。太史令晁崇说："今天很不吉利。过去纣王就是在甲子这天灭亡的，因此人们都把这天叫疾日，用兵的人都忌讳这一天。"拓跋珪说："纣王在甲子这天死，周武王不是在甲子这天兴起吗？"晁崇没有什么话可以回答。

冬季，十月初二丙寅，慕容麟撤退到泒水去据守。初十甲戌，拓跋珪与慕容麟在义台展开激战，后燕军被打得落花流水，有九千多人被杀，慕容麟与几十个骑兵跑过去救出自己的妻子儿女逃进西山，随后又逃奔邺城。

十月二十日甲申，北魏军队攻克中山，后燕的王公贵族、文武官吏以及士卒等投降的有两万多人。张骧、李沈以前曾经投降过北魏，后来又再次逃走，北魏主拓跋珪进城后，全部赦免了他们。北魏兵所缴获的后燕的御玺印绶、图书典籍以及藏在府库中的奇珍异宝，都数以万计。北魏论功奖赏文武百官以及将帅士兵等有功人员。追谥拓跋珪的弟弟拓跋觚为秦愍王，掘开慕容详的坟墓，斩下尸首上头颅，抓住了杀害拓跋觚的主谋高霸、程同，把他们二人的五族亲属全部杀掉，并且用大刀一个个剁成肉块。

十月二十三日丁亥，北魏王拓跋珪又派遣三万骑兵到卫王拓跋仪那里去增援，准备进攻邺城。

后秦长水校尉姚珍投奔西秦，西秦主乞伏乾归把女儿嫁给他。

河南鲜卑人吐秣等十二个部落的首领，全部归附于秃发乌孤。

后燕有从中山跑到龙城的人，说拓跋珪的力量已经衰微薄弱，司徒慕容德完好地坚守着邺城。正好此时有慕容德的一道奏书送到，说服后燕主慕容宝回到南边，慕容宝大量遴选、征集士卒和兵马，准备重新夺取中原。他派遣鸿胪鲁邃在邺城任命慕容德为丞相、冀州牧，南部各公侯官吏都由慕容德全权任命。

十一月十九日癸丑，后燕实行大赦。十二月，调派的部队全部集结完毕，整装待发。慕容宝先派将军启仑南下，去观察形势。

十二月十二日乙亥，慕容麟来到邺城，恢复自己赵王的称号，向范阳王慕容德游说道："魏国既然已经攻克了中山，就一定会乘胜来攻打邺城。邺城中虽然有一些储备，但是城池太大，很难固守，况且人心又慌乱恐惧，不可能守住。不如向南进军滑台，依靠黄河天险加强防守来对付魏国，等待时机再采取行动。那样，黄河以北或许可以收复。"这时后燕鲁阳王慕容和正在镇守滑台。慕容和是慕容垂的侄儿，他也正好派遣使者前来迎接慕容德。慕容德答应了去滑台的请求。

以上为第十一段，写北魏主拓跋珪讨伐后燕叛臣慕容麟，慕容麟被打败，逃入深山，又投奔邺城；慕容德上书，劝说慕容宝南下邺城，慕容宝集结军队，准备南下。）

【点评】

后燕败亡。本卷记事一年，着重写后燕的迅速衰亡。究其缘由，在四面有敌的乱世，一旦昏庸之主当政，无御敌之才，其国必然迅速衰落，以致灭亡，后燕是也。

慕容垂中兴燕国，建立后燕，不失为是一个英明之主。他感念前妻段氏冤死救己之恩，立其子慕容宝为继嗣，无可非议。由于段氏所生长子慕容令已死，只留下次子慕容宝，在无嫡立长的礼制上，慕容宝也应当是继承人，所以慕容垂立慕容宝为嗣也无可非议。但在乱世之中，四邻为敌的背景下，慕容宝无治国御敌之才，慕容垂应当看得出来，有识之士也劝说提示，无奈慕容垂有妇人之仁，最终立嗣失误。慕容宝继位，若在太平之世，慕容宝还不至于失国。因是乱世，慕容宝无才还固步自封，自以为是，是非不明，忠奸不分，两次大战的失败，导致后燕元气大伤，一蹶不振，迅速败亡。

慕容垂晚年灭掉西燕，后燕势力达于鼎盛。慕容垂再想灭掉北魏，为儿子们消除后患，他想让太子慕容宝立下战功，以服众人，就让慕容宝率领精兵强将攻打北魏，结果慕容宝在后退中疏于防守，在参合陂被打得大败，几乎全军覆没，被北魏坑埋了5万投降的士兵。从战争过程来看，此战之败，完全是慕容宝不听别人劝说，指挥失误所导致。这一战役，后燕实力大损。第二次，是北魏围困后燕都城中山后内部出现变乱，欲与后燕媾和，慕容宝不接受北魏使者的求和，率大军夜袭北魏军营失利，燕军士气不振，慕容宝引军无功而返，北魏军又趁机追击，再加上天气恶劣，风猛雪大，他命令将士扔掉武器，空手而逃。两次的惨败，都是慕容宝指挥不当所致，这也说明他庸碌无能，把后燕推进了灭亡的深渊。

最后，慕容宝首鼠两端，进退失据，成为葬送后燕的元凶。北魏大军攻打后燕，气势汹汹，一路势如破竹。而后燕主慕容宝显然不是合格的指挥者。在北魏围困都城中山时，北魏内部也出现了几次裂痕，后燕完全有可能出兵攻打而重创北魏军。城中将士都想出战，高阳王慕容隆几次劝说出兵，甚至说得声泪俱下，慕容宝一度也同意出兵，可在慕容麟的劝说下，慕容宝又按兵不动，丧失了大好时机。具有讽刺意义的是，慕容宝事事听从慕容麟，而慕容麟则反叛自立为帝。后来，慕容宝弃中山不管，将领们都劝其坚守，等待机会，但他还是一跑了之。就是这样，慕容宝进退随心，错失良机，致使后燕顷刻败亡。

资治通鉴（白话本） 卷第一百一十

晋纪三十二

晋安帝隆安二年（公元398）

【著雍阉茂（戊戌，公元398年），凡一年】

【大事提要】

本卷记事公元398年，凡一年，时当晋安帝（司马德宗）隆安二年。本卷所载大事，主要有五个方面。其一，后燕分裂为两个政权。范阳王慕容德在滑台自称燕王，建立南燕。后燕主慕容宝在政治动乱中被顿丘王兰汗杀死。慕容宝之子长乐王慕容盛侥幸不死，寻机刺杀兰汗称帝，改元建平。其二，慕容盛称帝。长乐王慕容盛是后燕主慕容宝的长子。慕容宝死后，慕容盛得以不死，被兰汗封为侍中，慕容盛乘机离间兰汗、兰堤、兰加难三兄弟，派遣慕容奇聚众讨伐兰汗。后兰汗父子庆功而喝醉，慕容盛趁机杀死兰汗，于是行使皇帝权力，改年号建平。其三，拓跋珪称帝。公元386年，16岁的拓跋珪趁乱重兴代国，即位称代王。又在当年定国号为魏，是为北魏，建元登国。公元398年，拓跋珪将国都从盛乐迁到平城，营建宫殿、宗庙、社稷，即皇帝位，改元天兴。他积极扩张疆土，励精图治，使北魏兴盛强大。其四，王恭兵谏。东晋外戚王恭官至前将军、青兖二州刺史，曾先后两度起兵攻打朝奸，但在第二次起兵时因刘牢之叛变而兵败，后被捕并被处死，死前仍坚持自己起兵的出发点是忠于朝廷。死后家无余资，为时人所惜。桓玄执政，追赠为侍中、太保，谥曰忠简。其五，河西鲜卑秃发乌孤称王。

安皇帝乙

晋安帝隆安二年（戊戌，公元398年）

春季，正月，后燕范阳王慕容德统率四万户从邺城向南迁移到滑台驻守。北魏卫王拓跋仪进入邺城，收缴了后燕在那里的仓库，又追击慕容德到黄河，没有追上。

后燕赵王慕容麟领头向慕容德奉上尊号，推举他称帝，慕容德仿效他哥哥慕容垂过去的做法，称自己为燕王，把后燕永康三年改为燕王元年，把原来范阳王府的建制改变为帝王建制，设置了文武百官。慕容德任命赵王慕容麟为司空、领尚书令，慕容法为中军将军，慕舆拔为尚书左仆射，丁通为右仆射。慕容麟再一次阴谋反叛，慕容德把他杀了。

正月初七庚子，北魏王拓跋珪从中山出发向南巡视，来到高邑，寻访到原来前秦左丞相王永的儿子王宪，非常高兴地说：“你是王猛的孙子！”于是马上任命他做本州的中正，兼选曹事，主持门下事务。拓跋珪来到邺城，在那里设置了行台，任命龙骧将军日南公和跋为尚书，与左丞贾彝统率官兵五千人镇守邺城。

拓跋珪从邺城回到中山，将要回到北方，调拨士兵一万人开辟一条直达的大道，从望都起开凿恒岭，一直到代郡，全长达五百多里。拓跋珪担心自己回去之后，山东一带又会发生变乱，因此又在中山设置了一座行台，命令卫王拓跋仪在这里镇守，又任命抚军大将略阳公拓跋遵为尚书左仆射，镇守勃海的合口。

右将军尹国在冀州一带监督人民缴纳粮租，听到拓跋珪将要北返，准备袭击信都。北魏安南将军长孙嵩抓获尹国，并把他斩首。

后燕启伦回到龙城，说中山已经被攻陷，后燕主慕容宝命令部队停止行动。辽西王慕容农对慕容宝说：“现在从中山迁回龙城，时间还太短，千万不可发动大军向南出征，应该利用已经准备好的部队进攻库莫奚部落，夺取他们的牛马来充实我们的军备物资，然后再了解情况，等到明年再来商议出兵南征的事。”慕容宝听从了他的劝告。

正月二十六日己未，后燕主慕容宝调动部队向北进发。二十七日庚申，渡过浇洛水，正好南燕王慕容德派遣侍郎李延拜见慕容宝，追到这里说：“拓跋珪取路向西，中部地区非常空虚。”慕容宝闻听此言，大喜，当天就带着大军回去了。

正月二十八日辛酉，北魏王拓跋珪从中山出发，迁移原在山东居住的六州居民、官吏以及一些杂居的夷人等十多万，充实代郡的人口。博陵、勃海、章武等地的成群盗匪纷纷起事，略阳公拓跋遵等人将他们攻打平定。

广川太守贺赖卢，性情豪放强健，认为自己屈居在冀州刺史王辅之下是莫大的耻辱，于是袭击王辅，并把他杀了，然后驱使勒逼冀州守兵，一路洗掠阳平、顿丘各郡，向南渡过黄河，投奔了南燕。南燕王慕容德任命贺赖卢为并州刺史，封为广宁王。

西秦主乞伏乾归派遣乞伏益州进攻后凉的支阳、鹯武、允吾三座城池，全部攻下，俘虏了一万多人而离去。

后燕主慕容宝回到龙城寝宫，下令各路大军回到兵营集结，不许解散，文武官员和将士全部携带家属跟随御驾。辽西王慕容农、长乐王慕容盛再三恳切劝阻，觉得国家军队疲惫、力量薄弱，而北魏则刚刚获得胜利，万万不可与它对敌；应该暂且修整军队静观时机。慕容宝刚要接受他们的劝谏，抚军将军慕舆腾说：“老百姓是只可以与他们享受成功后的快慰，很难和我们一起图谋大业的创始。现在各路大军的士兵已经集结完毕，您应该独自下定决心，把握住机会，努力进取，不应该广泛听取相同或者不同的意见，阻碍国家大计的施行。”慕容宝于是说：“我的计划已经决定，再有人胆敢劝阻，格杀勿论。”

二月十三日乙亥，慕容宝离开皇宫，进驻兵营，留下慕容盛统管后事。十七日己卯，后燕军从龙城出发，慕舆腾为前锋，司空慕容农为中军，慕容宝亲自殿后，各军之间相距三十里，全军的兵营前后相连，绵延一百多里。

二月二十日壬午，慕容宝军到乙连，长上官段速骨、宋赤眉等人因为许多人心中都害怕征战徭役，于是发动叛乱。段速骨等人都是高阳王慕容隆的老部下，一起强逼慕容隆的儿子高阳王慕容崇做他们的盟主，杀掉了乐浪威王慕容宙、中牟熙公段谊以及其他一些宗室亲王。河间王慕容熙平素与慕容崇关系很好，在慕容崇的保护之下，他才幸免于难。后燕主慕容宝仅带着十几个骑兵逃奔到司空慕容农的大营，慕容农刚要出营去迎接，他左右的侍臣拦腰死死将他抱住，制止他说：“应该等待事态明了一点再出去，现在不可以随便出去。”慕容农拔出佩刀要砍他们，于是出营迎见慕容宝，又赶紧写信让人火速给慕舆腾送去。

二月二十一日癸未，慕容宝、慕容农率兵回击兵变的大营，讨伐段速骨等人。慕容农手下的士兵也厌倦征伐打仗，都扔下武器纷纷逃走。慕舆腾的大营也溃乱了。慕容宝与慕容农逃回龙城。长乐王慕容盛听说发生叛乱，赶忙出城迎接，慕容宝与慕容农才得免一死。

（以上为第一段，写后燕范阳王慕容德从邺城移镇滑台，建立南燕；北魏主拓跋珪攻下中山，料理好善后事宜，返回北方；后燕主慕容宝举兵南下，发生兵变，退回龙城。）

东晋会稽王司马道子忌恨王恭、殷仲堪对他形成的威逼，认为谯王司马尚之和他的弟弟司马休之有雄才大略，便把他们二人当作心腹。司马尚之劝司马道子说：“现在的局面是在外方镇守的封疆大吏势力强盛，在朝中的宰相权力反倒很微弱，您应该在外地的要职上安排心腹之人，以便为自己设置屏障和护卫势力。”司马道子依从了他的计策，任命其司马王愉为江州刺史，都督江州及豫州的四郡军事，以此作为自己的呼应和援手。他从早到晚地与司马尚之谋划商量，等待四方出现什么空隙和机会。

北魏王拓跋珪回到繁畤宫，给那些新迁移来的百姓分发田地及耕牛。

拓跋珪在白登山打猎，看见一只熊带着几个小熊崽儿，便对冠军将军于栗磾说：“你以勇猛劲健著名，能捉住它们吗？”于栗磾回答说：“兽贱人贵，我如果和它们对搏，而不能取胜，岂不是白白地葬送了一个壮士吗？”于是他把几只熊全部驱赶到拓跋珪的面前，又将它们全部射倒并且抓获。拓跋珪回望于栗磾，表示歉意。

北魏秀容川部落酋长尔朱羽健，随同拓跋珪攻取晋阳、中山有功，被任命为散骑常侍。围绕着他所居住的地方，封给他方圆三百里的一块地域。

柔然部落几次侵犯北魏边境，尚书中兵郎李先请求攻击他们，拓跋珪批准了他的请求。李先带兵将柔然部落打得大败，然后回师。

杨轨任命他的司马郭纬为西平相，并率领步、骑兵二万人向北开进，增援郭黁。秃发乌孤派他的弟弟车骑将军秃发傉檀带领骑兵一万人帮助杨轨。杨轨的部队抵达姑臧，在城北扎下大营。

（以上为第二段，写东晋会稽王司马道子忌讳王恭、殷仲堪的威逼，引谯王司马尚之、司马休之为心腹；北魏主拓跋珪回到都城，给新迁移的百姓分发田地、耕牛。）

后燕尚书、顿丘王兰汗暗地里与段速骨等人沟通联系，带兵驻扎在龙城的东面。龙城之内留守的兵力非常少，长乐王慕容盛便把城池附近的居民迁到城中，一共遴选出壮丁一万多人，让他们登上城墙，抵御叛军的攻打。段速骨的同谋只有一百多人，其他大部分都是被驱使胁迫而来的，丝毫没有斗志。

三月初二甲午，段速骨等人即将攻城，辽西桓烈王慕容农恐怕城池守不住，同时又被兰汗等人劝诱，当夜私自出城投奔段速骨，希望以此保全自己的性命。第二天早晨，段速骨带兵攻城，但城上的抵抗非常顽强，段速骨一方死了几百人。段速骨于是便挟持慕容农围绕城池巡游一周。慕容农历来有诚实忠君、守节不屈的威名，城中那些人正是仗恃着他的威仪才拼死作战，忽然看见他在城下，没有人不惊愕丧气，于是士兵们都四散溃逃。段速骨进入龙城，放任他的部队烧杀抢掠，死人尸首横陈遍地。慕容宝、慕容盛与慕舆腾、余崇、张真、李旱、赵恩等人轻装简从，骑马向南逃走。

段速骨把慕容农幽禁在殿内，长上官阿交罗是段速骨的主要智囊，他觉得高阳王慕容崇年小体弱，所以打算另行拥立慕容农作首领。慕容崇的亲信鬷让、出力犍等人听到了这个消息，三月初五丁酉，杀死了阿交罗与慕容农。段速骨因此立即杀了鬷让等人。慕容农原来的部下左卫将军宇文拔逃出，投奔辽西。

三月初八庚子，兰汗发动大军袭击段速骨，连同他的党羽，全部杀掉。然后废掉了慕容崇，奉立太子慕容策，代行皇帝的权力，实行大赦，并派遣使节前往迎接慕容宝，在蓟城追赶上了慕容宝等人。慕容宝打算回去，长乐王慕容盛等人都说："兰汗是忠心相迎，还是藏奸使诈，现在都还不清楚，您如果单人匹马投奔他，万一兰汗居心不良，后悔也来不及。您不如向南到范阳王那里，集合所有兵力，去夺取冀州。即便不能获胜，把南方的兵力收编过来，再慢慢地回师龙城，也不算晚。"慕容宝听从了他们的劝告。

北魏离石胡人部落首领呼延铁、西河胡人部落首领张崇等，不愿意迁移到代郡，就聚集在一起叛变北魏。北魏安远将军庾岳把他们讨平。

北魏王拓跋珪征召卫王拓跋仪到朝中辅佐自己，任命略阳公拓跋遵代替拓跋仪镇守中山。

夏季，四月初一壬戌，拓跋珪任命征虏将军穆崇为太尉，安南将军长孙嵩为司徒。

（以上为第三段，写后燕一片混乱，段速骨等发动政变，攻打龙城，久经沙场的老将慕容农也投奔过去，后燕主慕容宝仓皇出逃；顿丘王兰汗又杀掉段速骨，奉立慕容策，代行皇帝权力。）

后燕主慕容宝抄小道经过邺城附近，邺城的人们请求他留下，慕容宝没有答应。他继续南行到黎阳，躲藏在黄河的西岸，派遣中黄门令赵思通知北地王慕容钟说："皇上在二月的时候得到了丞相所上的奏章，当时便马上向南进军，到达乙连时，赶上长上等人发动兵变，失势以后来到此地。请您快些去禀告丞相，前来迎接！"慕容钟是慕容德的堂弟，曾经第一个劝说慕容德南面称帝，他听了赵思的话，十分厌恶，于是把赵思抓了起来，投入监狱，并把以上情况禀报给了南燕王慕容德。慕容德对大臣们说："你们大家出于对国家政权危亡大局的考虑，劝说我出面代理朝政；我当时也因为继任的皇帝流亡到了很远的地方，这里的民众与宗庙，都缺乏一个主心骨，因此便暂且依从了大家的建议，希望能把民心维系在一起。现在老天刚刚后悔对我们降下灾祸，继任的皇帝得以回来，我准备备办专门的仪仗队伍奉迎皇帝，并到他的行宫去请求责罚，你们看怎么样？"黄门侍郎张华说："现在天下大乱，不是盖世英雄便无法使众生得到安宁。继任的皇帝昏庸懦弱，不能很好地继承光大先辈的传统。皇上如果偏要恪守一个无知小人的所谓节操，而舍弃上天交授给您拯救苍生的大业，您的威望权势一旦丧失，自己的性命安全便得不到保障，更何况大燕的江山社稷又无法得到捍卫和巩固！"慕舆护接着说："继位的皇帝不通达时务，放弃了国都中山，自取败亡，他不能承受太多的危难，已经是很明了的情况了。当初卫蒯聩出逃在外，他的儿子卫辄执掌政权后便拒绝他回国，《春秋》都肯定了他的做法。以儿子的身份抗拒父亲都还可以，更何况以叔父的身份来抗拒侄儿呢？现在赵思的话不知道是真是假，我请求皇上准许我前去探听一下真实情况。"慕容德忍不住流下泪来，派慕舆护去了。

慕舆护带领着几百名精壮的兵勇，跟随着赵思向北走去，口头上说要去迎接护卫皇上，其实却是要趁机将慕容宝置之死地。慕容宝派遣赵思去拜见慕容钟之后，又遇到一个砍柴的人，说慕容德已经称帝，因此非常害怕，便返身向北逃去。慕舆护带人来到这里，什么也没有看见。慕舆护把赵思押解回去。慕容德因为赵思对朝廷的典章礼仪等事项熟悉老练，所以打算留用他。赵思说："狗马都还知道留恋主人，我赵思虽然是一个受了宫刑的人臣，但还是想请求您允许我回去追随皇上。"慕容德再三坚持让他留下，赵思大怒说："当年周朝东迁，所依靠的是晋国和郑国。现在您论亲属是皇上的叔父，论地位则是三公之一。但您却不能带头召集王公匡扶帝室，反而庆幸国家的根基倾覆，做出晋朝赵王司马伦那样以宗室的身份篡晋的事情来。我虽然不能像申包胥向秦国借兵打败吴国最终保全楚国那样，但是也还仰慕汉代龚胜的节操，绝不在王莽当权的世上偷生！"慕容德把他杀了。

慕容宝派遣扶风忠公慕舆腾与长乐王慕容盛一起在冀州一带收容失散的残兵败将。慕容盛因为慕舆腾一向残暴横蛮，遭到百姓的普遍怨恨，于是把他杀了。慕容盛寻行到钜鹿、长乐等地，游说各豪俊英杰，这些人都愿意拉起部队拥护慕容宝。慕容宝因为兰汗祭祀燕室宗庙，像是忠顺于自己，便执意要回到龙城，不肯长在冀州停留，于是向北行进。抵达建安，住在居民张曹家里。张曹为人向来勇武豪健，他请求为慕容宝招募士兵。慕容盛也劝慕容宝暂且留驻在此，观察兰汗的真实想法和动向。慕容宝派遣冗从仆射李旱先去龙城见兰汗，自己则留在石城休整。正在这时，兰汗派遣左将军苏超前来奉迎皇上，反复陈说兰汗对慕容宝的忠心与诚意。慕容宝因为兰汗是父王慕容垂的舅父，又是慕容盛的岳丈，觉得他一定不会另有图谋，不等李旱返回，即刻启程。慕容盛流着泪坚决劝阻，慕容宝不听，便把慕容盛留下。慕容盛与将军张真离开大路，跑到别的地方躲藏起来。

四月二十六日丁亥，慕容宝来到索莫汗陉，距离龙城还有四十里路。城中的军民听到这个消息，都很高兴。兰汗却有些惶恐惧怕，打算自己出城去请罪，他的兄弟们一起把他劝住了。兰汗于是派他的弟弟兰加难率领着五百名骑兵出城相迎，又派他的哥哥兰堤关闭城门，收起仪仗，不许行人出入。城中的人都知道兰汗他们将要发动兵变，但是却无可奈何。兰加难在索莫汗陉北面见到了慕容宝，行完拜谒之礼，便跟随慕容宝一起向城走去。颍阴烈公余崇寻找机会向慕容宝暗中警告说："我看兰加难的神色与举动，大祸与突变的迹象已经迫在眉睫，皇上应该三思而后行，怎么能这样轻率上前呢！"慕容宝不听劝告。走了几里路，兰加难首先抓住了余崇。余崇大声叫喊着骂道："你们兰家侥幸地成为燕朝宗室的亲属，蒙受国家的宠信与殊荣，纵使是使家族倾覆，也无法报答这种恩德。今天竟敢阴谋篡权叛逆，这是天地所不容的，我看你们早晚就要被消灭，只恨我不能亲手宰了你们这帮家伙！"兰加难把余崇杀了，又把慕容宝带入龙城郊外的宅邸杀了。兰汗追谥慕容宝为灵帝，然后又杀掉了献安太子慕容策以及其他的王公贵族和官员一百多人。他自称大都督、大将军、大单于、昌黎王，改年号为青龙；任命兰堤为太尉，兰加难为车骑将军，封河间王慕容熙为辽东公，就像周武王封夏朝的后代为杞国君主、封商朝的后代为宋国君主一样。

长乐王慕容盛听说后打算跑去奔丧，被张真劝止。慕容盛说："我现在因为走投无路而归附兰汗，兰汗的性情愚鲁浅薄，一定会感念我与他女儿的婚姻情分，不忍心杀我，这样只要给我十天到一个月的时间，就足以使我的志愿得到实现。”于是，他跑到龙城去觐见兰汗。兰汗的妻子乙氏和做慕容盛妃子的兰汗的女儿，都哭哭啼啼地向兰汗请求留下慕容盛一命，慕容盛的兰妃又依次向兰汗的那些兄弟叩头求情。兰汗也起了恻隐之心，于是便把慕容盛接到宫中居住，任命他为侍中、左光禄大夫，对他关怀厚待与过去一样。兰堤、兰加难等人几次请求杀掉慕容盛，兰汗都没有准许。兰堤骄横凶狠，荒淫无度，对待兰汗也多有失礼的地方，慕容盛借此机会从中挑拨离间，从此兰汗兄弟之间慢慢地互相怀疑猜忌起来。

（以上为第四段，写后燕主慕容宝的下场。龙城发生政变，他出逃到南方，范阳王慕容德称帝滑台，不能与之相容；他又逃回北方，其舅兰汗假意奉迎，却派人将他杀死。）

后凉太原公吕纂带兵进攻杨轨，郭麐赶来相救，吕纂失败而归。

北凉段业派沮渠蒙逊进攻西郡，俘获太守吕纯后回师。吕纯是吕光的侄儿。从此，晋昌太守王德、敦煌太守赵郡人孟敏都献出本郡，投降了段业。段业封沮渠蒙逊为临池侯，任命王德为酒泉太守，孟敏为沙州刺史。

六月十六日丙子，北魏王拓跋珪命令大臣们讨论用什么国号。大家都说：“周朝与秦朝以前，天子都是由诸侯升位的，他们都是用原来诸侯国的国号作为天下的国号。汉代以后，夺取天下的人都没有一尺土地作为资本和凭借。我们国家百代以来，子孙相承，在代郡以北的地方开创基业，于是才夺取了中原的大片地方，所以，现在应该用‘代’作为我们的国号。”黄门侍郎崔宏说：“过去商朝政权不长时间地在一个地方，所以便有殷、商这两种称呼。代郡那一带虽然是个古老的国家，但是我们受到上天的恩宠、接受治理天下的使命却还是新近发生的事情，登国初年，已经把国名更改为魏。魏是一个含有美好伟大之意的名称，也曾经是这片辽阔土地上的一个很强大的国家。因此，应该像过去一样称为‘魏’。”拓跋珪依从了他的意见。

杨轨自己仗恃兵多将广，打算与后凉王吕光决一死战，郭麐每次都用上天的旨意为借口制止他。后凉常山公吕弘镇守张掖，段业派遣沮渠男成和王德一起进攻他，吕光也派太原公吕纂带兵迎接吕弘。杨轨说：“吕弘拥有精锐部队一万人，如果他与吕光合兵一处，姑臧的力量便越加强盛，我们就很难取胜了。”于是他与秃发利鹿孤一起阻击吕纂。吕纂与他们接战，把他们打得大败。杨轨逃走后投奔王乞基。郭麐生性偏执急躁，非常残忍，不被广大士人、百姓所拥戴归附。他听说杨轨失败逃走，便投降西秦，西秦国主乞伏乾归任命他为建忠将军、散骑常侍。

吕弘放弃了张掖，带兵向东撤退。段业便把自己的都城迁到张掖，准备去追击吕弘。沮渠蒙逊劝阻说：“回家心切的部队不要阻截，走投无路的强盗不要追赶，这是兵家之戒呵！”段业不听劝阻，带兵去追，被打得大败而回，幸亏沮渠蒙逊救助，才免于一死。段业修筑了西安城，任命他的部将臧莫孩任太守。沮渠蒙逊说："臧莫孩虽然勇猛，但却没有谋略，只知道前进，不知道撤退。这是给他修筑坟冢，哪里是为他修筑城池！"段业不听，臧莫孩不久便被吕纂打败。

（以上为第五段，写北魏主拓跋珪讨论国号，采纳黄门侍郎崔宏建议，称"魏"，史称北魏；叛将杨轨率军攻打后凉将领吕纂，段业不听劝阻，率军追击吕弘，再次被打败。）

后燕太原王慕容奇是慕容楷的儿子，兰汗的外孙。兰汗也没有杀他，任命他为征南将军。他得以进宫见到长乐王慕容盛。慕容盛暗中让他逃出去拉一支队伍。慕容奇在建安起兵，人数达到几千。兰汗派遣兰堤去攻打他。慕容盛对兰汗说："慕容奇不过是一个小孩子，绝对不能办这么大的事情，莫非是有人假托他的名义起兵，然后自己打算做内应？太尉兰堤一向骄纵，很难令人相信，不应该把那么多部队交给他。"兰汗觉得他说得很对，免除了兰堤的军权，改派遣抚军将军仇尼慕带兵去攻打慕容奇。

龙城从夏季开始，便不曾下雨，一直持续到秋季的七月，兰汗于是每天都去后燕诸庙以及慕容宝的牌位前面叩头、祈祷，把弑君篡权之罪全部推托到兰加难的身上。兰堤与兰加难听说后大怒，而且又害怕遭到兰汗诛杀，七月十五日乙巳，他们便互相联合率领部队突然向仇尼慕的部队发动袭击，并把仇尼慕打败。兰汗非常害怕，派遣太子兰穆带兵去攻打。兰穆对兰汗说："慕容盛是我们的大仇人，一定是他与慕容奇里应外合，这是我们的心腹之患，万万不可再姑息养奸了，应该先行将他除掉。"兰汗打算杀掉慕容盛，便先召他来会见，准备观察他的神色。慕容盛的兰妃知道了这件事，偷偷告诉了慕容盛，慕容盛于是推托有病，没有出去见兰汗，兰汗也就暂时放下了这个想法，没有杀慕容盛。

李旱、卫双、刘忠、张豪、张真等人，平素都颇得慕容盛的厚待，而兰穆也把他们视为自己的心腹，使李旱、卫双得以在慕容盛的住所出入，暗下与慕容盛联合起来，做好了谋划。

七月十七日丁未，兰穆去袭击兰堤、兰加难等人，把他们打败。二十日庚戌，兰汗大开筵宴，犒赏将士，兰汗、兰穆都喝得大醉。慕容盛半夜出去上厕所，于是跳墙进入东宫，与李旱等人一起杀死了兰穆。这时军队还没有解除战时状态，将领们都聚集在兰穆那里。他们听说慕容盛终于得以出来领导他们后，无不欢呼雀跃，争先恐后地去进攻兰汗，并把他杀掉。兰汗的儿子鲁公兰和、陈公兰扬分别驻守在会支、白狼，慕容盛派遣李旱、张真去进攻他们，也将他们斩首。兰堤、兰加难逃走躲藏起来，也把他们抓住，杀了。从此，内外全部平定，男女互相庆贺。宇文拔带领几百名精壮的勇士前来投奔，慕容盛任命他为大宗正。

七月二十一日辛亥，慕容盛到宗室祭庙去向列祖列宗禀告平定祸乱的经过，然后下令说："我仰赖五位祖先的洪福和保佑，以及各位文武大臣们的合力相助，使宗庙社稷从被涂炭蒙尘的黑暗中重新得到光明和显赫。不单是我个人渺小的身躯倚仗这件功业免除了报不共戴天的杀父之仇的责任，就是每一个在世的臣民也都可以因此睁开眼睛，理直气壮地做人了。"因此实行大赦，改年号为建平。

慕容盛谦逊推托，不敢称帝登基，只是以长乐王的身份代理朝政，施行统辖。他以下的那些亲王都降格称为"公"，任命东阳公慕容根为尚书左仆射，卫伦、阳璆、鲁恭、王滕为尚书，悦真为侍中，阳哲为中书监，张通为中领军，其他文武官员也都各自恢复自己的原位。他又把慕容宝的谥号改为惠闵皇帝，庙号烈宗。

当初，太原王慕容奇在建安征召队伍，无论是南方人还是北方人都欣然来随从。兰汗派他的侄儿兰全攻打慕容奇，慕容奇消灭了兰全，一匹马也没有返回，便进驻乙连。慕容盛诛杀了兰汗之后，命令慕容奇停止用兵。慕容奇听从了丁零人严生和乌桓人王龙的谋划，拒绝接受命令。

七月二十四日甲寅，他带着三万多人开进到横沟，距离龙城只有十里之遥。慕容盛带兵出城与他交战，将他打得大败，并把慕容奇抓住押回城里，斩杀了他的党羽一百多人，赐慕容奇自杀，桓王慕容恪那一支便最后断绝。众大臣坚持请求慕容盛称帝登基，慕容盛不答应。

（以上为第六段，写后燕慕容盛被兰汗封为侍中，乘机离间兰氏兄弟，培植党羽势力，后兰汗父子庆功，喝得酩酊大醉，慕容盛趁机杀死兰汗父子，以长乐王身份摄政，改元建平。）

北魏王拓跋珪把都城迁到平城，开始营建宫殿，筑造宗庙，以及土神、谷神的祭坛。皇家宗庙每年祭祀五次，时间为春分、夏至、秋分、冬至以及腊日。

东晋桓玄请求任广州刺史。会稽王司马道子非常忌惮桓玄，本来就不打算让他长期居住在荆州，便根据他的请求，任命桓玄为督交广二州军事、广州刺史。桓玄接受了这个任命却不去就任。豫州刺史庾楷因为司马道子割除了他所统辖的四个郡交给江州刺史王愉掌管，便上书说："江州地处内地，而西府历阳却在北方与贼寇相连接，不应该让王愉分管四郡。"朝廷不批准他的意见。庾楷大怒，派遣他的儿子庾鸿去向王恭游说道："谯王司马尚之兄弟又独揽了朝廷的机要权柄，超过了王国宝。他们打算借助朝廷的威权来削弱地方上的实力，回想以前所发生过的事情，他们将制造的祸乱，实在无法预测。现在趁他们的阴谋还没有计划完成，应该尽早地想办法对付他们。"王恭也觉得是这样，把这意见转告了殷仲堪和桓玄。殷仲堪、桓玄同意王恭的意见，并且推举王恭作为盟主，约定日期，一起率领大军前往京师剿除奸佞。

这时，东晋朝廷内外疑虑纷纷，交通阻塞，水陆关卡林立，形势危急而严峻。殷仲堪用斜纹的绢绸给王恭写了一封书信，藏在箭杆之中，然后装上箭头，涂上油漆，托庾楷转交给王恭，王恭打开信，因为绢的角已经皱坏，不再能确切地辨出是殷仲堪的亲笔手书，怀疑此信是庾楷伪造的，况且想到去年攻打王国宝时，殷仲堪曾经违反期约，按兵不发，这次也一定会同去年一样，因此便先行向都城大举进兵。司马刘牢之劝说他道："将军，您是皇帝的舅父，会稽王是皇帝的叔父。会稽王现在又正在当朝，掌握着国家的大政，他过去曾经因为您而杀了他非常宠爱的王国宝和王绪，后来又把王廞写给他的指控您的书信送给了您。畏惧您的表象已经很多。他最近所做的人事任命，虽然不能说是公允恰当，但也不是什么太大的过失。把庾楷所辖的四个郡割让给王愉统领，对于将军又有什么损害呢？晋阳的兵甲战事怎么可以一次又一次地不断发动呢？"王恭拒不听从，向朝廷呈上奏书，请求发兵攻打王愉和司马尚之兄弟。

司马道子派人向庾楷游说道："过去我和你，恩情如同骨肉，在帷帐中尽情欢饮，结带密谈，可以说是再亲近也没有的了。你今天抛弃了过去的好朋友，结交了新的援手，难道你忘记王恭过去欺凌、侮辱你的羞耻了吗？如果你打算委屈自己甘愿做他的臣属，那么等到王恭一旦真的达到了目的，他一定会认为你是一个反复无常的小人，怎么肯深深地亲近、相信你！那时候，恐怕性命都不能保全，更何况富贵呢？"庾楷大怒说："王恭过去到京师参加先帝的葬礼，相王忧愁恐惧，无计可施，我知道事情的紧急，才带了兵马前来，使得王恭不敢当时发作。去年的事情，我也是随时等候命令行动。我事奉相王，没有一点对不起他的地方。相王无法抗拒王恭，反而诛杀了王国宝与王绪，从那时起，谁还敢再去为相王尽心尽力呢？我庾楷是实在不能把全家上百口人交给别人来屠杀消灭呀！"这时庾楷已经响应了王恭发出的讨伐奸佞的檄文，正在征召兵马。庾楷的复信送给司马道子之后，朝廷上下一片忧虑恐惧，京城内外戒严。

会稽王的长子司马元显向父亲司马道子进言说："上次我们没有攻打王恭，因此才有了今天这场灾难。今天如果还像上一次那样满足他们的要求，您的杀身之祸可就要到了。"司马道子此时已经慌得不知所措，把事情全部交给司马元显办理，自己每天只是痛饮美酒而已。司马元显聪颖机警，颇晓一些文章义理，志向气度果敢敏锐，也能把天下的安危当作自己的责任。依附于他的人，都称赞司马元显英明勇武，很有明帝的风度。

殷仲堪听说王恭已经向京师大举进兵，自己因为去年拖延了出兵的期约，也马上集结部队，尽快出发。殷仲堪素来对带兵打仗很不熟悉，把指挥军事行动的权利，完全委托给南郡相杨佺期兄弟，派遣杨佺期统率五千水军做前锋，然后派桓玄做第二队，最后由殷仲堪自己统率士兵二万人，紧跟他们顺流东下，杨佺期自己认为从他的祖先东汉太尉杨震一直到他的父亲杨亮，九代都以才能仁德而著名，因此始终以自己的门第为骄傲，认为这是东晋的所有世家都赶不上的。有的人拿他同东晋尚书左仆射王珣相比，杨佺期还异常愤恨。但是因为他们家族逃亡到江南的时间较晚，所以婚姻与仕途都不得意。杨佺期和他的哥哥杨广、弟弟杨思平、堂弟杨孜敬等人性格都粗犷豪迈，经常受到别人的排挤压制。杨佺期对此常常衔恨切齿，慷慨激昂，正打算找一个机会痛快施展，实现自己的抱负，因此他也非常赞成殷仲堪的计划。

八月，杨佺期、桓玄突然来到湓口，王愉根本没有防备，惊慌失措，匆匆逃往临川。桓玄派遣小股部队去追赶他，把他生擒回来。

后燕任命河间公慕容熙为侍中、骠骑大将军、中领军、司隶校尉，城阳公慕容元为卫将军。慕容元是慕容宝的儿子。又任命刘忠为左将军，张豪为后将军，并赐他们姓慕容。任命李旱为中常侍、辅国将军，卫双为前将军，张顺为镇西将军、昌黎尹，张真为古将军，并都封为公爵。

八月十五日乙亥，后燕步兵校尉马勒等人阴谋反叛，结果被杀。这件事情牵连到了骠骑将军、高阳公慕容崇，以及慕容崇的弟弟东平公慕容澄，慕容盛命他二人自杀。

东晋宁朔将军邓启方、南阳太守闾丘羡带领部队二万人进攻南燕，同南燕中军将军慕容法、抚军将军慕容和在管城交战，邓启方等人的部队失败，他单人匹马逃走，免于一死。

北魏王拓跋珪命令有关部门确定京师的区划，标明道路的名称和里程，统一重量衡器的标准，审定长度的计量，派遣特使到各个郡国去巡回视察、监督，检举弹劾违法乱纪的地方官吏，以便拓跋珪亲自考察定罪处理。

（以上为第七段，写东晋司马道子重用谯王司马尚之等，借助朝廷威权削弱方镇势力，王恭与殷仲堪、桓玄相约，率军前往京师除奸，司马道子慌忙让儿子司马元显处理此事。）

九月初二辛卯，东晋朝廷授予会稽王司马道子黄钺，任命会稽王长子司马元显为征讨都督，又派遣卫将军王珣、右将军谢琰带兵讨伐王恭，派遣谯王司马尚之带兵讨伐庾楷。

九月初六乙未，后燕任命东阳公慕容根为尚书令，张通为左仆射，卫伦为右仆射；任命慕容豪为幽州刺史，镇守肥如。

九月初十己亥，东晋谯王司马尚之在牛渚将庾楷打得大败，庾楷单人匹马投奔桓玄。会稽王司马道子任命司马尚之为豫州刺史，司马尚之的弟弟司马恢之为骠骑司马、丹杨尹，司马允之为吴国内史，司马休之为襄城太守，并让他们各自拥有部队来作为自己的援手。

九月十六日乙巳，桓玄在白石将朝廷的部队打得大败。桓玄与杨佺期开进到了横江。司马尚之退兵逃走，司马恢之所统领的水军全军覆没。十七日丙午，司马道子搬到中堂去住，司马元显驻守石头。二十日己酉，王珣开到京师北郊，谢琰则在宣阳门屯下重兵以防意外。

王恭历来仗恃自己的才能和地位，傲视凌辱同僚，逼杀王国宝之后，他更自以为他的声威没人敢违逆。他既依仗刘牢之作为自己的爪牙，又只把他当作自己私人的部将那样对待，刘牢之对自己的才能很自负，感到深深的羞辱和气愤。司马元显知道这种情况，便派遣庐江太守高素去游说，唆使刘牢之背叛王恭，并且答应他事成之后便把王恭的职位、封号全部转授给他。高素又把司马道子的书信交给了刘牢之，向他陈说了祸福利害。刘牢之对他的儿子刘敬宣说："王恭过去蒙受先帝的大恩大德，今天又是皇上的舅舅，但是他不能作为羽翼拥戴王室，反而多次向京师发兵，我真不能想象王恭的野心有多大，他的计划一旦实现，他还能继续处在皇上和相王的手下吗？我打算遵奉朝廷的威仪与旨意，用顺乎民心的举动来讨伐叛逆，你看如何？"刘敬宣说："现在的朝廷虽然没有周成王、周康王当政时那么完美，但是也没有周幽王、周厉王那样的昏庸残暴。而王恭却依仗军队的威势，粗暴地蔑视、凌辱王室。父亲您与他在感情上既不是骨肉关系，在道义上也不是君臣关系，虽然一起共事一段时间，脾气秉性爱好却并不很相和、投机。你今天去攻打他，于情义没有什么干系。"王恭的参军何澹之知道了他的打算和计划，把这些告诉了王恭。

王恭因为知道何澹之历来与刘牢之有矛盾，所以没有相信何澹之的话。于是他备办下酒席，宴请刘牢之，当着众人的面，拜刘牢之为义兄，又把自己的精锐部队和一切好的装备，全部配备给刘牢之，让他率领帐下督颜延作为前锋。

刘牢之来到竹里，便斩了颜延，宣布投降朝廷。他派他的儿子刘敬宣和他的女婿东莞太守高雅之回击王恭。王恭此时正在城外阅兵示威，刘敬宣驱使骑兵拦腰进攻他的队伍，王恭的军队全部溃败。王恭想要回城，高雅之已关闭了城门。王恭单人匹马逃奔曲阿。他平时不怎么习惯骑马，以致把大腿内侧都磨破了。

曲阿人殷确是王恭过去的下属，他用船载着王恭，打算前去投奔桓玄，刚到长塘湖，却被人告密，王恭被抓住押送京师，在倪塘被斩首。王恭临死时，还在从容不迫地梳理着自己的胡须，神色像平时那样自然。他对监督施刑的人说："我自己的昏庸就在于我轻率地相信别人，才到了今天这个地步。不过追究我的本意，我哪里是不忠于朝廷啊！但愿百代以后的人们能知道有过我王恭这个人。"他和他的儿子、兄弟、同伙全部被处死。东晋朝廷任命刘牢之为都督兖州、青州、冀州、幽州、并州、徐州、扬州晋陵诸军事，替代王恭。

不久，杨佺期、桓玄来到石头城，殷仲堪也来到芜湖。司马元显从竹里飞马回到京师，派遣丹杨尹王恺等征发京邑的百姓几万人据守石头，以抵抗杨佺期、桓玄的进攻。杨佺期、桓玄等人向朝廷呈上奏书，为王恭申辩讲理，请求诛杀刘牢之。刘牢之则统帅北府属下的军队迅速赶到京师，驻扎在新亭。杨佺期、桓玄一看这种情况，大惊失色，只好把部队撤退到蔡州。朝廷并不了解西部殷仲堪部队的虚实，看到殷仲堪等人拥有几万人，遍布京郊的山野，感到内忧外患，互为交逼。

左卫将军桓修是桓冲的儿子。他向司马道子进言道："西部这支军队可以做说服工作，使他们分化瓦解，我桓修知道他们内部的情况。殷仲堪、桓玄以下的人全都是依赖王恭，王恭既已被杀，西部这支部队一定会感到沮丧恐慌。现在如果答应用很大的好处来引诱桓玄和杨佺期，他们二人一定会心中暗喜。这样桓玄可以制住殷仲堪，杨佺期也可能叛降过来，殷仲堪自然可以拿下。"司马道子采纳了他的意见，任命桓玄为江州刺史；召郗恢回朝任尚书；任命杨佺期代替郗恢任都督梁、雍、秦三州诸军事，雍州刺史；任命桓修为荆州刺史，暂时兼管左卫将军所属文武官员并到那里去镇守，命令刘牢之派一千人护送桓修。朝廷又贬黜殷仲堪为广州刺史，派殷仲堪的叔父太常殷茂去宣读诏书，敕令殷仲堪马上撤回部队。

（以上为第八段，写东晋的政变，王恭自以为是为朝廷肃清奸佞，以振朝纲，起兵，而朝廷则认为他是反叛，予以剿杀。北府将领刘牢之背叛王恭，王恭被擒杀。）

原后燕辅国将军张骧的儿子张超，收留集合了三千多户人家占据南皮，自己号称为乌桓王，抢劫掠夺附近各郡。北魏王拓跋珪命令庾岳去攻打他。

杨轨驻扎在廉川，招收集结汉人和其他民族的居民，人数达到一万以上。田胡部落首领王乞基对杨轨说："秃发氏才智既高，兵力又强，而且又是我王乞基过去的主人，我们不如归顺他。"杨轨于是派遣使节去向西平王秃发乌孤请求投降。杨轨不久被羌族部落首领梁饥打败，向西逃奔到傉海，进攻乙弗的鲜卑族部落，并且占据了那个地区。秃发乌孤对大臣们说："杨轨、王乞基他们已经向我归附投诚，你们不快些去援救，让他们被羌人打败，我实在太惭愧了。"平西将军浑屯说："梁饥没有什么远谋大略，只要打一仗就可以把他抓住。"

梁饥进攻西平，西平人田玄明抓住了太守郭倖，自己替代了他的位置，抗拒梁饥。田玄明把儿子送到秃发乌孤那里去做人质。秃发乌孤打算前去解救，但大臣们由于害怕梁饥的兵马强壮，多数人犹豫不决。左司马赵振说："杨轨刚刚战败，凉国吕氏家族正是强盛时期，洪池以北的地区，我们没有什么希望得到手。洪池岭以南的五个郡，我们或者还可以夺取。大王如果没有开拓疆土的志向，我赵振就不敢说什么了，如果打算治理天下四方，这个机会就不应该放弃。一旦让羌人占领西平，汉人和夷人都会受到震动，这对我们来说，不是什么好事情。"秃发乌孤高兴地说："我也打算趁这个时机建立一番功业，怎么能坐在这里困守这穷山沟呢？"

于是，秃发乌孤对大臣们说："梁饥如果得到了西平，占据那里山河坚守，我们就不能重新控制他了。梁饥虽然骁勇刚猛，但他的部队号令不齐，很容易击败他们。”于是进军攻击梁饥，将他打得大败。梁饥败退到龙支堡去驻扎。秃发乌孤又继续进攻，攻克了龙支堡，梁饥单人匹马逃奔浇河。此次战役，秃发乌孤俘虏、杀死敌军几万人。他任命田玄明为西平内史，乐都太守田瑶、湟河太守张裯、浇河太守王稚献出郡城投降。从此，洪池岭以南的几万个羌族、胡人部落，便全部归附于秃发乌孤。

西秦主乞伏乾归派遣秦州牧乞伏益州、武卫将军慕兀、冠军将军翟瑥率领骑兵二万人去攻打吐谷浑。

冬季，十月十四日癸酉，后燕大臣们再一次请求长乐王慕容盛称帝。十七日丙子，长乐王慕容盛登上皇帝位，实行大赦，尊称皇后段氏为皇太后，尊称自己的生母太妃丁氏为献庄皇后。当初在兰汗掌握国家权要的时候，慕容盛跟从慕容宝出外逃亡，兰妃侍奉婆婆丁后比平时更加谨慎小心。兰汗被诛杀之后，慕容盛认为兰妃也应当与父亲一起论罪，打算杀掉她。但丁后觉得兰妃有保全他们母子的功劳，坚决为她争辩，才使她免于一死。但是兰妃终究没有当上皇后。

（以上为第九段，写南凉主秃发乌孤听从赵振建议，出兵攻打羌族部落首领梁饥，获得全胜；西秦主乞伏乾归派遣将领攻打吐谷浑；后燕长乐王慕容盛即帝位。）

东晋实行大赦。

殷仲堪接到朝廷的诏书，勃然大怒，催促桓玄、杨佺期继续向京师进军。桓玄等对朝廷的任命感到欣喜，打算接受，正在犹豫不决。殷仲堪听说了这种情况，匆忙地从芜湖向南撤退，并且派人去告诉蔡州的军士说：“你们这些人如果还不各自散伙回家，等我回到江陵，把你们的家眷全部杀掉。”杨佺期的部将刘系首先率领二千人撤走。桓玄等人非常害怕，也狼狈地向西撤军。他们追赶殷仲堪，直到寻阳方才赶上。此时，殷仲堪已经失去了职务，只能依靠桓玄等人做自己的声援，桓玄等人也正要倚重于殷仲堪的军队，因此他们虽然在心中暗自互相猜疑，但在形势的逼迫下又不得不联合起来。于是交换儿子兄弟做人质。

十月二十三日壬午，他们在寻阳正式缔结盟约，决定一致拒绝接受朝廷的任命和指挥，并且联名上了一道奏书为王恭申辩说理，请求诛杀刘牢之以及谯王司马尚之，又质问殷仲堪没有罪过，为什么独独被降职贬退。朝廷非常惧怕，宫廷内外一片骚乱。于是朝廷又罢免了桓修的官职，把荆州又还给殷仲堪管辖，并对他特别下令，好言相慰，希望以此求得和解。殷仲堪等人这才接受命令。御史中丞江绩弹劾桓修等人专门为自己的利益打算，使朝廷受到蒙蔽而采取了错误的措施。朝廷下令，免去桓修的所有官衔。

当初，桓玄在荆州的时候，行为过于蛮横，霸道放纵，殷仲堪的一些亲信党羽都曾劝说殷仲堪杀掉他，殷仲堪没有听。等到在寻阳结盟立誓的时候，又因为桓玄的名声与地位，推桓玄作了盟主，桓玄因此更加骄矜倨傲。杨佺期为人骄傲慓悍，桓玄却常常把他当作出身寒微的人士来对待，杨佺期非常愤恨，暗地里向殷仲堪说，桓玄终有一天要成为祸患，请求在盟誓的神坛上袭杀桓玄。殷仲堪忌惮杨佺期兄弟的勇猛劲健，担心杀掉桓玄之后，更没有人再能牵制他们，于是苦苦相劝，禁止他那样做。这样他们各自回到自己的镇守之地。桓玄也知道杨佺期曾经有杀害自己的计划，暗中有消灭杨佺期的打算。于是他驻扎在夏口，召引始安太守济阴人卞范之做长史，作为自己的主要谋士。这时，朝廷的命令唯独没有赦免庾楷，桓玄便任命庾楷为武昌太守。

当初，雍州刺史郗恢拥护朝廷，抗拒西部殷仲堪的部队。那时桓玄还没有当上江州刺史，所以他打算夺取郗恢的雍州，而让郗恢去当广州刺史。郗恢听说后很害怕，询问手下人有什么办法，大家都说："如果是杨佺期来，我们谁敢不同心尽力地去抵抗？但如果是桓玄来，恐怕我们很难成为他的对手。"不久，郗恢听说朝廷是派杨佺期来代替自己，于是与闾丘羡商议如何组织兵力抵抗他。杨佺期听说了这个消息，便将计就计，宣称是桓玄要从沔水向西开进经过这里，让杨佺期做他的先头部队。郗恢的手下人信以为真，听见风声便都溃散了，郗恢也请求投降。杨佺期进入官府，下令斩了闾立羡，把郗恢释放回都城。郗恢一家人走到杨口，殷仲堪暗地派人杀了他和他的四个儿子，推说是附近一群蛮人所杀。

西秦乞伏益州与吐谷浑王视罴在度周川交战，视罴大败，逃走，据守白兰山，把儿子宕岂送到西秦做人质，请求和解。西秦王乞伏乾归把宗族的一个女儿嫁给了宕岂。

后凉建武将军李鸾，献出兴城，向秃发乌孤投降。

十一月，东晋任命琅邪王司马德文为卫将军、开府仪同三司，征虏将军司马元显为中领军，领军将军王雅为尚书左仆射。

十一月二十三日辛亥，北魏王拓跋珪命令尚书吏部郎邓渊制订官制，协调皇室的音乐；命令仪曹郎清河人董谧制订国家的礼仪制度；命令三公郎王德制订国家的法律规章制度；命令太史令晁崇考察天象。他又派吏部尚书崔宏统管裁定，用以作为永久的制度。邓渊是邓羌的孙子。

杨轨、王乞基率领几千户居民，主动归附了西平王秃发乌孤。

十二月初二己丑，北魏王拓跋珪正式登皇帝位，实行大赦，改年号为天兴。他命令朝廷内外所有官员百姓都必须把头发系在一起，再戴上帽子。他把很遥远的祖先拓跋毛以下的二十七个人都追尊为皇帝；尊奉六世祖拓跋力微为神元皇帝，庙号始祖；尊奉他的祖父拓跋什翼犍为昭成皇帝，庙号高祖；尊奉他的父亲拓跋寔为献明皇帝。按照北魏的旧习俗，每年的夏初都要祭祀天神和宗祖庙，每年的夏末都要率领部众去阴山做退霜的祈祷，每年的秋季刚开始要去西郊祭天。到了这一年，北魏才开始依照汉族的古代传统，制订了在祭庙、朝会使用的礼仪音乐。然而，只有每年初夏的祭祀天神的活动，拓跋珪才亲自参加献祭，其余几次多是由有关部门负责执行。

拓跋珪又采纳了崔宏的建议，自称是黄帝的后代，以土德作君王。他把六州二十二郡的官员和豪族大户两千多家，迁移到代都居住。把东至代郡，西至善无，南至阴馆，北至参合陂的地区，全都划入京畿范围之内。京师之外的四方、四维，设置了八部帅，分别加以监督、管辖。

十二月十二日己亥，后燕幽州刺史慕容豪、尚书左仆射张通、昌黎尹张顺，以谋反罪被处死。

当初，东晋琅邪人孙泰向钱塘人杜子恭学习妖术，士人、百姓都很信奉他。左仆射王珣很讨厌他，把孙泰流放到广州。广州刺史王雅却把孙泰推荐给孝武帝司马曜，说孙泰知道修身养性、长生不老的药方。于是，孝武帝把孙泰从广州征召回京，并逐渐升官做到了新安太守。孙泰估计到晋朝的气数就要结束，他假借王恭兴兵引起战乱，以攻打王恭为名义，大量收集征召士兵部众，聚敛财富无数，三吴地区的居民，大多数都归附了他。有些见识的人都担忧他将来会制造动乱，但因为中领军司马元显与他关系亲密，没有人敢说。会稽内史谢輶揭发了他的阴谋，十二月二十二日己酉，会稽王司马道子让司马元显把孙泰诱骗来之后，杀掉了他，同时杀掉了他的六个儿子。

孙泰的侄儿孙恩逃入东海躲藏在小岛上，愚昧的百姓还以为孙泰像蝉一样，脱掉了一层壳，而真人并没有死，因此到海中去为孙恩送粮食等资助。孙恩于是又聚合了一百多名亡命之徒，谋划复仇。

南凉西平王秃发乌孤改称武威王。

这一年，归附东晋的杨盛，派遣使节请求归附北魏。北魏封杨盛为仇池王。

（以上为第十段，写东晋朝廷贬降殷仲堪官职，仲堪与桓玄联手，要挟朝廷恢复其官职；北魏主拓跋珪正式称帝，改元天兴，追封先祖，修订礼乐、法律等制度。）

【点评】

王恭兵谏丧身。王恭是东晋孝武帝皇后的哥哥，是外戚，从小就有美誉，有过人的情操，而且自负才能。

当时的皇上司马曜任用其弟弟司马道子，让司马道子掌控朝政；但又十分信任外戚王恭，让他担任前将军，兖、青二州刺史等要职，假节，镇守京口，掌管地方军政大权，作为朝廷的屏障。司马曜的意图，可能是让二者互相制约，共同辅卫朝廷。可司马道子在孝武帝去世、晋安帝司马德宗继位后执掌朝政，非常宠幸奸佞王国宝，将机要朝权都交给他掌管，王国宝胡作非为，引起了王恭的不满。王恭常常直言指斥，认为王国宝乱政将败亡东晋。二人大有水火不相容之势。

王恭曾两次起兵，矛头直指朝廷奸臣，非一般人所能做到。第一次，王恭准备士兵及军需品，上书要北伐，而朝廷没有同意，王恭一边上奏王国宝的罪行，一边起兵讨伐。朝廷采取息事宁人的办法，丢卒保车，赐死王国宝，向王恭谢罪。王恭的目的达到了，也就收兵了。第二次，朝廷继续由司马道子当政，他的儿子司马元显也在朝廷占有一席地位，又任用了司马尚之兄弟，王恭又上书，以讨伐为名起兵。然而司马元显主张用兵，并采用离间计，拉拢王恭的得力干将刘牢之，釜底抽薪，王恭措手不及，结果被俘，而后被杀。

王恭两次出兵，两次讨伐奸佞的行为，究竟应当怎么看待？究竟该如何评价？

首先，在当时，王恭自认为是一片忠心，他在被杀时曾说：“我的内心，难道不是忠于国家社稷的吗！百代之后，人们是知道我王恭这个人的。”当时的人们并不是很理解他，晋安帝司马德宗把平定的大权直接赋予司马道子，为其加黄钺，为征讨都督，代理皇帝处理这次事件；王恭被抓后，就被杀了。

曾经和王恭一同起事的桓玄执政，上书朝廷，为王恭辩护申冤，朝廷下令，追赠王恭为侍中、太保，谥号为忠简。王恭的名誉是恢复了，但是，人死不能复生，朝廷依旧是鸱鸮乱舞，鬼魅唱歌，江河日下，国将不国。王恭的一腔忠愤，付诸东流。

王恭的出兵，仅仅是讨伐朝廷奸佞而已，他不要朝廷大权，也不伤及无辜之人，没有个人的任何目的，是出于忠心，舍身为国，如果要定性，应当是“兵谏”而已。

而令人不可思议的是，在古今记载这一事件上，动不动就称为“王恭反叛”，就名目而言，显然是对王恭的行为持否定的态度，这当然是不恰当的，是不符合历史事实的，也是对王恭的不恭，应予以纠正！如果说是“反叛”，也只能解释为忠于朝廷，反叛奸佞！应当将“王恭反叛”改为“王恭兵谏”，以与历史上的那些真正的反叛之徒相区别。

晋纪三十三

晋安帝隆安三年至四年（公元 399—公元 400）

【起屠维大渊献（己亥，公元 399 年），尽上章困敦（庚子，公元 400 年），凡二年】

【大事提要】

本卷记事起于公元 399 年，到公元 400 年，凡两年，时当晋安帝（司马德宗）隆安三年至隆安四年。本卷所载大事，主要有五个方面。其一，孙恩之乱。东晋孙恩随其叔孙泰借传道为名，聚集民众，后被迫逃到海上。公元 399 年，孙恩趁机反晋，从海上攻上虞，杀县令，袭据会稽，举众数万，临海等八郡响应，发展到几十万人，后被镇压。其二，慕容德称帝。慕容德原在滑台称王，后滑台被敌人攻破，转而南下，进据东晋琅邪、徐、兖等地，进入广固，在南郊正式称帝，改年号为建平。其三，李暠建立西凉。李暠是陇西成纪人，自称为李广之后。段业割据一方，自称凉州牧时，以李暠为效谷县令，后升为敦煌太守。公元 400 年，李暠趁中原战乱之际，在众人推举下，建立西凉，自称大将军、凉公等，改元庚子，以敦煌为都城，疆域广及西域。其四，慕容盛亲征高句丽。后燕慕容盛重建后燕，以高句丽王事燕礼慢为理由，亲率 3 万人马前去攻打，攻克新城、南苏两座城池，扩大疆土七百多里，迁移裹胁了五千多户居民回师。其五，后凉内乱。公元 399 年，后凉王吕光年老多病，立太子吕绍为天王。吕绍是嫡长子，上有两个手握重兵的哥哥吕纂、吕弘。吕绍即位后，吕纂听从吕弘建议，率兵攻打吕绍，逼迫吕绍自杀，自立为王；又对吕弘不信任，吕弘起兵反叛，被打败、杀死。

安皇帝丙

晋安帝隆安三年（己亥，公元 399 年）

春季，正月初四辛酉，东晋实行大赦。

正月十一日戊辰，后燕昌黎尹留忠阴谋叛变，被处死。事情牵连到了尚书令东阳公慕容根、尚书段成，也都被处死。慕容盛派中卫将军卫双去凡城诛杀留忠的弟弟幽州刺史留志。任命卫将军平原公慕容元为司徒、尚书令。

正月十三日庚午，魏道武帝拓跋珪去北方巡视，分别命令大将军常山王拓跋遵等三支军队从东路向长川进发，镇北将军高凉王拓跋乐真等七支军队从西路向牛川进发，拓跋珪则自己带领大军从中路从狡髯水出发，准备袭击高车部落。

正月二十五日壬午，后燕右将军张真、城门校尉和翰因谋反罪被杀。

正月二十六日癸未，后燕实行大赦，改年号为长乐。后燕主慕容盛每隔十天，亲自审理判决一次讼事，虽然并不加以严刑拷打，但也能获得很多真实情况。

南凉武威王秃发乌孤把都城迁到乐都，派遣他的弟弟西平公秃发利鹿孤镇守安夷，广武公秃发傉檀镇守西平，他的叔叔秃发素渥镇守湟河，另一个叔叔秃发若留镇守浇河，堂弟秃发替引镇守洪池岭以南的地区，另一个堂弟秃发洛回镇守廉川，堂叔秃发吐若留镇守浩亹。对于其他夷族和汉族的一些贤俊杰出人士，也都根据他们的才能分别任命职务，或者在朝中官居显要位置，或者在地方上掌管郡县的事务，都得到了合适的安排。

秃发乌孤对大臣们说："陇右、河西，本来不过就是几个郡大的地方，经受动乱之后，分裂成了十几个国家，吕氏、乞伏氏、段氏这三家势力最强大。现在我打算去攻取他们，应该先打哪一个？"杨统说："乞伏氏本来是我们的一个部落，终究会归附我们。段业是一介书生，根本没有什么能力制造祸患，而且跟我们有很好的关系，进攻他不合道义。吕光衰老不堪，他的儿子吕绍又懦弱无能。吕纂、吕弘虽然很有才能，但内心互相猜忌。我们如果派浩亹、廉川两个郡的兵力乘虚轮流不断地进攻，吕氏一定会疲于奔命，不超过二年，就会军队劳累，百姓贫困，到那时，姑臧就可以谋取了。姑臧被我们拿下之后，乞伏氏和段氏这两伙强盗，不用等我们去攻打就会向我们投降了。"秃发乌孤说："好！"

二月初一丁亥朔，北魏北征的军队将高车的三十多个部落打得大败，俘虏七万多人，缴获马三十多万匹，牛羊一百四十多万头。卫王拓跋仪另外带领三万骑兵，深入沙漠一千多里，攻破了高车的七个余部，俘虏二万多人，缴获马五万多匹，牛羊二万多头。高车的各个部落非常震惊、恐慌。

南方的林邑王范达攻克了东晋日南、九真两个郡，于是进犯交趾郡。交趾太守杜瑗领兵将他打败。

二月二十四日庚戌，北魏征虏将军庾岳在勃海攻破了张超率领的变民部队，并把张超斩首。

段业即北凉王位，改年号为天玺。任命沮渠蒙逊为尚书左丞，梁中庸为尚书右丞。

魏道武帝拓跋珪在牛川以南的地方大规模打猎，让高车人围成人墙，周围长七百多里。这样他把圈子里的走兽向南驱赶到平城，又让高车人修筑起鹿苑，鹿苑方圆达数十里。三月初三己未，拓跋珪回到平城。

三月初八甲子，魏道武帝拓跋珪将原尚书三十六曹以及一些京外官署整理划分为三百六十曹，派设八部大夫主管。吏部尚书崔宏负责统领原来的三十六曹，像令、仆射那样管辖事务。又设置了五经博士，增加国子太学生的名额，共达三千人。

魏道武帝拓跋珪向博士李先询问说："天下什么东西最好，可以用来补益人的智慧、精神？"李先回答说："没有什么能比得上书籍。"拓跋珪说："书籍一共能有多少，怎么样才能把它们搜集到一起呢？"李先又回答说："自从文字产生，一直到现在，图书的数量每代都有发展增加，已经不可能准确统计了。如果皇上有这方面的爱好，何必忧虑不能搜集呢？"拓跋珪听了他的话，命令各地郡县大规模索求、搜集书籍，全部送到平城。

（以上为第一段，写南凉武威王秃发乌孤把都城迁到乐都，谋划攻打陇右、河西的割据政权；段业即北凉王位，改元天玺；北魏主拓跋珪率军攻打高车，大获全胜。）

当初，前秦主苻登的弟弟苻广率领士兵三千人投顺了南燕王慕容德，慕容德任命他为冠军将军，安置在乞活堡。正赶上火星侵入井宿，有人说这种星象表示前秦应当复兴，苻广于是自称秦王，进攻南燕北地王慕容钟，并将他打败。这时南燕慕容德驻地的滑台势单力薄，所辖治的地方不到十个城池，军队也不过一万人，慕容钟失败之后，依附慕容德的人大都离开了慕容德依附苻广。慕容德留下鲁阳王慕容和驻守滑台，亲自统帅士兵去攻打苻广，并把他斩了。

后燕主慕容宝来到黎阳的时候，鲁阳王慕容和的长史李辩劝说慕容和接纳他，慕容和不同意。李辩非常害怕，就暗地里招引东晋的军队来到管城，打算趁慕容德出外作战时发动叛乱。后来慕容德并没有出外作战，李辩心里更加焦虑不安。到这次慕容德出兵攻打苻广，李辩再一次劝说慕容和反叛，慕容和仍然不听，李辩便杀了慕容和，献出滑台城，投降了北魏。北魏行台尚书和跋正在邺城，便带领一支轻装骑兵部队，从邺城奔赴滑台，赶到的时候，李辩却又后悔了，赶忙关紧城门拒绝他们进城。和跋派遣尚书郎邓晖前去劝说，李辩开门把和跋迎入城内。和跋收缴了慕容德的所有姬妾宫女、府库资财。慕容德派兵进攻和跋，和跋反击，把南燕军打败，又击败了赶来增援的慕容德的大将桂阳王慕容镇，俘虏了一千多人。陈郡、颍川郡的民众大多数便归附了北魏。

南燕右卫将军慕容云斩杀了李辩，率领将士的家属共两万多人冲出滑台城，去投奔慕容德。慕容德打算进攻滑台，部将韩范说："过去魏人是客人，我们是主人；现在我们是客人，魏人却变成了主人。我们军中人人都非常害怕，不可以再让他们去打仗了。不如先据守一个地方，自己重新创立根本基业，然后再筹划考虑发展壮大进取的事情。"部将张华说："彭城是西楚霸王的旧都城，可以把它攻下来占据它。"

但是北地王慕容钟等人都劝说慕容德进攻滑台。尚书潘聪说："滑台是一个四通八达的地方，北有魏，南有晋，西有秦，居住在那里没有一天是安全的。彭城地广人稀，一片平原，没有什么险要可以据守。而且那里是晋的旧有重镇，未必很容易就可以攻取下来。这地方又距长江、淮河很近，夏季、秋季降雨很多。乘舟在水上作战，那是吴地之人最擅长的，而恰恰又是我们的短处。青州既拥有两千里的肥沃土地，又拥有十多万精锐的部队，左边有紧挨着大海的富饶，右边有依靠高山大河的险要，广固城是当年曹嶷所兴筑，地势险峻，足可以作为帝王的都城。三齐地方的英才俊杰，希望得到一个圣明的君主，拥戴他在世上建立宏伟的功业已经有很长时间了。青州刺史辟闾浑也曾是燕国的臣子，现在应该派遣能言善辩之士赶到他那里游说，紧接着再派遣大军进逼，如果他不听从我们的奉劝，击败他并夺取青州不过像弯腰拣草那么容易罢了。得到那里之后，封锁关隘，养精蓄锐，等待时机而有所建树，这才是皇上的关中、河内呀！"

慕容德犹豫再三，委决不下。一个叫竺朗的和尚一向善于占卜征候，慕容德遣使牙门苏抚前去探问，竺朗说："我恭敬地看了他们提出的这三种策略，潘尚书的建议才是兴邦立国的言论。而且今年年初的时候，彗星起自奎宿、娄宿，其尾扫过虚宿、危宿。彗星的出现乃是消除陈腐、新机将布的星象，奎宿、娄宿天区为鲁国疆域，虚宿、危宿天区为齐国疆域。应该先去夺取兖州，再去安抚琅邪，到秋天的时候再向北攻占齐地，这是上天的旨意呀。"苏抚又偷偷地问他燕国的寿命如何，竺朗根据《周易》推算之后说："燕国将在庚戌年衰亡，寿命为一纪，并可以把王位传给儿子。"

苏抚回去向慕容德汇报，慕容德才率领大军向南进发，兖州以北偏远地区的郡县都投降了他。慕容德分别设置地方官员安抚百姓，严禁军队到处掳掠抢夺。百姓们非常高兴，一路上不断有人送来慰劳大军的牛肉美酒。

（以上为第二段，写南燕的变故。国主慕容德出兵攻打自称秦王的苻广，而都城滑台因李辩的叛变被北魏攻下；慕容德谋划建立新的根据地，决定向南进发，攻占齐地。）

三月二十日丙子，魏道武帝拓跋珪派遣建义将军庾真、越骑校尉奚斤率兵袭击库狄、宥连、侯莫陈三个部落，并且把它们全部击破，追击奔袭到大峨谷，在那里安置了守卫部队之后才返回。

三月二十三日己卯，晋安帝司马德宗追尊他的亲生母亲陈夫人为德皇太后。

夏季，四月，鲜卑叠掘部落的首领河内率他所辖属的五千户居民，向西秦投降。西秦主乞伏乾归任命河内为叠掘都统，并把自己宗族的一个女儿嫁给他做妻子。

四月初九甲午，后燕实行大赦。

东晋会稽王司马道子有病，而且又嗜酒成癖，没有一天不酩酊大醉。他的嫡长子司马元显知道他在朝廷已经没有声望，于是便委婉地劝说，请求朝廷解去了司马道子的司徒、扬州刺史职务。四月初十乙未，晋安帝司马德宗任命司马元显为扬州刺史。司马道子清醒之后知道了这件事，虽然忍不住暴跳如雷，但是也没有办法。司马元显把庐江太守会稽人张法顺作为自己的主要谋士，并且大量地引用亲信，树立党羽，朝中地位显贵的官员都以畏惧的态度对待他。

后燕散骑常侍余超、左将军高和等人，以谋反罪被杀。

后凉太子吕绍、太原公吕纂率军攻打北凉，北凉主段业向南凉武威王秃发乌孤求救，秃发乌孤派遣骠骑大将军秃发利鹿孤与杨轨一起前去救援。段业准备迎战，沮渠蒙逊劝阻他说："杨轨这个人依仗着鲜卑人的强大，有对我趁机动手的野心，吕绍、吕纂此次敢于率军深入，已经把军队置之死地，我们抵挡不过。现在我们不出战，还有像泰山那样的安稳，出战就会有累卵之危。"段业听从了他的劝告，按兵不动。吕绍、吕纂只好带着大军回去。

六月，秃发乌孤任命秃发利鹿孤为凉州牧，镇守西平，召回车骑大将军秃发傉檀，叫他入朝处理国家大事。

东晋会稽王的嫡长子司马元显，知道自己还年轻，不打算马上担负起国家的重大责任。

六月初四戊子，朝廷任命琅邪王司马德文为司徒。

北魏前河间太守范阳人卢溥统率他手下的几千人家到渔阳谋生，于是占据了几个郡的土地。秋季，七月初五己未，后燕主慕容盛派遣使节任命卢溥为幽州刺史。

七月初七辛酉，后燕主慕容盛下令说："法令判例规定，公、侯如果犯了罪，可以用金钱、布帛来赎罪，这不能达到惩罚罪恶的目的，却有利于王府，因此毫无意义。从今往后，犯罪的人必须立功才能赎清自己的罪责，不得再收取金钱、布帛。"

西秦丞相、南川宣公出连乞都去世。

后秦齐公姚崇、镇东将军杨佛嵩进犯东晋的洛阳，河南太守陇西人辛恭靖围绕城池加固防守。雍州刺史杨佺期派遣使节向北魏国常山王拓跋遵请求援助，魏道武帝拓跋珪派散骑侍郎西河人张济作为拓跋遵的从事中郎前往。杨佺期向张济问道："你们魏国去征伐中山，有多少军士？"张济说："四十多万。"杨佺期说："就你们如此强大的魏国来说，姚崇一伙小小的羌贼实在不值得你们去消灭。况且晋与魏之间本来就是一家，现在既然已经结成友好关系，便不应该有什么隐瞒的。我这里兵力微弱，粮草也很少，救助洛阳的事，就依赖你们魏国了。如果洛阳可以完好无缺，对你们一定会有丰厚的报答；如果坚守不住，与其让羌人得到，还不如让你们得到！"张济回国汇报了杨佺期的态度。八月，拓跋珪派遣太尉穆崇带领六万骑兵前往援助杨佺期。

后燕辽西太守李朗，担任郡守十年，在郡内威信很高，他害怕后燕主慕容盛猜疑忌恨，因此几次被征召都不去。因为自己的家眷全在龙城，没有公开叛变，只是私下里招引北魏大军前来，答应统领全郡向北魏投降。他于是派遣信使跑到龙城去禀报，夸张辽西那里受到寇贼侵犯的形势。慕容盛说："这一定是骗局。"把那个信使招来仔细审问，果然没有那么一回事。慕容盛把李朗的家人全部杀掉。八月十四日丁酉，派遣辅国将军李旱前去攻打。

（以上为第三段，写东晋朝廷任命司马元显为扬州刺史，逐步替代其父司马道子掌管朝政；后秦出兵攻打东晋，北魏出兵援助东晋；后燕主慕容盛杀掉辽西郡太守李朗。）

当初，北魏奋武将军张衮因为才干出众、谋略过人而得到北魏主拓跋珪的信任与重用，把他当作心腹。拓跋珪向张衮询问中州的读书人谁比较有名，张衮荐举了卢溥和崔逞，拓跋珪都加以任用。

那时，魏道武帝拓跋珪围困中山城很长时间也没有攻下，部队的粮食非常缺乏，向群臣询问办法，当时崔逞是御史中丞，他回答说："桑葚可以用来做辅助粮食；飞来飞去的猫头鹰吃了桑葚而改变了叫声，这是诗人说的。"拓跋珪虽然采纳了他的意见，允许百姓用桑葚充当地租交纳，但是却认为崔逞有意侮辱轻慢自己，记恨在心。后来，后秦国的军队进犯襄阳，东晋雍州刺史郗恢写信向北魏常山王拓跋遵求援说："贤兄像猛虎那样纵横中原。"拓跋珪认为郗恢没有遵奉君臣之间的礼法，让张衮和崔逞代写回信，一定要贬斥东晋的君主。但张衮、崔逞在信中称东晋皇帝为"贵主"。拓跋珪见此，勃然大怒说："我命令你们贬低他，你们却称他为'贵主'，这怎么能和他叫我'贤兄'相比呢！"

崔逞投降北魏的时候，天下正处在动乱之中，担心不能遗留下后代，所以让他的妻子张氏和四个儿子留在冀州老家，崔逞自己与最小的儿子崔赜来到平城，他的妻子张氏和四个儿子便投奔了南燕。拓跋珪把这几件事加在一起责问崔逞，下令让他自杀。

卢溥接受后燕的官位和命令，侵犯袭掠北魏的郡县，又杀了北魏幽州刺史封沓干。拓跋珪认为张衮所举荐的人都不好，因此把张衮贬为尚书令史。张衮于是从此紧闭大门，不与外边来往，只是整天地校勘经史典籍，一年多之后去世。

后燕主慕容宝失败的时候，中书令、民部尚书封懿向北魏投降。国主拓跋珪任命封懿为给事黄门侍郎、都坐大官。拓跋珪向封懿询问燕氏政权过去的一些事情，封懿在回答时，疏略而且傲慢，也被免去一切官职，在家闲居。

南凉武威王秃发乌孤醉酒之后，骑马奔驰，伤了肋骨而死，留下遗命让年纪大的人为国君。国人拥立他的弟弟秃发利鹿孤，追谥秃发乌孤为武王，庙号烈祖。秃发利鹿孤下令大赦，把都城迁到西平。

（以上为第四段，写北魏主拓跋珪心胸狭隘。崔逞建议用桑椹为军粮，拓跋珪认为是在侮慢自己；张衮、崔逞称东晋皇帝为“贵主”，被拓跋珪认为没有达到贬低目的，最后崔逞被赐死。）

南燕王慕容德派遣使节前去游说东晋幽州刺史辟闾浑，打算拿下幽州，辟闾浑没有听从他们的劝告。慕容德派遣北地王慕容钟率领步、骑兵共两万人进攻辟闾浑。慕容德向前推进占据琅邪，徐州、兖州的百姓归附他的有十多万人。慕容德带兵从琅邪向北进发，任命南海王慕容法为兖州刺史，镇守梁父。然后又进攻莒城，东晋守将任安放弃城池逃走，慕容德任命潘聪为徐州刺史，镇守莒城。

当年兰汗之乱时，后燕吏部尚书封孚向南投奔辟闾浑，辟闾浑向朝廷奏报，任命他做了渤海太守。慕容德来到的时候，封孚出城投降，慕容德非常高兴地说：“我得到青州并不觉得是大喜的事，可喜的是我得到了你。”于是把朝廷机密要事交给封孚掌管处理。

北地王慕容钟向青州的各郡传布檄文，向他们申明祸福、利害关系。辟闾浑把八千多户居民迁徙到广固去据守，又派司马崔诞去戍守薄荀固，派平原太守张豁戍守柳泉。崔诞、张豁接到慕容钟的檄文后，都向慕容德投降。辟闾浑非常害怕，便携带着妻子儿女，向北魏国奔逃，慕容德派遣射声校尉刘纲前去追赶他，追到莒城把他杀了。辟闾浑的儿子辟闾道秀，自己去面见慕容德，请求让他与他的父亲一块死。慕容德叹息说：“父亲虽然不忠，但是他的儿子却能尽孝。”特地赦免了辟闾道秀。

辟闾浑的参军张瑛曾经为辟闾浑草拟檄文，文中措辞大多不逊，慕容德把他抓住后谴责他。但张瑛神色自然，慢慢地说：“辟闾浑有我，就好像韩信有蒯通一样。蒯通遇到了汉高祖刘邦而能生存，我与皇上遭遇却要死，与古人相比，我只能觉得是一种不幸罢了！”慕容德把他杀了。于是南燕定都在广固。

（以上为第五段，写南燕主慕容德率领军队在山东开辟根据地，占领琅邪；东晋幽州刺史辟闾浑开始硬抗，后来恐惧，投奔北魏，被追杀；慕容德定都广固城。）

后燕辅国将军李旱，攻打李朗，行进到建安，后燕主慕容盛把他紧急召回，大臣们都不知道是什么缘故。九月十八日辛未，又派他出征。李朗听说他的家眷全部被杀害，便集结二千多户居民，用以固守自己的城池，等到听说李旱突然回去，认为后燕国内部一定出现变化，所以不再设防，只是留下他的儿子李养据守令支，自己却去北平迎接北魏军。壬子（疑误），李旱袭击并攻破了令支，马上又派广威将军孟广平去追击李朗，在无终追上并把他杀了。

后秦主姚兴因为天灾和异兆多次出现，降低名号，由皇帝改称王，并下达诏书，命令诸公卿、将帅、地方官吏，全部降职一级。下令大赦，改年号为弘始；安抚慰问孤寡之人与贫苦百姓，选举荐拔贤才俊士；简化缓和法令制度，清正明确地处理诉讼案件。地方官吏有政绩的奖赏，贪婪残暴的人被诛杀。国中无论远近，秩序井然。

冬季，十月十一日甲午，后燕中卫将军卫双因罪被赐死。李旱回朝之后，听说卫双已死，非常害怕，便抛下军队，只身逃亡，到板陉之后，又回去自首认罪。后燕主慕容盛恢复了他的爵位和职务，对侍中孙勍说："李旱作为将军却抛弃了自己的军队，他的罪过绝对是不可饶恕的。但是过去先帝遭受挫折、流亡的时候，自己的骨肉都离心离德，公卿们失去节操，只有李旱一人，虽然身为宦官，却能忠贞勤勉地护佑先帝，始终如一。我正是感念他的这些功劳，所以才赦免他的呀！"

东晋将领辛恭靖在洛阳坚守了一百多天，北魏的救援部队仍然没有到。后秦军攻下了洛阳，抓获了辛恭靖。辛恭靖被押解去见后秦王姚兴，不肯跪拜，说："吾决不做羌贼的臣民！"姚兴把他囚禁起来，辛恭靖趁机逃了回去。这样，从淮河、汉水以北地区各城，有很多都请求投降，并向后秦送去亲属做担保。

魏道武帝拓跋珪任命穆崇为豫州刺史，镇守野王。

东晋会稽王的嫡长子司马元显，生性严酷刻薄，对人的生死，随心所欲地处置。他下令征召东方各郡中解除奴户身份而变成客户的人，把他们称为乐属，迁移到京师去居住，用作后备兵源，忧愁笼罩在东方各郡的广大土地之上，百姓深感痛苦。

逃到海上去的孙恩因为百姓骚动不安，从海岛上率领他的部众，杀死了上虞令，进而对会稽发起了猛攻。会稽内史王凝之是王羲之的儿子，世代信奉天师道，他既不出兵也不设防戒备，只是每天去道堂上磕头念咒。手下官员请求派兵出城攻打孙恩，王凝之说："我已请来了得道大仙，借来了鬼兵把守各个险要关卡，每个地方都有几万鬼兵，盗贼不值得担忧。"等到孙恩的兵马越来越近，才允许发兵抵敌，可是孙恩的大军已经到了郡城之下。

十月，甲寅（疑误），孙恩攻克了会稽城，王凝之逃出城去，被孙恩抓住杀了，同时还杀了他的几个儿子。王凝之的妻子谢道蕴是谢奕的女儿，听说强盗来到，一举一动跟平常一样，从容不迫，她命令婢女们抬着她乘坐的轿子，拔出佩刀来到家门之外，亲手杀死了几个人才被抓住。吴国内史桓谦、临海太守新蔡王司马崇、义兴太守魏隐等人都放弃了郡城逃走。一时之间，会稽人谢鍼、吴郡人陆瓌、吴兴人丘尫、义兴人许允之、临海人周胄、永嘉人张永等，以及东阳、新安等共八个郡的百姓，同时拉起队伍，杀掉本地官员而响应孙恩。十天之内，聚集了几十万人。吴兴太守谢邈、永嘉太守司马逸、嘉兴公顾胤、南康公谢明慧、黄门郎谢冲、张琨、中书郎孔道等人都被孙恩的部队杀死。谢邈、谢冲都是谢安的侄儿。这时，三吴一带过太平的日子已经很久，百姓不善于打仗，所以郡县的守兵听见一点风声，便都奔逃溃散。

孙恩占据了会稽，自称为征东将军，逼迫士人充当他的属官，并把手下的人称作“长生人”，百姓中如果有不跟随他的人，就连同婴孩一起杀掉，因此，民众死在他的刀下的有十分之七八。他甚至把一些县令的尸体剁成肉酱，集合他们自己的妻子儿女吃下去，如果拒绝吃，便被肢解分尸。他们路过一个地方便抢掠财物，烧毁房屋和官府的仓库，砍伐树木、填堵水井，民众相随着来到会稽聚集，有的妇女怀中有婴儿，不能跟他们一起去的，便被投到水中，说：“恭喜你先走一步，登上天堂仙境，我一定会随后来找你的。”孙恩向晋安帝司马德宗上书，历数会稽王司马道子和他的嫡长子司马元显的罪状，请求杀掉他们。

自从晋安帝司马德宗即位以来，朝内朝外都是变乱丛生，石头城以南的地区都被荆州、江州所占据，以西的地区又全都归豫州所专有，京口地区以及长江以北都是刘牢之以及广陵相高雅之控制的地盘，朝廷政令所能达到、通行的地方，只有三吴这一小片地域。孙恩作乱之后，三吴的八郡又都被孙恩攻占，京畿几个县，也盗贼祸乱四起，孙恩的党羽也有潜伏在建康城中的人，因此人们心情恐惧，经常担心会发生什么意想不到的变乱，朝廷只好宣布全国戒严，晋安帝司马德宗加授给司马道子黄钺，任命司马元显为中军将军，徐州刺史谢琰兼督吴兴、义兴等郡军事，来攻打孙恩。刘牢之也出动军队征讨孙恩，向朝廷上书之后立即出师。

（以上为第六段，写后燕主慕容盛平定辽西太守李朗的叛变；东晋朝廷重用司马道子父子，天怨人怒，海盗孙恩乘机骚扰三吴地区，官兵不堪一击，朝野震动。）

西秦任命金城太守辛静为右丞相。

十二月十二日甲午，后燕燕郡太守高湖率部属三千多户居民投降北魏。高湖是高泰的儿子。

十二月二十四日丙午，后燕主慕容盛封他的弟弟慕容渊为章武公，慕容虔为博陵公，封他的儿子慕容定为辽西公。

十二月二十五日丁未，后燕皇太后段氏去世，谥号叫惠德皇后。

东晋徐州刺史谢琰击杀了许允之，迎接魏隐回到了郡城，然后进军，袭败丘尫。谢琰与刘牢之边战边前进，所到之处，每攻必克。谢琰留在乌程屯扎，派遣司马高素前去为刘牢之助战，开进到浙江附近。这时，朝廷下令，任命刘牢之都督吴郡诸军事。

当初，彭城人刘裕生下来后，母亲便死了。他的父亲刘翘客居京口，家境贫苦，想把他扔掉。同郡人刘怀敬的母亲是刘裕的姨母，她生下刘怀敬还不到一年，便来到刘裕的家把刘裕救了下来，断了刘怀敬的奶来喂养刘裕。刘裕长大后，异常勇武健壮，胸怀远大志向。他识字不多，依靠贩卖鞋子维持生计，又爱好樗蒲这种赌博游戏，被同村的人们所轻视。刘牢之征讨孙恩，把刘裕征召来任参军事，派他带领几十个人去探听变民军队的动静，遇上一支数千人的变民军队，便立即迎上前去攻击，跟他同来的士兵全部被杀死，刘裕跌进岸下。变民士兵来到河岸边准备下去，刘裕奋勇地挥舞长杆大刀，仰面朝上砍杀了数名敌人，才得以重新登上岸来，仍然大声吼叫着追杀敌人，敌人全部逃走。刘裕杀死杀伤的人非常之多。刘敬宣奇怪刘裕为什么这么久没有回来，带着兵出去寻找他，正好看见刘裕一个人驱赶砍杀几千人的敌兵，大家同声感叹，于是趁机冲上前去一起追杀变民军队，将他们打得大败，斩杀的与抓获的加起来有一千多人。

当初，孙恩听说八个郡的变民起来响应他，对他的僚属说："天下再也不会有什么大事了，我将与诸位一起穿着朝廷的官服，到建康去。"不久，听说刘牢之带兵来到浙江边上，他说："我即使割据浙江以东的地区，不失作越王勾践。"

十二月二十六日戊申，刘牢之带领大军渡过浙江，孙恩听说后说："我并不觉得逃走就是羞辱。"于是，驱赶裹胁男女百姓二十多万人向东逃走，一路上扔掉了许多金银财宝和妇女孩童，官军在路上竞相争抢拣取他们扔下的东西，孙恩因此才得以逃脱，再一次跑进了海岛。高素在山阴击败了孙恩的党羽，杀了孙恩委任的吴郡太守陆瓌、吴兴太守丘尩、余姚令吴兴人沈穆夫。

东部地区的几个郡遭逢战乱，盼望朝廷官军到来。不久，刘牢之等人放纵士兵大肆抢掠，士人、百姓大失所望，各郡各县城中再也看不见人的踪迹，一个多月之后才渐渐有人回来。朝廷担心孙恩再来，任命谢琰为会稽太守、都督五郡军事，统率他的徐州旧部文武官员在东海沿线驻防戍守。

东晋安帝司马德宗任命司马元显录尚书事。当时的人称司马道子是东录，司马元显是西录。西录府门前车马拥挤不堪；东录府门前却冷落得可以张开罗网捕雀。司马元显没有一个正派的老师或者朋友，他亲信的人都是阿谀、奸佞的小人，有的说他是举世无双的英杰，有的说他是风流潇洒的名士。因此，司马元显一天比一天骄纵奢侈，竟暗示礼官提议，说因为他自己德性隆高，深孚众望，既然已经统领文武百官，文武百官便应该对他示敬。从此公卿以下的所有官员，见到司马元显都行跪拜之礼。当时军队经常打仗，国库空虚枯竭，司徒以下的官员，每天只能领七升粮食，但司马元显却仍然不停地搜刮民财、聚敛钱物。其富有程度竟然超过了皇室。

（以上为第七段，东晋名将刘牢之率军征讨孙恩，招募刘裕任参军事，刘裕一人独斗数千敌兵，勇武异常；刘牢之率军渡过浙江，孙恩逃入海岛；司马元显大肆敛财，富逾皇室。）

殷仲堪担心桓玄过于专横暴戾，就与杨佺期结成姻亲，互为助援。杨佺期几次打算进攻桓玄，每次都被殷仲堪竭力阻止。桓玄害怕自己最终被殷仲堪、杨佺期剿灭，于是向朝中的掌权者要求扩大他所统领的地区。朝中掌权者也打算在他们之间制造矛盾，使他们的联盟解体，于是加任桓玄为都督荆州四郡军事，又让桓玄的哥哥桓伟代替杨佺期的哥哥杨广做了南蛮校尉。杨佺期既气愤又害怕。杨广本想拒绝桓伟前来接任，但殷仲堪不允许，把杨广调出做宜都、建平两个郡的太守。杨孜敬原来是江夏相，桓玄派兵去袭击并劫持了他，任命他做了自己的谘议参军。

杨佺期整顿部队，建立军旗，声称要去援救洛阳，打算与殷仲堪一起进攻桓玄。殷仲堪虽然外表是与杨佺期结交，内心里却怀疑他的用心，所以对杨佺期苦苦劝阻，还担心不能阻止杨佺期的行动，又派遣他的堂弟殷遹去北部地区驻扎，用来遏止杨佺期。杨佺期既无法自己独立起事，又推测不出殷仲堪的真实用意，只好停止行动。

殷仲堪生性多疑，办事缺少决断。他的谘议参军罗企生对他的弟弟罗遵生说："殷侯为人仁慈，却优柔寡断，一定会遭逢大难。我承蒙他的知遇之恩，在道义上是不能离开他的，将来一定会因他而死。"

这一年，荆州暴雨成灾，洪水泛滥，平地的水达三丈。殷仲堪把府库中的储备粮食全部拿出来赈济饥民。桓玄打算趁他内部空虚的时候攻打他，于是，发动军队向西进发，也声言要去救助洛阳，并给殷仲堪写信说："杨佺期接受国家的恩宠，但是放弃帝王的坟墓陵寝不管，我们应该一起向他兴师问罪。现在应当进入沔水讨伐杨佺期，我已经在沔水入长江口这一带集结了兵力。如果你的看法与我没有差别，可将杨广抓起来杀掉；如果不这样做，我就要率领大军进入长江，攻击江陵。"这时，巴陵还有积存的粮食，桓玄首先派兵去袭击夺取。梁州刺史郭铨正赶去上任，途中经过夏口，桓玄骗殷仲堪说，朝廷派遣郭铨担任自己的前锋，于是把江夏的部队全部交给他管理，并让他监督统领各支队一起前进，暗中又告诉他的哥哥桓伟作为内应。桓伟既惊慌又害怕，不知道应该干些什么，后来把桓玄的密信送交给殷仲堪看。殷仲堪扣下作为人质，命令他给桓玄写信，文辞凄苦到极点。桓玄说："殷仲堪为人没有决断，常常在打仗之前患得患失、计较成败，为自己的儿子考虑，留条后路，我哥哥一定安全，不必忧虑。"

殷仲堪派遣殷遹率领水军七千人到达西江口，桓玄派郭铨、苻宏进攻他，殷遹等败走。桓玄驻扎在巴陵，吃的是殷仲堪留下的粮食。殷仲堪派遣杨广和自己的侄儿殷道护等人带兵抵抗，全部被桓玄打败。江陵一带为此大为震惊恐惧。

江陵城中缺乏粮食，只能把胡麻发给士兵充饥。桓玄乘胜到达零口，距离江陵只有二十里远。殷仲堪急忙写信召请杨佺期前来救援自己。杨佺期却说："江陵没有粮草，用什么来对付敌人！你可以屈尊到我这里来，我们一起据守襄阳。"殷仲堪的愿望在于保全自己的部队和地盘，不打算放弃自己的州属到别处流亡，于是欺骗杨佺期说："最近，我们征集到了许多粮草，已经有所储备了。"杨佺期相信了他，率步、骑兵共八千人，士兵精壮，铠甲闪光，到达江陵后，殷仲堪只能用一些米饭来犒饷他的军队。杨佺期十分生气地说："这一次必败无疑了！"连殷仲堪也不去会见，便与他的哥哥杨广一起向桓玄发动进攻。桓玄害怕他的锐气，把部队退到马头。第二天，杨佺期又带兵紧急攻打郭铨，几乎抓到了郭铨，恰好赶上桓玄的兵马来到，杨佺期军队大败溃散，他一个人骑着马逃奔襄阳。殷仲堪也逃奔酂城。

桓玄派遣将军冯该追捕杨佺期和杨广，把他们全部抓住杀掉了，又把他们的人头送到建康。杨佺期的弟弟杨思平，堂弟杨尚保、杨孜敬逃到蛮族地区。殷仲堪听说杨佺期已死，带着几百人正要投奔长安，走到冠军城，冯该带兵追上并把他抓了起来，回到柞溪，逼迫他自杀，并且杀死了殷道护。殷仲堪也信奉天师道，向鬼神祈祷祭祀从不吝惜钱财，周济急需帮助的人时却过于小气。他喜欢用一些小恩惠来取得别人的欢心，遇到有病的人亲自为其把脉诊治，开方分药。他工于心计，使用计谋时过于烦琐缜密，但是却缺乏远见卓识和雄才大略，所以导致惨败。

殷仲堪逃走的时候，文武官员没有出来送行的人，只有罗企生一个人跟他走。罗企生路过家门时，他的弟弟罗遵生说："我们现在这样分别，怎么能不握一下手？"罗企生把马转回来，伸手给弟弟，罗遵生非常有力，把他从马上拉了下来说："家里还有年迈的母亲，你要跑到哪里去？"罗企生甩了一把眼泪，说："今天这事，我一定是要去死了。由你供养老母，不会失去儿子的孝道。我们一家之中，既有忠于主上的，也有尽孝道的，这还有什么可遗憾的呢！"罗遵生把他抱得越发紧了。殷仲堪在路上等着，看到罗企生根本没有挣脱的希望，就独自打马走了。桓玄来到这里的时候，荆州的人士没有不去拜见桓玄的，只有罗企生一个人不去，却在料理殷仲堪家里的事。有人说："你这样做，一定会大祸临头！"罗企生说："殷侯用对待国家栋梁那样的厚礼来对待重用我，我只是被弟弟控制，才不能跟他一起去杀灭那些丑恶的叛逆之徒，还有什么脸面去桓玄那里，乞求保全性命呢！"桓玄听到了这番话，很生气，但对待罗企生一直很好，他先是派人告诉罗企生说："你如果向我道歉，我就会放过你。"罗企生却说："我是殷仲堪手下的一员官吏，殷仲堪失败，我不能救助他，还有什么可以道歉的呢？"桓玄这才把他抓了起来，又派人去问罗企生还有什么话想说，罗企生说："文帝杀了嵇康，他的儿子嵇绍却成了晋朝的忠臣。我只向你请求，留下我的一个弟弟，让他侍奉我的老母！"桓玄于是杀了罗企生，而赦免了他的弟弟。

（以上为第八段，写东晋桓玄、殷仲堪、杨佺期互斗的结果。殷仲堪优柔寡断，缺乏大智，杨佺期误听召唤，率兵救援，被桓玄各个击破，先后败亡。）

后凉主吕光病势沉重，立太子吕绍为天王，自己号称太上皇帝，并任命太原公吕纂为太尉，常山公吕弘为司徒。他对吕绍说："现在国家正处在多灾多难的时候，秃发氏、乞伏氏和段氏这三个强邻，正在等待时机吞并我们。我死之后，让吕篡统领六军，吕弘主管朝廷政事，你自己恭顺谨慎地坐在那里，不做什么事，只把大权交给两位哥哥，或许可以渡过难关。如果在自己内部互相猜疑忌恨，家门内的大祸，很快就会发生！”又对吕篡、吕弘说：“吕绍他不是具有拨乱反正之才的人，只因为让嫡出儿子即位符合常规，才苟且居于君位。现在外有强大的敌人，人心又动荡不平，你们兄弟之间如果能紧密联合，精诚团结，大业就可以流传万代。如果内部互相图谋，大祸就在转眼之间！”吕篡、吕弘都哭着说：“我们不敢。”吕光又抓住吕篡的手，特别告诫他说：“你性格粗鲁暴躁，是我最担忧的。你一定要好好地辅佐吕绍，千万不要听别人的挑拨离间啊！”这天，吕光去世。吕绍封锁消息，暂时不办丧事。吕篡推开东侧小门，进去恸哭不已，发泄完心中的哀痛才出来。吕绍很害怕，要把皇位让给他，说：“兄长功劳既高，年纪又大，应该继承皇位。”吕篡说：“皇上是国家的嫡子，我怎么敢冒犯呢？”吕绍坚持让位，吕篡不答应。

骠骑将军吕超对吕绍说：“吕篡当大军的统帅已经很多年，声威震撼内外，面对老父亲的丧事，他并不悲哀，反而昂首阔步，心中一定有叛逆的想法，应该早点把他除掉。”吕绍说：“先帝说的话好像还在耳边回响，我怎么能不听呢？我以这么小的年龄来担负国家的大任，正要依赖两位哥哥的帮助，而使国家安定，纵然他们真的要图谋我，我也视死如归，怎么也不忍心有这种想法。你不要再说了！”吕篡到湛露堂拜见吕绍，吕超手里拿着刀侍立在吕篡的身旁，用眼睛示意吕绍允许自己把吕篡抓起来，吕绍不答应。吕超是吕光的弟弟，吕宝的儿子。

吕弘秘密派尚书姜纪对吕篡说：“主上昏庸懦弱，承受不住灾难。大哥威望恩德向来都很著名，应该为国家社稷考虑，万万不可拘泥小节呀。”吕篡于是当天夜里，带领几百个身强力壮的士兵翻越过北城，进攻皇城的广夏门。吕弘也带着东苑的兵众，用斧头砍开皇城的洪范门。左卫将军齐从据守融明观，迎面喝问对面的来人说：“谁？”众人说：“太原公。”齐从说：“国家正面临大的变故，主上刚刚即位，太原公不从正道上行走，深更半夜深入禁城，难道要谋反叛乱吗？”于是，抽出佩剑迎上前来，砍杀吕篡，砍中了吕篡的前额，吕篡的左右侍从把齐从抓住。吕篡说：“真是忠义的好汉，不要杀他！”吕绍派遣虎贲中郎将吕开率领宫廷禁军，在端门抵抗他们，吕超也率士兵两千人赶到。士兵们一向都很害怕吕篡，没有交手便自行溃散。吕篡从青角门进入禁城，登上谦光殿。吕绍逃到紫阁自杀。吕超逃奔广武。

吕篡忌惮吕弘兵力强盛，要把皇位让给吕弘。吕弘说：“我因为吕绍作为弟弟却继承国家的大业，大家心里不会顺从，才违背先帝的遗命，把他废掉，不惜愧对九泉之下的父亲！现在如果再越过哥哥而当皇帝，那哪里是我吕弘的本来的愿望啊！”吕篡才让吕弘出宫告诉众人说：“先帝临终的时候，我们接受了诏书，要我们这样做。”文武大臣们都说：“只要国家社稷有人主持，我们谁敢违背！”吕篡于是即天王位。下令大赦，改年号为咸宁，追谥吕光为懿武皇帝，庙号太祖；追谥吕绍为隐王。他又任命吕弘为大都督、督中外诸军事、大司马、车骑大将军、司隶校尉、录尚书事，改封他为番乐郡公。

吕纂对齐从说："你前次砍我，岂不是太过分了吗？"齐从流着泪说："隐王是先帝所立。皇上虽然应合天理顺乎人心，我区区之心没有想通，当时只怕砍不死皇上，怎么能说是过分了呢？"吕纂赏识他的忠诚，待他很好。

吕纂的叔父征东将军吕方镇守广武。吕纂派遣信使去对吕方说："吕超确实是忠臣，他的道义与勇武，都值得嘉许。但是他不了解国家大事，也不懂得通达地考虑问题。我现在正要倚重任用他，共同渡过国家的难关。你可以把我的这些意思转告他。"吕超上疏奏诉歉疚之意，吕纂恢复了他的爵位。

这一年，后燕主慕容盛任命河间公慕容熙为都督中外诸军事、尚书左仆射，兼中领军。

原匈奴部落首领刘卫辰的儿子刘文陈投降北魏。魏道武帝拓跋珪把一个同族的女儿嫁给他，任命他为上将军，赐他姓氏为宿。

（以上为第九段，写后凉主吕光去世，诸子争位，太子吕绍自杀；吕纂篡位，改元咸宁，其弟吕弘为大都督，改封为番禾郡公；侄子吕超逃出，成为吕纂掘墓人。）

晋安帝隆安四年（庚子，公元 400 年）

春季，正月初一壬子朔，后燕主慕容盛实行大赦，并贬低了自己的名号，称为庶人天王。

北魏材官将军和跋，在辽西向叛将卢溥发起进攻。正月初七戊午，攻下，俘获了卢溥和他的儿子卢焕，押送到平城，用车裂之刑把他们处死了。后燕主慕容盛派遣广威将军孟广平前去救援卢溥，没有赶上，只斩杀了北魏的辽西地方官吏便回去了。

正月二十四日乙亥，东晋实行大赦。

西秦王乞伏乾归把都城迁到苑川。

秃发利鹿孤实行大赦，改年号为建和。

高句丽王高安对待后燕的礼数有些怠慢，二月十五日丙申，后燕主慕容盛亲自带领三万兵马前去袭击，任命骠骑大将军慕容熙为前锋，攻克新城、南苏两座城池，扩大疆界七百多里，迁移裹胁五千多户居民之后回师。慕容熙的勇猛彪悍超出众将领，慕容盛说："叔父英雄果决，真有世祖的风度，不过在宏图大略方面稍逊一筹！"

当初，魏道武帝拓跋珪纳娶匈奴部落首领刘头眷的女儿，在所有的后宫妃嫔中，最宠爱她，生下了儿子拓跋嗣。攻克后燕都城中山的时候，拓跋珪又抓获、收娶了后燕前国主慕容宝最小的女儿。拓跋珪准备把她立为皇后，便遵照他们民族部落的传统，铸塑金人以卜问天意。刘氏没有铸成，慕容氏铸成了。三月初八戊午，拓跋珪正式立慕容氏为皇后。

东晋将领桓玄攻克了荆州、雍州之后，向朝廷上书，请求管辖江、荆二州。东晋安帝司马德宗下令，任命桓玄为都督荆、司、雍、秦、梁、益、宁七州诸军事，荆州刺史；任命中护军桓修为江州刺史。桓玄再次上书，坚持要兼管江州，于是朝廷提升桓玄督八州及扬、豫等八郡诸军事，再兼江州刺史。桓玄便擅自任命他的哥哥桓伟为雍州刺史，朝廷不敢拒绝。他又任命自己的侄儿桓振为淮南太守。

后凉主吕纂因为觉得大司马吕弘功劳高，地位逼人，很忌恨他。吕弘也疑心自己会受猜忌，于是索性带着东苑军队实行叛乱，进攻吕纂。吕纂派他的部将焦辨回击，吕弘的部队溃散，吕弘自己也逃走了。吕纂纵容士兵在城中大肆抢掠，并把东苑中的妇女全部赏赐给士兵们，吕弘的妻子、女儿也在其中。吕纂笑着对周围的大臣们说："今日这场战斗怎么样？"侍中房晷回答他说："老天降灾祸给我们凉国，所以忧患灾祸才频繁不断地降临到我们头上。先帝刚刚去世，隐王便被废掉；先帝坟墓刚刚掩埋完毕，大司马又发动兵变；京师血流不止，兄弟之间白刃相接。这次虽然是吕弘自取灭亡，但也是皇上没有兄弟的恩情。皇上应该反省、谴责自己，以此向老百姓们致歉谢罪才是，反而纵容士兵大肆烧杀抢掠，囚禁、侮辱官员妇女。这场祸患的事端是吕弘引起，百姓有什么罪过！况且吕弘的妻子是皇上的弟媳妇，吕弘的女儿是皇上的亲侄女，怎么能使她们被那些卑鄙无赖的小人们当作婢女侍妾加以侮辱呢！天地如果有神明，岂会忍心目睹这样的惨事！"于是泪流满面，抽泣不已。吕纂也耸然动容，向他表示歉意。随后，把吕弘的妻子、女儿召回，安置在东宫居住，非常优厚地抚慰她们。

吕弘打算投奔南凉秃发利鹿孤，途中经过广武，拜见叔父征东将军吕方。吕方看见他后，放声大哭，说："天下如此之大，你为什么偏要跑到这里来呀？"于是把吕弘抓住，押进狱中。吕纂派遣大力士康龙来到广武，把他摧折打死。

吕纂立妃子杨氏为皇后，任命杨皇后的父亲杨桓为尚书左仆射、凉都尹。

三月，辛卯（疑误），后燕襄平令段登等人谋反被杀。

后凉主吕纂准备攻打南凉武威王秃发利鹿孤，中书令杨颖劝阻说："秃发利鹿孤他们现在上下同心，严守号令，国内没有什么矛盾可以利用，不可攻打他们。"吕纂不听。秃发利鹿孤派他的弟弟秃发傉檀阻击后凉军队。夏季，四月，秃发傉檀在三堆把后凉军打败，斩首二千多级。

（以上为第十段，写后燕主慕容盛率兵攻打高句丽，攻下新城、南苏两座城池；后凉大司马吕弘功高受到猜忌，发生叛乱，进攻国主吕纂，被打败，逃到叔父吕方那里，被杀。）

当初，陇西人李暠酷爱文学，有很好的名声。他曾经与郭黁以及异父同母兄弟敦煌人宋繇住在一起，郭黁起身对宋繇说：“你将来一定官至极品，你的哥哥李暠最终一定会拥有一个国家。母马生下白额毛的小马驹，就是你们出人头地的时候。”孟敏任沙州刺史时，提升李暠任效谷令。宋繇则为北凉王段业做事，任中散常侍。

孟敏死后，敦煌护军冯翊人郭谦、沙州治中敦煌人索仙等人认为李暠性情温和坚毅，能够施行仁政，推举他做了敦煌太守。李暠一开始觉得为难，正好赶上宋繇从张掖请假回家，对李暠说：“段王没有什么远谋大略，最后一定不会有什么成就。哥哥难道忘了郭黁说的话吗？白额头的小马驹现在已经降生了。”李暠听从了他的劝告，派遣信使去向段业请求任命。段业便任命李暠为敦煌太守。

右卫将军敦煌人索嗣对段业说：“李暠这个人，不可让他在敦煌久留。”段业于是让索嗣去代替李暠做敦煌太守，命令他带着五百名骑兵上任。索嗣到了离敦煌二十里的地方，通知李暠前来迎接自己。李暠疑虑重重，准备出城去迎接。效谷令张邈和宋繇等人阻止他说：“段业昏庸懦弱，这正是英雄豪杰大有可为的天赐良机。将军您占据建立一个国家的现成条件，怎么能够拱手送给别人呢！索嗣自己依仗是本郡的人，以为人们一定会归附他，绝对不会意料到将军能突然对他进行阻击，可以一次战斗就把他抓住。”李暠依从了他们的建议。他先派宋繇前去拜见索嗣，用恭顺坦诚的好话将他稳住。宋繇回来后对李暠说：“索嗣骄傲轻慢，兵力极弱，容易取胜。”李暠于是派遣张邈、宋繇以及他的两个儿子李歆、李让带兵攻击索嗣，索嗣大败而走，逃回张掖。李暠向来与索嗣关系很好，所以对他这样排挤自己尤其痛恨，于是他向段业上书，请求处死索嗣。辅国将军沮渠男成也非常讨厌索嗣，也劝段业除掉他。段业果然杀掉了索嗣，派遣使者向李暠去道歉，提升他为都督凉、兴以西诸军事，镇西将军。

吐谷浑可汗视罴去世，他的嫡长子树洛干才九岁，他的弟弟乌纥堤继承了王位。乌纥堤把树洛干的母亲念氏又纳为自己的妻子，生下了两个儿子：慕璝、慕延。乌纥堤生性懦弱，又荒淫无道，不能治理国家，所以念氏专权，主持国家政事。她有胆量和智慧，因此全国的百姓对她都很敬畏佩服。

后燕前将军段玑是皇太后段氏的侄儿，他在襄平令段登的叛乱一案中受到牵连。五月初三壬子，他逃奔到辽西。

五月十七日丙寅，东晋卫将军、东亭献侯王珣去世。

五月二十日己巳，魏道武帝拓跋珪向东来到涿鹿，又向西来到马邑，沿途观看灅水的源流。

五月二十九日戊寅，后燕段玑回到都城认罪自首。后燕主慕容盛赦免了他的罪过，赐给他名号为思悔侯，并让他娶了公主，到宫中任职。

东晋谢琰，因为有很好的资历名望，镇守会稽，但是他不能安定抚慰百姓，又不整顿武备。他手下的将领们都劝告他说："孙恩为首的盗贼近在海边，正在窥探我们的态度，应该给他们提供一个悔过自新的道路。"谢琰不以为然，说："苻坚的军队有百万之多，还在淮南落得个送死的下场，孙恩这个小小的蟊贼，惨败之后逃到海中，怎么还能再跑出来呢？如果他真的回到陆地上来，那是老天爷准备杀他了。"

不久，孙恩果然带兵进犯浃口，插进余姚，攻破上虞，进军到了邢浦。谢琰派遣参军刘宣之把他打败，孙恩暂时撤退回去。没有几天，他又重新进犯邢浦，官军在作战中失败，孙恩乘胜径直向纵深挺进。五月三十日己卯，抵达会稽城。谢琰还没有吃饭，说："我准备先消灭了这个贼盗之后再吃饭。"于是跨上战马出城迎战，遭到惨败，被帐下都督张猛杀死。吴兴太守庾桓恐怕当地的百姓再响应孙恩，一连杀死男女百姓几千人。孙恩掉转方向进犯临海。东晋朝廷非常震惊，派遣冠军将军桓不才、辅国将军孙无终、宁朔将军高雅之等抵御孙恩。

后秦征西大将军、陇西公姚硕德带领五千人攻打西秦，从南安峡攻入对方国界。西秦主乞伏乾归率诸将抵抗，驻扎在陇西。

杨轨、田玄明等人阴谋杀害南凉武威王秃发利鹿孤，被秃发利鹿孤处死。

六月初一庚辰朔，出现日食。

东晋任命琅邪王司马德文的老师何澄为尚书左仆射。何澄是何准的儿子。

六月，甲子（疑误），后燕实行大赦。

后凉主吕纂准备进攻北凉，尚书姜纪劝阻说："现在正好是盛夏，农事很忙，应该让军队休整。开拔很远到岭西去作战，如果南凉秃发利鹿孤趁空虚进攻京师，该怎么办呢？"吕纂不听劝阻，带领部队包围张掖，向西进扰建康。秃发傉檀听说后，率领骑兵一万人袭击后凉姑臧城。吕纂的弟弟陇西公吕纬据守北城，坚固自己的防守。秃发傉檀则在姑臧城的朱明门上摆酒，击钟敲鼓，犒赏将士，在青阳门检阅部队，炫耀兵力，抢掠裹胁八千多户人家而去。吕纂听说后带兵回来。

秋季，七月初四壬子，东晋太皇太后李氏驾崩。

七月十九日丁卯，东晋实行大赦。

（以上为第十一段，写陇西人李暠少有才华，被推为敦煌太守，谋杀与他离心的索嗣，升镇西将军；东晋谢琰镇守会稽不得人心，海盗孙恩侵犯会稽，谢琰出城迎战失败，被部将所杀。）

西秦王乞伏乾归，派武卫将军慕兀等人屯守陇西，后秦军砍柴的路被切断。后秦主姚兴偷偷地带领部队前去救援。乞伏乾归听说后，派慕兀率中军二万人去柏杨驻守，镇军将军罗敦率外军四万人去侯辰谷驻守，乞伏乾归自己带领几千名轻骑兵迎上前去探听后秦军，正赶上狂风大作，沙尘遮天蔽日，失去了与中军的联络，被后秦追击的骑兵所逼，跑进了外军驻守的防地。第二天早晨，与后秦兵展开激战，大败，逃回苑川。他的部众三万六千人都向后秦军投降。姚兴乘胜指挥后秦部队，进军枹罕。

乞伏乾归逃奔金城，对各位将帅豪俊说："我没有才能，勉强地承受这不该属于我的帝王名号已经超过十二年了，今天惨败到这样的程度，已经没有办法抗击敌寇，我打算到西部的允吾去据守。但如果我们全国的兵马都到那里去，大家一定不能幸免。所以你们就留在此地，各自带领着部队投降后秦，保全我们的宗嗣，不要再追随我了。"大家都说："我们无论生死，都甘愿跟从您。"乞伏乾归说："我现在准备去别人那里找口饭吃，如果老天不让我们亡国，说不定哪一天我能重新恢复我们的旧业，那时就可以再和你们见面了。现在你们跟着我死，没有什么好处啊！"于是君臣相对大哭，洒泪而别。乞伏乾归只带几百名骑兵投奔允吾，向南凉武威王秃发利鹿孤请求投降。秃发利鹿孤派遣广武公秃发傉檀前去迎接，把他们安置在晋兴，用贵宾的礼节对待他们。镇北将军秃发俱延对秃发利鹿孤说道："乞伏乾归本来就是我们的附庸国，趁乱自己称王。现在他们日暮途穷，来到我们这里归附听命，绝不是出于真心。如果再逃去归附后秦姚氏，一定会成为我们的祸患。不如把他们迁移到乙弗一带，让他们没有办法逃跑。"秃发利鹿孤说："别人没有办法才跑来归附我们，我们却怀疑他的心意不诚，这样我们以后怎么招劝别人前来归附！"秃发俱延是秃发利鹿孤的弟弟。

后秦军撤退之后，南羌部落的首领梁戈等人秘密派人接请乞伏乾归回去。乞伏乾归准备答应。他的臣下屋引阿洛把这件事告诉了晋兴太守阴畅，阴畅马上去告诉秃发利鹿孤。秃发利鹿孤派遣他的弟弟秃发吐雷率领骑兵三千人进驻扪天岭。乞伏乾归害怕被秃发利鹿孤杀掉，对他的太子乞伏炽磐说："我们父子住在这里，一定不能被秃发利鹿孤容留。现今姚氏的后秦正是最强大的时候，我就要去归顺他们，如果我们全家都去，一定会被追击的骑兵抓住，但我把你们兄弟和你们的母亲送去当人质，秃发利鹿孤一定不会怀疑，我在长安落下脚之后，他们也就不敢害你们了。"乞伏乾归便把乞伏炽磐等人送到西平。八月，乞伏乾归向南逃奔到枹罕，向后秦投降。

八月初九丁亥，东晋尚书左仆射王雅去世。

九月初六癸丑，东晋发生地震。

后凉吕方向后秦投降。广武一带的三千多户居民投奔南凉武威王秃发利鹿孤。

冬季，十一月，东晋宁朔将军高雅之与孙恩在余姚交战，高雅之大败，向山阴逃跑，战死的士兵有十分之七八。朝廷下令，任命刘牢之都督会稽等五个郡，统率士兵攻击孙恩，孙恩被迫逃回大海。刘牢之向东在上虞驻扎，派遣刘裕去戍守句章。吴国内史袁山松修筑沪渎垒，用来防备孙恩的袭击。袁山松是袁乔的孙子。

会稽王嫡长子司马元显请求兼管徐州，朝廷下令任命司马元显为开府仪同三司，都督扬、豫、徐、兖、青、幽、冀、并、荆、江、司、雍、梁、益、交、广十六州诸军事，领徐州刺史，封他的儿子司马彦璋为东海王。

乞伏乾归来到长安，后秦主姚兴让他担任都督河南诸军事、河州刺史，封为归义侯。

时间长了之后，在南凉做人质的乞伏炽磐也打算逃到父亲乞伏乾归那里去。半路上被南凉武威王秃发利鹿孤追上抓住。秃发利鹿孤准备杀了乞伏炽磐，广武公秃发傉檀说："儿子要去归附父亲，没有什么值得过于指责的，我看应该原谅他，好显示我们气度宽宏。"秃发利鹿孤听从了他的劝告。

后秦主姚兴，把被他俘虏的东晋将领刘嵩等二百多人遣送回东晋。

北凉晋昌太守唐瑶叛变，并向其他六郡送去檄文，推举镇西将军李暠为冠军大将军、沙州刺史、凉公，兼任敦煌太守。李暠在他所管辖的范围内实行大赦，改年号为庚子。任命唐瑶为征东将军，郭谦为军谘祭酒，索仙为左长史，张邈为右长史，尹建兴为左司马，张体顺为右司马。派遣从事中郎宋繇向东攻打凉兴，并向玉门以西地区的那些城池发动进攻，宋繇把这些城池全部攻克。

酒泉太守王德也背叛了北凉，自称为河州刺史。北凉王段业派沮渠蒙逊带兵前去征讨。王德烧毁了酒泉城，带领部队投奔唐瑶。沮渠蒙逊在沙头追上，把他们打得大败，俘虏了王德的妻子儿女和部落居民之后才回去。

十二月初二戊寅，有异星出现在天津星旁。会稽王嫡长子司马元显，因为天象变化，被解除了录尚书事的官职，但是又加授了尚书令。吏部尚书车胤因为司马元显过于骄横放纵，晋见会稽王司马道子，请求加以制约。司马元显听说了，但又不大清楚，便向司马道子说："车胤把旁边的人都打发走，说的是什么事？"司马道子没有回答。司马元显坚持要问出个究竟，司马道子大怒地说："你打算把我幽禁起来，不让我与朝中的官员们说话吗？"司马元显出来，对他的部下说："车胤离间我们父子间的关系。"于是暗中派人去斥责车胤。车胤非常害怕，自杀身亡。

十二月十六日壬辰，后燕主慕容盛设立燕台，统领夷人各个部落。

北魏太史几次奏报天上的星象错杂混乱。魏道武帝拓跋珪亲自查阅占卜的书籍，大都说这是帝王变更、改朝换代的征兆。于是下令传告下属文武百官，说帝王继承治理天下的大任都有上天的旨意，不要妄加干预、胡乱猜想。又几次改变官职的名称，想用这种方法禳镇阻止灾难变异的发生。

仪曹郎董谧献上一部《服饵仙经》，北魏主拓跋珪特地设置了仙人博士，安排了仙坊，让他们在那里煮炼百药，下令把西山封了起来，把山上的木材用来做煮药的薪柴。药炼成之后，让那些已经被判死罪的人喝下去，结果，很多人都死了，证明并不灵验。但拓跋珪还是相信有这种药，不停地到处访查、探求。

魏道武帝拓跋珪常常认为，后燕主慕容垂让自己的儿子分别把持要害地方，使大权下移，才导致自己的失败灭亡，他觉得这种做法非常错误。博士公孙表迎合他的意思，向他呈上了《韩非子》，劝说拓跋珪用严格的法令制度来驾驭属下，左将军李粟性格傲慢无礼，常常对拓跋珪随意放纵、十分不敬，甚至咳痰吐唾沫，也是无所顾忌。拓跋珪把他以往的这些过失加在一起，于是把他斩了，下属百官为此震惊惧怕。

十二月二十一日丁酉，后燕主慕容盛尊自己的母亲献庄皇后丁氏为皇太后，册立自己的儿子辽西公慕容定为皇太子，实行大赦。

这年，南燕主慕容德在广固即皇帝位。实行大赦，改年号为建平，把自己的名字改为慕容备德，打算让官民在以后避讳时容易些。追谥前燕主慕容暐为幽皇帝，任命北地王慕容钟为司徒，慕舆拔为司空，封孚为左仆射，慕舆护为右仆射，立王妃段氏为皇后。

（以上为第十二段，写西秦主乞伏乾归被后秦主姚兴打败，投奔南凉，后又投奔后秦；北凉晋昌太守唐瑶反叛，投靠李暠；南燕慕容德在广固即位，改元建平。）

【点评】

孙恩之乱。东晋帝司马德宗时期，完全是由司马道子及其儿子司马元显掌控朝政，朝野上下人心涣散，乱事不断，三五年时间里，王恭的兵谏之后，又发生了孙恩的叛乱，后面还有桓玄的专权问题，致使国无宁日。孙恩之乱的破坏性之大，影响之深远，是不可忽视的，而造成这次叛乱的因素，也是值得深究的。

首先，邪教势力的渗透之深与扩散之广，几乎遍布朝野。孙恩是五斗米道的信徒。琅邪大族孙泰，家族世奉五斗米道，他私聚徒众数千人，准备起事，后被东晋朝廷诱斩，他的侄子孙恩逃到海岛。如果是一般人，逃到岛上也就算了，而孙恩则利用邪教来迷惑民众。孙泰的信徒认为孙恩是“蝉蜕登仙”，予以神化，并且到海岛上支持他。孙恩于是聚集了一百多人，伺机复仇，而一旦时机成熟，他就上岸，其势几乎席卷了整个三吴地区。由此可见，邪教组织具有非常大的影响力和破坏力。信徒们经过邪教的不断洗脑，对孙恩的行为深信不疑，甚至予以献身也在所不惜。即使后来孙恩无路可走，投海自尽，数百名妓妾和信奉他的部众都随之而死，孙恩则被称为“水仙”，邪教真是害人不浅，信徒愚不可及！

其次，东晋朝廷出台的政策严重扰民、害民，导致乱事不断。公元399年，东晋的执政者司马元显征调因三吴门阀免除官奴身份而成为佃客的广大民众到建康以充实兵员，称作“乐属”，也就是将免除奴隶身份为佃客的人移置京师，以充兵役。或许这样做的初衷是为了增加兵员，但他没有顾及当时民众的实际利益和接受程度，激起了当地门阀的愤怒和不满，致人心不稳，群情激愤。孙恩就是利用这一事件为导火线，乘机进攻上虞，杀掉上虞县令，随后攻克会稽，会稽内史王凝之被杀。当时会稽郡、吴郡、吴兴郡、义兴郡、临海郡、永嘉郡、东阳郡及新安郡皆有人响应，三吴八郡一时都参与其中，孙恩部众亦增加到数十万人，声势浩大。孙恩称其徒众为“长生人”，用以蒙蔽民众。可见，朝廷的政策事关民众的切身利益时，稍有差池，就会酿成大祸。

最后，权力斗争、尔虞我诈不断，地方防备松弛无力。孙恩起事，对东吴地区进行了毁灭性的破坏，地方的防备不起作用，当时郡县官员大多不是被杀就是弃郡逃亡，没有任何的防备和反击措施。朝廷急忙调配兵力去围剿，军队也是不堪一击。孙恩第一次攻打会稽时，曾经担任过江州刺史的会稽内史王凝之，深信五斗米道，不听手下进言，不设防备，祷告后相信已请得“鬼兵”助阵，结果兵败被杀。孙恩第二次攻打会稽时，谢琰兼任会稽内史、都督五郡军事，而他不安抚士民，也不修整武备，大意轻敌，虽然亲自出战，但无济于事，最后败死阵中。朝廷官兵在孙恩之乱中也无所作为，任其势力泛滥。

资治通鉴（白话本） 卷第一百一十二

晋纪三十四

晋安帝隆安五年至元兴元年（公元 401—公元 402）

【起重光赤奋若（辛丑，公元 401 年），尽玄默摄提格（壬寅，公元 402 年），凡二年】

【大事提要】

本卷记事起于公元 401 年，止于公元 402 年，凡两年，时当晋安帝（司马德宗）隆安五年至元兴元年。本卷所载大事，主要有五个方面。其一，沮渠蒙逊称帝。其二，吕隆为后凉君主。其三，秃发利鹿孤称河西王。其四，柔然汗国正式建国。柔然族是一个真正的游牧部落，一个名叫郁久闾社仑的首领于公元 402 年征服了科布多与乌伦古河之间的高车，正式建国，称为豆代可汗。同时，开始了大规模的对外战争，是一个雄踞大漠南北、流沙东西的强大的游牧奴隶制国家。其五，东晋桓玄发迹。公元 402 年，东晋权臣司马元显下令讨伐桓玄，桓玄率兵东下，击败并俘获豫州刺史司马尚之，夺取历阳，逼近建康，司马元显试图守城但溃败。桓玄入京后总掌国事，流放并杀死司马道子，杀掉司马元显，恢复隆安年号，不久又改元大亨。

安皇帝丁

晋安帝隆安五年（辛丑，公元 401 年）

春季，正月，南凉武威王秃发利鹿孤准备称皇帝，大臣们也都一致劝他进位。只有安国将军鍮勿仑说：“我们国家自从祖先到现在，都习惯于披散头发，左边开衣襟，从来没有帽子腰带之类的装饰，只是追随有水、有草的地方不断迁徙，因为没有城郭家室居所的拖累，所以我们能够在沙漠的各部族中称雄，与中原的汉族人相抗衡。现在称帝，当然是顺应民心的事情，但是如果设立都城，建筑固定的居住地，那么就很难灵活地躲避战乱；如果把我们的全部积蓄储存在仓库之中又容易引起敌人贪心，所以不如把汉人安置在城郭之中，鼓励他们从事农业、养蚕，来供应我们的给养储备。同时，再统领我们本族的人进行战斗射箭的训练。一旦我们相邻的国家弱小，我们就乘机把它吞并；如果相邻的国家强大，那么我们也可以随时躲避，这才是能够长久的好策略。况且，帝王的虚名没有什么实际的意义，除了做世人的刀砧箭靶，成为别人攻击的目标，还能拿它干什么用呢？”秃发利鹿孤说：“安国将军说得太对了。”于是改称为河西王，又任命广武公秃发傉檀为都督中外诸军事、凉州牧、录尚书事。

二月初一丙子，孙恩又从浃口返回陆地，进攻句章，没有攻下。刘牢之率兵向他发起进攻，孙恩再一次逃进大海的岛中。

后秦主姚兴派乞伏乾归回去镇守苑川，把他过去的老部下、军队全部分配给他。

后凉主吕纂生性喜欢喝酒，爱好打猎，太常杨颖劝告他说："皇上顺应上天的意旨，接受了治理国家的重任，所以应当用符合正道的方式恪守自己的使命。现在，我们国家的疆土面积一天比一天缩小，仅仅局限在坎坷不平的两道山岭中间，皇上不小心谨慎地早晚考虑，用什么办法恢复弘扬祖先的事业，反而沉溺于游玩打猎，不把国家的事情当作一回事，依我的愚见，这样是很危险的呀！"吕纂非常谦恭地向他道歉，感谢他的提醒，但是却没有改过。

（以上为第一段，写南凉主秃发利鹿孤听从部下意见，取消称帝，改武威王为河西王；后凉主吕纂酷爱喝酒、打猎，部下劝说，表面听从，却不改过，留下祸患。）

后凉番禾太守吕超擅自攻击鲜卑部落的首领思盘，思盘派他的弟弟乞珍向吕纂告状。吕纂命令吕超和思盘都到朝中来。吕超很害怕，到了姑臧之后，私下与殿中监杜尚结成很深的交情。吕纂召见吕超，斥责他说："你依仗你们兄弟勇武，结成一伙，竟敢欺侮到我的头上，我应当杀了你，这样天下就能安定了。"吕超磕头认错。吕纂本来也就是要恐吓一下他，其实并没有杀他的意思，所以把吕超、思盘以及大臣们全部带到内殿，一起赴宴。吕超的哥哥中领军吕隆在宴会上不断地向吕纂劝酒，致使吕纂喝得酩酊大醉，睡眼蒙眬地乘坐人拉着的辇车，带着吕超等人游玩观赏禁宫。到了琨华堂东小门，辇车不能过去，吕纂的亲信将领窦川、骆腾便把佩剑取下倚靠在墙上，然后把车推过小门去。吕超突然拿起剑刺杀吕纂，吕纂赶紧下车来擒拿吕超，被吕超在胸口刺穿了一个血洞。窦川、骆腾空着手与吕超格斗，也被吕超杀掉。吕纂的皇后杨氏闻讯后赶出，命令禁卫军攻击吕超，但殿中监杜尚却出来阻止他们动手，所以，那些士兵都扔下武器，不参加战斗。这时，将军魏益多进宫，把吕纂的脑袋砍了下来。杨皇后说："他人已经死了，尸体跟土和石头那样，再也没有什么知觉了，你怎么忍心又去摧残他的形骸呢？"魏益多大骂杨皇后，于是，把吕纂的人头拿出去对外面说："吕纂违背先帝的遗嘱，杀害了太子，自己夺占皇位，并且荒淫、残暴、凶恶。番禾太守吕超顺应人心，把他除掉了，使国家的宗庙社稷得到和平安宁，凡是我国官民，都应该一起庆贺！"

吕纂的叔叔巴西公吕佗、弟弟陇西公吕纬此时都在北城。有人对吕纬说："吕超制造叛乱，您以皇弟的名义和亲情，依仗大义来攻打他们，又有姜纪、焦辨在南城，杨桓、田诚在东苑，都是我们的死党亲信，哪还担心不能成功呢！"因此，吕纬便号令部队整装待发，准备与吕佗一起发兵进攻吕超。吕佗的妻子梁氏阻止他说："吕纬、吕超都是我们的侄儿，你为什么要舍弃吕超而来帮助吕纬呢？难道要自己主动去做罪魁祸首吗？"吕佗于是对吕纬说："吕超发动事变已经成功，他占领了武器仓库，把持了精壮的部队，现在再去攻击他实在难以取胜，况且我们已经老了，不能再有什么作为了。"吕超的弟弟吕邈，得到吕纬的宠信，也劝说吕纬道："吕纂这家伙，杀害自己的兄弟，吕隆、吕超顺应人心来讨伐他，正准备要来拥立明公您啊。现在您是先帝的儿子中最年长的，无疑应当主持国家大局，别人都没有其他想法，您还有什么可以怀疑的呢！"吕纬听信了他的话，于是，跟吕隆、吕超缔结了盟约，自己一个人骑马进了都城，但吕超马上把他抓住杀了。吕超让位给吕隆，吕隆的脸上露出为难的表情。吕超说："今天你好像是骑着龙向天上飞，怎么可以半路上下来呢！"吕隆于是登上了天王的位置，实行大赦，改年号为神鼎。尊称母亲卫氏为皇太后，立妻子杨氏为皇后；任命吕超为都督中外诸军事、辅国大将军、录尚书事，封安定公；追谥吕纂为灵帝。

吕纂的皇后杨氏，即将出宫，吕超怕她带走珍宝，便命人去搜查她。杨皇后说："你们兄弟不义，互相亲手屠杀，我也是早晚要死的人，还用珍宝干什么？"吕超又问她玉玺在什么地方，杨皇后说："已经把它毁掉了。"杨皇后相貌很美，吕超打算娶她，告诉她的父亲右仆射杨桓说："杨皇后如果自杀，大祸就要降临你们全家族。"杨桓把这话告诉了杨皇后。杨皇后说："父亲把女儿卖给氐人，用来谋求荣华富贵，卖一次就已经很过分了，怎么还可以再卖第二次呢！"于是自杀，谥号叫穆后。杨桓投奔南凉的河西王秃发利鹿孤，秃发利鹿孤任命他为左司马。

（以上为第二段，写后凉发生宫廷政变，番禾太守吕超谋杀后凉主吕纂，在皇宫宴会上将其灌醉，在东苑阁道上将其刺杀，割首示众，吕隆即帝位，改元神鼎。）

三月，孙恩又回到岸上，向北逼近海盐。刘裕紧追不放，与他抵抗，在海盐的旧城址上修筑新城。孙恩几乎每天都来对刘裕发动进攻，刘裕几次都把孙恩击败，斩杀了他的将领姚盛。城里的部队因为太少，难以抵挡，刘裕当夜就把战旗全部放倒，把精锐部队埋伏起来，第二天早晨打开城门，让几个老弱残兵登上城墙，变民部队一看，远远地向他们打听刘裕到哪里去了。他们说："昨天夜里已经逃跑了。"那些变民部队的士兵相信了他们的话，争先恐后地进了城。刘裕突然向他们发动了猛攻，将变民部队打得大败。孙恩知道不可能把这座城池攻下，于是改向沪渎进军，刘裕便放弃了这座城池，追击孙恩。

海盐令鲍陋派遣他的儿子鲍嗣之率领吴地的士兵一千人，请求做刘裕部队的前锋。刘裕说："强盗们的兵力非常精良，吴地人又不习惯于征战，一旦前锋部队失利，必定会使我军遭到失败。你们可以在后面制造声势。"鲍嗣之却不听从安排，刘裕于是只好埋伏下很多战旗战鼓。吴地人的前锋部队与变民军队交上战之后，几支伏兵便一齐杀出，刘裕又让人挥舞旗帜，鸣击战鼓，变民的军队以为四下里都有军队伏击，于是退了下去。鲍嗣之莽撞追击，在战斗中被杀死。刘裕也一边交战一边撤退，所带领的士兵几乎全部伤亡，退到刚刚接战的地方，命令左右的士兵脱下死人的衣服拿走，用来显示自己情志闲暇，从容不迫。变民军队果然满腹狐疑，不敢逼进。刘裕突然高声呐喊，指挥军队回头再战，孙恩军队恐惧异常，掉头撤退，这样，刘裕才安全地带着部队回去。

南凉河西王秃发利鹿孤攻打后凉，与后凉王吕隆接战，将吕隆打得大败，迁移二千多户居民之后便回去了。

夏季，四月十七日辛卯，北魏朝廷撤销设置在邺城的行台，把原有行台所管辖的六郡建置相州，任命庾岳为相州刺史。

后秦归义侯乞伏乾归回到苑川，任命边芮为长史，王松寿为司马，原来的公卿、将帅都降为慕僚佐属、偏军牙将等小官。

北凉主段业对张掖太守沮渠蒙逊的勇武谋略都很忌惮，所以打算疏远他，沮渠蒙逊对此有所察觉，暗自尽量地韬光养晦，不使自己的才能外露。段业任命门下侍郎马权代替沮渠蒙逊担任张掖太守。马权平时为人豪放挺拔，一直被段业亲信重用，所以，他常常轻慢、欺侮沮渠蒙逊。沮渠蒙逊于是向段业说马权的坏话道：“天下没有什么值得忧虑的事情，您只应当提防马权就可以了。”段业于是杀了马权。

沮渠蒙逊对沮渠男成说：“段公没有鉴别真假、判断优劣的才能，不是一个可以平定乱世的圣明君主，我以前所忌惮担心的只有索嗣、马权二人，现在他们都已经死了，我沮渠蒙逊准备除掉段业而来拥戴兄长您，怎么样？”沮渠男成说：“段业本来就是一个孤身而来的外乡人，是我们沮渠家拥立他登上王位的，他依靠我们兄弟就像鱼必须有水那样。像这样，人家亲近宠信我们，但我们却反过来要图谋他，一定不吉利。”沮渠蒙逊于是请求出京去做西安太守，段业对他能远远离开自己到外地去做官非常高兴，马上答应了他。

沮渠蒙逊与沮渠男成约定一起去兰门山祭祀，但是，又暗地里派司马许咸事先向段业报告说：“沮渠男成打算在请假休息的时候发动政变，如果他来请求到兰门山去设祭，那么，臣的话就应验了。”到了那一天，果然是这样。段业不问青红皂白，把沮渠男成抓了起来，命令他自杀。沮渠男成马上明白了这件事的原委，说：“沮渠蒙逊一开始与我阴谋造反，我因为是兄弟的原因，才把这件事隐瞒下来没有说。现在因为有我在这里，他害怕造反之后部众不肯跟他，所以事先约我去兰门山设祭，然后反过来诬陷我，他的意思就是让凉王您杀了我呀。我请求您先假装着说我已经死了，并把我的所谓罪恶公开。沮渠蒙逊一定会造反，我随后奉您的命令，带兵去攻打他，没有不能战胜的。”

但是，段业不听，还是把沮渠男成杀了。沮渠蒙逊哭着对手下的众人说："沮渠男成对段王忠诚不贰，但是段王却无缘无故地把他给冤杀了，你们诸位能为他报仇雪恨吗？况且一开始的时候，我们一起拥立段王，本打算能使大家的生活安定。现在各地的疆土纷乱不堪，事实证明段王已经不能有所作为，拯救乱世了。"沮渠男成平素很得人心，因此，大家一听此话，都慷慨激昂，悲愤流泪，奋勇争先，等部队开进到了氐池的时候，主动参加进来的人已经超过一万。镇军将军臧莫孩率领着他所带的队伍也投降了过来，羌族、胡人也有许多人拉起队伍响应沮渠蒙逊。沮渠蒙逊的队伍向前逼近到了侯坞。

段业在这之前怀疑右将军田昂对自己不忠诚，因此，把他囚禁了起来。到了这时，又把田昂召了回来，向他道歉并赦免了他，派他与武卫将军梁中庸一起去征讨沮渠蒙逊，别将王丰孙向段业进言道："西平郡出来的那些姓田的人，哪一代都有叛变的，田昂这个人外表看来谦恭谨慎，但是内心却阴险狡诈，不可信赖。"段业说："我怀疑他已经很久了，但是除了田昂，我这里就再也没有可以带兵去攻打沮渠蒙逊的人了。"田昂带兵来到侯坞，率领着五百名骑兵向沮渠蒙逊投降，段业的军队于是便不战而自行溃散，梁中庸也来面见沮渠蒙逊投降。

五月，沮渠蒙逊的大军到达张掖，田昂的侄儿田承爱劈开城门把他们放进城内，段业的左右侍从卫士们也都逃散了。沮渠蒙逊进城，段业对沮渠蒙逊说："我孤零零地只有一个人，被你们家推举，才坐上了王位。我请求你留下我的一条命，让我能够回到故乡去，和我的妻子儿女相见。"沮渠蒙逊没有答应，把他杀了。

段业，是一个信奉儒家学说的长者，并没有什么其他的权谋和智略，因此，他的声威和命令都不能很好地得到尊重和传达，他手下的人都擅做主张，不听朝廷的调遣，尤其是，他又特别相信占卜和巫术，所以才导致了最后的失败。

沮渠男成的弟弟沮渠富占、将军俱傫统率着五百户居民向南凉河西王秃发利鹿孤投降。俱傫是俱石子的儿子。

（以上为第三段，写北凉宫廷政变，北凉主段业无他大略，忌惮张掖太守沮渠蒙逊，而蒙逊有所觉察，渐生反叛之心，用计杀掉段业的干将马权，起兵攻打，杀掉段业。）

孙恩的军队攻克了沪渎，杀了吴国内史袁崧，在这场战斗中死亡四千人。

后凉主吕隆，采用大肆杀戮有声望的豪门大族的办法，用来树立自己的威信和名望，因此，朝廷内外议论纷纷，一片哗然，人人自危。魏安人焦朗派遣使节向后秦陇西公姚硕德游说道："吕氏自从武皇吕光去世之后，兄弟之间互相攻击残害，朝廷的大政法纪也不能确立遵守，人们只是比赛着看谁更加粗鲁暴虐，百姓却因为饥饿灾荒，死的人已经超过一半。现在趁他们正在热心于互相篡夺残杀的机会，消灭他们易如反掌。千万不可失去机会呀！”姚硕德把这话向后秦主姚兴做了汇报，然后便率步、骑兵六万人，对后凉发动了大规模的进攻，归义侯乞伏乾归也带着一支七千人的骑兵部队，跟着姚硕德一起出征。

六月初一甲戌，孙恩从海上发兵，突然出现在丹徒，有士兵十多万人，战舰一千多艘。这使东晋都城建康大为震惊恐慌。六月初二乙亥，东晋都城内外戒严，文武百官全部聚集在台省机构内居住，随时办公。冠军将军高素等人据守石头城，辅国将军刘袭则带兵用木栅栏将淮口切断，丹阳尹司马恢之戍守在长江南岸，冠军将军桓谦等人在白石驻防，左卫将军王嘏等屯兵中堂，征召豫州刺史谯王司马尚之来京师卫守。

刘牢之从山阴带兵前来截击孙恩，还没有赶到，孙恩的兵马已经过去了，于是，他让刘裕从海盐迅速赶来援助。刘裕的兵众一共也不满一千人，日夜兼程，一路急行军才与孙恩的部队几乎同时赶到了丹徒。刘裕的士兵本来就少，再加上赶很远的路，已经疲惫不堪，而丹徒原有的东晋守军又没有丝毫的斗志。孙恩率领他的部队一齐高声呐喊，擂鼓助威，登上了蒜山，而当地的居民则都挑着担子准备逃跑。刘裕率领着他手下的士兵奔向前去，对孙恩部队发动攻击，把孙恩打得大败，变民部队从山崖上摔下、落入水中淹死的非常多，孙恩也仓皇狼狈得仅仅逃回到船上，才保住了命。但是，孙恩仍然倚仗他自己的兵多，很快便重新整顿好部队，径直向京师开进了。后将军司马元显率领部队前来迎战，但却屡屡战败。会稽王司马道子没有其他办法，只是天天到蒋侯庙去祭祀祈祷。

孙恩的部队距离建康已经越来越近了，百姓人心惶惶，非常恐惧。谯王司马尚之统领着他的精锐部队及时赶到，直接驻守在积弩堂。孙恩的战舰非常高大，逆风行驶速度便无法加快，所以几天之后才到达白石。孙恩本来以为东晋各支部队驻守的地区比较分散，因此打算趁他们没有准备，发动突然袭击。但是到达白石后，得知司马尚之的部队正在建康，又听说刘牢之也已经回军，据守在新洲，所以，他不敢继续前进，只好回军，从海路向北直扑郁洲。孙恩手下的其他将领攻克了广陵，杀死了三千人。宁朔将军高雅之在郁洲向孙恩发动进攻，却被孙恩的军队抓获。

荆州刺史桓玄无时无刻不在磨砺兵器，训练部队，时刻严密注视着朝廷内部所出现的每一个对自己有利的微小变化。当他听说孙恩逼近京师，便赶紧树起军旗，集结队伍，向朝廷呈上奏书，请求带兵去攻打孙恩。司马元显对此大为恐惧。正好赶上孙恩的军队撤了回去，于是，司马元显以诏书制止桓玄起兵，桓玄无奈，只好命令部队解除戒备。

（以上为第四段，写东晋海盗孙恩从海上发兵，突然出现在丹徒，逼近京师，朝廷紧急调防；孙恩本想突袭京都建康，但看到防备森严，没有胜算，抢掠而去。）

北凉武卫将军梁中庸等人，一起推举沮渠蒙逊担任大都督、大将军、凉州牧、张掖公，沮渠蒙逊下令在他所管辖的范围内实行大赦，改年号为永安。沮渠蒙逊又任命他的堂兄沮渠伏奴为张掖太守、和平侯，任命他的弟弟沮渠挐为建忠将军、都谷侯，田昂为西郡太守，臧莫孩为辅国将军，房晷、梁中庸为左右长史，张骘、谢正礼为左右司马。这样，沮渠蒙逊擢升、任用的都是贤明有才干的人物，文武官员都感到很舒心、很高兴。

南凉河西王秃发利鹿孤下令，让群臣畅所欲言，指出他为政的得失好坏。西曹从事史暠说："皇上命令将领们去出征伐战，去了便没有不得胜的。但是，我们打仗，不把安定民心、使他们的生活得到安宁作为首要的目的，而只是把迁移人口作为要务，百姓喜定居本土，不愿迁移，所以，经常出现离心叛逆的现象，这就是我们之所以斩杀敌将、攻克敌城，但是地域却不能更加拓展的原因。"秃发利鹿孤觉得他说得很对。

秋季，七月，北魏兖州刺史长孙肥带领着步、骑兵共二万人，向南夺取了东晋的许昌，又向东进军到彭城。东晋将军刘该投降了他。

后秦陇西公姚硕德从金城附近渡过黄河，径直向广武逼近，南凉河西王秃发利鹿孤调动他在广武的守军撤退，避开了后秦讨伐后凉的军队。后秦军队到达姑臧，后凉主吕隆派遣辅国大将军吕超、龙骧将军吕邈等和后秦军交战，姚硕德把他们打得大败，活捉了吕邈，俘虏杀戮的后凉士兵数以万计。吕隆围绕着都城，指挥固守阵地。后凉巴西公吕佗率领着东苑的部队二万五千人向后秦投降，西凉公李暠、南凉河西王秃发利鹿孤、北凉张掖公沮渠蒙逊等都分别派遣使节捧着奏书，去向后秦纳贡。

当初，后凉将军姜纪向南凉河西王秃发利鹿孤投降，广武公秃发傉檀与他探讨兵家战略，对他非常喜爱、推崇，如果坐下的话，便坐垫相连；如果出门的话，便一定要同坐一辆车，每次在一起谈论事情，都是白天说不完，晚上接着说。秃发利鹿孤对秃发傉檀说："姜纪的确具有很高的才华，但是我通过观察，觉得他不是一个有常性的人，一定不会长久地留在我们这里，所以，不如把他杀了，否则，姜纪如果去了后秦，一定会成为我们的祸患。"秃发傉檀说："我以平民的身份，平等地对待他，和他交朋友，姜纪一定不会对不起我。"

八月，姜纪带着几十个骑兵投奔后秦军，对姚硕德说："吕隆只守住一座孤城，没有外来的部队援助，明公您指挥大军围在他的城下，在那种情况下，他一定会请求投降。但是，他这只是嘴上说投降而已，心里并不一定马上便肯服从我们。请您交给我步、骑兵三千人，与王松怱将军一起，利用后凉归顺过来的焦朗、华纯所带的部队，在旁边等待着他们内部矛盾的产生和机会的出现，那么，吕隆被征服，就根本不成问题了。如果不这样的话，现在秃发利鹿孤在南方，军队强壮、国家富有，假若再把姑臧城兼并的话，那么，他的威霸之势便会越发强盛，而沮渠蒙逊和李暠没有力量抵抗他们，也一定会向他归附。一旦这样，那可就是秦国的强大敌人了。”姚硕德于是上书，请求任命姜纪做武威太守，并配给他一支两千人的部队，让他在晏然驻守。

后秦主姚兴听说杨桓非常贤明能干，便征召他到京师长安来，南凉河西王秃发利鹿孤也不敢擅自把他留下来。

（以上为第五段，写沮渠蒙逊建立北凉，改元永安；后秦陇西公姚硕德率军打败后凉；西凉主李暠、南凉主秃发利鹿孤、北凉主沮渠蒙逊等都向后秦称臣纳贡。）

东晋朝廷下令，任命刘裕为下邳太守，命他去郁洲征讨孙恩，几次接战，都把变民部队打得大败，孙恩的势力从此衰弱下来，再一次沿海向南败逃，刘裕也紧追不放，不断地向孙恩部队发动进攻。

后燕主慕容盛鉴于他的父亲慕容宝因为过于懦弱丢掉国家大权的教训，所以，一心要加强自己的威严，施刑苛刻，加上他又自以为很明察，对手下的很多人都非常猜疑忌恨，大臣们稍有一点嫌疑，他都先杀掉再说。因此，即便是王室宗亲、功臣元老，也都不能自保。

八月十五日丁亥，左将军慕容国与殿上将军秦舆、段赞阴谋率领禁卫军袭击慕容盛，事情暴露，牵连致死的有五百多人。二十日壬辰夜里，前将军段玑与秦舆的儿子秦兴、段赞的儿子段泰潜进禁宫之中擂鼓呐喊，大声呼叫。慕容盛听到有兵变的消息，率领着左右亲兵出来迎战，兵变的众人逃跑溃散。段玑受了伤，藏到旁边的房屋之内。不一会儿，有一个参与兵变的士兵从黑暗中突然向慕容盛偷袭，刺中慕容盛，使他受到重伤。但在这种情况下，慕容盛还是坐着轿来到前殿，重新申述强调禁宫的规定，布置警卫，等事情安定之后才断气而死。

中垒将军慕容拔、冗从仆射郭仲向太后丁氏禀报，认为现在国家多灾多难，应该拥立一个年龄较大的人。当时，大家的希望寄托在慕容盛的弟弟司徒、尚书令、平原公慕容元身上，但是河间公慕容熙在平时却很得丁太后的宠爱，于是，丁太后便废掉了太子慕容定，秘密迎接慕容熙进宫。第二天早晨，文武大臣们进朝议政，才知道事情发生了变化，因此只好呈上奏书，劝说慕容熙进位。慕容熙让位给慕容元，慕容元不敢接受。

八月二十一日癸巳，慕容熙登上了天王的位子，把段玑等人抓获，把他们的三族全部杀了。二十二日甲午，实行大赦。八月二十四日丙申，平原公慕容元，因为受猜忌，慕容熙命令他自杀。闰八月十九日辛酉，把慕容盛埋葬在兴平陵，追谥他为昭武皇帝，庙号中宗。丁太后出城为儿子送葬还没有回城的时候，中领军慕容提、步军校尉张佛等阴谋拥立原太子慕容定，事情被发觉，他们又全都被杀。慕容熙又命令慕容定自杀。二十四日丙寅，实行大赦，改年号为光始。

后秦陇西公姚硕德围困姑臧已经几个月，城中的许多原籍东方一带的人，都计划着向城外的后秦军叛降。后凉将军魏益多又在里面诱骗煽动人们，准备杀了后凉主吕隆和安定公吕超，不料事情败露，因此牵连被杀的有三百多家。姚硕德接纳安抚夷族、汉族的所有当地居民，并分别安排了一些地方官吏，如太守、县宰等。他又命令手下的部队，节省粮食、积聚稻米，以此作为准备坚持长久围困姑臧的办法。

后凉大臣们请求与后秦讲和联手，但吕隆坚决不同意。安定公吕超说："现在，我们内部的蓄积已经基本枯竭，上上下下全部嗷嗷待哺，在这种情况下，即使让张良、陈平复活，他们也不会有用来摆脱这种困境的方法。皇上应该考虑根据情况权宜变通，能屈能伸，为什么那么看重一纸书信和一介使节，而不愿以几句谦卑的话就把强大的敌人骗得退兵呢？敌人撤退之后，我们可以致力于完善仁德的政事，用来使百姓获得休养生息。如果我们国家天定的气运还没有穷尽，何必担忧旧有的大业不能够恢复呢！如果天命到头了，这样也可以保全我们的宗族。如果不这样的话，只是坐在这里等着困乏穷极，到头来能怎么样呢？"吕隆这才听从。

九月，后凉主吕隆派遣使者向后秦请求投降。姚硕德向朝廷呈上奏书，请求任命吕隆为镇西大将军、凉州刺史、建康公。吕隆派遣子弟以及一些原来的文武大臣慕容筑、杨颖等五十多家到长安去做人质。

姚硕德军令严厉整肃，对当地的居民一丝一毫也不予侵犯，并且祭祀历史上的贤明之士，对当世有名望的人也是厚礼相待，所以，在西部土地上生活的百姓，都非常高兴。

沮渠蒙逊所属的酒泉、凉宁两个郡，都向西凉国叛降，他听说吕隆也投降了后秦，非常害怕，派遣他的弟弟建忠将军沮渠挐、牧府长史张潜去姑臧拜见姚硕德，请求允许他带着他的所有部众向东迁移。姚硕德非常高兴，任命张潜为张掖太守，沮渠挐为建康太守。张潜竭力劝阻渠蒙逊率部属向东迁移。沮渠挐却在私下里对沮渠蒙逊说："姑臧现在还没有被攻克，吕氏政权也还继续存在，姚硕德的部队粮草用尽之后，一定就会回去，不能待得太久，为什么自己主动放弃已有的疆土，而去受别人的控制呢？"臧莫孩也深以为然。

沮渠蒙逊把自己的儿子沮渠奚念派到南凉秃发利鹿孤那里去做人质，向秃发利鹿孤求援。秃发利鹿孤不接受沮渠奚念，说："沮渠奚念年纪太小，可以把沮渠挐派来。"

冬季，十月，沮渠蒙逊再一次派使节，向秃发利鹿孤上书说："我前次派遣沮渠奚念到皇上那里去，的确是寄托着我的一片诚意，但是，皇上的圣意却未能明鉴我的良苦用心，所以才再向臣索要弟弟沮渠挐。我心中认为，如果有诚心信义的话，那么儿子的重量就不轻，如果不讲信义，那么即使是弟弟，分量也不是很重的。现在，我这里强盗来犯的危难还没有平复，所以，不能遵奉皇上的旨意，但愿皇上能够知道我的难处，原谅我。”秃发利鹿孤被沮渠蒙逊的话所激怒，派遣张松侯秃发俱延、兴城侯秃发文支，带领一万骑兵袭击沮渠蒙逊，很快便把部队推进到了万岁、临松一带，抓获了沮渠蒙逊的堂弟沮渠鄯善苟子，并掳掠了北凉百姓六千多户。沮渠蒙逊的堂叔沮渠孔遮，代表北凉来到南凉朝见秃发利鹿孤，答应把沮渠挐送来做人质，秃发利鹿孤这才把这次出兵抢回来的人口等，全部送还给了他们，召秃发俱延他们收兵回来。秃发文支是秃发利鹿孤的弟弟。

（以上为第六段，写后燕主慕容盛严威厉刑，群情激愤，被谋杀而死；后慕容熙为帝，仍是个杀人魔王；后秦陇西公姚硕德围困后凉，后凉主吕隆请求投降。）

南燕主慕容备德，在延贤堂宴请文武大臣们，酒喝得最痛快、情绪最高涨的时候，他对大臣们说：“我可以和自古以来的什么等级的君主相比？”青州刺史鞠仲回答说：“皇上是中兴国运的圣明君主，当然与夏朝的少康帝、汉朝的光武帝是一样的了。”慕容备德示意左右侍从，赏赐鞠仲一千匹绸缎。鞠仲因为赏赐的东西太多，连忙推辞。慕容备德说：“你知道拿话来调笑我，难道我就不知道调笑调笑你吗？你回答我的话不是实话，所以，我也不过是用虚言空话来赏赐你罢了。”韩范进言道：“作为天子，是不应该说玩笑话的，今天你们两人所说的话，君主与臣下都是不对的。”慕容备德非常高兴，赏赐给韩范绢绸五十匹。

慕容备德的母亲和哥哥慕容纳，都留在长安居住，慕容备德派遣平原人杜弘前去探望他们。杜弘说：“我到长安之后，如果找不到太后，不能了解太后的身体生活等情况，那么，我会向西再到张掖去打听，尽全力完成任务，一直到死。但是，我的父亲杜雄，年龄已经过了六十岁，我请求皇上能给他一个做本县县令的俸禄，这样，才可以表明我像乌鸦反哺那样的孝敬父母的心情。”中书令张华说：“杜弘还没有走，便事先请求俸禄，这样要挟君王，罪过太大了。”慕容备德却说：“杜弘既然为君主去寻找、迎接母亲，为自己的老父亲请求俸禄，可以说是忠孝两全了，有什么罪过呢！”果然任命杜雄为平原县令。杜弘到达张掖之后，就被强盗杀害了。

十一月，东晋刘裕追击孙恩的变民部队，来到沪渎、海盐，又一次把他们打败，俘虏斩杀的人数以万计，孙恩于是只好从浃口远远地逃向大海。

十二月十一日辛亥，魏道武帝拓跋珪派遣常山王拓跋遵、定陵公和跋，率领士兵五万人，在高平进攻后秦车骑将军没弈干。

十二月十五日乙卯，北魏虎威将军宿沓干带兵讨伐后燕，向令支发起进攻。二十五日乙丑，后燕中领军宇文拔赶来援救。壬午（疑误），宿沓干攻克令支并据守在那里。

后凉安定公吕超进攻后秦姜纪驻守的晏然，没有攻下，于是，又转而去进攻焦朗所驻守的魏安。焦朗派他的侄儿焦嵩到南凉河西王秃发利鹿孤那里去做人质，请求他们派兵前来营救，秃发利鹿弧于是派遣车骑将军秃发傉檀向魏安进军。等他们赶到的时候，吕超已经带兵退走，焦朗紧闭城门，拒绝迎接他们进城，秃发傉檀为此大怒，打算进攻魏安城。镇北将军秃发俱延劝阻说："安于故土而不愿随便迁移，这是人之常情。焦朗据守着一座孤城，没有粮食，即使今年不投降，再过一年也会自己前来拜服，何必现在一定要过多地杀戮士兵，来进攻他们呢？如果一旦攻打他又不能取胜，他一定会去归附别的国家。这样放弃本州地域之内的居民士人，送给与我们相邻的敌国，不是一个好办法。我看不如用好话来好好地安抚他们。"秃发傉檀这才与焦朗和好结盟，于是，他又到后凉都城姑臧去大肆炫耀自己的兵力。然后，便在胡阬扎下大营。

秃发傉檀料知吕超当天晚上一定会来劫营，所以事先准备好了火把，等待他们。晚上，吕超果然派遣中垒将军王集率领精锐部队二千人前来袭击秃发傉檀大营，秃发傉檀命令部队暂时不要反击。等到王集的部队全部冲进他的壁垒之中，他这才命令大军在营帐内外一同点起火把，火光把黑夜照得像白天一样，同时又驱兵攻打王集的军队，斩杀了王集以及其他顶盔带甲的士兵三百多人。吕隆为此很害怕，假装要和秃发傉檀互相交好，并邀请他去东苑小城内缔结盟约。秃发傉檀派秃发俱延进城参加结盟仪式。秃发俱延怀疑后凉设有埋伏，因此捣毁了一处墙壁进入苑中。吕超设下的伏兵果然向他偷袭，秃发俱延失去了战马，只好步行逃走，凌江将军郭祖竭力奋战，抵挡后凉伏兵的追杀，秃发俱延才得免一死。秃发傉檀大怒，在显美对后凉昌松太守孟祎发动猛攻。吕隆派遣广武将军苟安国、宁远将军石可带领骑兵五百人前去救援，但是，苟安国等人却因为害怕秃发傉檀部队的强大势力，很快便逃了回去。

（以上为第七段，写南燕主慕容德母亲和哥哥都在长安，慕容德派遣平原杜弘前去寻找；后凉安定公吕超率军进攻后秦魏安，而后退兵；焦朗与南凉主秃发傉檀结盟。）

东晋荆州刺史桓玄向朝廷奏请，任命他的哥哥桓伟为江州刺史，镇守夏口；任命司马刁畅为辅国将军、督八郡军事，镇守襄阳。桓玄派他手下大将皇甫敷、冯该据守湓口，强行迁移沮水、漳水流域的二千户蛮族居民到长江以南去居住，设置了武宁郡。他又把一些四处流浪的饥民召集在一起，增设了绥安郡。朝廷下令，征召广州刺史刁逵、豫章太守郭昶之进京，桓玄都把他们留住，不让他们去。

桓玄自以为已经拥有了东晋三分之二的疆土，所以多次让人呈上自己可以做君主的天命符征和吉兆，打算用这些来迷惑百姓；又给会稽王司马道子写信说："孙恩那些盗贼，上次逼近京城的近郊，因为风不顺而没有能够攻打进来，又因为天下大雨，而没有机会运用火攻，所以在粮食吃完之后，自然便回去了，并不是力量不足。过去，王国宝死了之后，王恭没有乘这时的威势，进一步统领朝廷政务，这就完全可以让人看出他的忠心，并没有对您有丝毫的不敬和侮辱，但是，您却说他不忠。现在的朝中权要贵官，国家的心腹栋梁，深孚众望、声名远播的人，是谁？怎么能说没有更好的？只不过是您不能相信他罢了！从此以来，日复一日，才酿成像今天这样的祸患。在朝廷中的那些王公大臣们因为害怕大祸临头，所以不敢说话。桓玄我有愧远在外地任职，才有胆量揭露这样的事实。”司马元显看到了这封信，非常害怕。

张法顺对司马元显说：“桓玄凭借他家世的名望和资历，向来具有一股豪气，已经吞并了殷仲堪、杨佺期，自己独霸了荆楚一带的广大地区，您所能控制的真正可以算做您的疆界，不过就是三吴之地罢了。孙恩制造祸乱，使东部地区损失巨大，一片荒芜，朝廷、百姓积蓄枯竭，生活窘困，桓玄一定会趁此机会大肆施展他的奸恶凶残的手段，实现他的阴险目的。我心中以为这是值得我们忧虑的一件事情。”司马元显说：“对此，我们能怎么办呢？”张法顺说：“桓玄刚刚把荆州强占到手，当地百姓的人心和情感都并没有完全归附他，因此，他不得不努力平定局势，安定民心，没有时间考虑别的事情。如果趁这个时候派遣刘牢之为前锋，而您随后亲自带领大部队进发征剿，那么，桓玄一定可以被我们消灭。”司马元显认为这话很对。正好这时武昌太守庾楷因为桓玄与朝廷结下仇怨，恐怕事情以后不能成功，大祸牵连自己，所以偷偷地派人前来，主动向司马元显投靠，说：“桓玄非常不得人心，他的部下也不太听从他的命令，如果朝廷这时派军队去征讨，那么，我一定做内应。”司马元显非常高兴，马上派遣张法顺到京口去，找刘牢之商量。刘牢之却觉得征讨桓玄很困难。张法顺回来后，对司马元显说：“我观察刘牢之的表情言谈，一定是与我们怀有二心，所以不如把他召到京城来杀掉。如果不这样，他就会败坏了我们的大事。”司马元显没有听他的话。东晋朝廷从此开始大规模地整治训练水上部队，征选士兵、装备战舰，准备对桓玄发动进攻。

（以上为第八段，写海盗孙恩被打退后，东晋荆州刺史桓玄凭借名望和资历占据东晋三分之二的地盘，要挟朝廷，朝廷非常惶恐，选兵造舰，谋讨伐桓玄。）

晋安帝元兴元年（壬寅，公元 402 年）

春季，正月初一庚午朔，东晋朝廷下诏书，历数荆州刺史桓玄的罪状，任命尚书令司马元显为骠骑大将军、征讨大都督、都督十八州诸军事，并把黄钺也加授给他；又任命镇北将军刘牢之为前锋都督，任命前将军谯王司马尚之统率后卫部队；又下令实行大赦，改年号。在都城内外戒严，任命会稽王司马道子为太傅。

司马元显打算借此机会把桓氏家族的人全部诛灭。中护军桓修是骠骑长史王诞的外甥，王诞又很得司马元显的宠爱信任，所以，他向司马元显禀告了桓修等人与桓玄的志趣完全不同，司马元显才放弃了这个想法。王诞是王导的曾孙。

张法顺对司马元显说："骠骑司马桓谦兄弟常常作为长江上游荆州方面的耳目，为桓玄提供情报，应该把他们斩了，来杜绝今后类似奸计阴谋的发生。而且此次出军攻打桓玄，能否达到预期目的，关键就在于前锋部队如何，但是刘牢之为人反复无常，万一他那里发生什么变化，那么我们的失败和大祸就会马上到来。所以，您可以让刘牢之杀掉桓谦兄弟，来证明他和我们没有二心。如果他不接受命令，那么我们可以在祸患到来之前，先打算好怎么办。"司马元显说："现在除了刘牢之，没有人可以与桓玄对敌。况且刚开始做这件事情，便诛杀自己的大将，容易使人心不得安宁。"一而再，再而三地拒绝张法顺的请求，不加允许。

司马元显因为桓氏家族世代都得到荆州一带居民的归附，桓冲尤其是为那里的百姓留下了很多好处，而桓谦又是桓冲的儿子，所以才把桓谦由骠骑司马调任都督荆、益、宁、梁四州诸军事及荆州刺史，打算用这种方法收买西部地区百姓的人心。

正月初八丁丑，后燕中垒将军慕容拔向北魏戍守令支的部队发动进攻，攻克了令支，北魏将领宿沓干逃走。慕容拔抓获了北魏辽西太守那颉。后燕任命慕容拔为幽州刺史，镇守令支；任命中坚将军辽西人阳豪为他家乡辽西郡的太守。

正月十八日丁亥，后燕任命章武公慕容渊为尚书令，博陵公慕容虔为尚书左仆射，尚书王腾为右仆射。

正月十九日戊子，北魏材官将军和突进攻黜弗、素古延等几个部落，把他们全都打败。当初，魏道武帝拓跋珪派遣北部大人贺狄干向后秦进献一千匹马，为自己求亲。后秦王姚兴听说拓跋珪已经册立慕容氏为皇后，于是便把贺狄干扣留，拒绝了拓跋珪通婚的请求。而没弈干、黜弗、素古延几个部落，也都是后秦的附属国，北魏却经常去攻打他们，因此，后秦、北魏两国便产生了矛盾。

正月二十一日庚寅，魏道武帝拓跋珪大规模地检阅自己的军队人马，并且命令并州的几个郡在平阳的乾壁城聚积粮草，用来防备后秦国的进攻。

柔然可汗郁久闾社仑正在与后秦和睦邦交，于是派遣将领带兵去救助黜弗、素古延部落。正月二十二日辛卯，北魏将领和突迎战郁久闾社仑，将他打得大败。郁久闾社仑率领他的部落远远地逃到大漠以北，夺取了高车部落的一些地方定居下来。斛律部落的统帅斛律倍侯利袭击郁久闾社仑，却被郁久闾社仑打得大败。斛律倍侯利于是又投奔北魏。郁久闾社仑又攻击西北部的匈奴遗留下来的后裔日拔也鸡，并且把他们打得大败，于是，侵吞兼并了其他很多部落，兵马强壮，在北方地区称雄。

郁久闾社仑所统辖的疆土向西直至焉耆，向东与朝鲜接壤，南部与大荒漠相临，附近的许多小国全部被其征服而附属于他，郁久闾社仑自称为豆代可汗。并开始建立规章制度，把每千名士兵整编为一个军，在军中设立将军；把每百名士兵整编为一个幢，在幢中设立帅。在进攻作战时，抢先上前占领敌阵的人，便把一些缴获的战利品赏赐给他，临阵怯懦、畏缩不前的人便用石头砸他的脑袋，把他处死。

南凉车骑将军秃发傉檀攻克显美，抓住后凉昌松郡守孟祎，对他大加斥责，因为他迟迟不降。孟祎说："我孟祎受到吕氏的深信大德，授给我虎符，任命我镇守一方疆土，如果不等到你们大军的到来，看见你们的旌旗便归附投奔，恐怕要受到您的鄙视！"秃发傉檀把他释放了，并且以礼相待，强行迁移了二千多户当地居民，便撤兵回去了。他又任命孟祎为左司马。孟祎辞谢说："吕氏就要灭亡了，圣明的贵国朝廷一定会攻占黄河以西的地方，这是无论聪明还是愚蠢的人都可以一目了然的事情。但是，我孟祎给人家戍守城池却不能完成使命，保全防地，如果又厚颜贸然地接受您这么高的职务，我在内心里实在觉得不安。如果我能承蒙您的恩惠的话，就请您让我回到姑臧去接受故国对我的诛杀，那么即使死，我也是不朽的了。"秃发傉檀被他的气节所感动，把他放回去了。

（以上为第九段，写东晋朝廷要发动消灭权臣桓玄势力的战争；柔然可汗社仑兼并了漠北很多部落，兵强马壮，称雄于漠北；南凉攻下后凉显美，义释昌松太守孟祎。）

东晋东部地区遭受孙恩变民所导致的战乱的影响，继以灾荒年景，百姓饥饿贫困，水路的粮食运输不能满足供应。荆州刺史桓玄又禁闭长江通道，断绝了商旅往来，致使官府和私人间的物资积蓄全部空乏，部队士兵也只能用一些粮食的麸皮和橡树的果实来充饥。桓玄以为朝廷正处在多事之秋，值得忧虑的事情很多，一定没有闲暇来攻打自己，因此，可以趁此机会积蓄力量，等待时机。等到朝廷攻打他的大部队就要出发的时候，他的堂兄太傅长史桓石生秘密地用书信告诉了他这个消息，桓玄大吃一惊，打算把部队全部集结到江陵来据守。长史卞范之说："明公的英名威震于远近，司马元显却是个嘴里还有乳臭的小孩子，刘牢之已经非常丧失民心，如果我们把大部队抢先开拔到都城建康的临近地区，向他指明安危祸福，那么，他们土崩瓦解的趋势，我们很快就可以等到了，怎么能把敌人引入自己境内心腹重地，自己找穷困呢！"桓玄听从了他的话，留下桓伟镇守江陵，向朝廷呈上奏书，并把檄文公告传遍各地，揭露司马元显的各项罪行，同时挥师向东部进发。檄文传到都城建康，司马元显看到后，非常害怕。

二月初七丙午，东晋安帝在西池为司马元显饯行。司马元显害怕桓玄，登上战船，却没有马上出发。

二月十四日癸丑，北魏常山王拓跋遵等率领部队袭击没弈干的部队，抵达高平，没弈干放弃他的部众，率数千名骑兵，跟刘勃勃一起逃奔秦州。北魏军队追赶到瓦亭，没有追上便回去了，把没弈干仓库中所有的物资积蓄，全部收缴，并掠获了马匹四万多匹，其他各种牲畜九万多头，又把没弈干所属辖的百姓迁到代都去居住，剩下的为数不多的那个种族的人，也都分崩离析。

北魏平阳太守贰尘，再次侵犯后秦河东郡，使后秦都城长安受到很大震动，函谷关以西关中地区的各个城池，在白天也都紧闭城门，后秦人选择武器，训练士卒，以此图谋攻打北魏。

后秦主姚兴立子姚泓为太子，实行大赦。姚泓为人孝顺友善，谦和宽厚，喜欢文学，擅长清谈歌咏，但是性格懦弱，身体一直多病，姚兴打算让他做自己的继承人，但又因此迟疑不决，拖了很长时间，最后才决定立他为太子。

后凉都城姑臧发生严重的饥荒，一斗米价值五千钱，出现了人吃人的现象，被饿死的人达到了十多万口。城门白天也紧紧关闭，人们出城砍柴的道路也被断绝，百姓中请求出城做胡人奴隶、婢女的，每天都有几百人，吕隆讨厌他们这样扰乱人心，所以，把他们全部活埋在大坑之中，积攒起来的尸体堆满道路。

北凉主沮渠蒙逊带兵进攻后凉都城姑臧。吕隆派遣使节向南凉河西王秃发利鹿孤求救。秃发利鹿孤派广武公秃发傉檀率领骑兵一万前去救援吕隆，还没有赶到，吕隆就已经把沮渠蒙逊的部队打垮。沮渠蒙逊请求与吕隆讲和结盟，并把粮谷一万多斛遗留下来，送给吕隆，便回去了。秃发傉檀来到昌松，听说沮渠蒙逊已经退兵，于是，便把凉泽、段冢一带的五百多户居民强行裹胁着迁移回去了。

南凉中散骑常侍张融对秃发利鹿孤进言说："焦朗兄弟据守在魏安，暗地里勾结后秦姚氏，已经反复几次了，现在不消灭他们，以后一定会成为朝廷的忧患。"秃发利鹿孤于是便派遣秃发傉檀前去攻打他们，焦朗将双手反绑着出城投降。秃发傉檀把他押送到西平，并把他统辖的百姓迁移到乐都。

（以上为第十段，写东晋权臣桓玄先发制人，挥师东进；北魏将领拓跋遵率军袭击后秦将领没弈干，抵达高平；北凉主沮渠蒙逊率军进攻后凉都城姑臧，被打败。）

东晋荆州刺史桓玄从江陵出发，担心这次大规模军事行动不能取胜，因此，常常怀着向西回军的打算，等到过了寻阳，还是看不到朝廷军队，心中非常高兴，其他将士的斗志和士气也振作起来。

武昌太守庾楷做朝廷攻打桓玄的内应的阴谋泄露，桓玄把他囚禁起来。

二月十八日丁巳，东晋朝廷下令，派齐王司马柔之持驺虞幡到荆州、江州两地及军中展示，告谕他们赶快停止军事行动。桓玄的前锋将领把司马柔之杀了。司马柔之是司马宗的儿子。

二月二十八日丁卯，桓玄抵达姑孰，派遣他的部将冯该等人进攻历阳，襄城太守司马休之围绕城池坚持据守。桓玄的部队切断了洞浦的道路，焚烧了豫州的舰船。豫州刺史谯王司马尚之率领步兵九千多人，在洞浦之上摆开战阵，派遣武都太守杨秋驻扎在横江，但杨秋却投降了桓玄的部队。司马尚之的部队溃散，他自己也逃到涂中，桓玄把他抓获。司马休之出城迎战失败，放弃了城池逃走。

刘牢之平时一向厌恶骠骑大将军司马元显，他恐怕桓玄被消灭之后，司马元显会越发骄横任性，同时又担心自己的功劳声威越来越高，不能被司马元显容留。而且，他自恃勇猛无敌，又拥有一支强大的部队，打算借桓玄的手来铲除朝中的当权者，自己则等待桓玄的漏洞，趁机把他消灭，所以，他并不热心于去攻打桓玄。司马元显白天黑夜酣饮昏醉，他任命刘牢之为前锋，刘牢之多次去晋见他，都没有见到，直到晋安帝司马德宗出来为司马元显饯行，刘牢之才在公众场合与他匆匆相遇而已。

刘牢之驻军溧州，参军刘裕请求进攻桓玄，刘牢之没有允许。桓玄派刘牢之的一位族舅何穆向刘牢之游说道："从古至今，带着震慑主上的威望，身负无法再加奖赏的功勋而又能保全自己的人，有谁呢？越国的文种，秦国的白起，汉朝的韩信，都能有幸为圣明的主上做事，并为之尽心竭力，但是，在他们功业完成的时候，仍旧免不了遭到诛戮屠杀，更何况是被凶狠残暴、愚蠢昏庸的人所利用呢！您这一次如果打了胜仗，就会被杀了全家；如果打了败仗，那么，您的家族自然更会遭到夷灭，您难道还打算就这样平安地回去吗！依我看，不如反过来改变自己的主意，那样就可以永远保住您的荣华富贵了。古人有因为谋害君主而用箭射中带钩的管仲和因为追捕后来的君主而用剑砍断衣襟的勃鞮，都并不影响他们当国家的辅佐大臣，更何况桓玄与您并没有任何宿怨呢！"当时，谯王司马尚之已经惨遭失败，人们的情绪更加恐慌。刘牢之基本上接受了何穆的劝告，与桓玄沟通了相互间的关系。

东海中尉、东海人何无忌是刘牢之的外甥，与刘裕一起极力劝阻刘牢之，但他根本不听。刘牢之的儿子骠骑从事中郎刘敬宣劝说他道："现在国家衰弱，危在旦夕，整个朝廷的重心与关键都在您和桓玄两个人手中。桓玄凭借着他父亲、叔父所遗留下来的权位与威望，盘踞并占据了整个楚地，割据了晋国三分之二的土地，如果放纵他，让他有朝一日凌驾于朝廷之上，那么，桓玄的威势声望形成之后，再图谋铲除他，恐怕就更加困难了。像东汉董卓之变那样的灾难性的战乱，即将在现今重现了。"刘牢之愤怒地说："我怎能不知道这些！我今天消灭桓玄，易如反掌，但是，扫平桓玄之后，你让我如何对付骠骑大将军司马元显！"

三月初一己巳朔，刘牢之派遣刘敬宣去拜见桓玄，请求投降。桓玄暗地里打算把刘牢之杀掉，于是便与刘敬宣一起开宴饮酒，并把一些著名的书法绘画陈列出来，陪同他观看欣赏，希望使他的心情安定舒畅。刘敬宣对桓玄的用心没有任何察觉，桓玄手下那些辅佐的官吏们看见这种情形，没有不相视会意、点头暗笑的。桓玄暂时任命刘敬宣为谘议参军。

司马元显刚刚准备出发，听说桓玄的大部队已经到了新亭，便马上扔掉船只，返身上岸，退到城中的国子学里驻守，三月初三辛未，又到宣阳门外去排列开战阵，扎下大营。军营之中惊恐不安，传说桓玄的部队已经抵达南桁。司马元显带着部队准备回宫，这时，桓玄派遣先头部队拔出刀来，紧跟在他们的后边大声呐喊着说："放下武器！"司马元显的部队彻底崩溃。司马元显乘着一匹马跑进了东府，只有张法顺一个人骑马紧跟着他。司马元显向司马道子询问有没有什么办法，司马道子也只是面对着儿子哭泣不止。桓玄派遣太傅从事中郎毛泰把司马元显收押起来，送到新亭。桓玄把他绑在大船的前头，一条条列举他的罪状，司马元显说："我不过是被王诞、张法顺所迷惑耽误罢了。"

（以上为第十一段，写东晋权臣桓玄率领大军攻打东晋朝廷；朝廷倚重名将刘牢之，而牢之首鼠两端，患得患失，最后投靠桓玄；司马元显率军抵抗，未战而败北。）

三月初四壬申，东晋恢复隆安这个年号。晋安帝司马德宗派侍中到安乐渚去慰劳桓玄。桓玄进入京师，宣称皇帝下令，命令解除戒严。朝廷于是便任命桓玄统领文武百官，都督中外诸军事、丞相、录尚书事、扬州牧，兼任徐、荆、江三州刺史，加授给他黄钺。桓玄任命桓伟为荆州刺史，桓谦为尚书左仆射，桓修为徐、兖二州刺史，桓石生为江州刺史，卞范之为丹杨尹。

当初，桓玄起兵的时候，侍中王谧曾经到江陵来见桓玄，传达晋安帝司马德宗的诏书，桓玄亲自接待他，礼遇非常优厚。等到桓玄入朝辅佐国家政要，便任命王谧为中书令。王谧是王导的孙子。新安太守殷仲文是殷觊的弟弟，桓玄的姐姐是殷仲文的妻子。殷仲文听说桓玄征服了京师，也放弃了自己所辖的新安郡，前来投靠桓玄，桓玄任命他做谘议参军。当年曾经指责过桓玄的刘迈前去晋见桓玄，桓玄说："你难道不害怕死，还敢来见我？"刘迈说："射中带钩的管仲，斩断衣襟的勃鞮，再加上我刘迈，正好合为三个。"桓玄非常高兴，任命他做参军。

三月初五癸酉，有关部门呈上奏章，指责会稽王司马道子放纵酗酒，忤逆不孝，应该斩首弃尸示众。东晋朝廷下令，把他赶出京城，贬逐到安成郡居住；把司马元显及其儿子东海王司马彦璋和谯王司马尚之，以及庾楷、张法顺、毛泰等人，押到建康城的街市上，全部斩首。桓修竭力为王诞求情，所以，王诞被长期流放到大庾岭以南的偏荒地区去了。

桓玄任命刘牢之为会稽内史。刘牢之说："刚开始就剥夺我的兵权，大祸就要来了。"刘敬宣向桓玄请求回到京口去劝告刘牢之，让他赶快上任，桓玄派他去了。刘敬宣回到京口后，却劝说刘牢之袭击桓玄，刘牢之非常犹豫，拿不定主意，只是把部队移到班渎去驻扎，并在私下里告诉刘裕说："现在，我们应当北上，到广陵和驻守在那里的高雅之会合，一同发动部队，来匡扶社稷，你能跟着我去吗？"刘裕说：

“将军以拥有几万精壮士兵的实力，对桓玄也都听见风声就去投降臣服，桓玄刚刚得以实现志向，声威震动天下，从朝廷到民间，人心都已经归附到他那里去了，您要去广陵，怎么可能顺利到达呢！我将要脱去军服，穿上百姓的衣服，回到京口去了。”何无忌对刘裕说：“我怎么办才好？”刘裕说：“我看镇北将军一定难逃一死，你可以跟随我回京口去。桓玄如果遵守做臣属的节度，我和你应当去为他做事；如果不那样，我便和你一起想办法对付他。”

在这个时候，刘牢之把各级将领僚属全部集中到一起，商议据守长江以北的地区来攻打桓玄。参军刘袭说：“不可以去做的事情中，最大的莫过于谋反。将军在以前反王恭，近些日子反司马元显，现在又要来反叛桓玄，一个人连续三次谋反，还能用什么方法使自己在天下立足！”话刚说完，便快步走了出去，其他的将佐官吏也多一哄而散地走了。刘牢之非常害怕，派刘敬宣去京口迎接家属，过了约定的日期，也没有回来。刘牢之以为谋反的事情已泄，刘敬宣被桓玄杀掉了，所以率领现有的部下向北逃跑，到达新洲的时候上吊自杀了。刘敬宣赶到这里之后，没有时间痛哭，便渡过长江，投奔广陵去了。刘牢之手下的将帅官吏们一起把他装殓起来，并把他的棺木运送回丹徒。桓玄下令劈开棺木，把刘牢之尸首上的脑袋砍了下来，并把他的尸体扔到街上示众。

东晋实行大赦，改年号为大亨。

桓玄辞去丞相及荆、江、徐三州刺史的职位，改任太尉、都督中外诸军事、扬州牧，兼任豫州刺史，统领文武百官。任命琅邪王司马德文为太宰。

司马休之、刘敬宣、高雅之都逃奔到洛阳，各把自己的儿子兄弟送到后秦做人质，以此向后秦请求救助。后秦王姚兴交给他们兵符印信，让他们到关东去招募兵丁，招到了几千人。然后，他们又回到彭城一带驻守去了。

变民首领孙恩又来进犯临海，临海太守辛景把他打得大败，孙恩所抢掠的三吴地区的男女百姓，在战乱中全部被杀死。孙恩恐怕自己被朝廷的部队抓获，于是跳海自杀，他的党羽以及姬妾艺妓等人中跟着他一起自杀的有上百人，人们把这些人称为“水仙”。其余的部众几千人又推举孙恩的妹夫卢循为首领。卢循是卢谌的曾孙，神态风采清秀雅静，多才多艺。小的时候，佛门僧人惠远曾经对他说：“你虽然体态状貌比较有素雅的儒风，但是心里却隐藏着不遵守法度的志向，是不是？”太尉桓玄打算用安抚的手段使东部地区的局势稳定下来，于是，任命卢循为永嘉太守。卢循虽然接受了任命，但是却依然为非作歹，行劫施暴。

（以上为第十二段，写东晋朝廷发兵攻打桓玄以失败告终，权臣司马元显等人被杀，反复无常的刘牢之自杀，桓玄入朝，专擅朝政。）

三月初六甲戌，后燕实行大赦。

南凉河西王秃发利鹿孤病重，卧床不起，遗嘱命令把国家的政事交给他的弟弟秃发傉檀管理。当初，他们的父亲秃发思复鞬喜爱、推重秃发傉檀，对儿子们说：“秃发傉檀的气度和见识，不是你们哥儿几个能赶得上的。”所以几个哥哥都不把王位传给儿子，而只是传给弟弟。秃发利鹿孤登位之后，实际上也只是垂衣拱手地不做什么实事，军队国家的大事都委托给秃发傉檀处理决定。秃发利鹿孤去世，秃发傉檀继承王位，改称凉王，改年号为弘昌，并把都城迁到乐都，追谥秃发利鹿孤为康王。

夏季，四月，太尉桓玄出都城建康，去姑孰驻扎，辞去了录尚书事的官职，晋安帝司马德宗下令同意，但是，凡是大政方针，却都还要去他那里请示，其他小事就由尚书令桓谦和卞范之决定。

自隆安以来，东晋全国上下的百姓，对接连不断的天灾人祸、动乱战争深感厌倦。桓玄刚刚来到京师，便罢免奸佞小人，选拔贤明才俊，建康的百姓非常高兴，都希望能得到一个安定的生活环境。但是，不久，桓玄便骄奢横暴，放纵享乐，政令变化无常，朋雄奸党纷纷出现，甚至对朝廷也大加欺凌侮辱，把皇家御用的车马轿乘、供奉的食品用具等，也都随意裁减，连晋安帝司马德宗也几乎不免不挨冻受饿。从此，民众的心里非常失望。三吴地区发生大饥荒，住户人口减少了一半左右，其中，会稽郡是十人之中减少三四人；临海、永嘉两地人口则几乎全部死亡。即使是富贵人家，也都穿着绫罗绸缎，怀里抱着金玉，关起门来相互之间看着饿死。

被留在南凉的乞伏炽磐，终于从西平逃回苑川，南凉主秃发傉檀把他的妻子儿女也都归还给他。他的父亲乞伏乾归又让乞伏炽磐去到后秦都城长安去晋见后秦主姚兴。姚兴任命乞伏炽磐为兴晋太守。

五月，东晋变民首领卢循从临海进犯东阳，太尉桓玄派遣抚军中兵参军刘裕带兵去进攻他。卢循失败，逃往永嘉。

高句丽对宿军城发动进攻，后燕平州刺史慕容归放弃城池逃走。

（以上为第十三段，写南凉主秃发利鹿孤病重，将国家托给其弟秃发傉檀，傉檀继承王位，改称凉王，改元弘昌；东晋权臣桓玄把持朝政，骄奢淫逸，民众失望。）

后秦主姚兴大规模地发动各支军队，派遣义阳公姚平、尚书右仆射狄伯支等带领步、骑兵四万人，攻打北魏，姚兴自己带领大部队，紧跟他们而来。他派尚书令姚晃辅佐太子姚泓镇守都城长安，派没弈干暂时镇守上邽，派广陵公姚钦暂时镇守洛阳。姚平对北魏乾壁城发动攻击，经过六十多天的激战，终于攻下。

秋季，七月，魏道武帝拓跋珪，派遣毗陵王拓跋顺以及豫州刺史长孙肥，带领六万骑兵做先锋，亲自统领大部队跟着出发，前来迎击后秦军。

八月，太尉桓玄婉转地暗示朝廷根据他平定司马元显的功劳，封他为豫章公，又根据他平定殷仲堪、杨佺期的功劳，而封他为桂阳公，并且还像原来那样，保持他原来受封的南郡公的爵位。桓玄把豫章公封给了他的儿子桓升，把桂阳公封给了他的侄儿桓俊。

魏道武帝拓跋珪的大军抵达永安，后秦国义阳公姚平派遣骁将率领精壮的骑兵二百人前去侦察北魏军的虚实动静，长孙肥迎击他们，并把这些士兵全部抓获。姚平带领部队撤退而走，拓跋珪追击他们。八月初九乙巳，在柴壁城追上。姚平环城顽强据守，北魏大军把他们团团围住。

后秦主姚兴带领士兵四万七千人前去救援姚平，准备占据汾水以西的天渡，从这里运送粮食接济坚守柴壁的姚平部队。北魏博士李先说："兵法云：驻军在地势高敞的地方，就要被敌人围困；驻军在地势低洼的地方，就要被敌人囚禁。现在秦军同时犯了这两项错误，我们应该赶在姚兴没有抵达之前，派遣一支突击部队，抢先占据天渡，那样的话，柴壁城就可以不用开战便拿下来了。"拓跋珪下令增加修筑一重又一重的围墙，对内预防姚平的向外突围，对外用来抗拒姚兴的向内进攻。广武将军安同说："汾水的东面，有一个地方叫蒙坑，东西绵延三百多里，没有道路可以与它相通。姚兴如果来，一定会从汾水的西岸直接逼临柴壁，假如这样，敌军的声势互相呼应连接，那么，我们设下的重重围障再坚固，也不能把他们制服。所以，依我看，不如在汾水之上搭起浮桥，把大部队渡到汾水西岸，在那里筑起围墙，用来抗拒敌人的进攻，这样，敌军即使来到这里，也已经没有他们施展智慧和力量的地方了。"拓跋珪听从了他的主张。

姚兴抵达蒲阪，畏惧北魏兵力的强大，拖延很久才将部队向前推进。八月二十八日甲子，拓跋珪率领步、骑兵三万人在蒙坑之南迎击姚兴军，杀死一千多人，姚兴被迫撤退四十多里，姚平也不敢冲出柴壁接战。拓跋珪于是分派部队到四处去据守险峻重要的关卡，使后秦军无法接近柴壁城。姚兴也把主力驻扎在汾水以西的地区，凭借着山谷，建起营寨壁垒，又把一些柏树等木材捆缚在一起，从汾水上游投放河中，使其顺流而下，打算用这种方法来摧毁北魏军搭在汾水上的浮桥，但北魏军队却把这些木材全部钩捞上岸来，当作取暖煮饭的劈柴了。

冬季，十月，姚平驻守的柴壁粮草吃完，箭矢用尽。夜里，姚平率领所有的军队从西南向外突围，姚兴也在汾水西岸列开阵势，燃起烽火，擂动战鼓，高声呼喊着，响应姚平军。姚兴想让姚平拼死力战突围出来，而姚平则盼望姚兴能向北魏的包围圈发动进攻，导引、接应他们出来，因此，彼此双方只是叫喊呼唤交相应和，却都不敢逼近北魏的重围。

姚平没有突围出来，无计可施，于是，率领部下跳入汾水自杀，很多将领都跟着姚平跳水求死。拓跋珪派善于游泳的人把他们一一钩抓捕获，没有能够幸免的。被捕的有狄伯支以及越骑校尉唐小方等四十多人，其余留下来的二万多部众都束手被擒。姚兴坐在汾水西岸，眼睁睁看着他们走投无路，却没有力量能够救援他们，因此，全军不禁失声恸哭，哭声震撼山谷。姚兴几次派遣使节去向北魏请求讲和，拓跋珪坚决不许，乘胜对蒲阪发动进攻。后秦守将晋公姚绪只是坚守，并不出战。正好赶上柔然打算攻打北魏，拓跋珪听说后，于十月十三日戊申，带领部队撤退。

北魏有人告发太史令晁崇和他的弟弟黄门侍郎晁懿在暗地里招引后秦军队前来进攻。拓跋珪到达晋阳，赐令晁崇、晁懿二人自杀。

后秦把河西的豪门大户等一万多户迁移到都城长安居住。

（以上为第十四段，写后秦将领姚平率军攻打北魏，初获胜利，后被北魏大军围困，水泄不通，后秦主姚兴率军来救，无能为力，眼看姚平的大军覆没，痛哭失声。）

东晋太尉桓玄杀掉了吴兴太守高素、将军竺谦之以及竺谦之的堂兄竺朗之、刘袭和刘袭的弟弟刘季武，这些人都是原来刘牢之所统辖的北府军的旧部将。刘袭的哥哥冀州刺史刘轨邀请司马休之、刘敬宣、高雅之等人一起占据山阳，打算发动军队进攻桓玄，不能成功，因而退走。将军袁虔之、刘寿、高长庆、郭恭等人也都赶到这里跟他们一起逃亡。先是准备投奔北魏，到了陈留以南的时候，便分为两路：刘轨、司马休之、刘敬宣等人投奔南燕，袁虔之、刘寿、高长庆、郭恭等人投奔后秦。

魏道武帝拓跋珪一开始听说司马休之等人打算前来投奔时非常高兴。后来他们没有来，拓跋珪觉得很奇怪，便命令兖州刺史长孙肥代为查访他们不来的原因，抓到了司马休之等的随从，询问缘故，都说："魏朝的声威，传播很远，所以司马休之等人都打算来归附。但是，不久又听说崔逞被杀的事，因此又改变了主意，逃奔到其他两个国家去了。"拓跋珪深深懊悔自己逼杀了崔逞。从此以后，读书人即使有什么过错，也很能得到宽容和优待。

南凉主秃发傉檀进攻据守姑臧的吕隆。

后燕主慕容熙收纳原中山尹苻谟的两个女儿为妃。其中，大女儿叫苻娀娥，做了贵人；小女儿叫苻训英，做了贵嫔。苻训英尤其受到宠爱。丁太后因此怨恨愤怒，跟自己的侄儿尚书丁信谋划废掉慕容熙，改立章武公慕容渊为帝。事情被发觉，慕容熙逼迫丁太后，让她自杀，仍用皇后的礼仪安葬，追谥她为献幽皇后。十一月初三戊辰，斩杀了慕容渊和丁信。

十月初六辛未，慕容熙在龙城的北郊原野上打猎，石城令高和与一些守卫宫廷库房的士兵在京城内发动叛乱，杀了司隶校尉张显，冲入宫廷大殿抢掠，取出国库中的武器，胁迫军营官署，紧闭城门，占领城池。慕容熙等飞马回城，来到城下，城上的人都扔下手中的武器，打开城门，把参与叛乱的人全部杀死，只有高和逃走，免于一死。甲戌初九，实行大赦。

北魏任命庾岳为司空。

十二月十七日辛亥，魏道武帝拓跋珪回到云中。

柔然可汗郁久闾社仑听说魏道武帝拓跋珪出兵去攻打后秦，便从参合陂出发向南进发，侵入北魏，到了豺山以及善无北面的草泽地带，才撤兵回北方，北魏国常山王拓跋遵派遣一万骑兵前去追击他们，没有追上，便回来了。

东晋太尉桓玄派御史杜林到安城，去监防护卫会稽文孝王司马道子。杜林接受桓玄的旨意，让司马道子喝下毒酒，把他杀了。

北凉主沮渠蒙逊所统辖的西郡太守梁中庸叛变，投奔西凉。沮渠蒙逊听说这个消息后，笑着说："我对待梁中庸恩情深厚如同骨肉一般，但是他却对我不讲信义，因此，他只是背叛自己罢了。我怎么能在意他这样的一个人呢！"于是，把梁中庸的妻子儿女全部送还给他。

西凉公李暠问梁中庸说："我与索嗣相比，怎么样？"梁中庸说："未可估量。"李暠说："索嗣的才能如果能够和我相敌的话，我怎么才能在千里之外用长绳索绞住他的脖颈？"梁中庸说："人的智慧，有的时候显得有余，有的时候又显得不足；人的命运，有的时候可以让人成功，有的时候又可以让人失败。您与索嗣得失成败的道理、原因，我实在还不能想明白。但是，如果认为身死的人就是失败者，能够对自己设计得到顺遂的就是胜利者，那么，公孙瓒难道要比刘虞贤能吗？"李暠沉默不语。

袁虔之等人到达长安，后秦主姚兴问道："桓玄的才能谋略与他的父亲桓温相比，怎么样？最后能不能成就大的功业？"袁虔之说："桓玄乘晋室衰微动乱之机，窃取占据了可以操纵大局的宰相高位，为人多疑猜忌，刻薄残忍，刑罚赏赐又极不公平，根据我的观察，远不如他的父亲。桓玄现在已经掌握了朝中的大权，看他的趋势是一定要篡夺政权，叛逆晋朝的，这样，正可以为别人起来驱逐铲除他提供口实。"姚兴觉得这番话很有道理，任命袁虔之为广州刺史。

这一年，后秦主姚兴册立昭仪张氏为皇后，册封儿子姚懿、姚弼、姚洸、姚宣、姚谌、姚愔、姚璞、姚质、姚逵、姚裕、姚国儿等为公爵。他又派遣使节任命秃发傉檀为车骑将军、广武公，沮渠蒙逊为镇西将军、沙州刺史、西海侯，李暠为安西将军、高昌侯。

后秦镇远将军赵曜率领部众二万人向西驻扎在金城，建节将军王松怱率领骑兵协助后凉国吕隆戍守姑臧。王松怱途经魏安的时候，秃发傉檀的弟弟秃发文真向他发动进攻，并把他抓获。秃发傉檀为此非常愤怒，赶快把王松怱送回长安，又上奏书，对自己深加谴责，一再道歉、认罪。

（以上为第十五段，写东晋太尉桓玄大开杀戒，一些深感危机的将领纷纷北逃；后燕主出外打猎，皇宫发生政变，回城后平定叛乱；柔然出兵侵扰北魏，后退回。）

【点评】

论祸国权臣司马元显。司马元显是东晋皇室近亲，晋孝武帝司马曜的侄子，司马道子之子。从十七岁，就执掌朝政。

司马元显当政，非常跋扈，每天拜访他的人很多，门庭若市，但他结交的人都是阿谀奉承之徒。在国库空虚的情况下，他还特别喜欢聚敛钱财，比皇室还要富有。征调江南诸郡已经免奴为客的人，到建康服兵役，称为“乐属”，此举导致民心大乱，叛贼孙恩乘机起兵，从海岛进攻上虞，而后攻陷会稽，三吴八郡一时都响应孙恩。面对如此局面，朝廷内外戒严，司马元显以中军将军的身份攻打孙恩，并命将军谢琰率兵攻打。于是，暂时击退了孙恩，八郡才稍为安定。司马元显升为骠骑大将军、征讨大都督，都督十八州诸军事，加侍中、黄钺。

司马元显攻打桓玄失败，桓玄的势力膨胀，入京执掌朝政，杀掉了司马元显及其六个儿子。司马元显与其父司马道子两代相继为东晋的祸国权臣，父子贪婪聚敛，最后落得个满门被诛，这就是他应有的下场。

晋纪三十五

晋安帝元兴二年至三年（公元 403—公元 404）

【起昭阳单阏（癸卯，公元 403 年），尽阏逢执徐（甲辰，公元 404 年），凡二年】

【大事提要】

本卷记事起于公元 403 年，止于公元 404 年，凡两年，时当晋安帝（司马德宗）元兴二年至元兴三年。本卷所载大事，主要有四个方面。其一，桓玄逼晋安帝禅位，自称为楚帝。东晋权臣桓温之子桓玄，先后消灭了殷仲堪和杨佺期，除掉执政的司马道子父子，把持朝权，为相国、大将军，晋封为楚王，声势煊赫，震动朝野。公元 403 年，威逼晋安帝司马德宗禅位，在建康建立桓楚，改元“永始”。其二，后秦灭后凉。其三，刘裕征讨桓玄。刘裕出身贫穷，最初仕于东晋，为建威将军、下邳太守，是桓玄部下。桓玄想利用刘裕巩固帝位。桓玄称帝后，“骄奢荒侈，游猎无度”，以致“百姓疲苦，朝野劳瘁”。于是，刘裕与刘毅、何无忌等人共谋兴复晋室，刘裕被推为盟主，率北府兵攻打桓玄。其四，桓玄兵败被杀，安帝复位。

安皇帝戊

晋安帝元兴二年（癸卯，公元 403 年）

春季，正月，东晋叛乱首领卢循派遣司马徐道覆进犯东阳。

二月初八辛丑，刘宋建武将军刘裕打败徐道覆。徐道覆是卢循的姐夫。

二月二十二日乙卯，东晋朝廷委派太尉桓玄担任大将军。

二月二十四日丁巳，东晋太尉桓玄杀死冀州刺史孙无终。

东晋太尉桓玄上书，请求率领各军扫平关中、洛阳地区，随之又暗示朝廷下令不同意，于是说：“奉行命令，所以停止北伐。”桓玄起初想整备行装，先命令建造轻便的船，装载服饰珍玩、名人书画。有人问他为什么这样，桓玄说：“战争是危险的，如果发生意外事故，应该使船只轻便，物品容易运输。”大家都为之发笑。

夏季，四月初一癸巳，发生日食。

南燕主慕容备德的旧日部属赵融从长安前来，慕容备德才得知母亲、哥哥死亡的噩耗，号啕大哭，口吐鲜血，因此卧病不起。

南燕司隶校尉慕容达阴谋造反，派遣牙门皇璆攻打都城端门，殿中帅侯赤眉开门响应他；中黄门孙进扶着慕容备德翻过城墙，藏在孙进的房舍中。段宏等人听说有变故，指挥军队把守四面城门。慕容备德进宫，诛杀了侯赤眉等人；慕容达出城，逃到北魏。

慕容备德优待迁移的民众，让他们长久地免除赋税劳役；民众因此不停地冒充迁移者，有的一百家合为一户，有的一千人共用一个户籍，来躲避赋税劳役。尚书韩卓请求加以审查核实，慕容备德听从了他的建议，派遣韩卓到各个郡县巡视，查出依附于别人户籍下的有五万八千户。

泰山贼寇王始聚集部众几万人，自称为太平安帝，设置公卿官署。南燕桂林王慕容镇前往攻打，擒获了他。临刑前，有人问他的父亲和兄弟在什么地方。王始说："太上皇在外流亡，征东将军、征西将军被乱军杀害了。"他的妻子对他发怒说："你正是由于这张嘴巴而被杀，为什么现在还这样说话？"王始说："皇后不知道，自古以来哪里有不灭亡的国家，我是要死了，但绝不改变名号！"

五月，后燕主慕容熙建造龙腾苑，方圆十多里，服劳役的有二万人；在苑内堆筑景云山，地基周长有五百步，山峰高达十七丈。

秋季，七月二十七日戊子，魏道武帝拓跋珪向北巡视，在豺山建造离宫。

北魏平原太守和跋奢侈骄横，喜好虚名，拓跋珪心中厌恶，要杀了他，行刑前，让他的弟弟和毗等人去和他诀别。和跋说："灅水以北土地贫瘠，可以迁到灅水以南，勉强维持生计。"并且让和毗等人背对着自己，说："你们怎么忍心看着我死呢？"和毗等人明白了他的意思，假称为使者，逃到后秦。拓跋珪大怒，诛灭了他们的家族。中垒将军邓渊的堂弟尚书邓晖同和跋友好，有人向拓跋珪诬陷邓晖说："和毗逃跑时，邓晖送了他。"拓跋珪怀疑邓渊知道他们的计划，赐令邓渊自杀。

（以上为第一段，写南燕主慕容德优待迁移的民众，长久免除赋税徭役，大批民众前来归附；南燕泰山人王始聚众造反，被南燕擒杀；北魏主拓跋珪杀掉平原太守和跋。）

南凉主秃发傉檀和北凉王沮渠蒙逊交相出兵攻打后凉王吕隆，吕隆很担忧。后秦谋士向后秦王姚兴进言说："吕隆凭借先代资业，控制河西，现在虽然饥荒窘迫，还能独力维持，如果将来富足了，终究不会归属于我们。凉州地势险要隔绝，土地富饶肥沃，不如利用他们的危难处境而夺取过来。"姚兴于是派遣使者征召吕超入京侍奉。吕隆考虑到姑臧终究无法独力存在，就通过吕超请求后秦军队前来迎接。姚兴派遣尚书左仆射齐难、镇西将军姚诘、左贤王乞伏乾归、镇远将军赵曜率领步兵、骑兵四万人，到河西迎接吕隆，南凉王秃发傉檀撤退昌松、魏安两个据点的军队来避让他们。

八月，后秦尚书左仆射齐难等人到达姑臧，吕隆坐着白马拉动的没有彩饰的车子，在路旁迎接。吕隆劝齐难攻打沮渠蒙逊，沮渠蒙逊派臧莫孩抵御，打败了齐难的先头部队。齐难于是和沮渠蒙逊缔结盟约；沮渠蒙逊派遣弟弟沮渠挐到后秦国呈献贡品。齐难委派司马王尚代理凉州刺史，给他配备三千士兵，镇守姑臧；委派将军阎松担任仓松太守，郭将担任番禾太守，分别守卫两座城池，迁移吕隆的宗族、僚属和民众一万户到长安。后秦王姚兴委派吕隆担任散骑常侍，吕超担任安定太守，其余的文武官员都依据他们的才能选拔任用。

当初，后凉太常郭黁曾经说："代替吕氏的是王氏。"所以，他起兵时，先推举王详，后推举王乞基；等到吕隆迁到东方，王尚终于取代了吕氏。郭黁跟从乞伏乾归投降后秦，认为灭亡后秦的是东晋，于是前去投奔东晋，后秦人追上他，把他杀了。

北凉主沮渠蒙逊的伯父中田护军沮渠亲信、临松太守沮渠孔笃都骄横放纵，成为民众的祸患，沮渠蒙逊说："扰乱我的法度的，就是两位伯父。"逼令二人自杀了。

后秦派遣使者梁构到达张掖，北凉主沮渠蒙逊问他说："秃发傉檀被封为公，我却仅封为侯，这是为什么？"梁构说："秃发傉檀凶恶狡诈，没有明显的诚心，所以朝廷用尊贵的爵位和空虚的名称来笼络他。将军的忠诚与日月争辉，应该到朝廷辅佐政事，怎么能以不信任的心态对待呢？圣明的朝廷授予爵位，必定要和功劳相称，比如尹纬、姚晃是辅佐君主建国的臣子，齐难、徐洛是当代的勇猛将领，爵位都不超过侯伯，将军为什么要居于他们前面呢？从前，窦融态度诚恳，坚决推让，不想位居旧日臣属之上，没有想到将军忽然间有这样一个提问！"沮渠蒙逊说："朝廷为什么不就近将张掖封给我，而将遥远的西海封给我呢？"梁构说："张掖，将军已经拥有了，之所以将遥远的西海封予你，是想扩大将军的封国而已。"沮渠蒙逊很高兴，于是接受任命。

东晋荆州刺史桓伟去世，大将军桓玄委派桓修接替他。从事中郎曹靖之劝说桓玄道："桓谦、桓修兄弟独掌内外事务，权势太重。"桓玄于是委派南郡相桓石康担任荆州刺史。桓石康是桓豁的儿子。

东晋将领刘裕在永嘉打败卢循，追赶到晋安，又多次打败他，卢循渡海向南逃走。

何无忌秘密前往刘裕那里，劝说刘裕在山阴起兵攻打桓玄。刘裕同当地豪杰孔靖商议，孔靖说："山阴离都城道途遥远，起事难以成功；而且桓玄还没有篡位，不如等桓玄篡位之后，在京口起兵攻打他。"刘裕听从了孔靖的建议。孔靖是孔愉的孙子。

（以上为第二段，写南凉主秃发傉檀、北凉主沮渠蒙逊出兵攻打后凉主吕隆，后秦主姚兴趁救援之机占领后凉；东晋将领刘裕多次打败海盗首领卢循，并准备起兵攻打桓玄。）

九月，魏道武帝拓跋珪前往南平城，在灅水以南考察规划，准备建立新的都城。

东晋侍中殷仲文、散骑常侍卞范之劝说桓玄早日接受禅让，暗中撰写出加赐九锡的文告和禅位诏令。朝廷委派桓谦担任侍中、开府仪同三司、录尚书事，王谧担任中书监、代理司徒，桓胤担任中书令，加授桓修为抚军大将军。桓胤是桓冲的孙子。

九月十六日丙子，东晋朝廷下令，委任桓玄为相国，总领文武官员，分封十个郡，爵号为楚王，加赐尊礼大臣的九种器物，楚国设置丞相以下官员。

东晋侍中桓谦私下询问彭城内史刘裕说："楚王功勋卓著，德望崇高，朝廷中的舆论都认为应该举行禅让大典，你认为怎么样？"刘裕说："楚王是宣武公的儿子，功勋德望当今无人可比，晋王室衰微，民众的愿望早已改变，乘着时运，接受禅让，取代尊位，有什么不可以？"桓谦高兴地说："您说可以，那就一定可以了。"

东晋新野人庾仄，是殷仲堪的党羽，听说桓伟死了，桓石康还没有到任，于是起兵，到襄阳袭击雍州刺史冯该，赶走了他。庾仄有部众七千人，设立祭坛，祭祀晋王室七代祖庙，宣扬说"准备攻打讨伐桓玄"，江陵为之震动。桓石康到任，调动军队攻打襄阳，庾仄失败，投奔后秦。

东晋叛将高雅之上书给南燕主慕容备德，请求攻打桓玄，说："即使不能平定吴郡、会稽地区，也可以占据长江以北的土地。"中书侍郎韩范也上书说："现在晋皇室衰弱混乱，长江、淮河南北，户口没有多少，军事力量薄弱，加上桓玄犯上作乱，上下离心离德，凭着皇上的神明英武，调发步兵骑兵一万人前往，他们必然土崩瓦解，我方军队可以长驱直入。得到了晋国土地，秦国、魏国就不再是我们的对手。开拓疆域，建立功业，就在现在。失去时机不去夺取，一旦他们当中的豪杰诛灭桓玄，再推行德政，岂只是建康不能得到，长江以北的土地也没有希望夺取了。"慕容备德说："我因旧日的国土丧失，想要首先平定中原，然后再扫荡平定荆州、扬州，所以没有向南征伐。现命令公卿大臣商议这件事。"于是，在城西操练军队，共有步兵三十七万人，战马五万三千匹，战车一万七千乘。公卿大臣都认为桓玄刚刚实现愿望，不能打他的主意，于是决定停止出兵。

冬季，十月，东晋楚王桓玄上书，请求回到封国，然后让皇上亲自下令，坚决挽留他。又诈称钱塘临平湖忽然开通，江州降下甘美的雨露，让文武官员齐集庆贺，作为自己接受天命的祥瑞。又认为前代都有隐士，对自己的时代唯独没有感到羞愧，访查到西晋时的隐士安定人皇甫谧的六世孙皇甫希之，供给他物资费用，让他到山林隐居；征召他为著作郎，指使他坚决推辞不就任，然后再下令表彰礼敬，称他为"高士"。当时人却称他为充数的隐士。桓玄又想废去钱币，以谷粟、布帛做货物流通的工具，还想恢复肉刑，制度纷乱，没有固定的准则，来回不停地变更，结果都不能施行。他的禀性也很贪婪卑鄙，如有名家书法、名家绘画作品以及美好的花园住宅，必定假借樗蒲之类赌博手段夺取过来，尤其喜爱珍珠璧玉，这些东西从来没有离过手。

（以上为第三段，写东晋朝廷委任权臣桓玄为相国，封楚王，赐九锡；而桓玄嚣张跋扈，伪造祥瑞，正做着篡位的准备。）

十月二十五日乙卯，魏道武帝拓跋珪立他的儿子拓跋嗣为齐王，擢升为相国；拓跋绍为清河王，加授征南大将军；拓跋熙为阳平王；拓跋曜为河南王。

十月二十七日丁巳，北魏将军伊谓率领二万骑兵袭击高车残余的袁纥、乌频部落，十一月十一日庚午，把他们打得大败。

东晋朝廷下令，让楚王桓玄使用天子的礼仪音乐，妃子称为王后，世子称为太子。

十一月十八日丁丑，卞范之撰写禅让诏书，让临川王司马宝逼迫晋安帝司马德宗书写。司马宝是司马晞的曾孙。二十一日庚辰，晋安帝到殿前，派遣兼太保、代理司徒王谧奉上玉玺印绶，禅位给楚王；二十三日壬午，晋安帝搬出皇宫，住进永安宫；二十四日癸未，把太庙中的牌位迁到琅邪国，穆章何皇后和琅邪王司马德文都迁到司徒府居住。文武官员前往姑孰劝说桓玄登位。

十二月初一庚寅朔，东晋楚王桓玄在九井山北兴筑祭坛，初三壬辰，登上皇帝位。册文中有很多非议蔑视晋皇室的言辞，有人加以规劝，桓玄说："揖让谦逊的言辞，只可以向普通民众陈述而已，怎么可以用来欺骗上帝呢！"桓玄实行大赦，改年号为永始；以南康郡的平固县分封安帝为平固王，降何皇后名号为零陵县君；琅邪王司马德文降封为石阳县公，武陵王司马遵降封为彭泽县侯；追尊父亲桓温为宣武安帝，庙号为太祖，南康公主为宣皇后，封儿子桓升为豫章王；委派会稽内史王愉担任尚书仆射，委派王愉的儿子相国左长史王绥担任中书令。王绥是桓氏的外甥。

十二月初九戊戌，桓玄进入建康宫廷，登上皇帝宝座，坐床却突然下陷，臣属们大惊失色。殷仲文说："这当是因为圣上的德行太深厚，大地不能承载。"桓玄非常高兴。梁王司马珍之封国中的臣属孔朴陪同司马珍之逃往寿阳。司马珍之是司马晞的曾孙。

十二月十九日戊申，后燕主慕容熙尊奉后燕主慕容垂的贵嫔段氏为皇太后。段氏是慕容熙的母亲。十二月二十日己酉，立苻贵嫔为皇后，实行大赦。

十二月二十二日辛亥，桓玄把安帝司马德宗迁到寻阳。

后燕委派卫尉悦真担任青州刺史，镇守新城；光禄大夫卫驹担任并州刺史，镇守凡城。

十二月二十四日癸丑，楚王桓玄把桓温的牌位安放到太庙。桓玄前往听讼观阅审问囚徒，罪行不分轻重，大多被宽恕释放；有人拦住他的车驾乞讨，他有时也给以周济。他就是这样地好行小恩小惠。

这一年，魏道武帝拓跋珪开始命令有关官员制定衣帽服饰的标准，以官阶高低划分等级。法度刚刚创立，大多没有因循古代制度。

（以上为第四段，主要写北魏主拓跋珪率军攻打高车，获得大胜；东晋权臣桓玄受禅登基，改国号为楚，改元永始，取代东晋；后燕主慕容熙宠幸贵嫔苻训英，立为皇后。）

晋安帝元兴三年（甲辰，公元 404 年）

春季，正月，桓玄立他的妻子刘氏为皇后。刘氏是刘乔的曾孙。桓玄因他的祖父桓彝以上的前辈名声地位不显要，没有再追尊立庙。散骑常侍徐广说："'尊敬做父亲的，他的儿子自然就高兴'，请求依照旧例建立七代祭庙。"桓玄说："按礼制，太祖祭庙面向东方，左边三昭，右边三穆。晋朝建立七代祭庙，宣帝不能处于面向正东方的位置，哪里值得效法呢？"秘书监卞承之对徐广说："如果宗庙的祭祀真的不能推及祖先，可以知道楚国的时运不会长久。"徐广是徐邈的弟弟。

桓玄自从即位后，心里时常不安宁。二月初一己丑夜晚，长江的波涛涌进石头城，被卷走淹死的人非常多，喧哗的声音震动天地。桓玄听说后恐惧不已，说："奴才们要造反了！"

桓玄禀性苛刻琐碎，喜好自我炫耀。主管官员上奏政事，有的一个字上下偏旁不合规范，有的个别文辞不妥当，他必定要纠正、挑剔来显示自己的聪明。尚书回答诏书，把"春蒐"误写成"春菟"，自左丞王纳之以下官吏，凡是经手过这件事情的都被降职。有时候亲自安排入宫值勤的官员，有时候亲自署用令史。命令杂乱，主管管员回答都来不及；朝廷纲纪不能树立，上奏的文书积压也不知道。他又生性喜爱游玩打猎，有时候一天去几次。迁到东宫中居住，另外修缮宫室，土木工程同时进行，督促严厉，时间紧迫，朝野人士动乱不安，想要作乱的人非常多。

桓玄派遣使者加授益州刺史毛璩为散骑常侍、左将军。毛璩扣留桓玄的使者，不接受委任。毛璩是毛宝的孙子。桓玄委派桓希担任梁州刺史，分别命令各将领戍守三巴来戒备毛璩。毛璩向远近传送檄文，列举桓玄的罪伏，派遣巴东太守柳约之、建平太守罗述、征虏司马甄季之打败桓希等人，随之率领部众进驻白帝城。

刘裕跟从徐、兖二州刺史，安成王桓修进京朝见。桓玄对王谧说："刘裕的风度骨气不同凡响，大概是个杰出的人才。"每次游玩集会，必定殷勤地接待，赠送赏赐十分丰厚。桓玄的皇后刘氏，有智谋和鉴识能力，对桓玄说："刘裕走路的姿势像蛟龙猛虎，双目有神，不像一般的人，恐怕终究不会处于他人之下，不如早日除掉他。”桓玄说：“我正要平定中原，除了刘裕没有可以使用的人，等到关中、黄河一带平定后，然后再商议这件事情。”

桓玄委派桓弘担任青州刺史，镇守广陵；委派刁逵担任豫州刺史，镇守历阳。桓弘是桓修的弟弟；刁逵是刁彝的儿子。

刘裕和何无忌同船回到京口，秘密谋划复兴东晋皇室。刘迈的弟弟刘毅家在京口，也和何无忌谋划攻打桓玄。何无忌说：“桓氏强盛可以攻打吗？”刘毅说：“天下的力量自然有强弱的分别。如果失去正道，即使强大也容易变得弱小，值得担忧的只是带头的人难以找到而已。”何无忌说：“天下荒野之中，不是没有英雄的。”刘毅说：“我所见到的，只有刘裕而已。”何无忌微笑而没有加以回答，回去后告诉了刘裕，刘裕于是和刘毅制定出攻打桓玄的谋略。

（以上为第五段，写东晋权臣桓玄篡位后，注重于琐碎，疏忽于纲纪，桓楚朝廷危机四伏；刘裕被有识之士认为是藏龙卧虎的杰出人才，与何无忌、刘毅等谋划起兵讨灭桓玄。）

当初，太原人王元德和弟弟王仲德为苻氏起兵，攻打后燕主慕容垂，没有成功，前来投奔东晋，朝廷任命王元德为弘农太守。王仲德看到桓玄自称安帝，对别人说：“自古以来改朝换代，拥有天下的的确不只是一个家族，但是，现在起来称帝的恐怕不能够成就大事。”

平昌人孟昶担任青州主簿，桓弘派孟昶到建康，桓玄见到后很喜欢他，对刘迈说：“在寒素的士人中我得到了一个尚书郎，你和他同州里，认识他吗？”刘迈一向和孟昶合不来，回答说：“臣下在京口，没有听说孟昶有突出的才能，只听说他父子之间时常写诗相赠而已。”桓玄发笑，因而打消起用孟昶的念头。孟昶听说后，心中憎恨刘迈。回到京口后，刘裕对孟昶说：“荒野之中将有英雄豪杰起兵，你听到了一些消息吗？”孟昶说：“现在的英雄豪杰有谁？只会是你自己！”

于是，刘裕、刘毅、何无忌、王元德、王仲德、孟昶和刘裕的弟弟刘道规、任城人魏咏之、高平人檀凭之、琅邪人诸葛长民、河内太守陇西人辛扈兴、振威将军东莞人童厚之，互相联络在一起商议起兵。刘道规是桓弘的中兵参军，刘裕命刘毅到长江以北同刘道规和孟昶会合，一同杀掉桓弘，占据广陵；诸葛长民是刁逵的参军，刘裕命诸葛长民杀掉刁逵，占据历阳；王元德、辛扈兴、童厚之在建康，刘裕命他们聚集部众攻打桓玄，作为内应，约定时间，同时发动。

孟昶的妻子周氏很有钱财，孟昶对她说：“刘迈在桓公面前诋毁我，使我一生的前途都毁了，我已决心造反。希望你同我早日断绝夫妻关系，如果我能侥幸获得富贵，再迎娶你也不算晚。”周氏说：“你的父母还健在，你想实现不同寻常的谋略，岂是我一个妇人所能劝阻的！如果事情不能成功，我将在奚官中奉养婆母，按照道义，我没有回娘家的道理。”孟昶惆怅迷惘，过了很久才起身。周氏追出来，让孟昶回到座位上，说：“看你的举动，不是来同妇人商议大事的样子，不过想得到财物而已。”随之指着怀中的儿子对他说：“这个孩子如果可以卖钱，也在所不惜。”于是，拿出全部财产交给孟昶。孟昶的弟弟孟顗的妻子，是周氏的堂妹，周氏哄骗她说：“昨天夜晚做了个梦，十分不吉利，你家里所有深红色的东西，应该全取出来禳除灾殃。”堂妹相信了周氏的话，把红布都取出来给她，她就把布全部缝成军士的战袍。

何无忌夜晚在屏风里面草拟檄文，他的母亲是刘牢之的姐姐，踏到凳子上暗中偷看，哭着说：“我赶不上东海人吕母，但你能这样做，我还有什么遗憾！”询问一同起事的人还有谁，何无忌说：“有刘裕。”母亲非常高兴，于是和他分析桓玄必定失败、起事必定成功的道理，以此来激励他。

二月二十七日乙卯，刘裕假称游玩打猎，和何无忌集合部众，得到一百多人。二十八日丙辰清晨，京口城门刚刚打开，何无忌穿着传达诏令的衣服，自称敕使，走在前面，部众跟着他一齐进城，立即杀死桓修用来示众。桓修的司马刁弘率领文武僚属前来救援，刘裕登上城墙，对他们说：“郭昶之已经在寻阳拥戴安帝复位，我们都接到秘密的诏书，诛杀叛逆的党羽，现在，贼寇桓玄的首级，恐怕已挂在朱雀桥上示众了。各位难道不是大晋的臣属吗？现在前来想干什么？”刁弘等人相信了他的话，召集部众返回。

（以上为第六段，写刘裕与刘毅等人商定起兵讨桓玄。孟昶之妻深明大义，捐献钱财；何无忌之母以桓玄必败、起事必成激励儿子，何无忌杀死桓修以示众。）

刘裕问何无忌，说：“现在迫切需要一个府中主簿，从哪儿得到这样一个人呢？”何无忌说：“没有比刘道民更合适的了。”刘道民就是东莞人刘穆之。刘裕说：“我也认识他。”立即派使者骑快马去召请他。当时，刘穆之听到京口喧哗的声音，早晨起床，走到路旁，正好和使者相遇。刘穆之双目直视前方，好久不说话，随后返回家中，撕开布衣服做军衣，前去会见刘裕。刘裕说：“刚开始发起正义的事业，正经历种种艰难，迫切需要一名军吏，你认为谁最适于担负这个职务？”刘穆之说：“贵府刚刚建立，军吏确实需要才能，在这紧张仓促的形势下，大概没有超过我的人了。”刘裕笑着说：“你能够屈尊就任，我的大事就能成功了。”当即在座位上委任他为主簿。

孟昶劝桓弘在起事的这一天出城打猎，天还没有亮，打开城门放出了打猎的人；孟昶和刘裕、刘道规率领几十名强壮的士兵直接闯进去，桓弘正在吃米粥，马上杀了他，随之集合部众渡过长江。刘裕指派刘毅诛杀刁弘。

在这以前，刘裕派遣同党周安穆到建康通报消息给刘迈，刘迈虽然口头答应，心中却十分惶恐；周安穆担心事情泄露，于是快马赶回。桓玄委派刘迈担任竟陵太守，刘迈想立即赶往郡中。这天夜晚，桓玄给刘迈写信说："北府的人心怎么样？你近来见到刘裕，他说了些什么？"刘迈以为桓玄已经知道刘裕他们的计划，早晨起来，就去报告给桓玄。桓玄非常惊讶，封刘迈为重安侯。随后又嫌刘迈没有捉住周安穆，让他逃走了，就杀了刘迈，又把王元德、辛扈兴、童厚之等人全都杀了。

众人推举刘裕为盟主，总领徐州事务，刘裕委派孟昶担任长史，守卫京口，檀凭之担任司马。彭城人响应招募而来的人，刘裕都派郡主簿刘钟统领他们。

二月二十九日丁巳，刘裕率领徐、兖二州的部众一千七百人，驻扎在竹里，向远近传送檄文，声称益州刺史毛璩已经平定荆楚，江州刺史郭昶之奉迎主上在寻阳复位，镇北参军王元德等人同率部众据守石头城，扬武将军诸葛长民已经占据历阳。

桓玄迁回上宫，召集侍从官员住进宫中，加授扬州刺史新野王桓谦为征讨都督，委派殷仲文代替桓修担任徐、兖二州刺史。桓谦等人请求立即派遣军队攻打刘裕。桓玄说："他们的军队十分精锐，自知万死一生，势必拼命死战，我们如果有失误，他们的气势形成，我们的大事就完了，不如把大军屯驻在覆舟山来等待他们。他们白白地行走二百里，什么也得不到，锐气已经受到挫折，忽然见到大军，必然惊骇愕然；我们按兵不动，坚守阵地，不和他们交锋，他们寻找交战而不能如愿，自然四散逃走，这是上等的计策。"桓谦等人坚决请求攻打刘裕，桓玄才派遣顿丘太守吴甫之、右卫将军皇甫敷相继向北开进。

桓玄心中极端担忧害怕。有人说："刘裕等人是乌合之众，力量薄弱，按形势必定不能成功，皇上何必过分地担忧？"桓玄说："刘裕足以成为一个时代的英雄；刘毅家中没有一石的粮食，赌博时骰子一掷就是一百万文钱的输赢；何无忌十分像他的舅舅。他们一同共创大业，怎么能说不能成功？"

（以上为第七段，写东晋将领刘裕被推为盟主，大张旗鼓讨伐桓玄。桓玄极端害怕，认为刘裕足以成为一个时代的英雄。）

南凉主秃发傉檀畏惧后秦的强大，于是取消年号，撤销尚书丞、尚书郎等官职，派遣参军关尚出使到后秦。后秦主姚兴说："车骑将军献上忠心，自称属国，可是擅自发兵建造大城，这哪里是做臣属的道理呢？"关尚说："王公设置险阻来守卫自己的国家，是先代圣王的制度。车骑将军住在偏僻遥远的封地，靠近强大的敌寇，建造大城不过是为国家加固边防，想不到皇上忽然对这产生猜疑。"姚兴认为他回答得很好。秃发傉檀请求兼任凉州刺史，姚兴没有同意。

当初，东晋将领袁真杀死朱宪，朱宪的弟弟朱绰逃到桓温那里。桓温攻下寿阳，朱绰就打开袁真的棺材，砍杀他的尸体。桓温发怒，打算杀掉朱绰，桓冲求情才饶了朱绰一命。朱绰侍奉桓冲如同侍奉父亲，桓冲逝世，朱绰吐血而死。刘裕攻下京口，委派朱绰的儿子朱龄石担任建武参军。

三月初一戊午朔，刘裕的军队和吴甫之在江乘相遇。将要交战，朱龄石对刘裕说："我家几代承受桓氏的深厚恩惠，不想和桓氏兵器相交，请求安排在后卫部队。"刘裕认为他讲义气而答应了他的请求。吴甫之是桓玄的勇将，他的军队十分精锐。刘裕手中拿着长刀，大声呼喊着向前冲击，吴甫之的部众望风披靡，当即杀死吴甫之，进军到罗落桥。皇甫敷率领几千人迎战，宁远将军檀凭之战败而死。刘裕向前作战更加勇猛，皇甫敷把他围在几层包围圈中，刘裕身靠着大树孤身奋战，皇甫敷说："你想怎么死法？"拔出长戟将要刺向刘裕，刘裕瞪着双眼叱骂，皇甫敷惊退。刘裕的同党顷刻赶到，射中皇甫敷的额头，皇甫敷跌倒在地，刘裕拿着刀直逼上前。皇甫敷说："你有上天佑护，我把子孙托付给你。"刘裕杀了他，优厚地抚恤他的子女。刘裕把檀凭之所率领的士兵配给参军檀祗。檀祗是檀凭之的侄儿。

桓玄听说两个将领已死，非常恐惧，召集许多会方术的人推测吉凶，并想用法术制服刘裕的军队，问臣属们说："我就要失败了吗？"吏部郎曹靖之回答说："民众怨恨、神灵愤怒，臣下实在感到恐惧。"桓玄说："民众或许可能怨恨，神灵为什么愤怒呢？"曹靖之回答说："晋氏的宗庙，在长江之滨漂泊，大楚的祭祀，上不到祖父，这就是神灵愤怒的原因。"桓玄说："你为什么不规劝？"曹靖之回答说："陪坐在君主车上的君子们都认为当今是像尧、舜一样的时代，臣下怎么敢进言？"桓玄沉默不语。命令桓谦和游击将军何澹之屯驻东陵，侍中、后将军卞范之屯驻覆舟山以西，部众共有二万。

三月初二己未，刘裕的军队吃完饭，把剩余的粮食全部扔掉，进军到覆舟山的东面，让身体瘦弱的人登上山头，挥舞旗帜作为疑惑敌人的军阵，分几路同时前进，士兵布满山谷。桓玄的侦察人员返回，说："刘裕的军队四面遍布，不知有多少人。"桓玄越发忧虑恐惧，派遣武卫将军庾赜之率领精锐的士兵增援各军。桓谦等人的士兵很多是北府的人，一向畏惧、佩服刘裕，没有斗志。刘裕和刘毅等人分为几支队伍，进军突击桓谦的阵势；刘裕身先士卒，将领士兵都拼命死战，无不以一当百，呼喊声震动天地。这时东北风吹得很急，刘裕的军队乘机放火焚烧桓谦的军阵，火焰弥漫天际，击鼓呐喊的声音震动京城，桓谦等各军全部溃败。

（以上为第八段，写东晋将领刘裕进兵与桓玄的军队在江乘大战，刘裕连斩桓玄军两员勇将吴甫之、皇甫敷，继又打败了桓谦的军队。）

桓玄当时虽然派遣军队抵御刘裕，但是逃走的主意已经打定，暗中派遣领军将军殷仲文在石头城准备船只，听说桓谦等人战败，便率领亲信几千人，声称前去交战，就带着他的儿子桓升、哥哥的儿子桓濬出了南掖门。遇到从前的相国参军胡藩，胡藩抓住马笼头规劝说："现在羽林军中的射手还有八百人，都是有恩义的故旧，西方的人受了几代的恩惠，不驱使他们拼一死战，一旦放弃京城，将往哪里去呢？"

桓玄不回答，只是举起马鞭指指青天，就抽打着马匹逃跑，向西赶往石头城，和殷仲文等人沿着长江向南逃走。桓玄整天没吃东西，左右的人捧上粗饭，桓玄咽不下去，桓升抱着他的胸口按摩，桓玄悲痛到自己不能承受的地步。

刘裕进入建康，王仲德抱着王元德的儿子王方回出来迎候刘裕，刘裕在马上抱着王方回与王仲德相对哭泣；追赠王元德为给事中，以王仲德为中兵参军。刘裕住在桓谦原来的营垒中，派遣刘钟占据东府。

三月初三庚申，刘裕屯驻石头城，设立留台和各项官职，在宣阳门外焚毁桓温的牌位，又重新制造晋朝宗室的牌位，放进太庙中供奉。派遣各将领追赶桓玄，尚书王嘏率领文武官员奉迎安帝，诛杀建康城中所有桓玄宗族中的人。刘裕派臧熹入宫，收拾图书、器物，封闭府库，其中有黄金装饰品和乐器，刘裕问臧熹："你难道不想要这些东西吗？"臧熹严肃地说："皇上被幽禁逼迫，流落在不该他去的地方，将军带头倡导大义，为王室操劳，我虽然不贤明，实在没有心情来享乐。"刘裕笑着说："我不过同你开个玩笑罢了。"臧熹是臧焘的弟弟。

三月初五壬戌，桓玄的司徒王谧和众人商议，推举刘裕兼任扬州刺史，刘裕坚决推辞。于是以王谧为侍中，兼任司徒、扬州刺史、录尚书事，王谧推举刘裕为使持节、都督扬、徐、兖、豫、青、冀、幽、并八州诸军事和徐州刺史，刘毅为青州刺史，何无忌为琅邪内史，孟昶为丹杨尹，刘道规为义昌太守。

刘裕刚到建康，各项重大事情的处理都委托给刘穆之。刘穆之在紧迫的情势下，对各项事情迅速做出决定，没有不令人感到允当、满意的。刘裕于是把他作为心腹，无论什么事情都向他咨询。刘穆之也竭尽全力、诚心诚意，没有丝毫保留隐瞒。

当时，东晋政令松弛，法度不能建立，豪门大族骄横放纵，下层民众穷困危迫，加上司马元显的政令互相矛盾，桓玄虽然想改革调整，但条文烦琐细密，众人无所适从。刘穆之考虑当时的实际情况，根据需要加以纠正。刘裕以身作则，首先以严格的法令进行管束，内外文武官员，都恭谨地履行职责，不超过十天，风气马上就改变了。

当初，诸葛长民到达豫州，耽误了约定的日期，不能发动。刁逵逮捕诸葛长民，用囚车押送给桓玄。到当利口时，桓玄已失败，押送的人一起打破囚车，放出诸葛长民，回头赶往历阳。刁逵放弃城池逃走，被他的部下抓住，杀死在石头城，他的子弟家属，不分老幼全部被杀死，仅赦免他的小弟弟给事中刁骋。刁逵旧日的属吏藏匿了他弟弟的儿子刁雍，送到洛阳，后秦王姚兴委任刁雍为太子中庶子。

刘裕委派魏咏之担任豫州刺史，镇守历阳，诸葛长民担任宣城内史。

当初，刘裕名声小、地位低，轻浮狡猾，没有操行，社会上层士人都不同他交往，唯独王谧认为他奇特，格外看重他，对刘裕说："你将来一定会成为一代英雄。"刘裕曾经和刁逵玩樗蒲的博戏，赌输了不按时还赌债，刁逵把他捆绑在拴马桩上。

王谧看到后责备刁逵，释放了刘裕，替刘裕还了钱。因此，刘裕深深地怨恨刁逵而感激王谧。

萧方等评论说：蛟龙在水底潜伏时，鱼虾都敢戏弄它。所以汉高祖赦免了雍齿，魏武帝宽恕了梁鹄，怎么可以把做平民时结下的怨仇，在当天子后还视为嫌隙呢？现在王谧位至三公，刁逵却被灭族，刘裕如此酬谢显德、报复怨仇，心胸何等狭隘啊！

（以上为第九段，写东晋将领刘裕讨伐桓玄，攻下都城建康，桓玄逃之夭夭；刘裕屯驻石头城，被推为使持节，都督扬、徐、兖、豫、青、冀、幽、并八州军事，设立留台，任命百官，纠正时弊。）

尚书左仆射王愉和儿子荆州刺史王绥策划袭击刘裕，事情泄露，全族被诛灭；王绥弟弟的儿子王慧龙被僧彬藏匿，得免一死。

北魏因中原萧条，人口凋零，下令撤销居民不满一百户的县份。

三月初十丁卯，刘裕返回东府镇守。

桓玄到达寻阳，郭昶之给他提供武器用品，补充兵力。三月十四日辛未，桓玄逼晋安帝一同西上，刘毅率领何无忌、刘道规等各军追击。桓玄留下龙骧将军何澹之、前将军郭铨和郭昶之守卫湓口。桓玄在路途中亲自撰写《起居注》，叙述攻打刘裕的事情，自认为战略谋划没有丝毫失策的地方，只是因为各路军队违背自己的调度，以致失败溃逃。桓玄集中心思在著述上，没有空闲时间同臣属商议当时局势和对策。《起居注》写成后，颁布给远近的人看。

三月二十九日丙戌，刘裕声称接到晋安帝的秘密诏书，命武陵王司马遵承受制命，总领文武官员治理国事，加授司马遵为侍中、大将军。于是，实行大赦，只有桓玄一族不在宽容之列。

刘敬宣、高雅之结交青州的豪门大族和鲜卑首领，图谋杀掉南燕王慕容备德，推举司马休之为首领。慕容备德委派刘轨担任司空，十分宠爱信任他。高雅之想邀约刘轨一同谋划，刘敬宣说："刘公年老体衰，有安居齐地的心意，不能告诉他。"高雅之最后还是告诉了刘轨，刘轨没有听从。计划不断被泄露出来，刘敬宣等人向南逃走，南燕人逮捕刘轨，杀了他，追上高雅之，又杀了他。刘敬宣、司马休之到了淮河、泗水之间，听说桓玄失败，于是前来归附刘裕，刘裕委派刘敬宣担任晋陵太守。

南燕主慕容备德听说桓玄失败，命令北地王慕容钟等人率领军队，打算夺取长江以南地区，正巧慕容备德生病，就停止了出兵。

夏季，四月初二己丑，武陵王司马遵迁入东宫，朝廷内外对他毕恭毕敬；任免文武官员称为“制书”，告谕下属称为“令书”。委派司马休之担任监荆、益、梁、宁、秦、雍六州诸军事，兼任荆州刺史。

四月初三庚寅，桓玄挟持安帝司马德宗到江陵，桓石康接纳了他。桓玄重新委任文武官员，委派卞范之担任尚书仆射。自以为在失败溃逃之后，恐怕命令不能贯彻，于是又增加严厉的刑罚，众人越发怨恨、离心离德。殷仲文规劝，桓玄发怒说：“现在因各将领不遵守法度，天象对我们不利，所以我要回到旧日的楚地建都，可是臣属们议论纷纷，随意提出不同意见，就应当以激烈的手段加以纠正，不可施行太宽容的政策。”荆州、江州各郡听说桓玄流离迁移，有的上书远道问候起居平安，桓玄都不接受，另外命令各地庆贺迁居新都。

当初，王谧是辅佐桓玄登位的元勋，桓玄接受禅让时，王谧亲手解下安帝司马德宗的玉玺印绶；等到桓玄失败，众人认为应该诛杀王谧，刘裕特地保全他。刘裕曾利用朝廷集会的时候，询问王谧玉玺印绶在哪里。王谧心中不安，逃到曲阿。刘裕写信禀报武陵王，迎回王谧，恢复原来的职位。

桓玄哥哥的儿子桓歆招引氐族首领杨秋进犯历阳，魏咏之率领诸葛长民、刘敬宣、刘钟一起打败了杨秋，把杨秋杀死在练固。

桓玄命令武卫将军庾稚祖、江夏太守桓道恭率领几千人，前去会合何澹之等人共同守卫湓口。何无忌、刘道规到达桑落洲，四月二十三日庚戌，何澹之等人带领水军迎战。何澹之平常所乘坐的船只以羽毛装饰的旌旗插得很多，何无忌说：“贼寇的首领必定不在这条船上，想欺诈我们而已，应该立即攻打它。”众人说：“何澹之不在这艘船中，得到了也没有益处。”何无忌说：“现在我们的兵力比他们少，作战不一定完全得胜，何澹之既然不在这条船上，上面的战士一定力量薄弱，我们用强劲的兵力攻打，必定能得到手，得到了它，他们的气势就会低落，而我们的气势就会倍增，乘机而逼近他们，就必然能打败贼寇了。”刘道规说：“很好。”于是前往攻打，夺得了这条船，随之就呼喊说：“已经捉到何澹之了！”何澹之的军中惊讶纷扰，何无忌的部众也以为真的捉住了何澹之，乘胜进军攻打何澹之等人，把他们打得大败。何无忌等人攻下湓口，进军占据寻阳，派遣使者护送宗庙的牌位、石匣返回京城。加授刘裕为都督江州诸军事。

在桑落洲的战斗中，胡藩所乘坐的船只被官府的军队烧毁，胡藩全身穿着铠甲跳入水中，潜水走了三十多步，才得以上岸。当时，到江陵的道路已经断绝，就回到了豫章。刘裕往日曾听说胡藩为人忠实正直，召请他参议领军将军的军务。

桓玄招收募集荆州的士兵，还不到三十天，就拥有二万人，高大的战船、军械兵器十分齐备。四月二十七日甲寅，桓玄又率领各军挟持安帝东下，委派苻宏兼任梁州刺史，充当前锋；又命令散骑常侍徐放先动身，劝告刘裕等人说：“如果能撤回军队，解散士兵，将与各位一道除旧布新，分别授予职位，使各位不失去名分。”

刘裕委派诸葛长民担任都督淮北诸军事，镇守山阳；委派刘敬宣担任江州刺史。

（以上为第十段，写桓玄挟持东晋安帝司马德宗到达江陵，严峻刑罚，众人越发离心；招募荆州士兵，拥有二万人，战船、军械、兵器齐备，又挟持晋安帝东下。）

柔然可汗郁久闾社仑的堂弟郁久闾悦代大那图谋杀死郁久闾社仑，没有成功，逃到北魏。

后燕主慕容熙在龙腾苑兴造逍遥宫，几百间房舍连在一起，开凿曲光海，夏天最炎热的时候，士兵们不能休息，大半的人中暑而死。

西凉世子李谭去世。

刘毅、何无忌、刘道规、下邳太守平昌人孟怀玉率领部众，从寻阳向西进发，五月十七日癸酉，和桓玄在峥嵘洲相遇。刘毅等人的士兵不满一万人，而桓玄的战士有几万，众人畏惧桓玄的军队，想退回寻阳。刘道规说：“不可以！他们人多，我们人少，强弱形势不一样，现在如果畏惧怯懦，不敢前进，必定被他们抓住机会，即使我们退到了寻阳，又怎么能固守！桓玄虽然窃取英雄豪杰的声名，内心其实胆小怯懦。加之他已经战败溃逃，部众没有坚定的信心。两军对阵决战，将领勇猛的取胜，不在于人数的多少。”于是，指挥部众率先前进，刘毅等人紧跟在后面。桓玄时常在战船旁停靠一艘快速的小船，预备在战败时逃跑。因此，部众没有人有战斗的决心。刘毅等人乘着风势放火，所有精锐的士兵奋勇争先；桓玄的军队完全崩溃，烧毁轻重设备和物资，连夜逃跑。郭铨前往刘毅那里投降。

桓玄旧日的将领刘统、冯稚等人，聚集党羽四百人发动袭击，攻下了寻阳城。刘毅派遣建威将军刘怀肃攻打，平定了他们。刘怀肃是刘怀敬的弟弟。

桓玄挟持安帝司马德宗，乘坐一条船向西逃跑，把永安何皇后和王皇后留在巴陵。殷仲文这时在桓玄坐的船上，请求到另外的船上收集逃散的士兵，乘机背叛桓玄，侍奉二位皇后逃到夏口，于是，回到建康。

五月二十三日己卯，桓玄和安帝司马德宗进入江陵。冯该劝说桓玄，让他再次东下作战，桓玄没有听从，打算逃到汉中去同桓希会合，但是人心离散，士气低落，号令不能贯彻。五月二十四日庚辰，半夜，桓玄准备妥当，将要出发，城内已经混乱，于是和亲近的心腹一百多人乘马出城，向西逃跑。到达城门时，左右的人在黑暗中砍杀桓玄，没有砍中，部属又互相残杀，尸体纵横遍地。桓玄勉强逃到船上，左右的人四处逃散，只有卞范之在旁边。

五月二十五日辛巳，荆州别驾王康产侍奉安帝司马德宗进入南郡治所的房舍，太守王腾之率领文武官员担任侍卫。

桓玄将要到达汉中，屯骑校尉毛修之是毛璩弟弟的儿子，诱骗桓玄进入蜀地，桓玄听从了他的意见。宁州刺史毛璠是毛璩的弟弟，在任所去世。毛璩派他哥哥的孙子毛祐之和参军费恬带领几百人，护送毛璠的灵柩回到江陵，五月二十六日壬午，在枚回洲和桓玄相遇。毛祐之、费恬迎击桓玄，箭如雨点般地落下，桓玄所宠幸的人丁仙期、万盖等人用身体保护桓玄，都被射死。益州督护汉嘉人冯迁抽出刀来，上前要刺杀桓玄，桓玄从头上拔出玉导给冯迁，说："你是什么人，竟敢杀害天子！"冯迁说："我不过是杀天子的贼寇而已！"于是杀了桓玄，又杀了桓石康、桓濬、庾赜之，捉住桓升，送到江陵，在街市上斩首。安帝司马德宗在江陵复位，委派毛修之担任骁骑将军。五月二十八日甲申，实行大赦，所有受威胁逼迫跟从叛逆的人一概不予以追究。戊寅（疑误），在太庙供奉从寻阳送归的晋国宗室祖先牌位。刘毅等人传送桓玄的首级到京城，悬挂在朱雀桥上示众。

（以上为第十一段，写东晋将领刘毅率军西上，与桓玄相遇，以少胜多，打败桓玄；桓玄仓惶西逃，被益州督护冯迁杀死，传首建康，枭首示众，禅代闹剧落下了帷幕。）

刘毅等人获胜后，认为大局已定，没有急于追击，又遇逆风，船不能前进，以致桓玄死了将近十天，各军还没有到达。这时，桓谦藏匿在沮中，扬武将军桓振藏匿在华容浦，桓玄旧日的将领王稚徽戍守巴陵，派人报告桓振说："桓歆已经攻下京城，冯该又攻下寻阳，刘毅各军都在中途战败撤退。"桓振很高兴，聚集党羽，得到二百人，袭击江陵，桓谦也聚集部众响应他。

闰五月初三己丑，桓振又攻下江陵，杀死王康产、王腾之。桓振到行宫去见安帝，骑着快马拿着武器，一直闯到台阶之下，问桓升在哪里。听说桓升已被杀死；睁大眼睛对安帝司马德宗说："臣下的家族哪里辜负了国家，要这样地屠杀诛灭全族上下呢？"琅邪王司马德文从坐床上下来，对桓振说："这哪里是我们兄弟的意思呢？"桓振想要杀死安帝，桓谦苦苦地劝阻他，他才下马，脸色严肃地向安帝叩拜后退出去。闰五月初六壬辰，桓振为桓玄举行哀礼，设立灵堂，定谥号为武悼安帝。

闰五月初七癸巳，桓谦等人率领臣属向安帝司马德宗献上玉玺印绶，说："主上效法唐尧禅位于虞舜，现在楚国的福祚不长久，百姓的心意又归向晋皇室了。"安帝任命琅邪王司马德文兼任徐州刺史，桓振担任都督八郡诸军事、荆州刺史，桓谦又担任侍中、卫将军，加授江、豫二州刺史，安帝身边的侍从仆役，都是桓振的心腹亲信。

桓振小时候品行轻薄，桓玄不把他当作子侄对待。到这时，桓振叹息说："叔父从前不能早点信用我，以致有这次失败。假使叔父还在，我担任前锋，天下是不难平定的。现在我独自做这件事，哪里是归宿呢？"于是放纵情欲，沉溺于酒色，肆意杀人。桓谦劝说桓振率领军队东下作战，自己守卫江陵，桓振一向看不起桓谦，没有听从他的意见。

刘毅到达巴陵，诛杀王稚徽。何无忌、刘道规进军，到马头攻打桓谦，到龙泉攻打桓蔚，把他们都打败了。桓蔚是桓秘的儿子。

何无忌想乘胜一直开往江陵，刘道规说："兵书上说，进军应有屈有伸，不可冒进。桓氏世代住在西楚，民众都为他们效力；桓振勇猛过人，全军第一，难以和他争斗以决胜负。可暂且让士兵休整，养精蓄锐，慢慢地用计策来制服他，不必担心不能取胜。"何无忌不听从。桓振在灵溪迎战，冯该率军队同他会合，何无忌等人大败，死了一千多人。退回到寻阳，和刘毅等人写信给刘裕，请求处分。刘裕因刘毅是节制调度各军的主将，免除他的青州刺史职位。桓振任用桓蔚为雍州刺史，镇守襄阳。

柳约之、罗述、甄季之听说桓玄死了，从白帝城进军到枝江，得知何无忌等人在灵溪失败，也就率领军队撤退。不久，罗述、甄季之都生病了，柳约之前往桓振那里假装投降，准备策划袭击桓振，事情泄露，桓振杀了他。柳约之的司马时延祖、涪陵太守文处茂收集残余的部众，据守涪陵。

六月，毛璩派遣将领攻打汉中，杀了桓希，毛璩自己兼任梁州刺史。

（以上为第十二段，写桓玄被杀后，刘毅没有乘胜追击桓玄余党，给了他们以喘息的机会，桓玄侄儿桓振疯狂反扑，又攻下江陵，控制了晋安帝司马德宗。何无忌等人进军江陵，被桓振打败。）

秋季，七月二十三日戊申，永安皇后何氏去世。

后燕苻昭仪有病，龙城人王荣自称能治好她的病。苻昭仪死了，后燕王慕容熙把王荣站着绑在公车门外，分解他的四肢后焚烧了他。

八月十九日癸酉，把穆章皇后安葬在永平陵。

北魏仿照古代的六卿，设置六名谒官。

九月，东晋刁骋阴谋反叛，被诛杀，刁氏于是灭亡。刁氏一向富有，奴仆门客恣肆横行，独占山林川泽，成为京口民众的祸患。刘裕散发刁氏的资产积蓄，让民众尽自己的力气去拿，一整天都没有拿光。这时州郡饥馑困顿，民众靠着刁氏的财产，得以渡过难关。

西秦主乞伏乾归和仇池公杨盛在竹岭交战，被杨盛打败。

西凉公李暠立儿子李歆为世子。

北魏主拓跋珪前往昭阳殿更换、补授文武官员，引见朝廷大臣和文官武将，亲自加以选拔，依据各人才能授予职位。爵位分为四等：王封大郡，公封小郡，侯封大县，伯封小县。官品为第一至第四品的旧日臣属，有功劳而没有爵位的追加封爵，血缘关系疏远的宗室和异姓承袭封爵的，各按等级降低爵位。又设置五个等级的散官，从第五品到第九品；文官士子才能优异、武官有能力担任将帅的，他们的等级也列为第五至第九品的范围；文武官员有了空缺，就从这些人中选取后补充。北魏国官名大多不用汉、魏时期的旧名称，而仿照上古时期的龙官、鸟官，把各官曹的使者称为凫鸭，取凫鸭飞得迅速的意思；把担任伺候侦察的人称为白鹭，取白鹭伸着颈子张望远处的意思。其余的都与这些类似。

卢循进犯南海，攻打番禺。广州刺史、濮阳人吴隐之抵御防守了一百多天，冬季，十月初九壬戌，卢循在夜晚袭击城池，攻下了番禺，把官舍、民宅全都烧光，活捉了吴隐之。卢循自称平南将军，代理广州事务，把烧焦的尸骨集中起来做一个共同的大坟墓，埋葬在一个岛上，集中的骷髅有三万多个。又指派徐道覆攻打始兴，活捉始兴相阮腆之。

刘裕兼任青州刺史。

刘敬宣在寻阳，聚集粮食，修缮船只，从没有放松戒备，所以何无忌等人虽然战败撤退，依赖他又振作起来。桓玄哥哥的儿子桓亮自称江州刺史，进犯豫章，刘敬宣打败了他。

刘毅、何无忌、刘道规又从寻阳西上，到达夏口。桓振派遣镇东将军冯该守卫东岸，扬武将军孟山图占据鲁山城，辅国将军桓仙客守卫偃月垒，军队总共有一万人，水陆互相支援。刘毅攻打鲁山城，刘道规攻打偃月垒，何无忌在长江中进行控制，从辰时到午时，两座城池全部崩溃，活捉了孟山图、桓仙客，冯该逃往石城。

十月二十八日辛巳，北魏实行大赦，改年号为天赐。建造西宫。十一月，魏道武帝拓跋珪前往西宫，命令宗室设置宗师，八个贵族部落设置大师、小师，州郡也各自设置州师、郡师，用来分辨宗族亲党，举荐有才能品行的人，就如同魏、晋中正的职责一样。

后燕主慕容熙和苻皇后游玩打猎，向北登上白鹿山，向东越过青岭，向南到了沧海边才返回，士兵被虎狼咬死和冻死的有五千多人。

十二月，刘毅等人进军攻下巴陵。刘毅号令严明整肃，所经过的地方，百姓安定喜悦。刘裕又委任刘毅为兖州刺史。

桓振委派桓放之担任益州刺史，驻扎在西陵。蜀郡的文处茂打败了桓放之，桓放之逃回江陵。

高句丽侵犯后燕国。

十二月十六日，魏道武帝拓跋珪前往豺山宫。

这一年，东晋民众躲避战乱，扶老携幼逃到淮河以北的人，道路上接连不断。

（以上为第十三段，写东晋刁聘阴谋反叛，被刘裕诛杀；海盗首领卢循进犯南海，攻下番禺；刘毅号令严明，攻下巴陵；民众躲避战乱，逃到淮北，道路上难民相连不断。）

【点评】

桓玄的称帝闹剧。桓玄是东晋大司马、权臣桓温最小的儿子，也是桓温最为宠爱的儿子，承袭其封爵为南郡公。桓玄相貌奇伟，神态爽朗，博通艺术，亦善写文章，对自己的才能和门第颇为自负。桓玄二十三岁时，只做了一个不起眼的太子洗马的小官，没有任何实权。

经过十年的奋斗，桓玄的声望和权势，大可与其父媲美，也是掌控朝廷，权倾朝野；不同的是，其父达到权力的巅峰时，已垂垂老矣，而桓玄请求朝廷赐予“九锡”时，才是三十多岁，风华正茂，索性自己当起了皇帝，建立楚国，史称“桓楚”。

桓玄的这种做法不得人心，而且改朝换代的条件还不成熟。虽然东晋朝廷已摇摇欲坠，但东晋的存在已有百年，正统观念在人们头脑中根深蒂固，而桓玄不仅没有建立足以撼动人心的功业，还愈发骄奢荒侈，游猎无度，激起民怨。桓玄的支持者仅仅是限于桓氏宗族，没有得到广大士族大户以及民众百姓的认同与支持，其力微矣。桓玄虽然称帝，但底气不足，缺少明智与谋略。当刘裕等人在京口起兵后，他自乱阵脚，在首战失利后就惊慌失措，无计可施，望风而逃；所统率的部队虽然人数众多，但没有战斗力，结果一败涂地。刘裕勇猛，又有谋略，准备充分，目标明确，上下同心，战略得当，因此能够以少胜多，最终获得胜利。

西晋司马伦一党道德低下，缺乏治国能力，党羽钩心斗角，在政治上并无建树。因此，司马伦称帝，人心不稳，群起攻之，很快短命夭亡。桓玄也是如此，因称帝而加速灭亡，落得身败名裂的下场。

晋纪三十六

晋安帝义熙元年至四年（公元 405—公元 408）

【起旃蒙大荒落（乙巳，公元 405 年），尽著雍涒滩（戊申，公元 408 年），凡四年】

【大事提要】

本卷记事起于公元 405 年，止于公元 408 年，凡四年，时当晋安帝（司马德宗）义熙元年至义熙四年。本卷所载大事，主要有五个方面。其一，益州兵变。公元 405 年，益州将领侯晖趁着东晋内乱之际，拥立当地大族谯纵为成都王，割据一方。谯纵又向后秦姚兴称臣，封为蜀王，联合桓玄堂兄桓谦，不断进袭东晋，给荆楚之地造成很大威胁。而后，谯纵击败东晋征蜀都督刘道规，正式成为蜀地国君。其二，南燕易主。公元 405 年，南燕主慕容德派人去长安接回他哥哥慕容纳之子慕容超。慕容德没有儿子，立慕容超为皇太子后去世，时年七十岁，在位六年。慕容超即位后，多名宗室贵族叛变，平定后，游玩无数，奢侈无度，凌虐宗室大臣，人心离散，国亡。其三，吐谷浑树洛干称王。公元 405 年，西秦打败吐谷浑部，吐谷浑王乌纥提病死，树洛干逃奔莫何川继位，自称吐谷浑王。他留心吸收士人，司马、博士等官均用儒生担任，占据甘肃、青海之间，实控东至洮河，西达赤水、白兰，北界黄河，南至大积石山。其四，北燕灭后燕。后燕主慕容熙是只爱美人不顾江山的昏君。苻皇后去世时，他哭得死去活来；出殡时，慕容宝的养子慕容云调动 5000 士兵关闭龙城城门。慕容云即天王位，恢复高姓，改元正始。没过几天，慕容熙被抓住，执送高云，当天被杀死，后燕灭亡。其五，刘裕入掌朝政。公元 405 年，东晋收复江陵，驱逐桓氏势力，迎接安帝司马德宗返回建康，刘裕还镇丹徒。刘裕遣使到后秦，要求归还南乡等十二个淮北诸郡，后秦全部归还。刘裕因功受封为豫章郡公，后听从幕僚刘穆之的劝告，入朝商议国事，掌握朝政大权。

安皇帝己

晋安帝义熙元年（乙巳，公元 405 年）

春季，正月，东晋南阳太守扶风人鲁宗之发动军队袭击襄阳，桓蔚失败后逃往江陵。初七己丑，刘毅等人的几支军队抵达马头。桓振挟持着安帝司马德宗出兵屯据在江津，派遣使节请求割据江、荆两个州，以送回安帝作为交换条件。刘毅等人没有答应。初九辛卯，鲁宗之在柞溪将桓振的部将温楷击败，进军驻扎在纪南。桓振留下桓谦、冯该镇守江陵，率领部队与鲁宗之展开决战，并打败了他。刘毅等人又在豫章口把冯该打败，桓谦放弃守城逃跑。刘毅等人的部队进入江陵，抓住卞范之等人，全部杀掉。桓振回师，望见城中大火四起，知道江陵已经被攻陷，他所带领的军队全部溃散，桓振逃到涢川。

正月十三日乙未，安帝司马德宗下令，把国家的重大事件的处理权全部交给冠军将军刘毅。

正月十六日戊戌，下令实行大赦，改年号为义熙，只有桓氏家族的成员不予赦免。因为桓冲一心忠于皇室司马家族，特别赦免了他的孙子桓胤。任命鲁宗之为雍州刺史，任命毛璩为征西将军及都督益、梁、秦、凉、宁五州诸军事，任命毛璩的弟弟毛瑾为梁、秦二州刺史，毛瑗为宁州刺史。刘怀肃在石城追上冯该并把他杀了。桓谦、桓怡、桓蔚、桓谧、何澹之、温楷等人都逃奔后秦。桓怡是桓弘的弟弟。

后燕主慕容熙攻打高句丽。正月二十六日戊申，进攻辽东。在将要攻下城墙的时候，慕容熙命令手下的将士说："不得抢先登城，等到把城墙铲成平地的时候，我跟皇后坐在车上一同进城。"因此城中得到喘息的机会，加强了防备，于是他们没法攻破，只好回去了。

后秦主姚兴任命鸠摩罗什为国师，像侍奉神灵那样尊重他，亲自率领大臣以及一些僧人听鸠摩罗什讲授佛经，又命令鸠摩罗什翻译从西域传来的佛家"经""论"共三百多卷，并大量营造佛塔、寺院等建筑，在那里坐禅修行的僧人常常有千人之多。朝廷公、卿以下的官员也都信奉佛教，于是地方上也都受这种风气的熏染，信佛的人在十家当中往往有九家。

后秦归义侯乞伏乾归进攻吐谷浑可汗大孩，并把他打得大败，俘获了一万多人后回师。大孩逃往胡园死在那里。前任可汗视罴的嫡长子树洛干率领剩下的部众几千家逃奔莫何川，自己号称车骑大将军、大单于、吐谷浑王。树洛干减轻徭役和赋税，有功必赏，有罪必罚，所以吐谷浑很快便复兴起来。沙州、漒川一带的戎族部落都归附了他们。

西凉公李暠自己号称大将军、大都督并兼秦、凉二州牧，下令实行大赦，改年号为建初，派遣舍人黄始、梁兴携带奏章，抄小路去建康诣见东晋朝廷。

（以上为第一段，写东晋平定桓玄之乱，晋安帝大赦，改元，唯桓氏不赦；后秦主崇信大和尚鸠摩罗什，封之为国师。）

二月初五丁巳，东晋留台准备皇帝专用的车驾仪仗，去江陵迎接安帝司马德宗，刘毅、刘道规留在夏口驻扎，何无忌陪同护卫安帝东下还都。

当初，毛璩听说桓振攻陷了江陵，便率领三万人的部队顺长江向东进发，准备攻打他，派遣他的弟弟西夷校尉毛瑾、蜀郡太守毛瑗从外水出发，参军巴西人谯纵、侯晖从涪水出发。蜀地的人不喜欢到远方征战，侯晖到了五城水口，与巴西人阳昧谋划发动叛乱。谯纵为人谦和谨慎，蜀地的人都很拥戴他，侯晖、阳昧一起逼迫谯纵为盟主。谯纵严词拒绝，纵身投江，被叛军救了上来。他们又用兵刃逼迫谯纵登上车轿，谯纵又扑倒在地，向大家磕头，坚决拒绝，侯晖把谯纵绑在车上，回军，在涪城袭击毛瑾，并把他杀了，拥推谯纵为凉、秦二州刺史。毛璩来到略城，听说军中发生叛乱，飞马回成都，派遣参军王琼带兵前去攻打，被谯纵的弟弟谯明子打败，被杀死者十有八九。益州营户李腾打开城门迎入谯纵的军队，杀了毛璩和他的弟弟毛瑗，屠灭了他们全家。谯纵号称成都王，任命堂弟谯洪为益州刺史，任命谯明子为巴州刺史，驻守白帝。从此，蜀地局势大乱，汉中的实力也十分空虚。氐王杨盛派遣他的侄儿平南将军杨抚占据了那里。

二月十一日癸亥，北魏主拓跋珪从豺山回京，撤销了尚书三十六曹等官署。

三月，桓振自郧城发兵袭击江陵，荆州刺史司马休之迎战，大败，逃奔襄阳，桓振自称为荆州刺史。建威将军刘怀肃从云杜带兵迅速赶到，在沙桥与桓振展开决战。刘毅派遣广武将军唐兴前来助战，就在战场上将桓振杀死，重新夺回江陵。

三月十三日甲午，安帝司马德宗抵达建康。十四日乙未，文武百官前往宫门拜见请罪。安帝下令恢复他们职务。

尚书殷仲文因为朝廷音乐设施不完备，告之刘裕，请求重建。刘裕说："现在没有时间做这件事，而且我也不懂它的道理。"殷仲文说："如果你喜欢它，那就自然懂了。"刘裕说："正因为懂了就会喜爱，所以我才不去学习它。"

三月十九日庚子，任命琅邪王司马德文为大司马，武陵王司马遵为太保，刘裕为侍中、车骑将军、都督中外诸军事，原任的徐、青二州刺史仍然兼任，刘毅为左将军，何无忌为右将军、督豫州和扬州五郡诸军事、豫州刺史，刘道规为辅国将军、督淮北诸军事、并州刺史，魏咏之为征虏将军、吴国内史。刘裕坚决辞让，不接受这些官职。安帝司马德宗加封他为录尚书事，他还是不接受，几次请求仍回到他的属地去。安帝命令文武百官一起敦促、规劝，安帝也亲自驾临到他的宅第。刘裕惶恐害怕，再次前往宫门去拜见，陈述理由，最后安帝终于准许他回属地去了。安帝又任命魏咏之为荆州刺史，代替司马休之。

当初，刘毅曾经做过刘敬宣的宁朔参军，当时有的人认为他是一个英雄豪杰。刘敬宣说："非常的人才自有胸怀和水平，何以见得他就是人中豪杰呢？此人的性格外表宽厚，但心胸狭窄，自视很高，总想在别人之上，如果一旦掌握大权，也一定会因为犯上而招到祸患。"刘毅听说之后，心中对刘敬宣十分怀恨。到了朝廷任命刘敬宣为江州刺史的时候，他认为自己无功，诚恳辞让，不应该在刘毅等人之前接受任命。刘裕没有答应他的请求。刘毅这时派人去对刘裕说：“刘敬宣并没有参与勤王讨逆的义举。现在平乱中的勇猛之将、劳顿之臣才要论功行赏，像刘敬宣那样的官员，应该让他们靠后一些。如果你不忘记过去的情谊，不妨给他一个员外常侍之类的官做就可以了。现在听说已经授给他郡守的官职，实在是太过于优厚了。不久，又再次把江州交给他管辖，尤其让人惊骇惋惜。”刘敬宣越加感到心中不安，自己上书请求解去职务，于是朝廷把他召回做宣城内史。

夏季，四月，刘裕回到京口镇守。朝廷改任他为都督荆、司等十六州诸军事，兼任兖州刺史。

（以上为第二段，写益州刺史毛璩一心平叛，却忽略了蜀人不喜远征的事实，发生兵变被杀，乱兵拥戴谯纵为成都王；晋安帝回到都城建康，奖励有功之臣，刘裕辞去封赏，还镇京口；刘毅对刘敬宣为江州刺史有微词，改封为宣城内史。）

卢循派遣使节前来建康进贡。这时东晋朝廷刚刚稳定下来，没有时间前去攻打。四月二十一日壬申，朝廷任命卢循为广州刺史，徐道覆为始兴相。卢循赠送给刘裕益智粽，刘裕回赠给他续命汤。

卢循任命前琅邪内史王诞为平南长史。王诞游说卢循道：“我本来不是军旅出身，留在这里也没什么用处。我一向被刘镇军厚爱，如果能够回到北方去的话，一定会得到他的委派重用，这样不管是为公为私，遇到机会，我一定要报答您的厚恩。”卢循认为他说得很对。这时刘裕写给卢循一封信，让他派吴隐之回去，卢循没有听从。王诞又对卢循说：“将军这次扣留吴公，对公对私都不是好计策。孙策岂能不想留住华歆？只是因为一个地方容不下两个君主罢了。”于是卢循派吴隐之与王诞一起回去了。

当初，南燕主慕容备德在前秦担任张掖太守。他的哥哥慕容纳与母亲公孙氏居住在张掖。后来，慕容备德跟随秦王苻坚进犯淮南，留下一把金刀向母亲告别。慕容备德与后燕王慕容垂在峭山之东起兵反叛，张掖太守苻昌便抓获慕容纳以及慕容备德的几个儿子，把他们都杀掉了。他的母亲公孙氏因为年老而得到赦免，慕容纳的妻子段氏正在怀孕，也没有被马上处死。监狱看守呼延平是原来慕容备德的老部下，暗地里把在押的公孙氏和段氏放跑，带她们逃到羌中去了。段氏生下儿子慕容超。孩子十岁的时候，公孙氏得了重病，临死的时候，把金刀交给慕容超说：“你将来如果有机会回到东方去的话，你应当把这把刀还给你的叔叔。”呼延平又带着慕容超母子二人投奔后凉。到了吕隆投降后秦之后，慕容超又随着凉州的百姓一起被迁到长安。呼延平死后，段氏为慕容超娶了呼延平的女儿做妻子。

慕容超担心自己被后秦扣押，于是表面上假装疯癫，到处乞食为生。后秦国的人都觉得他很贱，歧视他，只有东平公姚绍看见他后，认为他很奇异特殊，对后秦王姚兴说："慕容超身材魁梧，举措轩昂，恐怕不是真疯，希望您能稍稍给他一个小官当，把他拴住。"姚兴召见慕容超，与他说话，慕容超故意往错处回答，或者不回答。姚兴对姚绍说："谚语说'好皮不包蠢骨头'，只不过是胡说八道罢了。"于是把他放了出去。

慕容备德听说慕容纳有一个遗腹子还在后秦，便派遣济阴人吴辩去那里查访。吴辩因为同乡人宗正谦在长安依靠占卜算卦为生，便通过他与慕容超取得了联系。慕容超不敢把这个消息告诉母亲和妻子，只有暗地里与宗正谦改名换姓逃回到南燕。他们走到梁父的时候，镇南长史悦寿把消息告诉给兖州刺史慕容法。慕容法说："过去在汉代的时候有个卜卦的人谎称自己是卫太子，现在怎么知道此人不是这类骗子呢？"因此对慕容超不甚恭敬，慕容超从此与慕容法产生隔阂。

慕容备德听说慕容超已经到来，非常高兴，派遣三百名骑兵前来迎接。慕容超抵达广固，把那把金刀献给慕容备德，慕容备德失声恸哭，悲痛不能自已。册封慕容超为北海王，任命他为侍中、骠骑大将军、司隶校尉、开府，并精心遴选一时的贤俊、英杰，作为他的僚属辅佐他。慕容备德没有儿子，打算让慕容超做自己的后嗣，将来继承王位。慕容超入宫陪同侍奉叔父，可以使叔父尽情欢快，出宫办事也能礼贤下士、谦虚待人。从此，朝廷内外美誉声望全部归于慕容超。

五月，东晋桂阳太守、章武王司马秀和益州刺史司马轨之阴谋反叛，被杀。司马秀的妻子是桓振的妹妹，所以他自己疑心受到牵连，索性反叛。

桓玄的余党桓亮、苻宏等人，裹胁着百姓，几十次侵扰为祸地方郡县，刘毅、刘道规、檀祗等人分别带兵将他们剿灭，荆、湘、江、豫等几个地方的局势全部得到平定。朝廷下令任命刘毅为都督淮南等五郡军事、豫州刺史，任命何无忌为都督江东五郡军事、会稽内史。

东晋北青州刺史刘该叛变，勾结北魏为外援，清河、阳平两个郡的太守孙全拉起队伍响应他。六月北魏豫州刺史索度真、大将斛斯兰进犯徐州，围攻彭城。刘裕派遣他的弟弟南彭城内史刘道怜、东海太守孟龙符带兵前去救援，斩杀了刘该和孙全，北魏军失败而退走。孟龙符是孟怀玉的弟弟。

（以上为第三段，写东晋朝廷无力顾及海盗首领卢循，招安任其为广州刺史；南燕主慕容德的兄嫂慕容纳妻子段氏的遗腹子慕容超流落后秦，辗转回来，慕容德欲以之为后嗣。）

后秦陇西公姚硕德，征伐仇池，多次打败杨盛军队。将军敛俱进攻汉中，攻克成固，把三千多家流民迁移到关中。秋季，七月，杨盛向后秦请求投降。后秦任命杨盛为都督益、宁二州诸军事，征南大将军，益州牧。

刘裕派遣使节向后秦求和，并要求归还南乡等几个郡，后秦主姚兴答应了他。

姚兴的大臣们都觉得这样不行，姚兴说："天底下的善行都是一样的。刘裕从社会底层最卑贱的地位上发展起来，能够诛杀桓玄，重新振兴晋室，对内整顿日常政务，对外核查勘定封地疆土，我怎么能为了珍惜几个郡，便不成全他的好事呢？"于是割让南乡、顺阳、新野、舞阴等十二个郡，归还给东晋。

八月，后燕辽西太守邵颜犯罪，出外逃命当了盗贼。九月，中常侍郭仲出兵攻打，并把他杀了。

汝水枯竭，南燕主慕容备德为此十分焦虑，不久便得病，卧床不起。北海王慕容超请求为此祷告，慕容备德说："作为人主，他的寿命长短，全由上天决定，不是汝水所能制约得了的。"慕容超一再请求，慕容备德只是不允许。

十月初一戊午，慕容备德在东阳殿召见群臣，商议册立慕容超为太子。不巧突然间发生地震，文武百官非常惊恐，慕容备德心里也非常不安，于是回宫。这天夜里，他的病情加重，眼睛紧闭，不能说话。段后大声对他说："现在召中书官进宫写诏书，立慕容超为太子，可以吗？"慕容备德睁开眼睛点了点头。于是册立慕容超为皇太子，下令实行大赦，慕容备德很快便去世了。他们制作了十几个相同的棺材，在夜间，分别抬着从四个城门出去，埋在不同的地方，暗地里却把真的棺木秘密葬在山谷之中。

十月十一日己未，慕容超登上皇帝位，下令实行大赦，改年号为太上。尊奉段后为皇太后。任命北地王慕容钟都督中外诸军事、录尚书事，慕容法为征南大将军并都督徐、兖、扬、南兖四州诸军事，加封慕容镇开府仪同三司，任命尚书令封孚为太尉，鞠仲为司空，封嵩为尚书左仆射。

十月十五日癸亥，把没有慕容备德尸体的空棺葬在东阳陵，并把他追谥为献武皇帝，庙号世宗。

慕容超把他过去的亲信公孙五楼当作心腹。慕容备德原来的大臣北地王慕容钟、段宏等都在心里感到不安，请求去外地任职。慕容超任命慕容钟为青州牧，任命段宏为徐州刺史。又任命公孙五楼为武卫将军，领屯骑校尉，参与处理国家政事。封孚劝阻说："我听说，亲人不能排斥到外地，客人却不能让进内室。慕容钟是国家的皇族重臣，政权的倚靠；段宏在外戚中极负盛名，百姓也都十分景仰。正应该让他们协助并带动文武百官辅佐皇上，而不应该让他们到很远的外地去镇守。现在慕容钟等出外守边，公孙五楼却在朝中辅佐，我内心里觉得是不妥的。"慕容超拒不听从。慕容钟、段宏心中都感到愤愤不平，相对着说："黄狗的皮毛，恐怕终将要补狐皮衣服了。"公孙五楼听说这话之后，怀恨在心。

东晋魏咏之去世，江陵令罗修阴谋发动兵变袭击江陵，拥奉王慧龙为盟主。刘裕任命并州刺史刘道规为都督荆、宁等六州诸军事及荆州刺史。罗修来不及发动叛乱，只好随同王慧龙逃往后秦。

后秦归义侯乞伏乾归攻打仇池，被杨盛打败。

西凉公李暠与长史张邈商议，把都城迁往酒泉，用来对北凉沮渠蒙逊施加威胁与压力，于是任命张体顺为建康太守，镇守乐涫，任命宋繇为敦煌护军，和他的儿子敦煌太守宋让一起镇守敦煌，于是把都城迁到酒泉。

李暠写下一首手谕，告诫他的几个儿子，认为："从事政务的人应当对奖赏或惩罚非常谨慎，万万不能任凭自己的爱憎随意而为，接近忠直正派的君子，疏远奸佞阿谀的小人，不让自己左右亲近的人暗地里操纵权力，作威作福。别人毁谤或者赞誉你的时候，应当仔细斟酌辨别真假。听取讼诉，判定案情，一定要和颜悦色地按规章情理仔细处置，千万不要事先推测对方心怀奸诈，主观臆断，轻易地发脾气。要尽量争取多听别人的意见，不要自己独断专行。我主持政事五年来，虽然不能说使百姓得到了很好的休息安抚，但是我尽量地宽容别人的错误，掩饰别人的缺点，所以才使早上还是对手、仇人的人，到晚上便可能成为知心朋友。大体上，没有什么对不起那些新知旧友的地方，因为我处事公平，胸怀坦荡，没有偏差，一点儿也不许因私意有所变更。这样做，从眼前的利益来考虑，好像是要受到些损失，但是时间一久，才能看出好处来，也只有这样，在前人的面前，我才可以说是无愧的。"

十二月，后燕主慕容熙进攻契丹。

（以上为第四段，写后秦主姚兴答应东晋刘裕的求和，割南乡等十二郡归还东晋；南燕主慕容德去世，侄子慕容超即位，重用亲信，令老将慕容钟、段宏出外守边，老将内心不平；西凉主李暠迁都酒泉，训诫诸子。）

晋安帝义熙二年（丙午，公元 406 年）

春季，正月初八甲申，北魏主拓跋珪来到豺山宫，下令每个州设置三个刺史，每个郡设置三个太守，每个县设置三个令长。其中，刺史、令长等各去到所在州县上任，太守虽然设置了但并不上任，有功之臣未受委派而管辖州郡的，都征召回京师，保持原有的爵位，回家休息。

东晋益州刺史司马荣期，在白帝城进攻西蜀政权的谯明子，将他打败。

后燕王慕容熙抵达陉北，因为害怕契丹部落人多，打算回去，但苻皇后却不听从。二月初二戊申，慕容熙只好放弃笨重的军用物资，用轻装部队袭击高句丽。

南燕主慕容超的猜忌、暴虐一天比一天厉害，政令完全由受他宠幸的掌权者颁发，自己则沉迷于游牧打猎，封孚、韩谆多次规劝，他也不听。慕容超曾有一次在金殿之上问封孚道："我可以和前代的哪位君主相比？"封孚回答说："桀、纣。"慕容超既惭愧又气愤，封孚则缓缓地从容走出，神色不改。鞠仲对封孚说："与天子说话，怎么能够这样呢？你应该回去谢罪。"封孚说："我现在已经年过七十，只求死得其所罢了！"最终没去请罪。慕容超因为他当时声望很高，所以特别地宽容了他。

东晋桓玄叛乱时，河间王司马昙之的儿子司马国璠、司马叔璠逃奔南燕。二月二十八日甲戌，司马国璠等人攻陷弋阳。

后燕军走了三千多里，士兵和马匹因疲惫寒冷，一路不断有死掉的。他们进攻高句丽木底城，没有攻下，只好回去。夕阳公慕容云被箭射伤，加上又害怕后燕王慕容熙的凶残暴虐，于是以有病为借口，辞官回家。

三月二十五日庚子，魏道武帝拓跋珪回到平城。夏季，四月十五日庚申，再一次来到豺山宫。四月十九日甲子，又回到平城。

柔然可汗郁久闾社仑侵犯北魏边境。

五月，后燕主慕容宝的儿子博陵公慕容虔、上党公慕容昭，都因为嫌疑而被逼自杀。

六月，后秦陇西公姚硕德从上邽来到都城朝见。后秦主姚兴为此下令实行大赦。等他回去的时候，姚兴又把他送到雍城，才回朝。姚兴对待晋公姚绪和陇西公姚硕德，都用家里亲人的礼节，车马、衣服、珍玩等也都先送给两位叔父，然后自己才留用次一点的。国家的大政方针都先请示他们之后再决定。

南凉景王秃发傉檀攻打北凉沮渠蒙逊，沮渠蒙逊环城坚守。秃发傉檀抵达赤泉之后便回去了，把三千匹马、三万只羊献给后秦。后秦主姚兴认为他很忠诚，任命秃发傉檀为都督河右诸军事、车骑大将军、凉州刺史，镇守姑臧。征调王尚回长安。凉州人申屠英等派遣主簿胡威前往长安拜见后秦王，请求让王尚留任，姚兴没有答应。胡威见到姚兴，流着眼泪说："我们凉州遵照皇上的教化，至今已有五年，土地偏僻遥远，朝廷的威力命令，很难到达我们那里。官吏百姓卧薪尝胆，自抚伤口血渍，一起同心协力守卫孤城。仰仗皇上的恩德贤明，又幸亏有一个好的州牧施行仁政才得以自我保全，维持到今天。皇上怎么能够用我们这些人去换三千匹马、三万只羊呢？轻贱人而珍视牧畜，这是无论如何也说不通的！如果说国家军队需要马匹，只要尚书下一道公文就是了，我们凉州三千多户百姓，每户捐献一匹马，早晨下令，傍晚便办完了，又有什么困难的呢！过去汉武帝用尽天下所有的财力，开辟河西的疆土，从此斩断了匈奴的右臂。现在皇上无缘无故地放弃了五郡土地上的忠良华族，用来资助残暴的敌虏，这哪里只是我们一州的官民坠陷于生灵涂炭的深渊，恐怕这也会是我们国家将来的忧患。"姚兴对此非常后悔，派遣西平人车普飞马前去阻止王尚，又派使节通知秃发傉檀。正赶上秃发傉檀已经率步、骑兵三万人驻扎在五涧，车普先把诏令的内容告诉了他。秃发傉檀于是马上催促王尚回去。王尚从清阳门出城，秃发傉檀便从凉风门进了城。

别驾宗敞护送王尚回长安，秃发傉檀告诉宗敞说："我得到凉州三千多家居民，但是感情所寄托的却只有你一个，你为什么舍弃我而走呢？"宗敞说："现在我护送我旧日的上司，也就是对您的忠诚呵。"秃发傉檀说："我刚刚执掌你们凉州的权力，你认为应该采取哪种怀柔远方、安抚近土的策略？”宗敞说：“凉州的土地虽然贫瘠，但却是地形非常重要的地方。您好好地安抚黎民百姓，收纳这里的贤明俊杰之士，用他们建立功名，有什么目标不能达到呢！”随后他又推荐本州的文武有名之士十多个人给秃发傉檀，秃发傉檀非常高兴地一一任用了他们，王尚回到长安，姚兴任命他为尚书。

秃发傉檀在宣德堂设宴，宴请大臣们，仰头看着这座建筑，叹息说：“古人说过，‘盖房的人，自己不住；住房的人，自己不盖’，太对了。”武威人孟祎说：“从前，张文王开始建筑这座大堂，到今天已将近一百年了，经历的主人也有十二个了，只有讲信义、顺民心的人才可以在这里久住。”秃发傉檀觉得他说得很对。

（以上为第五段，写南燕新主慕容超猜忌、暴虐，大臣将其比之为桀、纣；后秦主姚兴敬重叔叔姚绪、姚硕德；任命南凉主秃发傉檀镇守姑臧，而当地人则十分怀念原太守王尚。）

魏道武帝拓跋珪规划设计平城，打算按照邺城、洛阳、长安的样子，扩建宫殿。因为济阳太守莫题有很多精巧微妙的想法，便把他征召过来，与他商议宫殿式样以及施工进度等。莫题侍奉魏道武帝的时间一长，态度稍稍有些怠慢，拓跋珪大怒，命他自杀，莫题是莫含的孙子。从此，他征发八个地区五百里以内的男丁，修筑灅南宫，宫殿的门高十多丈。另外，又挖掘水沟池塘，扩大花园面积，再按照计划建立外城，方圆二十里，分别设置市区街道，三十天之后完成。

秋季，七月，北魏太尉、宜都丁公穆崇去世。

八月，秃发傉檀命令兴城侯秃发文支镇守姑臧，自己回到乐都。他虽然接受后秦国的爵位任命，但他所使用的车辇、服装、礼仪等，都与帝王一样。

八月初一甲辰，魏道武帝拓跋珪来到豺山宫，然后又前往石漠。九月，穿过大漠向北。二十日癸巳，向南回长川。

东晋刘裕听说谯纵叛变，派遣龙骧将军毛修之带兵，与司马荣期、文处茂、时延祖等人一起去攻打他。毛修之抵达宕渠，司马荣期被他的参军杨承祖杀害。杨承祖自称为巴州刺史。毛修之只好退回到白帝。

秃发傉檀向西凉请求和好。西凉公李暠答应了。

北凉沮渠蒙逊袭击酒泉，到达安珍。李暠在战斗失败后，进城固守，沮渠蒙逊带兵回师。

南燕公孙五楼打算独揽朝政大权，在南燕主慕容超面前进谗言陷害北地王慕容钟，请求杀了他。南燕慕容备德去世时，慕容法没有前来奔丧，慕容超派信使前去责备他，慕容法因而非常害怕，于是便与慕容钟、段宏等人商议，准备反叛。慕容超听说这个消息之后，征召慕容钟进京，慕容钟却以身体有病为理由，拒绝前来。

慕容超便把他的亲信党羽侍中慕容统等人抓起来，杀掉。征南司马卜珍告发左仆射封嵩经常与慕容法来往，怀疑他们有什么奸谋。慕容超便把封嵩抓起来，交付廷尉议罪。皇太后段氏大为害怕，哭着告诉慕容超说："封嵩几次派黄门令牟常前来动员我说：'皇上不是太后您自己亲生儿子，恐怕像永康年间那样的旧事又要重演了。'我一个妇道人家，见识浅，害怕您杀了我，就把这话告诉了慕容法，慕容法为我出主意，所以被他引入歧途，现在您知道了，我还有什么话可说？"慕容超于是用车裂的酷刑处死封嵩。西中郎将封融投奔北魏。

慕容超派遣慕容镇带兵攻打青州，派慕容昱攻打徐州，派右仆射济阳王慕容凝和韩范一起攻打兖州。慕容昱攻克莒城，段宏投奔北魏。封融率领盗贼袭击石塞城，杀死了镇西大将军余郁，全国上下大为震惊恐慌。济阳王慕容凝阴谋刺杀韩范，袭击广固，韩范知道了这件事，集中部队攻打慕容凝，慕容凝逃奔梁父。韩范收编了他的部队，自己领兵攻打梁父，攻下了这座城，慕容法逃出投奔北魏，慕容凝逃出投奔后秦。慕容镇也攻克了青州，慕容钟杀了他的妻子儿女，挖了一条地道逃了出去，与高都公慕容始一起全都投奔了后秦。后秦任命慕容钟为始平太守，慕容凝为侍中。

南燕主慕容超喜欢改变旧有的一些制度，朝廷内外对此都很反感。他又打算恢复肉刑，并增加设置烹刑和车裂之刑，因为官员们都说不应该，才作罢。

冬季，十月，封孚去世。

东晋尚书评定勤王举义的功劳，奏请封刘裕为豫章郡公，刘毅为南平郡公，何无忌为安成郡公，其余的人加封赏赐高低、多少不等。

东晋梁州刺史刘稚叛变，刘毅派遣将领前去攻打，并把他抓获。

十月十八日庚申，魏道武帝拓跋珪回到平城。

十一月初三乙亥，东晋任命左将军孔安国为尚书左仆射。

十一月，南凉秃发傉檀把都城迁到姑臧。

后秦归义侯乞伏乾归到长安去朝见后秦王姚兴。

十二月，东晋任命何无忌为都督荆、江、豫三州八郡军事，江州刺史。

这一年，东晋桓石绥与司马国璠、陈袭等人在胡桃山招兵，当了强盗。刘毅派遣司马刘怀肃带兵把他们剿灭。桓石绥是桓石生的弟弟。

（以上为第六段，写北魏主拓跋珪仿照邺城、洛阳、长安，扩建平城宫殿；南燕主慕容超重用奸佞公孙五楼，陷害北地王慕容钟，慕容钟遭到攻打，投奔后秦。）

晋安帝义熙三年（丁未，公元 407 年）

春季，正月初一辛丑朔，后燕实行大赦，改年号为建始。

后秦主姚兴认为乞伏乾归的势力逐渐强大，难以控制，便把他留在都城长安，任命他做主客尚书，任命他的嫡长子乞伏炽磐代理西夷校尉职务，监管他的部众。

二月初九己酉，刘裕前往都城建康，坚决辞让刚刚加封他的那些官职，否则打算自己投监问罪。安帝司马德宗下令同意他所坚持的意见，刘裕才回到丹徒。

魏道武帝拓跋珪册立他的儿子拓跋修为河间王，拓跋处文为长乐王，拓跋连为广平王，拓跋黎为京兆王。

东晋殷仲文一向很有才智声望，自己以为应当管理朝政，所以一直闷闷不乐，觉得没有实现自己的志向。后来出京做了东阳太守，更加不高兴。何无忌平常就仰慕他的名气。东阳又在何无忌的管辖之内，殷仲文答应他得便顺路去拜访，何无忌非常高兴，谨慎恭敬地对待这件事。但是殷仲文因为官场失意，常常神情恍惚，所以没能过来相见。何无忌以为他这是瞧不起自己，大为恼怒。正好南燕此时进兵侵犯，何无忌便对刘裕说："桓胤、殷仲文是我们的心腹大患，而北方的强盗却不必担心。"

闰二月，刘裕官府的将军骆冰阴谋制造叛乱，事情被发觉，刘裕把他杀了。于是，他们又声称骆冰和殷仲文、桓石松、曹靖之、卞承之、刘延祖等人在暗中互相勾结，打算拥立桓胤为盟主，所以把这些人连同他们的家族，全部杀掉。

后燕主慕容熙为他的皇后苻氏兴建承华殿，从北门外把土运来，使土的价格上涨到与粮食的价格一样。宿军典军杜静带着棺木来到皇宫门外拜见后燕王，极力劝阻，慕容熙把他杀了。

苻皇后曾经在盛夏的时候，想吃冻鱼，而在隆冬季节又忽然要吃生地黄，慕容熙于是命令有关的主管官吏想办法弄到，弄不到的就把当事人杀掉。

夏季，四月，癸丑（疑误），苻皇后去世，慕容熙悲哀痛哭甚至气闷昏晕，很长时间才苏醒过来。他像死了父母那样，披麻戴孝，只喝稀粥。命令文武百官在宫内设置皇后牌位，一起痛哭，并派人一个个地检查哭的人，没有眼泪的就要治罪，群臣没有办法，全都含着辛辣的东西，刺激自己落泪。高阳王慕容隆的王妃张氏，是慕容熙的嫂子，美貌而聪明机敏，慕容熙打算用她来为苻皇后殉葬，于是拆开她特地缝制的丧鞋，发现里面有不好的毛毡，命令她自杀。右仆射韦璆等人都害怕指定自己去殉葬，每天都洗澡换衣，恭恭敬敬地等候皇命。公卿以下的官员到士兵百姓，每一户都去参加营建皇后陵墓的劳动，使国库的积蓄花销殆尽。陵墓的周长达几里，慕容熙告诉监工的头目说："好好干吧，我也将入葬此处。"

四月二十八日丁酉，后燕太后段氏被除去尊号，逐出外宫居住。

（以上为第七段，写东晋刘裕坚决辞去新封官职，镇守丹徒；刘裕属将骆冰谋反，牵连殷仲文等人，全被灭族；后燕苻皇后去世，慕容熙伤心过度，处于病态，要大臣陪哭，还要高阳王慕容隆王妃张氏陪葬，举动失常。）

氐王杨盛任命平北将军苻宣为梁州督护，带兵向汉中进犯。后秦梁州别驾吕莹等发动军队响应他们。梁州刺史王敏出兵攻打。吕莹等人向杨盛求援，杨盛派出军队来到泿口，王敏只好退到武兴驻扎。杨盛又与东晋联络，东晋任命杨盛为都督陇右诸军事、征西大将军、开府仪同三司，杨盛于是任命苻宣代理梁州刺史职务。

五月，丙戌（疑误），后燕尚书郎苻进阴谋反叛，被杀。苻进是苻定的儿子。

魏道武帝拓跋珪向北巡视，抵达濡源。

北魏常山王拓跋遵因为犯罪，被勒令自杀。

当初，魏道武帝拓跋珪消灭匈奴部落首领刘卫辰，他的儿子刘勃勃投奔后秦，后秦高平公没奕干把女儿嫁给他做妻子。刘勃勃身材魁梧伟岸，容貌漂亮，仪表堂堂，生性善辩，聪慧机智。后秦主姚兴见到他之后觉得他是一个奇才，便与他谈论军队、国家的大事，对他的宠爱超过了功臣旧属。姚兴的弟弟姚邕劝说他道："刘勃勃这个人不可过于亲近。"姚兴说："刘勃勃有拯救乱世的才干，我正要和他一起平定天下，你们怎么这样疑心猜忌他呢？"于是任命刘勃勃为安远将军，让他协助没弈干镇守高平，并把三城、朔方等地的各夷族部落和刘卫辰的老部下三万人交给他统辖，让他严密监视北魏的行动，等待机会。姚邕坚持争辩，认为万万不可这样。姚兴说："你怎么知道他的为人？"姚邕说："刘勃勃对待上级，态度傲慢无礼；对待下属部众，手段残忍、贪婪狡猾，不讲仁义；对待去留问题，轻率决定。这样的人过分地宠爱他，将来一定会成为边疆的祸患。"姚兴这才放弃了原来的想法，但时间一长，又任命刘勃勃为安北将军、五原公，把三交地区的五个鲜卑部落以及其他杂族二万多部众交给他，让他镇守朔方。

魏道武帝拓跋珪把所俘虏的后秦将领唐小方，归还给后秦。后秦主姚兴要求归还贺狄干，并决定送给北魏一千匹好马，用来赎回狄伯支，拓跋珪同意了。

刘勃勃听说后秦又与北魏和好，非常愤怒，于是，计划背叛后秦。柔然可汗郁久闾社仑向后秦献上八千匹马，走到大城的时候，刘勃勃把马匹全部抢走，并把自己的三万多部众全部集结在一起，假装去高平川打猎，却借机突然袭击杀死了没弈干，并且收编了他的军队。

刘勃勃自称是夏后氏的后代，六月，自封为大夏天王、大单于，下令大赦，改年号为龙升，设置文武百官。任命他的哥哥刘右地代为丞相，加封代公；刘力俟提升为大将军，加封魏公；刘叱干阿利为御史大夫，加封梁公；任命他的弟弟刘阿利罗引为司隶校尉，刘若门为尚书令，刘叱以鞬为左仆射，刘乙斗为右仆射。

贺狄干长期被扣押在长安，因为经常被幽禁，所以有时间熟读了儒家经典与历史书籍，到后来，一举一动都变成与读书人一样了。到他回到北魏之后，国主拓跋珪见他言谈语调衣着服饰全与后秦人一样，以为他是倾慕后秦而有意模仿，非常生气，把他和他的弟弟贺狄归一起杀掉了。

后秦主姚兴命太子姚泓录尚书事。

（以上为第八段，写后秦主姚兴宠爱赫连勃勃，其弟姚邕再三劝说，不听，赫连勃勃反叛后秦，建立胡夏，改元龙升，设置百官，成为五胡十六国中最后建立的一个国家。）

秋季，七月初一戊戌朔，出现日食。

东晋汝南王司马遵之，被指控犯法，被处死。司马遵之是司马亮的五世孙。

七月二十六日癸亥，后燕王慕容熙把他的皇后苻氏埋葬在徽平陵，因为送丧的车驾太高大，所以拆毁了北城门才出去。慕容熙披散头发，光着双脚，跟着灵柩步行了二十多里。二十七日甲子，实行大赦。

当初，中卫将军冯跋和他的弟弟侍御郎冯素弗都在慕容熙那里获罪，慕容熙打算杀了他们，冯跋兄弟二人便逃到深山泽水之间。后来慕容熙征收繁重的赋税，徭役也经常摊派，百姓无法忍受。冯跋、冯素弗便与堂弟冯万泥商议说："我们已经没有办法再回去认罪了，还不如趁着百姓怨声载道的时刻，一起发动变乱，或许也可以建立一番公侯那样的大功业。事情即使不成，那时死也不晚。"于是他们一起乘上一辆马车，让一个妇女驾驭着，暗中混进了龙城，藏在北部司马孙护家中。等到慕容熙出城送葬，冯跋等人便和左卫将军张兴，以及苻进的余党发动了叛乱。冯跋平常一直与慕容云关系友善，于是推举慕容云为盟主。慕容云以自己有病为借口，辞谢不去，冯跋说："慕容熙淫乱暴虐，百姓和上天都已怒不可遏，这正是老天让他灭亡的时候。您出生在名门高氏家族，怎么能做别人的养子而放弃这一难得的机会呢？"于是强行把他扶出家门。冯跋的弟弟冯乳陈等人率领兵众攻打弘光门，呐喊着冲了进去，禁卫军的士兵全部溃散逃走。于是他们进得宫来，分发宫中的武器盔甲，关闭城门坚守。中黄门赵洛生逃出城去向慕容熙报告，慕容熙说："这几个老鼠一样的强盗，能干什么大事！我现在就回去诛杀他们。"于是把苻皇后的灵柩放在南花园，系好头发，穿上甲胄，飞马回来解救都城危难。当夜赶回龙城，向北门发动进攻，没有攻下，露宿在城门之外。

七月二十八日乙丑，慕容云即天王位，实行大赦，改年号为正始。

慕容熙退到龙腾苑驻守。尚方兵褚头翻越城墙投奔慕容熙，说护卫营的士兵仍然一心效忠，只等大军到来。慕容熙听说这番话后，却惊恐不安，跑了出去，左右的人都不敢追随。慕容熙从河道边上偷偷跑走，很久之后，左右将领们觉得他还不回来很奇怪，互相跟着出去寻找，只找到了慕容熙的衣服帽子，人却不知跑到哪里去了。中领军慕容拔对中常侍郭仲说："大事马上就要成功了，皇上却无缘无故地自己惊恐，实在是太奇怪了。但是城中将士正在盼望我们回去，如果回去，就一定会成功，因此我们不能在这里多耽搁。我应当先去攻城，你留在这里等着皇上，如果皇上找到了，那就快来；如果皇上还是没回来，那么等我按计划把都城平定安抚了之后，再慢慢寻找迎接皇上回来也不晚。”于是，与其他将领分别率领两千多名壮士向北城发动强攻。城里的官兵以为是慕容熙回来了，都纷纷放下武器请求投降。然而，慕容熙很长时间也没有露面，慕容拔的军队又没有后续的影子，所以攻城的士兵们心中既怀疑又恐惧，最后又放弃攻城，回到龙腾苑，然后又全部溃散逃走。慕容拔被城中的乱军杀死。

七月二十九日丙寅，慕容熙穿着平民百姓的衣服，藏在树林中，被人抓住，押送给了慕容云，慕容云列数了他的罪状后，把他杀了，又杀死了他的几个儿子。慕容云又恢复姓高。

（以上为第九段，写后燕苻皇后去世，慕容熙如丧考妣，披麻戴孝，赤脚送葬，慕容云等人乘机谋反，发动宫廷政变，慕容熙被斩杀。慕容云即天王位，改元。）

后燕幽州刺史上庸公慕容懿，献出自己的辖地令支，投降北魏。北魏任命慕容懿为平州牧、昌黎王。慕容懿是慕容评的孙子。

魏道武帝拓跋珪从濡源向西抵达参合陂之后，才回到平城。

南凉主秃发傉檀再次背叛后秦，派遣使节邀约代理西夷校尉乞伏炽磐，一同起事。乞伏炽磐杀死了他的使者送到长安。

南燕主慕容超的母亲和妻子还在后秦居住。慕容超派遣御史中丞封恺出使后秦，请求接回来。后秦王姚兴说：“过去苻氏败亡的时候，皇家御用音乐和那些歌舞伎人，便都遗留在燕国。燕国现在如果愿意做我的一个藩属国，并把那些歌舞伎人送给我，或者送给我一千俘虏的东晋人，那么你们所要求的才可以得到。”慕容超与大臣们商议这件事，左仆射段晖说：“皇上承继守护江山社稷，不应该因为个人亲情的缘故，就随便降低国家的尊贵名号，况且，皇家御用的音乐是前代君王遗留下来的作品，万万不可拱手送给别人。我看不如派军队到东晋抢掠吴地的居民送给他们。”尚书张华说：“入侵掠夺相邻的国家，兵祸就会连绵不断，我们既然可以去抢他们，他们也就可以来抢我们，这不是国家的福分呀！皇上的慈母姻亲正在受人掌握，怎么可以看重虚无的名号，不肯降低声名、委曲求全呢？中书令韩范曾经与秦王一起做过苻氏的太子舍人，如果让他出使，一定会满足我们的愿望。”慕容超听从了他的意见，于是派韩范出使后秦，呈递奏章，愿做藩属。

背叛南燕而投奔后秦的慕容凝对姚兴说：“慕容超一旦得到母亲和妻子，便不可能再向您称臣，所以应该先让他送歌舞伎人来。”姚兴于是对韩范说：“我把燕王的家属送回去那是一定的，但是现在天气还很热，应当等到秋凉之后再送。”

八月，后秦派员外散骑常侍韦宗出使南燕。慕容超与大臣们商议召见韦宗的礼仪，张华说：“皇上在这之前既然已经送去了奏书，承认藩属，那么现在就应该面向北方接受诏书。”封逞说：“我大燕几代圣主光芒辉耀，怎么能一下子为一个小崽子丧失气节！”慕容超说：“我这是为太后屈服，希望你们不要再多说了！”于是面向北方接受了后秦的诏书。

东晋龙骧将军毛修之与汉嘉太守冯迁联合兵力进攻杨承祖，杀了他。毛修之打算继续进军讨伐谯纵，益州刺史鲍陋不同意。毛修之向朝廷呈上奏书，说：“人之所以看重自己的生命，实在因为有得以生存之理可保。我现在所处的情势地位，生存的理由已经断绝。我还像早晨的露水那样苟活在世的原因，不过是希望凭借着上天的威力屠灭仇敌和叛匪罢了。现在几次出现可以进攻的机会，但每次都是鲍陋违背约定不来配合。我虽然愿意直捣匪巢，以死报国，但是救援的部队没能跟上来，这怎么可以成功呢？”刘裕于是上疏推荐襄城太守刘敬宣率领五千兵丁攻打蜀地，任命刘道规为征蜀都督。

魏道武帝拓跋珪来到豺山宫。候官报告说：“司空庾岳，衣服装饰新鲜华美，行为举止、风度神采，都仿效君王。”拓跋珪把庾岳抓起来，杀掉了。

北燕主高云任命冯跋为都督中外诸军事、开府仪同三司、录尚书事，任命冯万泥为尚书令，冯素弗为昌黎尹，冯弘为征东大将军，孙护为尚书左仆射，张兴为辅国大将军。冯弘是冯跋的弟弟。

九月，谯纵向后秦请求归降，成为藩属国。

南凉主秃发傉檀带领五万多人讨伐北凉王沮渠蒙逊，沮渠蒙逊与他在均石展开激战，将他打得大败。沮渠蒙逊又在日勒进攻西郡太守杨统，迫使杨统投降。

冬季，十月，后秦河州刺史彭奚念叛变，向秃发傉檀投降。后秦任命乞伏炽磐代理河州刺史。

南燕主慕容超派遣左仆射张华、给事中宗正元作为使节，向后秦进献皇家歌舞伎人一百二十人。后秦王姚兴于是归还慕容超的母亲、妻子，给她们很优厚的礼品钱财，并为她们送行。慕容超亲自率领文武百官和后宫嫔妃前往马耳关迎候。

（以上为第十段，写南凉主秃发傉檀再次背叛后秦，率军攻打北凉主沮渠蒙逊，被打败；南燕主慕容超为了迎回母、妻，向后秦主称藩，并送还歌舞伎人。）

夏王刘勃勃攻破了鲜卑薛干等三个部落，收降那里的部众一万多人。他又进攻后秦三城以北的几个边境要塞，斩杀了后秦将领杨丕、姚石生等。他的部将们都说：“皇上如果打算夺取关中，那么应该首先巩固自己的根基，使人心有一个寄托凭借的地方。高平山高河深，地势险要，容易驻守，土地又富饶肥沃，可以在这里定都。”刘勃勃说：“你们只知其一，不知其二。我的宏伟大业才不过刚刚开始，士兵部众还不够多。姚兴也是一个时代的英雄，他的那些将领又都肯为他卖命，关中是极不容易到手的。我现在如果只是固守一个城池，他一定会全力向我发动进攻，我们人少，绝不是他的敌手，灭亡立刻就会到来。不如像现在这样驾着战马驰骋，来去如风，趁他们不注意的时候袭击他们，他们营救前面，我们便袭击后面，他们营救后面，我们便袭击前面，使他们疲于奔命，自顾不暇，我们却四处游击，猎取现成的食物，从容自若。这样不到十年，岭北、河东地区便都是我们的了。等到姚兴死后，他继位的儿子昏庸懦弱，我们便可以慢慢地攻陷长安。这些都是在我的计划中的。”从此，他们侵扰抢掠岭北地区的居民。岭北各个城池，白天也不敢打开城门。姚兴于是叹息说："我没有听信姚邕的话，才到了这个地步！”

刘勃勃向秃发傉檀请求联姻，秃发傉檀没有答应。十一月，刘勃勃率领二万骑兵袭击秃发傉檀，走到支阳，屠杀一万多人，驱赶掠夺平民百姓二万七千多口以及几十万牛马羊等方才回师。秃发傉檀率领大军追击他们，焦朗说："刘勃勃身材雄伟劲健，治理军队严肃整齐，不可轻视，我看不如从温围向北渡过黄河，直逼万斛堆，依托河水，扎下大营，扼住刘勃勃的咽喉，这才是百战百胜的好方法。”秃发傉檀的将领贺连大怒说："刘勃勃不过是一个战败逃亡的残渣余孽，率领的也都是乌合之众，为什么要躲避他，向他表示我们的软弱，应该快些去追击他！”秃发傉檀听信了他的话。刘勃勃在阳武下峡谷中凿开黄河中的冰块，用冰与车辆堵死峡谷的出口，带兵回击秃发傉檀，将他们打得大败，又追击了八十多里才收兵。这一战杀死的将士有一万多人，有名的大臣和勇猛的武将战死的也十有六七。秃发傉檀仅与几个骑兵逃奔南山，差一点被追击的骑兵抓获，刘勃勃把战场的尸体堆积起来，一起掩埋，并称之为髑髅台。刘勃勃又在青石原击败后秦将领张佛生，俘虏斩杀的加在一起有五千多人。

秃发傉檀对外来贼寇的威逼进犯非常恐惧，把三百里以内的居民全部迁进姑臧。国内的百姓非常惊骇，怨声载道，屠各部落的首领成七儿因此趁机叛乱，一个晚上便聚众达几千人。殿中都尉张猛大声对他们说："主上在阳武那次惨败，就是依仗人多的缘故，他深深地自责，后悔所做的错事，这对他的英明又有什么损害呢？但是你们却突然跟从这个小人做这样不义的事情！宫殿禁卫军的兵马马上就要到了，你们的灾祸就在眼前了。”大家听说后，全部溃散。成七儿逃奔晏然，南凉派兵把他追上斩首。军谘祭酒梁裒、辅国司马边宪等人阴谋反叛，秃发傉檀把他们全部杀掉。

魏道武帝拓跋珪返回平城。

十二月二十三日戊子，东晋扬州刺史、武冈文恭侯王谧去世。

这一年，西凉公李暠因为上次呈送给东晋的奏书没有得到答复，又再次派遣和尚法泉带上奏书，抄小路前往建康，拜谒东晋朝廷。

（以上为第十一段，写胡夏主刘勃勃攻下鲜卑薛干等部落，向南凉主秃发傉檀要求联姻，不被答应，便出兵攻打，将其打得大败，南凉又发生反叛，内外交困。）

晋安帝义熙四年（戊申，公元 408 年）

春季，正月初九甲辰，东晋任命琅邪王司马德文兼任司徒职务。

刘毅等人不希望刘裕进入朝中辅佐政事，因而商议任命中领军谢混为扬州刺史，也有人打算让刘裕在丹徒兼管扬州，而把朝中的政务交给孟昶管理。朝廷特意派尚书右丞皮沈带着这两个方案，前去征求刘裕的意见。皮沈首先拜见刘裕的记室录事参军刘穆之，把朝廷讨论的情形全部告诉了他。刘穆之假装起身上厕所，秘密地写了一封书信告诉刘裕说："皮沈说的话，千万不要同意。"刘裕召见皮沈后，暂时先让他出去，又把刘穆之叫进去询问。刘穆之说："晋朝对朝政失去控制，时间已经很久了，现在上天的福命已经转移。您兴复皇家的事业，功高德大，地位显要，在今天的形势之下，怎么还能一味谦让，去做一个老守藩地的普通地方将领呢？刘毅、孟昶几个人，与您都是从百姓开始起家的，当年一起倡导大义，争取富贵。但举事的时候，有先有后，所以当时便都推举您做了盟主，他们并不是诚心诚意地对您心服口服、不惜献身，也不是决定和您有君臣的名分。所以，当他们的力量和您相当，地位也差不太多的时候，终究是要互相吞并、排挤的。正因如此，扬州是起决定性作用的根本所在，决不可以把它拱手让给别人。上一次把它交给王谧，不过是处理事情的权宜之计，这次如果再把它交给别人，可就要受到别人的制约了。权柄一旦丧失，再想得到，就没有理由和机会了，那样一来，将来的危险，实在无法想象。现在朝廷这样商议，您理应表明一下态度，做出回答。但是如果说只有我自己合适，又未免难于启齿，所以，只应该这样说：'中央地区是治理国家的根本所在，辅佐君王的宰相一级官员，地位也非常重要。选定这样的官员一事既然如此重大，便决不可以在外地随便发几声空论敷衍，我马上前往京都，与你们一起充分地交换意见。'您到了都城，他们一定不敢越过您再把这官职交给别的人，这是不言自明的。"刘裕听从了他的话。朝廷于是征召刘裕任侍中、车骑将军、开府仪同三司、扬州刺史、录尚书事，他原来的徐、兖二州刺史的职务仍然兼任。刘裕上书请求解除自己兖州的职务，任命诸葛长民为青州刺史，镇守丹徒，任命刘道怜为并州刺史，戍卫石头城。

正月二十五日庚申，东晋武陵忠敬王司马遵去世。

魏道武帝拓跋珪来到豺山宫，又到了宁川。

南燕主慕容超尊奉他的母亲段氏为皇太后，封他的妻子呼延氏为皇后。慕容超到南郊祭祀上天，有一种野兽，样子像老鼠一样，红毛，像马一般大，来到祭坛的旁边。一会儿，狂风骤起，天色昏暗，王室仪仗的羽饰帘帐全部被吹毁。慕容超非常恐惧，问太史令成公绥这是怎么回事，成公绥回答说："这是皇上宠信重用奸佞小人，诛杀屠戮俊贤良才，赋税繁重，过分劳役百姓所致。"慕容超于是下令实行大赦，罢免了公孙五楼等人，但不久又再次任用了他们。

北燕主高云册立他的妻子李氏为皇后，立他的儿子高彭城为太子。

三月二十六日庚申，把后燕主慕容熙和苻皇后安葬在徽平陵，追谥慕容熙为昭文皇帝。

高句丽派遣使者前往北燕访问，并讲述两国宗族血统的关系。北燕主高云也派遣侍御史李拔进行了回访。

夏季，四月，东晋尚书左仆射孔安国去世。甲午（疑误），任命吏部尚书孟昶代替他的职务。

北燕实行大赦。

五月，北燕任命尚书令冯万泥为幽、冀二州牧，镇守肥如；任命中军将军冯乳陈为并州牧，镇守白狼；任命抚军大将军冯素弗为司隶校尉；任命司隶校尉务银提为尚书令。

（以上为第十二段，写东晋朝廷晋安帝复位后，内部争权夺利的矛盾又凸显出来，刘毅等人忌疑刘裕，阻止其入朝辅政，被刘穆之识破，朝廷更加重用刘裕。）

谯纵派使节前往后秦，请求作为后秦的藩属，同时又与卢循暗中勾结。谯纵向后秦呈上奏书，请求允许桓谦前来，打算和他一起进攻刘裕。后秦王姚兴就这件事问桓谦，桓谦说："我们几代人都对荆、楚一带的百姓有恩，如果有机会凭借巴、蜀之地的力量，顺长江水流向东挺进，当地的官民一定会纷纷起来响应。"姚兴说："小河沟里容不下大鱼，如果谯纵的才能力量足以一个人就能办得好事，也就不会借助你做他的鳞甲和羽翼了。你应该多考虑自己的福佑。"于是派他去了。桓谦到了成都，待人虚心谦恭，招纳各地投靠的人士。谯纵对他渐渐生起猜忌之心，把他软禁于龙格，并派人看守他。桓谦流着泪对几个弟弟说："姚主的话真是神算呵！"

后秦主姚兴认为南凉秃发傉檀现处于朝廷内外多难的时候，所以打算趁机消灭他，派尚书郎韦宗前去观察局势。秃发傉檀与韦宗谈论当世的大事，纵横驰骋，酣畅淋漓。韦宗告辞之后，叹道："奇异之才，英雄之器，不一定只是华夏中原有；明晰的智慧，敏锐的见识，也不一定只有读书才能获得。我今天才知道九州地域之外，除了读书人之外，有才能的也大有人在。"韦宗回去，对姚兴说："凉州虽然凋敝破败，但秃发傉檀的权谋诡诈却超过常人，不可对他打什么主意。"姚兴说："刘勃勃依靠一群乌合之众，还能把他打败，何况我要发动天下所有的兵马来对付他呢？"韦宗说："不对。情况转变，形势不同，变化虽多种多样，但仗势欺人的人，容易失败，戒备谨慎的人，却很难攻取。秃发傉檀之所以败给刘勃勃的原因就是轻敌。现在我们用大部队去进攻他，他一定会非常恐惧，想办法保全自己。我私下里观察我们这些官员的才能谋略没有一个能和秃发傉檀相比的，虽然您可以亲自带兵前去征伐，但也不敢保证一定会胜利。"姚兴不听，派遣他的儿子中军将军广平公姚弼、后军将军敛成、镇远将军乞伏乾归率步、骑兵三万人进攻秃发傉檀，又派左仆射齐难率骑兵两万讨伐刘勃勃。吏部尚书尹昭劝阻说："秃发傉檀依仗他所处地域的险峻遥远，所以才敢违抗怠慢朝廷。我看不如下诏给沮渠蒙逊和李暠，让他们去攻打秃发傉檀，使他们互相之间消耗力量，自行毁灭，不必劳烦中原这里的兵力。"姚兴仍然不听。

姚兴写信给秃发傉檀说："现在我派遣齐难攻打刘勃勃，我担心他向西逃跑，所以命令姚弼等人带兵在河西一带截击他们。"秃发傉檀以为真是这样，所以便不再增设防备。姚弼从金城一带渡过黄河。姜纪对姚弼说："这次我们大军表面上说要攻打刘勃勃，所以秃发傉檀才犹豫不决，守卫戒备也不很严，请您拨给我轻装骑兵五千人，径直突袭他们都城的城门，那么住在城外草野山川里的居民便都归我们所有，剩下他那一座孤城，没有救援到来，我们就可以坐在那里等着他们城破了。"姚弼却不接受他的意见。大军开到漠口，昌松太守苏霸紧闭城门抗拒他们。姚弼派人前去劝说，让他们投降。苏霸说："你们背信弃义攻打同盟的国家，我只有一死罢了，哪里有投降的道理。"姚弼果然攻下这座城，把苏霸杀了。然后又挥动大军长驱直入，进逼姑臧。

秃发傉檀环城坚固拒守，并出动奇兵回击姚弼，将他打败，姚弼退到西苑据守。城中王钟等人阴谋做后秦军的内应，事情泄漏后，秃发傉檀准备杀死主谋而赦免其他的人。前军将军伊力延侯说："现在强大的敌人就在城外，而奸人又私下里准备在城内发动叛乱，危险是多么的严重呵！如果不全部把他们活埋的话，用什么来惩戒后来的人！"秃发傉檀听从了他的话，坑杀了五千多人。他又命令郡县把牛羊等全部驱散到野外去，后秦军将领敛成纵容他的部下大肆抢掠。这时秃发傉檀派遣镇北大将军秃发俱延、镇军将军秃发敬归等联合进攻，后秦军队大败，被斩首的有七千多人。姚弼坚守堡垒，不出来交战，秃发傉檀进攻他，没有攻下。

秋季，七月，姚兴派遣卫大将军常山公姚显统帅骑兵二万作为各路军队的后继队伍，来到高平，听说姚弼战败，便加快行军速度，兼程赶到那里。姚显派遣善于射箭的孟钦等五人，在凉风门向敌兵挑战，弓弦上的箭还没有来得及发射出去，秃发傉檀的材官将军宋益等便赶到迎战，把他们杀了。姚显于是把罪过推托给敛成，派人向秃发傉檀认错，安抚慰问黄河以外地区的百姓，带领大军回去了。秃发傉檀也派遣使节徐宿到后秦首都拜谒谢罪。

夏王刘勃勃听说后秦兵马很快就要来到，便退到河曲据守。齐难以为刘勃勃已经跑远，放纵自己的士兵到处抢掠。刘勃勃暗中回师袭击他们，俘虏、斩杀的一共有七千多人。齐难带兵退走，刘勃勃追到木城，把他活捉，又俘虏了他手下的将士一万三千多人。从此，岭北夷族和汉人归附刘勃勃的有一万多人，刘勃勃都分别安排了守、宰一类的地方官，用来安抚他们。

（以上为第十三段，写后秦主姚兴认为南凉主秃发傉檀内外多难，便出兵攻打，又派兵攻打刘勃勃，傉檀与勃勃都故意放纵后秦大肆抢掠，用计谋取胜，结果后秦几路大军都以失败收场。）

东晋叛将司马叔璠从蕃城进犯邹山，鲁郡太守徐邕放弃城池逃走，车骑长史刘钟迎击，并把他打退。

北燕主高云封慕容归为辽东公，让他主管燕帝室宗庙的祭祀工作。

东晋刘敬宣进入三峡后，派遣巴东太守温祚率领二千人从外水进军，自己则统帅益州刺史鲍陋、辅国将军文处茂、龙骧将军时延祖从垫江一边作战一边前进。谯纵向后秦求救，后秦王姚兴派遣平西将军姚赏、南凉州刺史王敏带兵二万人前去解救。刘敬宣的大军开到黄虎，距成都还有五百里。谯纵的辅国将军谯道福把兵力全部调动起来据险要地势抵抗。双方在这里对抗僵持了六十多天，刘敬宣无法向前推进，粮食吃完，军中又流行疾病瘟疫，病死的人超过一半，于是只好带兵退了回去。刘敬宣因指挥不利被免去官职，削去他的封地的三分之一，荆州刺史刘道规也因此从督统的名号贬降为建威将军。

九月，刘裕因为刘敬宣的战场失利，请求退位。朝廷下令把他降为中军将军，开府的待遇不变。刘毅打算重刑惩处刘敬宣，刘裕多方保护，方才得免。何无忌对刘毅说："怎么能因为私人间的恩怨伤害天下的大公道呢！"刘毅这才停止。

后秦河州刺史乞伏炽磐，认为后秦的政权越来越衰退，而且又害怕后秦前来进攻，冬季，十月，征召集结各部落的二万多人在嵻崀山修筑城池进行据守。

十一月，南凉秃发傉檀重新自称凉王，实行大赦，改年号为嘉平，设置文武百官；册立夫人折掘氏为王后，封嫡长子秃发武台为太子、录尚书事；任命左长史赵鼂、右长史郭倖为尚书左、右仆射；任命昌松侯秃发俱延为太尉。

南燕汝水枯竭，所有的河水全部结冻、冰封，而只有渑水没有结冰，南燕主慕容超心里对此非常忌讳，向李宣询问这是怎么回事，李宣回答说："渑水没有冻冰，主要是因为它流经都城，跟皇上皇后靠得很近的缘故。"慕容超听后非常高兴，赐给李宣一套官服。

十二月，后秦河州刺史乞伏炽磐在枹罕进攻叛将彭奚念，被彭奚念打败，撤回。

这一年，魏道武帝拓跋珪诛杀高邑公莫题。当初，拓跋窟咄攻打拓跋珪的时候，莫题以为拓跋珪年纪小，不可依靠，便在暗地里与拓跋窟咄联络，赠箭盟誓说："三岁大的小牛犊，怎么能拉得动重载的车呢！"拓跋珪一直怀恨在心。到了这时，有人告发莫题平时接人待物高傲无理，好像有意模仿君主的样子。拓跋珪便派人拿着那支箭给莫题看，并告诉他说："三岁的牛犊结果怎么样？"莫题父子二人相对而哭。第二天早晨，便被抓起来杀了。

（以上为第十四段，写东晋将领刘敬宣出兵攻打谯纵，无功而还，被免官职；南凉主秃发傉檀重新自称凉王，改元嘉平；北魏主拓跋珪诛杀原来藐视他的莫题。）

【点评】

十六国之割据纷争。从公元304年，李雄在蜀地建立成国（成汉）、刘渊在中原建立汉国（后称前赵）起，到公元439年，北魏太武帝拓跋焘消灭北凉，历时135年，史称十六国时期。这一时期，江南由东晋控制，而北方和西南则先后建立了20多个国家。其中的成汉、前赵、后赵、前凉、北凉、西凉、后凉、南凉、前燕、后燕、南燕、北燕、夏、前秦、西秦、后秦等16个国家实力比较强劲。除此之外，还有汉人冉闵建立的冉魏、丁灵翟氏建立的翟魏、武都氐帅杨氏建立的仇池国、鲜卑慕容氏建立的西燕、汉人谯纵在蜀地建立的谯蜀、鲜卑拓跋氏建立的代国及北魏等政权。到本卷所叙述的公元408年，十六国都已形成，其中有的已经灭亡，有的则刚刚兴起，故在此做一个总体的评说。

第一，十六国历时135年，大致可分为五个时期：其一，前赵、后赵、成汉时期；其二，前燕、前秦时期；其三，后秦时期；其四，诸国混战时期；其五，北魏、胡夏、北凉时期。而在其四的混战时期，所建立的国家最多，有十多个，其余时期一般是一两个或两三个。北方地区在反复“洗牌”，不断变更，比较强劲的国家大致是前赵、后赵、前秦、后秦、前燕、后燕、北魏等国。

第二，这些国家的形成，有历史的原因，也有现实的因素。自东汉后期，朝廷常以招引或强制的方式，将边疆地区的北方民族内迁，以便监控、增加兵源和劳动力。于是，在民众大迁徙、民族大融合中，大量的异族百姓来到内地，与汉族杂居。关中百万人口中，戎狄占有一半。相对来说，他们处于社会底层。在西晋末年，秦、雍二州连年灾荒，略阳、天水等六郡氐族不得不迁移到四川地区，后来，西晋政府限期迫令流民还乡，加之地方官吏贪暴强横，氐族李特便利用流民的怨怒，聚众起义，流民群起响应，一发而不可收，攻下成都，占据益州，建立了成汉政权。

第三，这些国家的建立，一般都有非常强势的立国首领。建国称王者，都具有一定的雄才和实力以及一定的根基，如成汉李特、前赵刘渊、后赵石勒、前凉张轨、前燕慕容儁、前秦苻健、后燕慕容垂、后秦姚苌、北魏拓跋珪等，他们具有坚强的毅力、非常的能力、深远的谋划、出众的才华，也具有雄厚的实力。如前赵开国主刘渊，自幼就非常聪慧，作为人质住在洛阳，接受中原文化的熏陶，习文练武，是个文武全能型的人才；后秦开国主姚苌，善于谋划，往往能够出奇制胜；后燕开国主慕容垂，具有坚韧不拔的毅力和奇谋胆略，遇到失败和挫折百折不回，等等。

第四，这些国家的发展，一般具有橄榄形特点，成长很迅速，败亡也迅速，其中的国家寿命短的只有数年、十几年，寿命长的也只有三四十年，有不少甚至是一代而亡，也就是说，开国者雄霸一方，去世后，后继者则无能为力，国家很快灭亡；也有二代、三代而亡的。如后燕开国主慕容垂开疆拓地，纵横驰骋，很有生气，到了慕容宝，国家就开始走下坡路，一蹶不振。

第五，在这些国家的发展中，出现了不少成功的典型人物，将国家推向前进的轨道。后秦主姚兴，就是一个典型，他继承了父亲姚苌的遗业，在位二十二年，勤于政事，治国安民，先后消灭了前秦（苻登）、西秦（乞伏国仁）、后凉（吕光）的势力，使西方得以安宁；东与北魏、东晋抗衡，曾率兵攻打东晋，一举攻陷洛阳，迫使晋军南撤，晋之淮、汉以北纷纷投降，使后秦统治疆域迅速扩大，几乎控制了整个黄河、淮河、汉水流域。在十六国中，像姚兴这样的治国之才，在那样纷乱的年代，持续开疆拓土，统治国家20多年，可谓是凤毛麟角，是值得称赞的。前秦主苻坚，则是褒贬参半的人物，在统治前期，他重用治国之才，推行仁义，加强生产，终令国家强盛，消灭了北方多个独立政权，成功统一北方，并攻占了东晋领有的蜀地，但是在后期，在条件没有完全具备的情况下发兵南下，意图消灭东晋，结果被打得大败，国家亦陷入混乱，很快灭亡。

第六，这些国家的败亡，绝大多数是源于君王的更替，选人失当。

系统总结十六国的成败得失，从中提炼出一些经验教训，以启发后人，是一件很有意义的事情。

晋纪三十七

晋安帝义熙五年至六年（公元409—公元410）

【起屠维作噩（己酉，公元409年），尽上章阉茂（庚戌，公元410年），凡二年】

【大事提要】

本卷记事起于公元409年，止于公元410年，凡两年，时当晋安帝（司马德宗）义熙五年至义熙六年。本卷所载大事，主要有四个方面。其一，拓跋珪被杀。北魏主拓跋珪16岁时趁乱重兴代国，即位称代王，又在当年定国号为魏，是为北魏，改元登国。即位后，积极扩张疆土，励精图治；晚年好酒色，刚愎自用，疯疯癫癫，公元409年被刺身亡，在位二十三年，死时三十九岁。太子拓跋嗣登基继位。其二，后燕易主。公元409年，后燕发生政变，君主高云被手下人杀死，汉人将领冯跋借机平定内乱，自称天王。他废除弊政，整顿吏治，发展农业，兴办学校，还和周边的外族部落实行和亲，在最初上台的几年中，使后燕显现出一番新的气象，实现了短期的保境安民。其三，乞伏乾归重建西秦。西秦主乞伏国仁去世后，其弟乞伏乾归被推举为主，改年号为太初，迁都金城。后投降南凉康王秃发利鹿孤，又归降后秦，公元409年复称王，改年号为更始。他即位后，还都苑川，又攻克后秦略阳、南安、陇西各郡，占据陇西全境。其四，东晋刘裕攻灭南燕。公元409年，东晋将领刘裕统兵15万攻打南燕，经过10个月激战，刘裕攻陷南燕都城广固，俘斩燕主慕容超，南燕灭亡。此外，公元410年，刘裕回师打败叛军卢循。

安皇帝庚

晋安帝义熙五年（己酉，公元409年）

春季，正月初一庚寅朔，南燕主慕容超临朝大会群臣，感叹帝室的御用音乐不完备，商议掳掠一些晋人来补充歌舞伎人。领军将军韩谆说："先帝因为故有的国都失守，所以才退守到三齐。皇上不计划让天下的士民得到休养生息，用以等待魏国内部出现分歧矛盾，然后利用机会恢复过去的国家大业，相反却要再去侵扰掠夺南面的邻国，扩大我们仇敌的范围，这怎么可以！"慕容超说："我的计划已定，不跟你多说。"

正月初二辛卯，东晋实行大赦。

正月二十一日庚戌，东晋任命刘毅为卫将军、开府仪同三司。刘毅爱好人才，喜欢读书人，所以，当时的知名人士几乎没有不聚集到他身边去的，唯独只有扬州主簿吴郡人张卲不去。有人问他为什么，张卲说："我的主公刘裕是应运而生的人中豪杰，哪里还用多问！"

后秦主姚兴，派遣他的弟弟平北将军姚冲、征虏将军狄伯支等率领四万骑兵，进攻夏王刘勃勃。姚冲大军抵达岭北地区，打算回击长安篡权，因狄伯支不同意才中止。姚冲因此用毒酒毒死狄伯支灭口。

后秦主姚兴派遣使节前去册封谯纵为大都督、相国、蜀王，加授九锡，并可直接任命官员、封赏爵位，所用礼仪全部与君王一样。

二月，南燕将领慕容兴宗、斛谷提、公孙归等人率领骑兵进犯并攻打东晋的宿豫，大肆抢掠一番之后，便回去了，挑选俘虏的男女青年二千五百人，交付给管理王室音乐的机构，教习训练。公孙归是公孙五楼的哥哥。这时，公孙五楼任侍中、尚书、领左卫将军，在朝中专权，总揽国家的一切政务，他的宗族亲属也都在朝廷官居显要位置，王公大臣、朝廷内外，对他没有不忌惮害怕的。南燕主慕容超评定宿豫之战的功劳，封斛谷提等人为郡公、县公。桂林王慕容镇劝阻说："这几个人，劳师动众，为国家结下仇怨，有什么功劳可封？"慕容超大怒，不予回答。尚书都令史王俨谄媚巴结公孙五楼，几年来屡次升迁，官职到了左丞。所以当时百姓根据这些编了句歌谣："要想封侯，巴结五楼。"慕容超又派公孙归等侵犯济南，俘获了男女一千多人回去。因此，从彭城往南，东晋居民全都修筑城堡聚居在一起，进行自卫。朝廷下令，命并州刺史刘道怜镇守淮阴，用来戒备南燕骚扰。

后秦河州刺史乞伏炽磐到上邽拜见后秦太原公姚懿，叛将彭奚念趁他后方空虚，出兵攻打。乞伏炽磐听说之后，大怒，来不及与姚懿告别，急忙回去迎击彭奚念，把他打得大败，于是包围了枹罕。乞伏乾归跟从后秦王姚兴来到平凉。乞伏炽磐攻克枹罕，派人向乞伏乾归报告，乞伏乾归便逃回苑川。

冯翊人刘厥聚集变民几千人，占据万年作乱。后秦太子姚泓派遣镇军将军彭白狼率领东宫禁卫兵攻打他，斩杀了刘厥，赦免了他的党羽。各位将领请求公开宣布这次胜利，上书的时候多写些杀伤敌人的数量。姚泓没有允许。说："皇上把后方的事情全部托付给我，我不能预先阻止强盗叛逆，本当自责请罪，怎么还敢狂傲地以欺骗的手段夸饰自己的功劳呢？"

后秦主姚兴从平凉抵达朝那，听说了姚冲曾想回击长安的阴谋，命令姚冲自杀。

（以上为第一段，写南燕主慕容超为了充实宫廷音乐的歌舞艺人，派兵攻打东晋，掳掠青年男女，充实太乐；后秦主姚兴弟平北将军姚冲受命攻打夏王刘勃勃，姚冲欲回军攻打长安夺取帝位，姚兴闻之赐死姚冲。）

三月，东晋刘裕上书请求讨伐南燕，朝中商议，大臣们都以为不可轻举妄动。只有左仆射孟昶、车骑司马谢裕、参军臧熹认为一定能胜利，劝说刘裕出征。刘裕任命孟昶为监中军留府事。谢裕是谢安哥哥的孙子。

当初，前秦苻氏政权衰败的时候，王猛的孙子王镇恶投奔到东晋，朝廷任命他为临澧令。王镇恶对骑术不很擅长，拉弓射箭的能力也很弱，但是却有深谋远略，善于对事情做出果断的决定，很喜欢谈论军队国家的大事。有人把王镇恶推荐给刘裕，刘裕和他交谈一番，很喜欢他，所以留宿在家里。第二天早晨，对参军佐僚们说："我听说名将之门当出大将，王镇恶的确是这样。"便任命他为中军参军。

恒山出现崩塌。

夏季，四月，后秦镇远将军乞伏乾归从苑川来到枹罕，留下嫡长子乞伏炽磐镇守那里，收集自己的部众共二万，把都城迁到度坚山。

雷电击中北魏天安殿的东墙。魏道武帝拓跋珪非常忌讳这件事情，命令左校用攻城时的一种冲车撞击东西墙，把墙全部撞倒。当初，拓跋珪服食寒食散，时间一长，药性发作，他的性情便变得急躁烦闷、喜怒无常。到了这时，病情更加严重。加上最近又灾祸怪事屡次出现，占卜算卦的人大多都说皇上身旁要发生急剧性的变化，使拓跋珪更加忧虑愤恨，心中不安。他或者几天不吃饭，或者整夜不睡觉，追忆感怀自己一生的成功与失败、所得与所失，而不停地自言自语。他怀疑大臣们和左右的侍从护卫都是不可相信的，每当文武百官上前启奏国事，他都往往想起启奏者过去的错误和罪过，并将其杀掉。其余的人，如有面色稍变，或呼吸不匀，或步履不稳，或话语出现差错的，他都会以为是心中有鬼、居心不良所以才表现在外表上，往往亲手把他们刺死。死的人都被摆放在天安殿前。朝廷中人人觉得朝不保夕，文武百官苟且偷安，根本不考虑互相之间监督勤政的事情，所以，国内强盗贼寇公然作案犯法，都城的大街小巷中间，行人稀少。拓跋珪也知道这种情况，说："我这不过是故意放纵他们罢了，等到过了这个灾年，我再重新清理整治这些吧。"这时，大臣们都害怕惹祸怪罪，多数人不敢与拓跋珪接近，只有著作郎崔浩恭谨勤奋，坚持不懈，有的时候整天不回家。崔浩是吏部尚书崔宏的儿子。崔宏不曾冒犯过国主，也不谄媚阿谀，所以只有崔宏父子二人，没有受到谴责。

夏王刘勃勃率领骑兵二万人进攻后秦，抢掠了平凉地区杂居的胡族七千多户，开进到依力川驻扎。

（以上为第二段，写东晋权臣刘裕请求讨伐南燕，裕善于发现人才，重用前秦丞相王猛之孙王镇恶；北魏主拓跋珪服用寒食散，毒性发作，动辄杀人，百官畏惧。）

四月十一日己巳，刘裕从建康出发，率领水军从淮水进入泗水。五月，东晋部队到达下邳，把船舰、笨重的军用物资留下，步行开进到琅邪，所路过的地方，都修筑起城池，留下军队把守。有人对刘裕说："燕国人如果把大岘山的险要堵塞住，或者坚固城墙，使散居百姓聚居进去，只把空荡荡的田野留给我们，那么，我们的大部队深入到敌国重地，便不单不能建立什么功业，而且还可能无法安全返回，怎么办？"刘裕说："我已经把这些考虑成熟了，鲜卑人生性贪婪，没有长远的打算，前进的时候只盼望多多地抢夺掳掠，后退的时候又吝惜田中禾苗。他们以为我们孤军深入一定不能长久坚持，因此不外乎进军驻守临朐，或者退兵戍卫广固，一定不会据险要之地抵抗、清肃四野防备我们。我敢向你们保证。"

南燕主慕容超听说东晋军队前来攻打，便召集大臣们一起商议对策。征虏将军公孙五楼说："吴地的兵众轻装果决，方便的是速战速决，不能与他们迎面作战。应该据守大岘，让他们无法进入，拖延时间，把他们的锐气泄掉，然后再从容地挑选精壮骑兵二千人，沿着海滨南下，断绝他们运送粮草的通道，另外，再命令段晖率领兖州的军队沿着山地向东进军，在后背处进攻他们。这是最好的办法。分别命令各地的守宰官员依靠险要自己固守，考虑估计自己所用的粮食物资等以外，剩下的全部烧毁，再把田野中的庄稼全部割光，让来犯的敌人没有东西可以补充给养，他们远征的部队既没有粮草，求战又找不到对手，一个月之间，我们就可以坐在那里控制他们了。这是一般的办法。把贼兵放入岘山，然后我们再出城迎战他们，这是最不好的办法了。"

慕容超说："今年，上天的吉星正在我们三齐的头上，按照天道推测，我们用不着作战，就会胜利。现在客军和主人的势力相差太悬殊，按照人间事理来看，他们远道而来，疲惫不堪，一定不能耽搁太久。我据守五个州的地域，拥有富庶的百姓，强大的骑兵万群，茁壮的庄稼遍布四野，怎么能割倒庄稼迁移百姓，首先自己向人示弱呢？我看，不如放他们进入大岘山，再派精壮骑兵前去践踏他们，何必担心打不败他们？"辅国将军广宁王贺赖卢苦苦劝阻，慕容超一概不听。退朝后，贺赖卢对公孙五楼说："如果一定这样的话，亡国也就没有几天了！"

太尉、桂林王慕容镇说："皇上如果一定认为骑兵在平地作战方便的话，就应该冲出岘山去迎战敌人，即使在战斗中不能取胜，也还可以退守。不应该放纵敌兵进入岘山，自己放弃险要的地势。"慕容超拒不听从。慕容镇退出后，对韩谆说："主上既不想主动迎战，把敌人击退，又不同意迁移居民，清肃原野。而把敌人引进自己的腹地，坐在那里等待敌人的进攻围困，这一点太像汉末的刘璋了。今年之内我们国家就要灭亡，我只有一死。但是你作为中原人士，却要像江南人那样被重新文身了。"慕容超听说这话后，暴跳如雷，把慕容镇抓起来送进了监狱。于是，他下令撤回莒城、梁父两地的守军，加固修筑都城的防御工程，遴选将士和战马，等待东晋的军队过来。

刘裕顺利通过大岘，南燕军队一直没有出现。刘裕举起手来，指着上天，禁不住脸上露出喜色。左右的侍从们说："您没有看见敌人却先高兴起来，这是为什么？"刘裕说："大军已过险关，军队没有退路可走，因此一定会有拼死作战的决心；余粮尚在田亩之中储存，我们又没有了缺乏粮草的忧虑。盗匪已经完全落入了我的手中。"

六月十二日己巳，刘裕大军抵达东莞。慕容超先派遣公孙五楼、贺赖卢以及左将军段晖等人统领步、骑兵共五万人屯据在临朐，听说东晋兵马已经通过岘山，便亲自带领步、骑兵共四万人前去迎战，并派遣公孙五楼率领骑兵开进巨蔑水据守。东晋部队的前锋孟龙符与他展开激战，将他打败，公孙五楼败退而走。刘裕用四千乘军车作为左右屏障，排成方阵缓缓向前推进，在临朐以南的地方与南燕军队进行会战，太阳渐渐西移，双方的胜负还是没有分出来。

东晋参军胡藩对刘裕说："南燕倾巢出动，与我们作战，临朐城中的守军一定很少。我愿意带领一支部队从小路出其不意地去夺取这座城池，这是韩信击败赵国的办法。"刘裕于是派遣胡藩以及谘议参军檀韶、建威将军河内人向弥暗自带兵绕到南燕军队的后面，进攻临朐，号称是轻装部队从海路直接赶来增援的。向弥身披铠甲，首先登上城墙，于是攻破该城。慕容超听说后，大吃一惊，单人匹马从城中逃出，赶到城南与段晖会合。刘裕趁势催动大军奋力战斗，南燕军队大败，斩杀了段晖等大将十多人，慕容超逃回广固，晋兵缴获了他的玉玺、车辇以及挂在车后的豹尾。刘裕乘胜追击，直到广固。

六月十九日丙子，东晋军队又攻克了广固的外城。慕容超聚集众人进入内城据守。刘裕兴筑长墙围困他们，墙高三丈，挖了三道地沟。好言抚慰接纳投降归附的人士，选择提拔贤才俊杰，不管是汉人还是夷人，都很高兴。从此，因为夺取了齐地储存的粮草，便把从长江、淮河水路运输军粮的工作，全部停止。

（以上为第三段，写东晋将领刘裕率领大军攻打南燕，稳步推进，将士齐心，正奇并用，很快围困南燕都城广固；慕容超节节败退，面对刘裕强攻，束手无策。）

慕容超派遣尚书郎张纲向后秦请求救兵，又赦免了桂林王慕容镇，任命他为录尚书、都督中外诸军事，把他请来相见，并表示歉意，又问他有什么好办法。慕容镇说："百姓的心事、希望，全部维系在您一个人身上。现在您亲自指挥大部队前去迎战，结果是战败跑回，不但大臣们的心思难以统一，百姓也都丧失了胆气。我听说秦国自己也正有内患没有清除，恐怕也没有功夫分出兵力解救别人。现在我们逃散的士兵回来的还有几万，应该把国库中的金银布匹等全部拿出来利诱他们，让他们再去决一死战。如果天命帮助我们，那么这一次一定能击败敌人；如果不是这样，那么，死了也是一件美事。这和关起门来坐在这里等死，不也强出许多吗！"

司徒、乐浪王慕容惠说："不对。晋军乘胜而来，气势旺盛，比原来还要超出百倍，我们用刚刚惨败的士兵抵挡他们，不是太难了吗？秦国虽然与刘勃勃互相僵持、斗争不休，但是也不足以把这当成祸患。况且他们与我们分别占据中原地区，彼此依傍，形势就像唇齿一样，怎么能够不来救助我们呢？但是，不派出朝廷重臣过去，就请不来更多的援兵。尚书令韩范一直被我们和秦国所重视，应该派他去请求援军。”慕容超听从了他的意见。

秋季，七月，东晋加授刘裕为北青、北冀二州的刺史。

南燕尚书、略阳人垣尊和他的弟弟京兆太守垣苗，跳出城墙向东晋部队投降，刘裕任命他们为行参军。垣尊、垣苗都是慕容超喜欢、重用并引为心腹的人。

有人对刘裕说：“张纲心灵手巧，如果把他抓来，让他制作攻城用具，广固一定可以攻克。”正好张纲从长安回来，太山太守申宣把他抓住，送给刘裕。刘裕让张纲登上很高的楼车，命令他在城的四周对城内高喊：“刘勃勃把秦军打得大败，所以没有谁能派兵来救你们了。”城中将士听到这话没有不大惊失色的。东晋每次从江南发兵前来增援，或者派遣使者前来广固慰问，刘裕都常常暗自派士兵在前一天夜里迎候，第二天再打着大旗、敲着锣鼓到来。北方的百姓拿着武器、背着粮食归降刘裕的人，每天都有一千多。晋军对广固的围攻，更加猛烈。南燕大臣张华、封恺都先后被刘裕俘虏。慕容超请求割让大岘山以南的地区讲和，并愿做东晋的藩臣，刘裕没有答应。

后秦主姚兴派使者对刘裕说：“慕容氏与我们相邻，关系友好。现在你们晋国这样急迫地进攻他们，我们秦国已派遣十万精锐强壮的骑兵屯聚在洛阳。你们的部队如果不撤，那么，我们就要长驱进军了。”刘裕把后秦的使节叫到跟前来说：“告诉姚兴：我攻克燕国之后，停止军事行动三年，然后就要去夺取你们的关中、洛阳。今天你们要是能自己送来，那就快点来吧！”

刘穆之听说有后秦使节来，便骑着快马跑来拜见刘裕，但后秦使节已经走了。刘裕把自己说的话告诉给了刘穆之。刘穆之埋怨他说：“平常的时候无论事情大小，都一定找我商量。这件事太重大，应该好好考虑一下再决定，为什么就这样贸然地答复他呢？你说的这话不但不足以把敌人威慑住，相反却足以激怒他。如果广固没有攻下，而那些羌族强盗又突然到来，不知道你怎么对付他们？”刘裕笑着说：“这是用兵之道，不是你所能明白的，所以才不告诉你。大凡用兵，贵在神速，他们如果真的能赶来救援的话，一定是害怕我们知道，哪里还能事先派人前来通知我，说下这番话呢？这是他们的大话。晋军不出国征战，时间已经很久了。羌人看见我们大举攻打三齐之地，心中已经开始畏惧。他们保全自己还来不及，怎么还能援救别人呢？”

（以上为第四段，写南燕主慕容超派重臣求援后秦，而后秦自身难保，只是派使者虚张声势，被刘裕识破。）

后秦镇远将军乞伏乾归重新登上秦王之位，下令大赦，改年号为更始，公卿以下的官员，全部恢复以前的职位。

慕容氏家族，在北魏有一百多户，他们计划逃走，被魏道武帝拓跋珪全部杀掉了。

当初，北魏太尉穆崇与卫王拓跋仪，布下埋伏全副武装的士兵，阴谋刺杀拓跋珪，没有成功。拓跋珪惋惜穆崇、拓跋仪过去的赫赫战功，把此事压下，没有追查。到了拓跋珪生病之后，杀了许多大臣，拓跋仪担心自己难逃一死，逃亡外地，被追上抓获。八月，命令拓跋仪自杀。

南燕故臣、后来投奔北魏的封融，前去拜见刘裕，投降。

九月，东晋加封刘裕为太尉，刘裕坚决推辞。

后秦主姚兴准备亲自带兵攻打夏王刘勃勃，到达贰城，派遣安远将军姚详等人分别督运粮草。刘勃勃乘虚突然前来袭击，姚兴非常害怕，打算轻装骑马到姚详那里躲避。右仆射韦华说："如果皇上的大驾一动，部众的心中就会惊骇恐惧，一定不等打仗便自行崩溃，那样的话，恐怕皇上也不一定能跑到姚详的军营中去。"姚兴与刘勃勃对战，后秦军大败，将军姚榆生也被刘勃勃抓获。左将军姚文崇等人拼死力战，刘勃勃才退兵，姚兴回到长安。刘勃勃又进攻后秦的敕奇堡、黄石固、我罗城，全部攻克，把七千多户居民迁移到大城，任命他的丞相右地代兼任幽州牧，镇守在那里。

当初，姚兴派遣右将军姚强，统帅步兵骑兵共一万人，随韩范到洛阳与姚绍会合，然后两处合兵一起去救援南燕，等到被刘勃勃打败之后，又派人追上姚强，让他带领部队回到长安。韩范叹息说："上天要让我燕灭亡了！"南燕尚书张俊从长安回来，投降了刘裕，又对刘裕说："燕人所仗恃的，是以为韩范一定能请来后秦的军队。现在抓住韩范让他们看看，那么燕国一定会投降。"于是，刘裕一面上书给朝廷，请求封韩范为散骑常侍，一面写信给韩范，招降他。

后秦长水校尉王蒲劝说韩范投奔后秦，韩范说："刘裕从一个平民百姓起家，剿灭桓玄，兴复晋朝皇室，这次起兵攻打燕国，所到之处，无不土崩瓦解，这一定是上天的旨意，不是人力所能做到的。燕国亡，那么秦国紧跟着就是第二个，我不能再受一次亡国之辱。"于是，投降了刘裕。刘裕带着韩范绕城一周，城中人见了，情绪顿时一落千丈，人心离散。有人劝说南燕主慕容超诛杀韩范全家，慕容超则因为韩范弟弟韩谆为国尽忠，从无二心，所以赦免了韩范的家属。

冬季，十月，投奔北魏的南燕旧臣段宏，从北魏投奔刘裕。

张纲为刘裕设计制造的攻城用具，每件都是奇妙精巧无比。慕容超大怒，把他的母亲悬挂在城墙之上，并把她活活肢解。

西秦主乞伏乾归册立他的夫人边氏为王后，立他的世子乞伏炽磐为太子，仍然命乞伏炽磐都督中外诸军、录尚书事。任命屋引破光为河州刺史，镇守枹罕。任命南安人焦遗为太子太师，参与军队、国家的机密大事。乞伏乾归说："焦先生不但是一位著名的儒士，而且还是一位辅佐君王的人才。"对乞伏炽磐说："你对待他应该像对待我一样。"乞伏炽磐就在焦遗所坐床座之前，拜倒在地。焦遗的儿子焦华，非常孝顺，乞伏乾归打算把女儿嫁给他。焦华推辞说："凡是娶妻的人，大都打算和她一起服侍二位老人。现在，她以王姬那样的高贵身份，下嫁给我这样一个居住在茅草屋中的贫寒之士，实在不是合适的匹配，我害怕她将来不能很好地操持家务，尽妇人的孝道，这不是我的愿望。"乞伏乾归说："你所坚持的，是只有古人才有的高洁纯朴之风，我这个女儿，是不配勉强你来娶她的。"于是，任命他为尚书民部郎。

（以上为第五段，写西秦乞伏乾归脱离后秦，重新登上秦王之位，改年号为更始；后秦主姚兴率军攻打胡夏主赫连勃勃，因兵败而无力救援南燕，慕容超回天无力，岌岌可危。）

北燕主高云自以为没有功德，但却登上如此重大的高位，所以心中总有危险恐惧的感觉。他常常选拔、供养一些精壮的武士作为自己的心腹、爪牙。他的宠爱之臣离班、桃仁专门掌管帝室、宫廷的警卫工作，他对这二人的赏赐也不计其数，甚至他们的衣食住行也都跟自己一样。而离班、桃仁二人又贪得无厌，即使这样，他们也还满腹怨言。

十月十三日戊辰，高云来到东堂，离班、桃仁怀里藏着利剑，手里拿着通俗书籍走了进来，声称有事禀报。离班突然抽出剑来直刺高云，高云用茶几抵挡，桃仁又从旁边刺高云，把他杀死。

冯跋登上宫城的洪光门观察事态的变化，他手下的帐下督张泰、李桑对冯跋说："这两个小人想闹到什么程度，请您看着，我们替您把他们杀了。"于是，挺剑跳下洪光门，李桑在西门杀了离班，张泰在院中杀了桃仁，大家推举冯跋做国主，冯跋则让位给自己的弟弟范阳公冯素弗，冯素弗不同意。于是，冯跋便在昌黎登上天王宝座，下令大赦，并发布诏书说："春秋战国时陈氏家族取代姜家，掌握了国家政权，但是却不改变齐国的名称。所以，我们也应该继续把国号称作燕。"改年号为太平，追谥高云为惠懿皇帝。

冯跋尊自己的母亲张氏为太后，立自己的妻子孙氏为王后，立儿子冯永为太子。任命范阳公冯素弗为车骑大将军、录尚书事，孙护为尚书令，张兴为左仆射，汲郡公冯弘为右仆射，广川公冯万泥为幽、平二州牧，上谷公冯乳陈为并、青二州牧。冯素弗小的时候便豪爽侠义、行为放荡，曾经向尚书左丞韩业求婚，被韩业拒绝。等到他做了宰相辅佐朝政，对待韩业反而更加优厚。他喜欢提拔旧的豪门士族，谦虚恭谨，勤俭节约，以身作则，给下级做出了榜样，因此文武百官都敬畏他，议论朝政的人也都赞美他有宰相的风采气度。

（以上为第六段，写北燕主高云心怀恐惧，豢养离班、桃仁为贴身侍卫，反而被他们杀了；冯跋即位，改元太平，其弟冯素弗谦虚恭谨，以身率下，时人赞美。）

魏道武帝拓跋珪将册立齐王拓跋嗣为太子。按照北魏的传统习惯，凡是立继承王位人选的时候，常常要把他的母亲先杀死。于是，拓跋珪便令拓跋嗣的母亲刘贵人自杀。拓跋珪召见拓跋嗣告诉他说："汉武帝杀死钩弋夫人，用来防止母后将来干预朝政及外戚家族作乱。你应当继承国家大业，所以我效法遥远的古人的作为，这是为了国家的长久之计呵！"拓跋嗣生性孝顺，悲哀涕泣，不能自已。拓跋珪为此大为恼火。拓跋嗣回到住处，整天整夜地哭号悲泣，拓跋珪听说之后又召他进宫去。左右的侍从告诉拓跋嗣说："皇上非常气愤，你如果进去的话，结果恐怕不好预测，不如暂时回避一下，等皇上的怒气平定之后再进宫。"拓跋嗣于是逃到外面藏了起来，只有自己手下的代人车路头、京兆人王洛儿两人跟随。

当初，拓跋珪前往贺兰部落，见到自己母亲献明贺太后的妹妹非常美丽，便对贺太后说了，请求收纳她为妾。贺太后说："不行。太美的东西，一定有不好的地方。况且她已有了丈夫，不可强夺。"拓跋珪秘密派人把她的丈夫杀掉，把她迎娶进宫，生下了清河王拓跋绍。拓跋绍凶狠无赖，喜欢在大街小巷里游逛，往往抢劫行人，以剥光别人的衣服逗笑取乐。拓跋珪非常气愤，曾经把他倒悬在井中惩罚他，奄奄一息的时候才把他拉上来。齐王拓跋嗣多次教训责备他，拓跋绍从此与拓跋嗣的关系很不和睦。

十月十三日戊辰，拓跋珪谴责贺夫人，并把她囚禁起来，要杀掉她，正好赶上天黑了，才没有处决。贺夫人秘密地派人去告诉拓跋绍说："你怎么救我？"左右侍从都因为拓跋珪凶狠残暴，个个恐惧异常。拓跋绍年十六，当夜，与帐下武士以及宦官、宫中人员等几个人联络谋划，跳墙进入宫中，来到天安殿。左右侍卫高喊："有贼！"拓跋珪惊醒坐起，一摸弓箭腰刀都不在，于是，被拓跋绍杀死。

十月十四日己巳，宫门到中午也没有打开。拓跋绍谎称奉诏书，把文武百官集合在端门之前，面向北方而立。拓跋绍从门缝中对百官们说："我有叔父，也有哥哥，你们打算听从谁的？"大家全都大惊失色，一时间全愣住了，没有一个回答的。很长时间后，南平公长孙嵩等说："拥护大王。"众人才知道拓跋珪已死，但是又不明白死因，所以没人敢出声，只有阴平公拓跋烈放声大哭，转身离去。拓跋烈是拓跋仪的弟弟。于是，从朝廷到民间，议论纷纷，每个人都各有打算。肥如侯贺护到安阳城北，点起警报的烽火，贺兰部落的人都纷纷赶来，其他那些部落也都各自把部队集合在一起。拓跋绍听说人心不定，便拿出大量的绸缎布匹，分别赏赐给王公以下的官员，希望以此收买人心，只有崔宏不接受。

齐王拓跋嗣听说都城发生事变，于是从外地赶回，白天藏在山里，晚上住宿在王洛儿家。王洛儿的邻居李道暗中给拓跋嗣供应食物。百姓有很多人都知道了这件事，高兴得奔走相告。拓跋绍听说之后，逮捕了李道，并把他杀了。拓跋绍收买人到处打听拓跋嗣的下落，打算杀了他。猎郎叔孙俊与皇家宗族比较疏远的一个亲属拓跋磨浑，说知道拓跋嗣藏身的地方，拓跋绍便派手下的两个亲信和他们一起前往。叔孙俊与拓跋磨浑出城以后，便抓住那两个家伙前去拜见拓跋嗣，并把二人杀了。叔孙俊是叔孙建的儿子。王洛儿为拓跋嗣多次往来平城，与各位重要的大臣取得联系，夜里又禀告安远将军安同等人，文武官员们听说了拓跋嗣的消息后，纷纷起来响应他，争先恐后地出城迎接。拓跋嗣来到城西，皇宫卫士抓住了拓跋绍，押送给他。拓跋嗣杀掉拓跋绍和他的母亲贺夫人，并诛杀拓跋绍手下武士以及做内应的宦官、宫中人员，共十几人。其中最先刺杀拓跋珪的人，大臣们把他剁成肉酱吃了。

十月十七日壬申，拓跋嗣即帝位，下令实行大赦，改年号为永兴。追尊刘贵人为宣穆皇后，原来被罢官回家、不参与朝廷政务的公卿们，全部召集回来任用。下令长孙嵩与北新侯安同、山阳侯奚斤、白马侯崔宏、元城侯拓跋屈等八人坐在皇城止车门的右边，一起仲裁国家的朝政，当时的人称他们为八公。拓跋屈是拓跋磨浑的父亲。拓跋嗣因为尚书燕凤一直侍奉自己的祖父拓跋什翼犍，便让他与都坐大官封懿等人一起，入宫给自己讲解经书，出宫参与议论政事。任命王洛儿、车路头为散骑常侍，任命叔孙俊为卫将军，任命拓跋磨浑为尚书，并把他们全部封为郡公或者县公。拓跋嗣向老臣们询问，先帝最信任和赏识的是谁，王洛儿说是李先，拓跋嗣便把李先招来问道：“你因为什么才能什么功劳被先帝所知遇？”李先回答说：“我既无才能又无功劳，只是因为忠诚正直才被先帝厚爱。”拓跋嗣便下诏任命李先为安东将军，让他常住在宫内，以备随时向他征询意见。

朱提王拓跋悦是拓跋虔的儿子。他犯下罪行，自己常常疑虑不安，万分恐惧。闰十一月初三丁亥，拓跋悦怀里藏着匕首，进宫值班，准备制造祸乱。叔孙俊觉得他的举动有些反常，抓住他的手把他拉过来，搜索他的怀中，找到匕首，于是把他杀了。

十二月二十二日乙巳，金星侵犯虚宿和危宿。南燕灵台令张光劝南燕主慕容超出城投降，慕容超亲手把他杀了。

柔然入侵北魏。

（以上为第七段，写北魏主拓跋珪之子拓跋绍刺杀其父，长子拓跋嗣平乱事，即帝位，改元永兴，革故鼎新，令“八公”坐止车门听政，重用先帝赏识的忠臣。）

晋安帝义熙六年（庚戌，公元 410 年）

春季，正月初一甲寅朔，南燕主慕容超登上天门，在城墙上朝会群臣。

正月初二乙卯，慕容超与宠爱的侍姬魏夫人登上城墙，看见东晋军队的强盛景况，握住对方的手相对哭泣。韩谆规劝说：“皇上遭受险恶的命运，正应该不懈努力，强行振作，用来鼓舞将士百姓的斗志，怎么能做像小儿女一样痛哭流涕的事情呢？”慕容超擦了擦眼睛上的眼泪，表示歉意。尚书令董诜规劝慕容超投降，慕容超大怒，把他囚禁起来。

北魏长孙嵩领兵前去攻打柔然。

魏明元帝拓跋嗣因为郡县之中的土豪劣绅大多数都是百姓的祸患，所以便用措辞缓和的命令，征召他们全部来京。这些豪民留恋故土，不愿迁往都城，而郡县的官吏又逼迫他们前来，于是有一些无赖的年轻人便逃出家乡聚在一起，因此到处强盗、贼寇蜂起。拓跋嗣召见八公议论这件事说：“我打算为民除害，但地方官吏却不能对他们平安抚慰，所以反倒迫使他们纷纷起来叛乱。现在，犯法的人既然已经很多，又不能把他们全部杀掉，因此我想下令大赦，以此使他们安心，怎么样？”元城侯拓跋屈说：“百姓逃亡出去做了强盗，不治他们罪反而赦免，这是在上的人反过来求在下的人了，不如杀了他们为首作恶的，把那些党羽赦免。”崔宏说：“圣上统御人民，目的就是要让他们安定，不是要和他们比赛谁胜谁负。因此大赦虽然不是最好的办法，却可以通达权变。拓跋屈打算先杀后赦，关键在于两个步骤缺一不可，哪里比得上大赦一次就把他们平定了呢？大赦之后，如果有人不从，再杀也不晚哪！”拓跋嗣接受他的意见。

二月初一癸未朔，魏明元帝拓跋嗣派遣将军于栗带领骑兵一万人攻打不听从大赦命令，仍然叛乱的人，所到之处，全部平定。

南燕贺赖卢、公孙五楼挖了一条地道出来袭击东晋军队，却不能把他们击退。广固城门关闭太久，城中男女百姓患软脚病的人超过一半，因此出城投降的人一个接着一个。慕容超乘辇车登上城墙，尚书悦寿劝说慕容超道：“现在上天帮助强盗制造罪恶，我们的将士疲惫凋零，单独困守这一座穷破的城池，外援已经毫无希望，天时和人心的倾向也是可以想见的。如果大数已尽，命该如此，那么即使是尧、舜也都不能不退位，皇上怎么可以不想一下变通的办法呢？”慕容超叹息说：“天下的兴起和覆亡都是天命。我宁可高举利剑战斗而死，也决不能口里衔着璧玉投降求生。”

二月初五丁亥，刘裕动员全部兵力，奋力攻城。有人说：“今天是往亡日，不利于调动军队。”刘裕说：“我往而他亡，怎么是不利！”在广固城的四面发动猛攻。悦寿打开城门，把东晋部队放了进来。慕容超与左右侍卫几十个骑兵越过城墙突围出去，被东晋军队追上抓获。刘裕用拒不投降的罪行斥责他，慕容超神色平静，一言不发，只是把母亲托付给刘敬宣照顾而已。

刘裕愤恨广固久攻不下，打算把所有军民全部活埋，然后把他们的妻子女儿，赏给自己的将士。韩范劝阻说："晋朝帝室迁移到南方去之后，中原地区混乱不堪，士人百姓无依无靠，对待强有力的政权自然便依附过去了。既然做了人家的臣民，就一定要为人家尽力拼命。他们都是古老的世族，是先帝遗留下来的子民。今天国家的军队前来攻打异族拯救他们，却要把他们全部活埋，那么您打算让百姓往哪里去呢？我心里担心西北的百姓从此不会再有盼望我们去拯救他们的愿望了。"刘裕马上肃然起敬，向他道歉，但是还是杀了王公以下的三千多人，没收的家庭人口也有一万多，拆毁了广固城墙。把慕容超押回建康，斩首。

臣司马光评论说：晋朝自从南渡长江以来，国势神威不得伸展振作，致使戎狄异族，横行无忌，如猛虎般吞噬中原。到了刘裕才指挥国家军队，平定了华夏东部地区。但是他却不在这个时候礼贤下士，旌表俊才，安慰平抚疲惫的百姓，提倡谦抑祥和的世风，清除破败污秽的劣政，使有识之士望风响应，各地遗民踮脚盼望，反而却要变本加厉地肆意而为，大开杀戒，以此快慰自己一时的愤怒。查阅他的所作所为，竟连苻氏、姚氏都赶不上，这也正是他不能平定四海，成就一番美好大业的真正原因。难道不是虽有智谋勇略但却没有仁义之心才使他这样的吗？

（以上为第八段，写东晋刘裕攻破南燕都城广固，欲屠城以泄其愤，被劝阻，结果还是杀了王公以下三千多人。）

当初，徐道覆听说刘裕带兵向北攻打南燕，便劝说卢循乘东晋空虚袭击建康，卢循没有听从。徐道覆亲自来到番禺，向卢循游说道："住在这五岭以南的地区，难道你还以为是理该如此，并且可以把它传给子孙吗？我们正是因为刘裕力量强大，很难跟他为敌才这样的。现在刘裕的大军集结在坚固的城池之下，什么时候回来还说不定，我们用手下这些希望回到故乡去的敢于拼命的士兵，突然进攻何无忌、刘毅这些小辈，就像把手掌翻过来一样容易。不趁这个时机起事，而只是追求一时的平安，朝廷却一直把您当作心腹大患。如果刘裕平定三齐地区之后，让军队休息一二年，再先用诏书征召您进京，随后刘裕亲自在豫章屯兵，派遣几个将领率领部队翻过五岭，即使将军再有神机勇武，恐怕也一定不能抵挡了。今天这个机会是万万不可错过的。如果我们抢先攻克了建康，把他们的根基全部摧毁，刘裕即使回来也没有什么办法了。您如果不同意，我就要率领始兴的兵众直接进攻寻阳了。"卢循非常不愿意起事，但又没有说服徐道覆的办法，因此只好同意了他的意见。

当初，徐道覆派人到南康山中去砍伐制造船只的木材，到始兴廉价出售，居民们都争相购买，因而造船木材虽然堆积许多，但是却引不起别人的怀疑。到了这个时候，他把这些木材全部聚集到一起，制造船只，十天左右就办成了。卢循从始兴出发进犯长沙，徐道覆进犯南康、庐陵、豫章，这些地方的官员都放弃了职守逃跑。徐道覆顺赣江直下，船只器械异常强盛。这时攻克南燕的消息还没有传回朝廷，所以朝廷紧急征召刘裕。刘裕正在讨论是否留下来镇守下邳，整顿处理司、雍二州的事务，恰好接到皇帝的诏书，于是任命韩范为都督八郡军事、燕郡太守，任命封融为勃海太守，任命檀韶为琅邪太守。二月二十六日戊申，刘裕带兵南归。檀韵是檀祗的哥哥。后来，刘穆之以韩范、封融阴谋反叛为借口，把他们全都杀了。

东晋安成忠肃公何无忌从寻阳带兵出发迎击卢循。长史邓潜之劝阻说："国家的安危存亡，就在于这次行动了。听说卢循军队的船只设备精良，气势盛大，又位于赣江的上游，所以我们应该挖开南塘的堤坝，使赣江水位下降，然后坚守豫章、寻阳两座城，等待他们。他们一定不敢放下我们不管，径自向更远的地方进发。我们正好积蓄力量，养精蓄锐，等他们疲倦不堪之后，再发动进攻，这是万全之策。现在，以一战决胜负，万一我们失利，后悔也就来不及了。"参军殷阐说："卢循所带的部队都是三吴一带过去的强盗，身经百战，颇有勇力，而在始兴招募的溪族兵丁，也都力大敏捷，善于争斗，不应该轻视。将军应该留在豫章屯守，征招兵丁集中到这里，等各路大军到齐之后，再一起出战，也不算太晚。如果仅仅依靠现有的这些军队就轻易前进的话，恐怕将来您一定要后悔。"何无忌并不听从。

三月二十日壬申，与徐道覆的军队在豫章遭遇。徐道覆命令几百名强弩手爬上西岸的小山拦腰射击东晋军队，正好赶上西风骤起，把何无忌所乘坐的小船吹向东岸。贼兵又乘风用大舰进逼，东晋士兵于是纷纷奔逃溃散。何无忌厉声高叫道："拿我的苏武节来！"苏武节送来，他拿着此节亲自督战。敌兵越来越多，像黑云一样包抄过来，何无忌的言辞神色仍然毫不气馁，最后手持苏武节而死。何无忌战死的消息，使东晋朝廷内外，震骇惊恐，朝会的时候，有人提议保护着安帝向北撤退，去投奔刘裕。后来知道敌兵还没有到来，这才停止。

西秦主乞伏乾归进攻并攻下了后秦金城郡。

夏王刘勃勃派遣尚书胡金纂进攻平凉。后秦主姚兴带兵去援救平凉，进攻胡金纂，并把他杀了。刘勃勃又派遣侄儿左将军刘罗提进攻定阳，攻下之后，把掳获的四千多名将士全部活埋。后秦将领曹炽、曹云、王肆佛等各带领几千户边民迁往内地，姚兴把他们安置在湟山和陈仓。刘勃勃进犯陇右，击破白崖堡，于是直奔清水。略阳太守姚寿都放弃城池逃跑，刘勃勃把那里的一万六千户居民才迁往大城，姚兴从安定出发，追击他们，到寿渠川仍未追上，只好回去。

当初，南凉主秃发傉檀派遣左将军枯木等带兵攻打沮渠蒙逊，掳掠了临松的一千多户才班师。沮渠蒙逊攻打南凉，到达显美，也迁了几千户居民回去。南凉太尉秃发俱延再一次攻打沮渠蒙逊，却被打得大败而归。当月，秃发傉檀亲自带领五万骑兵攻打沮渠蒙逊，双方在穷泉会战，结果秃发傉檀大败，单人匹马地跑了回去。沮渠蒙逊乘胜进军，包围了姑臧。姑臧人害怕再像王钟那样被牵连，都惊恐溃散，夷人和汉人一万多户向沮渠蒙逊投降。秃发傉檀大为惊恐，派遣司隶校尉敬归和他的儿子敬佗到沮渠蒙逊那里去做人质，以此请求和解，沮渠蒙逊答应了他。敬归走到胡阬的时候，趁机逃了回来，敬佗却被追兵抓了回去。沮渠蒙逊把当地的八千多户百姓全部迁走。这时南凉右卫将军折掘奇镇又占据石驴山叛变。秃发傉檀既害怕沮渠蒙逊的威胁逼迫，又担心折掘奇镇控制了整个岭南地区，于是迁都到乐都，留下大司农成公绪镇守姑臧。秃发傉檀刚刚出城，魏安人侯谌等人便关闭城门反叛，集合起了三千多家部众，占据南城，推举焦朗为大都督、龙骧大将军，侯谌自称为凉州刺史，向沮渠蒙逊投降。

（以上为第九段，写东晋海盗首领卢循在徐道覆怂恿下，乘刘裕北伐国内空虚之机发兵作乱，气势盛大；将帅何无忌不听劝说，正面出击，大败亏输，内外惊恐。）

刘裕到达下邳，用船只装载军事物资，自己则统领精锐部队步行赶回。到了山阳，听说何无忌兵败战死，担心都城陷落，下令军士脱去铠甲，急行军，自己先与几十个人赶到长江北岸，向过路人打听朝廷的消息。过路人说："敌人还没有到这里，刘公如果回来了，便没有什么值得忧虑的了。"刘裕非常高兴。他想要渡江，但是风太大，众人都说太难。刘裕说："如果天公有意帮助我们国家的话，风就应该自动止息。如果不是这样的话，翻船淹死又有什么害处呢！"便命令士兵上船，船刚刚启动，风果然就停了。渡过长江之后，抵达京口，大家于是彻底安下心来。

夏季，四月初二癸未，刘裕来到建康。因为江州已经沦陷，他上书交回印信，安帝司马德宗下令拒绝。

青州刺史诸葛长民、兖州刺史刘藩、并州刺史刘道怜，分别带领部队来到建康防卫。刘藩是豫州刺史刘毅的堂弟。刘毅听说卢循带兵进犯，正要发兵抵抗他们的时候，自己却得了病。病好之后，准备出发。刘裕给他写信说："我过去几次和这伙强盗交战，知道他们狡猾多变。这次他们刚刚侥幸获得胜利，他们的气焰及实力不可轻视。现在，我们对战船的修缮马上就要完毕，自当与老弟一同起兵。扫平敌人之后，长江上游的管辖重任，便全部交给你了。"又派刘藩前去，让他暂时停止行动。刘毅勃然大怒，对刘藩说："过去我们不过因他有一点功劳，推他做临时的盟主罢了，你就以为我真的赶不上刘裕吗？"把刘裕的信扔在地下，率领着两万水军从姑孰出发。

卢循刚开始向北方进犯时，派徐道覆进攻寻阳，自己准备攻打湘中地区的各郡。荆州刺史刘道规派遣部队迎战他们，在长沙战败。卢循开进到巴陵，打算直奔江陵。

徐道覆听说刘毅就要攻来，派信使飞马报告卢循说：“刘毅的军队很强大，我们的成功失败，关键就在这次战斗，所以应该同心协力把他打败。如果这次能够取得胜利，那么江陵就不值得担忧了。”卢循当天便从巴陵出发，与徐道覆的兵力会合，然后顺流而下。

五月初七戊午，刘毅与卢循在桑落州摆开战场，结果刘毅的军队被打得大败。他扔掉船只，只带着几百名下属步行逃走，剩下的士兵全部被卢循俘虏。他们丢弃的军事物质堆成了小山。

（以上为第十段，写刘裕听说何无忌兵败，火速赶回，直达京都，部署平叛；刘毅好勇逞强，不听劝说，率军出战，遭到卢循等人合力攻击，大败，狼狈而逃。）

当初，卢循抵达寻阳的时候，听说刘裕已经回来，还有些不相信。击败刘毅的军队后，才从俘虏的口中得到证实，他和他的党羽们互相看着面色大变。卢循打算退回到寻阳，攻克江陵，占据这两个州来和朝廷对抗。徐道覆则说应该乘胜直接进攻，并坚持自己的观点。卢循犹豫了好几天，才依从了他的建议。

五月初八己未，东晋实行大赦。刘裕招募百姓，充实兵力，酬赏的数量同当年从京口发兵攻打桓玄时所酬赏的数量相同。又发动百姓营建石头城。有人议论说，应该分出兵力去把守各个交通要道，刘裕说：“敌人兵多，我们兵少，如果分开兵力据守各地，就容易把我们的虚实暴露给敌人，况且一旦一个地方失利，就会使全体军队的士气受到打击。现在我们把部队全部聚集在石头城，按照情况的需要，应变行事，这样既可以让敌人无法知道我们的实力，又可以使军队的力量不致分散。如何调动部署各地的军队，那就以后再说吧。”

东晋朝廷听说刘毅被打得大败，人心慌乱不安。这时北伐的军队刚刚回来，将士不是受伤便是有病，而留在建康的战士又不超过几千人。卢循攻克江州、豫州之后，战士达到十几万人，战船战车浩浩荡荡，绵延一百里，仍然看不到头，大的楼船高达十二丈。官军战败跑回来的人都争着传说敌兵的强盛。孟昶、诸葛长民打算护卫安帝司马德宗渡长江向北撤退，刘裕不同意。

当初，何无忌、刘毅迎击从南方袭来的敌军时，孟昶估计他们一定失败，过后果然失败。到了这个时候，他又以为刘裕一定抵挡不住卢循的进攻，大家对他的话都很相信，只有龙骧将军东海人虞丘进在朝廷中驳斥孟昶等人，以为不是那么回事。中兵参军王仲德对刘裕说：“明公您受上天之命，当国家的辅佐，又刚刚建立了大功，声威震动天下。这些妖贼乘我们国内空虚，公然进犯，听到您带兵胜利归来，自会奔逃溃散。我们如果首先自己逃跑，那么其实就和一个没用的蠢材一样了，蠢材下令，又用什么建立威信呢？这个渡江避难的建议如果被采纳，就请您允许我就此告辞。”刘裕非常高兴。

孟昶一直坚持自己的请求，刘裕说：“现在我们的重要藩镇在外地失败，强大的敌人又步步紧逼，人心恐惧不安，没有一个坚定的信心。我们一旦向北移动，便自然会土崩瓦解，长江以北的地区又哪里能赶得到！即便是到了那里，也不过是拖延一些时日罢了。现在我们的士兵虽然很少，却也足够做最后一次决战，如果真的克敌制胜，那我们君臣一同庆幸，如果厄运一定要来，我也应当死在晋室宗庙之前，实现我长期以来以身报国的志向，但决不能逃窜到荒草林野之间只想保全个人性命。我的决心已经下定，你不要再多说了！”孟昶因为自己的建议不被采纳而恼羞成怒，又因为认定自己这一方必定失败，所以请求先杀了自己。刘裕大怒说：“你打完这一仗，再死也不晚！”

孟昶知道刘裕一定不会采纳他的意见了，于是呈上奏书，表明自己的想法：“刘裕北伐的时候，文武百官都不同意，只有我赞同刘裕出兵的计划，致使强大的敌人乘虚而入，使国家的安全受到威胁，这是我的罪过。我只好承认自己的罪责，用以告慰天下人。”把奏书封上之后，他便喝下毒药自杀了。

五月十四日乙丑，卢循大军抵达秦淮河口，东晋朝廷都城内外戒严。琅邪王司马德文都督宫城诸军事，住在中堂大殿处理军务，刘裕则在石头城驻扎，其他各位将领各有自己的防地。刘裕的儿子刘义隆只有四岁，刘裕派谘议参军刘粹辅佐他，镇守京口。刘粹是刘毅的同门族弟。

刘裕见到许多百姓站在江边看着江中的敌军，觉得很奇怪，问参军张劭这是怎么回事，张劭说：“如果您没有回来，百姓奔逃溃散还嫌来不及，又怎么能站在那里观望呢！现在当然是不再害怕了。”刘裕对各位将领说：“贼兵如果从新亭直接挺进，那么他们的锋芒就不可阻挡，应该暂且回避一下，是胜是负也就不可推测了。他们如果回到西岸去停泊，则必败无疑。”

徐道覆请求从新亭进军白石，然后烧掉战船登陆，分几路进攻刘裕。卢循打算以尽可能保险为目的，对徐道覆说：“我们的大军还没有到，只听见一些风声，孟昶便被吓得自杀，根据大趋势来说，敌人自会在几天内崩溃散乱。现在决定胜负也就是一个早上的事情，一味凭侥幸在战场投机取利，既不是一定能战胜敌人的办法，又损伤我的士兵，我看不如按兵不动，等他们到来。”徐道覆因为卢循疑心太重又缺乏决断，于是叹息道：“我终将被卢公耽误，事情一定不会成功。如果我能有幸为一位英雄卖命奔波的话，天下早就平定了。”

刘裕登上石头城，遥望卢循的部队，最初看见他们向新亭方向移动，刘裕看看两旁随从，脸色稍变。后来他看见敌军船只回到蔡洲停泊下来，这才高兴起来。于是他调动各路军队转移集中。刘裕恐怕卢循发动突然袭击，所以采用了虞丘进的建议，砍伐树木在石头城和秦淮河口等地全部立起栅栏。同时，他命人尽快整修越城，兴筑查浦、药园、廷尉三座堡垒，都派兵把守。

刘毅战败以后，穿过蛮人和汉人地区，历经艰险，仅仅保住一条活命，跟随他的人连饿带累，十个人中也死了七八个。五月十五日丙寅，终于赶回建康，等候定罪。刘裕对他善加鼓励安慰，并让他担任知中外留事。刘毅自己请求贬谪，安帝司马德宗下令，把他降为后将军。

（以上为第十一段，写东晋统帅刘裕赶回京都，坚决阻止孟昶提出的奉帝渡江北撤的主张，集中兵力，坚守建康，营建石头城，整修越城，兴筑堡垒，坚决阻击卢循的进攻。）

北魏长孙嵩征讨柔然，到了大漠以北才回来，柔然军在牛川追上长孙嵩部队并把他们包围。五月二十一日壬申，北魏主拓跋嗣向北进军攻击柔然。柔然可汗郁久闾社仑听说这个消息后，急忙逃走，结果死在路上。他的儿子郁久闾度拔年纪还小，大臣们便拥立郁久闾社仑的弟弟郁久闾斛律，叫作蔼苦盖可汗。拓跋嗣带兵回参合陂。

卢循把伏兵布置在秦淮口南岸，命令一些老弱将士坐船向白石进发，并声称全部大军准备从白石登岸作战。刘裕留下参军沈林子、徐赤特戍守南岸，切断通往查浦的交通，命令他们坚守阵地，不要轻举妄动。刘裕和刘毅、诸葛长民等向北出兵迎击敌军。沈林子说："贼兵这样说，却不一定真这样做，应该多加防备。"刘裕说："石头城地势险峻，而且淮口的栅栏很坚固，把你留在后方，足可以守住了。"沈林子是沈穆夫的儿子。

五月二十九日庚辰，卢循火烧查浦，进兵到张侯桥。徐赤特准备迎战，沈林子说："贼兵声言去了白石，却几次来到这里挑战，他们的险恶用心我们可以猜到。我们的军队人少无法抵敌，不如坚守险要，等待大军回来。"徐赤特却不听从，于是出兵交战，敌军的伏兵突然出现，徐赤特被打得大败，乘着一条船逃往秦淮河北岸。沈林子及将军刘钟据守栅栏奋力作战，朱龄石又率领援军赶来相救，敌军才撤了下去。卢循带着一支精锐部队急进，到达丹阳郡。刘裕率领几路部队立即赶回石头城，斩了徐赤特，休息了很长一段时间，才带兵到南塘列开战阵。

六月，东晋任命刘裕为太尉、中书监，加授黄钺。刘裕接受了黄钺，其他的职位却坚决推辞。朝廷又任命车骑中军司马庾悦为江州刺史。庾悦是庾准的儿子。

东晋叛将司马国璠和他的弟弟司马叔璠、司马叔道投奔后秦。后秦王姚兴说："刘裕刚刚剿灭了桓玄，辅佐晋朝宗室，你们为什么还要到这里来？"他们回答说："刘裕削弱王室的力量，我们宗族之中如果有自己发奋成才的人，常常都被刘裕除掉。他这样正是为国家制造祸患，甚至比桓玄还厉害。”姚兴任命司马国璠为扬州刺史，任命司马叔道为交州刺史。

卢循进犯掠夺了几个县，什么也没有抢到，对徐道覆说：“军队出来时间太长，已经疲惫不堪，我看不如回到寻阳，合力攻取荆州，这样，我们占据了三分之二的天下，就可以慢慢地再与建康的东晋政权争强斗胜了。”

秋季，七月初十庚申，卢循从蔡洲向南撤退回寻阳，留下他的部将范崇民带领五千人据守南陵。十四日甲子，刘裕派遣辅国将军王仲德、广川太守刘钟、河间内史兰陵人蒯恩、中军谘议参军孟怀玉等人带兵追击卢循。

（以上为第十二段，写北魏主拓跋嗣阻击北方柔然南侵取胜；东晋叛军卢循采用声东击西的策略，攻打都城建康，诡计被刘裕识破，卢循败下阵来，撤回寻阳，刘裕派众将追击。）

七月十五日乙丑，魏明元帝拓跋嗣回到平城。

西秦主乞伏乾归攻打越质屈机等十几个部落，收降当地的士民二万五千人，并把他们迁到苑川居住。八月，乞伏乾归恢复苑川为自己的都城。

北凉主沮渠蒙逊攻打西凉，在马庙把西凉公李暠的嫡长子李歆打败，生擒西凉将领朱元虎，回师。西凉公李暠用两千斤白银、两千两黄金赎救朱元虎。沮渠蒙逊归还了他。于是与李暠结下联盟之后便回去了。

东晋刘裕回到东府，大规模建设水军。他派遣建威将军会稽人孙处、振武将军沈田子率领部众三千人从海上绕道，前去袭击番禺。沈田子是沈林子的哥哥。大家都认为：“海上行军艰难遥远，一定要抵达那里是一件很难完成的任务，而且分出现有兵力去进攻广州也不是当务之急。”刘裕却不听从，命令孙处说：“朝廷的大部队在十二月初一定会打败贼兵，你到那个时候，首先把他们的老窝捣毁，让他们逃跑也无家可归。”

西蜀谯纵派遣侍中谯良等人到后秦去求见，请求出兵攻打东晋。谯纵任命桓谦为荆州刺史，任命谯道福为梁州刺史，率领二万人的军队进犯荆州。后秦王姚兴派遣前将军苟林率领骑兵与他们会合。

江陵自从卢循东下之后，便再也没有得到京都建康的消息，因此强盗蜂拥而起。荆州刺史刘道规派遣司马王镇之率领天门太守檀道济、广武将军彭城人到彦之进兵去救援京都建康。檀道济是檀祗的弟弟。

王镇之到达寻阳，被后秦将军苟林打败。卢循听到了这个消息，任命苟林为南蛮校尉，分出一些兵交给他统辖，让他乘胜攻打江陵，并声称徐道覆已经攻下了建康。桓谦在路上召集了一些讲究恩义的旧部下，投奔他的达到两万人。桓谦屯扎在枝江，苟林屯扎在江津，这两伙军队交相逼迫，使江陵城中的许多士人百姓在心中都做好了另外的打算。刘道规于是把将士们集合在一起，对他们说："桓谦现在就在附近，听说先生们很多都有去投靠他的打算，我们这些从东方过来任职的文武官员足以应付各种事变。如果有打算去的人，我绝不禁止。"于是当夜打开城门，一直到早晨也没有关闭。众人都非常害怕佩服，没有人离去。

雍州刺史鲁宗之率领部众几千人从襄阳赶赴江陵。有人说，鲁宗之的意图还不可预料，但刘道规却单人匹马前去相迎，鲁宗之既感动又高兴。刘道规请鲁宗之留在这里坚守，把他当作心腹之人，自己则统率几支军队进攻桓谦。那些将领们说："这次您到很远的地方去攻打桓谦，能否胜利还很难说定。苟林就在很近的江津，等待着我们的动静，如果他来攻打这座城，鲁宗之也不一定能守住。一旦有什么闪失挫折，那么我们的情况可就糟了。"刘道规说："苟林愚蠢懦弱，没什么惊人的计谋，他以为我离开得不远，一定不敢攻城。我这次进攻桓谦，一到那里就可以胜利，就在敌人犹豫不决的时候，我已经回来了。桓谦失败，那么苟林便会被吓破胆了，哪里还有闲心到这里来！况且鲁宗之独自率兵在这里坚守，怎么还不支持几天！"于是，他火速进军攻击桓谦，水军、陆军同时发动。桓谦出动了几乎所有的水师船队，用步兵骑兵相配合，在枝江双方会战。檀道济抢先冲锋陷阵，桓谦的军队大败。桓谦坐着一条船逃走去投奔苟林，刘道规追上把他杀了。他们又回军，到达涌口，进攻苟林，苟林逃跑，刘道规派遣谘议参军临淮人刘遵率领众人前去追击。当初，桓谦抵达枝江时，江陵的各阶层百姓，都给桓谦写信，告诉他城内的情况，打算在桓谦攻城时做内应。到这时，在桓谦大营搜捡到了那些信，刘道规却命令人把信全部烧了，一封也不看，江陵的百姓从此人心非常安定。

江州刺史庾悦任用鄱阳太守虞丘进为前锋，几次打败卢循的部队，开进到豫章据守，切断了卢循的运粮通道。九月，刘遵在巴陵斩杀了苟林。

桓石绥因为卢循的进犯，自己也在洛口拉起一支队伍，自称为荆州刺史，徵阳令王天恩自称为梁州刺史，他们攻占了西城。梁州刺史傅韶派他的儿子魏兴太守傅弘之征讨桓石绥等，把他们全部杀了。桓氏家族从此彻底灭绝。傅韶是傅畅的孙子。

（以上为第十三段，写西蜀主谯纵任命桓谦为荆州刺史，率军进犯荆州，后秦主姚兴派遣前将军苟林率领骑兵与之会合；东晋荆州刺史将领刘道规奋起反击，两股来犯之敌被打得大败。）

西秦王乞伏乾归进攻后秦略阳、南安、陇西等几个郡，都攻克了，把那里的百姓两万五千家迁移到苑川和枹罕居住。

九月初五甲寅，北魏把道武帝拓跋珪安葬在盛乐的金陵，谥号宣武，庙号烈祖。

东晋刘毅坚决要求追击征讨卢循，长史王诞偷偷地对刘裕说："刘毅既然已经战败，丧失了队伍和权力，就不应该再让他立功了。"刘裕接受了这个建议。

冬季，十月，刘裕率领兖州刺史刘藩、宁朔将军檀韶、冠军将军刘敬宣等向南进军攻打卢循，任命刘毅监太尉留府，把后方的杂事全交给了他。十四日癸巳，刘裕从建康出发。

徐道覆率领三万部众，直指江陵，突然抵达破冢。这时鲁宗之已经回到襄阳，刘道规派人去追赶他，召他回来，已经来不及。因此江陵人心异常震惊恐慌。有人传说卢循已经扫平了京邑，这是派徐道覆来做刺史，但是江、汉地区的各阶层百姓却感激刘道规焚烧书信、不计前嫌的恩德，都不再有二心了。刘道规派刘遵分兵到外地去作为游击部队，自己则在豫章口抵抗徐道覆的进攻，结果他的前锋部队失利。刘遵这时从外围拦腰横击徐道覆军队，把他们打得大败，杀死一万多人，其余的跳水淹死很多，敌军几乎死光。徐道覆仅坐一条船逃回湓口。当初刘道规派刘遵去做游击军，众人都认为现在强大的敌人在前，本来担心兵力太少，就不应该再把现在本来就不多的兵力分割，安排在没有用处的地方，等到打败徐道覆之后，全是依靠这支游击军的力量，大家的心中才感到佩服。

鲜卑人仆浑部落，羌人句岂部落、输报部落、邓若部落等，率领两万户居民向西秦投降。

东晋辅国将军王仲德等人听说刘裕的大部队就要到来，便在南陵进攻范崇民的军队。范崇民的军舰呈夹击长江的形势，屯泊在两岸。

十一月，刘钟亲自去侦察敌情，天降大雾，敌人把他的船用铁钩钩住，刘钟于是领着左右随从进攻敌舰的舱门，敌兵只好飞快地把舱门关上挡住他们，刘钟于是从容而回。他与王仲德一起进攻范崇民，范崇民逃跑。

十一月初五癸丑，东晋益州刺史鲍陋去世。

谯道福攻陷了巴东，杀死那里的守将温祚、时延祖。

卢循留下镇守广州的军队，不认为海道上会有什么危险。十一月初二庚戌，孙处等人带兵在海上乘船突然来到，正好赶上大雾迷漫，便从四面围攻广州，当天就攻克了这座城池。孙处安抚那里旧有的居民，杀死了卢循的亲朋党羽，并在这里时刻备战，严密防守。他又分别派遣沈田子等人带兵进攻五岭以南各郡。

刘裕在雷池驻军。卢循扬言不去进攻雷池，而要顺江水直接东下。刘裕知道他打算进行一场决战。

十二月初一己卯，刘裕带兵进军到大雷。初二庚辰，卢循、徐道覆统帅几万部众涌满长江，向下游进发，前后都看不见船队的头尾。刘裕出动自己所有的轻型战船，率领几路大军一齐奋力进攻敌人。他又分出一部分步兵骑兵驻扎在长江西岸，事先准备好火攻的用具。刘裕下令用强劲的弩箭射击卢循的军队，配合着大风和水流的情势逼迫敌军。卢循的军队战船只好全部停泊在西岸。这时岸上埋伏的东晋军队纷纷把火投向敌船，焚烧敌人，顿时浓烟四起，火焰冲天，卢循的部队大败，只好逃回寻阳，他们准备赶到豫章，于是全力在左里路上构筑栅栏等工事。

十二月十八日丙申，刘裕的大部队抵达左里，不能前进。刘裕挥旗指挥军队准备战斗，他所拿的旗杆突然折断，指挥旗落入水中，大家为此感到奇怪和恐惧。刘裕笑着说："当年在覆舟山那场战役中，我的指挥旗杆也折断了，现在又是那样，敌人一定失败了。"便突破栅栏路障等向前进军。卢循的军队虽然拼命决战，但是也无法阻挡。卢循坐着一只船逃走，他的部下被杀和被淹死的有一万多人。官军收降了敌军的一些士兵，并宽释了那些被逼参加的人。刘裕又派遣刘藩、孟怀玉带领轻装部队追击逃跑的敌人。卢循收拢逃散的士卒还有几千人，想直接回番禺。徐道覆逃回始兴固守。刘裕指派建威将军褚裕之代理广州刺史。褚裕之是褚裒的曾孙，刘裕回建康。刘毅讨厌刘穆之，经常对刘裕说刘穆之的权力太大，刘裕却对刘穆之越加信任亲热。

北燕广川公冯万泥、上谷公冯乳陈，自以为是北燕宗室的人，又立有大功，所以应该入朝担任要职，辅佐朝政。可是北燕主冯跋却认为他们镇守的地方非常重要，过了很长时间也不把他们征调回来。两个人都满腹怨气。这一年，冯乳陈秘密派人告诉冯万泥说："我有一个很好的计划，愿意和叔父一起商量着办。"冯万泥于是跑到白狼，与冯乳陈一起叛变，冯跋派遣汲郡公冯弘与张兴带领两万步兵骑兵，前去攻打他们。冯弘先派人告诉他们祸福利害，冯万泥打算投降，冯乳陈却不同意。张兴对冯弘说："他们决定明天来决战，今天夜里就一定会来进攻我们大营，应该准备对付他们。"冯弘于是秘密命令每个人都准备好十把草，收好火种，埋伏好了之后，等待敌兵的到来。当天夜里，冯乳陈果然派遣精壮的士兵一千多人前来劫营，官军的火把一起点燃，伏兵冲出，前后截击，把叛军杀的杀，俘虏的俘虏，全部歼灭。冯万泥、冯乳陈恐惧异常，出城投降，冯弘把他们全部杀了。冯跋任命范阳公冯素弗为大司马，改封辽西公；任命冯弘为骠骑大将军，改封中山公。

（以上为第十四段，写东晋太尉刘裕率领将士奋力出击，将卢循叛军彻底打垮；北燕广川公冯万泥、上谷公冯乳陈举兵反叛，国主冯跋派遣汲郡公冯弘平定叛乱。）

【点评】

刘裕北伐与平乱。公元410年，东晋将领刘裕在上一年率领大军进攻南燕的基础上，消灭了南燕，为东晋扩大疆土；紧接着，又马不停蹄赶回国内，平定了卢循之乱，实现了国内的安定。这两件大事，是非常了不起的。就北伐攻战而言，在这以前，也有数次，但都收效甚微，徒耗国力，而这次大获全胜；就平定内乱而言，既是那样地惊心动魄，又是那样地功德圆满，真乃大快人心事！细细回味，刘裕能够取得这两次大胜，自有其独特之处。

首先，人心思安，人心思强，国内具有上下齐心的基础条件。人心齐，泰山移，这话完全适用于一个国家。在攻打南燕前，刘裕上书安帝司马德宗，请求兴师击灭南燕。朝中大臣大部分认为不可，只有左仆射孟昶等人极力赞成，而刘裕决心坚定。朝廷有不同意见，这在东晋是再正常不过了，一是有一帮朝臣精神颓废，苟且偷安，不管做什么事情，都投否定票，最好什么事情都不要做；二是前几次桓温、桓玄等人的北伐都是事倍功半，收效甚微，有此前车之鉴，一些朝臣认为此次北伐也是如此，一味地凭经验说话；三是刘裕的一些对头，不管刘裕做什么，都持否定态度，如此而已。所喜的是，这些朝臣议论，并不代表东晋上下臣民的愿望和利益，对于刘裕而言，根本起不了什么实质性作用，同意固然是好，不同意也没有什么关系。东晋的广大民众是支持刘裕北伐的，有南燕国侵占、掳掠东晋民众在先，激起了朝野上下的强烈愤懑，东晋需要进行反击，以打压南燕的嚣张气焰。至于卢循之乱，弄得整个东晋鸡犬不宁，甚至弄得都城建康人心惶惶。军民同仇敌忾。这些对于刘裕的两次胜利，都起着重大的作用。

其次，刘裕审时度势，把控朝局，排除来自各个方面的干扰，具有坚定的意志和决胜的信心。这一点，在平定卢循之乱中表现得尤为突出。当时卢循的数万大军，于豫章杀了何无忌，再败刘毅大军，进至建康，耀武扬威，杀气腾腾，都城上下惊恐慌乱，都认为建康守不住了，这以孟昶为代表。他是尚书仆射，在朝廷威望较高，具有料事如神的称誉。刘裕率兵攻打南燕，他举双手赞成，认为此举必胜；卢循起兵，何无忌、刘毅出师，他都曾预言出师必败，结果不幸言中，而对刘裕的出兵平乱，他也认定会失败。因此，他极力主张让皇上到江北避难，也得到朝廷大多数人的肯定。而事实上，大多数人的肯定，不一定就是正确的。如果皇上一旦逃离建康，则将是东奔西逃，人心涣散，还谈什么平定叛乱？于是，刘裕力排众议，坚决认为皇上不能离开都城，平乱必定胜利！当时，敌我双方的实力差距确实很大。这难道是信口雌黄？不是，是源自于刘裕有必胜的信心，有打败敌人的能力。孟昶眼看不能说服刘裕，怕敌人攻进城来，眼看国家灭亡，怕受到羞辱，就索性一死了之。可惜，他没有看到刘裕平叛的胜利。后来明朝时，蒙古瓦剌部首领也先攻打北京城，朝中也是一片呼声，要求迁都，而于谦力排众议，组织力量防守和反攻，取得了北京保卫战的胜利。而它的先例，就是这次刘裕打败卢循，保卫建康。

最后，周密谋划，出人意料，是刘裕能够决战决胜的重要因素。在攻打南燕时，刘裕善于从敌我双方的政治、经济、自然地理等诸多方面权衡优劣，做出相应的作战决策。他分析燕人的心理状态是只顾眼前获利，没有长远计划，就定下了越过大岘险山、直冲燕军京师的进攻战略；他分析燕军骑兵众多、机动和突击力强，长于平原作战，就采用以车战为主，以步、骑兵相配合的制胜方针；在深入燕境之后，他又采取了以军事打击为主与以分化瓦解为辅的围攻策略，一方面围困敌军万千重，一方面又安抚百姓，招降燕军，使南燕的一些重要大臣、将吏不断投诚，每日归附的百姓多达数千人，由此，燕军的士气受到严重打击，军无斗志，人心思降。因此，南燕的灭亡，是在意料之中的事情了。在平定卢循之乱中，刘裕一方面正面组织力量平定叛乱，一方面又派孙处等人经海路攻占了卢循的根据地番禺，使卢循失败后逃无可逃。而这一举措在当时也不被人理解，大多数人认为卢循的实力强大，要集中力量将其消灭，不宜分兵作战。而实践证明，刘裕的这一举措，为打败和消灭卢循，起了极其重要的作用。而在与卢循的正面作战中，刘裕在集中兵力阻断敌人进攻、修建堡垒、用火攻的方法对付其强大船队的同时，往往采用奇兵战略，在和敌人打得难解难分的时候，一支强兵突然从天而降，打得敌人措手不及，使敌人一败涂地。

资治通鉴（白话本） 卷第一百一十六

晋纪三十八

晋安帝义熙七年至十年（公元411—公元414）

【起重光大渊献（辛亥，公元411年），尽阏逢摄提格（甲寅，公元414年），凡四年】

【大事提要】

本卷记事起于公元411年，到公元414年，凡四年，时当晋安帝义熙七年至义熙十年。本卷所载大事，主要有五个方面。其一，卢循灭亡。卢循败于左里后南归广州，试图夺回番禺，东晋建威将军孙处顽强抵抗，晋将沈田子援军赶至，卢循战败逃走，而后晋军继续追击，先后在苍梧、郁林及宁浦三郡击败卢循，卢循逃奔交州。交州刺史杜慧度率军与卢循作战，卢循投海自杀，其乱终结。其二，谯蜀灭亡。公元412年，东晋太尉刘裕以西阳太守朱龄石为益州刺史，率军两万自江陵出发，攻打后蜀主谯纵。出发前，刘裕与朱龄石定下诱骗蜀人防内水，主力走外水的速战之策。朱龄石听从刘钟计议，快速进攻，攻入成都，谯纵自缢而亡，谯蜀随之亦亡。其三，剪灭刘毅。东晋荆州刺史刘毅至江陵，暗地与建康朝中的谢混、郗僧施等大族联络，扩充势力，欲以荆州为本，意图举兵攻打都城建康，安帝司马德宗下令剿灭，刘裕亲自率领部众攻打，部将王镇恶等攻下江陵，刘毅从大城东门逃出，穷途末路，自缢而死。其四，诸葛长民被灭。东晋将领诸葛长民，曾与刘裕举兵攻打篡位的桓玄，后来又在卢循之乱中参与防卫京师建康，先后迁任青州和豫州刺史，后来骄纵贪侈，多行不义，意图谋反，曾感叹："贫贱时常想富贵，而富贵了又危机四伏。"刘裕用计，命人诛杀。其五，南凉被灭。南凉为河西鲜卑秃发乌孤所建，都乐都。早先，拓跋氏的一支由酋长统率，从塞北迁到河西凉州，后部众渐盛，务农桑，修邻好，境内安定，势力不断发展，初附于后凉吕光。公元414年，秃发傉檀率军西掠，西秦偷袭乐都，南凉灭亡，立国十七年。

安皇帝辛

晋安帝义熙七年（辛亥，公元411年）

春季，正月十二日己未，刘裕回到建康。

后秦广平公姚弼，受到后秦主姚兴的宠信，担任雍州刺史，镇守安定。姜纪投靠姚弼，极尽谄媚，劝说姚弼结交姚兴身边的人，争取回到朝廷任职。姚兴征召姚弼为尚书令、侍中、大将军。姚弼于是谦恭地与朝中官员交往结纳，树立名望，培植势力，以此排挤太子姚泓，国内官民对他非常讨厌。当时正赶上姚兴因为西北地区的叛乱层出不穷，打算派一名重要的将领到那里镇抚，所以陇东太守郭播便请求派姚弼去镇守。姚兴并不听从，任命太常索稜为太尉、兼陇西内史，让他去招抚西秦。西秦王乞伏乾归派使节送还被他俘虏的守、宰等地方官，承认罪过，请求投降。姚兴便派鸿胪拜乞伏乾归都督陇西、岭北、杂胡诸军事及征西大将军、河州牧、单于、河南王，封太子乞伏炽磐为镇西将军、左贤王、平昌公。

后秦主姚兴命令大臣们寻找荐举贤能的人才。右仆射梁喜说："我几次接受命令，却没有得到一个那样的人才，可以说世上的确缺乏人才。"姚兴说："自古以来，帝王之业兴起的时候，从不曾在古人的行列中借取宰相，也不曾等待在将来出生的人中选拔大将，他们都是随时随地在当世选任才俊，却也都能使国家得到较好的治理。你自己缺乏识才拔才的眼光，怎么可以诬蔑说广大的四海没有俊才呢？"大臣们都很高兴。

后秦安远将军姚详屯扎在杏城，被夏王刘勃勃逼迫，向南逃奔大苏。刘勃勃派遣平东将军鹿弈干追上他并把他杀了，俘虏了他的全部部众。刘勃勃向南进攻安定，在青石北面的原野击败尚书杨佛嵩，收降了他的部众四万五千人。随后他又进攻东乡，攻下了那里，把当地的三千多户居民强行迁到贰城。

后秦镇北参军王买德投降夏国，夏王刘勃勃向他询问消灭后秦的办法，王买德说："后秦的德势虽然已经衰败，但是地方势力却还很稳固，所以我希望您暂时积蓄力量等待机会。"刘勃勃任命王买德为军师中郎将。后秦主姚兴派遣卫大将军、常山公姚显前去迎救姚详，没有来得及，于是便屯扎在杏城。

东晋兖州刺史刘藩率领孟怀玉等几位将领追击卢循到达五岭以南。二月初五壬午，孟怀玉攻克始兴，杀死了徐道覆。

后秦刚刚加封的河南王乞伏乾归，把鲜卑人仆浑部落的三千多户居民强行迁往度坚城，任命儿子乞伏敕勃为秦兴太守，镇守在那里。

南凉将军焦朗还占据着姑臧。北凉沮渠蒙逊攻克了这座城市，活捉焦朗，又把他宽释了，并任命自己的弟弟沮渠挐为秦州刺史，镇守姑臧。于是他们继续攻打南凉围困乐都城，过了三十天也不能攻下。南凉王秃发傉檀把自己的儿子秃发安周作为人质交给了北凉，沮渠蒙逊才撤兵。

吐谷浑可汗树洛干攻打南凉，打败了南凉太子秃发虎台。

南凉王秃发傉檀打算再一次攻打沮渠蒙逊，邯川护军孟恺劝阻说："沮渠蒙逊刚刚吞并了姑臧，凶猛的势头正在极盛的时候，不可以去进攻他。"秃发傉檀不听，兵分五路，同时进军，抵达番禾、苕藋，抢掠了五千多户居民回军。将军屈右说："这次既然已经得到了好处，就应该火速班师，早点摆脱危险的环境。沮渠蒙逊善于指挥军队，如果他派一支轻装的部队突然来到，强大的敌人在外围步步威逼，我们裹胁的这些迁移百姓在里面叛乱，这可是危险的事情啊！”卫尉伊力延说：“他们步行，我们骑马，按道理他们是赶不上我们的。现在如果我们加速回去，就是向敌人显示我们懦弱，而且要扔掉许多军用物资，不是好的办法。”不久，天气昏暗，大雾弥漫，风雨交加，沮渠蒙逊的军队大批出现，秃发傉檀败退而走。沮渠蒙逊进军围困乐都，秃发傉檀绕着城池，坚持防守，最后又用儿子秃发染干作为人质，向对方请求和解，沮渠蒙逊才收兵回去。

（以上为第一段，写后秦主重视荐举贤才；东晋将领孟怀玉攻克始兴，杀死海盗首领徐道覆；北凉主沮渠蒙逊攻克南凉将军焦朗占据的姑臧城；南凉主秃发傉檀率军攻打北凉，先胜后败。）

三月，东晋刘裕开始接受太尉、中书监的职务。他任命刘穆之为太尉司马，任命陈郡人殷景仁为行参军。刘裕问刘穆之说：“孟昶手下的人谁可以到我这里做事？”刘穆之荐举前建威中兵参军谢晦。谢晦是谢安的哥哥谢据的曾孙。刘裕便命他为参军。刘裕曾经亲自去审问囚犯，那天早晨，恰好刑狱参军有病，便让谢晦去顶替。谢晦在车中只把各种诉状口供看了一遍，判决立刻就能下达。宰相府的杂事繁多，讼案更是堆积了很多，谢晦一边询问一边安排分辨，从没有发生过错误。刘裕因此认为他是一个奇才，当天便调他任刑狱贼曹。谢晦风度优美，善于言谈逗趣，见多识广，刘裕对他非常欣赏。

卢循在撤退的过程中收集残兵败将，来到番禺，于是把番禺包围，孙处在那里抵抗，坚守了二十多天。沈田子对刘藩说：“番禺城池虽然险要坚固，但是本来就是敌兵的老窝，现在被卢循围困着，或许城里会出现变乱。况且孙处的军队少，力量弱，不可能坚持太久，如果让这些贼兵回来占据了广州，那么他们的凶恶势力就要重振了。”

夏季，四月，沈田子带兵去援救番禺，进攻卢循，并把他打败，杀死一万多人。卢循逃跑，沈田子与孙处一起去追击他，又在苍梧、郁林、宁浦等地几次打败卢循。正巧此时孙处病倒，大军不能继续前进，卢循乘机投奔交州。

当初，九真太守李逊起兵叛乱，交州刺史、交趾人杜瑗前去攻打，并把他斩杀。杜瑗去世，朝廷任命他的儿子杜慧度为交州刺史。命令还没有到达，卢循已经攻占了合浦，一直奔向交州。杜慧度率领州府的文武官员在石碕迎击卢循，把他打败。卢循剩下的残兵还有三千人，李逊的余党李脱等也结集俚獠族五千多人响应卢循。

四月二十四日庚子，卢循早晨到达龙编南面的渡口，杜慧度把自己家的财产全部散发给军士们做奖赏，与卢循展开决战。杜慧度军队投掷了许多雉尾炬，用来焚烧对方的战舰，又用步兵在两岸开弓射箭，阻击进攻的敌人，卢循军队的那些船只全部着火，部众彻底溃散。卢循知道自己这次难免一死，于是先用毒酒毒死妻子，然后把那些歌妓、小妾等召集在一起问道："你们谁能跟我一起死？"这些人都说："即使是一只麻雀、一个老鼠也都贪生，跟你一起死实在太难。"但也有的说："您都要死了，我怎愿意再活下去！"卢循于是把那些不愿死的全部杀掉，随后自己也投水自杀。杜慧度把他的尸体捞上来，割下人头，再加上他父亲、儿子以及李脱等共七颗人头，装在木盒中，送往都城建康。

当初，刘毅在京口居住时，家庭很贫困，一次与熟人在东堂比赛射箭。庾悦当时是司徒右长史，后来到这里，夺用了这个射箭的大堂。别的人全都回避走了，只有刘毅不走，庾悦在这里大摆宴席，酒菜非常丰盛，却不给刘毅吃。刘毅跟他要一块烤小鹅肉吃，庾悦大怒，没有给，刘毅从此对他怀恨在心。到了现在，刘毅请求兼管江州，安帝司马德宗下令允许。于是他便呈上奏书，说："江州属于国家的腹地，江州刺史应该以治理民间事务为主要职守，不应该再配置一个军府消耗百姓的力量，应该解除军府，移到豫章镇守。寻阳接近蛮夷地区，所以也可在州府的部队中分出一千名兵丁加强该郡的防卫。"于是解除了江州刺史庾悦的都督、将军等官职，仅以刺史的身份镇守豫章。刘毅派亲信的将领赵恢带领一千名士兵去戍守寻阳，而庾悦府中的三千名文武官员等全部并入刘毅的府中办公。刘毅对庾悦不断下达严苛的命令又催逼甚紧。庾悦既愤怒又惧怕，到豫章后不久，后背上生了毒疮，去世。

（以上为第二段，写东晋刘裕接受太尉、中书监职务，重用谢晦为刑狱贼曹；叛首卢循逃往番禺围攻孙处，被沈田子打败，后被杀，为害十余年的孙恩、卢循叛乱被彻底平定；刘毅睚眦必报，整死庾悦。）

后秦河南王乞伏乾归把羌人句岂等部落的五千多户居民强行迁到叠兰城居住，任命自己的侄儿乞伏阿柴为兴国太守，镇守在那里。五月，他又任命儿子乞伏木弈干为武威太守，镇守嵻峎城。

五月二十二日丁卯，魏明元帝拓跋嗣拜谒金陵，命令山阳侯奚斤留在都城镇守。昌黎王慕容伯儿谋反。二十四日己巳，奚斤把他连同他的党羽抓起来后，一同斩首。

秋季，七月，北燕主冯跋任命太子冯永兼任大单于，设置四位辅佐大臣。

柔然可汗郁久闾斛律派遣使节向冯跋献上三千匹好马，请求迎娶冯跋的女儿乐浪公主。冯跋命令大臣们讨论这件事。辽西公冯素弗说："前代的君主都把宗室女儿嫁给那些夷人为妻，现在应该把妃嫔所生的女儿许配给他，至于乐浪公主，就不应该下嫁给地位不相当的人了。"冯跋说："我正要在蛮荒地区树立威信，怎么能够欺骗他呢？"于是把乐浪公主嫁给郁久闾斛律为妻。

冯跋对国家政务勤勤恳恳，鼓励百姓务农种桑，减少徭役，降低赋税，每次任命、下派守宰一类的地方官时，总要亲自召见他们，问他们施政的基本打算，观察他们的能力。北燕百姓对此十分欢悦。

后秦河南王乞伏乾归派遣平昌公乞伏炽磐以及中军将军乞伏审虔攻打南凉国。乞伏审虔是乞伏乾归的儿子。八月，乞伏炽磐的大军渡过金城河，南凉王秃发傉檀派遣太子秃发虎台在岭南地区迎战，结果，南凉军队大败。乞伏炽磐抢掠了十几万匹牛马便回去了。

沮渠蒙逊率领轻装骑兵袭击西凉，西凉公李暠说："用兵的人有不用战斗而把敌人打败的，那就是挫伤他的锐气。沮渠蒙逊刚刚与我们结盟，却又突然前来袭击我们，我们关紧城门不和他们接战，等到他们锐气枯竭之后再来进攻他们，没有不获胜的。"不久，沮渠蒙逊的军队粮食吃完，撤军，李暠派嫡长子李歆率领骑兵七千人拦腰进攻他们，沮渠蒙逊部队惨败，西凉俘获了他们的大将沮渠百年。

后秦河南王乞伏乾归进攻后秦略阳太守姚龙于柏阳堡，攻陷了这座城。冬季，十一月，又到水洛城进攻南平太守王憬，也攻下了，把那里的三千多户百姓强行迁往谭郊，派儿子乞伏审虔统帅二万士兵筑谭郊城。

十二月，西羌部落首领彭利发攻占了枹罕，自称为大将军、河州牧，乞伏乾归前去讨伐，没有攻下。

这一年，东晋并州刺史刘道怜改任北徐州刺史，迁移到彭城镇守。

（以上为第三段，写柔然可汗向北燕主冯跋献马三千匹，求娶乐浪公主；北凉主沮渠蒙逊率兵攻打西凉，被打败；西羌部落首领彭利发攻占枹罕，自称河州牧。）

晋安帝义熙八年（壬子，公元 412 年）

春季，正月，河南王乞伏乾归再一次出兵攻打彭利发，抵达奴葵谷。彭利发扔下部众向南逃走，乞伏乾归派遣振威将军乞伏公府追到清水，把他杀了。这一战收集了羌人居民一万三千户，任命乞伏审虔为河州刺史，镇守枹罕，大军回师。

二月初五丙子，东晋任命吴兴太守孔靖为尚书右仆射。

后秦河南王乞伏乾归把都城迁到谭郊，命令平昌公乞伏炽磐镇守苑川。乞伏乾归在赤水袭击吐谷浑汗国的阿若干，收降了他。

夏季，四月，东晋荆州刺史刘道规因为身体有病，请求解职回京，朝廷准许。刘道规在荆州任职几年，丝毫也没有侵占百姓的利益。到他回京的时候，政府机关都和他刚来时一模一样。他的随从中有两个卫兵把一条草席带上了船，刘道规也把他们拉到市井中斩首。

东晋朝廷任命后将军、豫州刺史刘毅为卫将军，都督荆、宁、秦、雍四州诸军事，荆州刺史。刘毅对左卫将军刘敬宣说："我忝居西方重任，打算委屈你为南蛮长史，你有没有帮我忙的意思？"刘敬宣很害怕，把这件事告诉了太尉刘裕，刘裕笑着说："总会让你老兄平安，一定不要过分忧虑。"

刘毅性格刚愎自用，自以为当年勤王举义的功劳与刘裕相等，心里深深为此骄矜自负。因此，他虽然暂时拥戴听从刘裕，但是心里却并不服气，等到独当一面，当上一个地区的首脑之后，仍然经常郁闷不乐，觉得志向不得实现。刘裕每每对他容让顺从，这更加纵容滋长了他的狂傲，曾说："真遗憾没有遇到刘邦、项羽，跟他们争夺中原！"等到在桑落惨败之后，他知道自己大势已去，更增加了烦恼和愤激。

刘裕一向不读书，刘毅却涉猎文墨颇多，所以朝中很多名望清高的有学识的人，都与他往来密切。他与尚书仆射谢混、丹阳尹郗僧施关系最好，感情最深，互相结纳。郗僧施是郗超的侄儿。刘毅把持了长江上游一带的大权之后，暗地里有图谋刘裕的志向，便请求兼管交、广二州的军事，刘裕也答应了他。刘毅又奏请任命郗僧施为南蛮校尉后军司马，任命毛修之为南郡太守，刘裕又答应了他，改派刘穆之代替郗僧施为丹阳尹。

刘毅上书请求到京口向祖先的坟墓辞行，刘裕前往倪塘与他相会。宁远将军胡藩对刘裕进言道："您说刘毅能永远地做您的部下吗？"刘裕沉默不语很久，说："你认为应当怎么办？"胡藩说："统率百万大军，攻击一定得手，交战一定胜利，刘毅以此佩服您。至于博览群书、谈吐吟咏，他却自认为是英雄豪杰。正因如此，高雅的士绅、白面的书生等集中归附到他那里。我担心他终将不会甘心在您之下，不如趁这次会面的机会干脆除掉他。"刘裕说："我与刘毅都有使国家复兴的功劳，他的罪过还没有表露出来，不可自相残杀。"

西秦主乞伏炽磐在白土进攻南凉三河太守吴阴，击败了他，让乞伏出累代替吴阴镇守白土。

六月，西秦振威将军乞伏公府刺杀了河南王乞伏乾归。同时杀死了乞伏乾归的十几个儿子，逃到大夏据守。平昌公乞伏炽磐派他的弟弟广武将军乞伏智达、杨武将军乞伏木弈干率领三千骑兵，前去攻打；任命他的另一个弟弟乞伏昙达为镇东将军，镇守谭郊；任命骁骑将军乞伏娄机镇守苑川。乞伏炽磐统帅文武官员及二万多户百姓迁移到枹罕。

后秦有很多人都劝后秦主姚兴乘西秦国内部危亡动乱之机，消灭乞伏炽磐，姚兴说："趁别人遭丧之时，讨伐他，不合礼仪。"夏王刘勃勃打算进攻乞伏炽磐，军师中郎将王买德劝阻说："乞伏炽磐是我们的邻邦，现在遭受丧乱，我们不能去体恤帮助，反而依仗人多力大去攻打他，这样的事情连普通的老百姓都觉得可耻而不去做，何况您是拥有万乘之尊的天王了！"刘勃勃这才停止。

闰六月初一庚子，东晋南郡烈武公刘道规去世。

秋季，七月初一己巳朔，魏明元帝拓跋嗣巡视东方，设置了四厢大将、十二小将等官。任命山阳侯奚斤、元城侯拓跋屈担任左、右丞相。二十二日庚寅，拓跋嗣抵达濡源，巡视西北的那些部落。

西秦乞伏智达等人在大夏击败乞伏公府。乞伏公府逃奔叠兰城，投靠他的弟弟乞伏阿柴。乞伏智达等攻陷了那里，斩杀了乞伏阿柴他们父子五人。乞伏公府又往南逃到嵻崀山区南，被追上抓获，连同他的四个儿子一起，在谭郊城内用车裂刑处死。

八月，乞伏炽磐自称为大将军、河南王，下令大赦，改年号为永康。把乞伏乾归安葬在枹罕，追谥他为武元王，庙号高祖。

（以上为第四段，写西秦发生政变，国主乞伏乾归被侄子乞伏公府谋杀；乞伏乾归长子乞伏炽磐将其抓获，施以车裂之刑；乞伏炽磐继承王位，为河南王，改元永康。）

东晋皇后王氏去世。

八月十二日庚戌，魏明元帝拓跋嗣回到平城。

九月，西秦河南王乞伏炽磐任命尚书令武始人翟勍为相国，任命侍中、太子詹事赵景为御史大夫，撤销了尚书令、仆射、尚书六卿、侍中等官职。

九月初六癸酉，东晋把僖皇后王氏安葬在休平陵。

刘毅抵达江陵，对下属的守宰等地方官进行了很大的变动、撤换，他擅自抽调豫州原来的老文武僚属、江州的原部众一万多人跟随自己到荆州。正好赶上刘毅病重，郗僧施等人恐怕刘毅死掉，他们这一党处境危险，于是劝说刘毅向朝廷请求派自己的堂弟兖州刺史刘藩做自己的副手，太尉刘裕假装答应了他。刘藩从广陵前往建康来朝见皇帝。

九月十二日己卯，刘裕用皇帝的名义下命令，公布刘毅的罪状，指出他与刘藩以及谢混等人一起阴谋叛乱，抓住了刘藩和谢混，命令他们自杀。

当初，谢混与刘毅感情密切亲昵，谢混的堂兄谢澹常常为此担忧，逐渐与他疏远，并对弟弟谢璞和侄儿谢瞻说："谢混这种性情，将来一定会家破人亡。"谢澹是谢安的孙子。

九月十三日庚辰，东晋安帝司马德宗下令实行大赦。任命前会稽内史司马休之为都督荆、雍、梁、秦、宁、益六州诸军事，荆州刺史；任命北徐州刺史刘道怜为兖、青二州刺史，镇守京口；任命豫州刺史诸葛长民监太尉留府事。刘裕担心诸葛长民很难单独胜任，于是加封刘穆之为建武将军，设置辅佐官员，配备军事力量，防备意外。

九月十五日壬午，刘裕率领几支部队从建康出发，参军王镇恶请求交给他一百条船担任先锋。二十九日丙申，抵达姑孰，任命王镇恶为振武将军，与龙骧将军蒯恩带领一百条船提前出发，刘裕告诫他们说："如果敌人可以战胜，便进攻他们；如果不能取胜，便把他们的船舰烧毁，停留在水边等待我来。"于是王镇恶白天黑夜地加速前进，声言说是刘藩到来。

冬季，十月二十二日己未，王镇恶抵达豫章口，离江陵城只有二十里，因此，他们下船，步行进军。蒯恩带兵走在前面，王镇恶紧跟着他。每条船上只留一二个人，停船的岸上立起六七面旗帜，旗下放置战鼓，告诉留下的人："估计我们就要到江陵城时，你们便不停地擂起战鼓，做出后面好像还有大部队的样子。"又分别派人去火烧江津那里的船舰。王镇恶径直去突袭江陵城，告诉前面的军士："如果有人问，就说刘藩到了。"渡口卫兵和当地百姓都安下心来，毫不怀疑。离城还有五六里远时，正好碰上刘毅手下的重要将领朱显之准备去江津，问道："刘藩在哪里？"军士们说："在后面。"朱显之到了部队的后面也没有看到刘藩，却看见军士扛着盾牌、旁排等作战工具，又看见江津的船舰已经火起被烧，江边擂鼓的声音又很大，恍然大悟不是刘藩到来，便跳上马背，飞马回城向刘毅报告，下令赶快关闭各个城门。王镇恶也跟着跑进城去，城门还没来得及关闭，军队得以进入江陵城。卫军长史谢纯进府去拜见刘毅，出来的时候，听说军队杀到，左右侍从打算拉着他的车回去，谢纯呵斥他们说："我是人家的下属，逃能逃到哪里去？"于是驰回刘毅府中。谢纯是谢安的哥哥谢据的孙子。

王镇恶与城内的士兵展开激战，一面又进攻江陵的牙城，从中午直到傍晚，城内的守军终于败退溃散。王镇恶从牙城挖一个洞，冲了进去，派人把皇帝的命令和赦免他的文件以及刘裕写给他的亲笔信交给刘毅，刘毅看也不看，便全部烧掉了。刘毅与司马毛修之等人督促士兵拼力死战。城内的人还不相信刘裕亲自到来，可是军队中那些跟着刘毅从东方来的士兵，与朝廷来的士兵有一些是表亲的关系，他们一边交战一边对话。知道的确是刘裕亲自来了，人心为此震骇离乱。到了夜晚，刘毅办公的府前卫兵全部逃散并杀掉了刘毅手下的勇将赵蔡；刘毅身边的侍卫还关紧东西小门顽强抗拒。

王镇恶担心黑暗之中自己的士兵彼此误伤，于是又把部众带出围困牙城，并把南面打开一个出口。刘毅害怕南面有埋伏的官兵，半夜的时候，率领三百个左右的侍卫，打开北门突围出去。毛修之对谢纯说："你只管跟我去。"谢纯不同意，被别人杀掉了。

刘毅连夜投奔牛牧佛寺。当初桓蔚失败的时候，便跑到这里投奔牛牧寺的僧人昌。昌把桓蔚藏了起来，保护他，刘毅则杀了昌。到这时，寺里的僧人们拒绝了他，说："过去我们亡故的师父昌容留桓蔚，被你杀死，现在实在再不敢容留他人了。"刘毅哀叹说："自己制订法律规章断绝自己的活路，竟然到了这种程度！"于是，他自己上吊而死。第二天，当地居民报告，王镇恶便将他的尸体拖到市中，砍下脑袋，他的儿子、侄子等也都一起被杀。刘毅的哥哥刘模逃奔到襄阳，雍州刺史鲁宗之斩了他，并把人头送到建康。

当初，刘毅的叔父刘镇之在京口闲居，不应朝廷的征召，常常对刘毅和刘藩说："凭你们的才能天赋，足可以实现自己的志向，干一番大事业，但是恐怕不会得势太长时间。我不依靠你们谋求钱财和地位，也不和你们一起受到罪行的连累。"他每次看见刘毅、刘藩领着部下路过家门，都出去辱骂他们。刘毅对他非常尊敬而又害怕，回家时，在离家宅的几百步远的地方，便把仪仗卫兵等全部屏退，只和几个部下的小官吏的人一起进屋。等到刘毅死后，太尉刘裕奏请征召刘镇之为散骑常侍、光禄大夫，刘镇之仍然坚决推辞，不来上任。

（以上为第五段，写东晋将领刘毅担任荆州刺史，骄纵跋扈，对太尉刘裕怀有异心；刘裕率军主动出击，一举打败刘毅，并消灭其残余势力，吞并豫州、江州。）

被后秦封为仇池公的氐王杨盛，背叛后秦，侵犯骚扰祁山。后秦主姚兴派遣建威将军赵琨率领先行部队，派立节将军姚伯寿率领后援部队，派前将军姚恢进军鹫峡，派秦州刺史姚嵩进军羊头峡，派右卫将军胡翼度进军汧城，同时攻打杨盛。姚兴从雍城带兵前去，与那些将领在陇口会合。

天水太守王松忽向姚嵩进言说："先帝奇谋神智，变化莫测，徐洛生又以自己的英才勇武辅佐王命，就是那样的条件，二次进攻仇池的时候，也免不了没有任何收获，空手而回。这不是因为杨氏的智谋勇力能够保全自己，只不过是那里的地势艰险牢固罢了。现在依靠赵琨等人的大军，依靠您的威信名望，和先帝的朝代相比，实在也不见得能够成功。您全盘了解这样的形势，为什么不报告皇上呢？"姚嵩没有听从。杨盛率领部众与赵琨对抗，双方僵持不下，姚伯寿畏惧怯懦，不进兵增援，赵琨力量单薄，难以抵敌，被杨盛打败。姚兴斩了姚伯寿之后回军。

姚兴任命杨佛嵩为雍州刺史，率领岭北现有的军队进击夏国。军队走了几天，姚兴对大臣们说："杨佛嵩每当看见敌人便奋勇向前，无法自己克制，我常常限制他的军队不让它超过五千人。这次他所统领的兵力已经太多了，遇到敌人便一定要失败，但是他们已经走远，追也追不上了，怎么办好呢？"杨佛嵩与夏王刘勃勃交战，果然失败，被刘勃勃抓获，扼住喉咙掐死。

后秦册立昭仪齐氏为王后。

北凉沮渠蒙逊把都城迁到姑臧。

（以上为第六段，写后秦政事，被封为仇池公的杨盛背叛后秦，侵扰祁山，后秦主姚兴率领数路大军前往讨伐，结果打了败仗；又兴兵攻打胡夏，也是铩羽而归。）

十一月十三日己卯，东晋太尉刘裕抵达江陵，杀死郗僧施。当初毛修之虽然是刘毅的幕僚属下，但却一向暗自与刘裕结交，所以刘裕特别宽容了他。朝廷赐给王镇恶以汉寿子爵位。刘裕问刘毅府的谘议参军申永说："现在应当怎么做才合适？"

申永说："消除那些以往的隔阂，加倍向百姓官员施加恩惠，重新严格按照门第来加封官职，公开地擢升有才能的人，不过这样罢了。"刘裕采纳了他的建议，下令减少赋税役差，放宽刑罚，以礼相聘有名望的人士。荆州的百姓非常拥护他。

东晋豫州刺史诸葛长民骄横放纵，贪婪奢侈，干的事情大多都不合法度，成了百姓的一大祸患。他也常常担心太尉刘裕查处他。到了刘毅被杀，诸葛长民便对他所亲近的人说："'前年杀彭越，今年杀韩信。'我的大祸就要来了！"于是他把别人屏退，问刘穆之说："大家纷纷传言，都说太尉对我非常不满，这是什么原因？"刘穆之说："刘公逆流而上，远征刘毅，把老母和幼子全都交给您照顾，如果有一点点的不信任，哪里能这样呢？"诸葛长民的心里才稍稍安定一些。

诸葛长民的弟弟辅国大将军诸葛黎民，劝说诸葛长民道："刘毅的死，也就是诸葛氏的下场，应该趁着刘裕还没有回来，抢先动手。"诸葛长民犹豫不决，没有行动，过后叹息说："贫贱的时候，常常想着富贵，富贵之后又一定会有危险。现在要想当一个丹徒的老百姓，怎么能行呢？"于是给冀州刺史刘敬宣写信说："刘毅狠毒暴戾，专横任性，自取灭亡。现在有叛乱之心的人已经被剿灭，天下就要太平，如果有富贵的事情的话，希望我们一同享受。"刘敬宣回信说："下官我从义熙初年以来，不称职地当过三个州的刺史，七个郡的太守，常常害怕福分就要过去，灾祸就要降在头上，因此只想回避太满的好处，宁可吃亏受损。您所说的富贵的意思，我实在不敢承当。"而且又把信送给刘裕，刘裕说："刘敬宣还是没有辜负我。"

刘穆之担心诸葛长民制造叛乱，屏退别人问太尉行参军东海人何承天说："刘公这次能不能成功？"何承天说："荆州可以马上平定，不过有另外一个值得忧虑的事情。刘公过去在左里大胜之后回到石头城，非常轻松随便，但这次回来，却应该加倍谨慎。"刘穆之说："不是你，听不到这样的忠告。"

刘裕在江陵，辅国将军王诞向刘裕表示，请求先行东还，刘裕说："诸葛长民好像自己非常担心，你怎么敢轻易地就走！"王诞说："诸葛长民知道我一向承蒙您的垂爱照顾，我现在轻装简从，单身而回，他就一定会觉得没有危险，这样也可以稍稍安定一下他的心意。"刘裕笑着说："你的勇气超过孟贲、夏育了。"于是就听凭他先回去。

沮渠蒙逊登上河西王的位子，下令大赦，改年号为玄始，设置的官员与后凉王吕光为三河王时设置的官员一样。

东晋太尉刘裕计划攻打蜀地，选择元帅的时候，觉得很难找到合适的人选。他认为西阳太守朱龄石既有武勇，又熟悉胜任官吏的职责，打算任用他。大家却都认为朱龄石的资历名望还轻，难以承当重任。刘裕不听从。十二月，任命朱龄石为益州刺史，统帅宁朔将军臧熹、河间太守蒯恩、下邳太守刘钟等人前去攻打蜀地，并把自己大军的一半共二万人配给他指挥。臧熹是刘裕的内弟，职位也比朱龄石高，但也接受朱龄石的统领。

刘裕与朱龄石密谋进攻取胜的办法，说："刘敬宣以前进军到黄虎，没建立什么功业便退回来了。所以敌兵以为我们这次应当从外水出发，又防备我们出其不意仍然还从内水进兵。这样他们一定会用重兵把守涪城，封锁内水。如果我们进军黄虎，正中他们的计策。现在我们以大部队经过外水直取成都，另派一支迷惑敌人的军队进攻内水，这是克敌制胜的奇计。"他担心这种计划事先传扬出去，敌人摸清了自己的虚实动静，便另外写了一封信装在盒子里，交给朱龄石，在盒子边上写："到白帝城再打开。"这几路大军虽然开始行动，但却不知道为什么要这样安排。

毛修之坚决要求随大军出发，刘裕恐怕毛修之到蜀地后大肆屠杀，而当地人因为与毛修之有宿怨，也可能拼死坚守抵抗，所以，没有答应他的请求。

东晋把荆州的十个郡分出来，设立湘州。

东晋朝廷加授太尉刘裕为太傅、扬州牧。

十二月二十一日丁巳，北魏主拓跋嗣，巡视北方，到达长城后返回。

（以上为第七段，写东晋太尉刘裕听从申永建议，减省赋税，放宽刑罚，礼聘名士，得到百姓拥护；豫州刺史诸葛长民骄横放纵，意欲反叛；朱龄石奉刘裕之令率军攻打西蜀割据主谯纵。）

晋安帝义熙九年（癸丑，公元 413 年）

春季，二月十五日庚戌，魏明元帝拓跋嗣前往高柳川；十九日甲寅，回宫。

东晋太尉刘裕从江陵东下，返回建康，陆续把军用物资运送回去，在预定的日期以前，常常滞留，不能按期进发。诸葛长民与公卿们每天都到新亭去等候，每每错过日期。二月三十日乙丑夜，刘裕乘快速小艇迅速前进，暗中回到了东府。

三月初一丙寅朔凌晨，诸葛长民才得到消息，大吃一惊，急往晋见。刘裕命武士丁旿埋伏在幔中，然后迎接诸葛长民入内，把别人屏退，单独谈话，把一生以来谈不透的话全部谈到了。诸葛长民非常高兴，却不料丁旿从帷幔后跳出来，在座位上勒死他。刘裕命令用车子把他的尸体拉到廷尉去判罪；又去抓他的弟弟诸葛黎民，诸葛黎民一向非常骁勇，拒捕格斗，被杀死；又杀了他的小弟弟大司马参军诸葛幼民、他的堂弟宁朔将军诸葛秀之。

三月初五庚午，后秦主姚兴派遣使节前往北魏建立友好关系。

东晋太尉刘裕呈上奏书，说："从前，大司马桓温因为'民众没有固定的居所，对国家的治理危害极大'，所以颁布庚戌命令，规定按照现在的住所，确定流亡居民的籍贯，让他们安居乐业。当时财富的逐渐积累、国家的充实强盛，实在是由于这个缘故。从那个时候到现在，对这种规定的执行逐渐放松，因此请求重新强调以前的这项政策。"于是按照现在居民的住所重新确定籍贯，只有徐、兖、青这三个州居住在晋陵的人不在这个限制之内，那些寄居在别郡之上的郡县，有很多不是被合并，就是被撤销。

三月十三日戊寅，东晋加任刘裕为豫州刺史。刘裕坚决辞让太傅、州牧等职。

（以上为第八段，写东晋太尉刘裕设计杀掉意欲谋反的豫州刺史诸葛长民。先是刘裕从江陵东下，刻意隐瞒归期，而后突然回到东府，诸葛长民急往拜见，被伏兵杀死。）

林邑范胡达进犯东晋九真郡，杜慧度予以回击，并把他杀了。

河南王乞伏炽磐派遣镇东将军乞伏昙达、平东将军王松寿带领部队进攻东部休官部落首领权小郎、吕破胡所据守的白石川，并把他们打得大败，把当地的男女百姓一万多人俘虏，进占白石城。显亲的休官部落首领权小成、吕奴迦等共两万多户人占据白坑，不服。乞伏昙达攻下了那里，把他们杀了。陇右的休官部落全部投降。后秦太尉索稜，献出他所据守的陇西，向乞伏炽磐投降，乞伏炽磐任命索棱为太傅。

夏王刘勃勃下令实行大赦，改年号为凤翔，任命叱干阿利兼任将作大匠，征发岭北胡人、汉人共十万，在朔方水以北、黑水以南的地方建筑都城。刘勃勃说："我要统一天下，以君王的地位统辖所有地区，因此新城的名字应该叫作'统万'。"叱干阿利性情乖巧伶俐，但却凶暴残忍。他用蒸过的土修筑城墙，验收时铁锥如果能插入一寸深，他就要把泥工杀掉并把他们的尸首筑进城中。刘勃勃认为他非常忠诚，便把筑城的事情全部交给了他。凡是把兵器造成，呈送给他过目的时候，做工的人当中就一定会有人被杀死：弓箭射不透铠甲，那么就杀掉做弓的人；如果射透了，就要杀死做铠甲的工匠。他又用铜铸成一面大鼓，把飞廉、翁仲、铜驼、龙、虎等塑像，面上装饰黄金，排列在宫殿之前。前后大约杀掉了几千名工匠。因此武器什物等都打磨得非常锋利和精良。

刘勃勃自认为他的祖先沿用母姓，姓刘，不合礼法。鉴于古人用姓氏也没有常规，于是自己改姓"赫连"，意思是说帝王是上天的儿子，他的伟大光耀与天相连，那些不是直系亲属的旁支后裔，都用"铁伐"为姓，意思是说他们钢强锐利如铁，都可以攻打别人。

夏季，四月二十一日乙卯，魏明元帝拓跋嗣向西巡视，下令郑兵将军奚斤、鸿飞将军尉古真、都将闾大肥等进军跋那山，袭击越勤部落。闾大肥是柔然人。

河南王乞伏炽磐派遣安北将军乌地延、冠军将军翟绍进攻吐谷浑所属的远方部落首领句旁所据守的泣勤川，并把他们打得大败。

北凉河西王沮渠蒙逊册立儿子沮渠政德为世子，加封为镇卫大将军、录尚书事。

南凉王秃发傉檀讨伐河西王沮渠蒙逊，沮渠蒙逊在若厚坞把他打败，又在若凉再一次击败他。于是沮渠蒙逊进军围困秃发傉檀的都城乐都，过了二十天也没有攻破。南凉湟河太守秃发文支献出湟河郡，向沮渠蒙逊投降。沮渠蒙逊任命秃发文支为广武太守。沮渠蒙逊再一次攻打南凉，秃发傉檀把太尉秃发俱延交给他作为人质，他才撤军。

沮渠蒙逊向西巡视，前往苕藋，派遣冠军将军伏恩带领一万骑兵进攻卑和、乌啼两个部落，并把他们击败，俘虏了两千多帐落的百姓回来。

沮渠蒙逊在新台皇宫就寝，宦官王怀祖突然向他袭击，但却只伤到了他的脚，沮渠蒙逊的妻子孟氏把王怀祖活捉，然后杀了。

沮渠蒙逊的母亲车氏去世。

五月十一日乙亥，魏明元帝拓跋嗣前往云中的旧日宫殿。十二日丙子，实行大赦。西河的胡人张外等人召集部众，成了强盗。乙卯（疑误），拓跋嗣派遣会稽公、长乐人刘絜等带兵集结在西河，招降或者攻打他们。六月，拓跋嗣前往五原。

（以上为第九段，写胡夏主刘勃勃建筑都城，杀人无数，更改姓氏为赫连，意谓他的光耀与天相连；南凉主秃发傉檀与北凉主沮渠蒙逊数次相攻，均被打败，南凉主以太尉秃发俱延为质，沮渠蒙逊才撤军。）

东晋朱龄石等人带兵抵达白帝，打开盒中刘裕写的书信，上面说："大部队全部从外水进攻成都，臧熹从中水进攻广汉，老弱残兵乘坐高大的战舰十几条，从内水向黄虎进发。"于是几路大军火速向目标进发。谯纵果然命令谯道福带领主力部队镇守涪城，用来防备从内水进攻的敌人。

朱龄石抵达平模，距离成都还有二百里。谯纵派遣秦州刺史侯晖、尚书仆射谯诜率领一万多部众屯扎在平模，在江水两岸筑起城墙，抗拒敌兵。朱龄石对刘钟说："现在正赶上天气太热，但是敌兵又防守严密、地热险固，进攻他们也不一定能够攻下，只是白白地增加士兵的疲劳困顿。我想暂时停止进攻，养精蓄锐，等待机会，怎么样？"刘钟说："不行。开始的时候我们扬言大部队从内水进攻，谯道福所以才不敢放弃涪城。现在大军到了这里，出乎敌人的意料，侯晖这帮家伙已经吓破了胆。贼兵之所以挡住去路、坚守险要，是因为他们害怕，不敢迎战。正应趁他们非常害怕，调动全部的精锐部队进攻他们，结果我们一定会胜利。攻下平模之后，自然可以擂动战鼓，勇往直前，成都也便一定不能坚守了。如果把进攻缓解下来，相持不下，他们就会了解到我们的虚实。涪城的守军再忽然到来，把兵力合在一起，抵抗我们，他们的人心也已经安定，良将也集结过来。这样我们希望对战又没有办法把敌人引出来，军中粮食又无法供应，那么我们的二万多人就要全部被蜀中小子俘虏了。"朱龄石听从了他的劝告。

诸将领认为江北的城垣地势险要，守兵众多，所以打算先进攻江南的城池。朱龄石说："现在我们即使屠灭了南城，也没有办法攻下北城，如果集中精锐攻下北城，那么南城便不用挥旗进攻也会自动星散的。”

秋季，七月，朱龄石率领几支部队向北城发动猛烈进攻，终于攻下，斩杀了侯晖、谯诜，又带兵回师进攻南城，南城自动溃败。朱龄石把船只停留在江中，上岸步行向成都进发。谯纵的大将谯抚之在牛脾屯聚兵力，谯小苟驻防打鼻。臧熹进攻谯抚之，把他杀了；谯小苟听说这个消息，也全军崩溃。于是谯纵手下的那些军营卫所，一听说东晋部队到来的消息，便都一个接一个地崩溃瓦解。

七月初五戊辰，谯纵放弃成都出逃，尚书令马耽把府库封存起来，等待东晋军队。初九壬申，朱龄石进入成都，诛杀了谯纵同祖父的亲属，其余的人都安居如常，让他们恢复正常的生产经营。谯纵逃出成都，先去辞别祖先陵墓，他女儿说：“逃跑也一定不能逃脱，只是遭受更多的侮辱，同样是死，可以死在祖先的墓旁。”谯纵不听。谯道福听说平模失守，从涪城带兵赶来救援，谯纵前去投奔他。谯道福看见谯纵，大怒说：“大丈夫有这样伟大的功名事业，却把它丢弃了，你要回到哪里去！一个人谁能不死，怎么怕成这个样子！”于是把佩剑狠狠地向谯纵掷去，只砍中了他的马鞍。谯纵只好离去，自己上吊而死。巴西人王志把他的脑袋砍下来，送给朱龄石。

谯道福对他的部众们说：“蜀国的生存和灭亡，其实是维系在我的身上，不在谯王的身上。现在我还活着，因此还足以进行一次决战。”部下都表示同意。谯道福把金银财宝全部分发给手下的人，众人接过东西，却都逃走了。谯道福无奈，逃到獠人部落之中，巴地居民杜瑾把他抓住，送交东晋军，就在军营门前斩首。

朱龄石把尚书令马耽放逐到越嶲，马耽对他的部下说：“朱龄石不把我送往京师，是打算杀我灭口。我必定难逃一死。”于是沐浴之后，躺在床上，自缢而死。不一会儿，朱龄石的使者便到了，砍下了他尸体上的人头。东晋下令朱龄石升任监梁、秦州六郡诸军事，赐爵位为丰城县侯。

（以上为第十段，写东晋将领朱龄石率军攻打西蜀谯纵，按照太尉刘裕制定的“锦囊妙计”，一举攻下其都城成都，谯纵兵败，出城逃跑，而后自杀，西蜀灭亡。）

北魏奚斤等人在跋那山以西的地区打败越勤部落，把当地居民两万多家强行迁移到大宁。

河西胡人曹龙等人带领部众两万多人前来进犯蒲子，西河胡人张外向他投降，推举曹龙为大单于。

七月二十三日丙戌，魏明元帝拓跋嗣前往定襄郡大洛城。

河南王乞伏炽磐在长柳川进攻吐谷浑的支旁部落，把支旁和他的部众五千多户俘虏，然后回师。

八月十一日癸卯，魏明元帝拓跋嗣回到平城。

曹龙向北魏请求投降，把张外抓住，送往北魏。北魏杀掉张外。

八月丁丑日（疑误），魏明元帝拓跋嗣前往豺山宫。癸未日（疑误），回平城。

九月，东晋再次任命太尉刘裕为太傅、扬州牧。刘裕坚决推辞。

河南王乞伏炽磐进军漒浑川，袭击吐谷浑的属下掘逵部落，并把那里攻破，俘虏了当地男女百姓二万三千人。冬季，十月，掘逵率领他的剩下的部众向乞伏炽磐投降。

吐京胡人与离石胡人的首领出以眷背叛北魏国，北魏主拓跋嗣命令元城侯拓跋屈督率会稽公刘絜、永安侯魏勤等带兵前去攻打。

十月二十六日丁巳，出以眷带领夏国军队拦腰阻击刘絜，并把刘絜活捉献给夏国。魏勤战死。拓跋嗣因为拓跋屈损失了两员大将，打算杀了他，但不久又把他赦免了，让他暂时代理并州刺史。拓跋屈来到并州治所，天天酗酒，荒废政事，拓跋嗣把他前前后后的罪恶积累到一起清算，用囚车将他押解回京，斩首。

十一月，魏明元帝拓跋嗣派遣使节到后秦去求亲。后秦王姚兴答应了。

这一年，东晋任命敦煌人索邈为梁州刺史，于是苻宣仍回仇池。当初，索邈居住在汉川，与梁州别驾姜显有矛盾，过了十五年，索邈反过来镇守汉川。姜显于是脱去衣服，光着上身出来等候迎接他。索邈见了姜显，脸上没有丝毫不高兴的样子，而且对他还更加优厚。索邈退入内宅之后，对别人说："我过去在这里居住，有许多年都不如意，如果记恨姜显，那么害怕的人一定还有很多。只要他能服从就很好了，为什么一定要报仇解恨，逞自己一时的快意呢！"全州境内的百姓官员，听说了他这话之后，都非常高兴。

（以上为第十一段，写西秦主乞伏炽磐进军漒浑川，袭击吐谷浑属将；东晋任命索邈为梁州刺史，索邈非常大度，原与别驾姜显有矛盾，既往不咎，阖州官民高兴。）

晋安帝义熙十年（甲寅，公元 414 年）

春季，正月初一辛酉，北魏实行大赦，改年号为神瑞。

正月二十一日辛巳，魏明元帝拓跋嗣前往繁畤。二月初九戊戌，返回平城。

夏王赫连勃勃入侵北魏河东的蒲子。

正月二十一日庚戌，魏明元帝拓跋嗣前往豺山宫。

北魏并州刺史娄伏连，进攻并杀死了夏国所设置的吐京护军和那里的守卫士兵。

东晋司马休之在江陵任职，很得江汉一带的民心。他的儿子谯王司马文思留在建康，性情凶狠残暴，喜欢结交江湖侠士。太尉刘裕非常讨厌他。三月，有关部门报告司马文思擅自打死封国的官吏，朝廷下令杀了他的手下差役，却独独赦免了司马文思。司马休之呈上疏书，请求处罚，承认罪过，并要求解除他现在的职务，朝廷不许。刘裕把司马文思抓住，送给司马休之，让他自己训诫惩罚，意思是让司马休之自己把儿子杀了。司马休之只上书请求废掉司马文思的爵位，并写信给刘裕陈说谢罪。刘裕因此非常不高兴，任命江州刺史孟怀玉兼任督豫州六郡，用来戒备司马休之。

夏季，五月初三辛酉，魏明元帝拓跋嗣回到平城。

后秦后将军敛成，攻打叛乱的羌人部落，被羌人打败，为此他非常害怕，出去投奔夏国。

后秦主姚兴有病。妖贼首领李弘与氐人部落首领仇常在贰城反叛，姚兴带病坐在车轿上前去攻打他们，斩杀了仇常，活捉李弘回京。

后秦左将军姚文宗受到太子姚泓的宠爱，广平公姚弼很讨厌他，诬告姚文宗说过不满的话。姚兴大怒，命令姚文宗自杀。于是文武大臣们畏惧姚弼，不敢正眼看他。姚弼对姚兴所说，姚兴无不听从，姚弼让他的亲信天水人尹冲为给事黄门侍郎，唐盛为治书侍御史。姚兴身边掌管机要事务的人，都是姚弼的党羽。右仆射梁喜、侍中任谦、京兆尹尹昭寻找机会对姚兴说："父子之间的事情，别人很难插言。但是君臣之间的大义，却不比父子之间的关系疏远。因此，我们不能默然不语。广平公姚弼暗地里有夺嫡的想法，皇上您对他的宠爱太过分了，又交给他大权，培养他的威势，这样那些阴险无赖的家伙们便纷纷像车辐那样，集结依附到他那里。天下的人都说皇上有废长立幼的打算，真有这事吗？"姚兴说："哪里有这事？"梁喜等人说："如果没有这事，那么皇上爱护姚弼，却正是给他惹祸呢！希望把他身边的官员全部除去，减小他的权力和威势，这样的话不但是保护姚弼，而且也是在保护祖宗祭庙和国家政权的安全呵！"姚兴默不作声。大司农窦温、司徒左长史王弼都秘密上书，劝说姚兴改立姚弼为太子，姚兴虽然不同意，但是也不责怪他们。

姚兴病重，姚弼暗地里聚集部众几千人阴谋制造叛乱。姚裕派遣使者把姚弼将要叛逆的情形告诉给那些在外地镇守藩地的哥哥。于是姚懿在蒲阪动员部队，镇东将军、豫州牧姚洸在洛阳动员部队，平西将军姚谌在雍城动员部队，都打算到长安去攻打姚弼。正好这时姚兴病情好转，召见文武百官，征虏将军刘羌便哭着把这种情况向姚兴做了禀告。梁喜、尹昭请求诛杀姚弼，又说："如果皇上不忍心杀姚弼，也应该把他的权力职位全部剥夺。"姚兴万不得已，免去了姚弼的尚书令职务，让他以将军、公爵的身份回家赋闲。姚懿等人也都各自停止军事行动。

姚兴的几个儿子姚懿、姚洸、姚谌与姚宣等都回到都城，让姚裕进宫告诉姚兴，求见父王。姚兴说："你们几个不过就是打算谈论姚弼的事情罢了，我已经知道了。"姚裕说："姚弼的事情如有谈论价值，皇上也应该听一听。如果姚懿等人说的不属实，便应该用刑法处罚他们，为什么要凭空猜测因而拒绝和他们谈话呢？"于是姚兴在谘议堂召见姚懿等人。姚宣流着眼泪，仗义执言，姚兴说："我自己决定这事，不用你们担心。”抚军东曹属姜虬呈上疏书，说：“广平公姚弼，灾祸已经形成，叛逆的迹象已经明显，天下的人谁都知道。过去周文王的教化之所以能够推广，是因为他首先用礼法要求自己的妻子和孩子。而今国家的变乱，是缘起于皇上的爱子，虽然打算包涵容忍、掩饰庇护，但是那些叛党们却在不停地煽动蛊惑，姚弼的叛乱之心怎么能够消除呢？应该驱散姚弼身边的那些恶棍凶徒，以此断绝灾祸的来源。”姚兴把姜虬的奏书给梁喜看，说：“天下的人都拿我的儿子当动乱的借口，应该怎么办才好呢？”梁喜说：“真的就像姜虬说的，皇上应该尽早裁决。”姚兴默然不语。

（以上为第十二段，写后秦主姚兴生病，三儿子姚弼欲为叛乱，争夺太子之位，其他儿子姚懿、姚洸、姚谌、姚宣等，都劝其父姚兴采取果断措施，姚兴犹豫不决。）

唾契汗、乙弗等部落全都背叛了南凉，南凉主秃发傉檀打算去攻打他们。邯川护军孟恺劝阻说：“现在我们连续几年遭受饥荒，南部有乞伏炽磐威胁，北部又有沮渠蒙逊逼迫，百姓的生活得不到安定。这次即使通过攻打远方取得了胜利，那也一定会留下后患。不如和乞伏炽磐结成联盟，开通粮食的贸易，安慰平抚各族部落，积足粮食，训练军队，等候时机再采取行动。”秃发傉檀不听从，对太子秃发虎台说：“沮渠蒙逊刚刚回去不久，不会突然再来。早晚值得忧虑的只有乞伏炽磐。但是乞伏炽磐的兵众却很少，容易抵抗，你只要小心守卫乐都，我不到一个月一定就能回来了。”于是率领七千名骑兵去袭击乙弗，并将它打得大败，缴获了马、牛、羊等四十多万头。

河南王乞伏炽磐听说这个消息，打算进攻乐都，文武大臣都认为不可。太府主簿焦袭说：“秃发傉檀不顾眼前的忧患，却去贪图远方的好处，我们今天攻打他，断绝乐都以西的路，使他没有办法回来援救，那么秃发虎台单独守卫一座穷困的城市，我们便可以毫不费力地擒获他了，这是上天灭亡他的时机，一定不能错过。”乞伏炽磐听从了他的建议，率领步兵、骑兵二万人袭击乐都。秃发虎台依靠城防拒敌防守，乞伏炽磐从城的四面发动进攻。

南凉抚军从事中郎尉肃向秃发虎台进言说：“外城太大难以坚守，您不如把本国人聚集起来守卫内城，我率领汉族人在外城坚持迎战敌人，虽然可能不会取胜，但也足以保存自己。”秃发虎台说：“乞伏炽磐这个小毛贼，早晚都要逃走，你何必这么深深地忧虑呢？”秃发虎台怀疑汉人有其他想法，便把汉人中有名望、有勇谋的人全部召进内城软禁。孟恺哭着说：“乞伏炽磐乘国内空虚悍然进犯，国家的局势比堆在一起的鸡蛋还危险。我孟恺等人进则打算报答王家的恩遇，退则还要照顾妻子儿女，人人都想为国家拼死力战，但太子却怀疑我们到如此地步！”秃发虎台说：“我怎能不知道你的忠诚笃厚，害怕的只是别的人出现意外，让你们去安定人心。”

一天晚上，城防崩溃，乞伏炽磐进入乐都；派遣平远将军乞伏捷虔率领五千骑兵迎击秃发傉檀，任命镇南将军乞伏谦屯为都督河右诸军事、凉州刺史，镇守乐都；任命秃发赴单为西平太守，镇守西平；任命赵恢为广武太守，镇守广武；任命曜武将军王基为晋兴太守，镇守浩亹；把秃发虎台和他的文武官员、百姓一万多户强行迁移到枹罕居住。秃发赴单是秃发乌孤的儿子。

（以上为第十三段，写南凉主秃发傉檀出兵攻打反叛南凉的部落，由太子秃发虎台留守都城乐都，而西秦主乞伏炽磐乘虚率兵袭击，攻破乐都，俘获秃发虎台。）

北燕河间人褚匡向北燕主冯跋进言说：“皇上在辽、碣这里登上帝位，长乐的那些故旧亲友，却在家乡仰头向东，盼望皇上去营救，度日如年，请允许我前去迎接他们。”冯跋说：“道路遥远达几千里，中间又隔着别的国家，怎么去呢？”褚匡说：“章武郡靠着海边，乘船可以通过，从辽西的临渝穿过，不会太难。”冯跋批准了他的计划，任命褚匡为游击将军、中书侍郎，交给他一笔丰厚的费用，派他前去。褚匡与冯跋的堂兄冯买、堂弟冯睹，从长乐带领五千多户居民回到和龙。契丹部落和库莫奚部落都向北燕投降。冯跋封他们的首领为归善王。冯跋的弟弟冯丕在高句丽躲避战乱，冯跋召他回来，任命他为仆射，封为常山公。

柔然可汗郁久闾斛律，打算把女儿嫁给北燕主冯跋，郁久闾斛律的侄儿郁久闾步鹿真对郁久闾斛律说：“幼女远嫁别的国家，难免忧愁思念，最好是让大臣树黎等人的女儿作为陪嫁的婢妾。”郁久闾斛律没有允许。郁久闾步鹿真出来后，对树黎等人说：“郁久闾斛律打算让你的女儿做陪嫁的婢妾，远嫁到别的国家去。”树黎非常害怕，与郁久闾步鹿真商量，派勇武的壮士夜里藏在郁久闾斛律的帐篷之后，等郁久闾斛律出来便抓住他，把他和他的女儿一起送到北燕。于是树黎拥立郁久闾步鹿真为可汗，自己当了宰相。

当初，郁久闾社仑把高车部落迁走，高车人叱洛侯做他的向导，使他得以兼并了几个部落，郁久闾社仑很感激他，任命他为高车部落的大人，现在，郁久闾步鹿真和郁久闾社仑的儿子郁久闾社拔一起到叱洛侯家，奸淫叱洛侯年轻的妻子，这位妻子告诉郁久闾步鹿真说：“叱洛侯打算拥立郁久闾大檀为可汗。”郁久闾大檀是郁久闾社仑的叔父郁久闾仆浑的儿子，他统领着其他部落镇守在西部边境，一向很得人民的拥戴。郁久闾步鹿真回去后，便发动军队包围了叱洛侯部落，叱洛侯自杀。于是，他又带兵去袭击郁久闾大檀，郁久闾大檀给他迎头痛击，并把郁久闾步鹿真的部队打得大败，抓住郁久闾步鹿真和郁久闾社拔，把他们杀掉，自立为可汗，称作牟汗纥升盖可汗。

郁久闾斛律抵达和龙，北燕王冯跋封他为上谷侯，并让他在辽东定居，用宾客的礼节招待他，收纳他的女儿为昭仪。郁久闾斛律呈上奏书，请求允许他回到自己的国家去，冯跋说："现在你已经离开本国万里之遥，国中又没有内应，如果用大部队去送你，那么军粮物资等实在难以供应，兵力太少又不足以夺取胜利，你怎么可能回去呢？"郁久闾斛律坚持请求，说："不用劳烦大部队，你只要给我三百名骑兵，把我送到敕勒，那么我们国家的人民就一定会高高兴兴地来迎接我。"冯跋于是派遣单于前辅万陵率领三百名骑兵护送他。万陵害怕远行的劳苦和疲惫，到达黑山，便把郁久闾斛律杀掉，回去了。郁久闾大檀也派遣使节向北燕献上好马三千匹，羊一万头。

（以上为第十四段，写柔然可汗郁久闾斛律欲把女儿嫁给北燕主冯跋，侄儿步鹿真挑拨离间，唆使大臣树黎抓住斛律，送给北燕，斛律后被杀；步鹿真自立为可汗。）

六月，东晋泰山太守刘研等人率领流亡难民七千多家，河西的匈奴部落酋长刘遮等率领部众一万多家，都向北魏投降。

六月二十日戊申，魏明元帝拓跋嗣前往豺山宫。丁亥（疑误），回到平城。

南凉都城乐都陷落之后，南凉安西将军秃发樊尼从西平逃出，前去报告南凉王秃发傉檀。秃发傉檀对他的部下们说："现在我们的妻子儿女全部被乞伏炽磐抢走，想撤退也已没有立足之地了，你们能与我一起凭借乙弗的财力物力，攻克契汗，用这来赎回自己的妻子儿女吗？"于是他又带兵向西进发，他的部众有很多逃回去了，秃发傉檀派遣镇北将军段苟去追回他们，段苟也没有回来，就这样他手下的将领士兵全部逃散，只有秃发樊尼与中军将军秃发纥勃、后军将军秃发洛肱、散骑侍郎阴利鹿没有逃跑。秃发傉檀说："沮渠蒙逊、乞伏炽磐过去都曾经把人质交给我们，向我们称臣，今天我如果去投靠他们，不有些可耻吗？四海之内，大地之广，没有我容身的地方，这是多么令人痛心的事情啊！我们与其聚在一起一同死掉，不如就此分手，或者还可以保全生命。秃发樊尼是我大哥的儿子，是我们宗族部落的希望所在。我们的部众在北方还有将近一万户，现在沮渠蒙逊正在招抚士大夫和老百姓，扶助将要灭亡的部落，维持他们的生存，你应该投奔他。秃发纥勃、秃发洛肱，也应与秃发樊尼一道去。我年纪老了，到哪里也不会有人接纳，宁愿见妻子儿女以后便死。"于是归降了西秦主乞伏炽磐，只有阴利鹿跟随前往。秃发傉檀对阴利鹿说："我的亲人和部属全都各自散去，你为什么独自一个人留下来？"阴利鹿说："我家里有老母在堂，不是不想回家；既然委身为臣，忠孝就难以两全。我没有什么才能，不能为主上两眼哭出血来向邻国求救，但怎么能够离开您的左右呢？"秃发傉檀叹息说："真正了解一个人实在不易，如今大臣亲戚都弃我而去，直到现在，忠诚仗义自始至终完美无缺的只有你一个人！"

南凉主秃发傉檀所属的各城守将，都投降了乞伏炽磐，唯独驻守在浩亹的尉贤政坚守城池，不肯出降。乞伏炽磐派人质问他说：“乐都已经陷落，你的妻子儿女都被我们俘虏，你固守一座孤城，究竟是为什么？”尉贤政说：“我蒙受凉王的厚恩，作为国家的藩镇屏障，虽然知道乐都已经陷落，妻子儿女已经被擒，先投降可以得到奖赏，后归顺难免被杀，但是我现在并不知道主上是存是亡，所以还不敢前去归附受命。妻子儿女与国家来比，实在是小事，怎能使我动摇信念呢？如果贪图一时的小利，而却忘了朝廷托付给我的重任，你们大王又怎么能擢用我呢？”乞伏炽磐于是命令秃发虎台亲手写信让他投降，尉贤政说：“你身为国家的王储，不能尽守操节，却被人两手反绑，抛弃老父，忘记国君，使国家的万世伟业受到摧折，我尉贤政是忠义之士，怎么能效法你呢！”等到他听说秃发傉檀已经到了左南城，这才投降。

乞伏炽磐听说秃发傉檀来到，便派遣使节到郊外迎接，用对待上宾的礼节对待他。

秋季，七月，乞伏炽磐任命秃发傉檀为骠骑大将军，赐封为左南公爵，其他南凉的文武官员也都按照他们各自的才能，依次录用。一年多以后，乞伏炽磐派人用药酒毒杀秃发傉檀，他的左右侍从请求为他解毒，秃发傉檀说：“我的病难道还要去治吗？”于是死去，谥号为景王。秃发虎台也被乞伏炽磐杀死。秃发傉檀的其他几个儿子秃发保周、秃发贺，秃发俱延的儿子秃发覆龙，秃发利鹿孤的孙子秃发副周，秃发乌孤的孙子秃发承钵，都逃去投奔河西王沮渠蒙逊，很久之后，又投奔北魏。北魏封秃发保周为张掖王，封秃发覆龙为酒泉公，封秃发贺为西平公，封秃发副周为永平公，封秃发承钵为昌松公。魏明元帝拓跋嗣喜爱秃发贺的才能，对他说：“你的祖先与我是同一个起源，就赐你姓源吧！”

八月初一戊子，魏明元帝拓跋嗣派遣马邑人侯陋孙去后秦出使，十四日辛丑，又派遣谒者于什门去北燕出使，派遣悦力延去柔然出使。于什门抵达和龙，不肯进去拜见，说：“大魏皇帝有令，必须冯王出来受命之后，我才敢进去。”北燕主冯跋派人牵着他，迫使他进来。于什门看见冯跋又不跪拜施礼，冯跋让人按他的脖子，强行使礼，于什门说：“冯王先来拜受诏书，我自己便会以宾主的礼仪向你致敬，何苦这般逼迫我呢？”冯跋大怒，把于什门扣留下来，不让他回去。于什门几次当众侮辱冯跋。冯跋的侍从们请求杀了他，冯跋说：“他这不过是效忠自己的主人罢了。”于是，把于什门软禁起来，打算招降他，于什门最终也没有投降。过了很久，他的衣服帽子完全破旧，虱子、虮子到处都是，冯跋送给他新的衣帽，于什门全不接受。

魏明元帝拓跋嗣任命博士王谅为平南参军，让他以平南将军、相州刺史尉太真的名义写信给东晋太尉刘裕，致以问候。尉太真是尉古真的弟弟。

九月初一丁巳朔，出现日食。

冬季，十月，河南王乞伏炽磐再一次号称秦王，设置文武百官。

北燕主冯跋与夏国联合，夏王赫连勃勃派遣御史中丞乌洛孤前往北燕签订盟约。

十一月二十七日壬午，魏明元帝拓跋嗣派遣使者到各州巡察，检查核对守宰等地方官的资产钱财，凡不是从家里自己带出来的东西，全部当作赃物记录下来。

西秦主乞伏炽磐册立妃子秃发氏为皇后。

十二月初一丙戌朔，柔然可汗郁久闾大檀进犯北魏。十一日丙申，魏明元帝拓跋嗣向北进军，迎击他。郁久闾大檀逃走，拓跋嗣派遣奚斤等人追击，路遇大雪，士兵冻死及冻掉手指的人约有十分之二三。

北魏河内人司马顺宰自称为晋王，北魏军队讨伐他，没有攻下。

北燕辽西公冯素弗去世，到安葬他的时候，北燕主冯跋已经前去吊唁了七次。

这一年，叛离东晋的司马国璠兄弟，聚集几百个部众，偷偷渡过淮河，趁夜混入广陵城。青州刺史檀祗兼任广陵相。司马国璠带兵直接冲向官署的大厅，檀祗惊觉之后走出来，正要抵抗，被乱箭射伤退回去，对左右的侍从说："贼人趁天黑冲了进来，打算在我没有防备的情况下袭击我们。只要敲击五鼓，他们害怕天亮，一定会逃跑。"侍从们听从他的吩咐去做了，司马国璠的部属兵果然逃走，侍从追杀了一百多人。

北魏博士祭酒崔浩给魏明元帝拓跋嗣讲解《易经》和《尚书·洪范》，拓跋嗣于是向崔浩询问天文、术数等知识。崔浩占卜的结果大多数都应验了，从此他得到了国主的宠信，凡是国家大事和军事上的秘密计划，他都参与并提出意见。

夏王赫连勃勃册立夫人梁氏为王后，册立儿子赫连璝为太子。册封儿子赫连延为阳平公，赫连昌为太原公，赫连伦为酒泉公，赫连定为平原公，赫连满为河南公，赫连安为中山公。

（以上为第十五段，写南凉的覆灭，南凉都城乐都陷落后，国主秃发傉檀打发其他人投奔北凉主沮渠蒙逊，以求出路；而自己投降西秦主乞伏炽磐，而后被害。）

【点评】

刘毅妒能终自毙。刘毅曾经立下许多战功，封官拜将，但他私心膨胀，非常嫉妒刘裕的才能和功劳，后被诛灭。

首先，刘毅之祸，是其逞一时之勇，却事与愿违，而酿下的苦果。当时，刘裕北伐南燕，国内空虚，卢循趁机作乱，耀武扬威，声势浩大，大有吞没都城建康的气势，东晋将领何无忌率军出战，持节战死，朝廷内外大惊失色。百官商议，打算护卫晋安帝司马德宗朝北撤退，向中军刘裕靠拢，虽然这一谋划并不高明，但也是权宜之计。但时任卫将军的刘毅，认为自己并不比刘裕差，他要独自出兵攻打卢循。刘裕写信给他，告诉他卢循非常狡猾，自己与卢循交过战，知道他们用兵行阵的变化情况，相约同心协力，一起攻打，并且让人劝阻刘毅不要独自出兵。刘裕本来是一片好心，但刘毅把刘裕的话当作耳边风，贸然出征，结果葬送了全部的士兵，自己逃之夭夭，进入蛮荒之地，才得以保全性命。刘裕宽大，恢复其官职。

其次，刘毅自恃有才，将自己孤立起来。刘裕攻打卢循，凯旋后晋安帝司马德宗设宴慰劳，令群臣赋诗。而刘毅攻打卢循，遭到惨败，深知人情不归向自己，内心更加愤激，便赋诗道：“六国多雄士，正始出风流。”他自知武功不及刘裕，便故意显示自己文雅有余。

最后，刘毅忌恨成性，意欲谋反，多行不义必自毙。在刘裕的支持下，刘毅又重新振作，成为举足轻重的朝廷重臣，说起他的官职并不小，但他仍心怀不满，总想把失去的权力再捞回来，于是，在不归路上越走越远。他先是请示朝廷，取得了临近建康的江州的军事管理权。他这样做，如果是出于公心，固然是好，但如果是别有用心，则对都城建康构成了很大的威胁。还有，刘毅至江陵，竟擅自选取江州士兵及豫州西府文武将佐一万多人，留用而不予遣散，又以疾病困苦，请求派遣刘藩为其佐官，其用心何在！

综观刘毅所为，其刚愎自用，嫉妒成性，终于导致了他的人生毁灭！

资治通鉴（白话本） 卷第一百一十七

晋纪三十九

晋安帝义熙十一年至十二年（公元415—公元416）

【起旃蒙单阏（乙卯，公元415年），尽柔兆执徐（丙辰，公元416年），凡二年】

【大事提要】

本卷记事起于公元415年，到公元416年，凡二年，时当晋安帝（司马德宗）义熙十一年至义熙十二年。本卷所载大事，主要有五个方面。其一，刘裕攻灭司马休之。东晋宗室司马休之占据荆州，颇得当地人心，拥兵自重，对中央形成巨大威胁。公元415年，刘裕出兵攻打，雍州刺史鲁宗之与司马休之联合。刘裕奋力击败其大军，攻克江陵，直捣襄阳，荆、扬二州尽被刘裕吞并，司马休之以及鲁宗之北投后秦。其二，刘裕统领东晋。刘裕消灭司马休之后，获剑履上殿、入朝不趋、赞拜不名的崇礼。公元416年，又加领平北将军等。至此，刘裕一人都督徐、南徐、豫、南豫、兖、南兖、青、冀、幽、并、司、郢、荆、江、湘、雍、梁、益、宁、交、广、南秦共二十二州。其三，后秦主姚兴去世，姚泓即位。公元416年，姚兴病重，下令太子姚泓监国。姚弼的党羽在谋杀姚泓和劫持姚兴的计划未逞后，策划入宫作乱，攻打端门，皇城内外展开激烈战斗。姚兴宣布处死姚弼，而后去世，太子姚泓继位，诛杀叛乱分子，改年号为永和。其四，刘裕北伐后秦。公元416年，东晋太尉刘裕以刘穆之任尚书左仆射，内总朝政，外供军粮，自己率领四路大军北伐，攻打后秦国。刘裕抵达彭城，龙骧将军王镇恶、冠军将军檀道济领兵进攻许昌、洛阳，后秦诸郡屯守皆望风降附，晋军进展神速，占领洛阳。其五，修复西晋皇帝陵墓。公元416年，东晋安帝司马德宗下令派遣兼司空、高密王司马恢之修复、拜谒司马懿、司马师、司马昭、司马炎、司马衷五位皇帝陵墓，并设置守卫部队。太尉刘裕任命冠军将军毛修之为河南、河内二郡太守，代理司州政事，戍守洛阳。

安皇帝壬

晋安帝义熙十一年（乙卯，公元415年）

春季，正月初二丙辰，魏明元帝拓跋嗣回到平城。

东晋太尉刘裕逮捕了司马休之的次子司马文宝、侄子司马文祖，并命令他们自杀。刘裕发动军队，西上进攻司马休之。安帝司马德宗下令把皇帝专用的黄钺授给刘裕，并命令他兼任荆州刺史。

正月十六日庚午，实行大赦。

正月二十三日丁丑，东晋朝廷任命吏部尚书谢裕为尚书左仆射。

正月二十七日辛巳，东晋太尉刘裕统辖军队，从京城建康出发。刘裕任命中军将军刘道怜监留府事，任命刘穆之兼右仆射。朝廷的事情，无论大小，都由刘穆之决定。他又任命高阳内史刘钟领石头戍事，屯扎在冶亭。司马休之府内的司马张裕、南平太守檀范之听说这事之后，都逃回到建康。张裕是张邵的哥哥。雍州刺史鲁宗之怀疑自己终究不会被刘裕宽恕，便与他的儿子竟陵太守鲁轨起兵响应司马休之。

二月，司马休之呈上奏书给安帝司马德宗，列举刘裕的罪状，同时也率领军队，准备抵抗刘裕。

刘裕写密信给司马休之府的录事参军南阳人韩延之，招请他背叛司马休之，为自己效力。韩延之回信说："承蒙你亲自统领军马，踏上遥远的西方疆域，荆州全境的士民，没有不惊慌震骇的。你屈尊给我写信，我才知道这次起兵完全是因为谯王司马文思过去的那件事，更使我增加许多感叹。司马休之忠心爱国，待人处事又宽怀诚恳，因为你立过匡复朝廷的巨大功勋，朝廷与宗室还需依赖你辅佐，因此推重你的德行，对你一片赤诚，几乎做每件事情都听你的指教，看你的脸色。谯王司马文思过去因为一件小事受到弹劾责难，司马休之还曾自己上书请求辞职，何况谯王如果再犯大错，司马休之哪能闭口无言！前一段时间司马休之已经上书，奏请撤销了谯王的王位，唯一没有做绝的不过是留下了司马文思的一条命罢了。推己及人，把这事交给别人，谁都会这么做的。但是你却因此突然兴师问罪，这真是欲加之罪，何患无辞！四海之内的人，谁看不出你的这番用心？但是你还要说谎欺骗国内的通达之士！你的来信说：'怀有谦敬之心，对别人的要求历来如此。'今天你出兵攻打别人的君主，写信用私利引诱别人，这难道真是所谓的'怀有谦敬之心，对别人的要求历来如此'吗？刘藩死在皇宫的阊阖门，诸葛长民死在你的侍卫之手；用甜言蜜语夸耀地方要员，先稳住他们，然后再用轻装部队对他们发动突然袭击。于是朝廷座席之上没有诚信忠贞的人，京城之外没有对自己的性命放心的封疆大吏，把这看成是实现了自己的目的，实在是可耻！你手下的那些将领佐僚以及朝廷里的贤明有德之人，都把性命交给你过日子，我诚然是鄙陋粗劣，但是也曾经向君子学过做人的道理。像司马休之这样德性好的人，怎么可以没有以性命相托的臣下呢？我一定不能去自投虎口。郗僧施这些人的遭遇已经表现得很明确了。假如上天注定丧乱的局面还要延长，各派的纷争还要继续污浊不堪，那么我自然要与臧洪那样的人一起到九泉之下去游荡了，不再多言。"刘裕看到他的信，不禁叹息。他把信拿给手下的将领和官员们看，说："做属下的，应当这样啊！"韩延之因为刘裕的父亲名叫刘翘，字显宗，于是把自己的字改成显宗，并给他的儿子取名叫韩翘，用这表示绝不做刘氏的臣下。

东晋琅邪太守刘朗率领两千多家百姓投降了北魏。

（以上为第一段，写东晋太尉刘裕欲剪除司马休之，处死其子侄；司马休之起兵反叛，刘裕欲让其属官韩延之背叛其主，韩延之义正辞严地回击，刘裕感慨良多。）

二月十六日庚子，河西一带的胡人首领刘云等人统率几万户投降北魏。

东晋太尉刘裕派遣参军檀道济、朱超石带领步兵骑兵进攻襄阳。朱超石是朱龄石的弟弟。江夏太守刘虔之带领部队屯驻在三连，修筑桥梁，积聚粮草，等待他们的到来，但是檀道济的军队却过了许多天也没有到来。鲁轨袭击刘虔之，并把他杀了。刘裕派他的女婿振威将军东海人徐逵之统领参军蒯恩、王允之、沈渊子等为前锋，出击江夏口。徐逵之等人在破冢与鲁轨交战，大军失败，徐逵之、王允之、沈渊子等都被杀，只有蒯恩的部队压住了阵脚，没有败退下去。鲁轨乘胜对他发动猛攻，却不能攻破他的防守，于是退兵。沈渊子是沈林子的哥哥。

刘裕在马头集结军队，听说徐逵之战死，愤怒异常。三月二十九日壬午，率领各位将领渡过长江。鲁轨、司马文思统领司马休之的军队四万人，依傍陡峭的江岸排下战阵，刘裕的军队士兵没有人能攀登上去。刘裕披挂起铠甲，打算亲自攀登，各位将领纷纷劝阻，他却坚决不听，越发怒不可遏。太尉主簿谢晦上前抱住刘裕，刘裕拔出佩剑指着谢晦说：“我杀了你！”谢晦说：“天下可以没有我谢晦，但是却不可以没有您！”建武将军胡藩率领游击部队，此时正在江津，刘裕派人去叫胡藩，让他登岸，胡藩有些疑虑。刘裕命令身边的侍从去把他抓来，打算杀了他。胡藩看着来人说：“我正打算去进攻贼兵，没时间前去受教！”于是用刀尖在江岸上掘出小洞，仅能容下脚趾，他便踩着飞身跃上江岸，后边跟着他向上爬的人渐渐多了。登上江岸之后，便直奔上前，拼力死战。司马休之的军队无法抵挡，渐渐向后撤退。刘裕军队趁机猛攻，司马休之的部队完全溃败，于是刘裕攻下江陵。司马休之、鲁宗之一起向北逃走，鲁轨留守在石城。刘裕命令阆中侯下邳人赵伦之、太尉参军沈林子进攻鲁轨；派遣武陵内史王镇恶带领水军船队追击司马休之等人。

有一群盗匪共几百人，在夜色掩护下袭击冶亭，京师震惊恐慌。刘钟带兵攻打，把他们剿灭。

（以上为第二段，写东晋太尉刘裕率军攻打叛军司马休之，前锋部队作战失利，女婿徐逵之阵亡，暴怒，欲亲自上阵，被拦阻，胡藩等奋力登岸，击败叛军。）

后秦广平公姚弼向后秦王姚兴进谗言诬陷姚宣，正好姚宣的司马权丕到长安办事，姚兴责备他不能很好地辅助引导姚宣，准备杀了他。权丕大为恐惧，也诬陷姚宣罪恶深重，以此求得对自己的宽恕。姚兴大怒，派遣使节到杏城把姚宣抓起来打入牢狱，命令姚弼带领三万人去镇守秦州。尹昭说："广平公与皇太子关系不和，现在让他手握重兵，在外镇守，将来如果皇上去世，那么国家一定会面临危险。小不忍则乱大谋，正是对皇上的最好形容。"姚兴不听。

夏王赫连勃勃进攻后秦杏城，攻下，抓获了那里的守将姚逵，把敌军二万士兵全部活埋。后秦主姚兴前往北地，派遣广平公姚弼以及辅国将军敛曼嵬率军向新平进发，姚兴回到长安。

河西王沮渠蒙逊进攻西秦的广武郡，攻下。西秦王乞伏炽磐派遣将军乞伏魋尼寅在浩亹拦截沮渠蒙逊，沮渠蒙逊进攻他的军队，并把他杀了。乞伏炽磐又派遣将军折斐等率领一万骑兵据守勒姐岭，沮渠蒙逊进击并把他擒获。

河西一带受饥饿困扰的胡人在上党聚集在一起，推举胡人白亚栗斯为单于，改年号为建平。他们任用司马顺宰为主要谋士，进犯北魏的河内。夏季，四月，北魏主拓跋嗣命令公孙表等五位大将前去攻打他们。

东晋青、冀二州刺史刘敬宣的参军司马道赐是晋朝宗室的远亲。听说太尉刘裕进攻司马休之，司马道赐便与同僚辟闾道秀、身边的小将王猛子阴谋刺杀刘敬宣，然后占据广固，响应司马休之。

四月初三乙卯，刘敬宣召见辟闾道秀，把别人全部屏退，秘密交谈，他身边的侍卫也全部被隔在窗外。王猛子慢慢绕到刘敬宣身后，突然抢过刘敬宣防身用的佩刀，把刘敬宣杀了。刘敬宣手下的文武将佐、官吏马上声讨司马道赐等人，并把他们全部斩杀。

四月二十七日己卯，魏明元帝拓跋嗣向北巡视。

西秦主乞伏炽磐的儿子乞伏元基从长安逃了回来。乞伏炽磐任命他为尚书左仆射。

五月初五丁亥，魏明元帝拓跋嗣前往大宁。

东晋将领赵伦之、沈林子在石城打败鲁轨，司马休之、鲁宗之准备营救，却没有来得及，于是与鲁轨一起逃奔襄阳，鲁宗之的参军李应之紧闭城门，不让他们进去。五月十二日甲午，司马休之、鲁宗之、鲁轨，以及谯王司马文思、新蔡王司马道赐、梁州刺史马敬、南阳太守鲁范等人全部逃奔后秦。鲁宗之平时很受百姓拥护，人们纷纷掩护、保卫他，把他送出国境。王镇恶等人前来追捕他们，到了国境没有追上，便回去了。

当初，司马休之等向后秦、北魏请求救助，后秦征虏将军姚成王及司马国璠带兵抵达南阳，北魏长孙嵩抵达河东，听说司马休之等已经失败，便都带兵回去了。

司马休之到了长安，后秦主姚兴任命他为扬州刺史，让他去侵袭骚扰襄阳。侍御史唐盛对姚兴说："根据预言帝王受命吉凶的符命谶纬说，司马氏应当重新夺取河、洛一带。现在让他带兵在外，就像把鱼又放回湖海一样。我看不如封他高官，给他优厚的待遇，把他留在京师。"姚兴说："过去，周文王最终在羑里得到赦免，汉高祖在鸿门没有被杀，这都是天命在左右，谁能违抗得了！如果真像符谶所说的那样，把他留下来，却是促使灾害加重。"于是派遣司马休之去了。

（以上为第三段，写后秦广平公姚弼进谗言，排除异己；胡夏进攻后秦，北凉攻打西秦，均获胜；东晋司马道赐杀掉青、冀二州刺史刘敬宣，响应司马休之，被州佐及时诛杀，司马休之等逃奔后秦。）

东晋下令，加封太尉刘裕为太傅、扬州牧，特许他可以带剑穿鞋上殿，进宫朝见皇帝不必小步走，奏事时不必司仪称名通报。任命兖、青二州刺史刘道怜为都督荆、湘、益、秦、宁、梁、雍七州诸军事，骠骑将军，荆州刺史。刘道怜为人贪婪鄙俗，没有才能。刘裕任命中军长史、晋陵太守谢方明为骠骑长史、南郡相，刘道怜府中的所有事务都向谢方明请教后再决定。谢方明是谢冲的儿子。

东晋益州刺史朱龄石派遣使节前去拜见北凉河西王沮渠蒙逊，宣扬东晋朝廷的威势和德政。沮渠蒙逊派遣舍人黄迅前来拜见朱龄石，并且呈上奏书，说："听说车骑将军刘裕打算清剿中原地区，我甘愿做他的右翼部队，帮助他驱逐戎族强盗。"

夏王赫连勃勃派遣御史中丞乌洛孤与沮渠蒙逊缔结盟约，沮渠蒙逊派他的弟弟湟河太守沮渠汉平前往夏国，在盟约上签字。

西秦主乞伏炽磐统率三万大军袭击湟河，沮渠汉平抵抗，派遣司马隗仁连夜出击乞伏炽磐，并把他打败。乞伏炽磐刚打算带兵回去，沮渠汉平的长史焦昶、将军段景暗地里招引乞伏炽磐来攻，乞伏炽磐再次挥师进攻，焦昶、段景于是劝说沮渠汉平出城投降。隗仁带领一百多名壮士占据南门楼，坚决不投降，乞伏炽磐围攻了三天也没有攻下，最后，守军筋疲力尽，被乞伏炽磐抓获。乞伏炽磐打算杀了他，散骑常侍、武威人段晖劝说道："隗仁面临危难不怕死，是一个忠臣，应该宽恕他，以此鼓励那些忠于君王的人们。"于是把他囚禁起来。乞伏炽磐任命左卫将军乞伏匹达为湟河太守，进攻乙弗窟乾，收降了那里的三千多户百姓并带回。又任命尚书、右仆射出连虔为都督岭北诸军事、凉州刺史；任命凉州刺史乞伏谦屯为镇军大将军、河州牧。隗仁在西秦被囚五年之后，段晖又为他求情，乞伏炽磐赦免了他，让他回到姑臧。

六月，戊午（疑误），魏明元帝拓跋嗣前往濡源，又到上谷、涿鹿、广宁等地。秋季，七月初二癸未，回到平城。

西秦主乞伏炽磐任命秦州刺史乞伏昙达为尚书令，任命光禄勋王松寿为秦州刺史。

七月三十日辛亥晦，出现日食。

八月十三日甲子，东晋太尉刘裕回到建康，坚决辞让太傅、扬州牧，接受其余任命。任命世子豫章公刘义符为兖州刺史。

八月，丁未（疑误），东晋尚书左仆射谢裕去世，任命刘穆之为尚书左仆射。

九月十九日己亥，东晋实行大赦。

（以上为第四段，写西秦主乞伏炽磐统率三万大军袭击湟河，北凉官员沮渠汉平派遣司马隗仁连夜出击，乞伏炽磐被打败而退，后在“内鬼”的帮助下获胜。）

北魏一连几年发生霜旱，收成不好，云中、代郡一带的民众有很多都饿死了。太史令王亮、苏坦向魏明元帝拓跋嗣进言说：“按着谶书的说法，我们魏国应把都城建在邺城，那样的话，才可以得到富足欢乐。”

拓跋嗣向各位大臣征求对这事的意见，博士祭酒崔浩、特进京兆周澹说：“迁都城到邺地，可以解救今年的饥荒，但却不是长久的办法。崤山以东的人民，认为我们的国家本来居住在辽阔的大漠之上，以为国民和牲畜一定无数，说是‘牛毛那样多’。现在一旦迁都，便要留下军队戍守旧都，只能分出一部分人向南迁移，这些人不可能住满几个州的土地，只好与汉人掺杂居住在各郡各县，这样我们人少的情势就会暴露，恐怕四方的邻国也都会因此产生轻视我们的想法。况且我们的民众不习惯那里的水土，得病、受伤、死亡的人一定很多。再者，旧都的守兵减少之后，屈丐、柔然等国就会有窃取我国的想法，假如他们动员全国的军队前来进攻，云中、平城一定会发生危机，南迁后的朝廷由于有恒山、代郡的千里险要重重阻隔，很难前去营救，这样的话就会在名声和实际利益上都受到损害。现在我们居住在北方，假如崤山之东的地区有什么变乱，我们派遣轻装骑兵向南进攻，把部队分布在林野中间，谁能知道我们人数的多少？老百姓看见我们的征尘就会畏慑敬服，这就是我们之所以用威力制服汉人的真正原因。明年春天到来之后，杂草生长起来，家畜吃饱之后，牛奶乳酪等也可以供应上了，再加上蔬菜水果，便可以维持到秋天粮食成熟的季节，我们面临的这些暂时困难便可以克服了。”

拓跋嗣说：“现在国库彻底空了，已经没有办法再等到来年的秋天，如果明年秋天又出现饥荒，我们将怎么对付呢？”崔浩等回答说：“应该把最贫穷饥饿的人家挑选出来，让他们去太行山以东的地区谋生，找饭吃。如果明年再饥荒，到时候再想办法，只是现在不可以迁都。”拓跋嗣高兴地说：“只有你们二人与我的想法一致。”于是挑选百姓中最贫寒的人家前往太行山以东的三个州去谋生，并派左部尚书代郡人周几统率军队镇守鲁口，安抚召集他们。拓跋嗣本人也亲自下农田耕种，又命令有关部门劝勉指导人们从事农业和种桑养蚕劳动。第二年，庄稼丰收，于是人民富足安定。

夏国赫连建带领部队进攻后秦，抓获了平凉太守姚军都，于是又进犯新平。后秦广平公姚弼与他们在龙尾堡接战，把赫连建活捉。

后秦主姚兴药性发作。广平公姚弼声称有病，不去参加朝见，却把手下的部队聚集在自己的府第之中。姚兴听说这事后，大怒，抓住姚弼的党羽唐盛、孙玄等人，杀掉。太子姚泓请求说："臣子不肖，不能团结兄弟，所以才导致这样的结果，这都是我的罪过。如果我死之后国家可以得到安定，我希望您命我自杀。如果您不忍心杀掉我，那么我请求退居藩属的位置。"姚兴心中悲悯姚泓，召见姚赞、梁喜、尹昭、敛曼嵬等，与他们商议，逮捕了姚弼，准备杀掉他，并彻底追查处理了他的亲信党羽。姚泓流着眼泪，一再请求，姚兴这才赦免了姚弼和他的那些同党。姚泓对待姚弼跟以前一样，没有丝毫愤恨的样子。

北魏太史启奏说："火星在匏瓜星座中出现，忽然又不知跑到哪里去了。按道理说，它应该到形势危险严峻、马上就要灭亡的国家去，先出现童谣妖言，然后再发生祸乱，实行对该国的惩罚。"魏明元帝拓跋嗣召见十几个有名的儒士，让他们与太史一起讨论参悟火星所示的含义，推测星落的方位。崔浩对答说："按照《春秋左氏传》的说法：'神灵在莘地降落'，根据它降落的日期推测，可以得知这个神灵是谁。八月十九日庚午的晚上，二十日辛未的早晨，天上阴云密布，火星失踪的时间，应该是在这两天。庚和午在地上指的都是秦国，辛指的是西方的夷族。现在姚兴据守在长安，火星一定是降临到秦国去了。"众人都不客气地说："天上没有了一颗星，人间怎么能够知道它掉到哪里去了！"崔浩微笑着并不回答。

八十多天以后，火星突然又在井宿附近出现了，在那里若明若暗，很长时间才消失。后秦出现大旱，昆明池中的水也已枯竭，儿童歌谣和各种谣传纷纷四起，国中的百姓人心不安，只隔一年，后秦便灭亡了。大家这才佩服崔浩的神奇精妙。

冬季，十月初二壬子，后秦主姚兴派遣散骑常侍姚敞等人护送他的女儿西平公主出嫁到北魏。魏明元帝拓跋嗣以皇后的礼节迎娶了她，但是铸金人没有成功，所以按照北魏的传统，她不能做皇后。拓跋嗣于是封她为夫人，但对她的宠爱和照顾极为优厚。

十月十一日辛酉，魏明元帝拓跋嗣前往沮洳城。十三日癸亥，回到平城。十一月初八丁亥，他又前往豺山宫。二十一日庚子，返回。

西秦主乞伏炽磐派遣襄武侯乞伏昙达等带领一万骑兵袭击南羌的弥姐部落和康薄部落所据守的赤水，收降了他们。乞伏炽磐任命王孟保为略阳太守，镇守赤水。

北燕尚书令孙护的弟弟孙伯仁为昌黎尹，与他的另一个弟弟孙叱支乙跋都有才略勇武，他们跟随北燕王冯跋起兵，立过汗马功劳。但是他们请求开府的待遇却没有得到朝廷的同意，因此口出怨言，表示不满，冯跋把他们全部杀掉，却提升孙护为开府仪同三司、录尚书事，用来安慰他。孙护一直闷闷不乐，冯跋于是就用毒酒把他杀了。辽东太守务银提也自认为有功，却被派出镇守边郡，心中愤愤不平，图谋叛变投奔外邦，冯跋也把他杀了。

林邑进犯东晋的交州，交州的守将把来敌打败。

（以上为第五段，写北魏出现严重灾荒，让最贫困的民众到太行山以东地区谋生；后秦主姚兴病重，其子姚弼不去参加朝见，姚兴欲杀之，太子姚泓求情得免。）

晋安帝义熙十二年（丙辰，公元416年）

春季，正月初六甲申，魏明元帝拓跋嗣前往豺山宫。初十戊子，回到平城。

东晋加封太尉刘裕为兖州刺史，都督南秦州，至此，他共都督二十二州。任命他的世子刘义符为豫州刺史。

后秦主姚兴派遣鲁宗之带兵进犯襄阳，鲁宗之还没有到达，便突然去世。他的儿子鲁轨继续带兵进犯。雍州刺史赵伦之把他打败。

西秦主乞伏炽磐在溋川进攻后秦洮阳公彭利和，沮渠蒙逊进攻西秦所属的石泉，以此解救彭利和。乞伏炽磐的大军抵达沓中，听说消息后，带兵回国。二月，乞伏炽磐派遣襄武侯乞伏昙达营救石泉，沮渠蒙逊也带兵回去了。沮渠蒙逊于是和乞伏炽磐通婚讲和。

后秦主姚兴前往华阴，让太子姚泓主持朝廷政务，进入西宫居住。姚兴病重，回到长安。黄门侍郎尹冲谋划，要趁姚泓出去迎接的机会杀掉他。姚兴驾到，姚泓准备出去迎接，宫中官员劝阻道："主上病危，奸臣就在身旁，殿下现在如果出去，向前也看不见主上，后退则一定有难以预料的灾祸。"姚泓说："作为臣下和儿子，听说君王和父亲病重，却稳稳当当地坐在那里不出去迎候，心里哪能平静呢？"下属们回答说："保全自己目的是使国家稳定，这是最大的孝心了。"姚泓这才没有出去。尚书姚沙弥对尹冲说："太子不出来迎接，我们应该把皇帝的车轿抬到广平公的府第去。禁卫军的将士听说皇上在这里，自然应当集中过来，谁去保护太子呢？况且我们因为广平公的缘故，已经注定是叛贼了，将来到哪里安身？现在趁机挟持皇帝发动事变是名正言顺的，不但是把广平公从祸患中解救出来，而且我们这些人以前的罪名也可以全部洗雪了。"尹冲因为还不知道姚兴的死活，打算跟随姚兴进宫，然后再寻找机会叛乱，便不采纳姚沙弥的建议。

姚兴进了内宫，命令太子姚泓录尚书事，命令东平公姚绍及右卫将军胡翼度带兵驻防王宫，对内外情势严加防御。派遣殿中上将军敛曼嵬搜查收缴姚弼府第中的武器装备，存入国家的武器仓库。

姚兴的病情越来越严重，他的妹妹南安长公主前来探病，问候他，他没有回答。他的小儿子姚耕儿出宫，告诉他的哥哥南阳公姚愔说：“皇上已经驾崩了，应该快点决定对策。”姚愔便与尹冲率领全副武装的战士进攻端门，敛曼嵬、胡翼度等人指挥军队紧闭宫门拒守力战。姚愔等人派遣精壮的士兵登上门楼，沿着屋檐前进，到了马道的地方。姚泓在谘议堂侍奉父亲，太子右卫率姚和都率领太子宫的军队进驻马道以南。姚愔等没有办法前进，于是便放火烧了端门。姚兴勉强支撑起来，来到前殿，命令姚弼自杀。禁卫部队看到姚兴，欢呼跳跃，争先恐后地发动冲锋攻击敌兵，敌兵惊慌失措。姚和都又带领太子宫卫队从后面夹击敌人，姚愔等人大败。姚愔逃奔骊山，他的同党建康公吕隆逃奔雍城，尹冲和他的弟弟尹泓逃奔东晋。

姚兴把东平公姚绍以及姚赞、梁喜、尹昭、敛曼嵬召进内宫到他的床边，交给他们遗诏，让他们辅佐朝政。第二天，姚兴去世。姚泓封锁姚兴的死讯，不发布消息，下令逮捕南阳公姚愔和吕隆、大将军尹元等人全部杀掉，然后才公布父亲去世的消息，登上帝位，下令大赦，改年号为永和。姚泓命令齐公姚恢杀掉安定太守吕超。姚恢犹豫很久才把吕超杀了。姚泓怀疑姚恢对他有二心，姚恢因此非常害怕，暗地里聚集军队阴谋叛乱。姚泓把姚兴安葬在偶陵，追谥为文桓皇帝，庙号高祖。

当初，姚兴把李闰的三千户羌人强行迁移到安定居住。姚兴去世之后，羌族首领党容反叛。姚泓派遣抚军将军姚赞前去攻打并收降了他们，把他们的首领和豪族强行迁到长安，其他的都遣回李闰。北地太守毛雍据守赵氏坞叛变，东平公姚绍前往攻打并把他抓获。这时姚宣镇守李闰，参军韦宗听说毛雍反叛，劝说姚宣道：“主上刚刚登基，威望和德行还没有表现得很明显，国家的灾难是无法预测的，您不能不为此多想一想。邢望那里地势险要，应该迁到那里去据守，那是称王称霸的基本条件啊！”姚宣听从了他的话，率领三万八千户居民，放弃李闰，向南去保守邢望。几个羌族部落占据李闰反叛，东平公姚绍进兵攻打，把他们打败。姚宣前去拜见姚绍请罪，姚绍把他杀了。

（以上为第六段，写后秦主姚兴病重，国家危机四伏，姚弼党羽姚愔等反叛，进攻皇宫，姚兴强撑病体，赐死姚弼；太子姚泓即位，改元永和，后秦犹苟延残喘。）

二月，东晋朝廷加授太尉刘裕为中外大都督。刘裕动员军队严加戒备，准备攻打后秦，安帝司马德宗下令加授刘裕兼任司、豫二州刺史，任命他的世子刘义符为徐、兖二州刺史。琅邪王司马德文请求率领部队在前面开路，到洛阳去整修祖先的陵墓。安帝下令允许。

夏季，四月初五壬子，北魏实行大赦，改年号为泰常。

西秦襄武侯乞伏昙达等在上邽袭击后秦秦州刺史姚艾，并把他打败，把当地的五千多户居民强行迁移到枹罕。

五月十七日癸巳，东晋加授太尉刘裕兼任北雍州刺史。

六月十一日丁巳，魏明元帝拓跋嗣巡视北方。

并州几万帐落的胡人背叛后秦，来到平阳，推举匈奴人曹弘为大单于，向匈奴堡开进，攻打立义将军姚成都。征东将军姚懿从蒲阪发兵攻打他们，抓住了曹弘，押送到长安，并把他们中一万五千落篷帐的豪门大族迁往雍州。

氐王杨盛进攻后秦的祁山，攻克了那里，进而向秦州逼近。后秦后将军姚平赶来援救。杨盛带兵撤退，姚平与上邽守将姚嵩追击他。

夏王赫连勃勃率领四万骑兵袭击上邽，还未赶到，姚嵩便在竹岭与杨盛的激战中兵败身死。赫连勃勃进攻上邽，二十天之后攻下，杀死秦州刺史姚军都及将士五千多人，并摧毁了城墙。他进而进攻阴密，又杀死了后秦国守将姚良子以及一万多士兵。他任命儿子赫连昌为雍州刺史，镇守阴密。后秦征北将军姚恢放弃安定，逃奔长安，安定人胡俨等率领五万户居民占据城池向夏国投降。赫连勃勃让镇东将军羊苟儿带领五千鲜卑人镇守安定，自己去雍城进攻后秦镇西将军姚谌，姚谌放弃了防地逃奔长安。赫连勃勃据守雍城，进军劫掠郿城。后秦东平公姚绍及征虏将军尹昭等率领步兵、骑兵五万人迎击他们，赫连勃勃退至安定，胡俨紧闭城门抵抗他，并杀了羊苟儿和他所带领的鲜卑人，再次献出安定，归降后秦。姚绍进军到马鞍阪，向赫连勃勃发动攻击，并把他打败，一直追到朝那，没有追上便回来了。赫连勃勃回到杏城。

杨盛再次派遣侄儿杨倦进攻后秦，抵达陈仓，后秦的敛曼嵬把他击退。夏王赫连勃勃又派侄儿赫连提向南侵犯泄阳，后秦车骑将军姚裕等把他击退了。

西凉司马索承明呈上奏书，劝说凉公李暠攻打北凉河西王沮渠蒙逊。李暠召他进宫见面，对他说："沮渠蒙逊成为百姓的祸患，我怎么能够忘了他！只不过我的气势力量还不能把他除掉罢了。你如果有一定可以擒获他的计策，就应该告诉我。只是一味地唱高调、说大话，让我向东攻打，这和说'石虎这小崽子，应该抓起来绑到市井上去斩首'的人有什么差别？"索承明羞惭惶恐而退。

秋季，七月，魏明元帝拓跋嗣在牛川大规模地打猎，到了殷繁水才回来。二十三日戊戌，抵达平城。

（以上为第七段，写仇池主杨盛率军进攻后秦祁山，攻下后又被打败；胡夏主赫连勃勃率军攻打后秦上邽，又进攻阴密、安定、雍城，频频得手，后被打退。）

八月初一丙午，东晋实行大赦。

东晋宁州把一个琥珀做的枕头进献给太尉刘裕。刘裕因为琥珀可以治疗外伤，得到这个枕头非常高兴，命令把它捣碎，分赐给即将去北方征战的将士。

刘裕任命自己的世子刘义符为中军将军，监太尉留府事；任命刘穆之为左仆射，兼任监军、中军二府军司，并让他进入东府居住，总管朝廷内外的一切事务。任命太尉左司马东海人徐羡之为刘穆之的副手，命左将军朱龄石守卫宫廷及国家办事机构，命徐州刺史刘怀慎守卫京师，命扬州别驾从事史张裕任留州事。刘怀慎是刘怀敬的弟弟。

刘穆之在内总管朝廷政务，在外供应军旅的给养，遇事当机立断，快如流水，因此一切事务没有堆积迟滞的。宾客从四面八方集中到这里，各种请求诉讼千头万绪，内内外外咨询禀报，堆满台阶屋子。他竟然能够眼睛看辞作讼书，手写答复信件，耳朵同时听属下的汇报，嘴里也应酬自如，而且同时进行的这四种工作互相之间又不混淆错乱，全都处置得当。他又喜欢宾客来往，说笑谈天，从早到晚，毫无倦意。偶尔有闲暇时间，他便亲自抄书，参阅古籍，校订错误。他的性格奢放豪迈，吃饭一定要宽大的饭桌，一大早便经常要准备十个人左右的饭食，从来没有一个人单独进餐。他曾经告诉刘裕说：“我刘穆之的家庭出身本来贫穷微贱，维持生计都很艰难。自从得到您的信任身居高位以来，虽然心中常常想着节俭，但从早到晚所需要的花销，仍然稍微显得过于丰厚了一点，除此而外，没有一点儿是对不起您的了。”中军谘议参军张卲对刘裕说：“人的生机很脆弱，必须有一个长远的打算。刘穆之如果遇到什么不幸，谁可以代替他呢？而你所开创的功业已经到了这种程度，如果发生不幸，你说该如何处理后事？”刘裕说：“这自然要完全交给刘穆之和你了。”

八月十二日丁巳，刘裕从建康出发。他派遣龙骧将军王镇恶、冠军将军檀道济带领步兵从淮河、淝水向许昌、洛阳进发；派遣新野太守朱超石、宁朔将军胡藩进军阳城；派遣振武将军沈田子、建威将军傅弘之进军武关；派遣建武将军沈林子、彭城内史刘遵考带领水师从石门出发，自汴水入黄河；派遣冀州刺史王仲德督领前锋的几支部队，开通钜野被淤塞的旧河道，进入黄河。刘遵考是刘裕的本家弟弟。刘穆之对王镇恶说：“刘公这次交给你攻打秦国的重任，你可要努力呀！”王镇恶说：“我如果不攻克收复关中地区，发誓不再过长江！”

刘裕起兵出发后，青州刺史檀祗便从广陵擅自率领军队到涂中掩杀攻打逃亡的人。刘穆之担心檀祗趁机制造变乱，商议准备派军队防备。当时，檀韶任江州刺史，张卲说：“现在檀韶占据长江中游，檀道济出兵攻打秦国军队的重要将领，如果露出一些怀疑檀祗的迹象，那么留在京都的太尉府乃至朝廷，便会马上陷入危险，不如派人迎上去慰劳他，顺便观察一下他的意图，一定没什么可担忧的。”刘穆之这才停止行动。

当初，魏明元帝拓跋嗣派遣公孙表前去攻打白亚栗斯，说：“一定事先通知秦国的洛阳守将，让他们在黄河南岸严密设防，然后进攻他。”公孙表还没有到达，胡人便废掉了白亚栗斯，重新拥立刘虎为率善王。公孙表以为胡人内部勾心斗角、毫不团结，结果一定会失败溃散，于是并不通告后秦守将，便发动了进攻，结果被刘虎打得大败，士兵中死伤的人很多。

北魏主拓跋嗣与各位大臣商议说：“胡人背叛我们已经超过一年了，征讨他们也没有获胜，他们的人数又很多，制造的祸患也一天比一天深。现在又正值盛秋，不可以再次发动军队前去攻打，以免妨碍百姓收获庄稼，怎么办好呢？”白马侯崔宏说：“胡人虽然数量很多，但却没有特别称职的大将统管他们，终究不能成为太大的祸患。公孙表等人的几支军队，不能说力量不够，但是他们的军纪法令却不能严格统一，对战机的把握和对事情的处理都有失妥当，因此才导致失败。我看只要选好一员平时便很有威望的大将带领几百名骑兵，前去统御公孙表的军队，便没有不打胜仗的。相州刺史叔孙建以前在并州任职，胡人、汉人对他都很害怕敬服，其他将领都赶不上他，可以派他去。”拓跋嗣依从了他的建议，任命叔孙建为中领军，监督公孙表等人去攻打刘虎。九月，戊午（疑误），把敌军打得大败，杀死一万多人，刘虎和司马顺宰全部战死，北魏俘虏了那里的民众十万多人。

东晋太尉刘裕抵达彭城，朝廷加任他领徐州刺史。任命太原人王玄谟为从事史。

（以上为第八段，写东晋太尉刘裕率领数路大军攻打后秦，由世子刘义符负责留守，刘穆之总管朝廷内外事务；北魏主拓跋嗣重用叔孙建，打败率善王刘虎。）

当初，王廞失败的时候，僧人昙永把他的小儿子王华藏了起来，让他扮作童仆，提着自己的衣裳行李，跟在后面。码头巡逻检查的人对这孩子产生怀疑，昙永呵斥王华说：“你这小奴才，为什么不快走？”用棍子打了他几十下，因此才免于被识破。后来遇到大赦，他才到吴郡。他因为父亲下落不明，不知是死是活，所以只穿布衣，只吃蔬菜，拒绝与别人交游，不出来做官，这样过了十几年。刘裕听说王华贤明，打算征用他，于是便为王廞发丧，让王华穿了三年的丧服。三年之后，征召他为徐州主簿。

王镇恶、檀道济进入了后秦的地界，所过之处，全部告捷。后秦将领王苟生献出漆丘，向王镇恶投降；后秦徐州刺史姚掌献出项城，投降了檀道济。其他的那些保卫地方的守军也都听见东晋军消息便前来归顺，只有新蔡太守董遵不肯屈服。檀道济攻克了他所坚守的城池，抓住了董遵，把他杀了。他们进军攻克了许昌，抓获了后秦颍川太守姚垣，以及大将军杨业。沈林子从汴水进入黄河，襄邑人董神虎聚集了一千多部众赶来投降，太尉刘裕任命他为参军。沈林子与董神虎一起进攻仓垣，并把那里攻破，后秦兖州刺史韦华投降，董神虎擅自回到家乡襄邑，沈林子把他杀了。

后秦东平公姚绍向后秦主姚泓进言道："晋军已经过了许昌，安定遥远孤立，很难救援守卫，应该把迁到那里充实防务和农耕的镇户全部迁回，充实京畿的力量，这样可以得到十万精锐部队，虽然晋朝和夏国轮流入侵，也还不至于使国家沦亡。如果不这样的话，晋国进攻豫州，夏国进攻安定，我们怎么办呢？关键时刻已经到来，应该尽快决定。"左仆射梁喜说："齐公姚恢一向有威勇的名声，岭北一带的军民对他都很害怕，镇守在那里的人也已与赫连勃勃结下深仇，所以理所应当拼死拒守，没有别的想法。赫连勃勃到最后也不会越过安定，远征京师。如果没有安定这座屏障，强盗的战马一定会进发到郿县。现在关中的兵马足可以抵抗东晋，不应该自己先损害削弱自己。"姚泓听从了他的话。

吏部郎懿横秘密地向姚泓进言说："姚恢在广平之难的时候，对皇上忠贞不贰，立下大功。您继承大统当上皇帝之后，也没有给他特别的封赏，报答他的忠心。现在，对他来说，在外是把他遗弃在必死之地，在内又不让他参与朝廷的决策，安定的百姓自认为一座孤城岌岌可危，强敌又渐渐逼近，因此希望迁回南方的人十有九个。如果姚恢操纵几万精锐部队，擂起战鼓向京师进发，岂不是国家的大麻烦吗？应该把他征召回朝廷，安慰他的情绪。"姚泓说："姚恢如果心怀不轨，阴谋叛逆，把他征召回朝，不过正好加速灾祸的到来罢了。"又不接受他的意见。

东晋王仲德率领的水师进入黄河，迫近滑台。北魏兖州刺史尉建怯懦畏惧，放弃守城，统率部众向北渡过黄河。王仲德进入了滑台，并宣告说："我们晋朝本来打算用七万匹布帛做代价向魏国借道，想不到魏国守将却突然放弃城池逃跑。"北魏主拓跋嗣听说后，派遣叔孙建、公孙表从河内向枋头进军，又带兵渡过黄河，在滑台城下杀掉尉建，把他的尸体投入黄河，并向王仲德的部下诘问为什么入侵进犯，王仲德派司马竺和之上前回答说："刘太尉派遣征虏将军王仲德从黄河进军洛阳，去清扫晋室的祖先陵墓，并不敢向魏国发动进攻。魏国守将自己放弃滑台逃走，王将军才借助这座空城安歇部队，我们马上就要向西进发，对晋、魏的和睦关系并不妨碍。你们有什么必要高扬战旗，紧擂战鼓显示威力呢？"拓跋嗣又派叔孙建质问东晋太尉刘裕，刘裕谦逊地道歉说："洛阳是我们晋朝的旧都，但是，却被羌人占据了，我们晋朝打算修复晋室祖先陵墓已经有很长时间了。而桓氏的同属亲属，司马休之、司马国璠兄弟，鲁宗之父子等人，都是晋朝的蠹虫和叛逆，但是羌贼却收留他们，给我们留下后患。现在我们晋朝准备攻打他，打算向你们魏国借一条道，不敢对你们有什么不利的举动。”

北魏镇守河内的大将于栗磾有勇武的名声，在黄河岸上构筑堡垒，防备东晋的侵扰。刘裕写一封信给他，上面的称呼是：“黑矟公麾下。”于栗磾喜欢使用黑矟做武器，这成了他的标志，所以，刘裕才这样称呼他。北魏于是拜于栗磾为黑矟将军。

（以上为第九段，写东晋各路大军深入北境，王镇恶、檀道济进入后秦境内，所过之处，全部告捷；北魏兖州刺史尉建怯懦，放弃守城，王仲德率军进入滑台。）

冬季，十月十八日壬戌，魏明元帝拓跋嗣前往豺山宫。

当初，北燕将领库傉官斌投降了北魏，不久又背叛北魏，重新归附北燕。魏明元帝拓跋嗣派遣骁骑将军延普，渡过濡水进攻库傉官斌，把他杀了。于是，他们又乘胜进攻北燕幽州刺史库傉官昌、征北将军库傉官提，把他们全部杀掉。

后秦阳城、荥阳两座城全部投降，东晋军队行进到成皋。后秦征南将军陈留公姚洸镇守洛阳，派遣信使向长安请求救援。后秦主姚泓派遣越骑校尉阎生率领三千骑兵赶来救助，派遣武卫将军姚益男带领一万步兵去协助镇守洛阳，又派并州牧姚懿向南屯扎在陕津，为他们声援。宁朔将军赵玄对姚洸进言道：“现在晋寇越来越深入我们国土，人心震骇动摇。他们人多，我们人少，无法抵挡他们，如果出去迎战，反而不能取胜，那么我们的宏伟事业便会一去不复返了。所以，我们应该镇守不动，坚守金墉，以等待西部的军队前来救援。金墉不被攻下，晋军一定不敢越过我们向西进发，这样，我们便可以不去迎战，在这里等待他们出现漏洞。”

司马姚禹暗地里与东晋的檀道济勾结、通谋，主簿阎恢、杨虔都是姚禹的党羽，他们都非常嫉妒、厌恶赵玄，所以便对姚洸进言说：“您因为有英明勇武的谋略和能力，接受独当一面的国家重任。现在只是环城坚守，向敌人显示自己的懦弱，怎么能不受到朝廷的责备呢？”姚洸也认为是这样，于是，派遣赵玄带领部众一千多人，向南驻守柏谷坞，派广武将军石无讳向东戍卫巩城。赵玄流着泪对姚洸说：“我赵玄接受三代皇帝的重恩，所一直坚守的志向正是以死相报而已。但是您不采纳忠臣的良言，被奸臣耽误，以后一定后悔。”

不久，成皋、虎牢都投降东晋，檀道济等人带领大部队长驱直入。石无讳抵达石关，逃了回来。东晋龙骧司马荥阳人毛德祖，在柏谷与赵玄展开战斗，赵玄的军队失败，赵玄身受十几处伤，跌倒在地，大声呼喊。赵玄的司马蹇鉴，冒着被杀的危险，抱住赵玄痛哭。赵玄说：“我的伤太重了，你应该快点逃走！”蹇鉴说：“将军不脱离危险，我蹇鉴到哪里去？”最后与他一起死了。姚禹逃出城来投奔檀道济。

十月二十日甲子，檀道济进军逼近洛阳，二十二日丙寅，姚洸出城投降。檀道济俘获后秦四千多人，有人提建议把他们全部活埋，筑起一座土丘。檀道济说：“攻打罪人，安抚平民，今天正是时候！”于是，把他们全部释放，遣送回家。从此，不管是夷人还是汉人，都非常感激高兴，前来归附的人非常多。阎生、姚益男还没有赶到，听说洛阳已经沦陷，没有敢继续前进。

十月，己丑日（疑误，或为二十一日乙丑），东晋安帝司马德宗下令派遣兼司空、高密王司马恢之修复拜谒五位皇帝的陵墓，并设置守卫部队。太尉刘裕任命冠军将军毛修之为河南、河内二郡太守，代理司州的政事，戍守洛阳。

西秦主乞伏炽磐派遣秦州刺史王松寿镇守马头，用来对后秦的上邽造成压力。

十一月初一甲戌，北魏主拓跋嗣回到平城。

太尉刘裕派遣左长史王弘返回建康，委婉地向安帝司马德宗请求，加授自己九锡。这时刘穆之执掌留守的大权，但是这旨意却是刘裕自己在北方提出，又通过别人传来，刘穆之从此既惭愧又害怕，得了疾病。王弘是王珣的儿子。

十二月二十九日壬申，安帝司马德宗下令任命刘裕为相国、总百揆、扬州牧，加封为食邑十郡的宋公，备办九锡的礼仪，尊位在各诸侯王之上，并仍像原来那样兼任征西将军，司、豫、北徐、雍四州刺史。刘裕推辞，不接受任命。

西秦王乞伏炽磐派遣使节前来拜见东晋太尉刘裕，请求进攻后秦，主动为刘裕效力。刘裕授乞伏炽磐为平西将军、河南公。

（以上为第十段，写东晋进攻后秦洛阳，洛阳司马姚禹暗地串通东晋，撺掇守城将军姚洸出兵攻打，姚洸不能抵挡，东晋攻下洛阳；太尉刘裕讽喻朝廷加九锡，又假惺惺地推辞。）

后秦姚懿的司马孙畅劝说姚懿，让他去回击长安，杀死东平公姚绍，废掉国主姚泓，自己代替他登基。姚懿认为很对，于是把粮食发放给河北的夷族与汉族，打算以此树立一些个人的恩德，收买民心。左常侍张敞、侍郎左雅劝阻他说：“您以皇帝的同母弟弟的身份坐镇一方，自己的安危悲喜，与皇帝和国家是一样的。现在吴地的敌人前来侵犯，四州已经丧失，西部的强盗也不断地骚扰边境，秦州、凉州已经倾覆失败，朝廷的危险程度，像垒在一起的鸡蛋那样。粮食是国家政权稳定的基础，您无缘无故地把它散发掉，倒空损耗国家的储备，将来怎么办？”姚懿勃然大怒，鞭打他们至死。

后秦主姚泓听说了这个消息，召东平公姚绍进宫与他秘密商议。姚绍说：“姚懿性格卑鄙，见识浅薄，听人话行事，想出这种主意的，一定是孙畅。只要派信使飞马去把孙畅征召过来，再派抚军将军姚赞据守陕城，我再去潼关调遣指挥各支军队。如果孙畅接受命令来京，我便派遣姚懿统领河东的现有部队去抵抗晋军；如果他不接受征召，便可以公布他的罪状，公开攻打他。”姚泓说：“叔叔这些话，真是拯救国家的好办法。”于是，派遣姚赞和冠军将军司马国璠、建义将军蛇玄，驻扎在陕津，派遣武卫将军姚驴屯扎在潼关。

姚懿于是发动大军，自称皇帝，向各州郡传递公告檄文，打算把匈奴堡的粮食运来蒲阪供应自己的部众。宁东将军姚成都拒绝，姚懿用谦卑的话引诱他，并把自己的佩刀送给他做盟誓的见证，姚成都仍然不听从。姚懿派遣骁骑将军王国带领几百名全副武装的士兵去袭击姚成都，姚成都把他们击败抓获，派遣使者责备姚懿说：“您以皇帝至亲的身份担当重任，国家危急的时候不能上前解救，却反倒图谋非分的念想。三位祖先的在天神灵，怎么能够保佑您呢？我姚成都准备聚集义兵，前往黄河之上与您相见。”于是向各个城池传送檄文，明确告诉他们什么是顺天，什么是叛逆，征集部队调动军粮，用来攻打姚懿。姚懿也发动几个城的守军，但是却没有响应他的，只有临晋的几千户人家响应。姚成都带兵渡过黄河，对临晋的叛军发动进攻，把他们打败。姚懿手下的蒲阪士兵、安定人郭纯等人拉起队伍包围姚懿。东平公姚绍进入蒲阪，抓获姚懿，杀死孙畅等人。

这一年，北魏卫将军、安城孝元王叔孙俊去世。魏明元帝拓跋嗣对此非常惋惜，对他的妻子桓氏说：“生的时候可以和他一起享受荣华富贵，死后能和他一起承受悲哀吗？”桓氏于是自己上吊而死，死后二人合葬。

北魏境内的丁零部落酋长翟猛雀掳掠驱赶当地的官民，进入白涧山叛乱。北魏内都大官河内人张蒲与冀州刺史长孙道生攻打他们。长孙道生是长孙嵩的侄儿。长孙道生打算直接进兵袭击翟猛雀，张蒲说：“官民们不愿意制造叛乱，不过是被翟猛雀逼迫威胁罢了。现在如果不加以分别，对他们一并进攻，他们虽然打算弃恶从善，但是也已经无路可走，因此他们一定会同心协力，据守险要抵抗官军的进攻，那样，就不容易马上把他们剿平了。不如先派遣使者前去告诉他们，说不和翟猛雀一同谋反的人一律不予株连定罪，那么他们一定非常高兴地叛离翟猛雀，主动散去。”长孙道生听从了他的话，投降过来的果然有几千家，长孙道生让他们恢复过去的家业。翟猛雀和他的一百多名死党出逃，张蒲等人追上，把他杀掉。左部尚书周几对他的余党穷追不舍，严加攻打，终于把他们全部杀掉。

（以上为第十一段，写后秦在存亡之际发生变故，国主姚泓的同母弟姚懿听从司马孙畅蛊惑，发动叛乱，自称皇帝，宁东将军姚成都不受诱惑，发兵攻打，东平公姚绍进入蒲阪，抓获姚懿；北魏平定丁零翟猛雀叛乱。）

【点评】

姚兴优柔误国。公元416年，后秦主姚兴带着无限遗憾去世。在位二十一年，在那种纷纷扰扰、攻伐不断的年代，能够执掌国家权柄二十多年，并且使国家越来越强大，在五胡十六国的统治者中，姚兴堪称翘楚。然而，他去世后，太子姚泓继位，第二年就亡国了，也给人们留下了太多的思考，令人不得不反思姚兴治政的得失。

其一，姚兴是二代王，继承了一代王姚苌的谋略与智慧，使得国家政权平稳且巩固。姚兴的父亲姚苌，是羌人首领姚弋仲的第二十四子，史书称赞他“少聪慧，多权略，随兄姚襄出征，常参大谋”，在位十年，奠定了后秦的历史地位。姚兴具有其父遗风，善于谋划，善于出奇制胜。姚苌在临终前，辅政大臣姚晃追问攻灭前秦主苻登的打算，姚苌说：“这一大业马上可以成功。姚兴的才智足以办到，你们不必问我了。”这说明姚苌对姚兴的即位以及他的才能，具有足够的信任。姚苌刚死，落在姚兴肩上的担子十分沉重，不仅要对付前秦主苻登，还要防范后秦政权内部的各种势力。为了减少因名号问题而引起的纷扰，他决定暂不称帝，自号为大将军。前秦主苻登调动大军，全力东进，准备一举消灭后秦，而姚兴临危不乱，从容指挥，废桥一战，后秦大获全胜。而后，姚兴亲自率军攻打马毛山，一鼓作气击溃苻登，把他擒获后杀死，同时解散了苻登的部众，攻灭了前秦，巩固了自己作为后秦之主的地位，而后称帝。

其二，姚兴在长期执政中，勤于政事，治国安民，兴修水利，关心农事，打好了国家发展的政治、经济基础。姚兴妥善处理了统治集团内部的关系，善于化解矛盾，凝聚人心。在军事上，他高度信任和任用两位能征善战的叔叔姚绪和姚硕德，注重军纪，史书称其为“军令齐整，秋毫无犯”。在政治上，他依靠足智多谋的尹纬，并能够倾听臣下的意见，注意提拔一些有才能的人担任重要官职。同时，他采取严厉措施打击贪官污吏，对于比较清廉的臣属，不仅给予物质上的奖励，还予以表彰，越级提拔。他还大力提倡儒学，兴办学校。他采取如此措施，使得后秦成为十六国后期国力仅次于后燕的强盛国家。

其三，诸子争权，明争暗斗，姚兴犹豫不决，酿成大祸，使得后秦国急速灭亡。姚兴有十几个儿子，有不少很有才能，作战比较勇敢，为后秦的巩固和发展建立了功勋。皇长子姚泓性格宽和、才能平庸，而且又体弱多病。早在十几年前立太子时，姚兴就颇为犹豫，他喜爱皇子姚弼，认为姚弼是比较理想的继承人，因此平常格外宠信姚弼。于是，姚弼逐渐产生了夺嫡的欲望。他原来担任雍州刺史，镇守安定，后来调入中央，担任尚书令、侍中。他结纳党羽，积极制造舆论，企图李代桃僵；他给倾向于姚泓的大臣姚文宗罗织了许多罪名，激怒父亲将其杀死；他在父皇身边安插亲信，广树爪牙，逐渐控制了一些中枢机要部门。对此，姚兴则采取了纵容的态度。有人点拨和提醒，姚兴也是假装糊涂，不予理睬。如此种种，埋下了祸根。而后，姚弼在府里埋伏下数千甲士，准备一旦姚兴去世，立即武力夺权。其他皇子也不甘示弱，曾分别起兵，一时剑拔弩张、烽烟滚滚，大有内战一触即发之势。幸亏姚兴大病不死，紧张的形势才得以缓和。

其四，姚泓即位后，内忧外患一起袭来，他无法应对，左支右绌，最后，勉强支撑了一年多时间，后秦就灭亡了。究其灭亡原因，固然有各个方面的因素，但与姚兴的后事安排失妥也是分不开的。姚泓比较文静，性格比较软弱，在大争之世，缺乏维护国家统一的强力手段，面对内忧外患，无计可施，这让我们反思，姚泓是否是一个合适的继承人？姚兴既然已经立了姚泓为太子，那么就应当树立太子的权威，而不应听信其他人的诬陷之言，给臣下造成误解，以为皇上要更换太子；当姚弼等人表现出谋反迹象时，就要采取果断措施，而不是优柔寡断，不分是非，甚至还让其继续掌握兵权。如此种种，都反映了姚兴后期的矛盾与为难，缺少一个政治家的果断与气魄。这是应当引以为鉴的啊！

资治通鉴（白话本） 卷第一百一十八

晋纪四十

晋安帝义熙十三年至晋恭帝元熙元年（公元417—公元419）

【起强圉大荒落（丁巳，公元417年），尽屠维协洽（己未，公元419年），凡三年】

【大事提要】

本卷记事起于公元417年，到公元419年，凡三年，时当晋安帝（司马德宗）义熙十三年至晋恭帝（司马德文）元熙元年。本卷所载大事，主要有五个方面。

其一，李暠去世。公元417年，李广十六世孙、西凉主李暠卧病不起，嘱托世子李歆不要高高在上、专横骄傲、自以为是，而后去世，享年六十七岁，在位十七年。唐朝李氏称李暠为其先祖，追尊为兴圣皇帝。太子李歆继位，史称西凉后主。西凉共维持二十一年，亡于北凉。其二，吐谷浑兴起。公元417年，吐谷浑首领树洛干病死，同母弟阿柴继位，自称沙州刺史、威王。此时，吐谷浑部“兼并氐羌，地方数千里，号为强国”，后世称为“阿柴王国”。后迁都浇河，开创了结好西秦与联宋抗秦的外交策略，很快走上兴盛之路。其三，刘裕攻灭后秦。公元417年，东晋太尉刘裕率领大军在攻取洛阳、夺取潼关的基础上攻打后秦长安。他善于选择战机，周密部署，以偏师进入武关，并派水军沿着渭水西进，配合主力，水陆夹击，终获胜利。后秦主姚泓被俘虏，被押送到建康斩首，后秦灭亡。其四，夏国占领长安。刘裕北伐成功后匆忙东归，关中由其儿子刘义真镇守，发生内讧，将领王镇恶、沈林子、王修先后被杀。公元418年，夏王赫连勃勃率兵南下攻占咸阳，然后挥戈东进，占据长安，并在灞上称帝；夏国以一系列摧枯拉朽的军事行动，迅速强大。其五，东晋安帝去世。公元419年，东晋宋王刘裕急于篡夺皇位，密令中书侍郎王韶之除掉安帝司马德宗。王韶之找机会入后宫东堂，命人将司马德宗活活勒死。司马德宗被称为“白痴皇帝”，时年三十七岁，在位二十三年。随后立司马德文为帝，谥为晋恭帝，改年号为元熙。

安皇帝癸

晋安帝义熙十三年（丁巳，公元417年）

春季，正月初一甲戌朔，出现日食。

后秦主姚泓在王宫前殿接受文武百官的朝贺，因国家内忧外患交迫，君臣相对哭泣。征北将军、齐公姚恢率领安定居民三万八千户人家，纵火焚烧了房屋，从北雍州直奔长安而来。姚恢自称大都督、建义大将军，向所过州县传布檄文，声称要铲除君主身边的恶人。扬威将军姜纪率领部众归附了姚恢，建节将军彭完都放弃了阴密城，逃回长安。姚恢大队人马抵达新支，姜纪对姚恢说："朝廷重要将领和军队主力都在东方，京师空虚，您如果率领轻装的士兵迅速袭击长安，定能攻克。"姚恢没有同意，却向南进攻郿城。镇西将军姚谌被姚恢击败，长安受到很大震动。姚泓派人飞马前去征召东平公姚绍，并派姚裕和辅国将军胡翼度屯驻澧西。扶风太守姚儁等人都投降了姚恢。东平公姚绍率领各路人马紧急向西回军，与姚恢的军队在灵台相持。姚赞留下宁朔将军尹雅为弘农太守，镇守潼关，然后也率军回到长安。姚恢的部众看到各路兵马四面集中而来，都心惊胆战，大将齐黄等人前往官军大营投降。姚恢挥师进逼姚绍的军队，姚赞从后面进攻姚恢，姚恢的部众大败，四处逃散，官军斩杀了姚恢和他的三个弟弟。姚泓闻知姚恢的死讯，失声恸哭，用公爵的礼仪把他们安葬了。

东晋太尉刘裕从彭城率领水军出发西上，留下他的儿子彭城公刘义隆镇守彭城。晋安帝司马德宗下令，任命刘义隆为监徐、兖、青、冀四州诸军事，兼徐州刺史。

西凉公李暠患病卧床，临终前，他嘱咐长史宋繇说："我死以后，世子李歆就像你的儿子，你要好好训导他。"二月，李暠去世。朝廷文武百官拥立世子李歆为大都督、大将军、凉公、领凉州牧。李歆下令实行大赦，改年号为嘉兴。尊奉李歆的母亲天水人尹氏为太后。李歆任命宋繇为录三府事。李暠追加谥号称武昭王，庙号太祖。

西秦安东将军乞伏木弈干，进攻吐谷浑汗国可汗树洛干，在尧杆川大败树洛干的弟弟阿柴，俘虏五千多人班师。树洛干逃走，退保白兰山。他又羞又愤，大病不起，临死前，对阿柴说："我的儿子慕容拾虔年幼，如今把身后大事托付给你。"树洛干去世，阿柴继位，自称为骠骑将军、沙州刺史。追赠树洛干为武王。阿柴逐渐兴兵向外扩张，吞并吐谷浑周围的弱小部落，扩展疆域数千里，于是成为一个强大国家。

北凉河西王沮渠蒙逊派遣他的部将袭击乌啼部落，大败乌啼军，随即又袭击卑和部落，收降他们。

东晋龙骧将军王镇恶，进军渑池，又派毛德祖袭击后秦弘农太守尹雅据守的蠡吾城，生擒尹雅。尹雅杀死了看守他的士兵逃走。王镇恶一直向前进攻，抵达潼关。

东晋将领檀道济、沈林子等从陕城北面渡过黄河，攻陷襄邑堡。后秦河北太守薛帛逃奔河东。东晋军继续前进，又攻击后秦并州刺史尹昭据守的蒲阪，没有攻下。东晋另一路将领进攻匈奴堡，被守将姚成都击败。

二月十九日辛酉，东晋荥阳守将傅洪，献出虎牢城，投降北魏。

后秦主姚泓任命东平公姚绍为太宰、大将军、都督中外诸军事，颁赐帝王专用的黄钺，改封鲁公。命他督率武卫将军姚鸾等，率步、骑兵共五万人镇守潼关，又遣另一大将姚驴，救援蒲阪。

东晋建武将军沈林子对檀道济说："蒲阪城池坚固，守军又多，不可能一举攻下。强攻则白白使我军伤亡，不强攻又会拖延时间。现在王镇恶在潼关，势单力弱，我们不如与王镇恶会师，合兵攻打潼关。如能攻克潼关，尹昭在蒲阪，就可以不攻自破了。"檀道济同意。

三月，檀道济、沈林子抵达潼关。后秦鲁公姚绍率兵出城迎战，檀道济、沈林子奋勇进攻，大破后秦军，斩杀和俘虏敌人数以千计。姚绍率领后秦军撤退，屯驻定城，凭依险要的地势固守城池。姚绍对他手下的将领们说："檀道济他们的兵力不多，而且孤军深入，所以只能加强营垒固守，等待后继援军。我现在分兵几路，切断他的粮饷供给之路，就可以稳坐这里生擒他。"于是姚绍派姚鸾把守大路要道，断绝檀道济的送粮道路。

后秦将领姚鸾派尹雅率兵与东晋军在潼关之南会战，尹雅再度被东晋士兵俘虏，就要斩首，尹雅说："我前不久被俘就应当被杀，幸亏逃脱，才得以活到今天，死也当然甘心情愿。汉人与夷人虽然民族不同，君臣之间的大义却是一样的。晋国既然可以出于大义兴兵遣将，为什么不让秦国有守节的大臣呢？"东晋军赦免了他的死罪。

三月初四丙子夜间，沈林子率领精锐部队突然偷袭姚鸾的大营，斩杀姚鸾以及他手下的士兵几千人。姚绍又派东平公姚赞驻守黄河岸边，企图断绝东晋军的水道；沈林子又率军进攻姚赞，姚军大败，姚赞本人则逃回定城。后秦河北太守薛帛，献出河曲，投降了东晋军。

（以上为第一段，写东晋将领王镇恶一路向前，势如破竹，抵达潼关；后秦鲁公姚绍派将据守大路要道，断绝晋军粮道；东晋将领沈林子率军偷袭，打败后秦军队。）

东晋太尉刘裕率领水军从淮河、泗水进入清河，准备再逆流西上，开进黄河，他先派使节向北魏借路。后秦主姚泓也派人出使北魏，请求救援。魏明元帝拓跋嗣命令文武百官共同商讨这件事，群臣都说："潼关是天险，刘裕用水军攻克恐怕难以达到。但是如果从黄河北岸登陆向北方侵入，那就容易得多。刘裕声称攻打秦国，他的真实目的难以猜测；而且秦国是与我们有婚姻关系的国家，不可以不出兵相助。我们应派兵切断黄河上游，阻止晋军西上。"

博士祭酒崔浩说："刘裕吞并秦国的野心由来已久。如今姚兴去世，他的儿子姚泓愚劣懦弱，国内灾难一再发生。刘裕乘秦国国内危机而兴兵攻打，他的决心是一定要夺取。我们如果切断黄河上游，阻截晋军，刘裕一怒之下，必然登陆向我们进攻，这样一来，我们等于代替秦国挨打。如今柔然进攻我们边境，百姓又缺少粮食，如果再与刘裕为敌，发兵南下进攻晋国，那么北边敌军柔然就会更加深入。那时，大军救援北方，南方的州县又将告急，这不是好计策。不如借给刘裕水道，听任刘裕西上，然后我们出兵驻防东部，阻塞他的退路。如果刘裕得胜告捷，一定会感激我们借路的恩德；如果失败，我们也会有救援秦国的美名，这是很多办法中比较好的一个。况且，南方与北方风俗不同，即使朝廷放弃恒山以南的领土，刘裕也绝不会用来自吴、越的军队与我们争夺黄河以北的土地，怎么会成为我们的威胁呢？为国家制定方略的人，应该只为国家的利益考虑，怎么可以顾念一个嫁过来的女子呢？"

大臣们还说："刘裕向西进入潼关，便害怕我们切断他的退路，腹背同时遭到攻击；而刘裕如果北上进攻我们，那么秦国姚氏一定不会从潼关出兵救援，所以看刘裕的样子虽然是声称向西，但实际上一定是北上。"拓跋嗣于是命令司徒长孙嵩为督山东诸军事。又派振威将军娥清、冀州刺史阿薄干，率领步、骑兵十万人屯军黄河北岸。

三月初八庚辰，刘裕率领水军开进黄河，任命左将军向弥为北青州刺史，留下戍守碻磝。

当初，刘裕命令王镇恶等人："如果攻下洛阳，一定要等主力大军到达后共同前进。"王镇恶等人却乘胜直接进攻潼关，被后秦兵牵制，不能前进，时间一长，军中粮饷接济不上，士兵产生恐慌和疑虑，有人打算放弃笨重的军用品回去投奔大军。沈林子手按佩剑怒斥道："相公大志是统一天下，而今许昌、洛阳均已平定，关右也将要收复，大事成功与否，就在前锋部队的行动。为什么要挫伤胜利后的士气，放弃就要得到的功业？况且现在主力大军距我们还远，敌人的力量正强盛，即使我们打算撤退，又怎么能够走脱，我接受了命令就不做回头的打算。今天的事我自己率军完成任务，不知你们这些君子，将来有什么面目去见宋公的旗鼓！"

王镇恶等人派人飞马报告刘裕，要求支援粮草和兵力。刘裕把王镇恶的使节叫到面前，打开战船的北窗，指着黄河岸边的北魏大军给他看，说："我告诉他们不能单独前进，如今却轻率地深入敌境，岸上的形势如此严重，我怎么派得出军队！"王镇恶于是亲自回到弘农，向百姓说明情况，晓以大义，百姓争相捐献粮草，军队的粮饷重新得到补充。

北魏军队的几千名骑兵，一直沿着黄河随刘裕的大军向西行进。东晋士兵在黄河南岸，用长绳牵引战船，风大浪急，有的牵绳突然折断，战船漂流到北岸，船上的晋军全都遭到北魏军队诛杀劫掠。刘裕派军还击北魏军队，东晋军一上岸，北魏军就逃走，等东晋军回到船上，北魏军又返回岸边。

夏季，四月，刘裕派遣白直队主丁旿，统率武士七百人，战车一百辆，登上黄河北岸，在距河岸一百步的地方，构筑新月形战阵，以河岸作为月弦，两端抱住河道。每个战车上布置七个武士。新月阵布置完毕，在阵中竖一个白色羽旗。北魏军队不知道这是什么意思，都不敢轻举妄动。刘裕先派宁朔将军朱超石严加戒备，准备出战，等新月阵中的白旗一举起来，朱超石率领二千人飞奔而至，进入新月阵，携带大弩一百张，每个战车上增加到二十人，并在车辕上安置了防箭木板。北魏军看到战阵已经完成，开始进攻包围，长孙嵩又率领三万骑兵作为后继援军，从四面八方向新月阵展开肉搏冲锋，东晋军的强弓不能阻止敌人的势头。当时，朱超石另外还携带了大铁锤和铁矟一千支，这时，朱超石命人把铁矟折成三四尺长，用大锤锤打铁矟，一下去，能贯穿三四人。北魏士兵招架不住，一时间全都四处溃散，争相逃命，阵亡将士的尸体堆积成山。东晋军在战阵中斩杀了北魏冀州刺史阿薄干，北魏军败退，逃回畔城。朱超石率领宁朔将军胡藩、宁远将军刘荣祖乘胜追击，又一次大破北魏军，斩杀和俘虏敌人数以千计。魏明元帝拓跋嗣听到报告，才后悔没有采用崔浩的建议。

后秦鲁公姚绍派长史姚洽、宁朔将军安鸾、护军姚墨蠡、河东太守唐小方，率领二千人驻军黄河北岸的九原，依据黄河天险，打算切断檀道济军队的粮草供应。东晋建武将军沈林子阻击后秦军，大败敌人，斩杀了姚洽、姚墨蠡和唐小方，这支后秦部队被杀被俘，几乎全军覆灭。于是，沈林子奏报太尉刘裕说："姚绍的威名，遍扬关中。但如今，在外，他的大军遭到多次失败；在内，他的国家又危机四伏，恐怕他的寿命提前结束，等不到我们用利斧来斩杀他了。"姚绍听说姚洽等人战败身死，又伤心又愤怒，得了重病，吐血不止，把兵权交给东平公姚赞，便死去了。姚赞代替姚绍之后，后秦的兵势仍很强盛，姚赞领兵袭击沈林子，沈林子又一次打败后秦军。

东晋太尉刘裕抵达洛阳，巡视东晋军队的城堡工事，嘉奖毛修之整理修护的功劳，赐给毛修之许多衣服珍宝，价值高达二千万。

（以上为第二段，写东晋太尉刘裕率领大军从水路进发，向北魏借道，进入黄河，用计大破北魏军；后秦欲断东晋部队粮道，被东晋将领沈林子打败。）

四月十六日丁巳，魏明元帝拓跋嗣前往高柳，二十一日壬戌，返回京都平城。

北凉河西王沮渠蒙逊实行大赦。他派张掖太守沮渠广宗向西凉诈降，引诱西凉公李歆派兵出来迎接，李歆果然发兵接应。而沮渠蒙逊率领三万士兵埋伏在蓼泉，李歆发觉，率兵撤退。沮渠蒙逊率众追击，李歆与沮渠蒙逊在解支涧会战，李歆大破北凉军，斩杀七千余人。沮渠蒙逊修建建康城，设置戍所，然后回国。

五月二十四日乙未，东晋齐郡太守王懿投降北魏，他上书北魏朝廷说："刘裕现在在洛阳，应该迅速发兵切断他的归路，可以不战而胜。"魏明元帝拓跋嗣表示赞许。

当时，崔浩在前面为拓跋嗣讲解经典，拓跋嗣问崔浩说："刘裕攻打姚泓，果真能攻下吗？"崔浩回答说："定能攻下！"拓跋嗣问："为什么？"崔浩说："当年姚兴喜欢追求虚名而不做实事，他的儿子姚泓生性懦弱，身体多病，兄弟之间争权夺势，不能团结一心。如今刘裕乘人之危，他的将士勇猛善战，训练有素，有什么理由不能取胜？"

拓跋嗣又问："刘裕的才华与慕容垂相比如何？"崔浩说："刘裕胜过慕容垂。慕容垂凭借父兄的资荫，复兴故有的基业，国人都投靠他，就像夜间的昆虫飞向火光一样，对此稍加凭借，就能轻而易举地建功立业。而刘裕则出身微贱贫寒，没有一尺土地可以凭借，却消灭了桓玄，兴复了晋朝宗室的统治，在北方生擒慕容超，在南方砍下卢循的首级，所过之处没有敌手，他如果不是才智过人，怎么会这样呢？"

拓跋嗣说："刘裕既然已经进入函谷关，一时不能前进，也不能后退，而我们以精锐骑兵直捣他的老巢彭城、寿春，刘裕将会怎么样？"崔浩回答说："如今我们西面有夏国赫连勃勃，北有柔然，他们时刻都在窥伺我们的行动，准备乘机来攻。皇上不能亲自指挥军队，我军虽然有精兵，却没发现有良将，长孙嵩的长处是善于治理国家，短处是不善于用兵，根本不是刘裕的对手。我军大举兴兵远征，看不到实际利益，不如暂且按兵不动，静观事态的发展。刘裕攻克秦国后回国，一定会篡取皇帝宝座。关中地区汉族、戎族杂居一处，风俗强悍。刘裕打算用教化荆州、扬州百姓的方法统治函谷关和秦国这一带的百姓，这就好像脱下衣服包火，张开罗网捕捉老虎一样，难以奏效。刘裕虽然会留下军队驻守，可一时人心难以信服，志趣习俗又不一样，恰好为别人入侵提供了好的条件。希望皇上停止出兵攻打，让百姓休养生息，观察局势的变化，秦国的地盘终究会为我国所有，我们可以在这里等待，就能到手。"

拓跋嗣笑着说："你分析得很周详。"崔浩说："我曾经私下评论过近世的将领和宰相，比如王猛治理国家，是苻坚的管仲；慕容恪辅佐幼主，是慕容暐的霍光；刘裕平定桓玄祸乱，是司马德宗的曹操啊！"

拓跋嗣又问："赫连勃勃怎么样？"崔浩说："赫连勃勃当年国破家亡，孤身一人，寄食在姚家门下，接受姚氏的官禄。不但不想报答姚氏的恩情，反而乘人之危，占据一方地盘，与四邻结下了仇怨。像他这样的暴发小人，虽然能强大暴虐一时，终究要被别人吞并。”

拓跋嗣非常高兴，君臣二人一直谈论到深夜，拓跋嗣把御用青白色醅酒三十升、水精盐一两赏赐崔浩，说：“我听了你一席话，就像品味这盐和酒的滋味一样，所以我想和你共享这种美好的感受。”然而拓跋嗣还是命令长孙嵩、叔孙建各自挑选精兵备战，如果刘裕再向西部深入，他们则从成皋渡黄河南下，进攻彭城、沛郡；如果刘裕推进很慢，则在岸上紧紧跟随。

魏明元帝拓跋嗣向西巡视，抵达云中；然后渡过黄河，在大漠上狩猎。

北魏朝廷设置天、地、东、西、南、北六部大人，一律选用地位相当于公爵的大臣担任。

（以上为第三段，写北凉主沮渠蒙逊派人向西凉诈降，诡计被西凉主李歆识破，北凉被打得大败；北魏主拓跋嗣与谋臣崔浩讨论天下大势，崔浩认为后秦不敌东晋刘裕，必定灭亡，拓跋嗣深为崔浩的宏论折服。）

秋季，七月，东晋太尉刘裕抵达陕城，沈田子、傅弘之等率兵进入武关，后秦的守将纷纷弃城逃走。沈田子等进兵驻守青泥。后秦主姚泓命给事黄门侍郎姚和都，在峣柳驻兵屯守，阻截东晋军。

西秦相国翟勍去世。八月，西秦朝廷任命尚书令乞伏昙达为左丞相，左仆射乞伏元基为右丞相，御史大夫麴景为尚书令，侍中翟绍为左仆射。

东晋太尉刘裕抵达阌乡。沈田子等将领准备进攻峣柳。后秦主姚泓打算亲自统兵出征，抵御刘裕的大军，又害怕沈田子等人突袭他的后方，就想先消灭沈田子等人，然后出动全国的兵力向东攻打刘裕。于是姚泓率领步、骑兵数万人，突然抵达青泥。沈田子这支部队，本来就是为了迷惑敌人布置的疑兵，一共才一千多人。沈田子听说姚泓亲征，打算迎战，建威将军傅弘之认为敌众我寡无法抵敌，从而劝止他。沈田子说：“用兵贵在出奇制胜，不一定在人数多。况且如今敌我寡众悬殊，看形势不能并存。如果等到敌人集结的阵势稳固，我们就会无处可逃。不如趁他们刚刚到达，营地和战阵都没有建立，我们主动挑战，定能成功。”于是沈田子率领他的部众首先出动，傅弘之作为后继援军紧跟。后秦兵把这支东晋军重重包围。沈田子安抚激励士兵们说：“各位不畏艰险、远道而来，就是为了像今天这样的会战，生死对决，封侯升官的大业就在这里了！”士兵们大声疾呼，跃跃欲试，手执短兵器奋勇杀敌。后秦军大败，共被斩杀一万多人，东晋军缴获姚泓的御车御衣，以及王家专用的器物。姚泓逃回灞上。

当初，刘裕认为沈田子兵员太少，就派沈林子率兵从秦岭赶赴救助。等他们到达青泥，后秦军已经失败，于是沈林子与沈田子合兵追击敌人，关中很多郡县暗中向沈田子投降。

八月初二辛丑，东晋太尉刘裕抵达潼关，他任命朱超石为河东太守，命他与振武将军徐猗之在河北与薛帛会师，共同进攻蒲阪。后秦平原公姚璞与姚和都迎击东晋军，徐猗之战败身亡，朱超石逃回潼关。后秦东平公姚赞，派司马国璠率领北魏军队尾随刘裕大军之后。

东晋龙骧将军王镇恶，请求率领水军从黄河开进渭水，然后直趋长安，刘裕应允。后秦恢武将军姚难，从香城率军向西退却，王镇恶挥师追击。后秦主姚泓从灞上率军返回，屯驻石桥，准备援救姚难。后秦镇北将军姚彊与姚难会师，屯兵泾水岸边，抵抗王镇恶的追击。王镇恶命毛德祖进攻，大破后秦军，姚彊战死，姚难逃回长安。

后秦东平公姚赞退守郑城，东晋太尉刘裕进逼城下。姚泓命姚丕守住渭桥，胡翼度屯驻石积，东平公姚赞驻守灞东。姚泓自己则驻守逍遥园。

东晋龙骧将军王镇恶，率领水军在渭水中逆流而上，乘坐蒙冲小舰，划桨的士兵都在船内。后秦人看到战船行进却没有划船的人，都惊奇地以为神仙下凡。

八月二十三日壬戌凌晨，王镇恶军抵达渭桥，命令战士们吃饱喝足以后，全部手持兵器登岸，最后登陆的人斩首。士兵们登陆完毕，渭水流急，东晋的战船随波东下，倏忽之间，不见踪影。当时姚泓统率的军队还有几万人。王镇恶向士兵们宣告说："我们的亲人和家园都在江南，这里是长安北门，离故乡有万里之遥。现在战船、衣服、粮食都随波飘走，今天我们进攻，战胜可以建功立名；失败我们的尸骨都回不了家，没有第三条路可走。我们大家共勉吧！"于是王镇恶身先士卒，冲在最前面，士兵们士气高涨，踊跃奋击，在渭桥大败后秦姚丕的军队。姚泓率兵救援，却被姚丕的败兵冲击践踏，不战自溃。姚谌等人全都战死，姚泓单人匹马地逃回皇宫。王镇恶从长安的平朔门进城，姚泓和姚裕等率领几百名骑兵逃奔石桥。东平公姚赞听说姚泓战败，急忙率军赴难救援，可是后秦军心大乱，士兵们四处逃散。胡翼度向东晋太尉刘裕投降。

姚泓打算出城投降，他的儿子姚佛念，年仅十一岁，对姚泓说："晋人势必要在我们身上满足欲望，即使投降也难免一死，不如自杀。"姚泓心里痛楚，没有回答。姚佛念自己登上宫墙，投下摔死。

八月二十四日癸亥，姚泓携妻子儿女、文武百官，前往王镇恶的大营投降，王镇恶把他们交给下属官吏关押。长安城中的汉人和夷人共有六万多户，王镇恶宣扬东晋的恩德，加以安抚，号令严明，百姓安居乐业。

九月，太尉刘裕抵达长安，王镇恶在灞上迎接。刘裕慰劳他说："是你帮助我完成了霸业！”王镇恶再拜，谦让说：“全仰赖您的英明指挥和威望，各位将领的努力，我有什么功劳？”刘裕笑着说：“你难道要学习冯异吗？”其实，王镇恶一向贪财好利，后秦府库仓储十分丰富，王镇恶私自盗取的财物，不计其数，刘裕因为他的功劳很大，所以不予过问。有人向刘裕诬陷王镇恶说：“王镇恶私藏姚泓的御用辇车，可能会叛变。”刘裕派人侦察。原来王镇恶剔取了辇车上的金银珠饰，然后把辇车抛弃到城墙外面。刘裕这才安心。

刘裕下令没收后秦的宗室祭祀用具彝器、浑天仪、测日仪器土圭、计程用的记里鼓、指南车等，送往建康。其余金银玉石、绫罗绸缎、稀世珍宝都赏赐给将士。后秦平原公姚璞、并州刺史尹昭，献出了蒲阪城投降；东平公姚赞，率领皇室一百多人，前往刘裕的大营投降，刘裕把他们全部杀死。然后把姚泓送到建康，绑到街市刑场斩首。

刘裕任命薛辩为平阳太守，令他镇守和保卫东晋北部边防。

刘裕提议迁都洛阳。谘议参军王仲德说：“不寻常的事，本来不是寻常人所能接受，一旦迁都，必然引起举国惊骇骚动。如今军队在外作战已久，人心思归，迁都的计划，不能提出讨论。”刘裕方才作罢。

（以上为第四段，写东晋太尉刘裕北伐获得大胜：龙骧将军王镇恶率军溯渭水而上，背水一战，大败后秦军队，进入长安城，后秦主姚泓携着妻子、群臣投降。）

羌人部众十余万人，向西逃奔陇上，沈林子追击羌人直到槐里，俘虏数以万计。

北凉河西王沮渠蒙逊听说东晋太尉刘裕灭掉了后秦，十分愤怒。门下校郎刘祥进宫向沮渠蒙逊奏事，沮渠蒙逊暴跳说：“你听说刘裕进关，还敢穿得如此漂亮！”于是斩杀了刘祥。

当初，夏王赫连勃勃听说刘裕攻打后秦，对文武百官说：“姚泓不是刘裕的对手。而且他的兄弟们纷纷背叛，怎么还能抗拒别人？刘裕定能夺取关中。可是，刘裕自己也不会长久留在关中，最后还得回到江南，留下子弟和一些战将守卫在那里。那时，我再去夺取关中，就像拾一根草叶一样容易。”于是，他秣马厉兵，让士兵充分休息，加以训练。然后，赫连勃勃率兵占据了安定。后秦岭北各郡县、军事重镇、戍所纷纷投降夏国。刘裕派人出使夏国，致信赫连勃勃，相约结为兄弟之国。赫连勃勃命中书侍郎皇甫徽代写一封回信，暗地里背诵下来，然后当着刘裕使臣的面，口授舍人命他照写。刘裕看到后，叹息说：“我比不上他！”

东晋广州刺史谢欣去世。东海人徐道期召集部众，攻克州城番禺，进攻始兴，始兴相彭城人刘谦之攻打徐道期，徐道期被杀。东晋朝廷下令任命刘谦之为广州刺史。

九月初四癸酉，先后从东晋流亡后秦的司马休之、司马文思、司马国璠、司马道赐、鲁轨、韩延之、刁雍、王慧龙，以及桓温的孙子桓道度、桓道子，族人桓谧、桓璲，陈郡人袁式等，全都投降了北魏司徒长孙嵩。后秦匈奴堡守将姚成都与他的弟弟姚和都，举献城池，投降了北魏。魏明元帝拓跋嗣下令，声称民间百姓凡是救出姚氏子弟送到平城的人，重重有赏。

冬季，十月十一日己酉，魏明元帝拓跋嗣征召长孙嵩等班师回朝。不久，司马休之死在北魏。北魏朝廷赐封司马国璠为淮南公，司马道赐为池阳子，鲁轨为襄阳公。刁雍上书请求到南部边疆，报效北魏，拓跋嗣任命刁雍为建义将军。刁雍在黄河、济水之间集结部队，骚扰东晋所属的徐州、兖州；太尉刘裕出兵攻打，不能攻下。刁雍进驻固山，部众达到两万人。

东晋安帝司马德宗下令封宋公刘裕为宋王，采邑增加十个郡，刘裕辞让，没有接受。

西秦王乞伏炽磐派遣左丞相乞伏昙达等进攻后秦旧将姚艾。姚艾遣使到西秦，愿为藩属，乞伏炽磐任命姚艾为征东大将军、秦州牧。召回王松寿，任命他为尚书左仆射。

十一月，北魏征南大将军叔孙建等征讨西山丁零部落酋长翟蜀洛支，平定了该部。

十一月初三辛未，东晋尚书左仆射刘穆之去世。太尉刘裕听说后，一连几天震惊悲痛，不胜哀婉。当初，刘裕打算留在长安，继续征服西北，但是，东晋的各位将领都因长期征战，思念故土，大多数都不愿再留。正巧刘穆之去世，刘裕鉴于朝中没有可以托付的人，才决定东返。

刘穆之去世之后，东晋朝廷不胜惶恐，打算颁下命令，任命太尉左司马徐羡之代替刘穆之的职位。中军谘议参军张卲说："现在情势确实危急，看来最终还要委任徐羡之。然而世子刘义符还没有决定一方的权力，应该询问刘裕。"刘裕又想让王弘代替刘穆之，从事中郎谢晦说："王弘轻率冲动，不如徐羡之。"于是，刘裕才决定任命徐羡之为吏部尚书、建威将军、丹杨尹，代管留任的事务。从此，过去朝廷中由刘穆之决定的大事，现在都送到北方，由刘裕亲自决定。

刘裕任命他的次子桂阳公刘义真为都督雍、梁、秦三州诸军事，安西将军，领雍、东秦二州刺史。刘义真当时只有十二岁。又任命太尉谘议参军京兆人王修为长史；王镇恶为司马，兼任冯翊太守；沈田子、毛德祖都为中兵参军。命沈田子兼任始平太守，毛德祖兼任秦州刺史、天水太守，傅弘之为雍州治中从事史。

在此之前，陇上流亡到关中寄居的流民，希望东晋军队乘胜西上，光复故土。等到刘裕设置东秦州，他们知道刘裕没有继续西上的意图，都叹息失望。

关中人一向看重王猛的威名，刘裕攻克长安，王镇恶的功劳最大，所以南方的将领都忌恨王镇恶。沈田子自以为峣柳大捷，功绩不凡，与王镇恶争功，心里十分不平。刘裕将回建康，沈田子和傅弘之多次对刘裕说：“王镇恶的老家在关中，不能完全信任他。”刘裕说：“现在我留你们这些文武官员、将领和精锐士兵一万人，王镇恶如果图谋不轨，只能是自取灭亡。你们别再多说了。”刘裕私下对沈田子说：“锺会之所以没有作乱，是因为卫瓘的缘故。俗话说：‘猛兽不如群狐’，你们十多人，难道还惧怕王镇恶不成？”

臣司马光评论说：古人有言道：“疑人不用，用人不疑。”刘裕既然委任王镇恶镇守关中，而又与沈田子说了后面那些话，是挑拨他们相斗为乱。太可惜了，百年之久的敌人，千里之广的疆土，取得不易，却因一时不慎而丢掉，使丰邑、镐京这些古都，又落入敌手。荀况说过：“兼并容易，凝结为一体就难了。”这话太对了！

（以上为第五段，写东晋攻下长安后，担任留守重任的刘穆之去世，刘裕非常伤心，在朝廷失去依托，便决定东归，留下的镇将互相猜忌、争功，长安陷入危境。）

三秦地区的父老，听说刘裕就要返回江南，都痛哭流涕地来到大营门前诉说：“我们这些残余的汉人，没有接受朝廷的教化，至今已有一百年之久，直到今天才看到汉民族衣冠装束，人人都互相庆贺。长安十陵是你们刘家的坟墓，咸阳宫殿是你们刘家的住宅，你放弃它们想要去哪里！”刘裕也很伤感，安慰他们说：“我接受朝廷的命令，不敢擅自停留。感谢诸位怀念故国的诚意，现在留下我的次子与文武贤才共同镇守这里，希望你们和好共处。”

十二月初三庚子，刘裕从长安出发，自洛水进入黄河，开掘汴渠东返。

氐人酋长徐骇奴、齐元子等率领部众三万人在雍城，派遣使臣投降了北魏。魏明元帝拓跋嗣，派遣将军王洛生、河内太守杨声等向西行进，接应氐族部落。

闰十二月初五壬申，魏明元帝拓跋嗣前往大宁、长川。

秦州、雍州土著居民一千多家，推举襄邑令、上谷人寇赞为盟主，投降北魏。北魏主拓跋嗣任命寇赞为魏郡太守。很久以后，秦州、雍州的百姓流亡到北魏的河南、荥阳、河内的有几万户，拓跋嗣于是设置南雍州，任命寇赞为南雍州刺史，封河南公，州治设在洛阳，设立雍州郡县安抚流民。寇赞善于招抚怀柔，前来归附的流民是当初的三倍。

夏王赫连勃勃，听说东晋太尉刘裕返回江南，大喜，向王买德询问说：“我打算夺取关中，你说说你的方法策略。”王买德说：“关中的地理位置十分重要，而刘裕却叫他的幼子镇守，自己则狼狈而回，打算快点办完篡夺帝位的事情，没有时间再把中原这块地盘放在心上。这是上天把关中赏赐给我们，不能错过这个机会。青泥、上洛是南北的险要重镇，应该先派出游击部队，切断他们的补给和退路，然后在东部阻住潼关，切断他们与本国的水陆通道。然后向三辅地区发布檄文，恩威并施。这样，刘义真就等于掉进了网篓之中，不用费劲就可以生擒。”

于是，赫连勃勃任命他的儿子抚军大将军赫连璝为都督前锋诸军事，率领骑兵二万人直奔长安。命令前将军赫连昌屯驻潼关；任命王买德为抚军右长史，屯驻青泥；赫连勃勃本人则亲自统率大军尾随在后。

这一年，北魏都坐大官、章安侯封懿去世。

（以上为第六段，写胡夏主赫连勃勃听说刘裕返回，非常开心，按照王买德的谋划，率领大军，剑锋直指长安，并屯驻青泥，阻断潼关，切断通路，志在必得。）

晋安帝义熙十四年（戊午，公元418年）

春季，正月初一丁酉朔，北魏主拓跋嗣抵达平城。命令守护高车的中郎将薛繁率领高车、丁零部落向北进攻，推进到弱水，回军。

正月，辛巳（疑误），东晋下令实行大赦。

夏国抚军大将军赫连璝率军开到渭阳，关中前来投降的百姓，在道上前后相连。东晋龙骧将军沈田子，率军迎战，害怕夏军人多势众，退守刘回堡。然后立即派人回去向王镇恶报告。王镇恶对王修说：“刘公把十岁小儿托付给我们，我们应该同心协力。沈田子拥兵众多，却迟迟不进攻，敌人怎么会击退！”使节回去，把这些话报告给沈田子。沈田子与王镇恶平时就有互不相容的心思，现在更是又愤又惧。不久，沈田子和王镇恶同时出军北地，抵抗夏兵的进攻。东晋军中传言：“王镇恶打算全部杀掉南方人，然后派几十人把刘义真送回江南，自己占据关中，背叛朝廷。”

正月十五日辛亥，沈田子请王镇恶来到傅弘之的大营商讨战事。沈田子请求屏退左右侍从密谈，然后命他的族人沈敬仁，在虎帐下将王镇恶斩杀，声称是奉太尉刘裕的旨意行事。傅弘之急忙跑去报告刘义真，刘义真和王修全副武装登上横门，观察局势的变化。

不久，沈田子率领几十人赶来，声称王镇恶谋反。王修逮捕沈田子，历数他擅自杀戮的罪行，将他斩首。然后命令冠军将军毛修之代替王镇恶为安西司马。傅弘之在池阳大破赫连璝，在寡妇渡再一次大败夏军，斩杀和俘虏夏军士兵很多人，夏军撤退。

正月二十六日壬戌，东晋太尉刘裕抵达彭城，解除戒严。琅邪王司马德文提前返回建康。

东晋太尉刘裕听到王镇恶的死讯，上书安帝司马德宗说："沈田子忽然发狂，杀害忠良功臣。"东晋朝廷追赠王镇恶为左将军、青州刺史。

东晋朝廷任命彭城内史刘遵考为并州刺史，兼任河东太守，镇守蒲阪；征召荆州刺史刘道怜为徐州、兖州二州刺史。

东晋太尉刘裕打算派世子刘义符镇守荆州，以徐州刺史刘义隆为司州刺史，镇守洛阳。中军谘议张邵劝阻说："世子是储君，维系四海人心，不能派到外地驻守。"于是，刘裕改派刘义隆为都督荆州、益州、宁州、雍州、梁州、秦州六州诸军事，兼任西中郎将、荆州刺史。又任命南郡太守到彦之为南蛮校尉；张邵为司马，兼任南郡相；冠军功曹王昙首为长史；北徐州从事王华为西中郎主簿；沈林子为西中郎参军。刘义隆年纪尚小，府中大小事务都由张邵决定。王昙首是王弘的弟弟。刘裕对刘义隆说："王昙首沉着坚毅，有气度，是宰相之才。你每件事都要征求他的意见。"

东晋朝廷任命南郡公刘义庆为豫州刺史。刘义庆是刘道怜的儿子。

东晋朝廷解除刘裕司州刺史职务，改任兼徐、冀二州刺史。

西秦主乞伏炽磐任命乞伏木弈干为沙州刺史，镇守乐都。

二月，乙弗部落、乌地延部落酋长率领二万户部众归降西秦。

三月，东晋朝廷派遣使臣访问北魏。

夏季，四月初四己巳，北魏强行迁移散居在冀州、定州、幽州三州的徒河人到代郡。

当初，北燕都城和龙四周弥漫着赤气，遮住了太阳。从寅时直到申时才消失。北燕太史令张穆对北燕王冯跋说："这是战争之气呀。如今魏国的势力十分强盛，而我们扣留他们的使臣，致使两国交好的使命不能通达，我深感恐惧。"冯跋说："我正在考虑这件事。"

五月，魏明元帝拓跋嗣向东巡视，先后抵达濡源和甘松。他征调征东将军长孙道生、安东将军李先、给事黄门侍郎奚观等人，率领精锐骑兵二万人袭击北燕；又命骁骑将军延普、幽州刺史尉诺，从幽州率兵直扑辽西，为长孙道生声援；拓跋嗣亲自屯驻突门岭督战。长孙道生等人攻克乙连城，进攻和龙，与北燕单于右辅古泥会战，大破北燕军，斩杀他们的将领皇甫轨。北燕王冯跋绕城固守，北魏加紧围攻，不能攻下，劫掠北燕百姓一万多家班师回朝。

六月，东晋太尉刘裕接受了相国、宋公、九锡之命，赦免了宋公封邑内死罪以下的囚徒。尊崇刘裕的继母兰陵人萧氏为太妃；任命太尉军谘祭酒孔靖为宋国尚书令，左长史王弘为仆射，兼管官员的选举和任免；任命从事中郎傅亮、蔡廓都担任侍中，谢晦为右卫将军，右长史郑鲜之为奉常，行参军殷景仁为秘书郎，其他文武官员，也都按照朝廷的编制设置。孔靖谢绝没有接受。傅亮是傅咸的孙子；蔡廓是蔡谟的曾孙；郑鲜之是郑浑的玄孙；殷景仁是殷融的曾孙。殷景仁学识超人，但不写文章，敏捷而善于思考，从不空谈义理，却深通情理大体，对于朝廷的法律制度、礼仪规章、行政司法的注释和记录，他都抄录下来，有识之士都知道他有治理国家的雄心大志。

（以上为第七段，写东晋留守长安官员发生内讧，沈田子以谋反罪杀了王镇恶；王修以擅杀罪杀了沈田子；刘义真听信谗言杀了王修，长安失守；刘裕为相国，封宋公，得赐九锡。）

北魏天部大人、白马公崔宏病重，魏明元帝拓跋嗣派他的侍从询问病情，一夜之间，返往数次。不久，崔宏去世，拓跋嗣下令，命群臣和归附的部落酋长都来参加葬礼。

秋季，七月二十四日戊午，北魏主拓跋嗣抵达平城。

九月二十一日甲寅，北魏朝廷命令各州县征收租赋，每户交纳五十石，囤积在定州、相州、冀州三州。

北凉河西王沮渠蒙逊再次率兵攻打西凉，西凉公李歆准备出兵迎战，左长史张体顺坚决劝阻，李歆才停止行动。沮渠蒙逊收割了长成的庄稼，班师回朝。

西凉公李歆派人出使东晋，报告他继位这件事。冬季，十月，东晋朝廷任命李歆为都督七郡诸军事、镇西大将军、酒泉公。

西秦秦州牧姚艾叛变，投降了北凉河西王沮渠蒙逊，沮渠蒙逊出兵迎接。姚艾的叔父姚隽对他的部众说："秦王乞伏炽磐宽厚仁爱有雅量，我们可以安心留下来侍奉他，为什么要跟随沮渠蒙逊西迁？"部众都认为有理，就联合起来驱逐了姚艾，推举姚隽为首领，又归附西秦。西秦王乞伏炽磐委任姚隽为侍中、中书监、征南将军，赐封陇西公；又任命左丞相乞伏昙达为都督临洮、枹罕以东诸军事，征东大将军，秦州牧，镇守南安。

东晋雍州、东秦州二州刺史刘义真，年纪还小，随意赏赐左右侍从，没有节制。长史王修常常限制他。于是刘义真左右都怨恨王修，在刘义真面前陷害王修，说："王镇恶打算叛变，所以沈田子杀了他。王修杀死沈田子，这样也是打算造反呀。"刘义真信以为真，派亲信刘乞等杀死了王修。

王修一死，人心惧怕离散，各自为政，无法统一。刘义真把驻防在外地的军队全部调入长安，关闭城门自守。关中的郡县全都投降了夏国。赫连璝在夜间突袭长安，不能攻下。夏王赫连勃勃进兵占据了咸阳，长安连外出砍柴的路都被切断。

东晋宋公刘裕听说这种情况后，派辅国将军蒯恩前往长安，征召刘义真回到江南；任命相国右司马朱龄石为都督关中诸军事、右将军、雍州刺史，代替刘义真镇守长安。刘裕对朱龄石说："你到了那里，可以命令刘义真轻装急速前进。等出了潼关后，才可以放慢脚步。如果关右确实难以驻守，你可以与刘义真一道回来。"随后，刘裕又命中书侍郎朱超石慰劳黄河、洛水一带的军民，安定人心。

十一月，朱龄石抵达长安。刘义真手下的将士贪婪放纵，在长安周围大肆掠夺以后才准备返回江南。刘义真的车辆上都装满了掳掠来的金银财宝、男女，然后两车并进，缓慢向东撤退。东晋雍州别驾韦华逃奔夏国。夏国大将赫连璝率领三万人追击刘义真。东晋建威将军傅弘之对刘义真说："宋公让你疾速前进，而现在你带这么多辎重，一日走不出十里，敌人的骑兵马上就要追到，你该怎么办？应该放弃车辆，轻装前进，才有可能幸免。"刘义真没有听从。不久，夏国大军追到，傅弘之、蒯恩在后面掩护，奋力拼战，连续几天不能休息。在青泥东晋军大败，傅弘之、蒯恩都被王买德生擒。司马毛修之与刘义真走散，也被夏军擒获。刘义真在最前面奔逃，正巧夜色降临，夏兵没有继续追赶，所以才幸免于难。刘义真的左右亲兵都被夏兵冲散，他一个人藏在草丛中。东晋中兵参军段宏，单枪匹马追踪找寻，一路呼叫刘义真。刘义真听出是他的声音才跑出来，说："你是不是段中兵？我在这儿呢，咱们走吧！你保护我上路一定不能两全，如果情势危急，可以割下我的头，带回南方，叫我的父亲不再想念我。"段宏哭着说："我们要生死与共，下官不忍心那样做。"于是段宏把刘义真绑在自己的背上，两人乘一匹马逃回。刘义真对段宏说："今天发生的事情，实在是因为少谋失算，然而大丈夫不经这次大难，怎么知道事情的艰难？"

夏王赫连勃勃打算让傅弘之归降，傅弘之宁死不屈。当时天已寒冷，赫连勃勃脱光了他的衣服，傅弘之叫骂不停而死。赫连勃勃把死人的头骨堆积成山，建为大坟，号称髑髅台。长安城的百姓驱逐朱龄石，朱龄石纵火焚烧了长安的宫殿，逃回潼关。赫连勃勃进入长安，大举犒赏将士。在庆功宴上，赫连勃勃举杯对王买德说："你往日的预言仅一年就应验了，可以说是预谋没有丝毫的失算。这一杯酒不敬你敬谁？"然后，他任命王买德为都官尚书，封爵为河阳侯。

东晋龙骧将军王敬先驻守在曹公垒，朱龄石前往投奔。朱超石抵达蒲阪，得知朱龄石在曹公堡，也投奔到那里。夏国前将军赫连昌进攻王敬先的堡垒，切断堡中的水源，东晋士兵干渴乏力不能战斗，城池将被攻破时，朱龄石对朱超石说："我们兄弟俩都死在异城他乡，父母亲将何等伤心！你快从小路逃走，我死在这里，也就没有遗恨了。"朱超石握着哥哥的手说："人生谁能无死，我怎么忍心在这个时候与你辞别而去？"于是兄弟二人与王敬先，以及右军参军刘钦之都被俘虏，押送到长安。赫连勃勃杀害了他们。刘钦之的弟弟刘秀之不胜悲哀，十年间不曾欢歌宴饮。刘钦之是刘穆之的堂侄。

东晋宋公刘裕听说晋军在青泥大败的消息，不知刘义真的生死存亡，十分震怒，约定日期，准备北伐。侍中谢晦劝阻刘裕，说："如今士兵疲劳不堪，难以作战，请等来年再说。"刘裕没有采纳。郑鲜之上书，认为："敌人如果听说您亲自出征，一定会齐心合力固守潼关。如果直接进攻潼关，恐怕也不易攻克。如果您在洛阳停留，那样就更没有必要亲征了。现在敌人虽然志得意满，士气正旺，但还不敢乘胜打过陕城，这是因为他们还畏服您的威名，为将来留一条退路。我们如果推进到洛阳后就班师回朝，敌人看破我们的实力，一定产生测度之心，可能会加深边疆危机。何况大军远征，后患很多。当年西征，刘钟十分狼狈；去年北伐，广州一度陷落。以往的经验是将来的借鉴。如今境内各州县水灾、灾荒频频发生，三吴地区盗匪遍地，盗匪攻下各县，都是苦于出征服役的缘故。江南的士大夫和老百姓，都伸长脖子盼望您的归来。忽然听说您又要北伐，都不了解其中的真实情况和大军班师的日期，我恐怕心腹之地将发生异变，成为后顾之忧。您如果担心西边的夏虏不断侵扰河洛地区，最好是与北方的魏国结盟。我们与魏国关系友好，黄河之南自然安定，黄河之南安定，济水、泗水流域也会平静了。"

正巧，刘裕刚接到段宏的报告，得知刘义真已经幸免，刘裕才放弃西征的计划。只不过登上城楼向西眺望，都禁不住感慨流涕。于是，下令把刘义真贬降为建威将军、司州刺史；任命段宏为宋台黄门郎，兼领太子右卫率。刘裕还任命天水太守毛德祖为河东太守，代替刘遵考镇守蒲阪。

（以上为第八段，写长安失陷之事，东晋宋公刘裕紧急召回刘义真，派遣朱龄石接替，义真贪财，恨不得把整个长安搬回来，遭夏兵追击，只身逃回，差点丢掉性命；夏王赫连勃勃攻下长安，朱龄石为晋捐躯。）

夏王赫连勃勃，在灞上建筑高台，正式登上皇帝宝座，改年号为昌武。

西秦主乞伏炽磐向东巡视；十二月，强行将上邽的百姓五千多户迁移到枹罕。

彗星从天津星穿出，进入太微星，经过北斗星，联结紫微星，八十多天以后，彗星消失。魏明元帝拓跋嗣，再次征召名儒、术士，问道："如今天下四分五裂，各自为主。这次天上变异所暗示的灾祸，到底应在哪一国？我心中十分恐惧，你们可以畅所欲言，不要有所隐瞒。"众人都推举崔浩回答这个问题，崔浩说："天灾异变的发生，通常照应地上人间的事变，如果人间的统治没有问题，又有什么值得畏惧的？当年王莽将要篡夺汉位时，彗星出入的方向，正与今天相同。我们魏国，主尊臣卑，民众没有不安分的想法。现在晋朝皇室日趋没落，危亡不远。彗星的出现，莫非预示刘裕将要篡夺皇位！”其他人都没有不同意见。

东晋宋公刘裕，认为谶书上有句话：“昌明之后，还有两个皇帝。”于是派中书侍郎王韶之，与安帝司马德宗左右亲信密谋毒死安帝，另立琅邪王司马德文。司马德文常在司马德宗身边，饮食睡眠，都不曾暂时离开。王韶之窥伺多时，没有机会下手。正巧，司马德文患病，出宫休养。

十二月十七日戊寅，王韶之用衣裳拧成绳索，在东堂勒死司马德宗。王韶之是王廙的曾孙。刘裕于是声称奉司马德宗的遗诏，拥立司马德文即皇帝位，实行大赦。

这一年，北凉河西王沮渠蒙逊，向东晋呈上奏书，自称藩属。东晋朝廷任命他为凉州刺史。

东晋尚书右仆射袁湛去世。

（以上为第九段，写胡夏主赫连勃勃攻下长安，正式称帝；北魏大臣崔浩解释天象，认为东晋刘裕将要篡夺皇位；刘裕设计谋杀安帝司马德宗，立司马德文过渡。）

恭皇帝

晋恭帝元熙元年（己未，公元 419 年）

春季，正月初一壬辰朔，东晋改年号元熙。

东晋朝廷立琅邪王妃褚氏为皇后；褚皇后是褚裒的曾孙女。

魏明元帝拓跋嗣在犊渚狩猎。

正月初三甲午，东晋恭帝司马德文召宋公刘裕回朝，入宫晋见。司马德文封他为宋王，刘裕谢绝。

正月十二日癸卯，魏明元帝拓跋嗣返回平城。

正月二十九日庚申，东晋朝廷在休平陵安葬安帝司马德宗。

东晋恭帝司马德文，命令刘道怜为司空，镇守京口。

夏国将领叱奴侯提统率步、骑兵二万人，进攻东晋将领毛德祖据守的蒲阪。毛德祖没有能力抵抗，撤退，全军退回彭城。二月，宋公刘裕任命毛德祖为荥阳太守，驻守虎牢。

夏主赫连勃勃征召隐士京兆人韦祖思。韦祖思来到长安，过于谦卑恐惧，赫连勃勃大怒道：“我把你当成国家的高士，征召来京，你却把我当作异族来对待。你当年不向姚兴叩头，今天为什么偏偏来拜见我？我活着的时候，你就不把我当作帝王；我死后，你们这些人舞文弄墨，还不知把我作践到何种地步！”于是杀掉了韦祖思。

夏国朝廷中的文武百官，都请求把都城迁到长安。赫连勃勃说：“我怎会不知道长安是历代帝王之都，土地肥沃，地势险固！然而晋人鞭长莫及，终究不会与我们为敌。魏国的风土人情与我们大略相同，疆域相连，从统万城到魏国边境只有一百余里，我在长安，统万一定危险。我留在统万，魏军绝不敢渡过黄河西上。你们各位没有考虑到这一点！”文武百官都说：“我们是望尘莫及的。”于是在长安设置南台，任命赫连璝为领大将军、雍州牧、录南台尚书事。赫连勃勃回到统万，实行大赦，改年号为真兴。

赫连勃勃生性骄躁暴虐，视百姓如草芥，常常登上城楼，旁边放置弓箭，每每心中不快，就亲自杀人泄愤。群臣中如有斜眼看他的，就会被挖去眼睛；如有胆敢随便发笑的，用刀豁开他的嘴唇；如有进言劝阻的，先割掉舌头，再斩下头颅。

当初，东晋益州刺史司马荣期被叛将暗杀，他的儿子司马楚之，送灵柩回建康安葬。而宋公刘裕正在着手斩除晋室皇族司马氏中有才学、有名望的人，司马楚之的叔父司马宣期、哥哥司马贞之都被处死。于是，司马楚之流亡到竟陵蛮人中躲藏。后来，他的堂祖父司马休之从江陵投奔后秦，司马楚之又逃亡到汝水、颍水流域，集结部众准备复仇。司马楚之年轻有为，有英雄气概，能够放下架子，礼遇士人。他拥有一万多人的军队，屯驻在长社。刘裕派刺客沐谦去暗杀他，司马楚之对沐谦礼貌周到，格外重视。沐谦打算下手，总没有机会，于是他在一个夜晚声称有病，知道司马楚之一定会赶来探望，想要借机刺杀他。司马楚之果然端着汤药亲自赶来，问候病情，情意真挚诚恳，沐谦不忍动手，于是从席下拿出匕首，把实情一一报告给司马楚之，说：“刘裕对于将军，深为忌恨，希望你不要轻率跟人亲近，借以保全自己。”于是投效司马楚之，担任司马楚之的贴身卫士。

王镇恶被杀以后，沈田子又杀死了王氏兄弟七人，只有王镇恶的弟弟王康逃走，才得以幸免。王康来到彭城投奔宋公刘裕，刘裕任命他为相国行参军。王康请求回洛阳探望老母，正巧长安失守，王康纠集关中流亡的逃民，共百多人，又裹胁客居洛阳的外郡人七百多户，共同保卫金墉城。当时晋朝宗室的人，大多数都在河南流亡。其中有个叫司马文荣的人，率领流民一千多户屯驻在金墉城南；还有司马道恭，从东垣东下，率领二千多人屯驻在金墉城西；司马顺明率领五千人屯驻在陵云台；司马楚之则驻防在柏谷坞。北魏河内守将于栗磾的游击骑兵，在芒山上逗留，等待时机。各方面敌人交相逼近金墉城下，王康坚守孤城达六十天。刘裕任命王康为河东太守，派兵赶赴救援，敌人才被驱散逃走。王康劝说百姓耕种土地，植桑养蚕，当地百姓都非常信赖他。

司马顺明、司马道恭，以及平阳太守薛辩都投降了北魏。北魏朝廷任命薛辩为河东太守，抵拒夏国军队的进攻。

（以上为第十段，写胡夏主赫连勃勃生性暴虐，视民如草芥，仍将都城设在统万；宋公刘裕不遗余力斩除宗室有才望者，为篡位夺权作准备；王康在虎狼环伺的金墉城坚守六旬。）

夏季，四月，西秦征西将军乞伏孔子，率领骑兵五千人，在弱水之南进攻吐谷浑酋长觅地，大破吐谷浑军队，觅地率领他的部众六千人归降了西秦，被西秦委任为弱水护军。

四月二十一日庚辰，魏明元帝拓跋嗣在白登山东面的皇家祖庙祭祀祖先，前来陪祭的有几百个部落酋长。二十二日辛巳，拓跋嗣向南巡视，抵达雁门。五月初一庚寅朔，拓跋嗣在灅水观看捕鱼；初十己亥，返回平城。

西凉公李歆用刑过于严厉，又喜欢大造宫殿，从事中郎张显上书劝告说："凉州疆土被一分为三，势必不会长久维持这种局面。军事兼并的根本，在于发展农耕；怀柔远方部族的方法，莫过于统治宽大，刑罚简单。今年以来，阴阳失序，风雨失调，正应该减少膳食，撤除乐器，谨身修道。而如今，刑罚繁重，法规严峻，又大兴土木，不停地修造，这样不能使国家兴隆。当年，周文王只凭借一百多里的土地，兴起帝王大业；秦二世虽然拥有四海之广，却被消灭。前车之鉴，成功失败，非常明显。太祖以神圣的英姿，受到西夏百姓的拥戴，东取酒泉，西开西域之道。您不能继承太祖遗志，统一凉州疆土，与张轨相媲美，将来有什么面目去见先王呢？沮渠蒙逊是胡族中的一代英杰，他对内政治修明，对外礼遇贤才。每遇战事，都能身先士卒，民众对他深为敬服，愿意接受他的统治。我认为您不仅不能削平沮渠蒙逊，还应防范沮渠蒙逊图谋我们的疆土。"李歆看过奏书，非常不高兴。

西凉主簿氾称也上书劝告说："上天把人主当作儿子来爱护，百般殷勤周到。所以政治不清明，上天就要降下灾异警告人主。凡是能够改正的人主，国家眼下虽危，最终还会昌盛起来；不能改正的人主，现在统治安定，最后难免灭亡。嘉兴元年，三月，癸卯（疑误），敦煌谦德堂塌陷；八月，效谷发生地裂。二年，正月初一，天降大雾，四处弥漫；四月，太阳赤红，黯淡无光，二十天以后才恢复原状；十一月，狐狸跳上南门城楼。今年春、夏两季，地震频发，连续发生五次；六月，又有陨星坠落在建康。我的学问虽然不能考证古书，年龄却已有五十九岁，请允许我为主上大略陈述一下耳闻目睹的灾变，不再引证史书记载的事情。记得在咸安初年，西平发生地裂，狐狸窜进谦光殿的前面。不久，秦国大军突然兵临城下，都城失守。梁熙既为凉州刺史，不安抚百姓，只知搜刮贪污。建元十九年，姑臧南门突然崩塌，陨石落到闲豫堂。第二年，梁熙被吕光诛杀。段业在此地称王的时候，三年之中，发生了五十多次地震。不久，先王在瓜州兴起，沮渠蒙逊也在张掖杀主篡位。这些都是眼前现成的事例，主上知道得十分清楚。效谷是先王发祥之地；谦德堂是继承王位的宝殿。根本之地发生崩塌陷裂，是非常凶险的征兆。太阳是阳气的精华，中原的象征；太阳红而无光，预示中原将要衰微。俗谚说：'野兽闯进家门，主人就要逃奔。'狐狸窜上南门，也是大的变异。如今夷族更加强盛，中原汉族统治更加衰落。希望主上赶快停止兴建宫室，停止出游狩猎娱乐，延请并礼遇英才俊杰，爱护并用心休养百姓，以应答上天的警告，防患于未然。”李歆没有听从。

秋季，七月，东晋宋公刘裕接受了朝廷封为宋王的命令。八月，从彭城移驻寿阳，任命度支尚书刘怀慎为都督淮北诸军事、徐州刺史，镇守彭城。

八月十三日辛未，魏明元帝拓跋嗣向东巡视；二十六日甲申，返回平城。

九月，东晋宋王刘裕主动辞去扬州牧一职。

西秦左卫将军乞伏匹达率军攻打彭利和据守的漒川，大破彭利和军，彭利和单枪匹马逃奔仇池。乞伏匹达俘虏了他的妻、子。把三千户羌人豪民强行迁到枹罕。三万多户漒川羌百姓仍然像过去一样安居乐业。

冬季，十月，西秦任命尚书右仆射王松寿为益州刺史，镇守漒川。

东晋宋王刘裕鉴于河南人稀荒凉，十月二十八日乙酉，召回司州刺史刘义真，改任扬州刺史，镇守石头城。萧太妃对刘裕说：“刘道怜是你从小患难与共的兄弟，应该让他担任扬州刺史。”刘裕说：“我对于道怜，还有什么舍不得的！可是扬州是京师重地，国家的根本，事务繁多，恐怕不是道怜所能胜任的。”萧太妃说：“刘道怜已经年过五十，难道还不如你那十几岁的小儿吗？”刘裕说：“刘义真虽然名为刺史，但事无大小，都由我亲自决定。道怜年长，不亲自处理事务，有损于声望名位。”萧太妃才无言以对。刘道怜生性愚蠢卑鄙，贪婪放纵，所以刘裕不肯任用他。

十一月初一丁亥朔，出现日食。

十二月初七癸亥，魏明元帝拓跋嗣向西巡视，抵达云中。然后从君子津向西渡过黄河，在薛林山大举狩猎。

十二月，辛卯（疑误），东晋宋王刘裕被朝廷加授特殊礼仪，进封萧太妃为太后，称世子刘义符为太子。

（以上为第十一段，写西凉主李歆用刑严厉，大造宫殿，不听大臣劝谏；东晋封刘裕为宋王，加殊礼，称世子为太子，儿子刘义真为扬州刺史，镇守石头城，掌控朝廷。）

【点评】

长安得而复失。在这一卷中，着重记载了刘裕北伐西征，收复洛阳，攻下长安，消灭后秦，而后长安复失的一段历史。这几乎是东晋最为辉煌的时期，刘裕经过两次北伐，黄河以南、淮水以北以及汉水上游的大片地区，均为其据有。这是东晋北伐的最高成就，也让刘裕的声望达到了顶点。刘裕收复长安，大快人心，后又痛失长安，诸多教训，令人深思。

其一，刘裕攻下长安后，没有做好善后工作，为什么要匆匆忙忙返回东晋都城建康？明显是由于留守的大臣刘穆之去世，刘裕害怕朝廷失控，一旦朝廷有失，则东晋国将不国。这理由有些冠冕堂皇，实际上是刘裕的私念在作祟。刘裕所做的梦，是帝王梦，他要将东晋王朝取而代之。因此，他所做的一切，都是朝着这个目标迈进的。而刘穆之对刘裕的才能极为佩服。刘裕出征在外，刘穆之是他在朝廷的代理人，在建康总掌朝政，支援在外征战的军队，做事十分顺畅。当时，刘裕在北伐大军刚刚攻占洛阳后，就急匆匆派人返回建康，讽喻朝廷赏赐“九锡”。九锡，是皇帝赐给有杰出功勋的臣属的九种礼器，属于最高等级礼遇。当然，它还有另外一层含义——几乎成了谋朝篡位的代名词。王莽、曹操、司马昭在即位前，都曾被赐以九锡。刘穆之听说后，作为刘裕的心腹竟没想到将刘裕的心思及早地提出，既惭愧而又恐惧，在极度郁闷之中竟然一病不起。这时候，刘裕焦急万分，一旦不能掌控朝廷，他将无立足之地，更不要说谋夺皇位了！于是，他毫不犹豫地离开长安，返回东晋朝廷。不客气地说，刘裕是将皇帝梦凌驾于统一河山的大业之上！

其二，刘裕对长安留守官员的安排有失妥当，留下了隐患。刘裕确定离开长安前，对留守长安的人事安排是由12岁的儿子刘义真镇守，王修、王镇恶、沈田子等文武大臣共同守护。沈田子请示刘裕，认为王镇恶的老家在关中，不能完全信任他，言下之意是王镇恶有可能谋反，将如何是好？这本身就是一个不怀好意、别有用心的假设命题，因为沈田子与王镇恶争功，必欲将后者置之死地而方休。而刘裕的回答则匪夷所思，说：“我留你们这些文武官员、将领和精锐士兵一万人，王镇恶如果图谋不轨，只能是自取灭亡。”这分明是有一种暗示的意思。既然对王镇恶不信任，为什么要委以重任呢？既然委以重任，为什么要予以猜忌呢？既然知道沈田子与王镇恶之间有嫌隙，为什么不做正面疏导呢？如此草率安排长安留守之事，刘裕的平生才略又到哪里去了呢？刘裕这样做的结果是，留守长安的文武大臣发生内讧，沈田子以谋反的罪名杀掉王镇恶，王修以擅杀朝廷大臣的罪名杀掉沈田子，而刘义真听信谗言又杀掉了王修。留守长安的几位大臣在战场上个个所向披靡，建立功勋，却就这样莫名其妙地被杀掉了，使长安门户洞开！对此，刘裕负有不可推卸的责任。司马光曾予以批评，认为：“刘裕既然委任王镇恶镇守关中，又与沈田子说了不该说的话，是挑拨他们相斗为乱。太可惜了！”诚哉，斯言！

其三，更要深究的是，刘裕任用一个不懂事的孩子镇守关中，等于把关中拱手让人。当时的长安，人心不稳，矛盾尖锐，西夏等国虎视眈眈，刘裕居然让年仅十二岁的儿子刘义真来镇守，刘义真对诸将任意赏赐，没有节制，大臣王修常常予以劝止，他很不舒服，就听信谗言，杀掉了王修，自断臂膀；刘裕得知此事，知道长安不保，将朱龄石作为替死鬼，让他前去送死，嘱咐刘义真快速返回，一刻也不能停留，逃命要紧。而刘义真则在返回的车辆上都装满了金银财宝、奴婢，然后两车并进，缓慢向东撤退。结果被西夏兵马追上，所有士兵全部战亡，刘义真东躲西逃而返回。

以上三点，可以窥见长安得而复失的真相，是刘裕的私念作祟、怂恿争斗、任用非人而造成！长安得而复失的更深层意义，是暴露了南迁王朝的结构性腐败，上层统治集团把民族复兴的大义让位于争权夺利，北伐中兴已经不可能，历宋齐梁陈，皆苟安于江南，终归于北方统一南方。